हिन्दी-साहित्य का अतीत

प्रथम भाग : आदिकाल-भक्तिकाल

हिन्दी-साहित्य का अतीत

पहला भाग

आदिकाल-भक्तिकाल

आचार्य विश्वनाथ प्रसाद मिश्र

वाणी प्रकाशन

पेपरबैक पहला संस्करण : 2006
पेपरबैक दूसरा संस्करण : 2014
पेपरबैक तीसरा संस्करण : 2023

वाणी प्रकाशन

4695, 21-ए, दरियागंज, नयी दिल्ली 110 002

फ़ोन : +91 11 23273167 फ़ैक्स : +91 11 23275710

शाखाएँ

अशोक राजपथ, पटना 800 004, बिहार
कॉफ़ी हाउस कैम्पस, महात्मा गांधी मार्ग, इलाहाबाद 211 001, उत्तर प्रदेश
महात्मा गांधी अन्तरराष्ट्रीय हिन्दी विश्वविद्यालय, वर्धा 442 001, महाराष्ट्र
36/ए, शेक्सपीयर सरणी, रानी बिरला गर्ल्स कॉलेज के पास, कोलकाता 700 017, प. बंगाल

www.vaniprakashan.com
marketing@vaniprakashan.in
sales@vaniprakashan.in

Hindi Sahitya ka Ateet-1
by Acharya Vishwanath Prasad Mishra

ISBN : 978-93-5072-689-1
Criticism/History

मूल्य : ₹ 350

आर. टेक ऑफ़सेट प्रिंटर्स, दिल्ली-110 032 में मुद्रित

वाणी प्रकाशन का लोगो मक़बूल फ़िदा हुसेन की कूची से

पुरोवचन

विभाषाओं के रहते हुए भी संस्कृत भाषा एक थी, पर देश और रूप के भेद से प्राकृतें अनेक हो गईं। भाषाभेद हो गया, पर साहित्यभेद नहीं हुआ। प्राकृतों में जितने भेद हुए उससे और अधिक भेद अपभ्रंशों में हुए, संस्कृत-प्राकृत में तत्त्वत: छंदभेद नहीं था। अपभ्रंशों से पिंगलभेद भी हो गया। संस्कृत-प्राकृत की प्रवृत्ति वर्णवृत्तप्रधान थी। मात्रावृत्त संस्कृत में आर्या और प्राकृत में गाथा। अपभ्रंश में नानाविध मात्रावृत्त हुए। वर्णवृत्त में नियत आरोह-अवरोह के कारण नाद की युतियाँ नियत होती हैं। मात्रावृत्त में, आर्या-गाथा में, नाद-युति कम हुई, पर उसके पूरण में न संस्कृत उलझी, न प्राकृत पड़ी। अपभ्रंश ने उधर दृष्टि दी और तुकांत की सानुप्रासिक योजना से नादांश की पूर्ति की। संस्कृत-प्राकृत छंदों के लिए पंडितों का मुँह ताकती थीं, अपभ्रंश ने लोक की ओर दृष्टि दौड़ाई। भाषाभेद तो था ही पिंगलभेद भी हो गया। फिर भी साहित्यभेद नहीं हुआ। अपभ्रंशों में देश और रूप से जो अनेकानेक भेद हुए उनकी अनेकता नानाविध रूपों में स्वतंत्र विकास नहीं कर सकी। अपभ्रंशों के अनंतर देशभेद ही भाषा का रूपभेद सँवारने लगा। पर्याप्त समय तक देशभेद से रूपभेद होने पर भी प्रादेशिक भेद स्वच्छंद नहीं हुए। उधर भारत में मुसलमानी शासन स्थायी होने लगा, इधर देशीभाषा प्रादेशिक स्वच्छंदता ग्रहण करके अनेक होने लगी। परतंत्रता में स्वतंत्रता की यह प्रवृत्ति विलक्षण होकर भी सलक्षण है। भाषाभेद, फिर पिंगलभेद, फिर विन्यासभेद हुआ। फिर भी साहित्यभेद नहीं हुआ। फारसी-साहित्य और अरबी-संस्कृति से संपृक्त-संबद्ध होने पर साहित्यभेद सबसे प्रथम उर्दू के माध्यम से दिखाई पड़ा। भाषाविज्ञानियों के शोध से जो भाषाएँ अनार्य या द्राविड़ हैं और इतिहास जिन आर्यों और अनार्यों या द्राविड़ों में स्वकीय भेदनीति से संस्कृतिभेद मानता है, उनमें और उनके द्वारा भी साहित्यभेद नहीं हुआ। पर जो उर्दू भाषाविज्ञान की दृष्टि से हिंदी की एक शैली मात्र है उसमें साहित्यभेद हो गया। साहित्य का साहित्य रक्षित न रह सका। भारतीय साहित्यभेद के इस अध्याय पर अभी किसी ने भरपूर दृष्टि नहीं डाली। साहित्यभेद होने पर भी बुद्धिभेद नहीं होना चाहिए,

दृष्टिभेद हो सकता है।

भाषाविज्ञानी पड़ताल प्राकृत-वैयाकरणों द्वारा किए गए भेदों के अनुरूप काव्यग्रंथों में प्रयुक्त और नाट्यग्रंथों में विनियुक्त भाषारूप को कृत्रिम कहते हैं। अपभ्रंश में सबसे पुष्कल रचना जैनों की है। उसमें अपभ्रंश का जो रूप व्यवहृत है उसका अभी तटस्थ भाषावैज्ञानिक अध्ययन नहीं हुआ है। जब कभी होगा उसकी कृत्रिमता की घोषणा अनिवार्य है। अपभ्रंश के अधिकांश जैन ग्रंथ सांप्रदायिक मतोपदेश के लिए लिखे गए; जनता में मतप्रचार के लिए नहीं। उनका संसरण परिमित क्षेत्र में श्रावकों के बीच ही था। उनमें धर्मबुद्धि प्रधान है, उपदेशतत्त्व प्रमुख है। दृष्टिभेद स्पष्ट है। फिर भी साहित्यभेद नहीं है। धर्मभेद होने पर भी साहित्यभेद नहीं।

देशीभाषाओं में हिंदी सबसे जेठी है। जब तक प्रादेशिक स्वच्छंदता ने सिर नहीं उठाया था तब तक साहित्य के अभेद और भाषागत ऐक्य के कारण सारी कृतियाँ हिंदी की ही समझी जाती थीं। इसलिए हिंदी का आयाम या आभोग विस्तृत था। फिर भी 'हिंदी-साहित्य' के अंतर्गत सभी सामग्री संगृहीत नहीं हो सकती। हिंदी के भीतर खींची जानेवाली समस्त रचना काव्य नहीं है। सिद्धों-नाथों की बानियाँ हिंदी भाषा में कही गई हैं, उसकी मानी भी जा सकती हैं पर हिंदी-काव्यधारा मे उनका कोई संबध नहीं। काव्यात्मक भंगिमा और सर्वसामान्य भावसत्तात्मक संवेदना के बिना शुद्ध सर्जनात्मक साहित्य के परिसर में कोई रचना नहीं आ सकती। जब प्रश्न उठता है कि किस भाषा के भीतर ऐसी रचनाओं का विचार हो तब भाषा के नाम पर ये हिंदी-साहित्य से जोड़ दी जाती हैं। इतिहास की दृष्टि से अपभ्रंशवाङ्मय का पृथक् ही विवेचन करने की आवश्यकता है। प्राकृत-साहित्य की भाँति अपभ्रंश-साहित्य भी कई दृष्टियों से हिंदी-साहित्य से पृथक् है। उसका विचार संस्कृत-प्राकृत के साहित्यों की भाँति पूर्वपीठिका के रूप में ही होना उचित है। हिंदी-साहित्य का आविर्भाव सं० 1000 के लगभग से मानते हैं। इसके पूर्व की रचना हिंदी-साहित्य के अधिकार-क्षेत्र से बाह्य है। अपभ्रंश के भी दो विभाग हो सकते हैं—पूर्वकालिक और उत्तरकालिक। पूर्वकालिक अपभ्रंश हिंदी से दूर पड़ता है; उत्तरकालिक निकट। भाषा और साहित्य दोनों की दृष्टि से नैसर्गिक विकास प्राप्त अपभ्रंश ही साहित्य की सीमा में आवृत होता है। जैनों का अपभ्रंश भाषा की दृष्टि से कृत्रिम है और साहित्य की स्वाभाविक सरणि सर्वसामान्य भावसत्ता से पूर्ण संबद्ध नहीं है, जनमानस का प्रकृत बिंब नहीं है। इसलिए उसका विस्तार-विवेचन हिंदी-साहित्य की सहज विकसित परंपरा से पृथक् पड़ता है। वह स्वयं संस्कृत-साहित्य से भले प्रभावित हो, पर उसने परवर्ती हिंदी-साहित्य को प्रभावित नहीं किया। जो कहते हैं कि तुलसीदास ने स्वयंभू का अनुधावन किया है वे स्वयं भ्रम में हैं और दूसरों को भ्रम में डालना चाहते हैं। जो

बतलाते हैं कि पुष्य और पुष्पदंत एक हैं वे कल्पनालोक के प्राणी हैं। जैनों और बौद्धों ने सीधे हिंदी-साहित्य को प्रभावित नहीं किया। बौद्धों से प्रभावित सिद्धों-नाथों से हिंदी की ज्ञानमार्गी निर्गुणधारा प्रभावित है। पर वह स्वयं साहित्य की शुद्ध धारा भी तो हो। इसलिए हिंदी-साहित्य की भूमिका में जैनों-बौद्धों के सिद्धांतों की विस्तृत चर्चा अनपेक्षित है। उनका आख्यान चाकचिक्य भर उत्पन्न करता है।

हिंदी-साहित्य का अतीत उसके वर्तमान की अपेक्षा अधिक ऋद्ध है। जितनी देशी भाषाएँ विकसित हुईं उनमें से कुछ का आधुनिक या वर्तमान साहित्य पर्याप्त समृद्ध है। वर्तमान हिंदी-साहित्य आधुनिक ऐश्वर्य का गर्व करे तो उसे कुछ देशी भाषाएँ टोक सकती हैं। पर हिंदी-साहित्य का अतीत जितना संपन्न है, उतना किसी देशी भाषा का प्राचीन साहित्य नहीं। हिंदी-साहित्य के अतीत के आभोग में उसका आदिकाल और मध्यकाल आता है। आदिकाल की समस्त वास्तविक साहित्यिक सामग्री असंदिग्ध रूप में उस समय की नहीं है। जैनों के अपभ्रंश-ग्रंथों की ग्राह्यता का विमर्श किया जा चुका। रासो-ग्रंथ उत्तरकालिक ही हैं। पुरातन-प्रबंध-संग्रह की साखी पर पृथ्वीराजरासो की प्राचीनता की जो दुहाई दी जाती है वह भी भ्रमात्मक है। उधर मेरे शिष्य श्रीवटेकृष्ण ने हिंदी के वीरकाव्यों का अनुसंधान करते हुए प्रमाणित किया है कि उक्त संग्रह में भी कुछ जाल है। 'प्राकृत-पैंगलम्' में भी रासो-संबंधी प्राचीन सामग्री नहीं, जैसा समझा जाता रहा है। अमीर खुसरो की हिंदी-रचना परम आधुनिक है, इसे अनुसंधान द्वारा स्वयं मुसलमान बंधु ने ही सिद्ध कर दिया है। इस प्रकार विद्यापति ही ऐसे रह जाते हैं जो उस युग के हैं और जिनकी रचनाएँ दरभंगा और नेपाल के राजकीय पुस्तकालयों में अधिकांश में सुरक्षित होने से स्वकीय प्राचीनता का प्रामाणिक आख्यान कर सकती हैं। विद्यापति को तथा इसी प्रकार के अन्य कवियों को हिंदी-साहित्य में सम्मिलित करने का हेतु यही है कि उनकी कृतियाँ ब्रजरंजित हैं और उस समय लहुरी देशी भाषाएँ या तो गर्भ में थीं या गर्भ में आई ही नहीं थीं। ध्यान देने योग्य है कि मैथिली, गुजराती, पंजाबी आदि का प्राचीनतम साहित्य ही हिंदी-साहित्य के पेटे में आता है। ऐतिहासिकों ने तत्तत् भाषा की परवर्ती रचना का इसी से ग्रहण नहीं किया। हिंदी-साहित्य आदिकाल में ही विशेष रूप से अन्य साहित्यों की थैली टटोलने के लिए हाथ बढ़ाता रहा है। इस मनोवृत्ति से लाभ उठाकर किसी-किसी ने भाँडागारों में बंद सामग्री भी निकाल-निकालकर इसकी पत्तल पर परोस दी। सामग्रीरहित या अल्पसामग्रीसहित पत्तल का सजाना आरंभ कर दिया गया। धमकाया गया कि यदि नई लगाई गई सामग्री का आस्वादन न लिया जाएगा तो पहले की परसी भी पत्तल पर से उठा ली जाएगी या उगलवा ली जाएगी। ऐसे नए परसू हिंदी-रसिकों के बीच अभी परसों से

आए हैं।

सच पूछिए तो हिंदी-साहित्य की सच्ची समृद्धि उसके मध्यकाल की है। मध्यकाल में पूर्वमध्यकाल भक्तिकाल है और उत्तरमध्यकाल रीतिकाल या शृंगारकाल। भक्तिकाल में विवादग्रस्त विषय विपुल हैं। उनके विस्तृत विवेचन के लिए स्वतंत्र ग्रंथ की अपेक्षा है। हिंदी-साहित्य के आधुनिक काल का अनुसंधान प्रथम हुआ। अनुसंधित्सु मध्यकाल की ओर मुड़े हैं। भक्तिकाल को अधिकतर सामग्री उन्होंने निःशेष कर दी है। अब रीतिकाल या शृंगारकाल पर वे टूटे हैं। मध्यकालिक हिंदी-रचना जिनकी समझ की संगिनी तक न हो सकी वे भी उनके अनुसंधायक और आचार्य हो गए। पिष्टपेषित तथ्य धुनकर फुलाया जा रहा है। नूतन उपलब्धि के नाम पर किरकिरी ही मिलती है। मूल से नहीं ब्याज से ही महाजनी वृत्ति पोषित हो रही है। इसमें उनका नहीं समयप्रवाह का दोष है। उनकी कठिनाई का एक कारण यह भी है कि मध्यकाल के अपेक्षित ग्रंथों का सुसंपादन ही नहीं हो सका है। संप्रति शुभ लक्षण यह दिखाई दे रहा है कि साहित्याध्ययन के लिए नितांत अनिवार्य सामग्री के प्रस्तुत करने पर दृष्टि गई है। प्राचीन ग्रंथों का सुसंपादन और अपेक्षित साहित्यशास्त्रों का अनुवाद हो रहा है। पर्याप्त परिमाण में वांछित के प्रस्तुत हो जाने पर कठिनाई दूर और त्रुटि अल्प होगी। हिंदी-साहित्य का मध्यकाल इतना सुसंपन्न और परिमाण में इतना पुष्कल है कि पचास वर्ष के पूर्व प्रमुख ग्रंथराशि मुद्रित-संपादित होकर सामने आ नहीं सकती। पूरी राशि को प्रत्यक्ष करने में सौ दो सौ वर्ष से कम न लगेंगे। भक्तिकाल और शृंगारकाल दोनों सुसंपन्न हैं। पर शृंगारकाल में एक तो शुद्ध साहित्य ही अधिकांश है और दूसरे वह परिणाम में भक्तिकाल से कई गुना है। आधुनिक काल से यदि गद्य का कथा-वाङ्मय पृथक् कर लिया जाए तो वह इसके पद्य-वाङ्मय से निश्चय ही कई गुणित है।

प्रस्तुत पुस्तक में हिंदी की व्याप्ति, साहित्य की निरुक्ति और अतीत की अलक्षित विशेषता को दृष्टि में रखकर उन विवेच्य विषयों का विचार करने का प्रयास किया गया है जिनके नियत रूप में मतभेद है। कहीं-कहीं पूर्वप्रस्तुत वस्तु भी यथास्थान बैठा दी गई है। इसका लक्ष्य है हिंदी-साहित्य की अध्ययनवृत्ति उद्बुद्ध और स्वतःचिंतन की प्रवृत्ति जागरित करना। हिंदी में स्वच्छंदचेता चिंतकों की न्यूनता है। यदि इसकी प्रेरणा से स्वतंत्रचिंता का मार्ग प्रशस्त हुआ तो श्रम सफल समझूंगा।

सोचा था कि एक ही पुस्तक में पूरा अतीत विवेचित-मुद्रित हो जाएगा। पर आकार बढ़ते देख विभाजन ही श्रेयोमार्ग जान पड़ा। पहले भाग में प्रस्तावना के अतिरिक्त आदिकाल एवं भक्तिकाव्य के प्रमुख विवेच्य रखे गए हैं, दूसरे में शृंगारकाल या रीतिकाल के। इसके मुद्रित-प्रकाशित होने में संभावना से अधिक

विलम्ब हो गया। मुद्रित यह पाँच-छह वर्ष पूर्व ही होने लगी थी। विघ्न बाधाएँ मार्ग छेंककर खड़ी हो गईं। अब भी न जाने कितना अनागत आगत के क्रोड़ में समा जाता यदि मेरे प्रिय शिष्य श्रीगोवर्धनलाल उपाध्याय ने इस पहाड़ को न सँभाला होता। सारी योजना को कार्यान्विन करने में वाग्लेखन से लेकर मुद्रण तक उन्होंने अनवरत और नियमित योग दिया। बूढ़े को क्लेश-क्लांति से बहुत कुछ बचाया श्रीरामबली पांडेय ने अक्षरशोधन में दत्तचित होकर। सामग्री-संकलन, अनुक्रमणिका आदि के विविध प्रपंचों में डूबने से उबारा सर्वश्री रामादास, रामजी, गंगाप्रसाद, भर्ग्यनाथ तथा चंद्रशेखर ने। ये सभी शुभाशीः के पात्र हैं। इसके प्रस्तुत करने में हिंदी-साहित्य तथा अन्य सम्बद्ध वाङ्मय की प्रभूत ग्रंथावलि का आलोड़न करना पड़ा है। जिनकी कृति से किसी प्रकार की अल्प या अनल्प सहायता मिली है, जिनके पुस्तकालयों से एक या अनेक पुस्तकें एतदर्थ प्राप्त हुई हैं, जिनके मतों का मंडन या खंडन किया गया है, जिन कवियों की सर्जना का मंथन कर तत्त्वोपलब्धि की गई है उन सबके प्रति आस्थापूर्वक कृतज्ञता व्यक्त करता हूँ। निवेदन है कि सहृदय सुजान कूक पर ही ध्यान दें, चूक पर नहीं—

'चातक बिचारे सों न चूकनि परेखियै'

विश्वनाथप्रसाद मिश्र

वाणी-वितान भवन
ब्रह्मनाल, वाराणसी
चैत्र नवरात्र, 2016

सूची

प्रस्तावना

आदिकाल

मध्यकाल (भक्तिकाव्य)

प्रस्तावना

भारत की भारती

भारत में जितने प्रकार की भारती (भाषा) पाई जाती है किसी दूसरे देश में उतने प्रकार की नहीं। भाषाविज्ञानियों ने भाषा समासप्रधान, प्रत्ययप्रधान और विभक्तिप्रधान तीन प्रकार की मानी है। तीनों प्रकार किसी-न-किसी रूप में भारत में चलते हैं; इन प्रकारों के जो उपभेद किए गए हैं वे भी। भारत की भारती की यह बहुत बड़ी विलक्षणता है। ऐतिहासिक दृष्टि से इसका कारण यह कहा जाता है कि इस देश में समय-समय पर बाहर से अनेक जातियाँ आती रही हैं और उनकी भाषाएँ भी उनके साथ किसी-न-किसी रूप में लगी आई हैं। वे इस देश की भाषाओं को प्रभावित भी करती रही हैं और उनमें से बहुत-सी अपने मूल और परिवर्तित रूप में बनी भी रह गई हैं। भाषाओं के इतिहास का जो विचार आधुनिक युग में हुआ है उसमें कार्य करनेवाले पश्चिमी भाषाशास्त्र के विद्वान् रहे हैं और वे जो कुछ सोचते-विचारते रहे हैं, अपने ढंग से सोचते-विचारते और समझते-समझाते रहे हैं। भारत की आर्यभाषाओं के सम्बन्ध में उन्होंने जो सिद्धांत निश्चित किए हैं वे आर्यों के आदिदेश के सिद्धांत से सम्बद्ध हैं। राजनीतिक दृष्टि से आर्यों का आदिनिवास भारत से बाहर स्वीकार करना उन्हें अभीष्ट था। अत: भाषा-विज्ञान के क्षेत्र में जो निश्चय किए गए उन पर इस पूर्वस्त्रीकृत मान्यता का भी प्रभाव पड़ा है। सभी आर्यभाषाओं का मूल स्रोत किसी कल्पित जननी भाषा में मानना और उसकी विभिन्न शाखाओं के रूप में भारतीय तथा पश्चिमी आर्य-भाषाओं को पृथक् विकास का परिणाम कहना इस धारणा के कारण भी बहुत

कुछ रहा है। इसके लिए एक उदाहरण लीजिए। कहा जाता है कि भारतीय आर्य लोग समुद्र से परिचित नहीं थे, इसलिए इनकी भाषा में उन आर्यों की भाषा का एक शब्द, जो समुद्र से परिचित थे, नहीं मिलता। यह शब्द लातीनी का मेरिनस या मेयर है जो यूरोप की सभी आर्यभाषाओं में किसी-न-किसी रूप में मिलता है। अँगरेजी में इसे 'मेरीन' कहते हैं। पर क्या यह कल्पना ठीक है। ऋग्वेद में भारतीय आर्यों के समुद्रज्ञान का उल्लेख है—'वेद नाव समुद्रियः'। वरुण समुद्र के देवता हैं। आज भी वरुण की पूजा जलदेवता के रूप में भारतीय आर्यों में मिलती है। अँगरेजी के मेरीन और लातीनी के मेयर से ध्वनिसाम्य रखनेवाला 'मीर' शब्द समुद्र के अर्थ में संस्कृत में मिलता है और लक्ष्मी का नाम 'मीरजा' भी। हिन्दी के सुप्रसिद्ध विद्वान् परम आनंदी जीव श्रीबदरीनारायण चौधुरी 'प्रेमघन' मिर्जापुर को मीरजापुर अर्थात् लक्ष्मीपुर कहा करते थे, यह कल की बात है। आज वहाँवाले यही आंदोलन कर रहे हैं कि इसका नाम 'मीरजापुर' माना और लिखा-पढ़ा जाय।[1] अतः किसी पूर्वनिश्चित मान्यता के अनुसार भाषाविज्ञान के क्षेत्र में कोई मत स्थिर करना खटके से खाली नहीं।

जो हो, भारतीय भाषाओं की पड़ताल ग्रियर्सन साहब ने बड़े परिश्रम से की और सन् 1927 में उन्होंने अपनी पड़ताल का परिणाम बहुत ही व्यवस्थित रूप में प्रकाशित कराया। उसमें उन्होंने विस्तृत विवरण देकर यह दिखाया कि जन-गणना (सन् 1891) के अनुसार जहाँ 188 भाषाओं और 49 बोलियों का पता चला वहाँ पड़ताल के फलस्वरूप 179 भाषाओं और 544 बोलियों का अस्तित्व मिला। यह पड़ताल भी सारे भारत की न थी। मद्रास, बर्मा, हैदराबाद और मैसूर के विवरण नहीं मिले थे। इतने से ही भारत की भाषाओं के विस्तार और महत्त्व की कल्पना की जा सकती है।

बहुत संक्षेप में यदि कहें तो भाषाविज्ञान और पड़ताल के अनुसार भारत की भाषाओं को पाँच प्रमुख शाखाओं में विभाजित कर सकते हैं—1. आग्नेय या आस्ट्रिक परिवार, 2. एकाक्षर या चीनी परिवार, 3. द्रविड़ परिवार, 4. भारतेरानी परिवार और 5. फुटकल। इनमें से प्रत्येक परिवार में उपभेद भी हैं। आग्नेय परिवार के दो प्रमुख उपभेद हैं—आग्नेयद्वीपी या आस्ट्रोनेसियन तथा आग्नेयदेशी या आस्ट्रोएशियाटिक। आग्नेयदेशी के दो प्रभेद हैं—मानख्मेर और मुंडा या कोल भाषाएँ। चीनी परिवार की भाषाओं के दो उपभेद मिलते हैं—शाम-चीनी और तिब्बत-ब्रह्मदेशी। द्रविड़ परिवार के उपभेद भाषाविज्ञानियों ने चार माने हैं—द्रविड़, आंध्र, मध्यवर्ती और बहिर्वर्ती। किंतु श्रीकुमारिल भट्ट ने दो ही भेद किए

1. यक्ष्मा के उपचार के लिए 'मीरज' स्थान बम्बई के पास है। इसके नाम की व्युत्पत्ति का भी पता लगाना चाहिए।

हैं—द्रविड़ और आंध्र । द्रविड़ परिवार के ही अंतर्गत दक्षिण की प्रसिद्ध भाषाएँ तमिल, मलयालम और कन्नड़ आती हैं । आंध्र भाषा तेलुगु भाषा है । सामान्यतया उत्तर भारत के निवासियों की धारणा है कि दक्षिण की ये चारों भाषाएँ एक दूसरी भाषा के भाषियों द्वारा सरलता से समझ ली जाती हैं । किंतु ऐसी स्थिति नहीं है । न तेलुगुवाले तमिल समझ पाते हैं न तमिलवाले तेलुगु ।

दिए गए विवरण में भी यदि संक्षेप करें तो कहेंगे कि भारत में दो ही विशिष्ट भाषाएँ हैं—आर्यभाषाएँ और द्रविड़ भाषाएँ । इनका परिचय देने के पूर्व अन्य भाषाओं की कुछ बातें कह दी जाती हैं । आग्नेय परिवार की भाषाएँ भारत के दक्षिणपूर्व में चलती हैं । ऐतिहासिकों का मत है कि मानख्मेर कभी भारत और चीन के शासक थे, इसी से इस परिवार की भाषा यहाँ मिलती है । अब इसका कोई साहित्य नहीं मिलता, केवल खासी भाषा ही यहाँ बोली जाती है । मुंडा या कोल भाषा का मुंड, कोल या शबर जाति से सम्बन्ध जान पड़ता है । इन तीनों शब्दों में 'शबर' सबसे प्राचीन है । इसका प्रयोग ऐतरेय ब्राह्मण में मिलता है । मुंड शब्द पुराणों में व्यवहृत है । महाभारत में इसका प्रयोग जाति के लिए हुआ है । मुंडा भाषा का प्रभाव भारत की कई बोलियों पर पड़ा है । इसमें पुंलिंग और स्त्रीलिंग का भेद सजीव और निर्जीव के अनुसार होता है । उत्तम पुरुष में दो रूप होते हैं—एक श्रोतारहित और दूसरा श्रोतासहित । मध्य प्रदेश की बोलचाल में जो दो प्रयोग चलते हैं—'हम गए थे' और 'अपन गए थे' वह मुंडा के ही प्रभाव से । 'बीस' के लिए 'कुड़ी' शब्द इसी भाषा का कहा जाता है ।

चीनी-परिवार की शाम-चीनी भाषा का सम्बन्ध असम से है । ऐतिहासिकों का कहना है कि आहम नाम की जाति तेरहवीं शती में भारत के पूर्वी प्रदेश में आई । इसी से उस प्रदेश का नाम आहम से आहाम, फिर आसाम पड़ गया । आहम के अनन्तर खाम्ती आए जिनकी भाषाएँ वहाँ अब चल रही हैं । असमिया अपने प्रदेश को 'असम' ही मानते हैं, वह विषम प्रदेश है ही । भाषा को असमिया ही कहते हैं, आसामी नहीं । इस प्रदेश का नाम प्राचीन काल में 'कामरूप' था ।

तिब्बत-ब्रह्मी वस्तुतः चीनी-परिवार की एक शाखा है जिसका मूल यांगटी-सीक्याँग की वेदिका है । ब्रह्मपुत्र की गति के अनुसार इसके तीन प्रवाह हो गए हैं—एक तिब्बत की ओर, दूसरा असम की ओर और तीसरा ब्रह्मदेश की ओर उन्मुख है । तिब्बत-हिमालयी शाखा की विशेषता यह है कि क्रिया में ही कर्ता और कर्म अंतर्भुक्त रहते हैं । इसी से इसके दो रूप हैं—एक सर्वनामाख्याती और दूसरा असर्वनामाख्याती । पहला रूप मध्य हिमालय में चलता है तथा दूसरा नेपाल, सिक्किम और भूटान में । इनमें रोंग या लेप्चा तथा सन्वार मुख्य हैं । रोंग सिक्किम की भाषा है । दार्जिलिंग में भोटिया भाषा सुनाई देती है । असम ब्राह्मी में बोडो और नागा मुख्य हैं । नागा में निरंतर परिवर्तन होता रहा है । इसमें साहित्य का

अभाव है। आर्यभाषाओं से इसका संपर्क नहीं हो सका है।

द्रविड़ भाषाओं में सबसे परिष्कृत और संपन्न तमिल है।[1] इसमें प्राचीन काल से साहित्य मिलता है। तमिल की विभाषाओं में प्रमुखतया दो रूप हैं—एक काव्यभाषा है जिसे शेन अर्थात् पूर्ण कहते हैं। दूसरी लोकभाषा या बोली है जिसे 'कोडुन' या ग्राम्य कहते हैं। मलयालम, तमिल की 'बड़ी बेटी' कही जाती है। तमिल पर संस्कृत का प्रभाव अपेक्षाकृत कम पड़ा है पर मलयालम उससे पूर्ण प्रभावित है। केवल मोपलों अर्थात् मुसलमानों की बोली संस्कृत से प्रभावित नहीं हुई है, उसमें पुराने रूप रक्षित हैं। मलयालम में भी अच्छा साहित्य है। कन्नड़ मैसूर की भाषा है। उसमें भी अच्छा साहित्य है। इसकी लिपि तेलुगु से संबद्ध है। आंध्र शाखा की एक ही भाषा है तेलुगु। तेलुगु के बोलनेवालों की संख्या द्रविड़ भाषाभाषियों से अधिक है। तमिल के अनंतर तेलुगु का ही साहित्य अधिक समृद्ध है। यह संस्कृत से बहुत प्रभावित है। मध्यवर्ती शाखा की बोलियाँ मध्य-भारत में बरार से बिहार और उड़ीसा तक छाई हैं। इनमें सबसे मुख्य गोंडी है। बहिर्वर्ती शाखा की भाषा ब्राहुई है जो भारत की पश्चिमी सीमा पर बोली जाती है।

फुटकल भाषाओं में कुछ तो वे भाषाएँ हैं जो यायावर अर्थात् खानाबदोश या जिप्सी जातियों की बोलियाँ हैं। इसी में कुछ ऐसी बोलियाँ भी हैं जो बात को छिपाने के लिए प्रचलित बोलियों में कुछ अक्षर जोड़कर बोली जाती हैं। इन्हें सस्सानी बोली कहते हैं। पंडों, यात्रावालों, दलालों और चोर-डाकुओं में ऐसी कई बोलियाँ स्थानभेद से चलती हैं जिन्हें फुटकल खाते में ही स्थान मिल सकता है।

अब भारत की सबसे प्रमुख शाखा भारतेरानी का विवरण लीजिए। इसकी तीन उपशाखाएँ हैं—ईरानी, दरदी और भारतीय। ईरानी के पूर्वी और पश्चिमी दो भेद हैं। पश्चिमी में पारसी आती है। पूर्वी में प्राचीन जेंदावेस्ता है तथा बलोची और अफगानी भाषाएँ हैं। अफगानी के दो भेद हैं—दक्षिण-पश्चिमी भाषा पश्तो है और उत्तर-पूर्वी पख्तो। फारसी का पुराना रूप ईसा पूर्व कुरु अर्थात् कुरुश या साइरस और दारयवहु अर्थात् दारा या डेरियस के शिलालेखों में मिलता है। इसका द्वितीय उत्थान ईसा की द्वितीय शती में सासानी वंश के राज्यकाल में

1. 'तमिल' में पैशाची प्राकृत की प्रवृत्ति और शब्दों में अनुस्वारांत रूप यह भी संकेत करते हैं कि आर्य और द्रविड़ भेद पर गंभीरतापूर्वक विचार होना चाहिए। अँगरेजों की राजनीतिक भेदनीति इतिहास, भाषाविज्ञान आदि अनेक क्षेत्रों में फूलती-फलती चली आ रही है, ऐसा अनुमान अनेक विद्वान् कर रहे हैं। इतिहास और पुरातत्त्व के वयोवृद्ध विद्वान् नीलकंठ शास्त्री आर्य-द्रविड़ भेद को संदिग्ध या आरोपित मानते हैं।

हुआ। इस समय यह पहलवी कहलाई। पह्लव शब्द का प्रयोग मनुस्मृति में संस्कार-भ्रष्ट आदिम क्षत्रिय जातियों के लिए आया है। मनुस्मृति कहती है—

शनकैस्तु क्रियालोपादिमाः क्षत्रियजातयः।
वृषलत्वं गता लोके ब्राह्मणादर्शनेन च।।
पौण्ड्रकाश्चोड्रद्रविडाः काम्बोजा यवनाः शकाः।
पारदाः पह्लवाश्चोनाः किराता दरदाः खशाः।।

फारसी सरदार 'पहलवान' कहलाते थे। अब हृष्टपुष्ट और व्यायाम करनेवालों के लिए यह शब्द यहाँ चलता है। पारसी या फारसी का तीसरा उत्थान फिरदौसी के काव्यकाल दसवीं शती में हुआ। इसी में उमर खैयाम की रुबाइयाँ बनीं।

पूर्वी ईरानी का प्राचीन रूप जेंदावेस्ता में मिलता है। इसमें वेद के मंत्र और गाथा की ही भाँति मंथ्र और गाथ मिलते हैं। 'गाथ' की भाषा बहुत पुरानी है। उसमें वैदिक रूप पाए जाते हैं। वह अगोच्चरित वैदिक भाषा ही है। उसे वैयाकरणों के अनुसार वैदिक भाषा की प्राकृत या अपभ्रंश कह सकते हैं। कुछ लोग इसे मद अर्थात् मीडिया, मद्र या उत्तरमद्र की भाषा कहते हैं। पश्चिमी ईरानी की फारसी ने भारतीय भाषाओं को प्रभावित किया है। हिंदी की उर्दू शैली तो उससे पूर्ण प्रभावित है ही। मुसलमानी शासनकाल में देशी भाषाओं में फारसी के बहुत से शब्द मिल गए हैं। बलोची सिंध और बलोचिस्तान में बोली जाती है। इसमें फारसी और अरबी के शब्द मिल गए हैं और बहुत विकृत हो गए हैं। पश्तो और पख्तो का भेद उच्चारण से है, जो नाम से ही जान पड़ता है। अफगानी भाषाएँ व्यवहार में पश्तो ही कहलाती हैं। पश्तो की ध्वनि बड़ी कर्कश है। इसकी उपमा एक भाषाविज्ञानी ने गधे के रेंकने से दी है। गांधार लिपि के लिए व्यवहृत खरोष्ठी नाम का यही कारण तो नहीं है? पश्तो या पख्तो के बोलनेवाले पख्त या पख्तान कहे जाते हैं। प्राचीन काल के पख्त या पक्थ ये ही हैं। संप्रति ये 'पठान' कहे जाते हैं। पूर्वी ईरानी में ही गलचा अर्थात् पामीरी बोली जाती है। यह उस स्थान की भाषा है जिसे प्राचीन काल में कंबोज कहते थे। इसमें जाने के अर्थ में 'शू' धातु का व्यवहार होता है, जिस विशेषता का उल्लेख निरुक्त और महाभाष्य में है। निरुक्त में है—'शवतिर्गतिकर्मा कंबोजेष्वेव भाष्यते' और महाभाष्य में मिलता है—'शवतिर्गतिकर्मा कांबोजेष्वेव भाषितो भवति'।

दरदी भाषाएँ पामीर और उत्तर-पश्चिमी पंजाब के बीच के दरद प्रदेश की बोलियाँ हैं। कुछ भाषाविज्ञानियों ने इन्हें पैशाची कहा है। दरदी में यों तो कई बोलियाँ हैं पर कपिशी या काफिरी चितराल के पश्चिम में बोली जाती है। शोना

मूल दरद प्रदेश अर्थात् गिलगित और सिंधु की घाटी की ठेठ भाषा है। कश्मीरी कश्मीर की भाषा है और इसी में साहित्य है।

भारतीय शाखा की भाषाओं पर विचार करने के पूर्व यह कह देना आवश्यक है कि पश्चिमी दृष्टि के भाषाविदों ने जो कुछ लिखा है वह बहुत कुछ पूर्वनिश्चित धारणा से प्रभावित होकर। ग्रियर्सन महोदय ने आर्यों के बाहर से आने के और कई बार में आने के कारण अंतर्वर्ती, बहिर्वर्ती तथा मध्यवर्ती भेद किए हैं। पहले आए आर्यों की भाषा बहिर्वर्ती है, पीछे आए आर्यों की भाषा अंतर्वर्ती। उनके इस नियम में गुजराती भाषा बाधक है। बहिर्वर्ती में 'स' या 'श' से 'ह' करने की प्रवृत्ति मुख्य है। पर यह अंतर्वर्ती में भी मिलती है—जैसे एकादश का ग्यारह होता है। पहली अर्थात् अंतर्वर्ती में सामान्य भूत के रूप सभी पुरुषों में एक से रहते हैं और दूसरी अर्थात् बहिर्वर्ती में पुरुष और वचन अंतर्भुक्त रहते हैं। पर मराठी इसका अपवाद है। उसे बहिर्वर्ती कहा गया है, पर उसमें प्रवृत्ति अंतर्वर्ती की है। इसलिए प्राचीन काल में जो पूर्वी और पश्चिमी भेद किए जाते थे वही ठीक है। ग्रियर्सन महोदय ने पूर्वी हिंदी अर्थात् अवधी को केंद्र की भाषा माना, पर प्रसिद्ध भारतीय भाषाविज्ञानी श्री सुनीति कुमार चाटुर्ज्या ने संस्कृत-व्याकरणों के अनुसार पूर्वी, पश्चिमी, उत्तरी, दक्षिणी भेद किए हैं और केंद्र में पश्चिमी हिंदी अर्थात् शौरसेनी (ब्रजभाषा, खड़ी बोली) को ही रखा है। पूर्वी और पश्चिमी का वास्तविक भेद वैयाकरणों के कर्मणि और कर्तरि प्रयोग में दिखाई देता है। पश्चिम में कर्मणि प्रयोग होता है, पूर्वी में कर्तरि। उत्तरी समूह में सिंधी, लहँदा, पंजाबी; पश्चिमी में गुजराती, राजस्थानी; पूर्वी में पूर्वी हिंदी, बिहारी, उड़िया, बंगाली, असमिया; दक्षिणी में मराठी तथा मध्यदेशीय में पश्चिमी हिंदी है।

भारत की प्राचीन आर्यभाषाओं की तो विशेष चर्चा करने की आवश्यकता नहीं, वैदिक और लौकिक संस्कृत के अनंतर प्राकृत भाषाओं का साहित्य आता है। वैयाकरणों की प्राकृतों को कृत्रिम प्राकृत या साहित्यिक प्राकृत कहा गया है। इसके प्रमुख भेद महाराष्ट्री, शौरसेनी, मागधी, अर्धमागधी और पैशाची हैं। महाराष्ट्री और शौरसेनी में प्रमुख अंतर उच्चारण का ही है। शौरसेनी पश्चिमी प्राकृत है और मागधी पूर्वी। इनमें उच्चारण तथा स्वरूप के अंतर के अतिरिक्त यह अंतर भी है कि पूर्वी की प्रवृत्ति ठेठ रूपों की ओर अधिक है और पश्चिमी की संस्कृत-परिष्कृत रूपों की ओर। यह प्रवृत्ति प्राकृत के अनंतर अपभ्रंशकाल में भी रही। देशी भाषा का सांप्रतिक युग आने पर संस्कृत का प्रभाव सब पर पड़ने लगा है, फिर भी जनता की बोलचाल में यह प्रवृत्ति अब भी स्पष्ट है। पैशाची की जो विशेषताएँ बताई गई हैं वे दरदी में मिलती हैं। सबसे मुख्य लक्षण वर्ग के पहले अक्षर की अधिक प्रवृत्ति है। संस्कृत 'मा गच्छ' अर्थात् 'मत जाओ' के लिए कश्मीरी नाविक अब भी 'मा कच्च' बोलता है। इसका प्रभाव पंजाबी पर भी है, जिससे

हिंदी के 'भाई' वहाँ 'पाई' हो जाते हैं। पंजाबी के माध्यम से पैशाची की कुछ विशेषताएँ खड़ी बोली में आई हैं। पैशाची की यह विशेषता 'तमिल' भाषा में भी मिलती है। तमिल तथा अन्य द्रविड़ भाषाओं की अनुस्वरांत प्रवृत्ति रासो-ग्रंथों की संस्कृताभास प्रवृत्ति की ओर दृष्टि खींचती है। पृथ्वीराजरासो के 'कबी कब्बि चंदं सु माधो नरिंदं। सुरत्तान भट्टं मधू माध इदं' आदि का स्मरण बरबस हो आता है। भारत की भाषाओं का अध्ययन स्वच्छंद और निष्पक्ष दृष्टि से होने की अनिवार्य आवश्यकता है। इसके लिए भाषाओं की पड़ताल फिर से और भाषाविदों की देखरेख में होनी चाहिए। ग्रियर्सन महोदय की पड़ताल अब पुरानी पड़ गई, अनेक जिज्ञासाओं के समाधान का उत्तर उसके पास केवल मौन है।

भारत की आधुनिक देशभाषाओं में सिंधी तो सूफियाना ठाट ठट चुकी है, इस पर अरबी-फारसी दिन-दिन लदती जा रही हैं। इसमें वर्णमाला तक अरबी-फारसी वर्णों से बनाई गई है। इसमें दो लिपियों का व्यवहार होता है—लंडा और गुरुमुखी का। कभी-कभी नागरी भी काम में आती है। इसमें कुछ साहित्य है। पश्चिमी पंजाब की भाषा 'लहँदा' है। इस शब्द का अर्थ ही पश्चिमी है। इसमें गीत और चारण-काव्य मिलते हैं। पूर्वी पंजाबी पर पैशाची का प्रभाव है। युक्तविकर्ष बहुत है—पत्नी का पतनी, स्कूल का सकूल होता है। इसमें न संस्कृत की प्रचुरता है न अरबी-फारसी की। इसमें सिख गुरुओं की रचनाएँ हैं। प्राचीन गुजराती में जैनों के धर्मग्रंथ हैं। यह भी संस्कृत से प्रभावित हो रही है। इसकी अपनी लिपि है, जिसमें शिरोरेखा नहीं होती। कभी-कभी नागरी में भी प्राय: पद्य और शीर्षक लिखे जाते या मुद्रित होते हैं। राजस्थानी राजपूताने की भाषा है। इस भाषा में निर्मित साहित्य 'डिंगल' भी कहलाता है। राजपूताने के कवि ब्रजभाषा को 'पिंगल' कहते थे और उसमें उनकी प्रभूत रचनाएँ हैं। डिंगल' की व्युत्पत्ति अनेक प्रकार से की जाती है, पर इसका संबंध संस्कृत के 'डिंगर' से हो सकता है। पिंगल पक्की बोली या संस्कृत भाषा है और 'डिंगल' कच्ची बोली या प्राकृत भाषा। दोनों में नागर और ग्राम्य का अंतर समझना चाहिए। पहाड़ी बोलियाँ राजस्थानी के ही अंतर्गत हैं तथा पास-पड़ोस की अन्य भाषाओं से प्रभावित हैं। मराठी में देशी शब्दों की अधिकता है। इसमें संपन्न साहित्य है। संतों के अभंग और पद इसकी प्राचीन संपत्ति हैं। इसमें तद्धित का प्रयोग अधिक होता है। इसमें वैदिक 'ळ' सुरक्षित है। उड़िया में मिश्रित शब्दों का व्यवहार होता है। इसकी लिपि में अक्षरों पर शिरोरेखा के स्थान पर वृत्त होता है, ऐसा प्राचीन काल में ताड़-पत्र पर लिखने की सुविधा के कारण हो गया है। बिहारी में मैथिली और भोजपुरिया दो वर्ग हैं। हिंदी-मिश्रित (ब्रजरंजित) मैथिली में विद्यापति की रचनाएँ हैं, जो हिंदी के आदिकवियों में से हैं। बिहार में कैथी लिपि कचहरी में और नागरी ग्रंथों में चलती है। बँगला संस्कृत की ओर झुकी है। इसमें प्रभूत साहित्य है। इसमें विदेशी अँगरेजी

प्रवृत्तियाँ सबसे अधिक मिलती हैं। इसकी अपनी लिपि है। असमिया का बँगला से घनिष्ठ संबंध है। इसमें दंत्य 'स' का उच्चारण 'च' से मिलता होता है। इसमें पर्याप्त ऐतिहासिक वाङ्मय है।

हिंदी में पश्चिमी और पूर्वी भेद हैं। पूर्वी में अवधी, बघेली और छत्तीसगढ़ी हैं। पश्चिमी में खड़ी बोली, बाँगरू तथा ब्रजभाषा, कन्नौजी और बुंदेली हैं। उर्दू खड़ी बोली ही है जिसकी प्रवृत्ति अरबी-फारसी शब्द लेने तथा उनका व्याकरण ग्रहण करने की है। दक्खिनी उर्दू में, जो हैदराबाद में चलती है, 'ने' चिह्न का प्रयोग नहीं होता। बुंदेली में खड़ी बोली के 'ऊ' के स्थान पर 'ई' की प्रवृत्ति प्रायः मिलती है—झूमना के लिए झीमना, छूना के लिए छीना आदि। हिंदी की प्रमुख तीन उपभाषाएँ हैं—ब्रजी, खड़ी और अवधी। इनमें स्पष्ट अंतर अकारांत संस्कृत पुंलिग शब्द के तीन विभिन्न रूपों में दिखाई देता है। 'घोटक' का ब्रजी में घोड़ो, खड़ी में घोड़ा और अवधी में घोड़ होता है। यह प्रवृत्ति प्राचीन है और अब भी बनी है। प्राचीन 'रासक' अर्थात् काव्य के लिए इसी क्रम से रासो, रासा और रास रूप इनमें होते हैं, जिसे न समझने के कारण 'रासो' शब्द की व्युत्पत्ति लोगों ने अनेक काल्पनिक पदों से की थी। भारत की भाषाओं का अध्ययन-मनन अधिकाधिक होने से और भी अनेक रहस्य खुलेंगे।

'हिंदी' की कहानी

हिंदी भारत की आर्यभाषाओं के अंतर्गत है और इन आर्यभाषाओं का मूल वैदिक भाषा है। वैदिक भाषा और उसके अनंतर लौकिक भाषा दोनों का नाम 'संस्कृत' है। सामान्यतया वैदिक भाषा को 'छंदस्' और लौकिक भाषा को 'संस्कृत' कहते हैं। संस्कृत भाषा प्राचीन काल में बोलचाल की लोकभाषा थी। कुछ विद्वान संस्कृत नाम से यह निष्कर्ष निकालते हैं कि यह बोलचाल की भाषा से परिष्कृत करके गढ़ी गई थी, इसी से इसका नाम संस्कृत है। वस्तुतः बोलचाल की भाषा ही शिष्ट समाज में 'संस्कृत' हो गई थी। जनता में चलने वाले एक ही अर्थ के अनेक आकार-प्रकार के शब्द-ग्रंथों में प्रयुक्त होने में कठिनाई उत्पन्न करते थे, इसलिए साधु भाषा के रूप में 'संस्कृत' भाषा चली। भाषा के साधु या शिष्ट रूप का विचार वैयाकरणों ने बड़े विस्तार से किया है। संस्कृत वस्तुतः साहित्यिक रूप धारण करके बोलचाल से कुछ भिन्न हो गई थी। इसी से उसे कुछ लोग

कृत्रिम भाषा कहते हैं। जब कोई भाषा साहित्य में प्रयुक्त होने लगती है तब सर्व-सामान्य व्यवहार के लिए उसमें चलनेवाले शब्दों को एक रूप देना पड़ता है, इस लिए उसमें कृत्रिमता इस अर्थ में अवश्य आ जाती है कि बोलचाल में चलनेवाले कुछ रूपों को छोड़ देना पड़ता है। फिर भी संस्कृत के वैयाकरणों ने बहुत से देश-भेद से चलनेवाले रूपों को भी अंगीकृत किया है और उन्हें 'विभाषायाम्', 'अन्यतरस्याम्' या वैकल्पिक माना है। संस्कृत में मिलनेवाले जनसाधारण के काम-काज, चाल-ढाल, रहन-सहन के बहुत से शब्द प्रमाणित करते हैं कि उसका जनता से संबंध अवश्य था।

साहित्य में जब कोई भाषा बहुत दिनों तक चलती रहती है तब उसका रूप बँध जाता है। ऐसी स्थिति में बोलचाल में चलनेवाली जनता की भाषा से वह धीरे-धीरे दूर पड़ जाती है। भाषा वस्तुतः जनता की वाणी है, किंतु साहित्य के निर्माण में पढ़े-लिखे पंडित लोग अधिकतर योग देते हैं। इसी से साहित्य में चलने-वाली भाषा कुछ दिनों में पंडिताऊ भाषा हो जाती है। यही स्थिति संस्कृत भाषा की भी हुई। फल यह हुआ कि जनता उस भाषा का ठीक-ठीक उच्चारण करने में कालांतर में असमर्थ हो गई। इसलिए जनता की भाषा फिर से साहित्य के काम के लिए चलने लगी। राजशेखर ने लिखा है कि संस्कृत की रचना पुरुष होती है और प्राकृत की सुकुमार। पुरुष और रमणी में जितना अंतर है उतना ही अंतर संस्कृत और ज़नता की भाषा में है। जनता की यह भाषा प्राकृत नाम से चली और धीरे-धीरे इसमें साहित्य का निर्माण होने लगा। भारत में सबसे प्राचीन जो प्राकृत मिलती है वह अशोक के शिलालेखों, बौद्धों की हीनयान शाखा के ग्रंथों (त्रिपिटक, महावंश, जातक आदि), प्राचीन जैन सूत्रों और प्राचीन नाटकों में व्यवहृत भाषा है। अशोक के शिलालेखों और हीनयान के ग्रंथों में जिस भाषा का व्यवहार हुआ है उसका नाम 'पाली' पड़ गया।

धीरे-धीरे यह भाषा भी साहित्य में अधिकाधिक प्रयुक्त होने लगी। नाटकों में प्रयुक्त प्राकृत भाषा धीरे-धीरे फिर बँध गई। इसी से विद्वानों ने नाटकों की प्राकृत का नाम 'साहित्यिक प्राकृत' अथवा 'कृत्रिम प्राकृत' रखा है। नाटकों की साहि-त्यिक प्राकृत के अतिरिक्त जैनों के उत्तरकाल के ग्रंथों में जो प्राकृत मिलती है उसमें व्याकरण का बंधन वैसा कड़ा नहीं है। साहित्यिक प्राकृत के अंतर्गत जिन प्राकृतों का विचार किया गया है वे महाराष्ट्री, शौरसेनी, मागधी, अर्धमागधी और पैशाची हैं। ये नाम देश के अनुसार रखे गए हैं। महाराष्ट्री महाराष्ट्र की प्राकृत मानी जाती थी, किंतु अब लोग महाराष्ट्र शब्द का अर्थ देशविशेष न करके विशाल राष्ट्र अर्थात् समूचा देश करते हैं। दंडी ने भी ऐसा ही अर्थ किया है। यह प्राकृत सारे देश में फैली हुई थी, इसमें अत्यधिक ग्रंथों का निर्माण हुआ है। सेतुबंध या दहमुहवहो (दशमुखवध), गौडवहो (गौडवध), वप्पइराअ (वाक्पतिराज) का महुम-

अविअअ (मधुमतविजय), हाल की सप्तशती, राजशेखर की कर्पूरमंजरी आदि महाराष्ट्री प्राकृत के प्रसिद्ध ग्रंथ हैं।

शौरसेनी प्राकृत शूरसेन देश (मथुरा-आगरा के आसपास के देश) की भाषा थी। इसमें और महाराष्ट्री प्राकृत में बहुत थोड़ा अंतर है। भेद वस्तुतः शब्दों के उच्चारण का है; जैसे, संस्कृत का 'मदन' महाराष्ट्री में 'मअण' और शौरसेनी में 'मयन' हो जाता है। मागधी 'मगध देश' (पूर्वी उत्तर प्रदेश और बिहार) की भाषा थी। इसमें 'स' और 'ष' बदलकर 'श' हो जाते हैं। सामवेद 'शामवेद' हो जाता है। पुरुष 'पुलिशे' हो जाता है। आजकल पूर्वी बोलचाल में सर्वनाम के जो एकारांत रूप मिलते हैं, जैसे जे, के, से आदि वह मागधी की पुरानी विशेषता है। अर्ध-मागधी वह प्राकृत थी जिसमें आधी मागधी और आधी शौरसेनी मिली होती थी। पर व्याकरणवाली अधिक विशेषता मागधी की होने के कारण वह 'अर्धमागधी' कहलाती है, अर्धशौरसेनी नहीं। पिशाच देश की भाषा पैशाची थी। कश्मीर, नेपाल, सीमांत देश को वैयाकरणों ने पिशाच देश कहा है। कुछ लोग इसे मालवा के आसपास की भाषा मानते हैं। इसकी विशेषता यह है कि इसमें वर्ग के तीसरे-चौथे अक्षर, पहले-दूसरे अक्षर हो जाते हैं। जैसे 'दामोदर' को 'तामोतर' कहेंगे। पंजाबी 'भाईजी' को आज भी 'पाईजी' ही कहते हैं। कश्मीर का मछुआ किसी परदेशी को तीखी धारवाली नदी में जाने से रोकता हुआ कहता है—'मा कच्च' (मा गच्छ—मत जाओ)। इससे यह प्रकट होता है कि चाहे मालवा से यह भाषा उत्तर में गई हो चाहे उत्तर से मालवा में आई हो।

संस्कृत भाषा देश भर में व्याप्त थी और सभी प्रदेशों के लोग उसे अपने-अपने ढंग से लिखते-बोलते थे। फिर भी देशभेद से संस्कृत के रूपों में बहुत बड़ा अंतर नहीं हुआ था। यह अवश्य सुनने को मिलता है कि संस्कृत की क्रियाओं के झमेले से बचने के लिए दक्षिण के लोग कृदंतों का व्यवहार करते हैं। पर महा-राष्ट्री संस्कृत, मागधी संस्कृत ऐसे भेद संस्कृत में नहीं हुए। प्राकृतों के व्यवहार से देशगत विशेषताएँ बहुत कुछ स्पष्ट होने लगीं और शौरसेनी, मागधी आदि देश के कारण रखे गए नाम स्वीकृत करने पड़े। फिर भी प्राकृतों में उतने भेद नहीं हो सके और प्राकृतों में जो रचनाएँ हुईं अर्थात् साहित्य बना उसमें भी महाराष्ट्री प्राकृत का व्यवहार होने से वह भी जनभाषा से दूर पड़ने लगी और उसकी भी वही स्थिति हो गई जो संस्कृत की हुई थी। परिणाम यह हुआ कि जनता की भाषा प्राकृत से नीचे खिसककर अपना रूप बदल बैठी। जनता की इस भाषा का नाम 'अपभ्रंश' हुआ।

समूचे देश में अपभ्रंश का प्रसार वैसा ही हुआ जैसा संस्कृत और उसके अनंतर प्राकृत का हुआ था। 'अपभ्रंश' नाम भी संस्कृत और प्राकृत के पंडितों का ही दिया जान पड़ता है। यदि प्राकृत का अर्थ 'साधारण' और संस्कृत का अर्थ

'विशिष्ट' लिया जाय तो यह कल्पना की जा सकती है कि जनता की भाषा को संस्कृत के पंडितों ने ही 'प्राकृत' नाम दिया होगा। 'प्राकृत' का अर्थ 'साधारण' या लौकिक तुलसीदास तक ने लिया है—

कीन्हे 'प्राकृत' जन गुन गाना।
सिर धुनि गिरा लगत पछिताना। 1।11।7
यह 'प्राकृत' महिपाल सुभाऊ।
जानिसिरोमनि कोसलराऊ।1।28।10

अपभ्रंश का व्यवहार जब व्यापक हुआ तब उसमें बहुत से भेद हो गए और ये भेद देश के ही कारण हुए थे। इसका उल्लेख व्याकरण के पुराने आचार्यों ने किया है। प्राकृत भाषा में देशभेद के कारण जो रूपभेद था उससे कहीं बहुत अधिक रूपभेद अपभ्रंश में देशभेद से हो गया। किंतु इसके बहुत से भेदों की छान-बीन नहीं की गई है। इसका एक कारण यह भी था कि साहित्य में जब अपभ्रंश का व्यवहार होने लगा तब उसके अनेक रूप हो गए थे और उसमें लिखी हुई अधिकतर रचनाएँ वैयाकरणों को मिलनी कठिन हो गईं। इसलिए अपभ्रंश पर न अभी पूरा काम हुआ है और न उसके विविध भेदों का पूरा विचार ही हो सका है। किंतु यह निश्चित है कि उसमें अत्यधिक भेद हो गए थे। पिछले काँटे 'अपभ्रंश' का नाम 'अवहट्ट' भी मिलता है। जो 'अपभ्रष्ट' शब्द का 'अपभ्रंश' भाषा का रूप है। प्रसिद्ध कवि विद्यापति ने अपनी कीर्तिलता नाम की पुस्तक में इसे अवहट्ट लिखा है—

देसिल बअना सब जन मिट्ठा।
तें तैसन जंपञो अवहट्ठा॥

अपभ्रंश में जैनों के बहुत से ग्रंथ लिखे हुए हैं। जिनमें से अभी बहुत थोड़े प्रकाशित हुए हैं। जब अपभ्रंश में साहित्य का निर्माण होने लगा और वह जनता से कुछ दूर पड़ने लगा तब देशी भाषाओं का उद्भव हुआ और इस रूप में इतना अधिक विभेद होने लगा कि प्रत्येक प्रदेश की जनभाषा दूसरी से बहुत पृथक् हो गई। देशी भाषाओं के पृथक्-पृथक् रूपों का उद्भव लगभग विक्रमी संवत् एक सहस्र (1000) के होने लगा। आरंभ में देशभाषा का नाम 'नागरी' था। क्योंकि देशभाषा की प्राग्वर्ती भाषा अपभ्रंश के दो भेद बहुत स्पष्ट दिखाई देते थे, जिन्हें विद्वानों ने नागर और ब्राचड़ कहा है। नागर अपभ्रंश व्यापक था। इसलिए जो भाषा जनता में अपभ्रंश के अनंतर सिर उठाने लगी उसका नाम 'नागरी' पड़ गया। व्यापक देशभाषा का नाम देशी लोगों का दिया हुआ 'नागरी' ही है। इसी

भाषा को विदेशी लोग हिंदी, हिंदुई या हिंदवी कहते हैं। जिस समय भाषा इस स्थिति को पहुँची उस समय बाहर से आनेवाले मुसलमानों के भारत पर आक्रमण भी आरंभ हो गए थे। व्यापार-संबंध से या विद्या-संबंध से आनेवाले लोगों से पहले से भी संपर्क हो चुका था। विदेशी सिंधु नदी पार करके आते थे और इस देश को सिंधुदेश मानते थे। इसी सिंधु से हिंदु, हिंद, हिंदी आदि सभी नाम निकले हैं। आज तक अरब आदि देशों में भारत के रहनेवाले हिंदु ही कहलाते हैं, चाहे वे आर्य हों, द्रविड़ हों या मुसलमान। इसी प्रकार यहाँ की भाषा हिंदुई या हिंदी कही जाती है। इस प्रकार स्पष्ट हो जाता है कि अपभ्रंश के अनंतर जनता की भाषा जो बहुत व्यापक क्षेत्र में चलती थी नागरी या हिंदी कहलाती थी। पर धीरे-धीरे एक-एक प्रदेश की भाषा विकसित होकर एक दूसरे से पृथक् होने लगी और सौ-दो सौ वर्ष के भीतर ही बंगाली, पंजाबी, गुजराती, राजस्थानी आदि के पृथक् रूप दिखाई पड़ने लगे। राजस्थान में व्यापक 'नागरी' का नाम 'पिंगल' चलने लगा। इसका कारण यह था कि इसमें रचना करनेवाले छंद के जो ग्रंथ पढ़ने पड़ते थे उनका नाम 'पिंगल' था। इसी के जोड़ पर उन्होंने अपनी काव्य-भाषा का नाम 'डिंगल' रख दिया था। छंदशास्त्र के अनुसार छंदों के आदिकर्ता 'पिंगल' ऋषि माने गए हैं जो शेषनाग के अवतार कहे जाते हैं। इसी से पिंगल भाषा का नाम 'नागभाषा' भी पड़ गया है, जिसका उल्लेख भिखारीदास ने किया है:

यह सब होने पर भी जनता में चलनेवाली भाषा का नाम सामान्यतया 'भाषा' था। संस्कृत के ग्रंथों की हिंदी में लिखी हुई टीकाओं का नाम बराबर 'भाषा टीका' लिखा मिलता है। यह 'भाखा' यद्यपि देशभेद के कारण विभिन्न रूपोंवाली हो गई थी तथापि आरंभ में इसका ढाँचा शौरसेनी 'प्राकृत' के प्राचीन क्षेत्र मथुरा-आगरा अर्थात् ब्रज की बोली या भाषा थी। पर कवि लोग अन्य प्राकृतों के जन्मस्थान में जो बोली विकसित हुई उसमें भी रचना करते थे। अर्ध-मागधी का स्थान वही है जिसे 'अवध' कहते थे। इसलिए अवध की विकसित बोली में जो रचनाएँ हुईं वे अवधी भाषा की रचनाएँ कही गईं। मागधी भाषा का क्षेत्र बिहार था और इसमें जो बोली विकसित हुई वह मिथिला देश के कारण 'मैथिली' कहलाई। इसी मैथिली हिंदी में विद्यापति ने अपने गीत लिखे हैं। मागधी से ही बंगाली भाषा निकली है। बंगाल के पुराने कवियों ने बंगाली हिंदी में रचनाएँ की हैं। इसी प्रकार पंजाबी हिंदी, राजस्थानी हिंदी, गुजराती हिंदी, मराठी हिंदी में भी प्राचीन रचनाएँ हो चुकी हैं। यही कारण है कि भारत के उत्तरापथ में बोलियों के अधिक विकसित हो जाने के कारण चाहे सर्वत्र हिंदी बोली न जाती हो पर समझी वह सर्वत्र जाती है। भौगोलिक दृष्टि से हिंदी का क्षेत्र पूर्व में बंगाल, पश्चिम में पंजाब, दक्षिण में मध्य प्रदेश और उत्तर में हिमालय की तराई है।

'नागरी' के देशभेद से कई रूप थे। शौरसेनी और मागधी के मिश्रण से अर्ध-मागधी बनी और अर्धमागधी से विकसित होकर अवधी भाषा बन गई। केवल शौरसेनी के विकास से ब्रजभाषा का उद्भव हुआ। शौरसेनी और कुछ पैशाची के मेल से जिस बोली का विकास हुआ वह पहले 'रेखता' और फिर 'खड़ी बोली' कहलाई। 'रेखता' शब्द के लोगों ने तरह-तरह के अर्थ किए हैं। पर उसका अर्थ 'बैठी हुई', 'जमी हुई' अर्थात् 'पुष्ट भाषा' है। जो अर्थ 'नागरी' शब्द का है वही 'रेखता' का। और वैसा ही अर्थ 'खड़ी बोली' का भी है। 'खड़ी' का अर्थ 'उठकर खड़ी हुई' न मानकर 'खरी' अर्थात् पुष्ट, परिष्कृत, शिष्ट मानना ही अधिक संगत जान पड़ता है। यों तो हिंदी का क्षेत्र पहले बहुत व्यापक था पर आज दिन हिंदी कहने से ब्रजभाषा, खड़ी बोली और अवधी तीनों का, जो हिंदी की उपभाषाएँ हैं, ग्रहण होता है। पहले हिंदी मैथिली और हिंदी राजस्थानी भी इसी के अंतर्गत थीं। अर्थात् हिंदी कहने से प्राचीन मैथिली और प्राचीन राजस्थानी के ग्रंथ भी उसी के ग्रंथ माने जाते थे। इसी से हिंदी-साहित्य के इतिहासकारों ने विद्यापति (मैथिली के कवि) और मीराबाई (राजस्थानी की कवयित्री) को हिंदी का ही कवि माना है।

हिंदी की तीनों उपभाषाओं अवधी, ब्रजी और खड़ी बोली में अंतर यह है कि ब्रजी और खड़ी बोली में खिचाव की प्रवृत्ति है और अवधी में फैलाव की। जैसे, संस्कृत का 'पिपासा' शब्द ब्रजी और खड़ी बोली में 'प्यास' होगा, पर अवधी में इसका रूप 'पिआस' या 'पियास' होगा। खड़ी बोली के आकारांत पुंलिग शब्दों को सामने रखने से तीनों का अंतर समझने में सरलता होती है। खड़ी बोली का 'घोड़ा' ब्रजी में 'घोड़ो' और अवधी में 'घोड़' होता है। खड़ी बोली की 'ने' विभक्ति ब्रजी में होती है, पर यह आवश्यक नहीं है कि वह सब स्थानों पर प्रकट रहे। 'कृष्ण ने कह्यौ' और 'कृष्ण कह्यौ' दोनों हो सकते हैं। किंतु खड़ी बोली में केवल एक ही रूप होता है। 'कृष्ण ने कहा' हो सकता है, 'कृष्ण कहा' नहीं। ध्यान देने की बात यह है कि ब्रजी में 'ने' के हट जाने पर भी क्रिया का रूप नहीं बदलता और जहाँ 'ने' की आकांक्षा होती है वहाँ क्रिया खड़ी बोली के समान कर्म के अनुसार ही रहती है। पर अवधी में न 'ने' विभक्ति होती है और न कर्म के अनुसार क्रिया। हैदराबाद में खड़ी बोली का जो दक्खिनी रूप मिलता है उसमें भी 'ने' चिह्न का प्रयोग नहीं होता। खड़ी बोली के 'ने' चिह्न ने बहुतों को परेशान कर रखा है। यहाँ इतना ही बताना प्रयोजन है कि कभी विना 'ने' के भी भाषा का काम चला करता था। पूरब के रहनेवाले, जिनकी भाषा में 'ने' नहीं है अथवा कर्मणि प्रयोग नहीं है, प्राय: हिंदी के जानकारों के सामने 'आप कहे', 'आप लिखे', 'आप सुने' बोलते हैं और उपहास के पात्र बनते हैं।

हिंदी के इस ऐतिहासिक और पारंपरिक रूप को हृदयंगम कर लेने से यह

स्पष्ट हो जाता है कि उसका विस्तार कितना अधिक है । जब यह दिखाई देता है कि हिंदी बोलनेवाले बहुत दूर तक फैले हुए हैं और जब यह सुनाई देता है कि हिंदी के समझनेवाले उससे भी अधिक बड़े क्षेत्र में हैं तब हिंदी की व्यापकता स्पष्ट हो जाती है। संप्रति हिंदी के अंतर्गत जो उपभाषाएँ हैं वे भी अपना अलग-अलग विकास कर रही हैं। इससे यह बात स्पष्ट हो जाती है कि प्राचीन समय में हिंदी के नाम पर जो बहुत विस्तृत क्षेत्र में रचना होती थी वह क्यों धीरे-धीरे पृथक्-पृथक् विकास के कारण अलग-अलग हो गई। संप्रति अधिकतर रचनाएँ खड़ी बोली में हो रही हैं। यदि अवधी और ब्रजी ने अपना विकास और कर लिया तथा उनकी पृथकता घोषित की गई तो जैसे मैथिली और राजस्थानी की आधुनिक रचनाएँ हिंदी से अलग हो गई हैं वैसे ही इनकी रचनाएँ भी हिंदी से अलग हो जायँगी। किंतु इसका तात्पर्य यह कदापि नहीं हो सकता कि इन भाषाओं में जो प्राचीन समय में रचनाएँ हुई हैं वे हिंदी की रचनाएँ न कही जा सकें। अपभ्रंश भाषा के अनंतर प्रादेशिक विशेषताओं को लिए हुए देशी भाषाओं का जो निखार होने लगा और उस समय उनमें जो रचनाएँ की जाने लगीं वे सब पुरानी हिंदी ही हैं। पुरानी बँगला, पुरानी गुजराती, पुरानी मराठी हिंदी के ही अंग हैं; वे पुरानी हिंदी ही हैं।

साहित्य

'साहित्य' और 'वाङ्मय' दो शब्द संप्रति समानार्थक हो गए हैं। हिंदीवाले जिसे 'साहित्य' से प्रकट करते हैं मराठीवाले उसके लिए 'वाङ्मय' का व्यवहार करते हैं। 'साहित्य' शब्द 'काव्य' के लिए कब से चला यह कहना कठिन है। पर 'शब्दार्थौ सहितौ काव्यम्' के समय से इस अर्थ में इसका व्यवहार होने लगा यह अनुसंधायक कहते हैं। 'साहित्य' में शब्द और अर्थ दोनों रहते हैं। दोनों समान शक्ति से रहते हैं; पृथक्-पृथक् नहीं रहते, शिव-पार्वती की भाँति संपृक्त रहते हैं। पर आगे चलकर 'साहित्य' शब्द काव्य-मीमांसा के ग्रंथों के नाम में मिलता है। अर्थात् साहित्य के पेटे में काव्य और उसका शास्ता शास्त्र दोनों आ गए। काव्य 'वर्णना-चर्वणा' की कृति के लिए और साहित्य 'विचारणा' की कृति के लिए आने लगा। 'साहित्य' शब्द के अर्थ का संकोच हुआ। पर संप्रति विस्तार हो रहा है। अब यह 'वर्णना-चर्वणा' की कृति से उसकी 'विचारणा' की कृति तक ही अपने

आभोग को नहीं रखना चाहता, किसी विषय के विचार-विवेचन के ग्रंथ-समुदाय का भी बोध कराने लगा है। इस अर्थ के लिए दूसरा ही शब्द 'वाङ्मय' है। सार्थक वाणी का संकलित रूप वाङ्मय है। वेद जिनमें शब्द की प्रधानता है, पुराण जिनमें अर्थ की प्रधानता है, काव्य जिसमें शब्द-अर्थ समभाव से रहते हैं और शास्त्र जिनमें किसी विषय की विस्तार-सीमा का शासन, विचार-विवेचन होता है सभी 'वाङ्मय' हैं।

साधारणतः भ्रमवश पुस्तकाकार मुद्रित सभी सामग्री 'साहित्य' समझ ली जाती है। 'साहित्य' का तत्त्व 'लोकरंजन' माना जाय चाहे अलौकिक रसास्वाद, वैयक्तिक, स्थानिक अथवा व्यापार-बुद्धि का अनुरंजक नहीं होता 'साहित्य'। इससे 'साहित्य' की सीमा का संकोच होता हो तो हो। जो पुस्तकाकार मुद्रित है वह 'साहित्य' नहीं। न जाने कितना लिखित साहित्य वेष्टनों में बँधा पड़ा है, मत्स्यकीट, दीमक तथा अन्य कीड़े-मकोड़े न जाने इस लिखित में से कितना चट कर गए। न जाने कितना लिखित साहित्य युद्ध, अभियान, अग्निदाह, बाढ़, बवंडर के कारण जल गया, गल गया, उड़ गया, मिट्टी में मिल गया; जिन्हें मुद्रित होने का सौभाग्य न मिला, न मिलने की संभावना है। जो बचा है उसको और उसमें से सबको यह सौभाग्य मिलेगा यह भी अनिश्चित है। न जाने कितनी कृति लिखी ही नहीं गई। मुख से निकली, कानों से टकराई, मन में समाई और समाप्त। न कर्ता ने लिखो, न श्रोता ने सँजोई। कुछ ग्राहकों के 'कंठ' में ही चंक्रमण करती रही, लिपि के पथ पर आई ही नहीं। प्राचीन काल में जब मुद्रण-यंत्र का पता भी न था, वेद-शास्त्र की, निगम-आगम की, श्रुति-स्मृति की मौखिक परंपरा थी। एतावता पुस्तक या ग्रंथ 'साहित्य' का पर्यायवाची या सभी अवस्था में उसका बोधक नहीं। पुस्तक का आकार धारण करने पर भी बहुत-सा आकलन 'साहित्य' नहीं। पुस्तकों के सूचीपत्र, विज्ञापन, रेलवे समयसारिणी, कैटलाग आदि पुस्तकाकार होकर, छपकर भी 'साहित्य' नहीं।

'साहित्य' की इस अनिश्चित धारणा का परिहार डीक्वेंसी के अनुसार वाङ्मय के दो विभिन्न रूपों का अतर समझ लेने से हो सकता है। ये दो बहुत स्पष्ट हैं। एक को 'ज्ञान-वाङ्मय' और दूसरे को 'शक्ति-वाङ्मय' कहना चाहिए। पहले का कार्य है उपदेश, शिक्षा या ज्ञान और दूसरे का संवेदन, आंतर स्पंदन, तल्लीनता। वाङ्मय नौका हो तो पहला पतवार है और दूसरा डांड़ा या पाल। पहले का लगाव तर्क या बुद्धि से और दूसरे का लगाव मन या हृदय से है। 'शक्ति-वाङ्मय' से भी उपदेश या शिक्षा मिलती है, पर आरंभ में वह मनोवेगों, अनुभूतियों आदि को उत्तेजित करता है। यदि ऐसी शक्ति न हो तो उसे 'शक्ति-वाङ्मय' कहा ही क्यों जाय। परमार्थतः मानवीय मनोवृत्तियों का विस्तार ज्ञान के विस्तार से कम नहीं। भ्रम यह है कि पुस्तकों का प्रयोजन ज्ञान का संपादन

मात्र मान लिया गया है। 'शक्ति-वाङ्मय' का ध्येय ज्ञान-संपादन भी है, पर प्रत्यक्ष नहीं, परोक्ष। उसका प्रत्यक्ष साध्य हृदय-संपादन है, मानसावगाहन है। यह विरोधाभास कैसा! ज्ञान-संपादन जब किसी-न-किसी रूप में या किसी-न-किसी सोपान पर होता है तब एक को कुछ और दूसरे को कुछ क्यों कहा जाए। ज्ञान का तात्पर्य है सत्य की नूतन उपलब्धि। 'शक्ति' में नूतन ज्ञान की नहीं, नूतन या अलौकिक या शुद्ध अनुभूति-लोक की प्राप्ति होती है। निर्बल के प्रति करुणा, अनाचारी के प्रति क्रोध, लोकोपकारी के प्रति श्रद्धा, सुंदर या रुचिर के प्रति प्रेम आदि का उदय ज्ञान की नूतनोपलब्धि से किसी प्रकार कम महत्त्वशाली नहीं। यदि जानकारी या ज्ञान ही प्रधान हो तो प्रश्न होता है कि 'रामचरितमानस' से आप क्या सीखते हैं, पर सिलाई की पुस्तक में आपको नई-नई बातें मिलेंगी। प्रत्येक अध्याय में, प्रत्येक अनुच्छेद में, आपको ऐसी बातें मिलेंगी जो आपको पहले से ज्ञात नहीं थीं। तो क्या सिलाई की साधारण पुस्तक 'रामचरितमानस' से ऊँची मानी जाय। 'मानस' से आप वैसा ज्ञानार्जन नहीं करते, पर उससे 'सद्यः-परनिर्वृति' अवश्य मिलती है। हम रागद्वेषमय जीवन, लौकिक परिस्थिति से मुक्ति पा जीवन्मुक्त हो अनुभूति में लीन हो जाते हैं, रज-तम की अंधता वा अंधकार को पीछे छोड़ या नीच कर सत्व के प्रकाशमय अलौकिक लोक में पहुँच जाते हैं, चिन्मय हो जाते हैं, अनुभूति मात्र रह जाते हैं। परिस्थितियों से ऊपर उठना क्या सिलाई की पोथी से संभव है या इसी प्रकार की अन्य पोथियों या ग्रंथों से संभाव्य है। 'शक्ति-वाङ्मय' की अनुभूति अलौकिक इस अर्थ में है कि वह रागद्वेषमय जीवन से हमें ऊपर उठा देती है।

शरीर के स्नायु व्यायाम से ठीक रहते हैं, रक्तसंचार समुचित रीति से होता रहता है। 'शक्ति-वाङ्मय' मन का व्यायाम कराता है। यदि यह व्यायाम न हो तो मन में जकड़बंदी हो जाती है, विकार संचित हो जाता है। ऊपर उठना तो दूर, जो जिस परिस्थिति में है वहीं पड़ा रह जाता है। भारत में पुराणों और काव्यों के श्रवण का सामूहिक नियम बहुत दिनों से है। यह मानस-व्यायाम की योजना है। भारतीय साहित्यशास्त्र काव्य के दो ही प्रमुख भेद मानता है––दृश्य और श्रव्य। दृश्य या श्रव्य नाम सामूहिक सम्मिलन से ही चरितार्थ हो सकता है। पाठ्य होकर व्यक्ति की सीमा में ही रहेगा। सामुदायिक भाव (कलेक्टिव इमोशन) का ध्यान यहाँ के साहित्य को आरंभ ही से रहा।

आजकल यथार्थ, अतियथार्थ का कोलाहल साहित्य-क्षेत्र में बहुत हो रहा है और आदर्श को कृत्रिम, अनुपयोगी कहा जा रहा है। पर यह नहीं सोचा जाता कि काव्य, नाटक, उपन्यास या कथा-कहानी में आदर्श के नाम पर न्याय, सत्य, करुणा आदि की उदात्त वृत्तियों के उद्दीपन-संदीपन का जो आयोजन किया जाता है वह इसलिए कि यदि वास्तविक, प्रकृत या यथार्थ जीवन तक ही साहित्य की

ये शाखाएँ रह जायँ तो उदाहरण के अभाव में उन उदात्त प्रवृत्तियों का विनाश हो जायगा। भारतीय अपने काव्यग्रंथ सुखांत क्यों रखते थे। पश्चिमी साहित्य में जिसे काव्यगत न्याय (पोयटिक जस्टिस) कहते हैं वह योजना क्यों हो। इस विधान से जिस न्याय-नीति की विजय दिखाई जाती है उसे साधारणतया जागतिक न्याय-नीति से भिन्न समझा जाता है। भिन्नता मात्रा में होती है। स्वरूप में भिन्नता नहीं होती। काव्य की न्याय-नीति उसके विधाता के शासन में रहती है। वह इच्छानुरूप परिणाम घटित कर सकता है।

यदि शक्ति-वाङ्मय या साहित्य न होता तो जीवन में भी सरसता कथमपि न आ सकती। हमारी मनोवृत्तियाँ नीरस, रूखी-सूखी ही रह जातीं। उनका विकास, परिष्कार-संस्कार न हो पाता। मनुष्य पशु ही रह जाता। साहित्य मनुष्य को मनुष्य बनाए रखने के लिए है। उसे सामान्य मानवता, पशुत्व, दानत्व आदि से ऊपर करके पूर्ण मानवत्व, देवत्व का वरदान देनेवाला है। यह सोलह आने सत्य है कि साहित्य-साधना से पराङ्मुख प्रायः पशु रह जाता है।

कोई कृति कोरा उपदेश देकर वह कार्य संपन्न नहीं कर सकती जो साहित्य का हो सकता है। कोरा उपदेश 'साहित्य' नहीं है, ऐसा उपदेश चाहे वेद का हो, चाहे साक्षात् ब्रह्म ही ने क्यों न दिया हो, सिद्ध-संत, महात्मा-फकीर, पीर-पैगंबर के कोरे उपदेश, किसी संप्रदाय के नीति-नियम की शिक्षा 'साहित्य' नहीं। जो रचना मनोवेगों को उद्दीप्त, उत्तेजित प्रबुद्ध नहीं कर सकती वह साहित्य नहीं। भावोद्दीपन साहित्य का प्रथम कार्य है। इसके अनंतर यदि उपदेश-शिक्षा भी मिले तो मिले। तुलसीदास की रचना दोनों काम करती है—भावोद्बोधन भी और उपदेश-दान भी; उद्बोधन प्रधान है, उपदेश-दान गौण। पर सूरदास की रचना भावोत्तेजन ही करती है, उपदेश से उसे प्रयोजन नहीं। साहित्य दोनों हैं। किंतु कबीर की रचना उपदेश तो देती है पर भावोन्मेष नहीं लाती। उनके उपदेशों को अत्यंत ऊँचा मानकर भी उन्हें 'साहित्य' या 'काव्य' कहने में बहुतों को संकोच होता है। यहीं यह भी स्पष्ट कर देना है कि किसी कृति को साहित्य न मानने या कहने का यह तात्पर्य नहीं कि जीवन के दूसरे क्षेत्र या वाङ्मय के अन्य रूप में भी वह उत्तम नहीं है। यदि संतों के अंध समर्थक बुरा न मानें तो कहा जा सकता है कि किसी महात्मा की रचना होने से कोई कृति साहित्य नहीं होती, साहित्य में आदिकाल से ऐसी बहुत-सी रचना मिलती हैं जिसका कर्ता नीति-नियम या समाज की मर्यादा, धर्मशास्त्र अथवा संतोपदेश की दृष्टि से दुरात्मा या दुराचारी ही कहा जा सकता है। 'साहित्य' की दृष्टि निर्माता-विधाता की ओर नहीं होती, निर्मिति की ही ओर होती है। न जाने कितने कवियों का जीवन अज्ञात ही रह जाता है, हिंदी के बड़े-बड़े कवियों तक का जीवनवृत्त नहीं मिलता। इसी से कि साहित्य को निर्माता की चिंता नहीं होती। पश्चिमी आलोचना जो कहती है कि निर्माण को

देखो निर्माता को नहीं, उसमें कुछ सत्य है।

राजशेखर भी वाङ्मय के दो भेद करते हैं—'काव्यं शास्त्रं चेति वाङ्मयं द्विधा'। काव्य अविचारित रमणीय होता है। 'अविचारित' का अर्थ है स्वतः निःसृत; विचार-उपदेश से रहित, सामान्य विचार-परंपरा से भिन्न, कल्पनारूढ़ मात्र नहीं। 'अविचारित' का अर्थ 'बे-सिरपैर' का नहीं है। शास्त्र 'विचारित सुस्थ' होता है। उसमें विचार की व्यवस्था होती है, कहीं से भी त्रुटि-दोष नहीं रहता। पर उसमें 'रमणीयता' नहीं होती। साहित्य में 'रमणीयता' का विशेष महत्त्व है। पर यह हो सकता है कि कोई कृति विशेष हेतुओं से रमणीय न होने पर भी किसी को रमणीय जान पड़े अथवा यह भी हो सकता है कि कोई रचना किसी को रमणीय होते हुए भी वैसी न जान पड़े। इसी से शास्त्र की उत्तमता के पारखी तो ज्ञानी-विज्ञानी, मतिमान्-तार्किक ही माने जाते हैं, पर काव्य या साहित्य के पारखी 'सहृदय' होते हैं। ज्ञान का क्षेत्र बुद्धि है, शक्ति का क्षेत्र हृदय। कभी-कभी दोनों का सांकर्य भी होता है। अतः प्रधान-गौण या साध्य-साधन की दृष्टि से निर्णय किया जा सकता है।

ज्ञान-वाङ्मय को पराजय का भय रहता है, शक्ति-वाङ्मय को नहीं। ज्ञान-विज्ञान की दूसरी अच्छी पुस्तक निकल गई, पहली को ही दूसरे क्रम से किसी ने सजाकर रख दिया तो पहली का महत्त्व घट गया। पर शक्ति-वाङ्मय विजयिनी सत्ता है। किसी विषय पर शत-सहस्र ग्रंथों के निकलने पर भी उसके प्रथम के या अन्य किसी ग्रंथ का महत्त्व नष्ट नहीं होता। सब अपने-अपने स्थान पर स्थित रहते हैं। ज्ञान और शक्ति अथवा विज्ञान और साहित्य में तत्त्वतः प्रकार-भेद है—नर-नारी की भाँति, मात्रा-भेद नहीं है—पहाड़-पहाड़ी की भाँति। दोनों में असमानता है। एक को दूसरा नहीं कह सकते। दोनों के विश्लेषण के मानदंड भी इसी से भिन्न हो सकते हैं। पर भिन्न होते हुए भी दोनों एक दूसरे के पूरक हो सकते हैं। यह समझ ठीक नहीं कि साहित्य और विज्ञान कभी मिल ही नहीं सकते। 'साहित्य' में जीवन की स्वाभाविक सरणि का सामग्री रूप में उपयोग होता है, पर उसकी अपनी अनुभूति स्वाभाविक सरणि की अनुभूति से भिन्न या परिष्कृत होती है। उसमें सुख-दुःख की ऐसी निर्विशेष अनुभूति होती है जिसे केवल 'आनंद' कहा गया है। उसका अंतर्भाव किसी दूसरे वाङ्मय में नहीं हो सकता। उसकी स्वच्छंद सत्ता है, उसमें सरसता की कोटियाँ हैं, विविधता है। मम्मटाचार्य ने कहा ही है—

नियतिकृतनियमरहितां ह्लादैकमयीमनन्यपरतन्त्राम्।
नवरसरुचिरां निर्मितिमादधती भारती कवेर्जयति॥

साहित्य का मुक्तिमार्ग

दु:खत्रय से मुक्ति पाने की साधना मानव अत्यंत प्राचीन कल्प से कर रहा है। पर उसकी आत्यंतिक निवृत्ति आज तक न हो सकी। दैहिक दु:ख की तो बहुत कुछ निवृत्ति अनेक प्रकार की जड़ी-बूटियों के प्रयोग से, रसौषधों के व्यवहार से, चीर-फाड़ आदि के द्वारा उसने कर ली। अपनी ही नहीं, अपने आश्रित या सहायक अन्य जीवों की भी, गाय-बैलों, हाथी-घोड़ों, कुत्ते-बिल्लियों, सुग्गे-मैनाओं आदि की भी चिकित्सा करके वह उन्हें अच्छे कर लेता है। पेड़-पौधों, लता-बेलों के रोगवारण की विधियाँ भी उसने पुराने काल में ही आविष्कृत कर ली थीं। दैविक बाधा से अपने बचाव का कृत्रिम उपाय उसने निकाला। आँधी-तूफान से वह बचने लगा, मूसलाधार वृष्टि और करका से अपनी सुरक्षा की, यहाँ तक कि वज्रपात से भी वह बच निकला। भौतिक ताप से भी उसने अपना परित्राण किया। सिंह-भल्लूक से उसे मुक्ति मिली। सरीसृपों वृश्चिक-सर्पों से उसका त्राण होने लगा। तिमिंगिल-मकरों का भी भय दूर हुआ। पर मानव को मानव से मुक्ति नहीं मिली। बली आज भी निर्बल को सता रहा है। शारीरिक बल ही नहीं, बुद्धि के बल से, धन के बल से निर्बुद्धि-निर्धन आज भी त्रस्त हैं। न जाने कब तक त्रस्त रहेंगे।

समाज का संघटन मानव ने इसलिए किया था कि बली निर्बल को न सताए। निर्बल को भी जीने, खाने-पीने, भोग-विलास करने का समान अधिकार प्राप्त हो। पर सृष्टि के आदिम युग का मत्स्यन्याय विकसित-संस्कृत मानव में आज भी वर्तमान है, प्रत्युत उसका रूप भी भीषणतम होता चला जा रहा है। प्रकृति के सहज बंधनों से तो उसने मुक्ति का मार्ग निकाल लिया, पर अपनी कृति के कृत्रिम बंधन में वह दिन पर दिन जकड़ता चला जा रहा है। एक व्यक्ति को दूसरे व्यक्ति से भय बढ़ रहा है, एक जाति को दूसरी जाति से भय बढ़ रहा है, एक देश को दूसरे देश से भय कम नहीं हो रहा है। यह भय कैसे दूर हो इसका विचार करनेवाले दिन-प्रतिदिन कम होते चले जा रहे हैं। यह भय कैसे बढ़े इसकी युक्ति निकालनेवाले दिन-दूने रात-चौगुने बढ़ते चले आ रहे हैं। इस भय को दूर करने की सलाह देनेवाला निर्बल कहा जाता है। भय से त्राण निर्बल ही चाहता है, सबल तो निर्भय है।

मुक्ति की साधना में सभी लगे हैं। धर्म कहता है कि मैं मुक्ति का साधक हूँ। राजनीति कहती है कि मैं मुक्ति की साधिका हूँ, परतंत्रता से मुक्ति दिलाती हूँ, दिला सकती हूँ। दर्शन कहता है—मैं मोक्षप्रदाता हूँ, मरकर मुक्त हो सकते हो, जीते जी मुक्त रह सकते हो, जीवन्मुक्त कहे जा सकते हो। पर धर्म, राजनीति,

दर्शन सभी बंधन ही बढ़ाते चले जा रहे हैं। ज्ञान से क्या होगा, अनुभूति और व्यवहार की अपेक्षा है। आम मीठा है यह जान लेने से क्या होगा, उसका स्वाद मिले बिना यह ज्ञान किस काम का। यदि निर्बल त्रस्त ही रहा तो धर्म के पाप-पुण्य का सिद्धांत बघारने से, स्वर्ग-नरक का लोभ-भय दिखाने से क्या हुआ। यदि पराधीनता बनी ही रही तो राजनीति के पोथे पढ़ने-पढ़ाने, सुनने-सुनाने और अपने निष्कलमष हृदय का झूठा प्रमाण देते रहने से भी क्या लाभ। यदि मनुष्यों में कुछ लोग, कुछ वर्ग, कुछ जातियाँ, अज्ञान या तमोमय स्थिति में पड़ी रहीं तो 'दर्शन' से क्या हुआ, ज्ञान के प्रकाश ने क्या किया।

जगत् दुःखमय है, इसलिए जगत् का ही त्याग कर देना चाहिए। भूखे रहकर उपवास करके प्राण दे दो, मोक्ष मिल गया। तुषानल में जल मरो, कंडे की आग में भस्म हो जाओ, 'करवत' से सिर चिरवा लो आदि अनेक वैराग्य-प्रधान मुक्तिमार्ग निकाले गए, पंथों की पगडंडियाँ बनीं, पर प्रकृति की हरियाली ने उन्हें छिपा लिया, वे मिट गईं। दंड-कमंडल, अजिनादि लेकर जंगल में जा बसने से भी मुक्ति न मिली। सारा जगत् विरागी या संन्यासी न हो सका, न हो सकेगा। यदि हो गया तो संन्यास भी उसी दिन समाप्त समझिए। चौथी सीढ़ी पर पहुँचने के लिए तीन डंडे पिछले भी पार करने होंगे। ब्रह्मचारी के अनंतर गृहस्थ होता सुखमय है, गृहस्थ होने पर वानप्रस्थ और संन्यास की महत्ता है। अतः संन्यास विश्वधर्म नहीं, सबके लिए नहीं। मुक्ति की साधना धर्म भी न कर सका, उसने जगत् को माया कहना आरंभ किया। दर्शन ने मोक्ष-कैवल्य के साधन की युक्तियाँ निकालीं। किसी ने कहा गिनती गिनकर जान लो, मुक्त हो गए। वृत्ति रोक लो, मन को मार डालो; न वृत्ति रहेगी, न मन रहेगा, न मनोज उत्पन्न होगा। पाप कटा। यह भी न हो सके तो यह जान लो कि हमीं सब कुछ हैं, हमीं ब्रह्म हैं। फिर क्या था, जिसे देखिए खँजड़ी लिए या डफ बजाते निकल पड़ा। निर्गुन गाया जाने लगा। पर जनता को न आत्मा का ज्ञान हुआ, न ब्रह्म का, न माया का। ज्ञान परिमिति की वस्तु है। वह जितना ही सूक्ष्म होता जायगा उसके ज्ञाता भी उतने ही अल्प होते जाएँगे। स्वार्थ की परितृप्ति के बिना परार्थ या परमार्थ की चरम साधना नहीं हो सकती। प्रवृत्ति से ही निवृत्ति जग सकती है, प्रवृत्ति को मारने से 'वृत्ति' की 'निर्गति' नहीं होती, 'नितरां गति' होने लगती है।

राजनीति स्वार्थ की परितृप्ति में ही लगी। एक व्यक्ति का स्वार्थ, एक वर्ग का स्वार्थ, एक जाति का स्वार्थ, एक देश का स्वार्थ, दूसरे व्यक्ति, वर्ग, जाति और देश के स्वार्थ के साथ झगड़ने लगा। परार्थ और परमार्थ ही राजनीति का भी लक्ष्य रहा, पर स्वार्थ (इंटरेस्ट) की इतनी पुकार हुई कि परार्थ और परमार्थ की ध्वनि भी नहीं सुनाई पड़ती। हाँ, निर्विशेष 'अर्थ' का कोलाहल बहुत हो रहा है। मनोवैज्ञानिक राजनीतिज्ञ 'काम' का डंका भी पीट रहे हैं। पर मानव की मुक्ति सधती

नहीं। मुक्ति की साधना के मार्ग कंटकाकीर्ण हो गए हैं। समाजवाद, साम्यवाद आदि के राजनीति-प्रेरित आंदोलन मुक्ति की साधना के लिए त्रासक और त्रस्त दोनों को लगाना चाहते हैं, क्रांतियाँ होनेवाली हैं। विनाश या प्रलय के अनंतर स्वतः सृष्टि होती है। सारे शरीर से विकारग्रस्त अंश या दोष निकाल देने से शरीर स्वतः स्वस्थ होने लगता है। क्रांतियाँ यही सब करेंगी।

इसका हेतु यह है कि बाहरी उपचार से मुक्ति हो नहीं सकती। इसके लिए भीतरी प्रयोग आवश्यक है। विषयों से बँधकर मनुष्य स्वार्थ का त्याग पूर्ण रीति से कर नहीं सकता। स्वार्थ का त्याग हुए बिना, परार्थ या परमार्थ की प्रवृत्ति जगे बिना मुक्ति की साधना कैसी। जो विधान हृदय का संस्कार नहीं कर सकता वह मुक्ति का साधक नहीं हो सकता। मुक्ति की यह साधना चाहे जगन्मुक्ति की साधना हो चाहे आत्मा की शरीर से मुक्ति मात्र, जब तक हृदय प्रभावित नहीं होता और उसके परिष्कार दृढ़ और स्थायी नहीं होते, न मुक्ति सधेगी और न मानव अपने चरम लक्ष्य की प्राप्ति ही कर सकेगा। शरीर में रक्तदोष हो जाने पर जैसे भीतरी चिकित्सा के बिना वह दोष दूर नहीं होता और उस दोष के परिणामस्वरूप होनेवाले स्फोटक, व्रण आदि बाहरी उपचार से यत्किंचित् दबकर फिर उभरा करते हैं वैसे ही समाज-शरीर से दोष के निष्कासन के लिए भी भीतरी चिकित्सा अपेक्षित है और ऐसी चिकित्सा का साहित्य या काव्य के अतिरिक्त और कोई विधान करने में संप्रति समर्थ नहीं। भक्तिमार्ग में भीतरी चिकित्सा का प्रयोग हुआ था, पर उसका क्षेत्र भी परिमित था और धीरे-धीरे वह भी सांप्रदायिक होता गया। अतः साहित्य-काव्य के सिवा कोई दूसरा चारा नहीं रह गया है।

साहित्य में भी उसके प्रभाव की विशेषता के कारण अनेक प्रकार के वाद घुस रहे हैं। इनसे साहित्य की रक्षा करनी होगी। साहित्य भाव-योग है और मन से निकलकर मन को ही प्रभावित करनेवाला है। उसकी दृष्टि साधारण-सामान्य या व्यापक होती है। वह सबको समान देखता है, समभाव जगाता है। निष्करुण को करुणालुप्त, क्रूर को कोमल, कृपण को दानी, आलसी को कर्मठ, भीत को निर्भय आदि करने की शक्ति उसी में हैं। जब तक समाज को साहित्य का सहारा नहीं मिलता, नियम से बँधकर द्रवीभूत होनेवाला फिर कठोर हो जायगा। सचेष्ट और पूर्ण परिष्कार के बिना कृत्रिम विधान कब तक टिकेगा। इसलिए वर्तमान युग में मुक्ति की साधना साहित्य ही कर सकता है। पर काव्य-साहित्य को साधन मानकर चलने का परिणाम यह हो रहा है कि मुक्त होने के बदले मानव बँधता ही चला जा रहा है। काव्य-साहित्य साधन अवश्य है पर उसका अपना साध्य भी है। वह साध्य है जगत् के साथ मानव के भावात्मक संबंध की स्थापना, उसका परिचालन, उसकी व्यवस्था।

साहित्य की आराधना से व्यक्ति जीवन्मुक्त हो सकता है, अभयवत् अनुभव कर सकता है। निर्बल की सहायता के लिए मर सकता है, बली से लोहा ले सकता है, मरी हुई वृत्तियों को जिला सकता है, विकृत वृत्तियों को सुधार सकता है। राक्षस को देवता बना सकता है। पतितों का उद्धार कर सकता है। काव्य-साहित्य का उद्भव इसीलिए हुआ था कि विकारग्रस्त मन के कारण मत्स्यन्याय की वृद्धि होने पर वह उसे सँभालता चले। पर उसका दुरुपयोग होने लगा। सब प्रकार के विशेषों को हटाकर 'साधारणीकरण' की शक्ति उसी में है। फीकेपन को सरस यही करता आया है। अब उसके इस 'साधारणीकरण' की महत्ता को भुलाकर लोग न जाने किन-किन वादों के 'विशेषीकरण' में उसे लगा रहे हैं। साहित्य अपना सच्चा काम नहीं कर पाता। साहित्य की सत्ता धर्म, दर्शन, राजनीति की भाँति पृथक् भी है और सबसे समन्वित भी। स्वच्छंदता का विचार रखकर धर्म, राजनीति, समाज-नीति जब उससे काम लेंगी तभी वह अपना ठीक काम करेगा। पर आज साहित्य पर औरों का अधिकार वैसे ही होता जा रहा है जैसे साम्राज्यवादी किसी देश में अपना उपनिवेश स्थापित किया करते हैं। साहित्य के महारथी इसे किस प्रकार सहते हैं यही समझ में नहीं आता। कोई कहता है कि साहित्य की परख के पारखी हम हैं, हमारे साथ साहित्य दौड़े। वह यह नहीं सोचता कि हम गिरेंगे तो साहित्य भी गिर जाएगा। दौड़नेवाला ऐसा नहीं सोचता कि मैं गिरूँगा। पर दौड़ के निमित्त साहित्य को समेटनेवाले के लिए साहित्य के पारखी यह तो समझ ही सकते हैं कि खतरा क्या है।

साहित्य में मन रमकर जगत्-प्रपंच से मुक्त हो जाता है। मन का विकार दूर करने के लिए जो साधनाएँ योगी किया करता है वे इससे आपसे आप हो जाती हैं। केवल ज्ञान से क्या हो सकता है। साहित्य अनुभूति के द्वारा उस ज्ञान को सार्थक कर सकता है। अहंकार का त्याग इसका प्रथम लक्षण है। राजनीति केवल रजोगुण की साधना सिखलाती है, सात्विक भाव का उद्रेक साहित्य से ही हो सकता है। सत्वोद्रेक के अनंतर क्या 'चिन्मय' स्थिति होती है इसे अभिनवगुप्त, मम्मट, पंडितराज बहुत पहले बतला गए हैं। आधुनिक क्रोचे, ब्रैडले, रिचर्ड्स से पूछने पर भी यही उत्तर मिलेगा। जगत् के कल्याण का मार्ग अब साहित्य ही खोज सकेगा। पिछले युग में उसने जो कुछ किया उसे सभी जानते हैं और नीति, नियम, स्वार्थ आदि की वृद्धि से तथा साहित्य के त्याग से क्या हुआ इसे प्रत्यक्ष देख सकते हैं। कहाँ तो अब्दुर्रहीम खानखाना, जो रसखानि के समान भक्त भी नहीं हुए थे, ऐसे-ऐसे वचन कह गए हैं—

अच्युत-चरन-तरंगिनी सिव-सिर-मालति-माल।
हरि न बनायौ सुरसरी कीन्यौ इंदवभाल ॥

अर्थात् ऐ गंगे, तू विष्णु के चरणों और शिव के सिर पर बसती है। तुझमें स्नान करनेवाले लोग विष्णु भी हो जाते हैं और शिव भी। मेरी प्रार्थना है कि तू मुझे विष्णु मत बनाइयो, क्योंकि तुझे पैर से स्पर्श करते रहना मुझे स्वीकार नहीं, शिव बनाइयो जिससे तुझे सिर पर धारणा करूँ, तू मातृस्थानीया है। कहाँ मातृस्थान का आज क्या हुआ, सबके सामने है। 'साहित्य' का पल्ला छूट जो गया।

अतीत का अनुराग

साहित्य अतीत से अनुराग करता है—प्रधान रूप से। राजनीति वर्तमान को सिर पर उठाए चलती है—प्रमुख रूप से। राजनीति कहती है—अतीत शव है उसके ऊपर वर्तमान जीवित प्रत्यक्ष है। अतीत को भुला दो, वर्तमान को सँभालो, भविष्य की चिंता करो—नीति का उपदेश है। कोई कहता है कि 'अनुराग व्यर्थ है,' वर्तमान में ही साँस लेने का अभ्यास करने से अर्थ—स्वार्थ—की साधना होती है, सिद्धि मिलती है और अर्थ या स्वार्थ की सिद्धि जीवन का यदि चरम नहीं तो प्रथम लक्ष्य अवश्य है। जो इससे भागता है वह अयोग्य है, कातर है, पलायनवादी है। वर्तमान की अपेक्षा अतीत से अधिक अनुराग करनेवाला चाहे अयोग्य न हो पर पलायनवादी अवश्य है। साहित्य में जहाँ अतीत का ग्रहण दिखाई दे, वर्तमान की ओर से दृष्टि मुड़ी हो, उसका परित्याग कर दिया गया हो, वहाँ पलायनवाद समझना चाहिए। हिंदी में छायावाद नाम के काव्ययुग में कवि अतीत की रागिनी बहुत छेड़ा करते थे—पलायनवादी थे वे। युद्ध में स्थित—युधिष्ठिर—आज के लोकायतवादी हैं जो वर्तमान की ही बातें करते हैं। योद्धा राजनीतिक हैं जो वर्तमान में ही लड़ते-भिड़ते रहते हैं। प्रगतिवादी अधिकतर लिखकर ही लड़ते हैं और राजनीतिवादी प्राय: बोलकर ही भिड़ते हैं। वाणी के द्वारा लड़ने-भिड़ने वाले ये भी हैं। ये दोनों वाग्वीर भी हैं। प्रगतिवादी ने कितनी यातना सही है पता नहीं—उसका तो अतीत ही नहीं। पर राजनीतिवादी केवल प्रत्यक्ष वाग्वीर ही नहीं होता वह स्वत: यातनाएँ भी भोगता है—भोग चुका है, उसका अतीत होता है, पर गौण रूप में। साहित्यिक वाग्वीर मात्र नहीं होता, यदि वाग्वीर मात्र है तो साहित्यिक नहीं। पृथ्वीराज और चंद की कथा चाहे काल्पनिक हो पर उसमें चंद का चरित्र कवि के कर्मठ रूप की घोषणा कर रहा है, कवि पलायनवादी होता ही नहीं। जो पलायनवादी है वह कवि हो नहीं सकता। उसने कवि का मुखौटा लगा

लिया होगा। कवि तो कवि चारण-भाट तक रणांगण में निहत्थे नहीं जाते थे। काव्य भावक्षेत्र की खेती है। भावुकता निर्बल होकर भी मरने से नहीं डरती, पर बुद्धि सबल होकर भी मरने से सशंक रहती है। भावुकता की मूर्ति माता के बच्चे पर यदि सिंह प्रहार करे तो वह पहले मर मिटने को प्रस्तुत होगी। पर बौद्धिकता की मूर्ति चाणक्या दीवालों को हथौड़े से ठोंक ठठाकर, चींटी के गमनागमन से शंकित होकर सावधान रहा करता था। भावुक सिंह से भी नहीं डरता, बौद्धिक चींटी से डरता है। आज सभी जीवित छायावादी प्रगतिवादी कहे कहलाए जाने लगे हैं--कोई पद्य में प्रगतिवादी है तो कोई गद्य में। छायावाद तो समय की अनिवार्य साहित्यिक आवश्यकता थी, उसका पलायनवाद से कोई संबंध नहीं, दृष्टि-दोष से ही वह पलायनवाद कहा गया है। अपना पक्ष प्रबल प्रमाणित करने के लिए किसी ने उसका ऐसा नाम धर दिया है।

अतीत का अनुराग साहित्य का क्या, जीवन का ही लक्षण है—मानवजीवन का ही लक्षण है। अतीत मानव का ही होता है, पशु का नहीं। यदि वर्तमान से प्रेम करना अतीत को न जानना ही प्रकर्ष का लक्षण हो तो पशु-पक्षियों, कीड़े-मकोड़ों को उन साहित्यिकों से उत्कृष्ट समझना चाहिए जो बेचारे इस अनुराग के कारण पलायनवादी कहे जाते हैं। प्रत्युत मानव से ही उन्हें उत्तम कहना चाहिए जो अतीत का स्मरण किए बिना नहीं रहता, नहीं रह सकता। किंतु मानव 'अशरफुल मखलूकात'—सृष्टि में प्रकृष्ट—कहा जाता है। नर-देही की महिमा प्राय: गाई जाती है। क्यों गाई जाती है। इसी से कि वह ज्ञानसंपन्न है—'ज्ञानं हि तेषामधिको विशेष:'। अपने ज्ञान के द्वारा वह अतीत को प्रत्यक्ष करता है, अपने हृदय के द्वारा उससे अनुराग करता है। वह सज्ञान ही नहीं सहृदय भी है। सहृदय है अर्थात् दूसरों के हृदय की व्यथा का, करुणा का, हर्षोल्लास का वह अनुभव करनेवाला है। क्रौंचवध से व्यथित मानव ही हुआ। उसी का शोक श्लोक बना और उसी के आँसू सरस्वती की धारा में कलकल छलछल करते प्रवाहित हुए। क्रौंचों ने मानव के विरुद्ध युद्ध-घोषणा तो आज तक नहीं की। पर मानव के अकृत्य पर मानव ने ही युद्ध घोषित किया। वाग्युद्ध ही कहकर कहनेवाले संतुष्ट हो लें। अतीत को ज्ञानसंपन्न हृदयश्लिष्ट मानव न भूलता है, न भूल पाता है। खग-मृग उसे भूले रहते हैं, भूल जाया करते हैं। अतीत जीवनकाल का भी होता है और अपने जीवनकाल के पहले का भी। पशु-पक्षी जीवनकाल के पहले का अतीत तो जानते ही नहीं, जीवनकाल का अतीत भी उनकी स्मृति में बहुत दिनों तक टिकता नहीं। मनुष्य बूढ़ा होने पर अपने शैशव और यौवन संबंधी अतीत को बारंबार स्मरण किया करता है। उनके साथ लगे अन्य संस्कारों को भी सोचता है। लड़कपन में हम कहाँ खेला करते थे, किनके साथ खेला करते थे, कैसे खेला करते थे आदि को शाखा-प्रशाखा के रूप में स्मृति-लता सामने लाती रहती है।

प्रश्न हो सकता है कि अतीत किसे कहें। भूत या गतमात्र का नाम अतीत नहीं है। गत आगत, वर्तमान और अनागत तो प्रवहमान काल के खंड मात्र हैं। सुभीते के लिए, विषय आदि का बोध कराने के लिए भूत, भविष्य, वर्तमान, अद्यतन आदि प्रकार कर लिए गए हैं। काल के सूक्ष्म भेद का विचार करने बैठें तो वर्तमान की बड़ी छीछालेदर हो जाय, उसका अस्तित्व ही नामशेष रह जाय। काल का सूक्ष्म से सूक्ष्म खंड स्थूल रूप में क्षण ही वर्तमान की आयु ठहरेगा। एक क्षण के पश्चात् वर्तमान भूत हो जाता है। जो क्षण आया नहीं है वही अनागत है। जो आया वह आगत-भूत हुआ। वर्तमान कहाँ। वर्तमान तो क्षणस्थायी है। जो गत है वह न जाने कितने क्षणों को समेटे हुए है और निरंतर समेटता जा रहा है। जगत् परिवर्तनशील है, क्षण क्षण पर परिवर्तन होता है। जो रूप उसका आज है कल न रह जाएगा, पर जो आज है वह फोटो में लिए गए प्रतिचित्र की भाँति छाप डाल गया। यदि जगत् के इन परिवर्तमान चित्रों का संग्रह किया जा सके तो सिनेमा की रील की भाँति वे सामने किए जा सकते हैं। हमारी स्मृति कुछ रील की भाँति ही गत चित्रों को प्रस्तुत करती है। विश्व इसी प्रकार छाया हुआ है। पर दार्शनिकों ने विश्व को क्षणस्थायी कहते हुए उसके दो टुकड़े किए—वि+श्व। जिसका अस्तित्व 'श्व' (आनेवाले कल) तक न रह जाय ऐसा 'विगत श्व' ही विश्व है। आज जो है कल वह न रह जायगा। वर्तमान काल नहीं रहेगा। पल में प्रलय का डंका पीटनेवाले यही कह गए हैं। क्षण से बढ़कर वर्तमान की आयु कहाँ तक जा सकती है, यह विचारणीय प्रश्न है। युग का एक मान बारह वर्ष का भी होता है। बारह वर्ष के बाद वर्तमान दूसरे युग में पैर रखता है। जो कुछ भी हो, वर्तमान का 'काल' सौ दो सौ वर्षों का नहीं होता। अतीत की बात करते-करते वर्तमान का बखेड़ा सामने लाना पड़ा। कुछ भविष्य की भी छानबीन कर लीजिए।

लोग भविष्य की चाहे जितनी आशा बाँधे बैठे रहें वह अदृश्य है, अनिश्चित है। वर्तमान कुछ है ही नहीं और भविष्य का निश्चित रूप नहीं। आनेवाले चित्र को हम नहीं जानते, वह अनुमानाश्रित होता है। अनुमान के अनुरूप भी हो सकता है उससे विरूप भी। पर अनुमान का आधार क्या होता है। वर्तमान? नहीं, अतीत ही। भविष्य का अनुमान अतीत के आश्रय पर ही होता है। अतः सारा संसार तो अतीत के ऊपर ही रह पाता है। अतीत वर्तमान और भविष्य को निरंतर निगले चला जा रहा है। मानव के आगे काला परदा है, अंधा दर्पण है। रंग-बिरंगे चित्रों से सुसज्जित परदा उसके पीछे है। जिस आदर्श में वह अपने रूप की झलक देख सकता है वह पीछे है। उसी को देखकर वह अपने को सँवार-सिंगार सकता है। यदि कहिए कि वह भी अदृश्य है तो ठीक नहीं। वह परंपरया प्रत्यक्ष है। किसी ने अपने पिता के दर्शन किए होंगे, पितामह के नहीं। पितामह

तक के दर्शन किए होंगे तो प्रपितामह के नहीं। यदि प्रपितामह के भी दर्शन किए होंगे तो वृद्धप्रपितामह के तो कदापि नहीं, पर ज्ञापक हेतु के द्वारा यह सिद्ध है कि वृद्धप्रपितामह और उनके भी पहले पीढ़ियाँ रही होंगी। यह निश्चित है, ध्रुव निश्चित है। इस प्रकार अतीत परंपरया प्रत्यक्ष होता है। भविष्य की भाँति वह अनिश्चित नहीं होता। आनेवाली पीढ़ी का किसको निश्चय है। मानव क्या, सारी सृष्टि ही अतीत पर टिकी है। अतीत को देखना पीछे देखना या पीठ फेरना नहीं है, वही तो देखा जा सकता है। आगे क्या है—शून्य, सूची-भेद्य तम। जो अतीत की ओर देखना नहीं चाहता वह आगे नहीं बढ़ सकता। यहाँ जीवन की व्यावहारिक प्रक्रिया नहीं है कि पीछे देखते हुए आगे पैर रखोगे तो गिर पड़ोगे। यहाँ उलटा क्रम है। पीछे देखे बिना आगे बढ़ोगे तो अँधेरी गुफा में सिर फूटने की सी घटना होगी, होती ही है। अतीत की ओर मुँह करके चलोगे तो आगे बढ़ते चले जाओगे। उन्नति उसी ने की है जिसने अतीत के सहारे आगे बढ़ने का साहस किया है।

पर जैसा ऊपर कहा जा चुका है—'गत' मात्र 'अतीत' नहीं है। 'अतीत' में 'अति' भी है, 'अतिगत' ही अतीत होता है। गत मात्र तो व्यावहारिक दृष्टि से वर्तमान में ही माना जाने लगा है। अतीत की सीमा निर्धारित करना कुछ कठिन अवश्य है, पर अतीत की विशेषता के कारण भाव की दृष्टि से उसका कुछ संकेत किया जा सकता है। अतीत की सबसे बड़ी विशेषता यह होती है कि वह निर्विशेष आनंद देता है। वर्तमान राग-द्वेष की भूमि है, पर अतीत विशुद्ध राग की भूमि। लड़कपन में हमारे जो शत्रु-मित्र होते हैं वे लड़कपन के अतीत की सीमा में जाने पर रागद्वेष-विरहित हो जाते हैं। शैशव के मित्रों की सुध करके तो हम रसमग्न होते ही हैं, शत्रुओं की स्मृति में भी रसमग्न हुआ करते हैं। हमारे सत्व का उद्रेक करने में, हममें सात्विकता जगाने में अतीत पूर्णतया समर्थ है। वर्तमान 'सत्वोद्रेक' की वह स्थिति नहीं ला सकता। वह प्रत्यक्षानुभूति भले ही उत्पन्न कर ले रसानुभूति वैसी उत्पन्न नहीं कर सकता जैसी अतीत से होती है। भारतीय शास्त्रकारों ने महाकाव्यों के लिए जो प्रख्यात वृत्त (अतीत की प्रसिद्ध कथा) का विधान किया था वह इसीलिए। इन वृत्तों में सत्वोद्रेक करने की क्षमता अत्यधिक होती है। तुलसी के 'राम' या साकेत के ही 'राम' और गोदान के 'होरी' के प्रति एक ही प्रकार का सत्वोद्रेक नहीं होता, नहीं हो सकता। लाख आप राम को सामंतवादी युग का प्रतीक और 'होरी' को समाजवादी युग का प्रतिनिधि कह लीजिए और भले ही यह कह लीजिए कि 'होरी' के प्रति जिनमें वैसा सत्वोद्रेक नहीं होता वे ऊँची कोटि के सहृदय नहीं हैं। पर जो होता है वह यथार्थ आपके सामने है। आप उसे सचाई कायम रखते हुए अस्वीकार नहीं कर सकते। इस प्रकार यह कहा जा सकता है कि अपने जीवन में जहाँ से पूर्व के गत के प्रति हम द्वेष का विसर्जन

करने लगें वह अतीत है और उसके पूर्व का सारा विगत के अंतर्गत है।

आज भारत के अतीत ने ही तो उसकी महत्ता विजेताओं के सामने रखी और इसी अतीत को जिलाए रखने के कारण तो वह आगे बढ़ सका। राम, लक्ष्मण, हनुमान्, कृष्ण, अर्जुन, राणा प्रताप, शिवाजी आदि वीरों, कपिल, गौतम, कणाद, वाल्मीकि, व्यास, कालिदास, मम्मट, विद्यापति, तुलसी, सूर, नानक, मीरा आदि ऋषियों-कवियों की स्मृति उनके आनुश्रविकों की रक्षा ही तो हमें जिला सकी। नहीं तो पारस में न पारसी रह गए, न अमेरिका में ललमुँहे भारतीय। हम अब भी जी रहे हैं, अतीत को सँभाले रहने से ही और यह भी घोषित करने का साहस लिए हुए कि सभ्यता का अभिमान दिखानेवाली जो विजेता जातियाँ जंगलों को छोड़ अभी बहुत थोड़े दिनों से सभ्य हुई हैं, उनमें जंगल की वर्बरता मानव के इस विकसित युग में भी बनी हुई है। हमने जंगल की बर्बरता का त्याग त्रेता में ही कर दिया था, जो कुछ बची थी वह महाभारत के युद्ध में कट मरी। कलियुग में शिवाजी के कृत्य हमारे अतीत की पुरानी संस्कृति के विकास के प्रमाण हैं। जिन्होंने किसी विपक्षी के धर्मस्थान को नष्ट नहीं किया, किसी भी विपक्षी धार्मिक यात्री को निरापद जाने दिया। स्त्री-बच्चों पर जिनकी कटार नहीं चली और गृहस्थों की झोपड़ियाँ जिन्होंने नहीं जलाई। यदि अतीत के अनुराग के साथ बढ़ी भारतीय संस्कृति की इस विशेषता के समक्ष बर्बरता नहीं झुकी और उसने इस प्रकार प्रहार करने और इसे नष्ट कर डालने की ही सोची तो इसमें हमारा दोष क्या है, यह तो सभ्यता के वारतम्य का प्रमाण है। कोई सभ्यता के सोपान पर कितनी दूर तक चढ़ गया है इसका स्पष्ट पता लग जाता है। जिसके पास अतीत न होगा वह अर्थ और स्वार्थ के अतिरिक्त दूसरी बात नहीं करेगा। जिसके पास अतीत होगा वह परार्थ और परमार्थ की बात अवश्य करेगा, वह धर्म की भी—जिससे धरा धरी थामी रहती है—सोचेगा। जिसके पास अतीत नहीं वह मानव राक्षस हो जाता है और जो अतीत के रहते उसकी उपेक्षा करता है वह पशु है। शुंभ-निशुंभ, विड़ालाक्ष, महिषासुर आदि के युद्धों को तो यहाँ दुर्गा न जाने कब समाप्त कर चुकी पर अन्यत्र अभी वह 'चंडिका-युग' चल रहा है। उसकी समाप्ति सुंदोपसुंदन्याय से ही होगी।

अतीत के अनुराग के साथ ही परंपरा का भी अनुराग लगा रहता है। अतीत की अनेक विधियाँ अनावश्यक और बेकार होने पर भी वर्तमान में इसी अनुराग के कारण चलती है। परंपरा-प्रेम को लिहाड़ी होने पर भी जो अनेक भावुक उसे नहीं त्यागते वह इसी अतीत के अनुराग के कारण। इसके कई हेतु होते हैं। किसी वस्तु के प्रति कोई भावना हमारे पूर्व पुरुषों की थी, आज वही भावना हमारी भी है। वह भावना हममें संस्कारगत हो गई है। वह वासनास्थित हो चुकी है। वह हमारी संस्कृति के भीतर समा चुकी है। वह हमारे स्वभाव में बैठ

गई है। उसका त्याग हम कैसे करें। तेल की मिलों के चल जाने पर, चीनी की मिलों के खुल जाने पर भी किसी ग्रामवासी भारतीय के हृदय में आप तेल या गुड़ प्रस्तुत करने वाले कोल्हू का प्रेम क्षीण पाते हैं ? नगरवासी का हृदय यदि मरा नहीं है तो उसके लिए कोल्हू के प्रति जैसा स्नेह होगा वैसा मिल के प्रति न होगा। हमारे कोल्हू के प्रेम में हमारा ही नहीं हमारे बाप-दादों का भी उसके प्रति व्यक्त प्रेम संचित है। इसी से वर्तमान में चाहे हमारा काम मिलों के तेल से ही चले पर कोल्हू का प्रेम न क्षीण होगा, न लुप्त। दूसरी बात यह है कि परंपरा में जो बातें चला करती हैं वे देश की प्रकृति के अनुरूप चलती हैं। वहाँ की पौराणिक कथाओं, प्रचलनों आदि का इतिहास लिए चलती हैं, वे देश में बहुत दिनों तक अपना सच्चा रूप लिए रहती हैं। साहित्य में कमल की उपमा मुख से इसलिए दी जाती है कि वह इस देश में होता है, उसकी शोभा और मुख की शोभा में साम्य हैं। मुख के लिए दूसरी उपमा देने के पूर्व यह विचार कर लेना आवश्यक होगा कि वह कमल की अपेक्षा उत्कृष्ट और सबके लिए ग्राह्य है या नहीं। इसी प्रकार साहित्य की परंपरा में अन्य अनेक बातें चला करती हैं, यहाँ तक कि झूठी भी। चातक के प्रेम की इतनी उद्धरणी हुई है कि उसे भारतीय साहित्य की परंपरा से निकाल बाहर करना कठिन है। आप गला फाड़ते रहिए कि यह बात झूठी है। आप भारतीयों के केशों को अंगरेजों के बहकाने से सुनहला कहते रहिए, पर वह सत्य कहाँ है। जो पुराना है वह त्याज्य है; अतीत, परंपरा, रूढ़ि सबको तोड़ डालो कहने मात्र से काम नहीं चलेगा। एक-एक को लेकर बुद्धि-पूर्वक और साथ ही सहृदयता-सहित विचार करना पड़ेगा और तब बताना होगा कि हम क्यों अतीत का अनुराग छोड़ दें, हम क्यों परंपराओं से मुँह मोड़ लें और हम सभी रूढ़ियों को क्यों तोड़ डालें।

अतीत की अखंड परंपरा बताती है कि हम सहसा आकाश से नहीं टपक पड़े हैं। हमारा जीवन वहाँ से लेकर यहाँ तक एक ही है। जिसके जीवन की परंपरा जितनी ही दीर्घ तथा गहरी होगी और जो उस दीर्घता या गहराई के ज्ञान तथा अनुभूति को सँभाले चलेगा वह उतना ही अधिक दीर्घजीवी होगा। भारत के चिरजीवी होने का हेतु यही है। अतीत ही हमें सुखपूर्वक मरने का भी उपदेश देता है। नहीं तो स्वार्थी, लोभी, लोलुप क्या कभी मरना चाहते हैं। वे तो चाहते हैं कि हम बहुत दिनों तक जीएँ और अपनी स्वार्थसाधना ही में लगे रहें। शिश्नोदरपर असज्जनों और नरवेशधारी राक्षसों की कथाओं में अनेक व्यंजनात्मक पद्धतियों से स्वार्थपरायणता के दुर्गुण दिखाए गए हैं। अतीत के उपासक भारतीयों में महाकाल की उपासना सांकेतिक है। महाकाल ही अमर है, जिसमें सब लुप्त हो जाते हैं। काल (समय) इतना व्यापक है कि इसके महद्रूप विकराल वक्त्र के अंतर्गत सारी सृष्टि, सारा विश्वचक्र समा जाता है। वह मृत्यु-मरण की समस्त अतीत घटनाओं

को लिए लीले जा रहा है। सारी घटनाओं के अतीत होने पर भी वह अमर रहेगा। महाकाल की परमात्मभावना कैसी सटीक है। हमारे अतीत में यही नहीं और भी कितनी ही सांकेतिक उपयोगी बातें पड़ी हैं। हमारे अतीत की प्राचीनता और महत्ता का प्रमाण लिए बूढ़ा हिमालय भी अब तक सबसे ऊँचा सिर किए खड़ा है, उसकी रीढ़ झुकी नहीं। पर अतीत के अनुराग से मुँह मोड़ने या उपेक्षा करनेवाले वर्तमानप्रियों के देखते हमारा वर्तमान खंडित हो गया।

आदिकाल

अपभ्रंशवाङ्मय
पिंगलकाव्य
डिंगलकाव्य
राजस्थानी (लोकभाषा) काव्य
मागधीकाव्य
खड़ी की रचना

आदिकाल

हिंदी-साहित्य के इतिहासकारों ने संवत् 1050 वैक्रम से इसका आरंभ माना है। इसका हेतु यह है कि देशी भाषाओं का आविर्भाव होने के पूर्व जो भाषा सर्व-सामान्य रूप में प्रचलित थी उसमें साहित्य का निर्माण 1050 तक क्या, उसके अनंतर भी होता रहा है, किंतु बोलचाल से वह भाषा उस समय तक उठ चुकी थी। जिन रचनाओं को देशी भाषा के अंतर्गत माना जाता है उनमें प्रयुक्त भाषा का चलन उक्त समय से पहले का है, पर साहित्य में उसका प्रवेश उस समय के लगभग निश्चित रूप से हो गया था। फिर भी यह नहीं कहा जा सकता कि हिंदी या पुरानी हिंदी के साहित्य का आरंभ 1050 से ही माना जा सकता है, क्योंकि उससे भी पूर्ववर्ती काल में उसी प्रकार की भाषा में साहित्य-निर्माण के प्रमाण मिलते हैं। अतः सुविधा तथा विकास की गति के निर्धारण के लिए यदि हिंदी-साहित्य का आरंभ एक सहस्र (1000) वैक्रम से माना जाय तो कोई विशेष अंतर नहीं पड़ता। इस प्रकार एक सहस्र (1000) वैक्रम से दो सहस्र (2000) वैक्रम तक अर्थात् एक सहस्र वर्षों का दीर्घकालीन हिंदी-साहित्य है।

हिंदी-साहित्य का आदिकाल 1375 वैक्रम तक माना गया है। जैसी रचनाएँ आदिकाल में हुईं उनका चलन 1375 के अनंतर भी था इसलिए इस सीमा को भी शती की समाप्ति तक बढ़ा देने में कोई बाधा नहीं है। अतः आदिकाल की स्थूल सीमा संवत् 1400 तक कही जा सकती है। हिंदी-साहित्य का काल-विभाजन आदि, मध्य और आधुनिक नामों से हुआ है। मध्यकाल के दो विभाग हैं—पूर्वमध्यकाल और उत्तरमध्यकाल। पूर्वमध्यकाल 1400 से 1700 तक,

उत्तरमध्यकाल 1700 से 1900 तक और आधुनिक काल 1900 से 2000 तक है। आदिकाल या ऐतिहासिकों का वीरगाथाकाल 400 वर्षों का, पूर्वमध्यकाल या भक्तिकाल 300 वर्षों का, उत्तरमध्यकाल या रीतिकाल अथवा शृंगारकाल 200 वर्षों का तथा आधुनिक काल या गद्यकाल 100 वर्षों का है। साहित्य की प्रवृत्तियों की प्रगति की दृष्टि से यह विशेष ध्यान देने योग्य है। आरंभ में प्रवृत्तियाँ अधिक समयव्यापिनी हैं, उत्तरोत्तर उनमें तीव्र गति दिखाई देती है।

आदिकाल में कुछ रचनाएँ ऐसी हैं जिन्हें 'अपभ्रंश'-काव्य नाम दिया गया है। अपभ्रंश की इन रचनाओं में सब प्रकार की प्रवृत्तियाँ हैं। कोई विशेष प्रवृत्ति व्यापक नहीं है। उसके साथ ही जिन दूसरी रचनाओं का विचार किया गया है उसका नाम 'रासो' है। 'रासो' नाम 'रासक' से बना है जिसका अर्थ 'काव्य' है। यह 'रासक' शब्द अपभ्रंश-काल में 'काव्य' के अर्थ में प्रचलित था। इस शब्द के भाषा-भेद से तीन रूप प्रचलित थे—रासा, रासो और रास। 'रासा' खड़ीबोली की प्रवृत्ति के अनुकूल, 'रासो' ब्रजभाषा की पद्धति के अनुरूप और 'रास' अवधी के चलन के अनुसार था। जो ग्रंथ इस नाम से राजस्थान में बने उनका नाम 'रासो' ही होना चाहिए, क्योंकि इन ग्रंथों में प्रयुक्त भाषा को राजस्थान के कवि 'पिंगल' कहते थे जो ब्रजभाषा का अथवा सर्वसामान्य ब्रजरंजित काव्यभाषा का नाम था। ब्रजरंजित काव्यभाषा केवल राजस्थान में ही नहीं प्रचलित थी, पंजाब, मध्य प्रदेश (महाकोसल), अवध, बिहार यहाँ तक कि महाराष्ट्र, उड़ीसा, बंगाल, आसाम और नेपाल में भी प्रचलित थी। मैथिलकोकिल विद्यापति की रचनाएँ हिंदी के अंतर्गत इसीलिए मानी गईं कि उनकी भाषा ब्रजरंजित है। शौरसेनी या मध्यदेशी भाषा का आधार सर्वसामान्य काव्यभाषा में सदा से कुछ-न-कुछ रहा है। प्रादेशिक प्रवृत्तियों के प्रबल हो जाने पर वह धीरे-धीरे कम होता गया और प्रादेशिक भाषाएँ स्फुट होती गईं। विद्यापति का 'अवहट्ठ' तो शौरसेनी-रंजित है ही, उनके गीत भी शौरसेनीसंवलित या ब्रजरंजित हैं। यही स्थिति सार्वदेशिक थी। कोई रचना हिंदी के अंतर्गत क्यों मानी जाय इसके लिए आधार था उसकी भाषा का ब्रजरंजित होना।

'रासो' ग्रंथों की भाषा ब्रजरंजित है, अतः वे हिंदी के आभोग में ही आते हैं। पर वे कृतियाँ जिस समय की कही जाती हैं उस समय की ही हैं इसमें बड़े-बड़े इतिहास-मर्मज्ञों को भी संदेह है। प्रबल प्रमाणों से उन्होंने सिद्ध किया है कि अपने वर्तमान रूप में पृथ्वीराजरासो, वीसलदेवरासो संवत् 1600 के पूर्व नहीं जाते। पुरातन प्रबंधसंग्रह में पृथ्वीराज की प्रशस्ति के जो दो-चार छंद मिले हैं और जिनमें से तीन कुछ परिवर्तित रूप से मुद्रित 'पृथ्वीराजरासो' में मिलते हैं उनसे इतना ही सिद्ध होता है कि पृथ्वीराज का प्रशस्ति-काव्य पहले से बन रहा था। पर इससे 'पृथ्वीराजरासो' पूरा-का-पूरा प्राचीन है यह प्रमाणित नहीं होता।

स्वयं 'पृथ्वीराजरासो' में ही लिखा है कि चंद द्वारा लिखित और पुत्र जल्हण द्वारा परिसमाप्त इस कृति के पद्य इधर-उधर बिखरे हुए थे जिन्हें 'कक्का' कवि ने संकलित किया। अनुमान से ये अमरसिंह के दरबारी कवि जान पड़ते हैं।[1] इस प्रकार हिंदी-साहित्य के आदिकाल में ये रचनाएँ ऐतिहासिक दृष्टि से नहीं आतीं।

आदिकाल के दूसरे प्रमुख कवि जो फुटकल खाते में दिखाई देते हैं अमीर खुसरो हैं। इनकी दो प्रकार की रचनाएँ हैं, एक तो ब्रजभाषा की और दूसरी खड़ी बोली की। इनकी ये रचनाएँ भी पीछे से संकलित की गई हैं। खड़ी बोली की इनकी रचना तो बहुत ही आधुनिक रूप लिए है। यही क्यों, यह भी तो विचार

---

1. मिलि पंकज गन उदधि करद कागद कातरनी।
कोटि कबी काजलह कमल कंटिक तें करनी।
हित्तिथि संख्या गुनित कहै कक्का कवि याँने।
इह श्रम खेलन हार भेद भेदै सोइ जाने।

इन कस्ट ग्रंथ पूरन करथ जनवइया दुख ना लहय।
पालियै जतन पुस्तक पवित लिखि लेखक बिनती करय॥

गुनमनियन रस पोइ चंद कबियन कर दिध्धिय।
छंद गुनी तें तुट्टि मंद कबि भिन भिन किध्धिय।
देस देस बिख्खरिय मेल गुन पार न पावय।
उद्दिम करि मेलवत आस बिन आलस आवय।

चितकोट राँन अमरेस नृप हित श्रीमुख आयस दयौ।
गुन बीन बीन करुनाउदधि लखि रासौ उद्दिम कियौ॥

कुछ सज्जन ऊपर के पद्यों को लिपिकार की रचना कहते हैं और पहले छंद में लिपिकाल का संकेत खोजते हैं। दूसरे सज्जन निम्नलिखित छंद में 'चंदनंद' के स्थान पर चंद्रसिंह पाठ देखकर पृथ्वीराजरासो के संकलयिता को चंद्रसिंह मानते हैं—

प्रथम बेद उध्धरिय बंभ मछ्छह तनु बिन्नउ।
दुतिय वीर बाराह धरनि उध्धरि जस लिन्नउ।
कौमारिक मद्देस जन्म उध्धरि सुर सज्जिय।
कूरम सूर नरेस हिंदुहद उध्धरि रख्खिय।

रघुनाथचरित हनुमंत कृत भूप भोज उध्धरिय जिमि।
पृथीराज सुजस कबि चंद कृत चंदनंद उध्धरिय इमि॥

करना चाहिए कि ऐसी रचनाएँ 'काव्य' या 'साहित्य' मानी जा सकती हैं या नहीं। भारतीय साहित्य-परंपरा उन्हीं रचनाओं को साहित्य में गृहीत करती रही है जो भावोद्बोधक हों अथवा जिनमें किसी जीवनगत तथ्य को प्रकट करने की भंगिमा हो। रसात्मक और वक्रोक्ति-विशिष्ट कृति ही साहित्य का नाम पाती रही। प्रश्न होता है कि तब इतिहास में उन रचनाओं का आकलन क्यों किया गया जिनमें ये विशेषताएँ नहीं हैं। इसका कारण यही जान पड़ता है कि प्राचीन काल में जो रचनाएँ हिंदी भाषा में हुईं उनका विचार साहित्य की दृष्टि से न करके भाषा की दृष्टि से किया गया। परमार्थतः नाथ, सिद्ध तथा कबीर आदि ज्ञानमार्गी संतों की शतशः सांप्रदायिक रचनाएँ साहित्य के अंतर्गत नहीं आतीं। साहित्य के अंतर्गत करने के लिए कुछ मनचलों ने साहित्य की अपनी परिभाषा तक बनाई। उनकी परिभाषा यदि मान ली जाय तो ज्योतिष, वैद्यक, विज्ञान, दर्शन आदि अन्य वाङ्मय भी साहित्य ही कहे जायँगे। पर आज तक उनके अतिरिक्त किसी ने ऐसी परिभाषा नहीं स्वीकार की, काव्य को 'कला' माननेवालों ने भी नहीं; क्योंकि वे भी कला और विज्ञान में भेद करके चलते हैं। एक बात और भी विचारणीय है। यदि संत-वाङ्मय ने साहित्य को प्रभावित भी किया होता तो भी साहित्य के इतिहास में प्रभाव के उद्गम की खोज के रूप में उसका उल्लेख संगत होता। अतः ऐसी रचनाएँ हिंदी में हैं यह तो ठीक है। उनका या उन पर अनुसंधान भी ठीक है। पर वे साहित्य की संपत्ति हैं, यह संदिग्ध है। आधुनिक काल का प्रवर्तन होने के पूर्व काव्य के शतशः संग्रह हुए, पर किसी ने जाने-अनजाने कभी इनकी रचनाओं का काव्य के नाम पर संग्रह नहीं किया। साहित्य में इन्हें पहले समझा ही नहीं गया। आधुनिक युग में अँगरेजों के उद्बोधन से इनकी भी साहित्य के इतिहासों में चर्चा होने लगी। कवींद्र रवींद्र की प्रशस्ति के अनंतर कबीर का साहित्य में माहात्म्य बतानेवाले बहुत से करामाती सामने आए। इसका तात्पर्य यह नहीं कि कबीर आदि का हिंदी में कोई स्थान नहीं, बहुत बड़ा स्थान है। पर उनकी कृतियाँ साहित्य के अंतर्गत कथमपि नहीं आतीं। हिंदी भाषा के इतिहास में उनका विचार हो, कोई बाधा नहीं। जिन्होंने शुद्ध साहित्य का स्वरूप सामने रखकर कबीर आदि का विचार किया है उन्हें विवश होकर स्पष्ट कहना पड़ा है कि 'इस शाखा (ज्ञानमार्गी) की रचनाएँ साहित्यिक नहीं हैं। उनकी रचनाओं का जीवन की स्वाभाविक सरणियों, अनुभूतियों और दशाओं से कोई संबंध नहीं, वे सांप्रदायिक शिक्षा मात्र हैं, अतः शुद्ध साहित्य की कोटि में नहीं आ सकतीं।'[1]

आदिकाल के फुटकल खाते के दूसरे प्रधान कवि विद्यापति हैं। इनकी रचना के कुछ संग्रह तो राजदरबारों में मिलते हैं, और इनके कुछ गीतों का संकलन कई

1. आचार्य रामचंद्र शुक्ल—हिंदी-साहित्य का इतिहास।

अन्य साधनों से किया गया है। इनकी गीत-रचना में भी मेल, क्षेपक है, अन्य कवियों की रचना भी इनके नाम पर चढ़ गई है, फिर भी इनके गीत अपना प्राचीन रूप बनाए हुए हैं और उनमें से अधिकांश असंदिग्ध रूप में अपने ही समय के हैं। नचारियों को छोड़कर इनके गीत राधाकृष्ण को काव्य का आलंबन स्वीकृत करके बने हैं। हिंदी-साहित्य का मध्यकाल अधिकतर राधाकृष्ण को कहीं भक्ति का, कहीं श्रृंगार का आलंबन रखकर निर्मित हुआ है। इसलिए हिंदी-साहित्य की अब तक उपलब्ध सामग्री के ऐतिहासिक प्रमाणों से निर्भ्रांत रूप से उसके आदिकवि विद्यापति ठहरते हैं। जो हो, आदिकाल का नाम 'वीरगाथाकाल' सटीक नहीं कहा जा सकता। इसी प्रकार 'रासोकाल' तथा 'चारणकाल' नाम भी हैं।

इस काल की जो सामग्री इतिहासों में दी गई है उसकी प्रामाणिकता का विचार यदि त्याग दें तो तीन भाव मुख्य रूप से काव्यबद्ध किए गए—उत्साह, देवविषयक रति और दांपत्य रति। उत्साह के लिए जिस प्रकार के आलंबन की अपेक्षा होती है उस प्रकार का वह इनमें सर्वत्र नहीं मिलता। इतिहास की घटनाएँ या स्थितियाँ क्या थीं इनका विवेचन यहाँ प्रयोजनीय नहीं; इन ग्रंथों में क्या है, कैसा है उसी का विचार करना है। इनमें युद्धों का वर्णन है। पर ओज गुण के लिए जैसे साहित्यगत आलंबन का निरूपण या ग्रहण होना चाहिए वह नहीं है। तात्पर्य यह है कि वीर रस के लिए इनमें आलंबन का औचित्य नहीं। उत्साह रसात्मक नहीं हो सका, भाव ही रह गया। किसी की सुंदरी कन्या का पता पाकर उस पर चढ़ाई कर दी गई और इसके फलस्वरूप जो युद्ध हुआ कवि ने उसका चटकीला वर्णन कर दिया। इस दृष्टि से उत्साह अंग-रूप में ही दिखाई देता है। अंगी दांपत्य रति या श्रृंगार रस है। प्रेम के लिए युद्ध दिखाए गए हैं।

देवविषयक रति के लिए विद्यापति के गीतों की चर्चा इसलिए आवश्यक है कि उनके राधाकृष्ण-संबंधी पदों को कुछ देवप्रिय लोग भक्तिकाव्य मानते हैं। परमार्थत: उनके गीतों को भक्तिकाव्य नहीं कहा जा सकता। यदि ऐसा कहा जायगा तो सारा 'रीतिकाव्य' भक्तिकाव्य हो जायगा। बिहारी, देव, पद्‌माकर सभी सूरदास के प्रतिस्पर्धी हो जायँगे। कृष्णभक्ति का जो प्रसार पूर्व में हुआ और वहाँ के भक्तों के बीच विद्यापति के गीत जिस चाव से गाए गए उसके कारण भक्तिकाव्य के अंतर्गत उसकी गणना की जाने लगी। साहित्य में दिव्यादिव्य नायक का ही श्रृंगार वर्णित करने का नियम समाज की मर्यादा के लिए था, अन्यथा हिंदी की श्रृंगार रस की रचनाएँ बाजारू हो जातीं। अत: इन या ऐसी ही रचनाओं में श्रृंगार ही प्रधान है, भक्ति यदि मानी भी जाय तो गौण है। जो लोग विद्यापति, सूरदास आदि में रहस्य खोजते हैं उन्होंने या तो रहस्य का रहस्य ही नहीं समझा अथवा उनकी रहस्य की परिभाषा अलोकसामान्य है।

तात्पर्य यह निकला कि यदि रसपरिपाक का विचार किया जाय तो दांपत्य

रति का ही प्राधान्य आदियुग में दिखाई देता है। उत्साह और भक्ति दोनों भाव मात्र रह जाते हैं, गौण ही दिखाई देते हैं।

जनकाव्य की दृष्टि से देखते हैं तो वीरगाथाएँ दरबारी रचनाएँ ही ठहरती हैं। अमीर खुसरो भी दरबारी ही व्यक्ति थे, पर उनकी पहेलियाँ, मुकरियाँ आदि जन-रंजन का रूप लेकर बनीं। विद्यापति दरबारी ही थे पर वे 'देसिल बअना सबजनमिट्ठा' लिखने में लगे। उन्हें 'सब जन' का ध्यान अधिक और 'लखिमादेई रूपनरायन' का कम था, उनका नाम ही नाम गीतों में समझिए। उनके गीत राधाकृष्णपरक होकर भी भक्ति के खाते में नहीं रखे जा सकते और 'लखिमादेई रूपनराथन' से कहने पर भी उनके पद दरबारी नहीं हो सकते। जनकाव्य की दृष्टि से एक बात और ध्यान देने की है। विद्यापति की राधाकृष्ण-संबंधी रचनाएँ राधाकृष्ण के उस ऐश्वर्यमय रूप के चित्रण में कहीं संलग्न नहीं दिखाई देतीं जो दरबार के संपर्क के कारण अनिवार्य था। तात्पर्य यह कि 'गुलगुली गिलमे गलीचा हैं गुनीजन हैं' आदि की भाँति संपत्ति का संभ्रम उन्होंने कहीं नहीं दिखाया। दांपत्य रति के आश्रय-आलंबन के लिए अपेक्षित सर्वजनव्यापि सर्वजनग्राह्य भाव-संपत्ति का ही संभार किया, यही उसके जनकाव्य होने का प्रमाण है। राधाकृष्ण की लीलास र्वजनसुलभ थी, पर आगे चलकर उसका स्वरूपचिंतन दरबारी या ऐश्वर्यमय दरबारी लोगों ने किया। विद्यापति दरबार में रहकर भी अपने गीतों में दरबारी मनोवृत्ति नहीं ले आए; कीर्तिलता, कीर्तिपताका तो उस मनोवृत्ति के लिए थीं ही। राधाकृष्ण का संबंध जनकाव्य से था और उसे बनाए रखने का प्रयास भक्तिकाल में भी हुआ। भक्तों में भगवान् के, श्रीकृष्ण के, दो रूप माने जाते हैं—ऐश्वर्यरूप और रसरूप। कृष्णभक्तों ने भगवान् के ऐश्वर्यरूप का ग्रहण नहीं किया, स्वरूप का ही ग्रहण किया। उन्होंने श्रीकृष्ण की द्वारकालीला, महाभारत की नीति आदि से अपना विशेष प्रयोजन नहीं रखा। वृंदावन का हँसता-खेलता रूप ही ग्रहण किया। गौण रूप से वह (द्वारका आदि की) लीला भी कह लेते हैं। उन्होंने 'भागवत' को अपना प्रस्थान-पथ बनाया, महाभारत को नहीं। मंदिरों में राजा-रानियों की दान-दक्षिणा और महाजनों के राग-भोग की योजना द्वारा भगवान् जनता से मोल ले लिए गए या छीन लिए गए और उनके 'परम ऐश्वर्य' की कल्पना बढ़ी तथा 'परम भाव' सर्वजन-सुलभ नहीं रह गया। भक्तिकाव्य के क्षेत्र में तो इसका कहना ही क्या, शृंगारकाव्य के कोने को भी यह लहर छू गई। इसी से सर्वत्र नहीं, कहीं-कहीं इसकी झलक आगे की रचनाओं में अवश्य मिलती है।

अपभ्रंश-वाङ्मय

अपभ्रंश

'अपभ्रंश' का पहले तो पर्याप्त वाङ्मय ही नहीं मिलता था, पर इधर कुछ वाङ्मय विशेषतया जैन पुस्तक-भांडारों से प्राप्त हुआ है। भाषा और साहित्य दोनों की दृष्टियों से प्राप्त सामग्री का अनुशीलन आवश्यक है तथा अन्य नूतन सामग्री की उपलब्धि में प्रयत्नशील होने की अपेक्षा है। जैन ग्रंथ-भांडारों से प्राप्त सामग्री और ग्रंथों की नामावली तथा उससे अवतरित अंशों के देखने से यह स्पष्ट होने लगा है कि प्राकृत वैयाकरणों की शौरसेनी, पैशाची, अर्धमागधी आदि प्राकृतों से हिंदी की उपभाषाओं ब्रजी, खड़ी और अवधी तक आने में बीच की कड़ी इस अपभ्रंश के देश-संबद्ध विविध रूपों में मिल जाती है। ब्रजी, खड़ी और अवधी में जो स्थूल रूपभेद दिखाई देता है वह संस्कृत 'घोटक' के तद्भव रूपों से बहुत स्पष्ट है—घोड़ो (ब्रजी), घोड़ा (खड़ी) और घोड़ (अवधी)। अर्धमागधी प्राकृत से अर्ध-मागधी अपभ्रंश और फिर अर्धमागधी देशी भाषा या अवधी का विकास हुआ है। जैन अपभ्रंश अर्धमागधी अपभ्रंश के रूप में भी मिलता है। जैनों ने अपनी आदि-भाषा 'अर्धमागधी' ही मानी है। जैन ग्रंथों में से अधिक के नाम 'रास' शब्द अंत में जोड़कर बनाए गए हैं। इसका अर्थ 'काव्य' लिया गया है, जैसे—नेमिनाथ-रास आदि। इसका तत्सम शब्द आकार में ठीक 'घोटक' की भाँति है—रासक। पूर्वोक्त क्रम से इसके भी तीन रूप होते हैं—रासो (ब्रजी), रासा (खड़ी) और रास (अवधी)। हिंदी के 'रासो' शब्द को इसी 'रासक' से व्युत्पन्न समझना चाहिए—रसायण, रहस्य, राजसूय, राजयश आदि से नहीं। 'रासो-रासा' पश्चिमी क्षेत्र के हैं और 'रास' पूर्वी क्षेत्र का। तीनों को स्थूल रूप में देशों के नाम से कहें तो ब्रज या शूरसेन, पंचनद और कोसल या अवध से संबद्ध करना होगा।

'ब्रजी' या 'शौरसेनी' वा 'पश्चिमी अपभ्रंश' के कई नाम हैं। 'नागर' तो उसका नाम है ही, एक नाम 'पिंगल' भी है। राजस्थानी या 'डिंगल' से 'पिंगल' की भिन्नता राजस्थान में क्या, हिंदी-साहित्य के इतिहासों तक में प्रसिद्ध है। 'पिंगल' भाषा ब्रजभाषा या सर्वसामान्य काव्यभाषा मानी जाती थी और 'डिंगल' प्रांतीय भाषा या मातृभाषा का काव्यभाषा स्वीकृत रूप। 'डिंगल' की रचना में वहाँ के कवियों ने यह नियम बना रखा है कि प्रत्येक पद्य में 'वैण-सगाई' नामक अलंकार-योजना अनिवार्य रूप से होनी चाहिए। यदि 'डिंगल' की रचना में 'वैण-सगाई' प्रत्येक पद्य में न मिले तो समझ लेना चाहिए कि पाठ ठीक नहीं। 'वैण-सगाई क्या है। इसे राजस्थान के प्रसिद्ध काव्यमर्मज्ञ स्वर्गीय अर्जुनदास केडिया के शब्दों में लीजिए—"राजपूताने के बारहठ कवियों में पिंगल की भाँति 'डिंगल' छंदशास्त्र का भी प्रचार है। पद्य के प्रत्येक चरण का प्रथम शब्द जिस अक्षर के

आदि का हो, उसी अक्षर के आदि का कम से कम एक[1] और शब्द उसी चरण में रखने का नियम इसमें अनिवार्य है। इससे 'अनुप्रास' का चमत्कार होता है। इसका नाम 'वैण-सगाई' प्रसिद्ध है।"

आवै बस्तु अनेक हृद नाणो गाँठे हुवै।
अकल न आवै एक कोड़ रुपैया किसनियाँ॥

बारहठ कवियों को यह वैण-सगाई इतनी प्रिय थी कि परवर्ती काल में कुछ ने अपनी पिंगल की रचना में भी बहुधा इस नियम के पालन का प्रयास किया है। सूर्यमल्ल ने प्राय: ऐसा किया है। अस्तु, जहाँ अनिवार्य रूप से 'वैण-सगाई' मिले वह 'डिंगल' की रचना होगी। ऐसा हो सकता है कि कोई रचना 'वैण-सगाई' से पूर्णतया अलंकृत हो फिर भी वह डिंगल की रचना न हो, पिंगल भाषा की रचना हो। पर जिसमें इसका अनिवार्य पालन न हो, कम से कम वह रचना 'डिंगल' की तो न होगी। पर इधर जनपद का आंदोलन प्रबल होने से और अभेद से भेद की ओर जाने से 'अलगौझे' की दूषित प्रवृत्ति जगी। परिणाम यह हुआ कि राजस्थान के विद्वान तक सभी 'रासो' ग्रंथों को 'डिंगल' की रचना मानने और कहने लगे, यद्यपि इन सबमें 'डिंगल' की उक्त अनिवार्य अलंकार-योजना का विधान नहीं है।

ऐसा ऊपर कहा जा चुका है कि 'पिंगल' सर्वसामान्य का व्यभाषा का नाम था, अपनी मातृभाषा के आधार पर विकसित काव्यभाषा का नाम डिंगल बारहठों ने रखा। यहाँ 'डिंगल' नाम की व्युत्पत्ति में फँसना अप्रासंगिक है। केवल 'पिंगल' पर ही विचार करना ठीक होगा। छंदशास्त्र के आदि-आचार्य 'पिंगल' नाम के ऋषि माने जाते हैं। 'प्राकृतपैंगलम्' में छंदों का सोदाहरण विस्तृत विवेचन है। इसी से छंदशास्त्र का नाम देशी भाषा में 'पिंगल' पड़ गया। छंदशास्त्र कठिन है, उसमें बड़ा विस्तार-प्रस्तार, मेरु-मर्कटी, नष्ट-उद्दिष्ट का बखेड़ा होता है। अत: जो किसी कार्य के करने में बखेड़ा, विस्तार, उलझाव आदि उत्पन्न करने लगता है उसके लिए हिंदी का मुहावरा 'पिंगल पढ़ना' काम में लाया जाता है। ये 'पिंगल' शेषनाग के अवतार माने जाते हैं, अत: 'पिंगल भाषा' का दूसरा नाम 'नाग भाषा' है, जिसकी चर्चा भिखारी दास ने अपने 'काव्यनिर्णय' में की है। 'नाग भाषा' का संबंध 'नाग' जाति से है या नहीं इसका विस्तृत विवेचन पूरे प्रबंध का मैदान चाहता है। अत: उसे यहाँ छोड़ देना पड़ता है।

ये सब नाम अर्थात् नागर, पिंगल, नाग अपभ्रंश भाषा के पर्यायवाची हैं। 'नागर' से हिंदी भाषा का नाम 'नागरी' पड़ा। साथ ही यह भी स्मरण रखना

1. प्राय: चरण के अंतिम शब्द की वैण-सगाई रखी जाती है।

चाहिए कि ये पश्चिमी अपभ्रंश के नाम हैं। 'नागर' शब्द को 'नागर' जाति (गुजरात) से जोड़ा जाय या उसका अर्थ परिष्कृत या संस्कृत किया जाय, यह पृथक् समस्या है। 'नागर जाति' से जोड़ने पर भी उसकी एक विशेषता की ओर ध्यान देना आवश्यक है। वह यह कि इसमें परिष्कार और साथ ही 'संस्कृत का मेल' अधिक है। प्राकृत वैयाकरणों ने शौरसेनी की प्रकृति के लिए 'प्रकृतिः संस्कृतम्' का जो उल्लेख किया है उसका चाहे जो अर्थ लगाएँ पर यह तो स्पष्ट ही है कि साहित्यारूढ़ होने पर शौरसेनी प्राकृत संस्कृत-शब्दों का आकलन अधिक करती रही है। यही विशेषता शौरसेनी अपभ्रंश या नागर अपभ्रंश की है। इसके विपरीत अर्धमागधी प्राकृत और अर्धमागधी अपभ्रंश में प्राकृत की, जनप्रचलित शब्दों की, ठेठ शब्दों की प्रवृत्ति अधिक थी। यह परंपरा पूर्णतया सुरक्षित है। जैनों के अर्ध-मागधी अपभ्रंश या अवधी भाषा में ठेठ का ग्रहण अधिक है। जायसी आदि हिंदी-कवियों ने अवधी का जो रूप रखा है उसका कारण केवल यही नहीं कि उन्होंने जनता की भाषा ज्यों-की-त्यों ले ली, प्रत्युत यह भी है कि उसकी प्रकृति प्राकृत या जनप्रचलित या तद्भव या ठेठ शब्दों की ही है। तुलसीदास ने संस्कृत का, शौरसेनी या ब्रजी का, मेल करके उसे सर्वसामान्य ब्रजभाषा की प्रतिद्वंद्विता में खड़ा किया। फल यह हुआ कि आगे की भाषा ब्रजी और अवधी से मिलकर मिली-जुली भाषा हो गई, जिस खिचड़ी भाषा का व्यवहार हिंदी के रीतिकाल या शृंगारकाल के अधिकतर कवियों ने किया।

पश्चिमी अपभ्रंश तो नागर हो गया, पर पूर्वी अपभ्रंश ग्राम्य ही बना रहा, उसकी प्रवृत्ति ही वैसी थी। विद्यापति ठाकुर ने 'कीर्तिलता' में जिस प्रकार की भाषा का व्यवहार किया है उसमें पश्चिमी प्रवृत्ति आई तो है पर पूर्वी अर्थात् ठेठ प्रवृत्ति बराबर मिलती है। अपभ्रंश का वाङ्मय अधिक सामने आने पर इसका विस्तृत विवेचन करने का अवसर अधिकाधिक मिलता जाएगा।

अपभ्रंश का पूरा समय दो भागों में विभाजित किया जा सकता है। उसका एक तो पूर्वकालिक रूप है और दूसरा उत्तरकालिक। पूर्वकालिक अपभ्रंश में सर्व-सामान्य प्रवृत्तियाँ ही अधिक दिखाई देती हैं। पर उत्तरकालिक अपभ्रंश में प्रांतीय प्रादेशिक रूपों का अधिकाधिक ग्रहण होने लगा। अर्थात् प्रांतीय प्रवृत्ति स्फुट होने पर वह देशी भाषाओं के अधिक निकट आ गया। विद्यापति ने अपनी कीर्तिलता में जिस भाषा का व्यवहार किया है वह प्रांतीय या पूर्वी रूप लिए हुए है। कुछ विद्वान अपभ्रंश के इस उत्तरकालिक रूप को 'अवहट्ट' कहने के पक्ष में हैं अर्थात् उनके मत से अपभ्रंश के बाद देशी भाषाओं का उदय होने के पूर्व अपभ्रंश का ऐसा रूप अवश्य आया होगा जो उसके निकट था। अतः पुराने या पूर्वकालिक अपभ्रंश को अपभ्रंश और उत्तरकालिक को 'अवहट्ट' कहा जाय तो कोई हानि नहीं। पूर्वकालिक अपभ्रंश के लिए यह नाम कहीं प्रयुक्त मिला भी नहीं है, पर उत्तरकालिक अपभ्रंश

के लिए यह नाम आया है। प्राकृतपैंगलम् की टीका में इसका व्यवहार बार-बार हुआ है। यह 'अवहट्ट' (तत्सम अपभ्रष्ट) देशी भाषा के निकट है या यों कहिए कि देशी भाषा की मिलावट से साहित्यारूढ़ पारंपरिक अपभ्रष्ट ही 'अवहट्ट' है। विद्यापति ने 'अवहट्ट' को मीठी देशी भाषा के निकट लाने का प्रयास किया है। उन्होंने जो यह लिखा है कि—

सक्कय बानी बहुअन भावइ
पाउअ रस को मम्म न पावइ।
देसिल बअना सब जन मिट्ठा
तें तंसन जंपञो अवहट्ठा॥

इसमें 'तंसन' शब्द विशेष ध्यान देने योग्य है। 'देसिल बअना' और 'अवहट्ठा' को एक ही मानने के लिए 'तंसन' का अर्थ 'वही' किया जाता है। पर 'तंसन' का प्रचलित और स्पष्ट अर्थ 'वैसा ही' है। साहित्यारूढ़ अपभ्रंश देशी भाषा से दूर हो गया था, विद्यापति ने उसे देशी भाषा के मीठेपन से युक्त किया। खरा अपभ्रंश तो पश्चिमी या नागर था, पर उन्होंने उसमें 'देशी वचन' की मिठाई, जनता की बोली का ठेठ रूप, मिलाकर उसे दूसरा रूप देकर सामने रखा। यह इसलिए भी विचारणीय है कि उनके समय में अपभ्रंश या अवहट्ट बोलचाल में नहीं था। बोल-चाल की भाषा में तो उन्होंने पृथक् ही रचना की है। उनके गीतों की और कीर्ति-लता की भाषा में स्पष्ट अंतर है—भारी अंतर है। एक पारंपरिक साहित्यिक भाषा है जिसमें साहित्य लिखने का बहुत दिनों से प्रचलन था, दूसरी जनभाषा है जिसमें जनता के घरेलू गीत तो रहे होंगे, पर साहित्य नहीं था। विद्यापति ने देशी भाषा में साहित्य का प्रवेश कर दिया। जनता के घरेलू सुख-दुख की बातों के स्थान पर देशी भाषा में साहित्य के देवता राधाकृष्ण को स्थापित कर दिया और उत्तर-वर्ती हिंदी-साहित्य के लिए बहुत बड़ा मार्ग खोल दिया।

अपभ्रंश की पुरानी कृतियाँ

एक समय था जब अपभ्रंश की कृतियाँ अल्प संख्या में प्राप्त थीं। पर इधर खोज में दत्तचित्त हो हिंदी के अनुसंधाताओं ने अनेक का पता लगाया। कुछ मुद्रित भी हो गई हैं। जितनी कृतियों का पता चला है वे स्थूल रूप से चार खातों में खतियाई जा सकती हैं—सिद्ध, जैन, दरबारी और स्वच्छंद। सिद्धों का साधना-

क्षेत्र भारत का पूर्वी भाग था और मगध के नालंदा (पटना) तथा विक्रमशिला (भागलपुर) के प्राचीन विद्यापीठ इनके गढ़ थे। बौद्धों की तांत्रिक साधना में वामाचार का स्वीकार और ऋजु मार्ग का त्याग था। सिद्ध तांत्रिक अनेक प्रकार की सिद्धियों द्वारा अपढ़ जनता में कुतूहल और आश्चर्य की सृष्टि कर रहे थे। ऐसी जनता इनके चाकचिक्य से त्रस्त-चकित थी। इन पर अपनी करामात का और अपने मार्ग का प्रभाव एवं संस्कार जमाने के लिए ये अटपटी बोली-बानी में अंतः-साधना की बातें भाखते थे और अपनी बानी की भाषा को 'संधा' या 'संध्या' भाषा कहते थे; जो कुछ अभिधा में कहते थे उसका सांकेतिक अर्थ बतलाते थे। सिद्धों की संख्या 84 है, जिनमें से इन 18 सिद्धों की कृतियों का पता चला है—

1—सरहपा (नालंदा, नवीं शती), 2—सबरपा (विक्रमशिला), 3—भूसुकपा (नालंदा), 4—लुईपा (मगध), 5—विरूपा (मगध), 6—डोंबिपा (मगध), 7—दारिकपा (उड़ीसा), 8—गुंडरीपा (डिसुनगर), 9—कुक्कुरीपा (कपिलवस्तु), 10—कमरिपा (उड़ीसा), 11—कण्हपा (बिहार-बंगाल), 12—गोरक्षपा (गोरखपुर, दसवीं शती), 13—तंतिपा (अवंतिनगर, मगध), 14—महीपा (मगध), 15—भादेपा (श्रावस्ती), 16—धामपा (विक्रमशिला), 17—तिलोपा (मगध, ग्यारहवीं शती), 18—शांतिपा (मगध)।[1]

ये महासुख, सहजामृत, स्वक्संवित्ति का सांप्रदायिक उपदेश दिया करते थे—

अलिओ ! धम्म महासुह पइसइ। लवणे जिमि पाणीहि विलिज्जइ।
णउ तं बाअहि गुरु कहइ णउ तं बुज्झइ सीस।
सहजामिअ-रसु सअल जगु कासु कहिज्जइ कीस।
सअ संवित्ती तत्तफलु सरहापाअ भणंति।
जो मणगोअर पाविअइ सी परमत्थ ण होंति॥

—सरहपा

चि तांबोला महासुहे कापुर खाई।
सुन नैरामणि कंठे लइआ महासुहे रति पोहाई॥ —सबरपा

इस साधना-मार्ग को जाननेवाला ही प्रबुद्ध है—

विरमानंद विलक्खण सुद्ध। जो एथु बुज्झइ सो एथु बुद्ध।
भूसुकु भणइ मइँ बूझिय मेलें। सहजाणंद महासुह लीलें॥

—भूसुकपा।

---

1. श्री राहुल सांकृत्यायन की 'हिंदी-काव्यधारा' के आधार पर ये विवरण दिए गए हैं।

काआ तरुवर पंच विडाल। चंचल चीए पइट्ठा काल।
दिढ करिअ महासुह परिमाण। लुई भणइ गुरु पुच्छिअ जाण।।

—लुईपा।

महासुख (महारस, समरस या सहजामृत रस) की उपलब्धि प्रज्ञा और उपाय के योग से कही गई। निर्वाण के तीन विभाग हुए—शून्य, विज्ञान और महासुख। शून्य, विज्ञान के वचन भी आते हैं—

शून्य—कूल लई खरें सोंते उजाअ। सरहा भणइ णअणे समाअ।

—सरहपा।

शून्य—आवागमन और भावाभाव से रहित है—

जाइण आवइ रे ण तहिं भावाभाव।

—भूसुकपा।

विज्ञान—भाव ण होइ अभाव ण जाइ। अइस सँबोहें को पतिआइ।
लुई भणइ बढ दुलख बिणाणा। तिधातुए बिलइ ऊह लागे ना।।

—लुईपा।

महासुख सहवास-सुख के सदृश माना गया और शक्ति-सहित देवताओं के युगनद्ध रूप की कल्पना की गई और अश्लील मुद्राओं की मूर्तियों का चलन जोर-शोर से हुआ। साधकों का 'श्री-समाज' हुआ और भैरवीचक्र की 'श्रीवृद्धि'-साधना होने लगी। निम्न वर्ण की स्त्रियों के साथ मद्यपान करके व्रजयानी परम महासुख में लीन होने लगे। सिद्धि के लिए साधकों को किसी शक्ति (स्त्री) का सहवास आवश्यक हुआ। समाज को इस साधना ने पतन के किस गर्त में धकेलने का उपक्रम कर लिया था, इसकी इतने से ही कल्पना की जा सकती है। कामरूप-कामाक्षा की जो अनुश्रुतियाँ सामान्य विद्या-बुद्धिवाले निम्न स्तर के लोगों के बीच चलती हैं उनमें इन सिद्धों की भी करामातों का मेल रहता है। भारत के पूर्वी अंचल में ही यह बीभत्स व्यापार होता रहा, यही गनीमत समझिए। मुसलमानी आक्रमण से पराजय की भीख इस अंश ने तुरंत ही क्यों माँग ली और सूफियों के प्रेम-प्रवण मत में 'सत्यपीर' आदि के उद्योग से जनता का अधिकांश कैसे आ गया इसका पता महासुख-साधना का यह स्वरूप थोड़ा-बहुत अवश्य दे देता है।

ये सिद्ध शास्त्रागम की निंदा करते थे और शास्त्रज्ञानी को मूढ़ मानते थे; अपढ़ सीधी-सादी जनता को आकृष्ट करने का यह भी एक उपाय था—

सत्यागम बहु पढइ सुण बढ़ किं पिण जाणइ।

—कण्हपा।

इसी परंपरा पर चलकर कबीर भी कहते हैं—

पोथी पढ़ि पढ़ि जग मुआ पंडित हुआ न कोइ।

ऐसे उपदेशों का अनुगमन करनेवाली जनता यदि शास्त्र-पराङ्मुख हो जाय और अपने को बिना पढ़े-लिखे और साधना किए ही ऐसे बहकावे में ब्रह्मज्ञानी समझने लगे तो आश्चर्य ही क्या है! पूर्वी अंचल में रहने या बसनेवाले और इन साधकों की महिमा का बखान करनेवाले करामाती अनुसंधायकंमन्य यदि इन रचनाओं को साहित्य में ऊँची कोटि की कृतियाँ कहते हैं और साहित्य में शास्त्र-चर्चा से मुँह बिचकाते हैं तो कुछ अस्वाभाविक नहीं करते। ऐसे ही महामहिम कहते हैं कि शास्त्राभ्यासियों का मार्ग भिन्न था और उनसे शाश्वत विरोध रखनेवाली कुछ जातियाँ पूर्वी भारत में थीं।

जीवन के ऋजु मार्ग के ये विरोधी थे और इनकी सरणियाँ जीवन की सर्वसामान्य अनुभूतियों के अनुकूल नहीं पड़ सकती थीं। इनके उपदेश जीवन के ही सहज स्वरूप के विपरीत थे। फिर इनकी गणना उस साहित्य में कैसे हो सकती है जो सब प्रकार के विशेषत्व का निरसन करनेवाला और सर्वसाधारण स्थिति उत्पन्न करनेवाला होता है।

अब जैनों की कृतियों का आलोड़न करना चाहिए जिनका कार्य-क्षेत्र भारत का पश्चिमी अंचल है। जैनों के प्रभूत वाङ्मय का पता चला है। कई ग्रंथमालाएँ स्थापित हुई हैं और उनके कई ग्रंथ प्रकाशित हो चुके हैं। अनेक जन ग्रंथागारों की छानबीन की जा चुकी है और कई ग्रंथागारों के सूचीपत्र भी संक्षिप्त विवरण सहित प्रकाशित किए गए हैं। प्राचीन गुर्जर-काव्य और राजस्थानी-साहित्य की खोज के सिलसिले में भी अनेक ग्रंथों का पता चला है। जैनों के ग्रंथों में कुछ तो सांप्रदायिक उपदेश हैं, कुछ तीर्थंकरों के काव्यात्मक चरित्र हैं और कुछ काव्यात्मक आख्यान हैं, जिनके द्वारा सांप्रदायिक प्रचार का प्रयास किया गया है। इनमें से पहले प्रकार की रचनाएँ तो साहित्य के अंतर्गत कथमपि नहीं आतीं। दूसरे प्रकार की रचनाएँ भी साहित्य में इसलिए नहीं मानी जा सकतीं कि उनका निर्माण ही सर्वसामान्य भावना का उद्‌बोधन करने के हेतु नहीं हुआ। जैनों के लिए ही उनका प्रणयन हुआ और विशेषतया उन्हें ही वे आनंद-मग्न करती हैं। प्रणेताओं ने इनमें से कई में अपनी कर्तृत्व-शक्ति का अच्छा प्रदर्शन किया है और इसके लिए वे प्रशंसा के पात्र हैं, पर सर्वसामान्य भावस्वरूप का अंकन उनका लक्ष्य ही नहीं है। स्वयं प्रणेता भी उन्हें जनकाव्य नहीं, मतकाव्य ही मानते हैं। अतः सांप्रदायिक प्रचार-वाले आख्यानों का ही साहित्य की दृष्टि से कुछ विचार हो सकता है।

यहीं यह कह देना आवश्यक है कि जैनों में न सिद्धों की सी अहंमन्यता थी और न उनका मार्ग ही बंकिम था। जीवन की सहज अनुभूतियों का उन्होंने स्पर्श अवश्य किया है। पर उनका मार्ग श्रमणमार्ग या साधुमार्ग था। लोकमार्ग वह नहीं

था। उनके संप्रदाय में भी रहस्यात्मक साधना थी, पर ऊँचे स्तर की। उनमें बीभत्स व्यापारों और कार्यों की ओर न रुचि थी और न उन्होंने कभी इसमें योग ही दिया। पर निवृत्तिमुखी होने के कारण जीवन के प्रवृत्ति-मार्ग से इनका भी पार्थक्य था, यह कहना ही पड़ता है। निवृत्ति-साधना की अभिव्यक्ति साहित्य या काव्य की शाखा तो हो सकती है पर वह लोक-काव्य नहीं हो सकती। दूसरी बात ध्यान देने की यह है कि विशुद्ध सांप्रदायिक प्रचार से पृथक् कुछ जैनों ने इस प्रकार की रचना भी की है जो जीवन की सर्वव्यापिनी सरणियों की अभिव्यक्ति है। अतः जैनों की थोड़ी-बहुत कृतियाँ साहित्य के आभोग में अवश्य आती हैं। पर कृति-मात्र को साहित्य या काव्य कहनेवाले और ऐसा कहकर बहुतों की सहानुभूति बटोरने का स्वाँग भरनेवाले तथा मधुरालाप से चाकचिक्य उत्पन्न करनेवाले जो यह कहते हैं कि यदि जैनों, सिद्धो, नाथों, संतों की कृतियाँ साहित्य में न मानी जायँगी तो सूर, तुलसी और जायसी को भी साहित्य से पृथक् करना होगा वह थोथी वकालत मात्र है। सूर और तुलसी ने लोक-जीवन की दृष्टि इतनी अधिक रखी है कि उनके संप्रदाय का पता लगाते-लगाते कितने ही डाक्टर-आचार्य हो गए, पर निःसंशय होकर कुछ भी न कह सके। कृष्ण और राम की लोकहृदयानुरूप सर्वसामान्य भक्ति की ही चर्चा इन्होंने की है। पुष्टिमार्ग के प्रचारक न सूर जान पड़ते हैं और न श्री-संप्रदाय के प्रचारक तुलसीदास। कहा दोनों ने अपने संप्रदाय के अनुकूल ही है। काव्य में सांप्रदायिक सिद्धांत वाच्य नहीं हो सकता इसे दोनों जानते थे और दोनों ने इसी से व्यंग्य का ही सहारा लिया है। जायसी या किसी अन्य ने काव्य के अंत में रचना को रहस्यात्मक न कहा होता और बीच-बीच में रहस्यात्मक संकेतों की प्रचुर योजना न की होती तो उनके काव्य-स्वरूप में सांप्रदायिकता की छाया का सहसा पता भी न चलता। उन्होंने फारसी-साहित्य की पद्धति का अनुधावन किया है जो प्रम-प्रधान अभिव्यक्ति के लिए प्रख्यात है। सूफीमत का जो झीना पट पदमावत में पड़ा है उसे हटा देने पर शुद्ध फारसी शैली का प्रेमाख्यानक काव्य दिखाई पड़ने लगता है। जायसी ने बहुत कुछ काव्य की व्यंजना-शैली का ही सहारा लिया है। तात्पर्य यह कि सूर, तुलसी, जायसी तीनों का काव्यपक्ष मुखर है। इसका यह अर्थ नहीं कि उन्होंने मत का प्रचार करने का कोई आयास नहीं किया। साहित्य के क्षेत्र में आ जाने से, साहित्यिक बनकर मत की चर्चा करने से उनका मतगत विशेष बहुत कुछ तिरोहित हो गया है, यही कहना है। इसका अर्थ यह भी नहीं कि उनके सहवर्गी सभी इसी प्रकार के हैं। जहाँ सांप्रदायिकता मुखर होगी वहाँ साहित्य टिक नहीं सकता। भारतीय भक्तिमार्ग का प्रवृत्तिमूलक लौकिक स्वरूप काव्य के अनुरूप पड़ता है इसे कहना या इस दृष्टि से विचार करना यहाँ जानबूझकर छोड़ दिया जाता है।

कुछ प्रमुख जैन कर्ता ये हैं—चतुर्मुख, स्वयंभू, देवसेन, पद्मकीर्ति, पुष्पदंत,

हरिषेण, वीर, श्रीचंद, नयनंदि, योगींदु, घनपाल, रामसिंह, मुनि कनकामर, जिनदत्त सूरि, हेमचंद्र सूरि, हरिभद्र सूरि, शालिभद्र सूरि, सोमप्रभ, जिनदत्त सूरि, विनयचंद्र सूरि, लक्खण, अंबदेव सूरि, राजशेखर सूरि ।[1] इनमें से कुछ का संक्षिप्त परिचय नीचे दिया जाता है—

चतुर्मुख—का उल्लेख स्वयंभू के 'पउमचरिउ' के आरंभ में उनके पुत्र त्रिभुवन स्वयंभू ने किया है और बताया है कि इन्होंने 'महाभारत' की पूरी या अधूरी रचना की थी जिनमें 'गोग्रहण कथा' बहुत ही मार्मिक और सुंदर है। त्रिभुवन ने दंती और भद्र का भी नाम लिया है तथा भद्र के गोग्रहण तथा मत्स्यभेद-वर्णन की प्रशस्ति की है। स्वयंभू के 'स्वयंभू-छंदस्' में चतुर्मुख के पाँच पद्य उदाहरणरूप दिए गए हैं। चतुर्मुख को विक्रम की सातवीं शती का कवि मानना चाहिए। दंडी ने विक्रम की सातवीं शती में ही कहा था—

आभीरादिगिरः काव्येष्वभ्रंशतयोदिताः ।
शास्त्रेषु संस्कृतादन्यदपभ्रंश इति स्मृतम् ।।

यहाँ काव्य और शास्त्र दोनों की दृष्टि से अपभ्रंश का नामस्मरण है। काव्य-दृष्टि यह है कि काव्य-निर्माण इसमें स्वच्छंद भी होने लगा था। अपभ्रंश का प्रयोग केवल नाटकों में नहीं होता था। उसमें काव्यग्रंथ भी लिखे जाने लगे थे। शास्त्र-दृष्टि यह कि 'अपभ्रंश' नाम संस्कृत से भिन्न भाषाओं का था, अतः प्राकृत भी उसमें आती थी और अपभ्रंश में प्राकृत की रूढ़ियाँ प्रकृत्या गृहीत हुई होंगी। चतुर्मुख की प्रचुर रचना नहीं मिलती। पर स्वयंभू ने भामह-दंडी का नामोल्लेख किया है।

स्वयंभू—की रचनाएँ आकर्षक, विस्तृत और महत्त्वपूर्ण हैं। त्रिभुवन ने भी रचना में अपने पिता की सहायता की है। दोनों ने तीन ग्रंथों का निर्माण किया—पउमचरिउ, रिट्ठणेमिचरिउ या हरिवंशपुराण, पंचमिचरिउ। तीसरी रचना अभी अनुपलब्ध है। इनका समय नवीं शती है। कहाँ से क्या मिला इसका उल्लेख यों हुआ है—

इंदेण समप्पिउ वायरणु। रसु भरहें वासे वित्थरणु।
पिंगलेण छंदपत्थारु। भंमहँ दंडिणिहि अलंकारु।

---

1. 'राजस्थानी भाषा और साहित्य' में और कई प्रमुख कवियों के नाम हैं। इन जैनों ने विक्रम की सोलहवीं शती तक अपभ्रंश में रचनाएँ की हैं। श्रीकस्तूरचंद कासलीवाल के 'प्रशस्ति-संग्रह' में परवर्ती रइधू, श्रुतिकीर्ति, माणिक्कराज और भगवतीदास के नाम विवरणसहित उल्लिखित हैं।

वाणेण समप्पिउ घणघणउ । तं अखरडंबर घणघणउ ।
हरिसेण णिपाणिउ णित्तणउ । अवरेहिं मि कइहिं कइत्तणउ ।।
—हरिवंशपुराण ।

इंद्र से व्याकरण, भरत से रस, व्यास से विस्तार, पिंगलाचार्य से छंद-प्रस्तार, भामह-दंडी से अलंकार, वाण से अक्षराडंबर, हर्ष से निपुणता तथा अन्य अनेक कवियों से कवित्व की प्राप्ति हुई ।

स्वयंभू की कृति प्रौढ़ है और पूर्व-परंपरा की सूचना भी देती है । उन्होंने लिखा है कि चतुर्मुख से दुवई और ध्रुवकों से जटित पद्धडिया छंद मिला ।

त्रिभुवन ने अपने पिता को शब्दरूप दंष्ट्रा, छंद-अलंकाररूप नखों और व्याकरणरूप केशों वाला पंचानन कहा है अर्थात् काव्य, कोश, छंद, अलंकार और व्याकरण सभी का प्रणयन इन्होंने किया था । छंद का ग्रंथ 'स्वयंभूछंदस्' मिला और प्रकाशित हो गया है ।[1]

पुष्पदंत—'वागीश्वरीदेवीनिकेतन' और 'काव्यपिसल्ल' उपाधि से विभूषित थे । ये पहले शिव-भक्त थे पीछे जैन हो गए । ब्रज के आसपास (यौधेय देश) के निवासी थे । पीछे राष्ट्रकूटों की राजधानी मान्यखेट (दक्खिन) पहुँचे और राष्ट्रकूट-नरेश कृष्णराज (तृतीय) के मंत्री भरत को आश्रयदाता बनाया । उसी के आश्रय में महापुराण की रचना (शक सं० 887 में) की, जिसके दो खंड आदिपुराण उत्तरपुराण हैं । भरत के पुत्र नन्न के आश्रय में शेष दो चरित-ग्रंथों णायकुमारचरिउ तथा जसधरचरिउ का प्रणयन किया, जो छोटे हैं । इनकी कई उपाधियाँ थीं—अभिमानमेरु, अभिमानचिह्न, काव्यरत्नाकर, कवि-कुलतिलक, सरस्वतीनिलय आदि । श्रीसांकृत्यायन और श्रीहीरालाल जैन का अनुमान है कि 'शिवसिंह-सरोज' में हिंदी के जिस आदिकवि पुष्य या 'पुष्प' का उल्लेख है वे कदाचित् ये ही थे ।

दीर्घ और दुर्गम पथ पार कर जब ये दक्षिण पहुँचे तो द्वितीया के चंद्र की भाँति क्षीण हो गए थे—

अवहेरिय खलयणु गुणमहंतु । वियहेहिं परइयु पुप्फयंतु ।
दुग्गम दीहर पंथेण रीणु । णवयंदु जेम देहेण खीणु ।।
—आदिपुराण

स्वयंभू के ग्रंथों की भाँति इनका पुराण भी महाकाव्य है और विविध छंदों में अनेक प्रकार के वर्णनों से सुसंपन्न हैं । ये ग्यारहवीं शती में हुए थे ।

नयनंदि—ने स्वयंभू और पुष्पदंत की ही भाँति दो महत्काव्यग्रंथ सुदर्शन-

1. देखिए नागरीप्रचारिणी पत्रिका सं० 2002, अंक 3-4 । देखिए प्रो० हीरालाल जैन का लेख (नागपुर युनिवर्सिटी जनरल, सं० 1, सन् 1935) ।

चरित्र और सकलविधिविधान लिखे। पहले की रचना सं० 1100 में भोजदेव के राज्य में हुई। दूसरे ग्रंथ में इन्होंने अपने पूर्ववर्ती इन कवियों और आचार्यों का नाम लिया है—वररुचि, वामन, कालिदास, वाण, मयूर, जिनसेन, श्रीहर्ष, राजशेखर, पाणिनि, प्रवरसेन, वीरसेन, अकलंक, रुद्रगोविंद, भामह, भारवि, चउमुह (चतुर्मुख), स्वयंभू, पुष्पदंत, श्रीचंद, प्रभाचंद आदि। भोज और उनकी धारानगरी का इसमें प्रभूत और इतिहास के लिए संग्राह्य वर्णन है। सुदर्शनचरित्र में देशकाल का विवरण भी दिया गया है—

चरिउँ सुदंसण णाह हो तेण अवाह हो विरइउँ वुइअहिणंदिउँ।
आराम गाम पुर वरणि वेसि सुप्रसिद्ध अवंती णाम देसि।
सुरवइ पुरिव्व विवुहयणइट्ठ तहि अत्थि धारणयरी गरिट्ठ।
रणिदुद्धर अरिवर सेलवज्जु रिद्धय देवासुर जणिय चोज्जु।
तिहुयणु णारायण सिरिणिकेउ तहि णरवइ पुंगम भोयदेउ।
मणिगण पह दूसिय रविगभत्थि तहि जिणवर वद्ध विहारु अत्थि।
णिवविक्कम काल हो ववगएसु एयारह संवच्छर सए सु।

धनपाल—की 'भविसयत्तकहा' का नाम हिंदी में कथा-कहानी का इतिहास बताते समय बहुत आता है। ये धक्कड़ थे। इनका समय याकोबी ने 1000 ई० अनुमित किया है। ग्रंथ में सेठ के पुत्र भविष्यद्दत्त के सोतेले भाई द्वारा सताए जाने और धैर्यपूर्वक रहने तथा कष्ट का अंत होने पर आधा राज्य पाने की कथा है। अपना परिचय स्वयं कर्ता ने यों दिया है—

वसिवि भरासमि हल्लुत्तालिं। विरंइउ एउ चरिउ घणवालिं।
बिहि खंडहि बांवोसहिं संधिहिं। परिचिंतिय निय हेउ निबंधिहिं॥
धत्ता—धक्कउ वणिवंसि माएसणहों सनु भविण।
धणसिरिदेविसुएण विरइउ सरसइ संभविण।

इसके अनुसार इनके पिता माहेश्वर और माता धनश्री थीं।

कनकामर मुनि—का 'करिकंडचरिउ' सरल भाषा में है। इसमें करकंड राजा का चरित वर्णित है जो बौद्धों और जैनों में प्रत्यक्बुद्ध माने जाते हैं। यह ग्रंथ 'असाइअ' नगरी में बना था। हीरालाल जैन इसे हैदराबाद के औरंगाबाद जिले की बस्ती अनुमित करते हैं। राहुलजी ने इनके बुंदेलखंडी होने की संभावना की है। कर्ता के आश्रयदाता भूपाल और कर्ण के मंत्री थे। इन नरपतियों के

शिलालेख दमोह, बाँदा और जबलपुर में मिले हैं। हो सकता है कि भोपाल की आशापुरी ही 'आसाइय' हो। ग्रंथ में धाराशिव की गुफाओं का मनोहर चित्रण है। इसमें कर्ता ने अपने पूर्व के सिद्धसेन, समंतभद्र, अकलंक, जयदेव, स्वयंभू और पुष्पदंत का नामोल्लेख किया है।

हेमचंद्र सूरि—प्रसिद्ध जैनाचार्य और 1200 शिष्यों के आचार्य थे। गुजरात के सिद्धराज जयसिंह और उनके भतीजे कुमारपाल द्वारा ये सम्मानित थे। अपने 'सिद्धहैम' में इन्होंने अपभ्रंश के शब्दानुशासन प्रकरण में जो उदाहरण दिए हैं उनमें से अधिकतर तो इनसे पहले के होंगे, पर उनमें इनकी रचना भी संभावित है। इन्होंने 'द्व्याश्रय काव्य' लिखा है जिसमें कुमारपालचरित के अंतर्गत अपभ्रंश के पद्य भी हैं।

सोमप्रभ सुरि—के 'कुमारिपालप्रतिबोध' में अपभ्रंश के कुछ दोहे बीच-बीच में मिलते हैं। इनमें कुछ तो पुराने हैं, कुछ सोमप्रभ के हैं तथा कुछ सिद्धपाल कवि के। ग्रंथ संस्कृत-प्राकृत में है और इसमें हेमचंद्र द्वारा कुमारपाल को दिए गए उपदेशों के कथाप्रसंग वर्णित हैं।

जैनाचार्य मेरुतुंग—ने प्राचीन नरेशों के आख्यान संस्कृत में 'प्रबंधचिंतामणि' नाम से संगृहीत किए हैं। बीच-बीच में अपभ्रंश के पद्य भी हैं। इनमें कुछ उक्तियाँ भोज के चाचा मुंज की हैं और बड़ी सरस हैं। तैलंग देश के आक्रमण में मुंज अपने शत्रु तैलप द्वारा बंदी कर लिया गया था। वहाँ तैलप की बहन मृणालवती से उसका स्नेह हो गया। दोहों में वक्ता-बोधव्य मुंज-मृणालवती है—

बाह बिछोडवि जाहि तुहुँ हउँ तेवइँ का दोसु।
हिअयट्ठिय जइ नीसरहि जाणउँ मुंज सरोसु।।

इससे सूरदास के नाम पर प्रसिद्ध दोहा मिलाइए—

बाँह छुड़ाए जात हौ निबल जानिकै मोहि।
हिरदै तें जब जाहुगे वीर बदौंगौं तोहि।।

अब दरबारी कवियों में से कुछ का परिचय प्राप्त कीजिए—

विद्याधर—राठौर जयचंद के मंत्री थे। इसका पता राष्ट्रकूटों के इतिहास से चलता है। मेरुतुंगाचार्य-रचित प्रबंधचिंतामणि के अनुसार ये सर्वाधिकारभार-धुरंधर और चतुर्दशविद्याधर थे। प्राकृतपैंगलम्' में काशीश्वर की प्रशंसा और उसके आतंक के कई छंद मिलते हैं। जिनमें से कुछ में विद्याधर भणिता भी है। हो सकता है जिनमें छाप नहीं है वे भी इन्हीं के छंद हों। इन छंदों में आतंक का जैसा वर्णन है ठीक वैसा ही भूषण ने शिवाजी के आतंक का किया है। वीररस की

परंपरा के लिए रचनाएँ महत्त्व की हैं—

'भअभंजिअ नंगा भग्गु कलिंगा तेलंगा रण मुक्कि चले'

—विद्याधर।

'भंगग्गरब्ब तिलंगग्गयउ कलिंगग्गल अति'

—भूषण।

शार्ङ्गधर—वे ही हैं जो आयुर्वेद की लघुत्रयी में परिगणित 'शार्ङ्गधर-संहिता' के रचयिता हैं। 'शार्ङ्गधरपद्धति' नाम से इनका सुभाषित-संग्रह भी है। ये हम्मीरदेव के प्रधान सभासद राघवदेव के जेठे पुत्र थे। सुभाषित-संग्रह में शाबर मंत्र भी रखे हैं और देशीभाषा-मिश्रित संस्कृत श्लोक भी। श्रीमल्लदेव की प्रशंसा में यह श्लोक देखिए—

नूनं बादल छाइ खेह पसरी निःश्राणशब्दः खरः।
शत्रु पाड़ि लुटालि तोडि हनिसौं एवं भणन्त्युद्भटाः।
झूठे गर्वं भरा मघालि सहसा रे कंत मेरे कहे।
कंठे पाग निवेश जाह शरणं श्रीमल्लदेवं विभुम्॥

अरबी-फारसी के साथ हिंदी मिलाकर लिखने की अमीर खुसरो (जो इसी समय के कहे जाते हैं) के संबंध में ख्यात दूसरे प्रकार की प्रवृत्ति भी इससे मिलान करने योग्य है। मिलाइए—

जहाले मसकीं मकुन तगाफुल दुराए नैना बनाए बतियाँ॥
कि ताबे हिजराँ न दारम ऐजाँ न लेवो काहे लगाय छतियाँ॥

दूसरी ध्यान देने योग्य बात है—कंठे पाग निवेश जाह शरणं। इसे न जानने वाले महानुभाव गोसाईं तुलसीदास की इस चौपाई—

'दसन गहहुं तिन कंठकुठारी'

में प्रयुक्त 'कंठकुठारी' की व्याख्या में रावण के गले में कुठार लटकाकर मुहावरे तथा प्रयोग का गला उतार लेते हैं।

अब्दुर्रहमान— स्वच्छंद कवियों में आते हैं, जिनका 'संदेशरासक' बड़ी सरस रचना है। यह कालिदास के मेघसंदेश के ढंग पर लिखा गया है। यहाँ संदेश-वाहक पथिक है। प्रोषितभर्तृका पथिक द्वारा पति के निकट संदेश भेजती है। इसमें कुल 216 छंद हैं। अपना परिचय कवि यों देता है—

पच्चाए सि पहूओ पुव्वसिद्दो य मिच्छदेसोत्थि।
तह विसए संभूओ आरद्दो मोरसेनस्स।

तह तणयो कुलकमलो पाइयकव्वेसु गोयविसयेसु।
अद्दहमान पसिद्दो संनेहय रासयं रइयं।।

इस प्रकार ये पश्चिमोत्तर देश (कदाचित् मुलतान) के और मीरसेन के पुत्र थे। ये जाति के जुलाहा कहे जाते हैं। अपभ्रंश में इनकी रचना करने से सिद्ध है कि मुसलमान भी अपभ्रंश में लिखा करते थे और अच्छी रचना करते थे। अद्दहमान का मूलरूप टीकाकारों में अब्दुर्रहमान ही दिया है और इन्हें जुलाहा कहा है। पर इधर लोग अद्दहमान का मूल 'अदह्यमान' बताने लगे हैं। ग्रंथ पर संस्कृत टीका भी है। षड्ऋतु-वर्णन अत्यंत सीधा-सादा और प्रभावुक है।

शार्ङ्गधर के नाम पर परंपरा में 'हम्मीररासो' प्रसिद्ध है। प्राकृतपैंगलम् में हम्मीरदेव की प्रशंसा के छंदों को शुक्लजी हम्मीररासो का ही मानते हैं। पर राहुलजी ने जयचंद के मंत्री विद्याधर की भाँति इन छंदों में हम्मीर के मंत्री जज्जल का नाम देखकर इन्हें जज्जल की कृति कहा है। विद्याधर और जज्जल के नाम पर सारी रचनाएँ प्राकृतपैंगलम् से ही संगृहीत हैं। दोनों के प्रसंग में राहुलजी ने लिखा है कि जहाँ नाम नहीं है उनके विद्याधर या जज्जल कृत होने में संदेह है। जज्जल नाम दो ही पद्यों में आया है। एक अनुसंधित्सु ने टीका में आए इस अंश 'जज्जलस्य उक्तिरियम्' का भाष्य किया है कि इनके दो अर्थ हो सकते हैं—एक तो यह कि यह जज्जल की कविता है और दूसरे यह कि यह 'कविनिबद्धवक्तृप्रौढ़ोक्ति' है। इस प्रसंग में इतना ही कहना पर्याप्त है कि टीका की 'उक्तिरियम्' का अर्थ 'कविता' कथमपि नहीं। स्वयं पद्यों से भी छाप 'जज्जल' नहीं जान पड़ती। रहा यह कि इसे शार्ङ्गधर की रचना माना जाए या नहीं। प्रसंग विवादास्पद अवश्य है। जज्जल की रचना तो यह होने से रही। हाँ, हम्मीर के किसी दरबारी कवि की रचना हो सकती है। किसकी है? इसे शुक्लजी निश्चय-कोटि में रखकर शार्ङ्गधर की कहते हैं। हम्मीर के अन्य दरबारी कवियों का पता नहीं। अतः जब तक किसी का पता न हो शुक्लजी की इस निश्चिति में बाधा नहीं पड़ती।

प्राकृतपैंगलम् में और कई कवियों की फुटकल रचनाएँ हैं, कुछ में तो भणिता है और कुछ में नहीं। बब्बर (बारहवीं शती), आमभट्ट (तेरहवीं शती), हरिब्रह्म (चौदहवीं शती) के नाम ज्ञात हैं, अन्यों के अज्ञात।

पिंगल-काव्य

वीरमहाकाव्य

सामाजिक और राजनीतिक परिस्थितियों के परिवर्तन के साथ काव्य के रूप में भी परिवर्तन होता ही रहता है। परिस्थितियाँ जनता के विचार बदलती हैं और काव्य में जनता का मानस प्रतिबिंबित होता है। पश्चिमी वीरकाव्य के विषय में तेसीतरी कहते हैं कि त्यूतानियों के पूर्वज गानप्रिय और युद्धप्रिय थे। वे वीरों की महिमा तथा कृति का यशोगान करते थे। युद्धजनित उमंगें, विजय की सफलता तथा किसी महारथी का वीरतापूर्वक युद्धक्षेत्र में लड़ते-लड़ते मारा जाना उनके गान के विषय थे। इन्हीं उपादानों से वीरकाव्य का प्रादुर्भाव होता है। पर वीर-काव्य के महाकाव्यरूप तक पहुँचने में कुछ और अपेक्षित है। वस्तुतः वीरकाव्य कुछ काल तक सौभाग्यशाली समय की प्रतीक्षा करता रहता है। दो-एक जातियों में ही नहीं, अपितु बहुत-सी जातियों में वीरकाव्य का उदय हुआ किंतु वीरमहा-काव्य इने-गिने ही हैं। वीरमहाकाव्य में वीररसपूर्ण वर्णन की तो अपेक्षा रहती ही है उसमें मध्य तथा अंत में छोटे-छोटे उपाख्यान भी अपेक्षित हैं। वीरोचित कार्यों का सावधानीपूर्वक समन्वय और यथास्थान चरित्रों का नियोजन भी हो। यदि इन उपादानों या अवयवों को सामने रखकर समीक्षा की जाए तो वीरमहाकाव्यों की संपूर्णता की कसौटी पर इने-गिने काव्य ही ठीक उतरेंगे। यदि कसौटी कड़ी न हो तो अधिक की समाई हो सकेगी।

वीरमहाकाव्य में वीरोल्लासपूर्ण वर्णन के साथ जातीयता के भाव भी भरे रहते हैं, जो जाति की जागृति या उत्थान के सूचक होते हैं। राज्यव्यवस्था और राजनीति का विधायक ऐक्य जातीयता की भावना पर आश्रित है। काव्य का रूप भावना के अनुसार निरंतर बदलता है। जातीयता की भावना से प्रभावित काव्य उसी की अभिव्यक्ति करता है तथा कर्मण्यों का कर्मक्षेत्र नूतन और विस्तृत बनाता है। वीरमहाकाव्यों में जातीय भावनाओं से प्रेरित उत्साह-उमंग तथा प्रयास-साफल्य आदि का चित्रण होता है और नायक इन कर्मव्यापारों से सुबद्ध रहता है। जनता के आनंद का लगाव उसके साहस, धैर्य और विजयविधायक कर्म अथवा युद्ध से रहता है। सम्यक् दृष्टि से निर्मल-निर्दोष नायक का मिलना सरल नहीं। अतः कुछ समीक्षक कहते हैं कि वीरकाव्य के उपयुक्त नायक न मिले तो कल्पित कर लिया जाय। पर इसमें संदेह है कि कल्पित नायक जनता का चित्त आकृष्ट कर सकेगा। ऐतिहासिक अथवा पौराणिक वीरों के चरित्र जनता के मन का जैसा अनुरंजन कर सकते हैं कल्पित वीरों के चरित्र नहीं। चाहे उनके प्रदर्शन

में कौशल और चमत्कार की इतिश्री ही क्यों न कर डाली गई हो। वीरमहाकाव्यों में जातीय भावना अथवा सामयिक परिस्थिति का सामंजस्य अभीष्ट होता है। नायक जातीयता की भावना से भावित हो वीरव्यापार में प्रवृत्त होता है। उसके बल, पौरुष या वीरता का प्रभाव उसकी दिनचर्या पर भी हो। देश-जाति के विश्वास तथा रीतिरिवाज अर्थात् परंपरा एवं सांस्कृतिक रूढ़ियों का मेल भी नायक के चरित्र में रहता है। जनता की आशा-आकांक्षा तथा अभिलाषा-वांछा भी उसमें परिस्फुट रहती है। वीरमहाकाव्य में केवल रण-वर्णन, सैन्य-प्रस्थान और शौर्योन्मेष की समष्टि नहीं होती। वह विजेता के दृप्त हुंकार, ललक-मलकार और भीरु-भगोड़े के पलायन-त्रास, लुकने-छिपने के हिसाब का बहीखाता नहीं होता। वह जनता के हृद्देश में प्रतिष्ठित ऐसे वीर का जीवन काव्यबद्ध करता है जो समष्टि में विकीर्ण जनता की सहानुभूति समेटकर अपने पास राशीभूत करता है। ऐसे वीर या तो पौराणिक वीर हो सकते हैं या ऐतिहासिक, कल्पित कथमपि नहीं।

जातीय भावना की अभिव्यंजना होने से ही वीरमहाकाव्य सब देशों और जातियों में अभिनंदित और साथ ही सुरक्षित होता है। देश की तत्कालीन सभ्यता मनोवृत्ति, परिस्थिति, जीवन के घात-प्रतिघात के ज्ञान का वह कोश होता है। महाकवि होमर के 'ओदेसी' काव्य से यवनान की प्राचीन सभ्यता तथा समुन्नति का ज्ञान भली-भाँति हो सकता है। रामायण भारतवर्ष की प्राक्कालीन सभ्यता का रूप आँखों के सामने खड़ा कर देता है। राम ऐसे लोकपाल वीर के स्मरण मात्र से जनता का मन आंदोलित हो उठता है। वह देश-जाति की स्थायी संपत्ति है। हिंदी साहित्य ने चारण-भाटों की वीरगाथात्मक प्रभाती सुनकर अपनी आँखें खोलीं। भट्ट-चारण राजाश्रित थे और अपने आश्रयदाता के शौर्य-प्रताप की अनूठी उक्तियाँ काव्यबद्ध करते थे। भारत के इतिहास का यह वह समय था जब उत्तर-पश्चिम से अनवरत आक्रमण हो रहे थे। पश्चिमी प्रदेशों के रजवाड़े आपस में भी लड़ते-झगड़ते रहते थे। कवि ओजस्विनी वाणी से उमंग-उत्साह उद्दीपित करते रहते थे। चंदबरदाई का 'पृथ्वीराजरासो' पृथ्वीराज की वीरता का महाकाव्य है। इसकी अनेक घटनाएँ इतिहास से नहीं मिलतीं। इसका हेतु यह भी हो सकता है कि यह समुत्थित काव्य (एपिक आव् ग्रोथ) हो, बहुत-सी रचनाएँ समय-समय पर जुड़ती चली आई हों। यूरोपी वीरकाव्यों की प्रवृत्ति से इन रासो काव्यों की प्रवृत्ति का अद्भुत मेल मिलता है। 'ओदेसी' में हेलेन के अपहरण या उसकी रक्षा का यत्न अधिकतर छोटे-बड़े युद्धों का हेतु है। 'युद्धों का निदान (आद्य कारण) नारी है' यह काव्यरूढ़ि जान पड़ती है। इसका निर्वाह इन वीरकाव्यों के अतिरिक्त प्रेमाख्यान-काव्यों में भी मिलता है; जिनका प्रयोजन युद्ध न होकर प्रेम होता है। हिंदी के मध्यकालिक काव्यों में यह काव्यरूढ़ि नहीं मिलती। वे शुद्ध युद्ध काव्य हैं। केशवदास का वीरचरित्र, लाल का छत्रप्रकाश, सूदन का सुजानचरित इसके

प्रमाण हैं। वीरचरित्र में वीरसिंहदेव के युद्धों का ओजस्वी और विस्तृत वर्णन है। उसमें इतिहास की महत्त्वपूर्ण सामग्री है। केशवदास की रामचंद्रचंद्रिका की वह वर्णनात्मक शैली, जिसमें प्रस्तुत प्रसंग और वर्णित दृश्य की समंजसता नहीं, यहाँ न मिलेगी। छत्रप्रकाश की रचना प्रौढ़ और काव्यगुण से उपेत है। उल्लासपूर्ण वर्णन, ओजस्वी भाषण से प्रबंध परिपूर्ण है। इसमें भी ऐतिहासिक महत्त्व की सामग्री मिलती है। 'सुजानचरित' में युद्ध का उत्साहपूर्ण उक्तियों तथा उमंगपूर्ण कार्यों से विस्तार किया गया है। पर वर्णनों का अधिकतर विस्तार, वस्तुओं की लंबी सूची अरुचि की सीमा तक पहुँच गई है।

'रासो' की व्युत्पत्ति

हिंदी-साहित्य के आदिकाल या वीरगाथाकाल में 'रासो' नाम से जिन चरित-काव्यों की चर्चा की जाती है उनमें प्रयुक्त 'रासो' शब्द का अर्थ क्या है और यह किस संस्कृत शब्द का तद्भव रूप है इसका विचार समय-समय पर 'रासो' वाङ्मय में अभिरुचि रखनेवाले विद्वान् करते रहे हैं। इस शब्द के छह रूप अब तक मिले हैं—रास, रासा, रासो, रासौ, रायसा, रायसो। इसके व्युत्पादन में संस्कृत के छह शब्द समय-समय पर उपस्थित किए गए हैं—रहस्य, रसायण, राजादेश, राजयश, रास और रासक। 'हिंदी शब्दसागर' में 'रासो' की व्युत्पत्ति और अर्थ यों हैं—"संज्ञा पु० (सं० रहस्य) किसी राजा का पद्ममय जीवन-चरित्र, विशेषतः वह जीवनचरित्र जिसमें उसके युद्धों और वीरता आदि का वर्णन हो। जैसे—पृथ्वी-राजरासो, खुमानरासो, हम्मीररासो।" पंडित रामनारायण दूगड़ भी 'रहस्य' से ही 'रासो' शब्द को निकालते हैं।[1] संस्कृत के शिवरहस्य, देवीरहस्य आदि ग्रंथों को प्रमाण में प्रस्तुत करते हैं। पं० गौरीशंकर हीराचंद ओझा ने इस पक्ष का खंडन किया है।[2] 'रहस्य का प्राकृत रूप 'रहस' तो मिलता है, पर 'रासा' या 'रास' नहीं। अब 'रहस्य' शब्द से 'रासो' का संबंध कोई नहीं जोड़ता।

आचार्य शुक्ल अपने इतिहास में लिखते हैं—"कुछ लोग इस शब्द का संबंध 'रहस्य' से बतलाते हैं। पर 'वीसलदेवरासो' में काव्य के अर्थ में 'रसायण' शब्द बार-बार आया है। अतः हमारी समझ में इसी 'रसायण' शब्द से होते-होते 'रासो' हो गया।"[3] 'रसायण' से 'रासो' हो जाना असंभव नहीं है, पर 'रसायन' से

1. सरस्वती, भाग 3, पृष्ठ 98। 2. वही। 3. वर्प्रधित संस्करण, पृष्ठ 37।4।

'रासो' तक पहुँचने में बीच की स्थिति कोई न कोई अवश्य होती, किंतु उसका पता कहीं नहीं चलता। इससे 'रसायण' रसपूर्ण काव्य का ही द्योतक है। भक्ति-रसायन, शब्दरसायन, काव्यरसायन आदि जो नाम मिलते हैं उनमें भी 'रसायन' शब्द इसी प्रकार के अर्थ का वाहक है।

'राजादेश' और 'राजयश' शब्दों की कल्पना इसीलिए की गई है कि 'रायसो' से संबंध जुड़ सके। ग्रियर्सन साहब ने लिखा है कि मारवाड़ी में 'रासो' का एक नाम 'रायसो' भी चलता है, यदि अशुद्ध नहीं है तो 'राजादेश' से 'रायसो' का व्युत्पादन करना चाहिए क्योंकि 'आदेश' का 'आयुस' होता है।[1] पर एक तो 'राजादेश' का 'रजायस' बहुत प्रचलित है, तुलसीदास ने 'मानस' में इसका अनेक स्थलों पर व्यवहार किया है, 'रायसो' या 'रायसु' अथवा 'रायायसु' आदि का प्रयोग कहीं नहीं मिलती। दूसरे उसका अर्थ तो 'राजाज्ञा' होगा, केवल 'राजा' शब्द होने से ही उसका अर्थ 'राजकाव्य' कैसे हो जायगा। अतः यह शब्द भी ठीक नहीं है। 'राजयश' भी ठीक नहीं। जैसे कोशों में 'अहिवात' का मूल 'आधिपत्य' दिया गया है, अनुमान से, पर वह वस्तुतः 'अविधवात्व' से निकला है, वैसे ही 'रायसो' से उलटे चलकर 'राजयश' की कल्पना की गई है। कुछ लोग किसी नाम का मूल, बहुत मिलता-जुलता गढ़कर बता देने में बड़े पटु होते हैं। उनके अनुसार 'जयप्राण' से विकृत होकर 'जापान' बना, 'स्कंधनिवासी' से घिसकर 'स्कैंदेनेविया' हो गया। ऐसे ही अनेक उदाहरण हैं। इस प्रकार 'राजयश' का कोई ऐतिहासिक महत्त्व न होने से यह भी ग्राह्य नहीं है, यद्यपि 'रायसो' के बहुत निकट यह दिखाई अवश्य देता है। आगे चलकर यह स्पष्ट होगा कि 'रासो' या 'रास' नाम के साथ 'राजयश' का ही अर्थ सर्वत्र हो, ऐसी बात नहीं है। उसका प्रयोग 'काव्य' अर्थ में हुआ है, वह चाहे किसी राजा का हो या रंक का।

अब बचे 'रास' और 'रासक' शब्द। इन शब्दों की ओर विद्वानों का ध्यान गया अवश्य है, पर वे 'रासो' शब्द को 'रास' से ही निकालते हैं, 'रासक' को उपयुक्त नहीं समझते। सबसे पहले पंडित मोहनलाल विष्णुलाल पंड्या ने ही इन दोनों पर विचार किया। वे लिखते हैं—हिंदी 'रासौ' शब्द संस्कृत 'रास' अथवा 'रासक' से है और संस्कृत भाषा में 'रास' के शब्द, ध्वनि, क्रीड़ा, शृंखला, विलास, गर्जन, नृत्य और कोलाहल आदि के अर्थ और 'रासक' के काव्य अथवा दृश्यकाव्यादि के अर्थ परम प्रसिद्ध हैं। यह 'रासौ' शब्द आजकल की ब्रजभाषा में भी अप्रचलित नहीं हैं, किंतु अन्वेषण करने से वह काव्य के अर्थ के अतिरिक्त अन्य अनेक अर्थों में भी प्रयोग होता हुआ विद्वानों को दृष्टि आवेगा, जैसे—हमने चौदै के गदर को एक 'रासौ' जोड़्यो है—कल बहादर सिंघ जी की बैठक में बंदर ने गदर कौ रासौ

1. सरस्वती, भाग 3, पृष्ठ 97।

गायो हो—फिर मैंने भरतपुर के राजा सूरजमल को रासौ गायो सो सब देखते ही रह गए—अजी ये कहा रासौ है —मैं तो कल्ल एक रासे मैं फँस गयौ यासूँ तुमारे वहाँ नाँय आय सक्यौ—अजी रामगोपाल वड़ौ दिवारिया है, वाके रासे में फँस के रुपैया मत बिगाड़ दीजो। हम नै आज दिन कौ रासौ नियराय दीनो है—देखौ साब ! रासे के संग रासौ है बुरी मत मानौ—तथा लुगाइयें भी गाया करती हैं—

गीत

मत काची तोन्ह रखियौ धानी नान्ह करूँगी अँत 'रासा'
गुर राख, पकावा, मत काचा। इत्यादि ।।1।।
जिव लोगन की 'रास' उठेगी तोन्ह के खाक उठावेगा ।।
हल जोत नहीं पछतावेगा। इत्यादि ।।2।।[1]

'रासो' या 'रासा' शब्द झगड़े के अर्थ में मेवाड़ और मारवाड़ में भी चलता है। मुंशी देवीप्रसाद कहते हैं—"रासे के मायने कथा के हैं। यह रूढ़ी शब्द है। एकवचन 'रासो' और बहुवचन 'रासा' है। मेवाड़, ढूढाड़ और मारवाड़ में झगड़े को भी रासा कहते हैं। जैसे—यदि कई आदमी झगड़ रहे हों या वाद-विवाद कर रहे हों तो तीसरा आदमी आकर पूछेगा—'काँई रासो है'। लंबी-चौड़ी वार्ता को भी रासो और रामायण कहते हैं। बकवाद को भी रामायण और रासा ढूढाड़ में बोलते हैं। 'काँई रामायण है' क्या बकवाद है। यह एक मुहावरा है। ऐसे ही 'रासा' भी इस विषय में बोला जाता है—'काँई रासा है'।"[2]

'रासा' का अर्थ कथा, झगड़ा, विवाद और बकबाद है यह तो ठीक, पर बोल-चाल में चाहे 'रासो' शब्द एकवचन और 'रासा' कहीं बहुवचन में चलता हो, किंतु हिंदी-काव्यों में 'रासो' और 'रासा' में यह वचनगत भेद नहीं मिलता। पंडित गौरीशंकर हीराचंद ओझा तो 'रासो' के बदले 'रासा' शब्द को ही उपयुक्त और 'रासो' को अशुद्ध कहते हैं—"मैं 'रासा' शब्द की उत्पत्ति संस्कृत के 'रास' शब्द से होना मानता हूँ। 'रास' शब्द का अर्थ विलास भी होता है। (शब्दकल्पद्रुम, चतुर्थ खंड, पृष्ठ 195) और विलास शब्द चरित, इतिहास आदि के अर्थ में प्रचलित है। जयविलास, भीमविलास आदि ऐतिहासिक ग्रंथ प्रसिद्ध हैं और प्राचीन गुजराती भाषा में कई राजाओं के इतिवृत्त 'रास' नाम से प्रसिद्ध हैं। (कुमारपाल-रास, श्रीपालरास आदि)। कर्नल टाड के पीछे फार्बस साहिब ने भी 'रासमाला'

---

1. पृथ्वीराजरासो, आदि पर्व—पुस्तक 1 से 61 उपसंहारिणी टिप्पण, पृष्ठ 163-64।
2. सरस्वती, भाग 3, पृष्ठ 98।

नामक गुजरात का इतिहास लिखा है जिसमें भी 'रास' शब्द चरित, इतिहास, वृत्तांत आदि का सूचक है।.........'रासक' शब्द से 'रासा' की उत्पत्ति माननेवालों से भी मैं सहमत नहीं हूँ क्योंकि 'रासक' एक प्रकार के नाटक—दृश्य-काव्य—का नाम है। परंतु चरित्र या साधारण काव्य के अर्थ में उसका प्रयोग होना पाया नहीं जाता। 'रासौ' शब्द मेरी समझ में अशुद्ध है, हिंदी में उसका शुद्ध रूप 'रासा' लिखना चाहिए। प्राकृत और राजपूताने की भाषा में 'रासो' बोला जाता है परंतु 'रासौ' का प्रयोग तो वहाँ भी अज्ञात है। प्राकृत में पुल्लिंग शब्दों के लिए प्रथमा के एकवचन का प्रत्यय 'ओ' है।"

ओझाजी का यह कथन तो ठीक है कि हिंदी में (खड़ी बोली में) 'रासा' लिखना चाहिए और इस शब्द का अर्थ चरित्र, इतिहास या वृत्तांत है, पर 'रासक' शब्द से 'रासो' की व्युत्पत्ति से जो उन्होंने असहमति प्रकट की है वह इसलिए चिंत्य है कि 'पृथ्वीराजरासो' के हस्तलेखों में ही उसे 'पृथ्वीराजरासक' लिखा गया है।[1]

'रासक' शब्द का व्यवहार साधारणतः 'काव्य' के अर्थ में भी होता था। इसका प्रमाण यह है कि अभी भारतीय विद्याभवन बंबई से 'संदेशरासक' नामक

---

1. 1—इति श्री कविचंद विरचिते प्रथीराजरासके राजकुँवर श्री रमनसी महाभिषेक (खोज 1900-62, पृष्ठ 5)।

2—इति श्री कविचंद विरचिते प्रथीराजरासके राजकुँवर श्रीरमनसी महाभिषेक...।—(खोज, 1900-63, पृष्ठ 59)।

3—इति श्री कविचंद विरचिते प्रथीराजरासके पीरमरन धन काढन प्रथमो जुद्ध संपूर्णम् (काशी नागरीप्रचारिणी सभा, हस्तलेख संख्या 29 की पुष्पिका)।

4—इति श्री कविचंद विरचिते प्रथीराजरासके कनवज्ज संओगिता प्रतंग्या पूरन...। ('सभा,' हस्तलेख संख्या 53-57 की पुष्पिका)।

पृथ्वीराजरासो के प्रत्येक समय, प्रस्ताव, पर्व आदि की पुष्पिका में पूर्वोक्त रूपों के अतिरिक्त 'रासाके', 'रासिके' आदि रूप भी बहुत मिलते हैं। हार्नली साहब ने इसे ससम्यंत 'रासके' का लेखक-प्रमाद न समझकर 'रासा' और 'के' को सर्वत्र पृथक्-पृथक् छापा है। वस्तुतः ये सब 'रासके' के ही प्रमादजन्य रूप हैं। (देखिए बिब्लिओथेका इंदिका में प्रकाशित 'पृथ्वीराजरासौ' श्री रुदोल्फ हार्नली संपादित और पंडित मोहनलाल विष्णुलाल पंड्या संपादित 'रासो' तथा हस्तलेखों की तत्तत्-स्थानीय पुष्पिकाएँ)।

अपभ्रंश का दूतकाव्य प्रकाशित हुआ है। इसका प्रणेता लिखता है—

अद्दहमाण पैसिद्दो सनेहय रासयं रइयं।

'रास' शब्द का विशेष आग्रह हो तो स्वार्थ में ही 'क' मानकर इस 'रासक' को 'नाट्यरासक' या 'रासक' नामक उपरूपकों से पृथक् श्रव्यकाव्य का बोधक मान लिया जा सकता है। 'रासक' शब्द को इसलिए भी ग्रहण करना चाहिए कि 'रासो' शब्द के विभिन्न रूपों की निष्पत्ति 'रासक' से ही सुभीते के साथ होती है। जैसे संस्कृत के 'घोटक' शब्द से ब्रजभाषा का घोरो, खड़ी बोली का घोड़ा और अवधी या अर्धमागधी का 'घोर' निकल पड़े वैसे ही 'रासक' से प्राकृत में 'रासअ, रासय' होते-होते ब्रजी में रासो, खड़ी में रासा और अर्धमागधी में 'रास' हो गया। 'रासौ' शब्द भी इसी से व्युत्पन्न है। अपभ्रंश में अकारांत पुंलिग शब्द के प्रथमा एकवचन का रूप उकारांत होता था। 'रासक' से 'रासकु' फिर 'रासउ' और फिर 'रासौ' हो गया। इस रूप पर विचार करने के लिए एक और प्रमाण लीजिए।

काव्य के वर्णनादि के लिए अनुकूल पड़नेवाले कुछ छंदों का नाम 'कब्ब' या 'काव्य' और 'कब्रित्त' पड़ा। 'रोला' छंद का पुराना नाम 'काव्य' है। छप्पय, मनहरण, सवैया को पहले 'कबित्त' कहते थे। 'रासो' नामक ग्रंथों में ऐसा बहुत है। तुलसीदास की 'कवितावली,' कवित्तावली ही है जिसमें छप्पय, मनहरण और सवैये का संकलन 'कबित्त' नाम से हुआ है, इसी से उसका यह नाम पड़ा। ठीक इसी प्रकार 'रासक' के अनुकूल पड़नेवाले छंद का नाम भी रासक पड़ा। इस नाम का प्राकृत रूप 'रासउ' मिलता है—

मत्त होहि चउरासी चहु पय चारि कल।
ते सठि जोणि निवद्धो जाणहु चहु अ दल।।
पंचक्कलु वज्जिज्जहु सुद्धि गणु वि गणहु।
सो वि आहाणउ छंदु के वि रासउ मुराहु।।

('संदेशरासक' की टिप्पनरूप व्याख्या में उद्धृत, पृ० 12)

क्रमदीश्वर ने 'रासा' को नागर अपभ्रंश का प्रधान छंद कहा है। यही क्यों 'संदेशरासक' का ही 'अवहट्ट' नाम उसी में 'संनेहरासउ' भी मिलता है—

कोऊहलि भासिअउ सरल भाइ संनेहरासउ।—छंद 19।

अब रहे 'रायसा' और 'रायसो' रूप। 'रासक' के 'रासय' रूप का वर्णव्यत्यय से 'रायसा' हो सकता है। यदि यह भी ग्राह्य न हो तो 'रासो' शब्द के बीच में स्वतंत्र 'अ' का आगम और फिर 'अ' से शौरसेनी 'य' का ग्रहण भी हो सकता है।

इस प्रकार 'रासो' के लिए चलनेवाले सभी रूपों की सिद्धि हो जाती है। प्रश्न

उठता है कि हिंदी में कौन सा रूप चलना चाहिए। इसका स्पष्ट उत्तर यही है कि 'रासा'; जैसा ओझाजी ने भी कहा है। पर सुप्रचलित 'रासो' शब्द को क्या शीघ्र 'रासा' किया जा सकेगा।

वीरकाव्य-धारा

हिंदी-साहित्य का आरंभ ऐसे समय होता है जब भारत का पश्चिमी भाग मुसलमान जाति के आक्रमणों से आक्रांत था और उत्तर भारत के प्रायः सभी प्रमुख नरेशों की दृष्टि उस ओर खिंची हुई थी। वीरता के नमोन्मेष से परिपूर्ण राजपूतों का राज्य चारों ओर फैला हुआ था। भारत का पश्चिमोत्तर प्रदेश इन्हीं के हाथों में था। बर्बर भावनाओं से भरित और लूटपाट के लोभ से लालायित आक्रमण बढ़ते ही जाते थे। उनसे सामना करने के लिए दृढ़ और युद्धप्रिय जाति की आवश्यकता थी और उन्हें कविता द्वारा प्रोत्साहित करनेवाले ऐसे कवियों की सहयोगिता अपेक्षित थी जिनकी वाणी में उन्माद और आवेश की सच्ची शक्ति हो तथा जिनकी भुजाओं में रणकौशल का बल हो। विक्रमादित्य और भोजराज का वह स्वर्णयुग बीत चुका था जब उक्ति-चमत्कार पर 'प्रत्यंक्षरं लक्षं ददौ' की वृत्ति थी। राजदरबार में बैठे-बैठे पेंचीले भावसंघटन का समय नहीं था। रणक्षेत्र में खड़े होकर ललकारते हुए वीरों में युद्धोत्साह और वीरोन्मेष भर देने की बेला थी। इन्हीं कारणों से हिंदी के आदियुग में वीरप्रशस्तियों का प्रणयन हुआ। अधिकांश वीरप्रशस्तियाँ या गाथाएँ मौखिक रूप में ही कही-सुनी जाती रहीं। मौखिक परंपरा में वे जिह्वा के पथ पर दौड़ती हुई परिवर्तित और विकृत होती रहीं।

पराक्रमप्रिय राजपूत जाति में राजकवियों के रखने की प्रथा थी। उन्होंने आश्रयदाताओं की प्रशंसा अथवा पराक्रम की कविताएँ कीं। उनका प्रचार एवं प्रसार सार्वजनीन न होकर एकदेशीय ही था। आगे चलकर कुछ कविता वीर-देवताओं पर बनी, जैसे—हनूमान्, दुर्गा, काली, नृसिंह आदि पर। इनमें यों तो भक्ति का उन्मेष था, पर इन्हें 'वीररस' की कविताओं में ग्रहण कर सकते हैं। इनका प्रसार अपेक्षाकृत विस्तृत क्षेत्र में हुआ। हिंदी-साहित्य में वीररस की कविता का उत्थान तीन रूपों में मिलता है—एक रूप आदिकाल में वीरप्रशस्तियों का है, जिनमें वीरकाव्य, वीरगीत और मुक्तक वीरकविताएँ आती हैं। द्वितीय उत्थान के दर्शन छत्रपति शिवाजी और महाराज छत्रसाल के उदय पर होते हैं। इसमें शुद्ध वीरकाव्य मिलता है, प्रथम उत्थान की भाँति वीरता और प्रीति का मिश्रण नहीं।

तीसरा उत्थान स्वतंत्रता की लहर के साथ हुआ। इसमें कहीं-कहीं कुछ करुणरस का भी पुट है। भारत, भारत-माता, मातृभूमि की दयनीय दशा पर आँसू बहाना, उसके उद्धार के लिए कटिबद्ध होना और अन्य बंधुओं को बद्धपरिकर करना इसका रूप है। विदेशी शासन की निंदा और आत्मगौरव का उद्घाटन इसके विषय हैं। वीररस की कुछ कविता इस समय प्राचीन वीरों पर भी हुई। इसका भी लक्ष्य राष्ट्रीय ही था; प्रत्यक्ष नहीं, परोक्ष रूप से, जैसे, वीरपंचरत्न आदि।

वीरप्रशस्ति की परंपरा दो रूपों में मिलती है—प्रबंधकाव्य और वीरगीत। प्रबंधों का रूप साहित्यिक है, पर वीरगीत लौकिक रूप-रंग के हैं। मौखिक रहने से उनका मूल रूप परिवर्तित होता गया। इन प्रबंधों में प्रायः वीरनायक के युद्ध की कल्पना किसी नायिका के रूप-लावण्य पर मुग्ध कराकर की गई है। जहाँ ऐतिहासिक दृष्टि से युद्ध के मूल में कोई कामिनी नहीं है वहाँ भी वह कल्पित है। 'पृथ्वीराजरासो' में शहाबुद्दीन मुहम्मद गोरी से पृथ्वीराज का युद्ध यवन-कामिनी के कारण हुआ। शौर्य इनमें श्रृंगार का सहकारी है। 'रासो' के रचयिता भाट या चारण होते थे। इनका स्थान राजपूताना था। ये दो प्रकार की भाषा में कविता करते थे। एक का नाम 'डिंगल' था और दूसरी का 'पिंगल'। 'डिंगल' की कविता लोकभाषा राजस्थानी के साहित्य-रूप में होती थी और 'पिंगल' की कविता सामान्य काव्यभाषा व्रजी में। आदिकालीन वीरप्रशस्तियों में से प्रबंधात्मक वीरगाथाओं में अधिकतर सामान्य काव्यभाषा का ही व्यवहार है और सभी में कुछ न कुछ राजस्थानी का पुट है। काव्यप्रवाह के पुराने शब्दरूप भी हैं और अपभ्रंश के पद भी जैसे—बयन (वचन), सायर, साअर (सागर), बिसाउ (विषाद) आदि पुराने शब्द और मनह (मनस्), पवित्त (पवित्र), जंपिय आदि अपभ्रंश के।

वीरगाथाओं में पुराना 'दलपतिविजय' का 'खुमानरासो' कहा जाता है। खुमान चित्तौर की गद्दी के रावल थे। सं० 810 से लेकर 1000 तक के बीच तीन खुम्माण चित्तौर की गद्दी पर बैठे थे। इनमें से यह किस खुम्माण की प्रशंसा में है कहा नहीं जा सकता। 'खुमानरासो' की जो प्रति मिलती है वह खंडित है और उसमें महाराणा प्रतापसिंह तक का वर्णन है।

कालक्रम में दूसरा ग्रंथ चंदबरदाईकृत 'पृथ्वीराजरासो' माना जाता है। इसकी कई प्रतियाँ मिलती हैं, पर एक दूसरी में अंतर है। इसमें कथित घटनाओं और संवतों का मेल ऐतिहासिक घटनाओं और संवतों से नहीं मिलता। मोहनलाल विष्णुलाल पंड्या, गौरीशंकर हीराचंद ओझा, हरप्रसाद शास्त्री आदि विद्वानों में इस संबंध में कितने ही वादविवाद हो चुके हैं। ओझाजी तो इस निष्कर्ष तक पहुँच गए कि 'पृथ्वीराजरासो' केवल जाली ही नहीं है, प्रत्युत् उसके कर्ता चंदबरदाई

का महाराज पृथ्वीराज के दरबार में होना भी संदिग्ध है।[1] यह ग्रंथ बहुत बड़ा है। इसमें 69 समय (अध्याय) हैं। मात्रिक और वर्णिक दोनों प्रकार के छंदों का प्रयोग हुआ है। मुख्य-मुख्य छंद ये हैं—दूहा (दोहा), कबित्त (छप्पय), तोमर, गाहा (गाथा), साटक (शार्दूलविक्रीड़ित), तोटक, भुजंगप्रयात। पूरी पुस्तक चंदबरदाई की लिखी नहीं कही गई है, उसका पिछला भाग चंद के पुत्र जल्हण का लिखा हुआ है—'पृथिराज-सुजस कवि चंद कृत चंदनंद उद्धरिय तिमि।' शब्दवेधी बाणवाली जो कथा पृथ्वीराज द्वारा शहाबुद्दीन गोरी के मारे जाने की है, वह इसी ग्रंथ की है। पुस्तक में प्रेमकथाओं की कल्पना करके परिणामस्वरूप युद्ध कराया गया है। इन वीरकाव्यों में वीरतापूर्ण कार्यों की अनेकरूपता नहीं पाई जाती। जो छोटी-छोटी अनेक 'प्रेम और युद्ध' की कथाएँ जोड़ी हुई हैं उनमें भी कार्यान्वय नहीं। ग्रंथ की भाषा भी बेढंगी है। वर्णिक छंदों की भाषा तो और भी उखड़ी हुई है। शब्दों को अनुस्वारांत बनाकर संस्कृत का अनुकरण किया गया है। मात्रिक छंदों में कबित्त (छप्पय) की भाषा कुछ-कुछ ठिकाने की है। भाषा में प्राचीनता-नवीनता दोनों हैं। वर्णन भी दो प्रकार के मिलते हैं—साहित्यिक और इतिवृत्तात्मक।

कहा जाता है कि 'पृथ्वीराजरासो' के जोड़तोड़ में दो बड़े-बड़े ग्रंथ कन्नौज के प्रसिद्ध राजा जयचंद की प्रशंसा में बने—एक भट्ट केदार का लिखा 'जयचंदप्रकाश' और दूसरा मधुकर कवि कृत 'जयमयंकजसचंद्रिका'। इन दोनों ग्रंथों का उल्लेख मात्र दयालदास निर्मित 'राठौडांरी ख्यात' में मिलता है।

प्रबंधकाव्यों के ढर्रे पर बने वीरचरितों में से तीन-चार ग्रंथ और उल्लेखयोग्य हैं—एक है अन्हलवाड़े के राजकवि का 'कुमारपालचरित्र'। यह अन्हलवाड़े के तत्कालीन नरेश कुमारपाल की प्रशंसा में है। दूसरा है 'हम्मीररासो' और तीसरा है 'हम्मीरकाव्य'। तीसरे के प्रणेता कोई शाङ्र्गधर थे। हम्मीरदेव का हठ लोकप्रसिद्ध है। इनके संबंध में जयचंद सूरि ने संस्कृत में भी 'हम्मीरमहाकाव्य' की रचना की है और आगे भी कई ग्रंथ रचे गए हैं, जिनमें जोधराज का 'हम्माररासो' और चंद्रशेखर का 'हम्मीरहठ' अच्छे हैं। चौथा ग्रंथ 'विजयपालरासो' है जिसके प्रणेता नल्लसिंह भट्ट थे। इसमें वर्तमान करौली के पूर्वकालीन नरेश विजयपाल के चरित्रों का वर्णन है।

वीरगीतों के रूप में मिलनेवाले ग्रंथों में उल्लेखनीय दो कहे जाते हैं। एक है नरपति नाल्ह का 'बीसलदेवरासो' और दूसरा जगनिक कथित 'आल्हा'। बीसलदेवरासो को प्रेमकाव्य ही कहा जा सकता है, वीरगीत कथमपि नहीं। इसमें विग्रहराज चतुर्थ उपनाम बीसलदेव की छोटी सी प्रेमगाथा वर्णित है। पुस्तक में प्रणयन-काल 'बारह सैं बहोत्तरहाँ मँझारि। जेठ बदी नवमी बुधवारि' दिया है।

---

1. देखिए कोशोत्सव-स्मारक-संग्रह में ओझाजी का लेख।

विग्रहराज चतुर्थ का समय सं० 1220 के आसपास पड़ता है। नाल्ह की रचना भी 1212 का निर्देश करती है। इससे लोग इसे विग्रहराज का समकालीन कहते हैं। ओझाजी इसे भी परवर्ती कृति मानते हैं। पुस्तक बहुत छोटी है। उसमें लगभग 2000 चरण हैं। उसके चार खंड हैं। पुस्तक में बीसलदेव के विवाह और विवाहिता स्त्री राजमती के विरह का वर्णन है, क्योंकि ग्रंथ के अनुसार विवाहानंतर बीसलदेव उड़ीसा-विजय करने चला गया था। पुस्तक घटनात्मक नहीं, वर्णनात्मक ही है। बीसलदेव का विवाह भोज परमार की पुत्री से कराया गया है और व्याह में माध एवं कालिदास आदि का भी नाम आया है। भाषा में भी गड़बड़ है। भाषा अधिकांश गुजराती-राजस्थानी है, कहीं-कहीं प्राचीन रूपों की भी झलक है।

वस्तुतः जगनिक का 'आल्हा' ही प्रसिद्ध वीरगीत है। जगनिक कालिंजर के परमाल राजा का भाट था। इसमें महोबे के दो प्रसिद्ध वीरों आल्हा-ऊदल के वीरतापूर्ण कार्यों का विस्तार से वर्णन है। आल्हा को जनता ने इतना अपनाया और इसका प्रचार उत्तर भारत में इतना बढ़ा कि मूल काव्य लुप्त हो गया। विभिन्न बोलियों में अब इसके विभिन्न रूप हो गए हैं। इस वीरगीत का संग्रह 'आल्हा खंड' के नाम से छपा है। कदाचित मूल ग्रंथ बृहत् था और उसका कुछ और ही नाम था। यह उसका एक खंड मात्र है।

पृथ्वीराजरासो की प्रामाणिकता

'पृथ्वीराजरासो' को बंगाल की एशियाटिक सोसायटी इतिहास की प्रभूत सामग्री का कोश मानकर छाप रही थी। राजपूताने के प्रख्यात इतिहास-लेखक श्री कर्नल टाड ने उसे महत्त्वपूर्ण ऐतिहासिक ग्रंथ समझ उसकी अनेक घटनाओं का अपने 'राजस्थान' में समावेश किया था। यही क्यों रचना से प्रभावित होकर उसके तीस सहस्र छंदों का अँगरेजी में अनुवाद भी कर डाला था। संवत् 1932 में प्रसिद्ध पुरातत्त्वविद् डाक्टर बूलर जब कश्मीर में संस्कृत-ग्रंथों का संधान कर रहे थे तब उन्हें जयानक कवि कृत 'पृथ्वीराजविजय' नामक संस्कृत ग्रंथ की प्राचीन खंडित प्रति भोजपत्र पर लिखी मिली। इसके अध्ययन के अनंतर उन्होंने सोसायटी को पत्र लिखकर 'पृथ्वीराजरासो' को आगे न छापने का परामर्श दिया, क्योंकि वे इस निर्णय पर पहुँचे कि 'पृथ्वीराजविजय' की घटनाएँ उन ऐतिहासिक तथ्यों से मेल खाती हैं जिनकी उपलब्धि शिलालेखों या अन्य सामग्रियों से होती है, पर

'पृथ्वीराजरासो' की घटनाओं का मेल उनसे नहीं मिलता। उन्होंने इस ग्रंथ को जाली माना। जोधपुर के कविराजा मुरारिदान और उदयपुर के कविराजा श्यामलदान ने बहुत पहले ही ऐसा कहा था। सोसायटी ने तो ग्रंथ का छापना बंद कर दिया पर काशी की नागरीप्रचारिणी सभा ने इसे मुद्रित कराया। इस ग्रंथ की ऐतिहासिक प्रामाणिकता का विचार होने लगा। रासो में कहा गया है कि उसके रचयिता चंद और पृथ्वीराज का जन्म एक ही दिन हुआ था और मरण भी एक ही दिन हुआ। मुहम्मद गोरी ने जब पृथ्वीराज को अंतिम युद्ध में कैद कर लिया और उन्हें वह गजनी ले गया तब चंद भी वहाँ गए। पृथ्वीराज की आँखें निकलवा ली गई थीं। चंद ने उनके शब्दवेधी बाण की विद्या की प्रशंसा की और शब्दवेधी बाण की कला के प्रसंग में उन्होंने सुलतान को बाण से हत किया। फिर दोनों परस्पर एक दूसरे के खड्ग से कट मरे। चंद के गजनी जाने पर अंतिम अंश का निर्माण उसके दस पुत्रों में से जल्हण ने किया—

पुस्तक जल्हन हत्थ दै चलि गज्जन नृप काज।

इसमें चौहानों की उत्पत्ति यज्ञकुंड से बताई गई है। वे अग्निवंशी कहे गए हैं। इसमें कहा गया है कि पृथ्वीराज अजमेर के चौहान राजा सोमेश्वर के पुत्र थे। सोमेश्वर का विवाह दिल्ली के तोमर राजा अनंगपाल की पुत्री कमला से हुआ। कमला के गर्भ से पृथ्वीराज का जन्म हुआ। तोमर की दूसरी पुत्री सुंदरी का विवाह कन्नौज के राजा विजयपाल से हुआ और उसने जयचंद को जन्म दिया। अनंगपाल ने पृथ्वीराज को गोद लिया। जिससे पृथ्वीराज और जयचंद में मनमुटाव हो गया। जयचंद ने राजसूय यज्ञ ठाना जिसमें अपनी कन्या संयोगिता के स्वयंवर का भी संभार किया। न्योता सब राजाओं को गया, पर पृथ्वीराज नहीं आए। अप्रसन्न होकर पृथ्वीराज की सुवर्णमूर्ति द्वारपाल के रूप में खड़ी की गई। संयोगिता पृथ्वीराज के प्रति पहले से ही अनुरक्त थी। उसने उस सुवर्णमूर्ति को ही माला पहनाई। पुत्री को जयचंद ने घर से निकाल दिया। फिर उसे पृथ्वीराज हर ले गए। संयोगिता के साथ विलास में पड़ जाने से ही अवसर पाकर शहाबुद्दीन ने उन पर आक्रमण किया और पराजित किया। शहाबुद्दीन के आक्रमण का हेतु यह बताया गया है कि वह जिस रमणी पर आसक्त था वह किसी हुसेनशाह को चाहती थी। शहाबुद्दीन के अतिचार से त्रस्त होकर अपनी प्रेयसीसहित हुसेनशाह ने पृथ्वीराज की शरण ली। शहाबुद्दीन ने पृथ्वीराज को उन्हें अपनी शरण से हटा देने का संदेश भेजा। पर उन्होंने शरणागत की रक्षा कर्तव्य मान कर वैसा करना अस्वीकार कर दिया। फलतः उसने पृथ्वीराज पर अनेक आक्रमण किए। पहले वह पराजित होता रहा, पर अंत में उसने विजय पाई। अन्य अनेक राजकन्याओं के साथ विवाह और विवाह के लिए युद्ध के विविध वर्णन भी रासो में आए हैं।

इन सब युद्धों का इतिहास से मेल नहीं मिलता। पृथ्वीराज की माता का नाम कर्पूरदेवी था जो हाँसी के शिलालेख से भी प्रमाणित है। रासो में संवतों का भी स्थान-स्थान पर उल्लेख है। इन संवतों की संगति भी इतिहास के प्रामाणित रूप में उपलब्ध संवतों से नहीं बैठती। रासो में आए संवतों के लिए समर्थन में कहा गया कि वह भाटों में प्रचलित विशेष संवत् था और उसका नाम 'अनंद संवत्' था। 'अनंद संवत्' को विक्रम संवत् से 90 वर्ष कम बताया गया। 'अ' से 'शून्य' और 'नंद' से 'नौ' माना गया। 'अनंद' नाम का कोई संवत् भाटों में प्रचलित था इसका पता परवर्ती रचनाओं से भी चलता है। नरहरि महापात्र के प्रपौत्र जेतसिंह का स्वहस्तलिखित एक ग्रंथ काशी नागरीप्रचारिणी सभा के खोज-विभाग में सुरक्षित है। उसमें शाहजहाँ के निधन-संवत् का उल्लेख यों है—

सोरह सय बाईस हतेउ संवत् अनंद तब।
माघ मास बदि तिथिउ भएउ त्रोदसी सोम जब।
दिएउ पुत्र सिर छत्रु साहिजहान तजेउ बपु।
चढ़ि बिमान सुरलोक गउए भिस्ती निवासतपु।।

इतिहास के अनुसार शाहजहाँ की मृत्यु संवत् 1722 वैक्रम में हुई। इस प्रकार यह 'अनंद संवत्' वैक्रम संवत् से ठीक सौ वर्ष पीछे है।

गौरीशंकर हीराचंद ओझा ने एक स्वतंत्र निबंध लिखकर 'अनंद विक्रम संवत्' को भी ऐतिहासिक प्रमाणों से असिद्ध ठहराया है। जो भी हो, भाटों में ऐसा संवत् प्रचलित था इसके प्रमाण मिलते हैं और वह विक्रम संवत् से सौ के लगभग कम था। ओझाजी ने कोशोत्सव-स्मारक-संग्रह में बहुत बड़ा प्रबंध लिखकर रासो को पीछे का ग्रंथ बतलाया है। चौहानों के अन्य ग्रंथ उन्हें सूर्यवंशी कहते हैं। रासो में पृथ्वीराज की वंशावली, उनके सगे-संबंधियों से संबद्ध घटनाएँ इतिहास से असिद्ध हैं। संयोगिता-स्वयंवर की घटना मनगढ़ंत है। मुगलों से युद्ध, तैमूर का उल्लेख सब परवर्ती समय की ओर संकेत करते हैं। रासो को यह स्वरूप किस समय के बीच प्राप्त हुआ इसके लिए ओझाजी कहते हैं कि सं० 1517 में कुंभलगढ़ के किले की प्रतिष्ठा हुई और भाभादेव (कुंभस्वामी) का मंदिर बना। पाँच शिलाओं पर कई सौ श्लोकों में विस्तृत लेख खुदवाया गया। इसमें न रासो का उल्लेख है और न पृथ्वीराज की बहन पृथा का समरसिंह के साथ विवाह होने की चर्चा है। पर संवत् 1732 में राजसिंह ने राजप्रशस्ति महाकाव्य राजसमुद्र तालाब के नौचौकी बाँध पर शिलाओं पर खुदवाया, जिसमें रासो का उल्लेख और पृथा के विवाह की कथा है—

'भाषा रासापुस्तकेऽस्य युद्धस्योक्तोस्ति विस्तरः।'

अतः 1517 तथा 1732 के बीच कहीं इसका निर्माण हुआ होगा। 'सभा' में रासो के हस्तलेखों की जितनी प्रतियाँ हैं उनमें से सबसे पुरानी सं० 1642 की कही गई है अतः उन्होंने 1600 के लगभग इसके निर्मित होने का समय माना है।

पृथ्वीराजरासो का उल्लेख सर्वप्रथम उक्त राजप्रशस्ति में ही नहीं है, इसे श्रीअगरचंद नाहटा ने कई प्रमाण देकर बतलाया है। श्रीदलपति मिश्र कृत 'जसवंतउदोत' में भी इसका उल्लेख है जो संवत् 1705 की रचना है—

रासौ पृथ्वीराज को तहाँ बहुत बिस्तार।
मैं बरन्यौं संक्षेप ही सकल कथा कौ सार॥

सं० 1670 की कल्ह रचित दिल्लीराव-वंशावली में भी इसका नाम आया है—

सुलतान नाम मंगाइया है मारण पृथिराज।
तब चंद भाट दइ दीनी सुनहु साह आवाज॥

नाहटाजी के पास सं० 1667 की लिखी पृथ्वीराजरासो की प्रति है। इधर संवत् 1673 में रची पोहकर कवि की 'रसरतन' कथा में भी चंदबरदाई का नाम आया है—

प्रथम सेष अरु बासदेव सुखदेवह पायौ।
बालमीक श्रीहर्ष कालिदासह गुन गायौ।
माघ माघ दिन जेमि बान जयदेव सु दंडिय।
भानदत्त उदयेन चंदबरदायक चंडिय।
ये काब्य सरस बिद्यानिपुन बाकबानि कंठहधरन।
कबिराज सकल गुनगन तिलक कबि पौहकर बंदत चरन।
—आदिखंड, प्रथम अध्याय, छंद 12

'पुरातन-प्रबंधसंग्रह' में, जिसका हस्तलेख संवत् 1528 का है, उसके संपादक ने चंदवलिद्द के चार छप्पय ऐसे बताए हैं जिनमें से ये तीन मुद्रित पृथ्वीराजरासो में मिल जाते हैं—

इक्कु बाण पहुवीसु जु पइँ कइँवासह मुक्कउ।
उर भितरि खडहडिउ धीर कक्खंतरि चुक्कउ।
बीअं करि संधिउँ भँमइ सूमेसरनंदणु।
एहु सुगडि दाहिमओं खणइ खुद्दइँ सइँभरिधणु।

फुट छँडि न जाइ इहु लुब्भियउ वारह पलकउ खल गुलह।
नं जाणउँ चंदवलेद्दिऊ किं न वि छू ट्टइ इह फलह ।।···संग्रह।

एक बान पहुमि नरेस कैमासह मुक्यौ।
उर उप्पर थरहर्यौ बीर कक्खंतर चुक्यौ।
बियौ बान संधान हन्यौ सोमेसरनंदन।
गाढ़ौ करि निग्रह्यौ खनिव गड्यौ संभरिधन।
थल छोरि न जाइ अभागरौ गड्यौ गुन गहि अग्गरौ।
इम जंपै चंदबरद्दिया कहा निघट्टै इन प्रलौ ।।···रासो।

अगहु मगहि दाहिमओं देव रिपुराय खयंकरु।
कूडु मंत्रु मम ठवओं एहु जंबुय मिलि जग्गरु।
सहनामा सिक्खवउँ जाइ सिक्खीवउँ बुज्झइ।
जंपइ चंदवलिद्द मज्झ परमक्खर सुज्झइ।
पहु पहु विराइ सइभरिधणि सयभरि सउणइ संभरिसि।
कइंवास दिआसविसट्टविणु मच्छिबंधि बद्धओं मरिसि ।।···संग्रह।

अगह मगह दाहिमौ देव रिपुराइ खयंकर।
कूरमंत जिन करौ मिलै जंबू वै जंगर।
भो सहनामा सुनौ एह परमारथ सुज्झै।
अख्खै चंदबिरद्द वियो कोइ एह न बुज्झै।
प्रथिराज सुनवि संभरिधनी इह संभलि संभारि रिस।
कैमास बलिष्ठ बसीठ बिन म्लेच्छवंध बंध्यौ मरिस ।।···रासो।

त्रिण्हि लक्ष तुष्षार सबल पाखरिभइँ जसु हय।
चउदह सय मयमत्त दंति गज्जंति महामय।
बीस लक्ख पायक्क सफर फारक्क पणुद्धर।
ल्हूसडु अरु बलु यान सख कु जाणइ ताहंपर।
छत्तीस लक्ष नरही वई विहिंविनडिओं हो किम भयउ।
जइचंद न जाणउ जल्हुकइ गयउ कि मूउँ कि धर गयउ।।···संग्रह।

असिय लक्ख तोखार सजउ पख्खर सायद्दल।
सहस हस्ति चवसट्ठि गरुअ गज्जंत महाबल।

पंचकोटि पाइक्क सुफर पारक्क धनुद्धर।
जुध जुधान बरबीर तीन बंधन बद्धनभर।
छत्तीस सहस रन नाइंवौ बिहि त्रिम्मन ऐसो कियौ।
जैचंदराइ कबिचंद कहि उदधि बुड्डि कै धर लियौ॥···रासो।

इन पद्यों के मिलने से पृथ्वीराजरासो के संबंध में नूतन दृष्टि से विचार आरंभ हुआ। यह कहा गया कि रासो वस्तुतः अपभ्रंश भाषा में बना होगा जो आगे चलकर विकृत हो गया। पर यह सर्ववादिसम्मत है कि सवा लाख अनुष्टुप् परिमाण में प्रस्तुत रासो वस्तुतः किसी एक कवि की रचना नहीं है। समय-समय पर उसमें जोड़तोड़ होता आया है। श्रीदशरथ शर्मा ने यह स्थापना की कि रासो के तीन संस्करण हैं— बृहत्, मध्य और लघु। बृहद् ग्रंथ तो वैसा ही है जैसा सभा से मुद्रित है, जो लक्षावधि परिमाण का है। दूसरा दससहस्र परिमाण का है जिसके कई हस्तलेख मिलते हैं। तीसरा 3500 परिमाण का है जो बीकानेर में मिला है। लघु संस्करण के उद्धारकर्ता चंद्रसिंह कवि हैं जो जयपुर के महाराज मानसिंह के भाई राजा सुरसिंह के आश्रित थे। 'चंदनंद उद्धरिय इमि' के स्थान पर इस संस्करण में 'चंद्रसिंह उद्धरिय इमि' पाठ मिलता है, जिससे यह प्रमाणित होता है। रासो का उद्धार समय-समय पर अनेक व्यक्तियों ने किया। 'चंद्रसिंह' के इस उद्धार का समय संवत् 1590 माना गया है। इस प्रति के अंत में लिखा है—

मंत्रीस्वरमंडन तिलक बच्छबंस सुरताण।
करमचंद सुत करमचंद भागचंद सब जाण॥
तसु कारण लिखियो सही पृथ्वीराज चरित्र।
पढ़नो सुख संपत्ति सकल···सुख हौवै मित्र॥

कर्मचंद अकबर के प्रधान मनसबदार बीकानेर के महाराज रायसिंह के मंत्री बताए गए हैं।

संयोगिता-स्वयंवर के लिए कहा गया कि 'पृथ्वीराज-विजय' खंडित है और उसके अंतिम अंश में तिलोत्तमा के अवतार-ग्रहण की जो चर्चा आई है वह संयोगिता के लिए संभावित है।

इन सबकी दृष्टि से रासो को अपभ्रंश-काव्य मानकर उसे अपभ्रंश में ढाला जा रहा है। इससे मूलरूप की उपलब्धि करने का प्रयास हो रहा है। जो अपभ्रंश-रूप दिया जा रहा है वह अपभ्रंश के स्वाभाविक स्वरूप से स्थान-स्थान पर भिन्न है। अतः यह आयास तो फालतू है। हाँ, जो छोटी-बड़ी प्रतियाँ मिलती हैं उनको सुसंपादित कर मुद्रित कराने और छानबीन करते रहने से भविष्य में कुछ

हाथ लग जाय तो लग जाय।

इधर रासो की छानबीन में शुक-शुकी-संवाद के सहारे नई उड़ान यह भरी गई है कि प्रबंधों की पुरानी रूढ़ि संवादों द्वारा कथा कहना है। अतः जहाँ-जहाँ शुक-शुकी की प्रश्नोत्तरी के रूप में कथा का उत्थापन है वे अंश पुराने हैं, शेष अंश दूसरों ने जोड़े होंगे। श्रीदशरथ शर्मा ने रासो में की दो कथाओं इंछिनी-कथा और संयोगिता-स्वयंवर को अनेक तर्कों से प्रामाणिक सिद्ध करने का उद्योग किया है। इन दोनों में शुक-शुकी-संवाद हैं। दोनों में शुक-शुकी (या द्विज-द्विजी) संवाद देखकर और तीसरी कथा शशिव्रता में भी शुक-शुकी-संवाद पाकर यह नई कल्पना खड़ी की गई है। इसके लिए यही कहना पर्याप्त है कि यदि बाद में कथा निर्मित हो तो क्या कोई शुक-शुकी-संवाद की कल्पना काव्यरूढ़ि के अनुकूल नहीं कर सकता। शुक-शुकी में चंद और चंदपत्नी की खोज या इस रूढ़ि में ही पृथ्वीराज-कालिक प्रामाणिकता के कण की प्राप्ति शुद्ध बुद्धि-विलास है। सबका तत्त्व इतना ही कि कुछ रचना किसी 'चंदवलिद्द' की पहले से रही होगी। कितनी है इसका पता इस समय तक जो सामग्री प्राप्त है उससे नहीं चलता। प्रमाणकोटि में अधिक से अधिक पुरातनप्रबंध-संग्रह के चार छंद ही आ सकते हैं। उनसे भी यह सिद्ध नहीं होता कि चंद पृथ्वीराज का दरबारी ही कवि था।

पृथ्वीराज-विजय में पृथ्वीराज के वंदिराज अर्थात् मुख्य भाट का नाम 'पृथिवीभट' है। 'विजय' काव्य में एक श्लोक यों है—

तनयश्चंद्रराजस्य चंद्रराज इवाभवत्।
संग्रहं यस्सुवृत्तानां सुवृत्तानामिव व्यधात्॥

इसमें यमक-रूप में जिस चंद्रराज कवि का निर्देश है उसे ओझाजी चंद्रक कवि कहते हैं जिसका उल्लेख विक्रम की ग्यारहवीं शती के उत्तरार्ध में कश्मीरी कवि क्षेमेंद्र ने किया है। यदि चंद नाम का कोई कवि पृथ्वीराज के दरबार में रहा हो तो वह जयानक के कश्मीर लौटने पर वहाँ गया होगा ऐसा पं० रामचंद्र शुक्ल अनुमान करते हैं अथवा पृथ्वीराज के पुत्र गोविंदराज या उनके भाई हरिराज या इन दोनों के वंशजों के आश्रित होगा। सबका सारांश यह कि अब तक के प्रमाणों से चंद पृथ्वीराज का परवर्ती ही लगता है और उनके नाम पर प्रचलित पृथ्वीराजरासो में न जाने कितनों की कृति का समावेश है।

पृथ्वीराजरासो की भाषा

रासो में उसकी भाषा के लिए यह श्लोक आया है—

उक्ति धर्मविशालस्य राजनीतिं नवं रसा:।
षड्भाषा पुरानं च कुरानं कथितं मया।।

धर्म, राजनीति, नवरस, पुराण और कुरान की ये उक्तियाँ षड्भाषा में कही गई हैं। 'षड्भाषा' कौन है या हो सकती है इसका निश्चय किए बिना पृथ्वीराजरासो की भाषा का विचार नहीं किया जा सकता। संस्कृत-प्राकृत के वैयाकरणों ने संस्कृत के साथ अपभ्रंशसहित पाँच प्राकृतों का नाम लिया है। जिनमें से यदि अपभ्रंश को पृथक् कर दें तो चार प्रसिद्ध प्राकृतें वचती हैं—महाराष्ट्री, शौरसेनी, मागधी, पैशाची। रासो की रचना भारत के पश्चिमी अंचल में हुई। अत: पूर्वी अंचल की प्राकृत 'मागधी' उसमें प्रयुक्त नहीं हो सकती। अत: संस्कृत-अपभ्रंश सहित केवल पाँच ही भाषाएँ रह जाती हैं। छठी भाषा रासो में कौन-सी हो सकती है यही मुख्य रूप से विचारणीय है। यह श्लोक रासो में कब सन्निविष्ट हुआ कहा नहीं जा सकता। पर यदि यह प्राचीन ही माना जाय तो भी कहा जा सकता है कि छठी भाषा यवन भाषा या फारसी हो सकती है। पर भाषानिर्णय करते हुए मुंशी भिखारीदास ने अपने 'काव्यनिर्णय' में ब्रजी या पिंगल भाषा में मिलनेवाली जिन भाषाओं की सूची दी है उनमें यवन भाषा फारसी से भिन्न रखी है।[1] 'दास' जी यवन भाषा से किस भाषा की ओर संकेत कर रहे हैं यह स्पष्ट नहीं है। पर जान पड़ता है कि फारसी से भिन्न कहने के कारण उनका यवन भाषा से तात्पर्य पैशाची खड़ी से रहा होगा। पारसी संस्कृत की एक प्रकार की प्राकृत है इसे तो आधुनिक भाषाविज्ञान भी सकारता है। ऐसी स्थिति में या तो यह माना

---

1. भाषा ब्रजभाषा रुचिर कहैं सुकबि सब कोइ।
मिलै संस्कृत पारसिहु पै अति प्रगट जु होइ।।
ब्रज मागधी मिलै अमर नाग जमन भाषानि।
सहज पारसीहु मिलै षटबिधि कबित बखानि।।

ब्रज (शौरसेनी), मागधी (अवधी), अमेर (संस्कृत), नाग (अपभ्रंश), जमन (खड़ी) और पारसी (फारसी) ये छह भाषाएँ ब्रजभाषा में मिलती हैं। पर संस्कृत या अरबी-फारसी बहुत प्रकट (प्रचलित) ही मिलती हैं। पारसी के साथ सहज की शर्त लगी है, पर 'जमन' के साथ नहीं। इससे स्पष्ट है कि 'जमन' से कोई दूसरी भाषा अभिप्रेत है। इसलिए 'जमन भाषा' का अर्थ पैशाची भाषा या खड़ी बोली जान पड़ता है।

जाय कि रासो की छठी भाषा फारसी है और फारसी में ही अरबी-तुर्की भी अंतर्भुक्त हैं। ऐसे ही यह भी कहा जा सकता है कि छठी भाषा अरबी है और उसी में पारसी या फ़ारसी और तुर्की अंतर्भुक्त हैं।

मुसलमानों ने भारत में शासन आरंभ करते ही अनुभव किया था कि जो भाषा शासकों की है यदि उसके पर्यायवाची देशी शब्दों का ज्ञान शासन और लोक को नहीं कराया जाता तो जनता और शासन दोनों को कठिनाई होगी। इसी उद्देश्य से कई पर्यायवाची कोशों का निर्माण हुआ। पर वे सब मिलते नहीं। अमीर खुसरो की जो खालिकबारी कही जाती है उसमें अरबी-फारसी शब्दों और देशी भाषा के पर्यायवाची शब्दों का संग्रह है। पारसीकप्रकाश नाम के कोश में पारसी और संस्कृत के पर्यायवाची शब्द संकलित हैं—संस्कृत श्लोकों में। इस प्रकार के कितने प्रयास हुए, कैसे हुए, यह सब अज्ञात है। पर प्रयास हुए होंगे यह निश्चित है। रासो को वर्तमान रूप मुसलमानी शासन के अनंतर प्राप्त हुआ यह निश्चित है। पर विदेशी शासन के पूर्व भी विदेशियों से संसर्ग-संपर्क अवश्य था। अत: छठी भाषा अरबी-फारसी या यवन-भाषा हो सकती है। ऐसे अनुमान का कारण श्लोक का 'कुरान' शब्द भी हैं।

श्रीसूर्यमल्ल बारहट ने अपने विशाल ग्रंथ 'वंशभास्कर' में षड्भाषा का निर्णय करते हुए संस्कृत, प्राकृत (महाराष्ट्री), ब्रजभाषा (शौरसेनी), अपभ्रंश और पैशाची पाँच का ही नाम लिया है, छठी भाषा का नाम वे छोड़ गए। उनकी छठी भाषा या तो फारसी हो सकती है या डिंगल। 'डिंगल' इसलिए कि ग्रंथ पिंगल अर्थात् ब्रजभाषा में है, पर उसमें 'वैणसगाई' का व्यवहार प्रकाम है और डिंगल के अनेक शब्द और प्रयोग भी हैं।[1]

अस्तु, रासो की भाषा पंचमेल क्या, छमेल है। शब्दों के अनेक रूपों का हेतु सब प्रकार की भाषाओं की मिलावट भी है। 'पुरातनप्रबंध-संग्रह' में मिले 'चंद-बलिद्द' के अपभ्रंश छंदों को साखी पर रासो का लघु संस्करण अपभ्रंश के साँचे में ढाला जा रहा है। क्या वह अपभ्रंश की निर्विशेष रचना रही होगी। मिलावट नाम को भी नहीं? फारसी की मिलावट न सही, पर क्या संस्कृत-प्राकृत की भी नहीं? जैनों की अपभ्रंश-रचना में संस्कृत से जानबूझकर बचते भी थे। संस्कृत को प्राकृत साँचे में ही सकारते थे। फिर भी संस्कृत के कुछ क्या बहुत कुछ शब्द

---

1. राजस्थान के कवि पिंगल में डिंगल का मेल किया करते थे। श्रीस्वरूप-दास अपनी 'पांडव-यशेंदु-चंद्रिका' में कहते हैं —

पिंगल डिंगल संसकृत सब समझन के काज।
मिश्रित सी भाषा कही क्षमा करहु कबिराज ॥

बनते-बिगड़ते आ ही जाते थे। रासो अपभ्रंश के टकसाली रूप में बना होगा यह मानने योग्य नहीं। रासोकार ने शपथपूर्वक खालिश अपभ्रंश में लिखने का संकल्प न किया होगा। जो रासो के आरंभिक अंश को प्रामाणिक मानते हैं उन्हें षड्भाषा का विचार गंभीरतापूर्वक करना चाहिए।

भाषा से ही पृथ्वीराजरासो के छंदों का विचार भी कुछ संबद्ध है। छंदों की दृष्टि से भी तो रासो के मूल की कल्पना का प्रयास किया गया है। वहाँ छंदप्रयोग के विषय में यह दोहा आया है—

छंद प्रबंध कबित्त जति साटक गाह दुहत्थ।
लघु गुरु मंडित खंडियह पिंगल अमर भरत्थ।।

इसमें कबित्त, साटक, गाह, दुहत्थ चार छंदों का स्पष्ट उल्लेख है। कबित्त तो प्रसिद्ध छंद छप्पय है, साटक संस्कृत का शार्दूलविक्रीड़ित है, गाह प्राकृत की गाथा और दुहत्थ अपभ्रंश का दोहा है। 'कबित्त' को यदि देशी भाषा के छंदों का प्रतिनिधि मान लें तो चार भाषाओं का संकेत यहाँ भी है। यह निश्चित नहीं कि 'दूहा' ही तुकांत के अनुरोध से 'दुहत्थ' हो गया है या 'दुहत्थ' में दोहे की व्युत्पत्ति भी छिपी है। दोहा दो पंक्तियों में लिखा जाता है। संगीतरत्नाकर 'द्विपथ' से 'दोहा' मानता है—दो पंक्तियाँ, दो पथ ! 'हत्थ' का संकेत पंक्ति हो तो 'द्विहस्त' से भी व्युत्पादन हो सकता है। गाह 'गाथा' का विकार है। मुद्रित रासो में 'गाथा' नाम ही रखा गया है। 'गाथा' छंद मात्रिक है और थोड़े-थोड़े अंतर से उसके कई भेद हैं। सभी भेदों में पहले-तीसरे या विषम चरणों में 12-12 मात्राएँ होती हैं। अंतर पड़ता है दूसरे-चौथे या सम चरणों के मात्राभेद से। इनमें कहीं 15, कहीं 18 और कहीं 20 मात्राएं होती हैं। जहाँ 15-15 मात्राएँ हों वह गाहु है, जहाँ 18-18 हों वह उग्गाहा है, जहाँ 20-20 हों वह खंधा है, जहाँ 15-18 हों वह विग्गाहा है, जहाँ 18-15 हों वह गाहा है, जहाँ 20-18 हों वह सिंघिनी है, जहाँ 18-20 हों वह गाहिनी है।[1] सबको एक ही पेटे में रखकर 'गाथा' नाम देते

---

1. जाति छंद प्राकृतनि के निपट अटपटे ढंग।
'दास' कहै गाथादि दै तिनकी भिन्न तरंग।
बिषमनि बारह कल समनि पंद्रह ठारह बीस।
सम पद तीजो गन जगन गाथाप्रकरन ईस।
सम पद गाहू पंद्रह पंद्रह अट्ठारह ठारह उग्गाहा।
अट्ठारह पंद्रह गाहा कहि पंद्रह 'अट्ठारह बिग्गाहा।
बीसै बीस खंध कल बीसै अट्ठारह समपथ सिंघिनी।
सबके रबि कल बिषम दलनि सम अट्ठारह बीसै गाहिनी।।—छंदार्णव

हैं। रासो में 'गाथा' शब्द ही प्रयुक्त है, वही सबका सर्वसामान्य नाम जो है। 'गाहा' विशेष नाम है। रासो में 'गाथा' नाम से जो छंद आए हैं वे 'गाहा' ही नहीं हैं उनमें गाहू, उग्गाहा, विग्गाहा भी हैं। इसलिए 'गाह' को 'गाहा' कहना ठीक नहीं। साटक शार्दूलविक्रीड़ित है। शार्दूलविक्रीड़ित को 'साटक' नाम कैसे मिला। कदाचित् शार्दूल के पर्याय 'सटांक' से। किंतु राजशेखरलिखित 'कर्पूरमंजरी' सट्टक का नाम टीका में 'साटक' देखकर और राजशेखर के लिए 'शार्दूलविक्रीड़ितैरेव प्रख्यातो राजशेखरः' प्रशस्ति पढ़कर तथा 'शार्दूलविक्रीड़ित' में 'विक्रीड़ित' को खेल-तमाशा मानकर यह कल्पना भी कर ली गई है कि 'साटक' का प्रयोग खेल में, नाटक में, होता रहा होगा। 'साटक' छंद है, 'सट्टक' विशेष प्रकार की नाट्यकल्पना है जो प्राकृत में सुंदर होती है। चाकचिक्य उत्पन्न करने के लिए ध्वनि-साम्य पर 'चंदेल' को 'शांडिल्य' का विकृत रूप भी ऐसे ही लोग कहते हैं। पता नहीं बघेल और बुंदेल के व्याघ्रिल्य और बिंदुल्य भी उन्हें कहीं मिले या नहीं।

कहा गया है कि मूल रासो के ये ही छंद हैं, अन्य छंद प्रक्षिप्त हैं। यदि साटक (शार्दूलविक्रीड़ित) के लिए भरत का स्मरण है तो 'अमर' (संस्कृत भाषा, अमरवाणी) व्यर्थ है। यदि 'अमर' का अर्थ 'संस्कृत' ही लें तो 'साटक' के अतिरिक्त अन्य छंदों का संकेत इसी में मानना चाहिए। कहीं 'अमर' प्राकृत के किसी 'छंदःशास्त्र'-कर्ता का नाम न हो ! पिंगल और भरत के बीच इसकी संभावना भी है। पिंगल शास्त्र के लिए हो तो 'अमर' शास्त्रकर्ता के लिए हो सकता है। 'लघु गुरु मंडित खंडियह' का भी विशेष अर्थ जान पड़ता है। लघु को गुरु और गुरु को लघु (खंडित-मंडित) करने का रासो में बहुत प्रयास है।

रासो में रूप-विकृति छंदों में शब्दों को बैठाने से भी हुई है। कबित्त (छप्पय) और दुहत्थ की रूप-योजना बहुत कुछ व्यवस्थित है। पर संस्कृत के छंदों में विशेष विकार करना पड़ा है। अनुस्वारांत शब्दों का प्रयोग संस्कृत वर्णवृत्तों में अधिक है। शब्द में जिस किसी वर्ण की अपेक्षा होते ही उदात्त कर दिया अर्थात् उस पर जोर दे दिया। जैसे 'कमल' शब्द में 'क' पर जोर दिया तो 'कम्मल' हो गया। 'म' पर जोर दिया तो 'कमल्ल' हो गया, 'क' और 'म' दोनों पर जोर पड़ा तो 'कम्मल्ल' हो गया। संकोच करना हुआ तो 'कम्ल' कर दिया। छंदोनुरोध से शब्द का क्या रूप-विकार हुआ है और उसे कैसे लिपि द्वारा व्यक्त किया जाय इस पर ध्यान न देने से रासो प्रायः अशुद्ध लिखा गया है। बहुत से छंद तो अपनी सहज गति में पढ़े ही नहीं जा सकते। चारण-भाट तो उन्हें बँधी लय में बैठाकर पढ़ देते हैं, पर कोई अजनबी पढ़ने लगता है तो अटक जाता है। पुस्तकों में छंद ज्यों के त्यों उद्धृत हैं। पढ़ने का बखेड़ा किसी के सिर आता भी है तो वह 'यथालिखितं तथापठितं' से काम चला लेता है।

भाषा और छंद संबंधी रासो का जो संकल्प ऊपर दिया गया है उसकी संगति इसी से लगती है कि उसमें दिए छंद उपलक्षण हैं। 'कबित्त' से देशी भाषा का, दुहत्थ से अपभ्रंश का, गाह से प्राकृत का और साटक से संस्कृत का संबंध है। भाषा का देसी के निकट रूप कबित्तों में, अपभ्रंश के निकट रूप दुहत्थ में, प्राकृत के निकट रूप गाह में और संस्कृत के निकट रूप साटक में मिलता है। संस्कृतरूप देने के लिए शब्द अनुस्वारांत किए गए हैं। रासो में आए संस्कृत-वृत्तों में अनुस्वार की प्रवृत्ति बहुत है। अन्य छंदों में कम है, क्वाचित्क है, अन्यत्र नहीं भी है, संस्कृत-वृत्तों में कहीं अधिक, कहीं कम है, पर है अवश्य—पूर्वोक्त छंदों के उदाहरण लीजिए—

कबित्त—मनहुँ कला ससिभान कला सोलह सो बन्निय।
बाल बेस ससिता समीप अंम्रित रस पिन्निय।।
बिगसि कमल भ्रिग भ्रमर बैन खंजन मृग लुट्टिय।
हीर कीर अरु बिंब मोति नखसिख अहिघुट्टिय।
छतपति गयंद हरिहंस गति बिह बनाय संचै सचिय।
पदमिनिय रूप पदमावतिय मनहु काम कामिनी रचिय।।
—पद्मावती समय।

दूहा—पूरब दिसि गढ़ गढ़नपति समुदसिखर[1] अति दुग्ग।
तहँ सु विजय सुरराज पति जादूकुलह अभग्ग।।
गाथा—दुद्धारसार सहियं हय गय नर बीर बीरायं।
जुद्धिय धीमति धोमं सा बीरं बीरयो राजं।।—(गाहू)
—शशिव्रता समय।

आम सुनिय सु देवो बज्जे साराइ मुंदरे बज्जे।
नीसान निसिसारं साहारं पारखं होई।।—(गाहा)
—वही।

---

1. पद्मावती में पद्मगंधा का संकेत मानकर और जायसी की सिंघलवाली पद्मावती से उसका संबंध जोड़कर 'समुदसिखर' को सिंघल (लंका) के निकट कल्पित किया गया है। मैसूर के 'द्वारसमुद्र' का भी ध्यान नहीं आया। यहाँ तक तो गनीमत थी, पर 'जादूकुलह' को 'जातुधानकुल' का विकार कल्पित करने पर श्रीकृष्ण का 'यादवकुल' चाहे जो समझे, काठियावाड़-कच्छभुज के अनेक 'यादव' हँसेंगे और आक्रोश भी कर सकते हैं।

साटक—साता से उतकंठ रंभति गुना रंभा अरं भावर।
संघं बिद्धि सुसुद्ध कारन मिते देवंगना सुंदरी।
जा बंदे मिति चंद कारन मिते निर्भासितं भासितं।
पाखंडं तजि लीन सूरति बरं आरंभपारं भनं ।।

—वही।

चारण-भाटों की भाषा पहले भी मिश्रित थी और अब भी मिश्रित है। राजस्थानी भाषा में पुराने रूप आज भी बने हैं। इसलिए शब्दविकृति ही से किसी राजस्थानी रचना को प्राचीन कहना ठीक नहीं। श्रीसूर्यमल्ल का वंशभास्कर पुराने रूप को बनाए हुए है। प्रशस्तिकाव्य लिखने वालों के कुछ छंद शब्दों की गति के लिए फूलते-पिचकते हैं। अमृतध्वनि छंद ऐसा ही है। भूषण ने भी 'शिवभूषण' में इसका प्रयोग किया है और शब्द फूले-चिपके हैं। शब्दों के विशेष अक्षर पर बल देने से ही यह फूल-पिचक होती है। यदि बल के लिए विशेष संकेत रहे तो भी शब्दों का रूप पहचाना जा सके। भूषण की केवल एक पंक्ति लीजिए—

सोच च्चकित भड़ोच च्चलिय बिमोच च्चखजल।
| | |
सोच चकित भड़ोच चलिय बिमोच चखजल।

छंदोनुरोध से 'लघु गुरु मंडित खंडियह' तथा भाषाभेद से अनुस्वारद्वित्वादि का ध्यान रखकर 'रासो' की भाषा देखी जाय तो उसके शब्द-रूपों की कुछ विधि बैठ सकती है—

अग्नि—अग्नि, अग्नी, अगनी, आगि, आग।
कर्म—कर्म, क्रम्म, कम्म, काम।
ऋषि—रिषि, रिषी, रिष्ष, रिष्य, रिष।
गौरी—गौरी, गौरि, गवरि, गउरि।
युक्ति—जुक्ति, जुकक्तिय, जुंगति।
अप्सरा—अपछर, अपच्छर, अछरी, अच्छरी।
नारी—नारी, नारि, नारिय।
अपर—अपर, अवर, अरु, रु।
शत—सत, सय, से, सें, सव सौ, सौं, सो।
मध्य—मज्झं, मंझ, मझं, मझार, महि, महिं, माहि, माँही।
दत्त—दितो, दियो, दिदौ, दीधो, दिण्ण, दीनौ, दिन्निय।

डिंगल के बंब, करम्भ, करकोटिया आदि, पंजाबी के रहंदी, हनंदे, कूकंदा, गल्हियाँ आदि शब्द भी हैं। ऐसे ही अरबी, फारसी, तुर्की के शब्द हैं। पर तुर्की के

कम हैं।

रूप-विकृति का यह हेतु भी है कि राजस्थानी-परिवार के विभिन्न प्रदेशों के कर्ताओं तथा उस परिसर की अनेक भाषाओं के ज्ञाता या ज्ञाताओं ने इसके आकार-संवर्धन में योग दिया है, जिनका समय भी भिन्न-भिन्न है।

बीसलदेवरासो

गीतप्रबंध के रूप में लिखा बीसलदेवरासो नरपति नाल्ह की रचना है। जिन दिनों हिंदी के विस्तार की दृष्टि लेकर हिंदी के मनीषी कार्य कर रहे थे उन दिनों वीसलदेवरासो उनके हाथ लगा। वह संपादित होकर काशी नागरीप्रचारिणी सभा द्वारा प्रकाशित हुआ। उसमें इस ग्रंथ का रचनाकाल यह दिया गया है—

बारह सै बहोत्तरहाँ मझारि जेठ बदी नवमी बुधवारि।
नाल्ह रसायन आरंभइ सारदा तूठी ब्रह्मकुमारि।।

इसमें आए हुए 'बारह सै बहोत्तरहाँ' का अर्थ 'बारह सौ द्वादशोत्तर' (1212) किया गया और कहा गया कि विग्रहराज चतुर्थ का 1220 का शिलालेख प्राप्त होता है, इसलिए यह उसकी समसामयिक रचना है। नरपति नाल्ह उन्हीं का दरबारी भाट रहा होगा। इधर अनेक हस्तलेखों के आधार पर डा० माताप्रसाद गुप्त ने इसका वैज्ञानिक संपादन किया है और यह 'बीसलदेवरास' के नाम से हिंदी-परिषद्, विश्वविद्यालय, प्रयाग से प्रकाशित हुआ है। इस संस्करण में इसके रचनाकाल के विभिन्न हस्तलेखों से जो उद्धरण दिए गए हैं उनमें पूर्वोक्त के अतिरिक्त निम्नलिखित निर्माणकाल भी हैं—

(1) संबत सहस सतिहत्तरइ जाणि।
सकलपक्ष पंचमी श्रावण मास।
(2) संबत सहस तिहुत्तर जाणि।
सुकलपक्ष पंचमी श्रावण मास।
(3) संवत तेर सतोत्तरइ जाणि।
सुक पंचमी नइ श्रावण मास।

इस प्रकार इसका निर्माणकाल सं० 1073 से लेकर 1377 तक फैला दिखाई देता है। ऐसा जान पड़ता है कि रचना को प्राचीनतम प्रमाणित करने की होड़ में

इस गीतप्रबंध के गायकों ने इसे ग्यारहवीं शताब्दी के तीसरे चरण तक पहुँचा दिया है। इतिहास की दृष्टि से इस रचना का कोई महत्त्व नहीं, क्योंकि इसमें ऐतिहासिक घटनाएँ अनुश्रुति के आधार पर दी हुई जान पड़ती हैं। साहित्यिक महत्त्व भी इसका विशेष इसलिए नहीं है कि न इसमें उक्ति की भंगिमा है और न घटनाओं की भंगिमा। भाषा की दृष्टि से इसका कुछ महत्त्व हो सकता था, पर उसके संबंध में श्रीअगरचंद नाहटा का कथन यों है—

"बीसलदेवरासो की भाषा सोलहवीं-सत्रहवीं शताब्दी तक की राजस्थानी भाषा है। जिन विद्वानों ने ग्यारहवीं से सत्रहवीं शताब्दी तक की राजस्थानी भाषा का अध्ययन किया है उनका यह मत हुए बिना नहीं रह सकता। ग्रंथ में प्राचीन भाषा का अंश बहुत कम—नहीं के बराबर है।"

इस प्रकार बीसलदेवरासो ऐतिहासिक साहित्यिक अथवा भाषावैज्ञानिक किसी दृष्टि से प्राचीन नहीं सिद्ध होता। इस काव्य की नायिका राजमती 'जेसलमेर की गोरडी' कही गई है, पर जेसलमेर सं० 1272 के लगभग बसा इसलिए यह रचना 1272 के पहले की कथमपि नहीं हो सकती। राजमती के पिता भोज ने अपने जामाता बीसलदेव को अन्य स्थानों के साथ टोंग भी दहेज में दिया, जो भोज के शासन में कभी नहीं था। बीसलदेव की उड़ीसा-यात्रा इतिहास में किसी विग्रहराज से संबद्ध नहीं मिलती और यही इस गीतप्रबंध की प्रमुख घटना है।

इसमें एक स्थान पर 'मूँगफली'[1] शब्द व्यवहृत है। इसके दो अर्थ हो सकते हैं—मुद्गफली अर्थात् मूँग नामक दाल की फली और दूसरे मोमफली = भौमफली अर्थात् 'ग्राउंड नट'। यदि पहला अर्थ स्वीकृत किया जाय तो बाधा नहीं होती, पर दूसरा अर्थ स्वीकृत करने पर कम से कम वह अंश, जिसमें उक्त शब्द प्रयुक्त है, बाद में लिखा हुआ अवश्य है, क्योंकि 'ग्राउंड नट' की खेती, जिसे मराठी में भौमफली कहते हैं, और हिंदी में जो मोमफली, मूँगफली अथवा चीनिया बादाम के नाम से प्रसिद्ध है, भारत के दक्षिणी भाग में सबसे पहले फिरंगियों के यहाँ आने पर होने लगी। इसके पहले यह भारतवर्ष में नहीं पाई जाती। साथ ही सभा-संस्करण के इसी सर्ग के छंद 61 में 'नाप' के लिए 'गज' शब्द का व्यवहार किया गया है।[2] 'गज' नामक नाप मुसलमानी जमाने में भारतवर्ष में प्रचलित हुई, इसलिए इस नाप का प्रचलन कम से कम उस युग में नहीं माना जा सकता जिस युग के बीसल-

---

1. भौहरा जाणे भमर भमाय। मूँगफली सी आँगुली ॥

—सभा-संस्करण, सर्ग 3, छंद 7।

मूँगफली जिसी आँगुली।

—परिषद्-संस्करण, छंद 113।

2. नव गज ऊँचा हाथी च्यार। आण्या छय रथ पै दरबभँडार।

देव हैं। इस प्रकार यह अंश भी लगभग अकबर के समय का ही हो सकता है। उसका चलाया हुआ 'इलाही गज' बहुत प्रसिद्ध है। इस प्रकार यदि सभा-संस्करण को प्रामाणिक माना जाय तो यह रचना, या कम से कम उल्लिखित अंश बहुत बाद का है। परिषद्-संस्करण में यह अंश नहीं है। उसमें कुल 128 कड़वक रखे गए हैं, जबकि सभा-संस्करण के प्रथम सर्ग में 85, द्वितीय में 86, तृतीय में 103 और चतुर्थ में 42 कड़वक हैं अर्थात् सब मिलाकर 316 कड़वक हैं। इसलिए ऐतिहासिक दृष्टि से इस पुस्तक का उतना भी महत्व नहीं है जितना कि पृथ्वीराजरासो का हो सकता है।

साहित्यिक महत्त्व के संबंध में इतना ही कह सकते हैं कि स्थान-स्थान पर कुछ उपमा-उत्प्रेक्षाएँ ऐसी मिल जाती हैं जिनके कारण कभी-कभी नाममात्र की काव्य की झलक आ जाती है अन्यथा इसमें किसी प्रकार की भंगिमा नहीं है। यह आचार्यों की दृष्टि से शुद्ध वार्ता मात्र है। विशिष्ट पदरचना का इसमें कहीं पता नहीं। उक्तियों में भंगिमा न होने पर भी घटनाओं में ही कुछ भंगिमा हो सकती थी, पर इसमें घटनाचक्र भी कुछ नहीं है। कथा नाममात्र की इतनी ही है—

जेसलमेर के भोजराज की राजकुमारी राजमती का विवाह अजमेर के बीसलदेव से निश्चित हुआ। विवाह के समय प्रत्येक भँवरी में बीसलदेव को नाना प्रकार का दहेज प्राप्त हुआ जिसमें सपादलक्ष देश, साँभर सर के सहित नागरचाल, बिछाल के सहित तोडा तथा टोंक और बूंदी के सहित कुडाल देश तथा मंडोवर, सोरठ, गुजरात एवं चित्तौर दिया गया। ससुराल आने के अनंतर वार्तालाप के प्रसंग में बीसलदेव ने राजमती से सगर्व कहा कि मेरे सदृश दूसरा राजा नहीं। राजमती ने इसका प्रतिवाद किया और कहा कि गर्व की ऐसी बात नहीं करनी चाहिए। आपके ऐसे बहुत से नरेश हैं। एक तो उड़ीसा का राजा ही है। जहाँ आपके यहाँ साँभर नमक निकलता है वहाँ उसके यहाँ हीरे निकलते हैं। बीसलदेव ने राजमती से प्रश्न किया कि तू तो जेसलमेर की रहनेवाली है, तुझे उड़ीसा का पता कैसे चला। इस पर उसने बतलाया कि मैं पूर्वजन्म में हरिणी थी और उड़ीसा के जंगलों में रहती थी। एकादशी का व्रत निर्जल करती थी। एक दिन अहेरी ने मुझे बाण मारे और साक्षात् जगन्नाथजी के द्वार पर पहुँचकर परलोकसिधार गई। स्वयं जगन्नाथजी मेरे सम्मुख उपस्थित हुए और मुझसे वरदान माँगने को कहा। तब मैंने उनसे यह वरदान माँगा कि यदि आप प्रसन्न हैं तो मेरा पूर्व देश में जन्म होना वारित कर दीजिए। पूर्व देश के लोग कुलक्षण होते हैं, अच्छी वस्तुओं का भोग नहीं करते, अभक्ष्य खाते हैं, इसलिए मेरा जन्म पश्चिम में हो क्योंकि वहाँ ग्वालियर में चातुर्य, जेसलमेर में रूपवती रमणियाँ और अजमेर में बढ़िया पुरुष होते हैं।

यह सुनकर बीसलदेव चकपका गया। उसने राजमती से कहा कि तूने मेरी भी

अश्लाघा की है, इससे मैं बारह वर्षों की कानि करता हूँ, अब से प्रवास में रहूँगा और प्रयत्न करूँगा कि मेरे राज्य में भी हीरे की खान हो जाय। राजमती को तो लेने के देने पड़ गए। वह अनुनय करने लगी कि मुझसे अपराध हो गया। मछली बिना जल के कैसे जी सकती है। प्रवास में जाने के पहले पीहर भेज दीजिए, वहीं से मैं बहुमूल्य सामग्री के साथ मालवा और धार देश आपको दिला दूँगी। राजा ने कहा कि अब मैं बिना अपने नेत्रों से उड़ीसा की खानों को देखे रह नहीं सकता। रानी के बहुत समझाने पर भी राजा ने बात नहीं मानी। तब उसने यह कहा कि आप मुझे भी अपने साथ ले चलिए, क्योंकि आपके न रहने पर दो क्लेश मुझे संतप्त करते रहेंगे—एक यौवन और दूसरे संतानहीनता। राजा ने यह बात भी नहीं मानी। भावज ने समझाया पर उसका कहना भी राजा ने न माना। स्त्रियाँ राजमती को ही बुरा-भला कहने लगीं। उसने अंतिम बार राजा से प्रार्थना की कि आपके न रहने से मेरा सब कुछ बिगड़ जायगा और यदि आप मर्यादा का उल्लंघन करके जा ही रहे हैं तो आपकी भी हानि होगी। राजा ने कहा कि बढ़-चढ़कर बात करनेवाला ही पश्चात्ताप करता है। यह कहकर कि यह मेरी-तेरी अंतिम भेंट है मुहूर्त निकालने के लिए उसने ज्योतिषी को बुलवाया।

राजमती ने ज्योतिषी से एकांत में प्रार्थना की कि आप कोई ऐसा प्रयत्न करें जिससे यात्रा का मुहूर्त कुछ दिनों बाद अर्थात् कम से कम चार महीने बाद का पड़े। इस बीच मैं पति को समझा लूँगी। ऐसा करने के लिए हाथ की मुंदरी और सोने की सींगों वाली गाय आपको दूँगी। ज्योतिषी ने विचार करके चार महीने बाद का मुहूर्त निकाला। इस बीच राजमती ने फिर प्रयत्न किया, पर सब व्यर्थ। अंत में उसने राजा को यह परामर्श दिया कि परदेश में बहुत सावधानी से रहना चाहिए। अनेक प्रकार से मीठी बातें करके धूर्त लोगों को फँसा लेते हैं। राजा परदेश चला गया। उसके वियोग में राजमती अत्यंत व्याकुल हुई। वियोग में वह दुखी रहने लगी। राजमती बारहमासे के द्वारा अपने वियोग की अभिव्यक्ति करती है (यह बारहमासा कार्तिक महीने से लेकर आश्विनी महीने तक है)।[1] वह दुखी होकर भगवान् से प्रार्थना करती है कि हे ईश्वर स्त्री का जन्म तुमने मुझे क्यों दिया, मैं अन्य जीव-जंतु होती तो भी सुख से रहती।

एक कुटनी उसे फोड़ने के लिए आती है और उससे कहती है कि मैं तेरे लिए दूसरा प्रिय खोज देती हूँ। इस पर राजमती अत्यंत रोषाविष्ट हो जाती है और उसे मार भगाती है। उसने देखा कि प्रियतम को गए बहुत समय हो गया फिर भी

---

1. ज्योतिषी ने मुहूर्त चार महीने बाद का निकाला, अन्यथा यह बारहमासा आषाढ़ से ही आरंभ होता, जैसी अधिकतर बारहमासे के आरंभ होने की परंपरा है।

वे नहीं आए तो उसने पंडित के पास जाकर प्रार्थना की कि आप विरह का संदेश लेकर प्रियतम के पास जाइए और कहिए कि मेरे बाएँ हाथ की मुंदरी दाहिनी बाँह में अटने लगी है; उस बाँह में जिसके द्वारा पाणिग्रहण हुआ था। उसने कार्त्तिक के महीने में स्वयं पत्रिका लिखकर पंडित को दी और उड़ीसा भेजा। पंडित उसके पत्र को लेते हुए राजा का अभिज्ञान जानना चाहता है, उसका हुलिया जान लेने के अनंतर जनेऊ में पत्रिका बाँधकर वह चल देता है। रास्ते में पंडित बहुत सी बातें भूल गया। वह सातवें महीने उड़ीसा पहुँचा। उसने देखा कि उड़ीसा में गाय हल चलाती है, पर बैल से काम नहीं लिया जाता। लोग भाड़ पीते हैं, पर चावल बचाते हैं। वहाँ बिना लटकन के घंटे बजते हैं।

पंडित ने बीसलदेव से भेंट की और पत्रिका दी। उसके पूछने पर पंडित ने विरहिणी का समाचार सुनाया और उसकी पत्रिका दी। उड़ीसा के राजा की पट्टमहादेवी ने बीसलदेव को यह प्रलोभन देकर रोकना चाहा कि तेरे चार विवाह करा दिए जाएँगे। राजा ने उसे अनुचित कहकर टाल दिया। विलंब होने से विरहिणी का प्राणांत न हो जाय इसलिए एक योगी से बातचीत की गई, जिसने पहले ही जाकर राजा के आगमन का समाचार देना स्वीकार किया। योगी ने अजमेर पहुँचकर समाचार सुनाया और राजा की चिट्ठी राजमती को दी। योगी ने बतलाया कि आज के तीसरे दिन तुम्हारा स्वामी आ जाएगा। अंततोगत्वा राजा अजमेर लौट आया और राजमती के साथ रहने लगा। पति के आने पर राजमती ने थोड़ा सा मान भी ठाना। वे सुखपूर्वक अपना जीवन व्यतीत करने लगे।

इस प्रकार बीसलदेवरासो वस्तुतः विरहकाव्य मात्र है। इसमें मुख्य रूप से विरहिणी का चित्रण किया गया है। इसको नारीकाव्य भी कहा गया है—

बागबाणी मो बर दियो। अस्त्री रसायण करूँ बखाण।

—सभा-संस्करण, 2-86।

यह अमृतकाव्य भी कहा गया है—

अमृत रसायण नरपति ब्यास।

—सभा-संस्करण, 3-103।

यह मूलतः लोकगीत है। ग्रामगीतों का साहित्य में जो महत्त्व स्वीकार किया जाय वही इसे भी मिल सकता है। अनुभूतिरहित या हृदयहीन काव्य यह नहीं है इतना अवश्य कहा जा सकता है।

इस रचना में कई बातें विचारणीय हैं। यों तो कवि ने लिख दिया है कि बारह वर्ष के अनंतर बीसलदेव उड़ीसा से लौटा, पर बारह वर्ष का अंतराल भरने के लिए कथाभाग का जितना विस्तार अपेक्षित था वह इसमें नहीं दिखाई देता। यह

रचना कालिदास के 'मेघदूत' की लौकिक परंपरा के बीच दृष्टिगोचर होती है। इसमें बहुत सी बातें यक्ष की स्थिति से मिलती हुई भी पड़ी हैं। परंपराभुक्त कुछ बातें इसमें ऐसी रखी गई हैं जो प्रेम की परीक्षा से संबंध रखनेवाली हैं, जैसे राजमती के निकट कुटनी का आना और प्रेम के व्रत से विचलित करने का प्रयत्न करना। वीसलदेव के सम्मुख उड़ीसा की पट्टमहादेवी का वैवाहिक प्रस्ताव भी इसी प्रकार का है। यौवन के लिए राजमती वैसी ही दुखी है जैसी विद्यापति की विरहिणी। इसमें पूरब की निंदा और पश्चिम की प्रशंसा ध्यान देने योग्य है। ऐसा जान पड़ता है कि पूर्व मे उच्छिन्न किसी जीवनप्रवाह से इस रचना का संबंध है। इसका पता इसमें प्रयुक्त कुछ पूरबी शब्दों और प्रयोगों से भी चलता है। जायसी तथा अन्य सूफी प्रेमाख्यानक कवियों की रचना में प्रयुक्त होनेवाला 'कविलास' शब्द 'स्वर्ग' के अर्थ में इसमें भी मौजूद है[1]। ऐसे ही 'परिहास' शब्द पूर्वी अर्थ में प्रयुक्त[2] है। इसी प्रकार 'दिव्य'[3] करने का प्रयोग भी इसमें आया है। 'दिव्य देने' का व्यवहार तुलसीदास ने 'विनयपत्रिका' में किया है—

> साँपसभा साबर लबार भए देउँ दिब्य
> दुसह साँसति कीजै आगे ही या तन की।

'दिव्य देना' प्राचीन काल की एक चकार की परीक्षा थी जिससे किसी का अपराधी या निरपराध होना सिद्ध होता था। ये परीक्षाएँ नौ प्रकार की कही गई हैं—घट, अग्नि, उदक, विष, कोप, तंडुल, तप्तमाषक, फूल और धर्मज। 'दिव्य देना' और 'दिव्य करना' दो अलग-अलग मुहावरे चलते हैं। 'दिव्य करने' का अर्थ होता है 'शपथ करना' और 'दिव्य देने' का अर्थ होता है 'परीक्षा देना'। 'काव्य' के अर्थ में 'रास' शब्द इसमें अकारांत ही प्रयुक्त हुआ है। यह भी अर्धमागधी की ही प्रवृत्ति है। अब यह भाषाविज्ञान के पंडितों का कार्य है कि वे पता चलाएँ कि पश्चिमी भाषा राजस्थानी में ये पूरबी प्रयोग कैसे घर कर गए।

इसमें प्राय: छह पंक्तियाँ एक छंद या कड़वक में रखी गई हैं, कहीं-कहीं छह के स्थान पर अधिक पंक्तियाँ भी आई हैं। छंद मात्रिक है, पर उसमें मात्राओं की गिनती ठीक-ठीक नहीं है। छंदशुद्धि की दृष्टि से अभी तक न पृथ्वीराजरासो का ही संपादन किया गया है न इसका ही। आरंभ के दो चरण 'पद्धरी' के जान पड़ते हैं। गीत होने के कारण इसमें कहीं-कहीं अतिरिक्त शब्दों का अंत:पात हो गया है। ऐसे ही मात्राएँ भी निष्प्रयोजन यथास्थान दीर्घ कर दी गई हैं। 'पद्धरी'

---

1. छोड़िया मंदिर घर कविलास।—परिषद्-संस्करण, छंद 67।
2. वही, 117।
3. वही, 43।

के दो चरणों के अनंतर कहीं तेरह और कहीं चौदह मात्राओं की टेक और फिर 'पद्धरी' छंद का एक चरण है, जो प्राय: गीत के खिंचाव के कारण अधिक मात्राओं का हो गया है। फिर तेरह या चौदह मात्राओं की टेक और तदनंतर 'पद्धरी' छंद का वैसा ही बढ़ा हुआ रूप मिलता है।

भाषा इसकी निश्चय ही आधुनिक राजस्थानी के निकट है। जिस युग में सबसे पहले बीसलदेवरासो हिंदीवालों के हाथ लगा उसमें कुछ पुराने प्रयोगों की छानबीन करके ग्रंथों को प्राचीनतम सिद्ध करने की होड़ सी लगी हुई थी। इसमें विशेषण और विशेष्य का समानाधिकरण्य, षष्ठी की 'ह' विभक्ति, सप्तमी में इकारांत रूप (मनि, धरि आदि) देखकर इसे अपभ्रंशकाल की रचना घोषित किया गया। श्रीमाताप्रसाद गुप्त ने अनेक हस्तलेखों के आधार पर इसका संपादन करने के अनंतर आश्वस्त साँस ली है कि यह चौदहवीं शताब्दी के उत्तरार्द्ध में अवश्य बन गया था। पर यह रचना यदि कुछ प्राचीन ही हो तो 16वीं शताब्दी के अंत की या 17वी शताब्दी के आरंभ की हो सकती है। इसका प्राचीनतम हस्त-लेख संवत् 1633 का कहा गया है। यदि उसका लिपिकाल प्रामाणिक हो तो यह रचना 1633 के पूर्व अवश्य बन गई थी। श्रीअगरचंद नाहटा की यह कल्पना भी विचारणीय है कि सोलहवीं शताब्दी में नरपति नामक जैन कवि हुआ है, जिसका उल्लेख 'जैन गुर्जर कवियो' के प्रथम भाग में है, असंभव नहीं कि 'बीसलदेवरासो' का रचयिता वही हो।

डिंगल-काव्य

डिंगल हिंदी में क्यों

राजस्थान के चारण-भाट दो प्रकार की भाषा में रचना करते हैं—एक अपनी गढ़ी हुई राजस्थानी में जिसे 'डिंगल' कहते हैं, दूसरी सर्वसामान्य भाषा या साहित्यिक भाषा में जिसे 'पिंगल' नाम से अभिहित करते हैं। 'पिंगल' परवर्ती अपभ्रंश या प्राचीन ब्रजभाषा का ही नाम है।

राजस्थान के कर्ताओं ने 'पिंगल' और 'डिंगल' में केवल भाषा के ढाँचे का ही अंतर रखा है, अर्थात् 'पिंगल' और 'डिंगल' में काव्यगत प्रवृत्ति का कोई विशिष्ट भेद नहीं है। जिस प्रकार 'डिंगल' भाषा सर्वसामान्य भाषा 'पिंगल' की साहित्यिक प्रवृत्तियों से प्रभावित होती रही उसी प्रकार 'पिंगल' भाषा 'डिंगल' के शब्दों, वाग्योगों, लोकोक्तियों आदि का भी कहीं कम और कहीं अधिक आकलन करती

रही। इसी से 'डिंगल' का पृथक् संग्रह करनेवाले आधुनिक संग्राहक 'डिंगल' और 'पिंगल' का भेद करने में चूक गए हैं और 'पिंगल' की कृति का संकलन 'डिंगल' के नाम पर कर गए हैं। भाषागत भिन्नता कितनी कम रह गई थी उसका यह भी प्रमाण है। किसी चारण-बारहठ की कृति में यदि 'वैणसगाई' न हो तो 'पिंगल' की रचना समझनी चाहिए, क्योंकि 'पिंगल' में उन्होंने इस नियम का पालन नहीं किया है। कुछ कवि ऐसे अवश्य हैं जिन्होंने पिंगल की रचना में भी 'वैणसगाई' का नियम रखा है, जैसे श्रीसूर्यमल्ल ने अपने 'वंशभास्कर' में। ऐसी स्थिति में भाषा का स्वरूपभेद ही अंतर बतला सकता है। 'डिंगल' में अपने देशी शब्द अधिक प्रयुक्त होते हैं। फिर भी, जैसा कहा जा चुका है, भाषा का सांकर्य हो गया है।

भाषाविज्ञानी कहते हैं कि मैथिली हिंदी भाषा की सीमा में नहीं आती, पर पुरानी मैथिली में रचना करनेवाले मैथिलकोकिल विद्यापति हिंदी-साहित्य के भीतर ही रखे जाते हैं, क्योंकि मध्यदेशीया हिंदी की शब्दावली का प्रसार मिथिला में भी है। ऐसी स्थिति में राजस्थान की डिंगल कविता को कैसे पृथक् किया जा सकता है, जबकि भाषाविज्ञान की ही दृष्टि से राजस्थानी शौरसेनी से ही संबद्ध है, मैथिली की भाँति मागधी से नहीं। तात्त्विक बात यह है कि अपभ्रंश के अनंतर प्रांतीयता या प्रादेशिकता का रंग चढ़ने के पूर्व राजस्थान, गुजरात, पंजाब, बिहार, बंगाल, महाराष्ट्र आदि प्रांतों में जो भाषा चलती थी वह पुरानी राजस्थानी, पुरानी गुजराती, पुरानी पंजाबी, पुरानी बिहारी, पुरानी बंगाली और पुरानी महाराष्ट्री कही जाय इसके बदले उसे 'पुरानी हिंदी' ही कहना अधिक उपयुक्त है। हाँ, प्रादेशिकता की ओर अधिक झुकने पर इनमें स्पष्ट स्वरूपभेद हो गया। अब यदि उस पुराने रूप में ही या उस पुराने रूप को बनाए रहनेवाली भाषा में रचनाएँ होंगी तो उन्हें हिंदी-साहित्य के अंतर्गत मानना साहित्य-परंपरा से ही नहीं, वैज्ञानिकता की नाप-तोल से भी समीचीन है। अतः 'डिंगल' की कृतियों का विचार हिंदी-साहित्य के भीतर हो सकता है। इधर कुछ इतिहास-लेखकों ने ऐसा किया भी है। संप्रति जनपद-साहित्य के आंदोलन से अलगौझे की वृत्ति अवश्य जगी है। प्रत्येक भाषा की समृद्धि हो और उसमें नवनवोन्मेष जगे यह प्रसन्नता की बात है। इन अलगौझे से डिंगल, पिंगल, अवधी आदि हिंदी-परिवार से पृथक् नहीं हो सकती।

इस स्वच्छंदता की भी सीमा है। यदि प्रादेशिक भाषाओं में होनेवाले साहित्यिक निर्माण का तुलनात्मक विवेचना किया जाय तो स्पष्ट हो जायगा कि सांस्कृतिक भूमिका इन सभी भाषाओं की एक ही है। यहाँ तक कि जो द्राविड़ भाषाएँ आर्यभाषा-कुल से पृथक् कुल की मानी जाती हैं उनकी भी सांस्कृतिक पीठिका उनके साहित्यिक कर्तृत्व में आर्यभाषा-कुल की सांस्कृतिक पीठिका से भिन्न नहीं है। केवल 'उर्दू' ही ऐसी दिखाई देती है जो भाषा की दृष्टि से तो

हिंदी की एक विशेष प्रकार की शैली ही है, किंतु साहित्य के निर्माण में उसकी सांस्कृतिक प्रवृत्ति से नहीं मिलती। एक तो नए-प्रकार की कुछ कविताओं के होने पर भी उसकी प्राचीन शृंगारिक प्रवृत्ति प्रधान ही बनी हुई है, अन्य रसों, भावों आदि की समाई वहाँ बहुत कम हो सकी है। दूसरे शृंगार या प्रेम की उसकी दृष्टि अरबी-फारसी साहित्य से मेल खाती है, भारतीय प्रेम के स्वरूप से उसका मेल कथमपि नहीं मिलता। साहित्य में सामाजिक मर्यादा के विचार से हिंदी-साहित्य 'शृंगाररस' के आलंबन राधाकृष्ण को ही मानता है। अनिश्चित आलंबन हिंदी-साहित्य को स्वीकार नहीं। देशी भाषा की रचनाओं में लौकिक और अनिश्चित आलंबन कुछ मिलते अवश्य हैं, पर सबसे अधिक ध्यान देने की बात वहाँ यह है कि उनमें उद्गार स्वकीया के मिलते हैं। अतः उर्दू की प्रवृत्ति उससे भी मेल नहीं खाती, जहाँ परकीयापन ही प्रमुख है।

डिंगल की निरुक्ति

डिंगल' शब्द 'पिंगल' के जोड़-तोड़ पर गढ़ा गया। जोड़-तोड़ पर गढ़ने पर भी इस शब्द का कोई अर्थ ध्यान में रखा गया या नहीं यह विचारणीय है। 'पिंगल' या ब्रजभाषा सर्वसामान्य काव्यभाषा थी, अतः वह शिष्ट या साधु भाषा समझी जाती थी। इस शिष्ट या साधु भाषा के विपरीत जो भाषा काव्य के लिए ली गई उसे 'डिंगल' नाम दिया गया। पर 'डिंगल' की निरुक्ति या व्युत्पत्ति के संबंध में बड़ी विलक्षण कल्पनाएँ की गई हैं—

1—प्रारंभ में शब्द 'डगल' था, पीछे 'पिंगल' के समय 'डिंगल' बन गया—श्रीहरप्रसाद शास्त्री।

2—'ड' अक्षर की बहुलता के कारण 'डिंगल' हुआ—गजराज ओझा।

3—'डिम' = डमरू + गल = गला से 'डिंगल' बना—पुरुषोत्तम शास्त्री।

4—'डिभ' = बालक + गल = ध्वनि से बालकों की सी टूटी-फूटी बोली अर्थ में 'डिंगल' हुआ।

5—'डिंग' से डींगल फिर 'डिंगल' हुआ जैसे बोझ से बोझल (हिंदी बोझिल), धूम से धूमल, दाग से दागल होता है। भाट-चारण राज-प्रशस्ति में डींग हाँकते ही थे—श्रीमोतीलाल मेनारिया।

6—'डिंगल' में नियमबद्धता नहीं है अतः अनियमित या ग्रामीण अर्थ में यह चला—श्रीतेसीतरी।

7—'डिंगर' का अर्थ दूषित या नीच है इसी से 'डिंगल' बना—हिंदी-शब्द-सागर।[1]

अधिकतर लोग 'डिंगल' का अर्थ अनियमित और बेठीक ठिकाने की भाषा लेते हैं। काव्य में व्यवहार की भाषा या शिष्ट समाज में व्यवहृत भाषा परिष्कृत कहलाती है और जनता में व्यवहृत बोलचाल की भाषा बहुधा शिष्टों की ओर से और कदाचित् नम्रता दिखाने के लिए जनता की ओर से अपरिष्कृत कही जाती है। यह क्रम बहुत दिनों से चला आ रहा है। पुराकाल में साधु भाषा 'संस्कृत' नाम से पुकारी गई। बोलचाल या जनता (प्रकृति) की भाषा 'प्राकृत' कही गई। ऐसे ही आदर्श से गिरी या आवश्यक टीमटाम से रहित भाषा अपभ्रंष्ट या अपभ्रंश कही गई। उसमें 'नागर' या नगर का परिष्कृत रूप आ गया तो 'ग्राम्य' या गँवारी भेद भी रखना पड़ा। 'नागर' और 'ब्राचड़' में भेद का कारण देशभेद ही नहीं है। परिष्कार-अपरिष्कार भी कारण माना गया है। 'खड़ी' का अर्थ यदि 'खड़ी' ही लें तो भी 'पड़ी' की ओर संकेत है। 'खरी' अर्थ लें तो कोई 'खोटी' भी संकेतिक है। बैंसवाड़ेवाले 'खड़ी' को 'पक्की' कहते हैं, 'कच्ची की भावना इसके साथ ही लगी है। इसलिए पुष्ट और अपुष्ट दो रूप बराबर माने गए हैं। इस प्रकार 'पिंगल' को पुष्ट मानें तो 'डिंगल' को अपुष्ट के अर्थ में मानना पड़ेगा। तब 'डिंगर' ही सबसे निकट, स्पष्ट और ठीक प्रतीत होगा, जिससे 'डिंगल' शब्द बन सकता है। मोटे, मोटी बुद्धि के तथा साथ ही खोटे को धींगर, धींग, धींगड़ा कहते हैं। ये सब संस्कृत भाषा के 'डिंगर' के ही विकार या विकास हैं।

डिंगल कुछ पुराने कर्ता और कृतियाँ

श्रीतेसीतरी ने डिंगल भाषा के प्राचीन और नवीन भेद माने हैं। प्राचीन और नवीन में भेद उच्चारण का दिखलाया है। प्राचीन में 'ऐ' और 'औ' का उच्चारण संस्कृत के निकट था और 'अइ' एवं 'अउ' बोलते थे। पर आगे चलकर सिमटाव हुआ और 'ऐ' एवं 'औ' का उच्चारण 'अय्' एवं 'अव्' सा

---

1. और भी कल्पनाएँ की गई हैं; 1—पिंगल=पाँगली (पंगु), डिंगल=उड़नेवाली (डग=पंख+ल=लिए हुए), 2—डिगी+गल, 3—डाँग+ल, 4—'डंगि' से, 5—'डीड़' से।

हो गया, जैसा ब्रजी तथा खड़ी बोली में सुनाई पड़ता है। प्राचीन डिंगल का समय भी विक्रम की तेरहवीं शती के मध्य से सत्रहवीं शती तक माना जाता है। श्रीमोतीलाल मेनारिया डिंगल को इतना प्राचीन नहीं मानते। सबसे प्रथम 'डिंगल' शब्द वे जोधपुर के कविराज बाँकीदास की 'कुकवि-बत्तीसी' में पाते हैं, जिसका निर्माणकाल सं० 1871 है—

डींगलिया मिलियाँ करे पिंगल तणौ प्रकास।
संसकृती ह्वै कपट सज पिंगल पढ़ियाँ पास ॥

इससे उनकी सम्मति है कि इसे बहुत पीछे नहीं ले जा सकते। फिर भी पंद्रहवीं शती से इसका आरंभ स्वीकार करते हैं। इसलिए भाषाभेद का थोड़ा विचार करना अपेक्षित है। आरंभ (अपभ्रंशकाल) में जो रचना होती थी उसकी भाषा सर्वसामान्य थी। राजस्थानी भाषा किस अपभ्रंश से विकसित हुई इसमें मतभेद है। श्रीग्रियर्सन ने नागर अपभ्रंश से ही उसका विकास माना है। श्रीसुनीति कुमार चाटुर्ज्या ने सौराष्ट्री अपभ्रंश को इसका मूल कहा है। श्रीकन्हैयालाल माणिकलाल मुंशी ने गौर्जर अपभ्रंश से इसका उद्गम बताया है। इस प्रसंग में यह कह देना आवश्यक है कि गुजरात और राजस्थान मिले हुए हैं, अतः गुजराती और राजस्थानी के मूल में कोई एक ही उभयसामान्य अपभ्रंश होना चाहिए। राजस्थान और गुजरात के प्राचीन ग्रंथों में, भाषा की रूपरेखा समान है। पार्थक्य आगे चलकर हुआ। चौदहवीं-पंद्रहवीं शती में स्पष्ट भेद दिखाई देने लगा। प्राकृतचंद्रिका में अपभ्रंशों के जो सत्ताईस भेद किए गए हैं[1] सो अपभ्रंशों की उत्तरकालिक स्थिति को देखकर। टकशाली और सर्वमान्य नागर अपभ्रंश ही था और उसीसे गुजराती, राजस्थानी तथा ब्रजी का विकास हुआ। नागर का संबंध नागर जाति से जोड़ने पर भी यह स्वीकार करना होगा कि वह परिष्कृत और शिष्ट अपभ्रंश था। इससे नागर का अर्थ परिष्कृत साहित्यिक अपभ्रंश भी हो गया। पहले राजस्थानी मिली-जुली थी। आगे चलकर पार्थक्य हुआ। जैसे वह पहले गुजराती से मिली थी वैसे ही शौरसेनी या ब्रजी से। पिंगल-काव्यग्रंथ राजस्थानी और शौरसेनी के मेलवाले ग्रंथ हैं, ढाँचा शौरसेनी या ब्रजी

---

1. व्राचडो लाटवैदर्भावुपनागरनागरौ।
बार्बरावन्त्यपाञ्चालटाक्कमालवकैकयाः ॥
गौडोड्रहैवपाश्चात्यपाण्ड्यकौन्तलसैहलाः ।
कालिंग्यप्राच्यकर्णाटकाञ्च्यद्राविडगौर्जराः ॥
आभीरो मध्यदेशीयः सूक्ष्मभेदव्यवस्थिताः ।
सप्तविंशत्यपभ्रंशाः वैतालादिभेदतः ॥

का है, पर शब्द तथा प्रयोग राजस्थानी के भी हैं। राजस्थानी जब पृथक् हुई तब उसने दो पथ पकड़े। भाट-चारणों द्वारा काव्यप्रयुक्त होकर वह डिंगल हो गई। डिंगल में ढांचा राजस्थानी का है पर शब्द और प्रयोग दूसरे भी आते रहे। पर उसका लोकबद्ध दूसरा रूप बना रहा। उसमें भी रचना होती थी। पर काव्य का अलंकरण उसमें बहुत कम होता था। ढाँचा अपना था पर काव्य करने में पुराने शब्द, रूप, प्रयोग भी आ जाते थे। इसलिए राजस्थान में काव्यरचना के तीन प्रवाह स्पष्ट हैं—पिंगल-काव्य, डिंगल-काव्य और लोकबद्ध राजस्थानी-काव्य। इनमें से पिंगल और डिंगल का रूप तो बहुत स्पष्ट और भिन्न है। राजस्थानी की रचना में गुजराती और ब्रजी के प्रयोग भी प्राचीन कुल की एकता के कारण झलकते हैं। मीराबाई की रचना पर गुजरातीवाले भी विचार करते हैं, अपने प्रवाह के अनुकूल समझकर और हिंदीवाले भी लिखते हैं अपने प्रवाह के अनुकूल देखकर। राजस्थानी का तो उस पर जन्मसिद्ध अधिकार है। इसलिए राजस्थानी वाङ्मय पर, विशेष रूप से उसके पुरातन वाङ्मय पर, हिंदीवालों का विचार करना उचित और समचीन है। इसी से डिंगल और लोकबद्ध राजस्थानी दोनों के वाङ्मय का कुछ संक्षिप्त परिचय दिया जाता है। राजस्थानी में गद्य भी बहुत लिखा गया है। हिंदी-गद्य का विचार करने में उससे भी कुछ सहायता मिल सकती है।

श्रीशिवदास चारण ने 'अचलदास खीची री वचनिका' लिखी जो गद्य-पद्य दोनों में है। अचलदास के युद्ध का इसमें वर्णन है, जो सं० 1485 के आस-पास हुआ था। सूजाजी चारण ने सं० 1591-98 के मध्य 'राव जैतसी रो छंद' लिखा। इसमें बाबर के पुत्र कामरान और बीकानेर के राजा राव जैतसी के युद्ध का सविस्तार वर्णन है। आशानन्द चारण जोधपुर के राजा राव मालदेव के आश्रित थे। ये रावजी की बीकानेर की चढ़ाई में थे (1589)। इनके पाँच-छह ग्रंथ हैं। ईश्वरदास चारण सोलहवीं शती के आरंभ में बड़े प्रसिद्ध भक्त हुए हैं। इनके चमत्कार की कथाएँ राजस्थान में प्रचलित हैं। इन्होंने डिंगल में 12 ग्रंथ लिखे हैं। केशवदास चारण सत्रहवीं शती के आदिम चरण में हुए, जिनके तीन ग्रंथ हैं—गुणरूपक, राव अमरसिंहजी रा दूहा और विवेकवार्ता। अल्लूजी सं० 1620 में और जल्ह 1625 में हुए। जल्ह ने 'बुद्धिरासो' नामक प्रेमगाथा लिखी है। 'बेलि क्रिसन रुकमणी री' के रचयिता इतिहासप्रसिद्ध पृथ्वीराज भी इस शती के द्वितीय चरण (1644) में हुए। इन्हीं के समकालीन साँयाजी थे जिनके 'रुक्मिणीहरण' के संबंध में किंवदंती है कि पृथ्वीराज की उक्त रचना और इसे सुनकर अकबर ने पृथ्वीराज से कहा था कि पृथ्वीराज, तुम्हारी 'बेल' (लता) को 'हरण' (हरिण) चर गया। किंतु 'हरण' इतनी उत्कृष्ट रचना नहीं है।

बेलि क्रिसन रुकमणी री

'राठौरराज प्रिथीराज री कही बेलि क्रिसन रुकमणी री' डिंगल की प्रसिद्ध रचना है। ये वे ही इतिहासप्रसिद्ध पृथ्वीराज हैं जिन्होंने अकबर से संधि का प्रस्ताव करने पर महाराणा प्रताप को क्षोभपूर्ण पत्र लिखा था। इनका जन्म संवत् 1606 वैक्रम और देहावसान 1657 में हुआ था। ये बीकानेर-नरेश राव कल्याणमल के पुत्र थे। ये मुगलसम्राट् अकबर के प्रिय और दरबारी थे। इन्होंने पिंगल और डिंगल दोनों में रचनाएँ की हैं। इनकी पिंगल की रचनाएँ फुटकल ही मिलती हैं। 'शिवसिंहसरोज' में इनका निम्नलिखित सवैया उद्धृत है—

कै पृथिराज छिप्यौ अलि को गन कै घन की उमड़ी ठटियाँ।
कै नग सों मखतूल सिंहासन कै सनिमंदिर की टटियाँ।
कै कबि ब्याल जुरे पन सों पन आनन चंद्र अमी डटियाँ।
कै दल काम को रोकन कों तिय की पटियाँ तम की घटियाँ।।

इससे प्रमाणित है कि इन्होंने पिंगल में श्रृंगार की फुटकल रचनाएँ की हैं। हो सकता है कोई रीतिग्रंथ ही लिखा हो। स्वर्गीय लाला भगवानदीन ने अपनी 'अलंकारमंजूषा' में क्रम या यथासंख्य अलंकार के उदाहरण में एक छप्पय उद्धृत किया है जिस पर वे बहुत फिदा थे। वह भी किसी 'पृथिराज' का ही है—

आनन बेनि नैन बैन पुनि दसन सुकटि गति।
ससि सर्पिन मृग पिक अनार केहरि करनिनपति।
पुरन खिभ्भत जक तरुन पक्व बरपंच पुष्टबल।
सरद पताल बिछोह बाग तरु गिरि बन कज्जल।
निसि संनिबेस सावक चुवत बिगस प्रसूती मद भ्भरत।
'पृथिराज' भनत बंसी बजत अस बनिता बन बन फिरत।।

यदि यह रचना भी इन्हीं राठौर पृथ्वीराज की हो तो मानना पड़ेगा कि ये 'पिंगल' के भी बहुत ही समर्थ कवि थे। इस छप्पय में आनन आदि सात पदार्थों का वर्णन है, जिनका उल्लेख प्रथम चरण में है। द्वितीय में उनके उपमानों का उसी क्रम से उल्लेख है। तीसरे चरण में उनके स्वरूप का कथन है। चौथे में देश-स्थिति और पाँचवें में अवस्थास्थिति का क्रमश: वर्णन है। सात पदार्थों तथा उनसे संबद्ध वस्तुओं का पाँच बार क्रम से कथन हिंदी-साहित्य में अन्यत्र दुर्लभ है। अत: यथासंख्य का ऐसा उत्तम उदाहरण दूसरा आज तक अप्राप्त है।

पृथ्वीराज की प्रकीर्ण रचना ही पिंगल या ब्रजी में मिलती है। पर डिंगल में कई व्यवस्थित रचनाएँ हैं—बेलि क्रिसन रुकमणी री, दसम भागवत रा दूहा,

दसरथारवउत, बसदेवरावउत और गंगालहरी। इनकी सबसे उत्कृष्ट कृति 'बेलि' ही है। इसमें श्रीकृष्ण और रुक्मिणी का विवाह श्रीमद्भागवत के आधार पर वर्णित है। श्रीमद्भागवत के दशम स्कंध (उत्तरार्ध) के 52 से 55 अध्यायों में क्रमश: रुक्मिणी के उद्वाह-प्रस्ताव, हरण, उद्वाह और प्रद्युम्नोत्पत्ति का निरूपण है। 'बेलि' प्रमुखतया पहले तीन अध्यायों के आधार पर निर्मित है। चौथे अध्याय की घटनाओं का विस्तार 'बेलि' में नहीं है। केवल प्रद्युम्न के जन्म का उल्लेख है। स्वयं कर्ता ने ही श्रीमदभागवत का ऋण स्वीकार किया है—

बल्ली तसु बीज भागवत वायौ महि थाणौ प्रिथु दास मुख।
मूल ताल जड़ अरथ मंड है सुथरि करणि चढ़ि छाँह सुख।
पत्र अक्खर दल टूटला जस परिमल नवसंतुल विधि अहोनिसि।
मधुकर रसिक सु भगति मंजरी मुगति फूल फल मुगति मिसि।

इसमें श्रीमद्भागवत को बीज कहा गया है अर्थात् इस ग्रंथ में भागवत की घटनाएँ बीजरूप से गृहीत हैं। ऊपर भक्तिमंजरी, मुक्तिफल को देख और नाभादास की भक्तमाल में पृथ्वीराज को इस रूप में गुंफित पाकर—

गीत सवैया स्लोक बेलि दोहा गुन नवरस।
पिंगलकाब्य प्रमान बिबिध बिध गायौ हरिजस।
परिदुख बिदुख सलाघ्य बचनरचना जु उचारे।
अर्थ बिचित्रन मोल सबै सागर उद्धारे।
रुकमिनी लता बरनन अनुप बागीसबदन कल्यानसुव।
नरदेव उभै भाषा निपुन प्रथीराज कबिराज हुव।।

इन्हें भक्त और 'बेली' को भक्तिग्रंथ माननेवाले संत-सज्जन भी हैं। किसी ग्रंथ की फलश्रुति के आधार पर या नाभादास की भक्तमाल में उसके उल्लिखित होने से भक्त-भक्ति का निश्चय होने लगे तो कवि-काव्य की अभिधा अतीत के बहुत कम ग्रंथकर्ताओं और ग्रंथों को प्राप्त होगी। प्राचीनों ने जो काव्य का भेदक लक्षण अतिशयोक्ति या वक्रोक्ति को माना था उसका रहस्य यही है कि काव्य की कथन-शैली में अन्य उद्देश्यों से निर्मित ग्रंथों की अभिव्यक्तिशैली से पार्थक्य होता है। 'बेलि' में स्थान-स्थान पर इस विशिष्ट शैली की योजना ही पुकारकर कह रही है कि यह काव्यग्रंथ है और इसका कर्ता कवि है। भक्तों या भक्ति-ग्रंथों द्वारा काव्य की इस शैली का प्रयोग यदि किया गया है तो वे पहले कवि और उनकी रचना पहले काव्यग्रंथ है। कविता साधन के रुप में भी प्रयुक्त हो सकती है और अपना साध्य वह स्वयं भी हो सकती है। जहाँ उसका साध्य उससे भिन्न है वह भी कविता कही जा सकती है, पर उसे साथ ही साध्य की दृष्टि से भी देखा जा सकता है।

पर जहाँ उसका साध्य स्वपर्यवसायी है वहाँ कोई विचार ही नहीं। भगवान् या भगवल्लीला को वर्ण्य रखने मात्र से भक्ति साध्य नहीं हो सकती। अधिकतर कवियों ने वर्ण्य ऐसे ही लिए हैं, पर उन्हें भक्त या उनकी कृति को भक्तिग्रंथ नहीं कहा जा सकता। जैसे केशवदास की रामचंद्रचंद्रिका को और नरोत्तमदास के सुदामाचरित को। 'बेलि' सुदामाचरित के ढंग का खंडकाव्य है।

'वेलि' का प्रधान रस शृंगार है। पर उसमें 'हरण' के प्रसंग में वीररस या युद्धवीरत्व को देखकर तथा युद्धकार्य के अंतर्गत वीभत्स व्यापारों की नियोजना पाकर कुछ महानुभाव रसविरोध के चक्कर में पड़ गए हैं। उन्हें जानना चाहिए कि रसविरोध तभी होता है जब दो रस तुल्यबल या तुल्यस्थितिवाले हों, अंगांगी रूप में अभिव्यंजित रसों में पारस्परिक विरोध होता ही नहीं। रुक्मिणीहरण के बिना शृंगार की पूर्ण अभिव्यक्ति का अवसर ही नहीं आ सकता था। अत: 'हरण' के लिए किए गए प्रयत्न में उत्साह और उत्साह की व्यक्ति में जुगुप्सा को देख रसविरोध का प्रश्न खड़ा करना ही काव्यपरंपरा से पूर्ण परिचय का अज्ञान प्रकट करना है। काव्यपरंपरा के अज्ञान या अल्पज्ञान के कारण हिंदी में बहुत से अभीप्सित प्रसंग उठा करते हैं और अनेक अशुद्ध अर्थ सामने रखे जाते हैं। 'बेलि' में 'कुमकुम' का अर्थ कई स्थलों पर 'गुलाबजल' किया गया है। यह भ्रम 'बेलि' की संस्कृत टीका के अंधानुगमन से हुआ है। उन्होंने 'कुमकुमेन सुगंधपुष्परसविशेषेण मज्जनं स्नानं कृत्वा' लिखा तो 'पुष्परसविशेष' हो गया गुलाबजल। ऐसे ही 'पीत' गुरियों या काँच की छोटी-छोटी गुरियों को कहते हैं, जिनकी कंठी गले में पहनी जाती है। पर उसका अर्थ 'काला रेशमी डोरा' किया गया है। संस्कृत टीका करने-वाले ने 'चीडीउ इति नामाभरणं बद्धमिति शेष:' लिखा, पर उस पर भी ध्यान नहीं गया। 'पीत' को 'पवित्री' से व्युत्पन्न किया गया है पर वह ब्रज में 'पवित्रा' नाम से आज भी प्रसिद्ध है। 'पवित्रा' रेशमी दानों की बनी माला होती है जो धर्म-कृत्यों में विशेषतया स्त्रियाँ पहनती हैं। 'पवित्री' कुश से बनती है, वह धर्मकृत्यों में पुरुषों द्वारा हाथ में पहनी जाती है।

'बेलि' के संबंध में मौलिकता का भी प्रश्न उठा है। कवि ने भागवत को बीज कहा है। बीजरूप में घटनाएँ भागवत की हैं, अभिव्यक्ति उसकी है। कहीं यदि भागवत में कही उक्ति आ ही जाय तो इतने से ही मौलिकता का निरसन नहीं हो जाता। जैसे रुक्मिणी की प्रेषित पत्रिका में भागवत में यह आया है—

'मा वीरभागमभिमर्शतु चैद्य आराद्गोमायुवन्मृगपतेर्बलिमम्बुजाक्ष।'

'बेलि' में यही यों है —

वलि बंधण मूझ स्याल सिंघ बलि प्रासै जो वीजौ परणै।
कपिल धेनु दिन पात्र कसाई तुलसी करि चांडाल तणै॥

भागवत में केवल भगवान् की वीरता की ओर संकेत है। सिंह की बलि शृंगाल ले तो सिंह के विक्रम को चुनौती है। पर बेलि में अपनी दीनता और पूतता की ओर भी संकेत हैं। अत: भागवत बीजरूप में ही बेलि के पल्लवित, पुष्पित, फलित होने में माना जा सकता है। मौलिकता बेलि में सोलहो आने है।

कवि की मौलिकता इस बात में देखनी चाहिए कि उसने परंपरा में कथित, पिष्टपेषित विषयों में नूतनता की क्या और कैसी उद्भावना की है। पृथ्वीराज ने 'बेलि' में नवीन कल्पनाएँ स्थान-स्थान पर की हैं। वय:संधि के वर्णन में कवि लिखता है—

पहिलौ मुख राग प्रगट थयौ प्राची अरुण कि अरुणोद अंत्रर।
पेषे फिरि जागिया पयोधर संभ्रा बंदण रिखेसर।।

रुक्मिणी के मुख में 'राग' (अरुणिमा) का उदय हुआ, जैसे प्राची में अरुणोदय की ललाई। उसे देखकर संध्यावंदन करने के लिए स्तन ऋषीश्वर की भाँति जग (उठ) रहे हैं। कवि ने वय:संधि, संयोग, ऋतुवर्णन आदि के प्रसंगों में नवीनोद्भावनाएँ बहुधा की हैं, जिनका विस्तार अनपेक्षित है। कवि की शक्ति या प्रतिभा का पता इसी से चल जाता है। ग्रंथ में 'निपुणता' भी स्थान-स्थान पर संकेकित है, जिसके लिए ग्रंथांत में कर्ता ने स्वयं कहा है—

ज्यौतिषो बैद पौराणिक जोगी संगीतो तारकिक सहि।
चारण भाट सुकबि भाखा चित्र करि एकठा तो अरथ कहि।।

पुस्तक की भाषा साहित्यिक राजस्थानी है। डिंगल की प्रसिद्ध 'वैणसगाई' का सर्वत्र निर्वाह है। इसमें प्रयुक्त छंद 'वेलिया गीत' है जिसकी परिभाषा डिंगल के प्रसिद्ध ग्रंथ रघुनाथरूपक में यों है—

सोलै कला ब्रिषम पद साजै। समपद पनरै कला समाजै।
धुर अठार मोहरा गुरु लघु धर। कहजै मंछ् वेलियो इम कर।

विषम चरणों में 16-16 और सम में 15-15 मात्राएँ रहती हैं। प्रथम चरण में कहीं-कहीं 16 के बदले 18 मात्राएँ होती हैं। पर तब तुक में गुरु लघु रखते हैं। बेलि के सम चरणों में 15 के स्थान पर 13 और 14 मात्राओं का भी प्रयोग है। पर तुक का रूप बदला मिलता है। इससे अनुमित होता है कि इस छंद का प्रयोग-प्रवाह कुछ और प्रस्तार चाहता है, जो प्रस्तुत प्रसंग में अनपेक्षित है। हाँ, इतना अवश्य कहा जा सकता है कि संस्कृत की आर्या और प्राकृत की गाथा के ढंग का यह छंद है। तत्त्वत: यह छोटी सैणोर छंद के चार भेदों में से है। तीन अन्य भेदों के नाम सौहणी, खुंद और जांगड़ों हैं। जैसे गाथा के विषम चरणों में मात्राएँ नियत

होती हैं वैसे ही बेलियो के सम चरणों की मात्राएँ एक सी होती हैं। विषम चरणों में कहीं एक सी और कही भिन्न-भिन्न मात्राएँ होती हैं। सम चरणों में कहीं 13-13, कहीं 14-14 और कहीं 15-15 मात्राएँ होती हैं। कवि ने इसी से विभिन्न प्रकार के रूपों का प्रयोग किया है।

'बेलि' का निर्माणकाल यों कथित है—

7 3 6 1
बरसि अचल गुण अंग ससि संबति तवियौ जस करि श्रीभरतार।
करि श्रवण दिन रात कंठ करि पामै स्त्री फल भगति अपार।।

अंकों की वाम गति के अनुसार संवत् 1637 हुआ। किंतु 'राजस्थानी भाषा और साहित्य' के अनुसार उदयपुर के सरस्वतीभंडार की तीन हस्तलिखित प्रतियों में थोड़े हेर-फेर के साथ निम्नलिखित छंद मिलता है—

सोलह सै संबत चयालै बरसै सोम तीज बैसाख सुदि।
रुक्मिणो कृष्णरहस्य रमणरस कथी बेलि प्रथ्वीराय कमंधि।।

श्रीमेनारिया ने संगति यों बैठा ली है कि 1637 में रचना का आरंभ हुआ और 1644 में उसकी समाप्ति हुई। दोनों के पाठ इस संगति को नहीं सकारते। यदि दोनों ही कर्ता की ही रचनाएँ हों तो संगति यह हो सकती है कि 1637 में पुस्तक निर्मित हो चुकी थी पर वह जनसाधारण के लिए 1644 में ठीक करके प्रचारित की गई। यदि ऐसा न हो तो यही मानना पड़ेगा कि उदयपुर की प्रतियों में निर्माणकाल का छंद सर्वप्रथम प्रतिलिपि करते समय किसी ने जोड़ा है और अनुलिपि के संवत्, तिथि आदि का उल्लेख किया है।

ग्रंथ का प्रसार प्रणेता के जीवनकाल में ही हो गया था और उसकी प्रशस्ति भी बहुत हो रही थी—

रुकमणि गुण लखण रूप गुण रचवण बेलि तास गुण करे बखाण।
पाँचमो वेद भाखियौ पोथल पुणियौ उगणीसमौ पुराण।
केवल भगत अथाह कलावत तैंजु क्रिसन त्री गुण तवियौ।
चिहुँ पाँचमो वेद चालदियौ नव दूणम गति नीगमियौ।
मैं कह्यिौ हर भगत प्रिथीमल अगम अगोचर अति अचड़।
व्यास तणा भाखिया समोवड़ ब्रह्म तणा भाखिया बड़।[1]

1. अन्य प्रशस्ति के लिए देखिए मुंशी देवीप्रसाद का राजरसनामृत, पृ० 43
अथवा
श्रीमोतीलाल मेनारिया का 'राजस्थानी भाषा और साहित्य', पृ० 129।

ऐसी जनश्रुति है कि साँयाजी ने भी 'रुक्मिणीहरण' नाम का ग्रंथ डिंगल में प्रस्तुत किया, जिसे सुनकर सम्राट् अकबर ने पृथ्वीराज से कहा कि तुम्हारी 'बेल' (लता) 'हरण' (हरिण) चर गया अर्थात् 'बेलि' की कीर्ति 'हरण' के समक्ष समाप्त हो गई। पर यह चारणों की मनगढ़ंत जान पड़ती है, क्योंकि 'रुक्मिणीहरण' साधारण रचना है। 'बेलि' के संबंध में और भी अनेक किंवदंतियाँ हैं, प्रायः वैसी ही जैसी किसी उत्तम काव्यग्रंथ के लिए पुराकाल में चल पड़ती थीं। जैसे भगवल्लीला वर्ण्य विषय हुआ तो स्वयं भगवान् वेश बदलकर उसे सुनने आते थे आदि। ऐसी किंवदंतियाँ भी 'बेलि' के संबंध में प्रचलित हैं। इससे इतना सिद्ध है कि इस ग्रंथ का लोक में अच्छा प्रचार-प्रसार रहा है और समुचित मान भी इसे प्राप्त हुआ है। इस पर तीन पुरानी टीकाएँ भी हैं। दो राजस्थान की लोकसभा में हैं जो चारणों द्वारा लिखी हुई कही जाती हैं और तीसरी संस्कृत में (सं० 1678) जिसके रचयिता पाल्हणपुरनिवासी वाचक सारंग हैं।

—राजस्थानी-(लोकभाषा-) काव्य

ढोला मारू रा दूहा

राजस्थान में काव्यनिर्माण के तीन प्रवाह स्पष्ट हैं—पिंगल, डिंगल और लोकभाषा। पिंगल के प्रतिपक्ष में तो डिंगल और लोकभाषा राजस्थानी में कोई तात्त्विक भेद नहीं है, पर डिंगल और लोकभाषा राजस्थानी में परस्पर भेद है। डिंगल भाषा लोकभाषा राजस्थानी ही है, पर काव्यरचना के लिए सँवारी हुई। अतः उसके प्रयोग लोकप्रवाह से भिन्न भी पड़ते हैं। चारण-भाटों ने तो शब्दों को ऐसा तोड़-मरोड़ डाला है कि उच्चारण करते ही शब्द का मूल रूप तुरंत ध्यान में नहीं आता। दूसरी बात साहित्यिक चमत्कार की है। डिंगल की रचना कितनी ही सामान्य क्यों न हो, डिंगल-काव्यशास्त्र के नियमों का पालन उसमें अवश्य होता है। 'वैणसगाई' का नियम यदि अनिवार्य नहीं तो आवश्यक तो है ही। क्वाचित्क त्याग संभव, सार्वत्रिक नहीं। पर कुछ रचनाएँ ऐसी भी हैं जो इस या ऐसे बंधन से मुक्त हैं और उनमें जीवन की अभिव्यक्ति भी सरल-स्वाभाविक पद्धति पर ही की गई और जीवनसरणि का स्वरूप भी सहज-सुलभ ही रखा गया। भाव सुलझे, पद्धति सुलझी और भाषा भी सुलझी हुई है। राजस्थानी वाङ्मय की कृतियों में 'ढोला मारू रा दूहा' लोकभाषा में निर्मित ऐसी ही रचना है। राजस्थान में इसकी उत्तमता के लिए यह लोकोक्ति प्रसिद्ध है —

सोरठियो दूहो भलो भलि मरवण री बात।
जोबन छाई धण भली ताराँ छाई रात।।

मारवणी की वार्ता अर्थात् ढोला-मारू की कथा सब कथाओं में वैसे ही उत्तम है, जैसे दोहों में सोरठा, नारियों में यौवनवती और रातों में तारांकित रात्रि उत्तम होती है।

इस काव्य का निर्माता कोई किल्लोल कवि जान पड़ता है –

(1) गाहा गूढ़ा गीत गुण। उकती कथा उलोल।
चतुरत्तणा चित रिजवण। कहिये कवी कलोल।।
(खोज, 1902-56)

(2) गाहा गुडागित गुण। कबित कथा किलोल।
चातुरतणा चित रंजवण। कहिये कबित किलोल।।
(खोज, 1900-96)

संवत् 1940 की खोज में भी 76 संख्या पर ऐसा ही मिलता है। पर 'ढोला मारू रा दूहा' को अत्यंत प्राचीन संवत् 1000 के आसपास का लोकगीत सिद्ध करने के फेर में 'किल्लोल' का अर्थ 'समूह' करके बात टाल दी गई है। पर ये कवि किल्लोलजी कब हुए थे इसके जानने का कोई साधन अभी तक अनुपलब्ध है। 'ढोला मारू रा दूहा' की कथा के संबंध में काठियावाड़ गुजरात के बहुत अच्छे काव्यमर्मज्ञ श्रीगोविन्द गिल्लाभाई ने यह जनश्रुति बतलाई है कि बीकानेर के राठौरराज पृथ्वीराज की 'बेलि क्रिसन रुकमणि री' की सम्राट् अकबर प्रशस्ति किया करता था। इसे जानकर जेसलमेर के श्रीहरराज ने प्रतिद्वंद्वितावश ढोला-मारू की कथा के दोहों का संकलन करवाया और त्रुटित अंश की पूर्ति कुशललाभ से करवाकर उसे अकबर को भेंट किया। इसे सुनकर व्यंग्य से अकबर ने पृथ्वीराज से कहा कि ढोला का करहला (ऊँट) तुम्हारी 'बेलि' (लता) को चर गया। कहते हैं इस पर पृथ्वीराज ने सदेवंत-सावलिंगा की श्रृंगाररसपूर्ण दूसरी उत्कृष्ट रचना प्रस्तुत की।

पर ऐसी कथा सायाँजी के 'रुक्मिणीहरण' के संबंध में प्रचलित है। जिसमें 'हरण'(हरिण) के 'बेलि' (लता) चर जाने की बात कही गई है। पर दोनों ही जन-श्रुति मात्र हैं। 'हरण' उत्कृष्ट रचना नहीं है। पृथ्वीराज ने 'सदेवंत-सावलिंगा' की कथा लिखी ही नहीं है। रही कुशललाभ के संग्रह-संवर्धन की बात। श्रीकुशललाभ ने 'ढोला मारू री चउपही' लिखी अवश्य है जिसमें 'ढोला मारू रा दूहा' के त्रुटित अथवा अप्राप्त अंशों को चौपाई में कहा गया है, अथवा यों कहिए कि उसके आधार पर प्रधानतया चौपाई में दूसरा ग्रंथ ही लिखा गया है। यह ग्रंथ हरराज की प्रेरणा

से अवश्य लिखा गया है। पर कुशललाभ की रचना 'बेलि' से पूर्ववर्ती है। उसके रचनाकाल और प्रेरक व्यक्ति का उल्लेख स्वयं कुशललाभ ने यों किया है—

गाहा सात सइ साढ़ा प्रमाँण । दूहा नइ चउपही बषाँण ।
भादवराइ ते श्रीहरराज । जोड़ी तास कुतूहल काज ।।36।।

जेणी परिमुष भई साँयली। तिणि ऊपर जोड़ी भनि रली।
दूहा घणाँ पुराणाँ अछइ । चउपही बंध कीया भइ पछइ ।।37।।

अधिकउ ओछ्यो जोड्यो बहु। कबियण ते थे सहज्यो सहु।
पडीयो जहाँव ले पाँतरउ । ते बाँचै न कीज्यौ परौ ।।38।।

संवत्त सोलज सतोतरइ । आषा त्रीज दिवस मन षरइ ।
जोड़ो जेसलमेर मझारि। बाँच्या सुष पाँयइ संसारि ।।39।।

साँभलि सगुण चतुर गहगहइ । बाचक कुसललाभ इम कहइ ।
रिधि बृधि सुष संपति सदा। साँभलताँ पामई संपदा ।।40।।

इति श्रीढोला मारवणी चउपही समाप्ता। संवत् 1669 वर्ष स्रावण सुदि 15 दिन लिषितं चेल्य रामाँ कमलाँ मध्ये। शंभु भवतु। पोथी रामा की।— (खोज, 1900-96)

इससे कई तथ्यों की उपलब्धि होती है। पुस्तक श्रीहरराज के कुतूहलार्थ लिखी गई। पर 'खोज' में भ्रम से इसका लेखक हरराज ही मान लिया है। दोहे बहुत पुराने हैं। वाचक कुशललाभ ने परमुख से जितना सुना उसके अतिरिक्त अपने मन से चौपाइयाँ जोड़ीं और यह चौपाई-बंध प्रस्तुत किया। यह रचना सं० 1607 में की गई। 'सोलज सतोतरइ' का स्पष्ट और ठीक अर्थ 1607 ही है। पर श्रीमेनारिया ने इसका निर्माणकाल भ्रमवश 1617 लिखा है। 'सभा' द्वारा प्रकाशित 'ढोला मारू रा दूहा' में कुशललाभ का समय सं० 1618 के आसपास कहा गया है। पृथ्वीराज की 'बेलि' का निर्माणकाल 1637 के पूर्व का नहीं है। उसके दो निर्माणकाल हस्तलेखों में मिले हैं—1637 और 1644। अतः कुशललाभ की रचना 'बेलि' की स्पर्धा में कथमपि नहीं हुई। हाँ, किसी ने बहुत बाद में कुशललाभ की यह रचना 'बेलि' के जोड़तोड़ में उपस्थित की हो तो हो सकता है।

'ढोला मारू का दूहा' का निर्माणकाल क्या हो सकता है यह भी विचारणीय है। सं० 1000 के लगभग की यह रचना प्रतीत नहीं होती। चाहे ढोला और मारवणी सं० 1000 के आसपास के ऐतिहासिक ही व्यक्ति क्यों न हों, पर रचनाकार ने उस समय इसका निर्माण कदापि नहीं किया। ग्रंथ के प्राप्त रूप की भाषा इतनी पुरानी नहीं है। वह अपभ्रंश से बहुत दूर पड़ गई है और उसमें अरबी-

फारसी के शब्दों का बहुधा प्रयोग हुआ है। यही क्यों स्वयं रचना से ही प्रमाणित है कि वह बाद में प्रस्तुत हुई—

पूगल देस दुकाल किउँ किणहीं काल बिसेसि।
पिंगल ऊचालउ कियउ नल नरवरचइ देसि॥

इस दोहे का 'किणहीं काल बिसेसि' स्पष्ट पुकारकर कह रहा है कि रचना पूगल देश में पड़नेवाले दुकाल के बहुत पीछे बनी है। कितने पीछे बनी यह पक्के रूप में नहीं कह सकते, पर भाषा के स्वरूप पर ध्यान देने से इतना अवश्य कह सकते हैं कि राजस्थानी लोकभाषा जब साहित्यचर्चा या काव्यनिर्माण के लिए प्रयुक्त होने लगी तभी इसका निर्माण होना चाहिए। भारत की अन्य बोलियों या देशी भाषाओं के इस कार्य में शक्त होने का समय चौदहवीं शती के मध्य से पंद्रहवीं शती के आरंभ तक का है। अत: पंद्रहवीं शती में कहीं इसका निर्माणकाल ठहरता है। श्रीकुशललाभ की यह उक्ति कि 'दूहा घणाँ पुराणाँ अछइ' के लिए भी लगभग सौ-सवा सौ वर्ष का समय पर्याप्त जान पड़ता है। अत: 1400 से 1600 के मध्य कहीं इसका समय होना चाहिए। 'ढोला' के अनेक दोहे कबीर की साखियों में साधारण परिवर्तन करके रखे हुए हैं। दो ही बातें हो सकती हैं, या तो कबीर की रचना से ये दोहे लिए गए या कबीर की रचना में इसके दोहे मिलाए गए। जिन्होंने कबीर की रचना में इन्हें मिलाया होगा वे कबीर और इस रचना के समय से दूर के ही होंगे और उन्होंने भ्रमवश ऐसा किया। यदि कबीर की रचना होते हुए ये 'ढोला' में सन्निविष्ट हो गए तो किसने ऐसा किया। मूल लेखक ने या बाद के संग्राहकों ने। कबीर की रचना का प्रचार राजस्थान में बहुत था। 'सभा' द्वारा प्रकाशित कबीरग्रंथावली राजस्थानी भाषा के प्रभाव से आक्रांत है। उस रूप को 'पूरबी' के हामी सकारते ही नहीं। अत: हो सकता है कि 'ढोला' में ही कबीर के दोहे रखे गए हों। अत: 1400 के अनंतर ही इसका समय होना चाहिए। यह दूसरी बात है कि अति प्रचलित होने के कारण इसमें परवर्ती समय में और भी परिवर्तन होता रहा हो। इस प्रकार राजस्थानी लोकभाषा की यह उपलब्ध प्राचीन रचनाओं में से है, पर उतनी प्राचीन नहीं जितनी कुछ लोग इसे प्रमाणित करना चाहते हैं। 'ढोला मारू रा दूहा' के निर्माणकाल का यह दोहा भी श्रीमेनारिया ने ढूँढ़ निकाला है। वे अपने 'राजस्थानी भाषा और साहित्य' में लिखते हैं—इस ग्रंथ के निर्माणकाल का पता है जो सं० 1530 है और जिसका उल्लेख उन्होंने इसके अंतिम दोहे में इस प्रकार किया है—

पनरहसे तीसै बरस कथा कही गुण जांण।
वदि बैसाखें बार गुरु तीज जाण सुभ बांण॥

इस निर्माणकाल में सब बातों को देखते-विचारते कोई विसंगति नहीं जान पड़ती।

'ढोला-मारू' की कथा क्या है अब इस पर आइए। किसी समय पूगल देश में पिंगल राज करता था और नरवर में नल। दोनो दूर थे, पर दैवगति से उनमें संबंध स्थापित हुआ। किसी समय पूगल में दुष्काल हुआ और पिंगल ने वहाँ से चलकर नरवर में शरण ली। नल ने उसकी आवभगत की। नल के ढोला नामक अनुपम कुमार था। पिंगल के मारवणी नाम की पद्मिनी कुमारी थी। पिंगल की रानी ने मुग्ध होकर दोनों के ब्याह की चर्चा अपने पति से की। राजा ने पहले तो विपन्नावस्था में यह संबंध करना अनुचित ठहराया और कहा कि लोग हँसेंगे, पर समझाने-बुझाने पर वह राजी हो गया और दोनों का परिणय कर दिया गया। उस समय ढोला तीन वर्ष का था और मारवणी डेढ़ वर्ष की। सुकाल आने पर पिंगल सपरिवार अपने देश लौट गया। छोटी होने से मारवणी ससुराल में नहीं रखी गई, पीहर ही चली आई। समय पाकर ढोला वयस्क हुआ और उसका विवाह मालव की राजकुमारी मालवणी से हो गया। यह समाचार पूगल के राजपरिवार को नरवर से आए एक सौदागर से मिला। मारवणी भी इस समय तक युवती हो चुकी थी। राजा ने ढोला के पास अपने पुरोहित को भेजना चाहा पर रानी के कहने से ढाढ़ियों को भेजा। मालवणी ढोला के निकट किसी को जाने ही नहीं देती थी। दूतों को मरवा डालती थी। पर ढाढ़ियों को याचक मात्र समझकर उसके निकट जाने दिया। ढाढ़ियों ने गीत के माध्यम से मारवणी का विरह ढोला से निवेदित किया। ढोला मारवणी के विरह से व्यग्र हो उठा। मालवणी को पता लगा तो उसने अनेक प्रकार से ढोला को नरवर जाने से रोका। निश्चय हुआ कि मालवणी जब सोती रहे तो ढोला चला जाय। पर जिस ऊँट पर वह जानेवाला था उसके बोल उठाने से मारवणी को प्रस्थान का पता चल गया। उसने फिर अवरोध के लिए प्रयत्न किया और ऊँटपाल एवं ऊँट को साधा। पर अंततोगत्वा ढोला चल ही पड़ा। मालवणी ने सुग्गे को यह संदेश देकर भेजा कि मार्ग में ही तुम जाकर कह देना कि मालवणी मर गई। सुग्गे ने ऐसा ही किया। पर ढोला दृढ़ था, उसने मृत्युसंदेश की भी चिंता नहीं की और कहा कि चंदन-अगर से उसका दाहसंस्कार करवा देना।

इधर ऊमर सूमरा ने पिंगल से मारवणी का परिणय अपने साथ कर देने को कहलाया। संबंध अस्वीकृत हो जाने पर वह रुष्ट हो गया। ढोला को मार्ग में ऊमर सूमरा का चारण मिला जिसने जल-भुनकर ढोला से आकर यह कहा कि तेरी प्रेयसी के अंगों में झुर्रियाँ पड़ गई हैं, केश श्वेत हो गए हैं। बुड्ढी को लाकर क्या करेगा। ढोला सचिंत हो गया। पर आगे जाने पर बीसू नामक चारण द्वारा प्रकृत स्थिति जान उसकी चिंता दूर हुई। मारवणी को प्रिय के आने का स्वप्न

हुआ और उसी दिन ढोला भी पूगल जा पहुँचा । नगर में हर्षोल्लास छा गया। मारवणी के साथ संयोग-सुख का लाभ करने के अनंतर ढोला नरवर की ओर उसे साथ लेकर लौटा । मार्ग में सुपास का स्थान देखकर रात में डेरा डाला । वहाँ पीणा साँप ने मारवणी को पी (डँस) लिया । उसके प्राण निकल गए । ढोला विह्वल हो उठा । उसने साथ के लोगों को बिदा कर दिया । पर संयोग से मारवणी की पुरानी परिचित योगिनी अपने योगी के साथ उधर ही से निकली और उसने योगी से प्रार्थना करके मारवणी को पुनः जिला दिया ।

ऊमर सूमरा को जब यह समाचार मिला कि ढोला अकेले ही जा रहा है । तो उसने अच्छा अवसर ताका । वह ढोला से आकर मिला और उसे स्वागत-सत्कार में फँसाकर घात करने की ठानी । ढोला उसकी चाल में फँस गया । मारवणी के नैहर की एक डूमनी (नर्तकी) ने उससे सब बातें चुपचाप बता दीं । उसी के कहने से मारवणी ने ऊँट को छड़ी मारकर भगा दिया, जिसे पकड़ने के लिए ढोला उसके निकट आया और सब भेद जान गया । दोनों ऊँट पर बैठकर भागे । पैर बँधे रहने पर भी ऊँट बड़ी तेजी से भागा । मार्ग में किसी चारण ने ऊँट के बंधन की ओर उसका ध्यान आकृष्ट किया । ऊँट पर चढ़े ही चढ़े उसने छुरी देकर चारण से बंधन कटवाया । चारण से ऊमर सूमरा से यह बात कह देने के लिए ढोला ने कहा । चारण ने ढोला का पीछा करनेवाले ऊमर से कहा कि बँधे पैरवाले ऊँट की यह करामात कि अभी तक घोड़े से पीछा करते हुए भी उन्हें नहीं पा सके तो अब ऊँट के पैर खुल जाने पर उन्हें पाना दुष्कर है । ऊमर हताश होकर लौट गया । नरवर में ढोला अपनी दोनों पत्नियों के साथ रहने लगा । मालवणी ने मारवाड़ की निंदा मारवणी से की । इस पर मारवणी ने मालवे की निंदा की । इस निंदा-विवाद को ढोला ने यह समझाकर शांत किया कि गुण-दोष सबमें होते हैं । मारवाड़ में दोष है तो गुण भी हैं । फिर सब सानंद रहने लगे । अब तो उन प्रेमियों की बात ही इस काल में रह गई है—

आदणँ अति ऊछाह अति नरवर मांहे ढोल ।
स सनेही सयणां तणां कलि मां रहिया बोल ।।

'ढोला' लोकगीत (बैलड) कहा जाता है । अँगरेजी भाषा के आलोचकों ने इसका विस्तृत विचार किया है । कुछ लोकगीत आनुश्रविक के रूप में होते हैं । ये अनुश्रुति की परंपरा से बहुत प्राचीन काल से चलते चले आते हैं । किसने कब इन गीतों का निर्माण किया इसका पता नहीं होता । दूसरे प्रकार के लोकगीत वे हैं जो प्रशस्तिपाठकों द्वारा निर्मित होते हैं । पहले प्रकार के गीतों में जीवनसरणि की सरल अकृत्रिम अभिव्यक्ति होती है, पर दूसरे प्रकार के गीतों में बनाव-सिंगार भी मिलता है । बातें रोचक करने के लिए चटपटी कर दी जाती हैं । तीसरे प्रकार

के गीत साहित्य के नियम-बंधन से युक्त होते हैं। लोकगीत की शैली का ग्रहण साहित्यिक के द्वारा होने पर ये गीत लिखे जाते हैं। इनमें सज्जा-संभार अपेक्षाकृत अधिक होता है और ये समाज-साहित्य की मर्यादा और शिष्टता का अधिक ध्यान रखकर बनते हैं। जिन लोकगीतों का प्रचार आनुश्रविक के रूप में अधिक हो जाता है वे बदलते-बदलते बहुत बदल भी जाया करते हैं।

लोकगीत की कुछ विशेषताएँ भी मानी गई हैं। साहित्यिक साज-सज्जा से रहित जीवन के स्वाभाविक उद्गारों की सहज अभिव्यक्ति, अनुश्रुति के रूप में चलन, निर्माता के व्यक्तित्व का निरसन अथवा अज्ञात होना और सामूहिक रूप में निर्मिति। पर ये विशेषताएँ पश्चिमी आलोचकों ने उदाहरण-स्वरूप मिले अपने यहाँ के लोकगीतों के आधार पर स्थिर की हैं। वे सार्वकालिक और सार्वत्रिक नहीं मानी जा सकतीं। लोकगीतों के संबंध में इतना ही कहा जा सकता है कि काव्यरूढ़ियों का चलन परवर्ती है। उसके पूर्व भी जीवन की सहज अनुभूतियों को व्यक्त करनेवाले कृतियाँ बनती रही हैं। कोई कथावार्ता अत्यंत मार्मिक होने के कारण, जीवन के सुख-दुःख, वैषम्य की विशेषता से युक्त होने के कारण जनसमाज में प्रचलित हो जाती है। अधिकतर मौखिक होने से उसमें विकार होते रहते हैं। समय-समय पर समर्थ कर्ता उसमें जोड़-तोड़, घट-बढ़, काट-छाँट करते रहते हैं। फलस्वरूप उसके अनेक रूप हो जाते हैं। मौखिक परंपरा में परिवर्तन प्रकृत्या अधिक और अनेकविध होता है। पर लिखित परंपरा में परिवर्तन कम और अल्पविध होता है। आनुश्रविक के रूप में चलनेवाले लोकगीत अधिक बदलते हैं, प्रशस्तिपाठकों के लोकगीत उससे कुछ कम बदलते हैं, पर साहित्यिक लोकगीत बहुत कम वया एकदम नहीं वदलते। इस संबंध में स्थूल नियम यही है कि जनता के बीच जो कृति पहुँच जाती है और उसके द्वारा जिसका प्रयोग-उपयोग होने लगता है उसमें न्यूनाधिक परिवर्तन होना अवश्यंभावी है, चाहे वह मौखिक हो चाहे लिखित। मौखिक में अधिक और लिखित में कम परिवर्तन हो पाता है। मौखिक रूप के गीत या काव्य को जव लिखित रूप प्राप्त हो जाता है तो उसमें भी फेरफार कम हो सकता है। मौखिक आनुश्रविक के मूल रूप का ठीक-ठीक पता पाना कठिन और दुष्कर इसी से है। इसमें संदेह नहीं कि 'ढोला' आनुश्रविक के रूप में चलता था। स्वयं कुशललाभ ने इसे स्पष्ट कर दिया है। इसका सबसे प्राचीन रूप दोहों में था, यह इसके नाम और कुशललाभ के कथन से सिद्ध है। इसका दूसरा रूप कुशललाभ के चौपाई-बंध में मिलता है, जिसमें दोहे और लाभजी की चौपाइयाँ हैं। एक रूप ऐसा भी है जिसमें दोहे और गद्य का बंध है। फिर सबका घालमेल करके चौथा नया रूप दिया गया, जिसमें दोहे, कुशलजी की चौपाइयाँ और गद्य सब कुछ है। इस प्रकार किसी कल्लोल कवि की रचना होकर भी यह आनुश्रविक के रूप में मौखिक रही है और उसके कुछ अंश छूट गए हैं

और परवर्ती लोगों ने त्रुटित अंश को मनमाना जोड़ा और बहुत कुछ बढ़ा भी दिया है। ऐसी स्थिति में समस्त मूल पुरानी कृति को खोज निकालना कष्टसाध्य हो गया है। 'सभा' द्वारा प्रकाशित 'ढोला मारू रा दूहा' के संपादकों ने अनेक हस्तलेखों का संग्रह करके इसका उद्धार करने में निस्संदेह बहुत अधिक श्रम किया है। उनकी आलोचना और निष्कर्ष से मतभेद हो सकता है, पर उनका परिश्रम सुश्लाघ्य है।

लोकगीतों में प्रेम और वीरत्व के रोचक वृत्तांत मिलते हैं। कहीं-कहीं दोनों का मेल भी रहता है। इन लोकगीतों में जनसाधारणा के विश्वासों के अनुरूप अनेक बातें जुड़ी रहती हैं जिन्हें आधुनिक सुधारवादी भद्दापन, गँवारपन या जंगलीपन कह देते हैं। जीवन की व्याप्ति का प्रमाण उपस्थित करते हुए इनमें पशु-पक्षी भी मानवजीवन में रस लेते हुए और उन्हीं की बोली-बानी में संलाप करते हुए मिलते हैं, जिसे कोई बाल-चापल्य कह सकता है। 'ढोला मारू रा दूहा' में कई गीतरूढ़ियाँ मिलती हैं। प्रेमकथाओं में नायक-नायिका के पारस्परिक उग्र प्रेम का वर्णन रहता है। इस प्रेम के संपादन में अनेक प्रकार की बाधाएँ आती हैं। पहले तो बड़ी कठिनाई से मिलन। मिलन के अनंतर मार्ग में युद्ध, मृत्यु, वियोग आदि के रूप में अंतराल पड़ना। इन अंतरालों से छुट्टी पाने पर सपत्नी-कलह, परिवार-कलह के रूप में विघ्न। इसी के बीच पहेली-बुझौवल के प्रसंग भी आते हैं। 'ढोला' में सामान्यतया सभी प्रकार की ये रूढ़ियाँ आ गई हैं।

इन गीतों में षड्ऋतु और बारहमासे की योजना भी जीवन की अधिकाधिक व्याप्ति का प्रमाण उपस्थित करती हुई रहती है। रीति-नीति के हामियों की-सी लपक-झपक इसमें नहीं रहती। सृष्टि के बीच प्राकृतिक परिवर्तन के कारण होने-वाले हास-विलास, उल्लास-विकास से अपने जीवन की विसंगति देख विरही तड़पता दिखाई देता है। वियोग का प्रसंग न होने पर यदि कहीं संयोग के समय ऋतु-वर्णन जुड़ता है तो प्रकृति के सारे वैभव को प्रेमी समेटता-सँजोता दिखाई देता है। जीवन का निश्छद्म रूप इनकी सबसे अधिक आकर्षक विशेषता है। जो कबीर आदि के रूखे-सूखे उपदेशों को काव्यपद पर आसीन करने का आग्रह करते हैं उन्हें इन उपदेशहीन गीतों की सरसता के साथ उन्हें मिला देखना चाहिए। कबीर के कुछ नीरस दोहे भी इस सरस प्रवाह में पड़कर आपसे आप सरस हो गए हैं और शास्त्राचार्यों के इस कथन को सिद्ध कर रहे हैं कि प्रबंध के धाराप्रवाह में नीरस पद्य भी सरस हो जाते हैं।

विरहिणी मारवणी के चातक और कुररी के साथ हुए संवाद में अनेक सरस प्रसंग आए हैं। कभी वह चातक पर प्रसन्न होती है और कभी रुष्ट। सभी पक्षियों या अनेक पशु-पक्षियों के साथ प्रलाप करने की अपेक्षा विरहाभिव्यक्ति की यह विधि मार्मिक और स्वाभाविक है। काव्य का लक्ष्य विरहिणी या पाठक-श्रोता को

अजायबघर में उपस्थित करने से वैसा चरितार्थ नहीं होता जैसा एक ही या दो-एक जीव-जन्तुओं के साथ कुछ विस्तृत सरस संलाप से सिद्ध हो सकता है। प्रबंध-काव्य घटनात्मक अवश्य होता है पर वह वर्णनात्मक भी होता है। वर्णन का प्रयोजन भी सरसतासंपादन ही रहा करता है। अनेक नीरस वर्णन काव्य के उद्देश्य को क्षति पहुँचाते हैं। इस कृति में घटनाचक्र की भंगिमा अवश्य है, पर उस भंगिमा पर ही कर्ता अपने श्रोताओं को नहीं रखना चाहता। प्रबंधकाव्य उपन्यास नहीं जिसमें घटनाचक्र की भंगिमा पर अधिक जोर दिया जाय। वह नाटक भी नहीं जिसमें वस्तु-वैशिष्ट्य और संवादवैशिष्ट्य पर ही अधिक ध्यान रखा और खींचा जाता है। उसमें वर्णन की सरसता की ओर ले जाकर श्रोता को किसी प्रसंग में रमाए रहने की अपेक्षा होती है। प्रबंधों में वर्णनात्मक प्रसंगों के नियोजन और आधिक्य का रहस्य यही है। कविता स्थान-स्थान पर देर तक रमने-रमाने की कृति होती है। इस रमणीयता को भूलकर कुछ कृतिकार वर्णनों की नुमाइश को ही कविता या प्रबंधकाव्य का लक्ष्य समझ बैठे और अपनी कृति की सरसता से भी हाथ धो बैठे। आशा, जिज्ञासा, लालसा, ईषत् रोष, भावनिवेदन, मानस-संबंध-संपादन आदि अनेक मनोवृत्तियों की अभिव्यक्ति करने वाले 'ढोला' के वर्णन कविसंप्रदाय की आलंकारिक योजना से बहुत कुछ रहित होते हुए भी अत्यंत सरस हैं। इनमें संवादरूप में भी मर्मस्पर्शी और भावोत्तेजक वार्ताएँ कहलाई गई हैं। प्रेम की विश्वहृदय-व्याप्ति के अनेक प्रसंग इसमें आए हैं और तार्किक बुद्धि से असंगत होते हुए भी वे बड़े ही प्रभावुक हैं। ऊँट के साथ विविध अवसर पर संवाद और उसमें उपलब्ध तथ्य भी अति हृदयाकर्षक और मनोहर हैं।

जीवन में प्रेम और करुणा का सर्वाधिक महत्त्व है। कवि को इनकी अभिव्यक्ति में अधिकाधिक सावधानी और अभिनिवेशपूर्वक संलग्न होना पड़ता है। इनकी अभिव्यक्ति का सरल-सीधा पथ भी है और बंकिम-जिह्म भी। दोनों मार्गों से लक्ष्य तक पहुँचा-पहुँचाया जा सकता है। पर यह कहने में संकोच नहीं कि जन-साधारण के बीच वही रचना अधिक प्रसार पाती है जो सरल-सीधे मार्ग से चलने या ले चलने में अधिक आस्था रखती है। साहित्य के विकास के साथ ही उसका प्रेम बंकिम मार्ग की ओर अधिकाधिक होता जाता है। फलतः वैसी रचना जन-साधारण से दूर पड़ती जाती है। हिंदी के रामचरितमानस और कामायनी इसके पुष्ट प्रमाण हैं। 'मानस' का अभिव्यक्तिपथ सीधा अधिक है, वह जनता की जीभ-जीभ पर छाया है, पर कामायनी का छायापथ जनता को उतना आकृष्ट न कर सका, साहित्य और साहित्यिक उसकी प्रशंसा के पुल बाँधते रहते हैं, पर जनता उसमें अपनी कामना की तृप्ति नहीं कर पाती। बहुत से कामायनी-प्रेमी झाँझ-करताल, कथा-वार्ता, नाटक-संगीत का आयोजन करके उसके जनसमाज के बीच प्रचार-प्रसार में संलग्न हैं। टीका-भाष्य, व्याख्या-समीक्षा की बाढ़ भी आ रही है। पर

परीक्षालिप्सुओं के अतिरिक्त जनजीवन में टीका-टिप्पणी की माँग नहीं बढ़ी। अन्य आयोजनों में जनता वैसे ही जाती और रस लेती है जैसे खेल-तमाशे में। जीवन की मूलवृत्तियों को उद्‌बुद्ध करने के लिए कदाचित् बंकिम मार्ग उन्हीं के लिए ठीक है जिनकी ये वृत्तियाँ सभ्यता के विविध संस्कारों के घने पटलों के नीचे पड़ गई हैं। सामान्य जनता का जीवन अपने प्रकृत रूप को बहुत कुछ बचाए हुए है, उस पर परदों की तहें कम हैं। इसी से सीधा-सरल पथ ही उसके अनुकूल पड़ता है। लोकगीतों में कलापक्ष के अभाव या उसके प्रति अनास्था का हेतु यह भी है।

मीरा की साधना और अभिव्यक्ति

मीराबाई के संबंध में सबसे प्रधान प्रश्न है उनकी साधना के स्वरूप का। वे निर्गुणमार्ग की अनुयायिनी थीं या सगुणमार्ग की या उभयविध मार्गों की अर्थात् क्या उनकी मध्यप्रतिपदा थी। मीराबाई के नाम पर जो रचनाएँ मिलती हैं उनमें दोनों प्रकार की अभिव्यक्तियाँ हैं—निर्गुणपरक और सगुणपरक। परंपरा में उनका प्रेम 'गिरधर गोपाल' से प्रसिद्ध है अर्थात् उनकी उपासना माधुर्यभाव की मानी जाती है। किंतु इधर उन्हें निर्गुणमार्गी सिद्ध करने का प्रयास भी किया गया है। परंपरा की सीमा तोड़कर अब यह भी कल्पना की गई है कि मीरा श्रीकृष्ण पर आसक्त न होकर किसी नाथपंथी पर आसक्त थीं।

इस प्रकार विचारणीय यह है कि मीराबाई का प्रणयालंबन कोई अदिव्य था, दिव्यादिव्य था या दिव्य। इस विषय का निर्णय करने के लिए मीराबाई की अभिव्यक्ति की सरणि पर कुछ विस्तृत विचार करने की अपेक्षा प्रतीत होती है। जिस समय मीराबाई अपनी अनुभूतियों को वाणी का रूप दे रही थीं उस समय साधना के क्षेत्र में भारतीय सगुणमार्ग के साथ ही साथ निर्गुणमार्ग की दो धाराएँ प्रवाहित थीं—एक शुद्ध विदेशी सूफीधारा और दूसरी रहस्यरंजित निर्गुण की देशी कही जानेवाली धारा। सूफीधारा में प्रणय की अभिव्यक्ति विषयिपक्षप्रधान थी और निर्गुण की रहस्यरंजित धारा की अभिव्यक्तिसरणि विषयी और विषय उभयपक्षप्रधान थी। भारतीय सगुणमार्ग विषयपक्षप्रधान सरणि लेकर चल रहा था, जिसमें सूफी रहस्य की विषयिपक्षप्रधान रहस्यधारा का मेल भी होने लगा था। किसी देश में जब साहित्य या साधना का कोई नूतन विदेशी प्रवाह प्रवाहित होता है तब उसकी ओर बहुत से लोग आकृष्ट होते हैं। मीराबाई ने साहित्य और साधना

दोनों क्षेत्रों में अपने को अग्रसर किया था। उनकी अभिव्यक्ति की सरणि सूफियों की विषयिपक्षप्रधान सरणि थी। किंतु साधनाक्षेत्र में उन्होंने सूफियों की रहस्यात्मक पद्धति का ग्रहण नहीं किया। सूफियों के यहाँ अलौकिक प्रेम तक पहुँचने का मार्ग लौकिक प्रेम के माध्यम से कहा गया है। इश्कमजाजी से इश्कहकीकी तक जाने का मार्ग सामान्यत: सुगम होता है। इसलिए सूफियों की प्रणयसाधना लौकिक से अलौकिक प्रणय की ओर उन्मुख होती है। अधिकतर सूफियों के आलंबन लौकिक होते हैं और उनको आधार बनाकर अलौकिक आलंबन सामने रखा जाता है। सूफियों ने अलौकिक प्रणय के अभिव्यंजन की दो पद्धतियाँ ली थीं—प्रकीर्णक-पद्धति और प्रबंधबद्ध पद्धति। प्रकीर्णक रचनाओं की अभिव्यक्ति विषयिपक्ष प्रधान रहती थी और प्रबंधबद्ध रचनाओं में विषयपक्षप्रधान पद्धति ग्रहण की जाती थी। मुक्तक का कर्ता अलौकिक आलंबन होने पर भी उसे आवृत्त किए रहता है और प्रबंधबद्ध रचना का कर्ता आवरण में अपनी बात न कहकर प्रत्यक्ष कहता है अर्थात् लौकिक आलंबन इन दोनों के होते थे जिनमें से प्रकीर्णक का प्रणेता अपने प्रस्तुत पक्ष को अप्रस्तुत के द्वारा सामने करता था और प्रबंध का प्रणेता प्रस्तुत के द्वारा अप्रस्तुत को सामने लाता था। एक अन्योक्तिपद्धति से चलता था दूसरा समासोक्ति-पद्धति से।

जब मीराबाई की पद्धति पर विचार किया जाता है तब यह स्पष्ट दिखाई पड़ता है कि उनकी रचना न तो अन्योक्तपद्धति की है और न समासोक्तिपद्धति की। समासोक्ति का तो कोई प्रश्न ही नहीं, क्योंकि उनकी रचना प्रबंधबद्ध है ही नहीं। प्रकीर्णक के रूप में उनकी रचना पर विचार करने से यह भी स्पष्ट हो जाता है कि उनकी पद्धति अन्योक्तिपद्धति नहीं कही जा सकती। वे जिस अलौकिक की ओर संकेत करती हैं उसका माध्यम या साधन कोई लौकिक नहीं है। इस बात को उन्होंने बहुत स्पष्ट घोषित कर दिया है—'मेरे तो गिरधर गोपाल दूसरो न कोई।' यह बहुत प्रत्यक्ष कह दिया गया है कि इन रचनाओं के आलंबन 'गिरधर गोपाल' ही हैं, उनके अतिरिक्त कोई दूसरा नहीं। फिर भी किसी दूसरे की खोज की जाती है, और उसके लिए तर्क यह दिया जाता है कि उन्होंने अपनी रचना में स्थान-स्थान पर 'योगी' शब्द का प्रयोग किया है। यह 'योगी' शब्द किसी लौकिक आलंबन की ओर संकेत करनेवाला नहीं है, जैसा भ्रम से समझा गया है। श्रीकृष्णविरह की अभिव्यंजना करते हुए विद्यापति, सूर आदि कवियों ने श्रीकृष्ण के लिए योगी शब्द का प्रयोग कई स्थानों पर किया है। विरह की व्यंजना करते हुए विरहिणी अपने प्रवासी प्रिय को 'योगी' नाम से संकेतित करती है। इसका यह तात्पर्य नहीं कि कवि गोपिकाओं की विषयप्रधान रचना करता हुआ अपने किसी अलौकिक प्रणयालंबन के लिए 'योगी' शब्द का प्रयोग कर रहा है। प्रवासी प्रिय के लिए 'योगी' शब्द परंपरासिद्ध रहा है, इसका हेतु यह था कि अनेक प्रिय

प्रोषित होकर 'योगी' का वेश धारण करते थे। प्रबंधबद्ध कथाओं में योगी हो जाने या योगी का वेश धारण करने की चर्चा बराबर होती रही है।

अब रह गई यह बात कि मीराबाई को विष देना किसी लौकिक आलंबन के प्रति उनके प्रणय के कारण है अथवा संत-संग के प्राचीन राजकीय मर्यादा के विरुद्ध होने के हेतु। 'संतन सँग बैठि बैठि लोकलाज खोई' में संतों के साथ भगवद् आराधना के लिए बैठने का ही स्पष्ट संकेत किया गया है। जो मीराबाई की रचना की छानबीन में आधुनिक नूतन मनोविज्ञान का सहारा लेते हैं उन्हें यह भी अवश्य ध्यान में रखना चाहिए कि दमित वासना परीवाह के द्वारा परिष्कृत होकर उदात्त रूप धारण करती है, यह तथ्य भी नूतन मनोविज्ञान को ग्राह्य है। राजन्य-वर्ग में जिस प्रकार की मर्यादा उस समय मान्य थी उसके अनुसार साधु-संतों के सत्कार में समय व्यतीत करना सामाजिक दृष्टि में अनुचित था, जिसके लिए रोकथाम करनी पड़ी होगी। मीरा ने इसकी ओर बराबर संकेत किया है—

राजकुल की लाज गँवाई साधाँ के सँग मैं भटकी।

किंतु साधुसंगति के कारण 'स्त्रीणां तथा वाचां साधुत्वे दुर्जनो जनः' की नीति से मीराबाई के संबंध में कुछ कर्णेजप निंदा अवश्य करते थे, इसको उन्होंने लक्षित करके कहा भी है—

गज से उतर के खर नहिं चढ़स्याँ ए तो बात न होई।

यह कहा जा सकता है कि प्रकृत स्थिति को आवृत्त करने के लिए इस प्रकार का व्यवहार किया गया है। इस संबंध में इससे अधिक और कुछ नहीं कहा जा सकता कि किसी भी साधु-संत या कवि के संबंध में यदि कोई रहस्यात्मक चरित्र की बात रही है तो परंपरा में उसकी प्रसिद्धि भी रही है। मीराबाई के संबंध में इस प्रकार की प्रसिद्धि स्वप्न में भी न होने से यही कहना पड़ता है कि इनके संबंध में यह कल्पना नूतन है और सांप्रतिक जीवन को दृष्टि पथ में रखकर इनके प्राचीन जीवन की चीड़फाड़ की गई है। अन्य युग के किसी कर्ता या भक्त के व्यक्तिगत जीवन को यदि आधुनिक जीवन के मानदंडों से तौलने लगेंगे तो कदाचित् कोई व्यक्ति ऐसा न प्राप्त होगा जो निष्कलमष हो। प्राचीन कर्ताओं और महात्माओं के जीवन की छानबीन करते हुए अपने रूप की झाँकी करने-कराने का प्रयास और अभ्यास नहीं करना चाहिए। सभ्यता जितने आवरण जीवन पर चढ़ाती जा रही है जीवन में व्यक्ति उतने ही रहस्यात्मक होते जा रहे हैं, इसलिए सभ्यता के जितने ही आवरण जिस युग में कम होंगे अभिव्यक्ति उस युग में उतनी ही अना-वृत होगी।

इस पर अभिव्यक्ति के क्षेत्र में यों भी विचार करना चाहिए कि आध्यात्मिक या

परमात्मविषयक अभिव्यक्ति करनेवाले दो प्रकार के व्यक्ति होते हैं। एक तो वे जो अपनी अभिव्यक्ति के आवरण में रहस्यात्मक स्थिति छिपाते हैं, दूसरे वे जिन्हें रहस्यात्मक स्थिति छिपाने की कोई आवश्यकता नहीं होती। हिंदी के आधुनिक युग में छायावाद नाम से जो रचनाएँ की गईं उनके संबंध में बड़े-बड़े आलोचकों ने भी स्पष्ट कहा है कि सृष्टि के प्रत्येक तत्त्व में प्रणय की व्याप्ति देखनेवाले वस्तुतः ससीम के प्रेम को असीम में देखना चाहते हैं। इसको यों भी कह सकते हैं कि एक प्रकार की अभिव्यक्ति रहस्यात्मक क्षेत्र में अभिव्यक्ति के लिए होती है। जीवन के किसी गंभीरतम तत्त्व को स्पष्ट करना या किसी गहरी अनुभूति का संकेत देना उसका लक्ष्य नहीं होता; अर्थात् ऐसी रचना अभिव्यक्तिप्रधान होती है, सामग्री से उसे विशेष प्रयोजन नहीं होता। अभिव्यंजनावादियों में अधिकतर ऐसे ही निर्माता पाए जाते हैं। अनुभूति और अभिव्यंजना अथवा सामग्री और आकार दोनों में अभेद होता है, यह कहते हुए भी अभिव्यंजनावादी यह स्वीकार करता है कि सौंदर्य अभिव्यक्ति या आकृति में होता है।

जो भी हो, ब्रह्मविषयक अभिव्यक्ति करनेवाले कवि साधु-संत ही हों इसकी आवश्यकता नहीं। उक्त दोनों प्रकार के अभिव्यंजकों को क्रमशः कवि और साधु या भक्त कह सकते हैं। मीराबाई की रचना में अभिव्यक्ति का सौंदर्य नहीं है, अनुभूतियों की गंभीरता अवश्य है। अनुभूतियों की यह गंभीरता प्रभावकारिणी भी है। अतः अभिव्यंजनावादियों का यह पक्ष दुर्बल है कि अभिव्यक्ति में ही सौंदर्य की रमणीयता है। कोई अनुभूति अभिव्यक्ति या सौंदर्य से रहित होकर भी वाणी का रूप धारण करने पर श्रोता को प्रभावित कर सकती है। जिन लोगों का व्यक्तिगत जीवन सामाजिक दृष्टि से रहस्यात्मक होता है यदि वे अभिव्यक्ति के क्षेत्र में पदार्पण करते हैं तो यह निश्चित है कि उनकी अभिव्यक्ति विशेष सौंदर्यमयी हो। घनआनंद, ठाकुर, आलम, बोधा आदि का व्यक्तिगत जीवन रहस्यात्मक कहा जा सकता है, परंपरा में उसकी प्रसिद्धि भी है और उनकी अभिव्यक्ति परिपूर्ण काव्यात्मक है। मीराबाई की रचना में अभिव्यक्ति का वैशिष्ट्य नहीं है, वैशिष्ट्य है अनुभूति का। अतः इन्हें साधु या भक्त अभिव्यंजक ही मानना चाहिए। इनके लिए रहस्यात्मक जीवन का प्रश्न ही नहीं उठता।

जो अपने वैयक्तिक जीवन की प्रेरणा से अभिव्यक्ति के क्षेत्र में अवतीर्ण होते हैं वे अपने लौकिक आलंबन को भूलते नहीं। सुजान के प्रेमी घनआनंद कृष्णभक्ति में पहुँचकर भी सुजान नाम को भूले नहीं, यह बात साहित्य के इतिहास में प्रसिद्ध है। यदि मीराबाई के जीवन में ऐसी कोई बात होती तो उस आलंबन का नाम उनकी रचना में अवश्य आया होता। कल्पकों ने यह कल्पना की है कि मीराबाई के गुरु रैदास प्रसिद्ध हैं—

गुरु मिलिया रैदासजी दीन्हीं ज्ञान की गुटकी।

ये रैदास प्रसिद्ध संत भक्त रविदास नहीं हैं। शोधिकों ने हरिदास दरजी की खोज की है, पर इतिहास इन हरिदास के संबंध में मौन है। मीराबाई के गुरु कोई रैदास थे, इतने मात्र से यह न समझ लेना चाहिए कि उनका मार्ग निर्गुणमार्ग है, क्योंकि जिस पद में हरिदास की चर्चा आई है वह एक तो लोकगीत है अतः यह निश्चय करना ही कठिन है कि रचना मीराबाई की ही है, दूसरे यदि हो भी तो उस पद के अंत में 'मीरा ने गिरधर मिलिया नागर नंदकिसोर' भी पड़ा है।

कबीर, जायसी आदि के निर्गुण उद्‌घोष का सूर, तुलसी आदि के द्वारा खंडन होते देखकर बहुत से लोगों को यह भ्रांति हो गई है कि भारतीय भक्तिमार्ग में निर्गुण का ग्रहण नहीं है। हिंदी-साहित्य में निर्गुण और सगुण संबंधी इस प्रकार की धारणा के प्रसार पर दाक्षिणात्यों को बड़ा आश्चर्य होता है, क्योंकि उनके यहाँ के संतों में इस प्रकार का भेद प्रचलित नहीं। अस्तु, यदि रहस्यात्मक भावना की अभिव्यक्ति प्रयोजनीय हो तो सगुण का विरोध करके निर्गुणपक्ष की स्थापना करनी पड़ती है, जैसा कबीर में दिखाई देता है। कबीर ने सगुण का खंडन करके निर्गुण की स्थापना का जो प्रयास किया उसी के विरोध में सूर, तुलसी आदि भक्ति-मार्गियों को भी निर्गुण का खंडन करके सगुण की स्थापना करने पर विशेष जोर देना पड़ा, अन्यथा निर्गुण और सगुण दोनों मार्ग विहित थे। अथवा यों कहना चाहिए कि तीन मार्ग चलते थे—सगुणविशिष्ट मार्ग, निर्गुणविशिष्ट मार्ग और सगुण-निर्गुण-उभयविशिष्ट मार्ग। सगुणप्रधान मार्ग गृहस्थों के लिए था तो निर्गुण-प्रधान मार्ग विरक्तों के लिए। जो लोक-परलोक दोनों पर समान ध्यान रखना चाहते थे उन्होंने उभयविशिष्ट मार्ग का आलंबन किया था। सगुण का खंडन करने वाला निर्गुणमार्ग विदेशीप्रभावापन्न है। मीराबाई ने बारंबार गोपाल, गोविंद, गिरिधर, बिहारी आदि के प्रति अपना प्रेम घोषित करके यह स्पष्ट कर दिया है कि इनकी रचना में जो निर्गुणभक्ति की अभिव्यक्तियाँ हैं वे सगुण की विरोधिनी नहीं हैं। उन्होंने सगुण का खंडन कहीं नहीं किया। यदि उनका शुद्ध सगुणमार्ग न माना जाय तो उभयविशिष्ट मार्ग तो मानना ही पड़ेगा, जैसा तुलसीदास ने अपना बतलाया है—

तुलसी घर बन बीच ही रामप्रेमपुर छाय।

मीरा 'रामपुर' के बदले वैसे ही 'गिरिधरपुर' की बसनेवाली भक्तिन थीं।

चाहे सगुणविशिष्ट मार्ग हो चाहे उभयविशिष्ट मार्ग, जहाँ सगुण से मेल हो जायगा वहाँ रहस्यात्मकता आप से आप समाप्त होने लगेगी। मीरा की रचना में पाई जानेवाली रहस्यभावना कबीर आदि की भाँति नहीं है। संतों के बीच 'गगन-मंडल' आदि कुछ प्रचलित शब्द सुनकर इन्होंने अपनी रचना में उनका भी समावेश कर दिया। सूफियों द्वारा फैलनेवाले विरहप्रधान रहस्यात्मक अभिव्यजन

का ग्रहण जैसे और-और प्रदेशों में हुआ वैसे ही मीराबाई के प्रदेश में भी। किंतु श्रीकृष्ण की प्रवृत्तिपरक सगुण-उपासना के कारण उसका सांप्रदायिक रंग कहीं अधिक नहीं चढ़ सका। आगे चलकर श्रीकृष्णभक्ति का जो निखरा सगुणस्वरूप दिखाई पड़ता है उसकी कल्पना मीराबाई के समय में नहीं की जा सकती। सूफियों की विरहाकुलता सबसे अधिक आकर्षक थी, उसका ग्रहण मीरा ने भी किया और श्रीकृष्ण के सगुणमार्ग के अन्य भक्त कवियों ने भी। कहा जाता है कि चैतन्य-संप्रदाय में सूफीसंप्रदाय की बहुत सी बातें साधना के क्षेत्र में भी ली गई हैं और अभिव्यक्ति के क्षेत्र में भी। चैतन्यसंप्रदायानुगत प्रवृत्ति के साथ देखने पर सबसे अधिक ध्यान इस पर जाता है कि मीरा ने सूफीसंप्रदाय का परकीयाप्रेम अपनी रचना में नहीं ग्रहण किया। परकीयाप्रेम की यह वह साधना है जो चैतन्यसंप्रदाय का सर्वस्व है। मीरा की रचना में जो एकाध पद इस प्रकार के मिलते हैं सो पर-वर्ती मेल है। सब बातों को संपिंडित करके कहना यह है कि मीराबाई की साधना का स्वरूप भारतीय भक्तिमार्ग के अनुरूप है और संप्रति उनकी जो रचना मिलती है वह न सगुणप्रधान है और न निर्गुणप्रधान। उसमें उभयविध मार्गों का समन्वय भारतीय भक्तिमार्ग के स्वरूप के अंतर्गत ही है। कहीं-कहीं कुछ शब्द जो निर्गुनियों के ढंग के मिलते हैं वह तत्कालिक निर्गुनिया-आंदोलन का छींटा मात्र है। विरह की अभिव्यक्ति अवश्य ऐसी है जो विदेशी सूफीसंप्रदाय के प्रभाव से प्रभावित कही जा सकती है। यह प्रभाव केवल मीरा ही पर नहीं पड़ा, कृष्ण-भक्तिमार्ग के प्राय: समस्त भक्तों पर पड़ा।

अब मीरा के विरह का कुछ विश्लेषण प्रसंगप्राप्त है। मीरा की रचना में संयोगपक्ष की अभिव्यक्ति एक प्रकार से बिलकुल नहीं है। विरह की यह प्रधानता मीरा की अनुभूति की तीव्रता का पता देती है। संयोग या मिलन के जो कुछ थोड़े से पद मिलते हैं उनको भारतीय भक्तिमार्ग का आशावाद समझना चाहिए। भारतीय भक्तिसाधना और काव्यसाधना दोनों में आशावाद उसका स्वरूपलक्षण है। सूफी जिस प्रकार केवल विरह में रहना चाहता है या विरह की साधना को ही प्रधान मानता है अथवा छायावादी कवि जिस विरह साम्राज्य का प्राणी होता है अथवा जिस नैराश्य में प्रवाहित होते रहना चाहता है वह मीरा में नहीं है। इसका भी वास्तविक कारण वही है जो पहले कहा जा चुका है। महादेवी वर्मा जिस पीड़ा में निरंतर पड़ी रहना चाहती हैं उसका हेतु यही है कि उनका प्रिय परमपुरुष निर्गुण है, किंतु मीराबाई ने जिस पुरुषोत्तम को अपना प्रिय बनाया वह सगुण है।

दूसरी बात ध्यान देने की यह है कि मीराबाई का यह विरह पूर्वरागप्रधान विरह नहीं है। इनकी रचना में पूर्वानुराग के कुछ पद मिलते अवश्य हैं पर इनकी अधिक रचना विप्रयोग की है। इसका कारण यह है कि इन्होंने 'गिरधर गोपाल'

से अपना जन्म-जन्म का संबंध माना है। मीरा की विरहवेदना गोपियों के आरंभिक जीवन की विरहव्यथा से न मिलकर उनके प्रवासविरह से अधिक मिलती है। यही कारण है कि उसमें अनुभूति की केवल तीव्रता ही नहीं है, गंभीरता और गरिमा भी है। प्रश्न यह उठता है कि मीरा को इस प्रकार की विरहवेदना की आवश्यकता ही क्यों हुई, इसका सीधा उत्तर यही है कि उन्हें अपने पति से वह प्रेम नहीं प्राप्त हुआ जिसकी वे अधिकारिणी थीं। मीरा के किसी लौकिक प्रिय की खोज करने के बदले यदि मीरा के पति की किसी लौकिक प्रेयसी की खोज की जाती तो मीरा के जीवन का सारा रहस्य खुल जाता।

मीरावाई की रचना से स्पष्ट है कि उन्हें लौकिक प्रेम की प्राप्ति नहीं हुई। उसी के परिणामस्वरूप उन्होंने अलौकिक प्रेम की ओर हृदय को उन्मुख किया। अलौकिक के प्रति राग होने से ऐहिक जीवन के प्रति विराग होना स्वाभाविक है। सूफियों की भाँति मीरा इस जगत् में अपने प्रिय के ऐश्वर्य-वैभव को छाया हुआ नहीं देखतीं। यही कारण है कि उनकी रचना अंतर्वृत्तिप्रधान है, बहिर्वृत्ति का उसमें अभाव है। प्रकृति की विभूति में उन्हें आकर्षण नहीं दिखाई देता, अत: उनकी रचना में प्रकृति न तो आलंबन के रूप में दिखाई देती है और न उद्दीपन के रूप में। वे विरक्त भक्तों की भाँति भवसागर को दुःखपूर्ण या विकार-सागर मानती हैं—

यौ संसार बिकार सागर बीच में घेरी।
नाव फाटी प्रभु पाल बांधौ बूड़त है बेरी॥

ऋतुओं की दृष्टि से देखें तो वर्षा ऋतु का उल्लेख इनकी रचना में अधिक मिलता है। वसंत में होली के वर्णन आए हैं। वर्षा और होली के ये वर्णन भक्त कवियों में बहुत पाए जाते हैं। भगवल्लीला में आसक्ति रखनेवाले और भगवान् श्रीकृष्ण के प्रति भक्ति करनेवाले भक्तों की कृति में रास के वर्णन भी मिलते हैं जो शरद्ऋतुवर्णन के अंग होते हैं। मीरा में रास के वर्णन नहीं हैं। श्रीकृष्ण की अन्य लीलाओं, दानलीला, चीरहरणलीला आदि, के वर्णन भी इनकी रचना में पाए जाते हैं। इस दृष्टि से इनका मेल प्रसिद्ध कवि रसखानि से अधिक मिलता है। अंतर यही है कि रसखानि की रचना विषयपक्षप्रधान है और मीराबाई की रचना विषयिपक्षप्रधान; अर्थात् मीराबाई ने जितनी रचना की वह उनकी ही उक्ति के रूप में है, कविनिबद्ध वक्ता की उक्ति के रूप में नहीं। कहीं-कहीं राधा का उल्लेख अवश्य हुआ है पर वहाँ भी मीरा राधा की सखी के रूप में दिखाई देती है।

जिज्ञासा होती है कि मीराबाई की उपासना में कौन सा भाव मुख्य माना जाय। वात्सल्यभाव तो उनमें है ही नहीं, दास्य, सख्य और माधुर्य इन तीन में से

किस भाव की प्रधानता कही जाय। इस विषय में भी हिंदी-साहित्य के आलोचक बहुत बड़ी भ्रांति में हैं। उन्हें सूरदास में भी माधुर्यभाव मिल जाता है। जब कोई भक्त सीधे श्रीकृष्ण या भगवान् से अपना दास्य, सख्य, कांत या माधुर्यभाव संपृक्त करता है तभी उसकी अभिव्यक्ति दास्य, सख्य या माधुर्यभाव की कही जा सकती है। यदि गोपिकाओं के दास्य, सख्य अथवा कांतभाव की अभिव्यंजना किसी के द्वारा होती है तो वहाँ ये भक्त के भाव नहीं माने जा सकते। मीरा अपने को श्रीकृष्ण की दासी, सखी और प्रेमिका तीनों ही कहती हैं। अधिक उन्होंने अपने को प्रेयसी के रूप में कहा है। इस आधिक्य के कारण उनकी उपासना माधुर्यभाव की ही स्पष्ट है। किंतु इतना ही उनकी इस प्रकार की उपासना के निश्चय में साधक नहीं है, प्रत्युत कुछ सांप्रदायिक विमर्श भी सहायक है। माधुर्यभाव का उपासक उपास्य से दास्य, सख्य आदि सभी प्रकार का संबंध जोड़ सकता है, किंतु सख्य या दास्य का उपासक प्रिय के प्रति कांतभाव की अभिव्यक्ति नहीं कर सकता। इसलिए मीराबाई के माधुर्यभाव के ही शासन में सख्य और दास्यभाव आते हैं, उनकी निरपेक्ष सत्ता नहीं है। दास्यभाव की ही उपासना करनेवाला उपास्य के ऐश्वर्यरूप को सामने लाता है। किंतु सख्य और कांतभाव की उपासना करनेवाला उसके रसरूप को विशेष रूप से सामने रखता है। अपने उपास्य के लिए उत्कंठा तीनों प्रकार के स्वतंत्र उपासकों में हो सकती है। भक्तों ने इस प्रकार के उद्गार अपनी रचना में बराबर किए हैं। फिर भी विरहोत्कंठा जितनी सख्य और कांतभाव के उपासक की होती है उतनी दास्यभाव के उपासक की नहीं। भगवदैश्वर्य को सारी सृष्टि में छाया देखकर दास्यभाव का उपासक उपास्य के विराट् रूप से भी थोड़ा-बहुत संतोष कर लेता है। भगवत्सान्निध्य की लालसा होने पर भी उसके लिए उतनी अधिक तड़पन उसमें नहीं होती। किंतु सख्य और कांतभाव का उपासक सृष्टि में अपनी अंतःकरणवृत्ति को नहीं रमा पाता। वह इसलिए उनके सान्निध्य के लिए अधिक लालायित रहता है। सख्य और कांतभाव में से कांतभाव का उपासक प्रियसान्निध्य के लिए कितना अधिक लालायित होगा यह कहने की आवश्यकता नहीं। मीराबाई की रचना में विरह के उत्कर्ष का मुख्य कारण यही है कि उनकी रचना माधुर्यभावप्रधान है।

मीराबाई की इस उपासना में एक दृष्टि और भी ध्यान देने योग्य है। माधुर्यभाव की उपासना करनेवाले या प्रिय से प्रणय करनेवाला प्रिय के प्रति दो प्रकार से प्रवृत्त हो सकता है। एक तो वह अपने प्रेम का आलंबन केवल प्रिय को बनाए, दूसरे अपने प्रिय को प्रेम का आलंबन बनाते हुए भी औरों के प्रति अन्य प्रकार के प्रेम की अभिव्यक्ति कर सके। कोई पत्नी जब अपने पति को ही पति मानती है; अन्यों को नारी-कोटि में ही समझती है तो उसका प्रेम पहले प्रकार का होता है और यदि कोई पत्नी अपने पति को पति और दूसरों के पति को पिता, भ्राता या

पुत्र रूप में मानती है तो उसका प्रेम दूसरे प्रकार का होता है। तुलसीदास ने पहले प्रकार के प्रेम को उत्तम और दूसरे प्रकार के प्रेम को मध्यम माना है। अनसूया सीता को शिक्षा दे रही हैं—

उत्तम के अस बस मन माहीं। सपनेहु आन पुरुष जग नाहीं।
मध्यम परपति देखइ कैसे। भ्राता पिता पुत्र निज जैसे।।

प्रश्न होता है कि 'पर-पति' को पिता, भ्राता, पुत्र रूप में देखना मध्यम कोटि का क्यों। इसका उत्तर यही है कि पर-पति को पिता, भ्राता, पुत्र आदि के रूप में देखने पर भी उनके प्रति दांपत्यभाव के जगने की संभावना बनी रहती है—

भ्राता पिता पुत्र उरगारी। रूप मनोहर निरखत नारी।
होइ बिकल सक मनहि न रोकी। जिमि रबिमनि द्रव रबिहि बिलोकी।।

मीराबाई श्रीकृष्ण के प्रति प्रथम प्रकार का कांतभाव रखती थीं अर्थात् वे श्रीकृष्ण के अतिरिक्त और किसी को पुरुष नहीं मानती थीं।

मीराबाई की रचना में प्रिय गिरिधर नागर हैं, फिर भी वे राम नाम को जपना चाहती हैं—

मेरो तो एक राम नाम दूसरा न कोई।

इस विसंगति का कोई भी तुरंत उत्तर यह दे सकता है कि वे राम और श्याम में अभेद मानती थीं। कबीर भी सगुण का खंडन करते हुए राम नाम के जपने का संकल्प करते हैं। उनके संबंध में भी सीधा उत्तर यही दिया जा सकता है कि कबीर का अभिप्राय यहाँ राम शब्द के द्वारा निर्गुण-निरंजन ब्रह्म से है, रामावतार या दाशरथि राम से नहीं। इस संबंध में भी अभी अधिक अनुसंधान अपेक्षित है। कबीर ने जिस राम नाम का उद्घोष किया है वह सगुणमार्गियों का राम नाम नहीं है। मीराबाई ने भी जिस राम नाम की चर्चा की है उसमें भी उनका प्रयोजन दाशरथि राम से नहीं जान पड़ता। मीरा के कुछ पद राम की लीला से संबद्ध अवश्य हैं पर वे कहाँ तक प्रामाणिक हैं इसका निर्णय करना अनुसंधानसापेक्ष है। मीराबाई के नाम पर जितनी रचनाएँ चल रही हैं वे सब इन्हीं की हैं, यह नहीं कहा जा सकता। भारतवर्ष में एक कर्ता की कृति दूसरे के नाम पर चल पड़ती है। किसी प्रसिद्ध प्राचीन कर्ता के नाम पर रचना कर देनेवाले महारथी भी बहुत हुए हैं। जो भी हो, राम नाम का तात्पर्य कुछ और है और इसके लिए गुह्य-साधना के तंत्रों की विशेष छानबीन करनी चाहिए। संप्रति राम नाम का रहस्य न उद्घाटित कर उसे भविष्य के लिए छोड़ दिया जाता है।

मागधी-काव्य

विद्यापति

हिंदी-साहित्य के इतिहासलेखक आदियुग में विद्यापति को अपना कवि कहकर इन्हें फुटकल खाते में रखकर संतुष्ट हो जाते हैं। बंगाली भाइयों ने इन्हें अपनाने के लिए जो प्रयास किया उससे विद्यापति का तो कोई महत्त्व नहीं बढ़ा; हाँ, विद्यापति के महत्त्व से वे अपने को महत्त्वशाली करना चाहते हैं, यह स्पष्ट है। मैथिल भाइयों के तो वे हैं ही। पर सोचने की बात है कि विद्यापति क्या मैथिल मात्र हैं, क्या वे मैथिलकोकिल मात्र हैं अथवा क्या वे बंगभाषा या बंगभाषा-साहित्य की परंपरा के कवि हैं। इस पर हिंदी-साहित्य के इतिहास-लेखकों ने कुछ विचार किया है। अपने-अपने ढंग के तर्क सभी ने दिए हैं। पर ध्यान देने से, थोड़ा गहरे उतरकर विचार करने से पता चलेगा कि विद्यापति को जो सार्वभौम रूप प्राप्त है उसका विचार अभी जमकर नहीं हुआ है। अधिकतर हिंदी-साहित्य की पदावली से विद्यापति द्वारा गृहीत पदावली के साम्य की चर्चा ही की गई है। हिंदी-भाषा और हिंदी-साहित्य जिस भारतीय परंपरा का ग्रहण करके चले हैं उस पर गंभीरतापूर्वक विचार करने की आवश्यकता है। वस्तुतः जो कठिनाई उत्पन्न कर दी गई है संप्रति उसका प्रधान कारण भाषाविज्ञान का बिलायती विचार है। भारत के या हिंदी के भाषा-विज्ञानी पंडितों ने यदि ग्रियर्सन साहब के दिखाए मार्ग का अनुगमन मात्र न भी किया हो, तो भी यह तो स्वीकार करना ही पड़ता है कि हिंदी-भाषा की व्याप्ति जो ग्रियर्सन साहब ने स्वीकार की उससे आगे ये विद्वान् नहीं बढ़े। अथवा दूसरे ढंग से कहें तो यों कह सकते हैं कि उन्होंने भारतीय वैयाकरणों की बात का पूरा विचार नहीं किया।

विद्यापति के संबंध में स्थूल रूप से तीन दृष्टियों से विचार करना आवश्यक है—

1—भाषा की प्रकृति,

2—साहित्य की परंपरा और

3—संस्कृति की एकता।

हिंदी-भाषा की व्याप्ति का विचार करते हुए बिहारी भाषाएँ हिंदी से पृथक् कर दी गईं। क्योंकि हिंदी की उपभाषाओं में ब्रजी, अवधी और खड़ी का ग्रहण तो हुआ, पर पारंपरिक दृष्टि से विचार न करने से पूर्वी बोलियों को छाँट दिया गया। प्राकृत वैयाकरणों ने पश्चिमी और पूर्वी भेद किए हैं और यह भेद आज भी चलता है। इस भेद के कारण हिंदी-भाषा की पुरानी व्याप्ति में अंतर नहीं पड़ता। हिंदी मध्यदेशीया भाषा है और पश्चिमी हिंदी और पूर्वी हिंदी उसके दो स्वरूप-

भेद हैं। जैसे पश्चिमी हिंदी (प्राकृत वैयाकरणों की 'शौरसेनी' की उत्तराधिकारिणी) अपने निकट की उत्तर-पश्चिम-दक्षिण की भाषाओं को समेटती, उनसे प्रभावित होती, उन्हें प्रभावित करती चली वैसे ही पूर्वी हिंदी (प्राकृत वैयाकरणों की 'अर्धमागधी' की उत्तराधिकारिणी) भी अपने उत्तर-पूर्व-दक्षिण की भाषाओं या बोलियों को मिलाती-जुलाती, उनसे मिलती-जुलती चली। पूर्वी हिंदी या प्राकृत वैयाकरणों की 'अर्धमागधी' है क्या। उसका नाम ही उसकी प्रकृति को पुकारकर बता रहा है। 'अर्धमागधी' वह भाषा थी जिसमें 'आधी मागधी' थी, पर अन्य आधी कौन सी भाषा थी, शौरसेनी ही न। फिर भी उसका नाम 'अर्धशौरसेनी' क्यों नहीं रखा गया। इसलिए कि उसकी प्रवृत्ति 'मागधी' की ओर अपेक्षाकृत अधिक थी।

बोलियों का जो लेखा-जोखा ग्रियर्सन साहब ने दिया है उसमें उन्होंने पूर्वी हिंदी को केंद्र में माना है। आगे चलकर श्रीसुनीतिकुमार चाटुर्ज्या ने पश्चिमी हिंदी को केंद्र में स्वीकार किया। ग्रियर्सन साहब ने भी आगे चलकर अपने निश्चय को बदला और पूर्वी हिंदी के स्थान पर केंद्र में 'हिंदी' को स्वीकार किया तथा 'पूर्वी हिंदी' को बहिर्वर्ती भाषाओं से अधिक संबद्ध बतलाया। 'पूर्वी हिंदी' के निकट 'बहिर्वर्ती भाषा' बिहारी पड़ती है और उसके अंतर्गत मैथिली और भोजपुरिया हैं। जिनमें स्वयं बहुत अंतर है। मैथिली से भोजपुरिया बहुत भिन्न है। चाटुर्ज्या महोदय इसी से भोजपुरिया को पृथक् रखने के पक्ष में हैं। अर्धमागधी से संबद्ध पूर्वी हिंदी अर्थात् अवधी का भाषा की दृष्टि से मैथिली से अधिक लगाव रहा, भोजपुरिया से नहीं। अवधी के भी दो रूप पश्चिमी और पूर्वी हैं। पश्चिमी अवधी शौरसेनी की उत्तराधिकारिणी ब्रजी के निकट अधिक हुई और पूर्वी अवधी मैथिली के। इसलिए पूर्वी अवधी और मैथिली में प्राचीन युग में जो साहित्य निर्मित हुआ उसमें देशगत भाषाभेद के अतिरिक्त और कोई साहित्यिक या सांस्कृतिक भेद नहीं रहा। जनता की जो विचारधारा पूर्वी अवधी में थी वही मैथिली में। जो मैथिली में थी वही बँगला में नहीं।

एक बात पर विचारकों ने बिलकुल ध्यान नहीं दिया है। प्राकृतिक वैयाकरणों ने 'शौरसेनी' की प्रकृति का विचार करते हुए लिखा है कि 'प्रकृतिः संस्कृतम्' और मागधी की प्रकृति का विचार करते हुए लिखा है कि 'प्रकृतिः शौरसेनी'। प्रायः 'प्रकृतिः संस्कृतम्' का अर्थ यह लगाया गया कि शौरसेनी संस्कृत से निकली हैं। संस्कृत प्रकृति है और शौरसेनी विकृति। पर वैयाकरणों का यह कथन वास्तविकता से मेल नहीं खाता। अतः यदि उन बुध वैयाकरणों की बात में सचमुच तत्त्व माना जाय तो इसका तात्पर्य यही मानना समीचीन होगा कि 'प्रकृतिः संस्कृतम्' से वे यह लक्षित करते हैं कि शौरसेनी का झुकाव संस्कृत की ओर है। शौरसेनी अपने शब्दों की नई योजना संस्कृत ढंग पर करती है अर्थात् शौरसेनी संस्कृतस्थ है। पर मागधी

संस्कृतस्थ न होकर शौरसेनी की प्रकृति की है अर्थात् वह प्राकृतस्थ है। इस प्रकार 'मागधी' में एक ओर तो शौरसेनी की सी संस्कृतप्रवृत्ति आई और दूसरी ओर प्राकृतप्रवृत्ति। मागधी से प्रसूत बिहारी और बँगला ने इन दोनों प्रवृत्तियों को अलग-अलग ग्रहण किया। बिहारी अर्थात् मैथिली तो प्राकृतस्थ रही, पर बँगला संस्कृतस्थ हो गई। बँगला की यह प्रवृत्ति बहुत पहले ही राजशेखर ने लक्षित कर ली थी और कहा था कि 'गौडाद्या: संस्कृतस्था:'। बँगला की यह प्रवृत्ति आज भी ज्यों की त्यों है। बँगला अपनी इस प्रवृत्ति में शौरसेनी अर्थात् 'ब्रजबुली' से मिलती है, पर न वह इस दृष्टि से मैथिली से मिलती है, न अवधी (पूर्वी) से। किंतु मैथिली और अवधी की ये प्रवृत्तियाँ एक सी हैं। ठेठ की जैसी प्रवृत्ति अवधी में है वैसी ही मैथिली में। प्राय: लोग कहा करते हैं कि जायसी आदि सूफी कवियों ने अवधी का ठेठ रूप ग्रहण किया है। मानो अवधी के दो रूप हों—एक ठेठ और दूसरा अठेठ या परिष्कृत। ऐसा भ्रम वस्तुत: तुलसीदास के कारण हुआ है। उन्होंने अपने रामचरितमानस में अवधी का ठेठ रूप, जो उसकी प्रकृति और प्रवृत्ति के अनुकूल था, हटाकर उसे ब्रजी के संस्कृतस्थ रूप के निकट ले जाने का प्रयास किया। इससे यह भ्रांति होने लगी कि तुलसीदास ने अवधी का साहित्यिक रूप ग्रहण किया और जायसी आदि सूफी कवियों ने उसका ठेठ रूप। वस्तुत: तुलसीदास ने अवधी भाषा में बहुत बड़ा परिष्कार किया। उनके वे छोटे-छोटे ग्रंथ ही, जो पूर्वी अवधी में निर्मित हैं, भाषा के प्रकृत रूप का पता देते हैं। 'मानस' की भाषा तो उन्होंने गढ़ी है। अवधी में ग्रंथनिर्माण बहुत दिनों से होता रहा है। जैनों के बहुत से ग्रंथ अवधी या अर्धमागधी अपभ्रंश में हैं ही। उनकी भाषा से मिला देखिए। पता चल जायगा कि इस भाषा की प्रवृत्ति और प्रकृति ठेठ की ही रही है। जायसी आदि का अज्ञान भाषा के ठेठ रूप का ग्रहण करने में कारण नहीं है। उस भाषा की प्रकृति और प्रवृत्ति ही ऐसी है। अवधी की इस प्रकृति और प्रवृत्ति को हिंदी में सबसे पहले तुलसीदास ने 'मानस' में परिवर्तित करने का प्रयास किया। यही क्यों उन्होंने 'विनयपत्रिका' में, रामगीतावली में, कबित्तावली में, जो ब्रजी में निर्मित हैं, अवधी के प्रयोग भी मिला दिए हैं। भाषा ब्रजी ही रही, उसका व्याकरण-सम्मत रूप ब्रजी का रहा, पर प्रयोग अवधी के भी मिल गए। तुलसीदास के इस मिश्रण का हिंदी-साहित्य पर बहुत बड़ा प्रभाव पड़ा। आगे के कवियों ने अर्थात् शृंगारकाल या रीतिकाल के कवियों ने मिली-जुली भाषा का व्यवहार किया। ब्रजी और अवधी के जो पृथक् प्रयोग थे वे मिलकर एक हो गए। केवल ब्रजी की कर्मणि कर्तरि प्रवृत्ति बनी रही, अवधी की भाँति केवल कर्तरि नहीं हुई तथा ब्रजी के कृदंतों के ओकारांत रूप भी जहाँ-तहाँ आते रहे। अन्यथा सारा ढाँचा ऐसा हो गया कि ब्रजी का निरूपण करने जब भिखारीदास बैठे तो उन्हें कहना पड़ा कि—

तुलसी गंग दुवौ भए सुकबिन के सरदार।
इनकी काव्यन में मिली भाषा बिबिध प्रकार।।

जो लोग 'ब्रजभाषा' का व्याकरण बनाने बैठे उन्होंने तुलसी के प्रभाव से रंजित भाषा को ही उदाहरण के लिए ग्रहण किया। फलतः उनका व्याकरण मिली-जुली भाषा का बना। इस मेल के कारण मानस में, जो अवधी में है, कर्मणि प्रयोग ब्रजी के से प्रायः हुए और कुछ लोगों को यह कहने के लिए बाध्य करते रहे कि 'मानस' की अवधी को ब्रजी से पृथक् मानने की आवश्यकता नहीं। किसी-किसी ने तो यहाँ तक कह दिया कि अवधी का पृथक् अस्तित्व ही नहीं। तुलसी की इस मिश्रित भाषा से ब्रजी के प्रसिद्ध मर्मज्ञ 'रत्नाकर' भी प्रभावित हुए बिना नहीं रह सके, जिनकी रचनाओं में अनेक पूर्वी प्रयोग आ ही गए। यह सब इसीलिए कहना पड़ा कि कोई 'बदौं गुरपदपदुम परागा, सुरुचि सुबास सरस अनुरागा' आदि को पेश करके कहीं यह न कह बैठे कि अवधी की प्रवृत्ति भी संस्कृतस्थ थी। वस्तुतः वह प्रवृत्ति की गई, थी नहीं। इस प्राकृतस्थ प्रवृत्ति को विद्यापति भी भली भाँति जानते थे। इन्होंने कीर्तिलता में जो यह लिखा है कि—

देसिल बअना सबजनमिठ्ठा।
तें तैसन जंपओं अवहठ्ठा।।

वह इसीलिए। 'अवहठ्ठा' अर्थात् अपभ्रंश वस्तुतः 'नागर' था, संस्कृतस्थ था, उसे इन्होंने 'देसिल बअना' के समान करने का प्रयास किया अर्थात् इन्होंने उसमें प्राकृतस्थ प्रवृत्ति का मेल किया। 'तैसन' का अर्थ 'वही' नहीं है, 'वैसा' है। तुलसीदास ने पूरबी भाषा में पछाहीं का मेल किया और विद्यापति ने पछाहीं में पूरबी का मेल। इस मेल के कारण चाहे आप यह कह लें कि यह पूरबी अपभ्रंश है, या यह मान लें कि अपभ्रंश के उत्तरकालिक रूप का नाम 'अवहट्ठ' है, जैसा विद्यापति की भाषा में मिलता है। पर वास्तविकता यह है कि विद्यापति ने उसमें मेल किया। यह तो स्पष्ट ही है कि इन्होंने जिस भाषा में 'कीर्तिलता' की रचना की उसका प्रयोग उस समय बोलचाल में मिथिला में क्या, कहीं नहीं था। बोलचाल की भाषा में तो इन्होंने गीत लिखे हैं, पद बनाए हैं।

इस प्रकार भाषा की प्रकृति और प्रवृत्ति के कारण विद्यापति की पदावली की भाषा अवधी के निकट पड़ती है। यदि हिंदीवाले विद्यापति को अपना कवि मानते हैं तो भाषाविज्ञान इन्हें हिंदी के इतिहास से निकाल नहीं सकता। यदि केवल भाषा की इस प्रवृत्ति के कारण ही नैकट्य होता तो भी कहा जाता कि इतने मात्र से विद्यापति को हिंदी के भीतर रखने में बाधा है। पर साहित्य की परंपरा के साथ जब विद्यापति को देखते हैं तब वे हिंदी की ही परंपरा में दिखाई

देते हैं। इसके लिए हिंदी-साहित्य के आदिकाल की रचनाओं की छानबीन में प्रवृत्त होने की आवश्यकता है। हिंदी-साहित्य के आदिकाल में संख्याबाहुल्य वीरगाथाओं का है, इससे उसका नाम 'वीरगाथाकाल' रखना पड़ा है। पर इन वीरगाथाओं की छानबीन कीजिए तो ऐतिहासिकों के अनुसार यह मानने को विवश होना पड़ता है कि 1375 (आदिकाल की उत्तर सीमा) के पूर्व की रचना अपने वर्तमान रूप में न तो पृथ्वीराजरासो ही प्रमाणित होता है, न बीसलदेवरासो ही। खुमानरासो का नाम ही नाम है। 'पृथ्वीराजरासो' में ही लिखा है कि उसका संग्रह 'कक्का' कवि ने किया। 'पुरातनप्रबंधसंग्रह' से इतना ही प्रमाणित होता है कि पृथ्वीराज की प्रशस्ति में रचनाएँ होती थीं। इसे कौन अस्वीकार करता है कि पृथ्वीराज पर रचनाएँ होती थीं, पर 'पृथ्वीराजरासो' अपने वर्तमान रूप में तत्सामयिक रचना नहीं। जो उसे तत्सामयिक मानते भी हैं वे उसे अपभ्रंश का रूप देने में उलटी गंगा बहा रहे हैं। उनका वह प्रयास ही कह रहा है कि उन्हें भी इस रूप में वह मान्य नहीं। जो रूप वे अपने प्रयास से उसे देंगे वह पृथ्वीराज के समय की पुरानी हिंदी या अपभ्रंश का रूप तो होने से रहा। इतिहास में ऐसे प्रयत्नों का महत्त्व होगा भी, इसे इतिहास के पंडित ही बताएँगे। पर गढ़ी भाषा अपभ्रंश का वह प्राचीन रूप नहीं पा रही है, इसे भाषा-विज्ञान के पंडित आज भी कह रहे हैं। अस्तु।

यदि थोड़ी देर के लिए यह मान भी लिया जाय कि पृथ्वीराजरासो या बीसलदेवरासो उतनी ही प्राचीन रचनाएँ हैं जितनी उन्हें प्रामाणिक कहनेवाले मनवाना चाहते हैं तो भी यही कहा जा सकता है कि आदिकाल की वह एक ही शाखा थी। पर आगे का हिंदी-साहित्य जिस सरणि पर चला और जिसमें उसका प्रभूत वाङमय निर्मित हुआ वह विद्यापति की ही सरणि थी। विद्यापति ने जिन गीतों का निर्माण किया उन गीतों की परंपरा उसी रूप में भक्तिरंजित होकर कृष्णभक्त कवियों में दिखाई देती है। भक्तिकाल में कृष्णभक्त कवियों के गीतों का जो वाङ्मय पुंजीभूत हुआ वही उस युग में परिमाण में अधिक है। न साखी, शब्दी, रमैनी कहनेवालों का वाङ्मय परिमाण में उतना है और न 'किहनी उपख्यान' कहनेवालों या प्रेम की पीर दिखानेवालों का ही साहित्य उतना प्रचुर है। राम-भक्ति का वाङ्मय भी उसके आकार की समता नहीं कर सकता। यदि बाहुल्य की दृष्टि से भक्तिकाल का नाम रखा जाय तो उसे 'कृष्णकाल' ही कहना पड़ेगा।

विद्यापति के गीतों की परंपरा के लिए 'गीतगोविंद' का नाम लिया जाता है। इसका भी कुछ विचार करने की आवश्यकता है। यह तो स्पष्ट है कि लौकिक संस्कृत में गीत लिखनेवाले सबसे प्रथम जयदेव ही दिखाई देते हैं। पर क्या विद्यापति ने जयदेव के अनुगमन पर 'गीत' लिखे हैं। न, ऐसी बात नहीं है। जयदेव भी पूर्व की ही विभूति थे। पूर्व में, जनता में गीतों का माधुर्य ऐसा

आकर्षक था कि जयदेव को उन गीतों ने खींच ही लिया और उन्होंने संस्कृत में गीतों का प्रयोग किया, फिर उनका अनुगमन संस्कृत के कुछ और कवियों ने किया। विद्यापति तो जनसाधारण के प्राकृत-प्रवाह में ही अपने गीतों को मिलाए चल रहे थे अर्थात् जयदेव में गीत की प्रवृत्ति आरोपित है, विद्यापति में वह प्रकृत या सहज है। जयदेव की परंपरा संस्कृत में अवश्य मानी जा सकती है, पर देशी भाषा में जयदेव की परंपरा का स्वीकार करना पीठ की ओर चलना है। इसके मान लेने का कारण यही था कि जयदेव ने 'गोविंद' के गीत गाए और विद्यापति ने भी 'राधा-माधव' के गीत गुनगुनाए। विचार करनेवालों ने 'गोविंद' की परंपरा के बदले 'गीत' की परंपरा कह दी। गीत जनता के थे। गीत-गीति देशी भाषा की संपत्ति थी, उसी की परंपरा थी। संस्कृत में दोहा, सवैया, घनाक्षरी भी लिखे गए हैं, अब यदि आगे चलकर यह कहा जाय कि हिंदी के श्रृंगारकाल के कवियों ने संस्कृत से यह परंपरा ली तो, जैसे यह बात उलटी होगी वैसे ही जयदेव की गीत-परंपरा में विद्यापति को मानना भी वस्तुतः धोखा दिया नटनागर श्रीकृष्ण ने, 'कुंजकुटीरे यमुनातीरे बसति बने वनमाली' ने। यहाँ वनमाली गोविंद वर्ण्य या अलंकार्य की परंपरा के चक्कर में पड़ने की और दूसरों को वासुदेव, कृष्ण आदि नामों की ऐतिहासिक छानबीन के घनचक्करी उलझाव में फँसाने की, अँगरेजों की बताई और अँगरेजी में लिखी बातों को हिंदी में उतारकर पांडित्यप्रदर्शन के चाकचिक्य में लोगों को डालने की न अपेक्षा है और न अवकाश ही। अकांडप्रथन से दोष भी होगा। जयदेव विद्यापति से पूर्व थे, अतः यदि प्रस्तुत प्रसंग में गोविंदगाथा की उनकी परंपरा जयदेव से मिला ली जाय तो उसमें उतनी बाधा नहीं। कहना इतना ही है कि विद्यापति ने हिंदी में, जनभाषा में, श्रृंगाररस के क्षेत्र के लिए मर्यादा बाँधकर चाहे कृष्णभक्त कवियों का उपकार न किया हो, पर वे श्रृंगारकाल के कवियों का बहुत बड़ा उपकार कर गए। विद्यापति का काव्य भक्तिकाव्य है या नहीं, इस पर बहुत वाद-विवाद हो चुका है। इस संबंध में इतना ही कहना है कि विद्यापति का कृष्णकाव्य सूरदास का या अन्य कृष्णभक्त कवियों का कृष्णकाव्य नहीं है। यह यदि भक्तिकाव्य माना भी जा सकता है तो वैसा ही जैसा बिहारी का, देव का, पद्माकर का था। विद्यापति से सूरदास आदि ने कृष्णभक्ति नहीं पाई, पर गीत की शैली पाई, ऐसा कह सकते हैं। विद्यापति के दृष्टिकूटों का प्रवाह सूरदास में बहुत है। श्रृंगारकाल के कवियों ने विद्यापति से चाहे गीत की शैली न पाई हो पर श्रृंगार के आलंबन राधाकृष्ण अवश्य पाए अर्थात् एक ने अलंकार पाया, शैली पाई, वर्णनविधि ली, दूसरे ने अलंकार्य पाया, गाथा पाई, वर्ण्य लिया। इस प्रकार विद्यापति ने आगे आनेवाले हिंदी-साहित्य को यहाँ से वहाँ तक प्रभावित कर दिया। पर यह कवि हिंदी-साहित्य में गृहीत होकर भी आदिकाल के फुटकल खाते में ही फेंका रहा। क्या यह ठीक है।

जो भी हो, यह तो स्पष्ट है कि हिंदी-साहित्य यदि अपनी परंपरा ढूँढ़ने निकलेगा तो उसे विद्यापति अपना आदिकवि दिखाई देगा। विद्यापति की यह परंपरा बँगला में है ? इसका ठीक उत्तर साहित्य नहीं, संस्कृति देती है। बँगला की संस्कृति शाक्त संस्कृति है। उससे मिथिला भी प्रभावित है। वैष्णवभक्ति का प्रसार भी उस शाक्त संस्कृति को बदल न सका। भला संस्कृति भी शीघ्र बदलती है। भावुक बंगाल की संस्कृति कैसे बदलती। जगज्जननी का उपासक बंगाल उस आदिसंस्कृति का त्याग कैसे कर सकता था। उसने अपनी शक्तिसंस्कृति से राधा को अवश्य अत्यंत व्यापक बना दिया। हिंदी-साहित्य का निर्माण जिस हिंदी-प्रदेश में हुआ उसकी संस्कृति रामकृष्णभक्ति की संस्कृति है। हिंदी-साहित्य में सबका ग्रहण-संग्रह होने पर भी प्रभूत वाङ्मय इन्हीं को लेकर है। यों तो रामायण, महाभारत, भागवत की प्रभावसीमा व्यापक है। रामकृष्ण को ससीम रूप धारण करने पर भी देशसीमा में बाँधा नहीं जा सकता। पर यह तो मानना ही पड़ता है कि दोनों अवतारों की जन्मभूमि और उसके पार्श्ववर्ती प्रदेशों में उनका प्रभाव नैकट्य के कारण अधिक पड़ा। यहाँ की संस्कृति प्रधान रूप से रामकृष्णस्नेह-संवलित संस्कृति ही है। क्यों मैथिली जयदेव गीतगोविंद गाने लगे, क्यों विद्यापति 'राधा-माधव, माधव-राधा' के पदों में लीन हुए शाक्त-शैव होकर भी। यह चाहे उनकी उदार भक्तिभावना मानी जाय या उनका साहित्य-परंपरा-पालन कहा जाय या उनमें जनजीवन की प्रेरणा सकारी जाय, पर यह तो कहना ही पड़ता है कि चाहे यह जो हो पर इससे विद्यापति की रचना का जितना अधिक सांस्कृतिक संबंध हिंदी-साहित्य से स्थापित होता है उतना बंगीय साहित्य से नहीं। फिर भी यदि कोई बँगला का कृष्णकाव्य सामने करे तो कहा जा सकता है कि कृष्णसंस्कृति बंगाल में आरोपित है, योजित है। हिंदी-साहित्य के प्रकृत क्षेत्र 'मध्यप्रदेश' (प्राचीन-परिभाषा के अनुसार इंद्रप्रस्थ से अंग तक के प्रदेश) में यह प्रकृत है, सहज है। सहज न कहें तो 'चिरजात' ही कह लें। फिर यदि राधा-माधव-विलास के गीत गानेवाले विद्यापति को हिंदी-साहित्य अपना कहता है तो इसमें उसका अपराध क्या है। यह भ्रम न होना चाहिए कि हिंदी-साहित्य अपनी साम्राज्यलिप्सा से ऐसा कहता है। उसे तो 'सहज' ही ऐसा जान पड़ता है। उसकी भाषा की प्रवृत्ति, उसकी साहित्य की परंपरा और उसकी संस्कृति की प्रेरणा उसे बाध्य करती है कि वह ऐसा कहे। हिंदी-साहित्य की जब भी केवल ऐतिहासिक प्रमाणों से छानबीन की जाएगी तो यह निष्कर्ष आज नहीं तो कल उसके इतिहासज्ञों को निकालना ही पड़ेगा कि हिंदी-साहित्य की परंपरा की दृष्टि से विद्यापति उनके आदिकवि हैं।

पदावली

विद्यापति ने शृंगार की ही अधिकांश रचनाएँ की हैं । इसलिए इनको प्रेम का ही कवि कहना चाहिए । इसके संयोग और वियोग दोनों पदों में इनकी रचनाएँ मार्मिक हुई हैं । हिंदी की परंपरा का अवलोकन करने से यह स्पष्ट जान पड़ता है कि संयोगपक्ष में कवि लोग आलंबन के रूपविधान की ओर अधिक दृष्टि रखते हैं और विप्रलंभ में हृदय के भावों के अभिव्यंजन की ओर। संयोगपक्ष में इन्होंने श्रीकृष्ण एवं राधिका की चेष्टाओं और कार्यव्यापारों की सम्यक् योजना की है। वियोग में श्रीकृष्ण और राधिका की स्मृति, अभिलाष, उद्वेग आदि की अभिव्यक्ति है । संयोग में प्रिय सामने रहता है, इसीलिए प्रेमी की वृत्ति बहिर्मुख रहती है और वियोग में प्रिय के दर्शन का अभाव होने से वृत्ति अंतर्मुख हो जाती है। संयोगपक्ष में आलंबन के अलंकारों (हिंदी में कहे जानेवाले हाव) की ओर विप्रलंभ में विरह की दस दशाओं की योजना इसी से शास्त्रविहित है । इनकी शृंगारिक रचनाओं में सम्यक् रूप-विधान ही नहीं उसमें रमण करानेवाले अप्रस्तुतों की भी योजना है ।

विद्यापति की मुक्तकरचनाओं में परंपरा के अनुसार श्रीकृष्ण और राधिका का जो स्वरूप ग्रहण किया गया है उससे प्रेम की क्रीड़ाओं का विस्तृत क्षेत्र वर्ण्य विषय के रूप में नहीं दिखाई पड़ता । वन, उपवन आदि में होनेवाली अनेक क्रीड़ाओं का जैसा वर्णन आगे चलकर सूरदास ने किया वैसा वर्णन भी इनका नहीं मिलता । किन्तु विशेषता यह है कि ये आलंबन की मुद्राएँ, चेष्टाएँ आदि को ऐसे रूप में सामने लाए हैं जिससे पाठक के समक्ष लीन करनेवाला हृदय उपस्थित हो जाता है। सूरदास ने एक प्रस्तुत के लिए बहुत से अप्रस्तुत एकत्र करके वर्ण्य विषय को ढक दिया है । अप्रस्तुत लादने की यह प्रवृत्ति इनमें नहीं है। सूरदास अप्रस्तुत व्यापार कहीं-कहीं ऐसा भी ले आए हैं जो उसी भाव का उत्तेजक नहीं जिस भाव का उद्‌बोधक प्रस्तुत है। पर इनमें कहीं भी ऐसी योजना नहीं ।

विद्यापति ने प्रस्तुत रूप में जो सामग्री उपस्थित की है उसकी मनोहरता भावसाम्य में रूप में उपस्थित किए गए अप्रस्तुतों द्वारा बहुत अधिक हो गई है। सामग्री की कमी इसलिए उतनी नहीं खलती ।

विभावकल्पना की दृष्टि से पदावली में आलंबन और उद्दीपन की सम्यक् योजना है। शृंगार में उद्दीपन-विभाव केवल आलंबन की चेष्टाओं के रूप में न आकर बाह्य रूप में भी आया करता है अर्थात् चंद्रमा, चाँदनी, शीतल मंद सुगध पवन, नदीतट आदि भी उद्दीपन का काम करते हैं। इन्होंने जिस प्रकार चेष्टाओं की योजना की है उसी प्रकार उद्दीपन की भी। पर वे पीठिका का ही काम करते हैं। सब मिलाकर इनमें विभाव की अच्छी योजना है, केवल संयोगपक्ष में ही नहीं

वियोगपक्ष में भी। अप्रस्तुतों की योजना दो प्रकार की दिखाई पड़ती है—एक वास्तविक और दूसरी कल्पनाप्रसूत। जिस प्रकार किसी प्रस्तुत के लिए कोई वास्तविक अप्रस्तुत लाकर कवि उसके स्वरूप को हृदयंगम कराने में समर्थ होता है उसी प्रकार कल्पनाप्रसूत अप्रस्तुत लाकर भी। कल्पनाप्रसूत अप्रस्तुत लाने में साधारण कवि समर्थ नहीं हो सकता। इन्होंने कल्पनाप्रसूत दृश्यों को उत्प्रेक्षा के ही क्षेत्र में रखा है, उपमा के नहीं।

> झाँपि चंचल आध पयोधर हेरु।
> पवन पराभव सारद घन जनि बिकेत कएल सुमेरु।
> कर जुग पिहित पयोधर अंचल चंचल देखि चित भेल।
> हेमकमलनि जनि अरुनित चंचल मिहिरतरे निँद गेल।

चित्रतत्त्व की योजना का ध्यान विद्यापति बहुत रखते हैं—

> आध वदन ससि बिहँसि देखावलि आध पिहलि निज बाहू।
> कछु एक भाग बलाहक झाँपल किछुक गरासल राहू।

चेष्टाओं के वर्णन में कवि ने सूक्ष्म व्यापार तक जाने की चेष्टा की है और उसे व्यक्त करने के लिए 'थोड़ा' या 'आध' शब्द का अधिक सहारा लिया है। जैसे—

> आध आँचर खसि आध बदन हँसि आधहि नयन तरंग।
> आध उरज हेरि आध आँचर भरि तब धरि दगध अनंग।

विद्यापति की रचना में अन्य शृंगारी कवियों की भाँति नयनोक्ति की बहुलता तो है पर अन्य अंगों की सुषमा के निरूपण की उपेक्षा नहीं है। बाहु, कमर, चरण आदि के कार्यव्यापार भी पूर्ण सहायता के साथ वर्णित हैं।

भारतवर्ष में पुराणों के प्रचार द्वारा पंचदेवों (गणेश, सूर्य, विष्णु, शिव, शक्ति) की उपासना पृथक्-पृथक् चलकर अंत में सम्मिलित हो गई और इस सम्मिलन ने जो रूप धारण किया उसे स्मार्त रूप कहा जाने लगा। पाँचों के पाँचों संप्रदायों में से गाणपत्य और भास्कर संप्रदाय का प्रचार दक्षिण भारत में अब भी है, किंतु उत्तर भारत में अधिकतर तीन ही संप्रदाय दिखाई देते हैं—शैव, वैष्णव और शाक्त। विद्यापति शैव थे, पर इन्होंने वैष्णव और शाक्त संप्रदायों के प्रति अनुदारता का परिचय नहीं दिया, प्रत्युत भक्ति के जिस उन्मेष में इन्होंने शिव की स्तुति की है उसी उन्मेष में शक्ति और विष्णु की। शिव पर अधिक रचनाएँ हैं, नचारियाँ हैं। शक्ति पर कम हैं पर विष्णु या उनके अवतार कृष्ण की तो स्तुति नाममात्र को है। जो है भी उसमें उन्हें शृंगार का अधिष्ठातृ देवता ही माना गया

है। सूरदास आदि ने अपने संप्रदाय के उपास्यदेव के रूप में श्रीकृष्ण की स्तुति की है और पद के अंत में 'सूरदास के प्रभु' आदि पदों का व्यवहार किया है, पर विद्यापति में यह पद्धति नहीं है। वस्तुतः विद्यापति के राधाकृष्ण श्रृंगार के देवता या साहित्य के देवता हैं और सूरदास आदि के राधाकृष्ण भक्तों के या 'भक्ति के देवता' हैं।

बहिरंग श्रृंगार

विद्यापति के गीतों में श्रृंगार का जो बहिरंग वर्णन मिलता है उसकी समीक्षकों ने कड़ी टीका की है। इस संबंध में इतना ही निवेदन करना पर्याप्त है कि श्रृंगार के क्षेत्र में अवयवों का निरूपण बहुत पहले से होता आया है, जिसका संबंध आलंबन के रूप से है। विद्यापति ने सबसे अधिक वर्णन स्तनों का किया है, यहाँ तक कि विरह के गंभीर प्रसंगों से भी 'पयोधर' ध्यान आकृष्ट करते हैं। उनकी विरहिणी कहती है कि—

कुच जुग संभु परसि कर बोललन्हि तें परतिति मोहिं भेला।

इस पर दृष्टि रखकर कुछ लोग इन्हें 'कुचकवि' तक कहना पसंद करते हैं। विद्यापति ने जिन अंगों पर विशेष ध्यान दिया है वे शरीर के ऊर्ध्व भाग के ही अंग हैं, यह बात स्मरण रखने योग्य है। श्रृंगार के क्षेत्र में नायिका के अलंकारों अथवा हावों का विशेष महत्त्व भारतीय परंपरा में स्वीकृत है। कालिदास तक ने विरह के प्रसंग में खुली जाँघ की नारियों का उल्लेख किया है।[1] पुराने प्रशस्तिवाक्यों में 'श्रृंगारी चेत् कविः काव्ये जातं रसमयं जगत्' जो कहा गया है वह भी आलंबन की सुषमा का बहिरंग वर्णन करने ही से। देखना इतना ही चाहिए कि विद्यापति आलंबन की ओर, उसके सौंदर्य की ओर, ध्यान मात्र आकृष्ट करते हैं या उनका प्रयोजन पाठक या श्रोता के हृदय की वासना उद्दीप्त करना है। विद्यापति के वर्णन रसात्मक भले ही हों, पर वासनात्मक नहीं कहे जा सकते।

बहिरंग-वर्णन की दृष्टि से विद्यापति के गीतों में काव्य के लिए अपेक्षित दोनों

---

1. प्रस्थानं ते कथमपि सखे लम्बमानस्य भावि
ज्ञातास्वादो विवृतजघनां को विहातुं समर्थः।

—पूर्वमेघ, 45

तत्त्व—चित्रतत्त्व या मूर्तितत्त्व तथा नादतत्त्व—समुचित मात्रा में रखे हुए हैं। चित्रतत्त्व की योजना करने में विद्यापति बिहारी आदि इस कला के दक्ष कवियों से भी विशिष्ट हैं। वैशिष्ट्य का कारण है इनकी अनुभूतिप्रवणता। बिहारी के चित्र सुंदर, आकर्षक अवश्य हैं, पर उनमें संवेद्य तत्त्व उस मात्रा में नहीं दिखाई देता जिस मात्रा में वह विद्यापति में पाया जाता है। विद्यापति की दृष्टि सीधे रूप पर न होकर हृदय के माध्यम से रूप पर रहती है। बिहारी का माध्यम बुद्धि या मस्तिष्क अधिक है, हृदय नहीं या हृदय उतना सर्वत्र नहीं। इस प्रकार विद्यापति का बहिरंग कोरा बहिरंग न होकर आवश्यक पीठिका से युक्त है। इन्होंने बहिरंग और अंतरंग दोनों पर दृष्टि रखी है और प्रायः समान दृष्टि रखी है।

विरह

विद्यापति ने विरह का वर्णन करने में अदिव्य और दिव्यादिव्य आलंबनों को एक में मिला दिया है। कहीं दोनों का पृथक् वर्णन किया है और कहीं दोनों को एक कर दिया है। परिणामस्वरूप इनकी विरहव्यंजना विशेष रूप लेकर चली है। यद्यपि एकाध पद्य ऐसे भी हैं जिनमें दिव्यादिव्य आलंबन के प्रसंग में इन्होंने कुल-कामिनी के कुलटा हो जाने की बात भी कही है[1] तथापि सामान्यतया इनकी विरहिणी स्वकीया नायिका के रूप में दिखाई देती है, परकीया के रूप में नहीं। स्वकीया भी उत्तमा स्वकीया है। वह अपने पति पर किसी प्रकार का कोई आरोप नहीं करती। इनका विरह प्रिय-अभावजन्य विरह है। विरहिणी इस बात पर विशेष चिंता प्रकट करती है कि मेरा यौवन व्यर्थ नष्ट हो रहा है। यौवन थोड़े समय तक रहनेवाला होता है। उस समय प्रिय के अभाव में पूर्ण तृप्ति न होने से वह किसी के उपयोग में नहीं आ सका, न प्रिय के न प्रेमिका के।

विरहव्यंजना में इन्होंने विरहिणी की मनःस्थिति पर विशेष ध्यान दिया है, विरहताप का ऊहात्मक वर्णन नहीं किया है, इसका वास्तविक कारण यह था कि विद्यापति के समय में भाषाकाव्य में ऊहात्मक विरहवर्णनों का बाहुल्य नहीं हुआ था। रीतिकाव्य के ऊहात्मक विरहवर्णन इस बात की स्पष्ट घोषणा कर रहे हैं कि

1. कुल-कामिनी छलौं कुलटा भए गेलौं तिनकर बचन लोभाई।
अपने कर हम मूंड़ मुड़ाएल कानु से प्रेम बढ़ाई।
चोररमनि जनि मन मन रोअइ अंबर बदन छिपाई।
दीपक लोभ सलभ जनि धायल से फल भुजइत चाई॥

उन पर विदेशी प्रभाव पड़ा है। इधर-उधर से दो-चार फुटकल पद्य उद्धृत कर जो बिहारी के वर्णनों की परंपरा को देशी विरहव्यंजना का विकास घोषित करते हैं उन्हें विद्यापति के विरहवर्णनों का अध्ययन करना चाहिए। भारत में प्रत्येक युग में ऐसे करतबी उत्पन्न होते आए हैं जो विदेशी प्रेरणाओं को देशी सिद्ध करने के लिए पुराणों क्या वेदों तक जा पहुँचे हैं।

इनकी विरहिणी बातें स्वयं निवेदित करती है, पर उसका निवेदन सभी के प्रति होता है। शास्त्रीय विधान के अनुसार विरहनिवेदन दूती का कार्य है। इसलिए रीतिकाव्य में दूतियाँ किसी विरहताप को बहुत बढ़ा-चढ़ाकर निवेदित किया करती हैं। विरहताप के कारण उनके निकट जाने में जाड़े में भी कपड़े गीले करने पड़ते हैं। उनकी विरहिणी बोलती बहुत कम है। विरह के संबंध में घनआनंद की विरहिणी अवश्य वाचाल है। जायसी की विरहिणी भी स्वयं बहुत बोलती है। सूरदास की विरहिणी भी स्वयं बोलती है। विरहिणी द्वारा विरह का स्वयं निवेदन लौकिक गीतों में मिलता है। विद्यापति, सूरदास आदि में यह गीतों की परंपरा से आया जान पड़ता है। जायसी और घनआनंद में फारसी प्रभाव लक्षित होता है। जायसी में तो जुगुप्साव्यंजक स्थितियाँ भी इस प्रसंग में आई हैं पर घनआनंद में इसका अभाव है। जुगुप्साव्यंजक स्थिति फारसी प्रभाव की सूचना स्पष्ट देती है, पर इसके अतिरिक्त विरहताप का अत्युक्त अंश भी फारसीपन का संकेत देनेवाला है। वह जायसी घनआनंद दोनों में है। पर दोनों के अत्युक्त वर्णन बिहारी आदि रीतिकवियों से भिन्न हैं। उनमें अनुभूति पक्ष का प्रधान रूप में अन्वय-व्यतिरेक भेदक है।

विरहिणी प्रिय के अभाव में यदि विरहनिवेदन करे तो उसके लिए कोई श्रोता अवश्य चाहिए। लौकिक गीतों में सखी श्रोता के रूप में रहती है, यही विद्यापति में दिखाई देता है। मैथिलीशरण गुप्त के साकेत में भी उर्मिला के साथ सखी नियोजित की गई है। घनआनंद की अधिकतर उक्तियों में सखी संबोध्य नहीं है, प्रिय ही संबोध्य है। जयशंकर प्रसाद के 'आँसू' में भी सखी नहीं है। इसके ऐतिहासिक कारण की खोज करनी चाहिए।

विद्यापति का विरह लौकिक विरह ही है, भले उसका सबंध राधाकृष्ण ऐसे दिव्यादिव्य पुरुषों से है। लोकगीतों में भी विरह अपने सहज रूप में अभिव्यक्त हुआ है, पर सूफियों तथा निर्गुनियों में विरह साधनात्मक होकर अलौकिक हो गया है। 'अलौकिक' इस अर्थ में कि इसका संबंध अलोकसामान्य तत्त्व से है और साथ ही उसकी अभिव्यक्ति भी अत्युक्त है जो स्वयं अलोकसामान्य है। जायसी की पद्मावती पूर्वानुराग में भी बिना किसी प्रकार के प्रियदर्शन के अत्यंत विरहग्रस्त हो जाती है, यह लौकिक दृष्टि से ठीक नहीं है। मीरा की विरहव्यंजना भी अत्युक्त है, पर उसने अपना स्वाभाविक स्वरूप परित्यक्त नहीं किया। इसका

कारण यह है कि जिन गिरिधर गोपाल के प्रति उनका प्रेम है उनकी ऐतिहासिकता या पौराणिकता खंडित नहीं की जा सकती। विद्यापति की विरहिणी गृहिणी है, सूर की गोपिका प्रेयसी हैं। गृहिणी पति को क्या उलाहना दे, बहुत अधिक पीड़ित होने पर 'बोलछड़' और 'निर्दय' कह दे सकती है। सूर की गोपिकाएँ उपालंभ ही नहीं देतीं कटुवचन भी कह देती हैं। वे कटुवचन रागानुभूतिप्रेरित हैं, इसमें संदेह नहीं। विद्यापति में विविधता विरह के क्षेत्र में इसलिए नहीं मिलती कि इन्होंने विरहिणी को विशेषतया गृहिणी का रूप दिया है। सूरदास के यहाँ ऐसा न होने से वाणी के और विरह के वैविध्य के रूप प्रकाम दृष्टिगोचर होते हैं। विद्यापति की विरहिणी अपनी वेदना से इतनी पीड़ित है कि उसे पीड़ा से कथमपि अवकाश नहीं। सूरदास की गोपिकाएँ पीड़ा में भी हँसती, विनोद करती हैं, उद्धव को बनाती हैं। ऐसी बहुरंगी विरहावस्था अन्यत्र नहीं मिलती। छायावादियों की वेदना में कभी-कभी हास झाँकता हुआ दिखाई पड़ता है। उन्हें वेदना कभी-कभी प्रिय भी लगने लगती है—प्रिय की वेदना होने के कारण।

विद्यापति की विरहिणी आशान्वित है। छायावादियों का नैराश्य उसमें नहीं है, गोपिकाओं का भी नैराश्य नहीं।

हम तौ दुऔ भाँति फल पायौ।
जौ ब्रजनाथ मिलें तौ नीको नातरु जग जस गायौ।

यह दूसरी बात है कि विरही जो कष्ट सहता रहता है उसके निवारण के लिए वह प्रिय की ही प्राप्ति चाहता है। अन्य उपायों का अवलंबन, जो प्रिय को छुड़ाने वाले हों, उसे प्रिय नहीं हो सकते। गोपिकाएँ कष्ट सहते रहने के समर्थन में कहती हैं कि—

यह तौ मनमाने की बात।
जरत पतंग दीप में जैसे औ फिरि फिरि लपटात।

विद्यापति की विरहिणी की सखी भी प्रायः उसको धैर्य देती है। आशावाद भारतीय परंपरा का बहुत प्राचीन मान्य सिद्धांत रहा है। इनकी विरहिणी बारह मासे के गीत भी गाती हुई दिखाई देती है। चातुर्मास्य को लेकर भी इन्होंने विरह-वर्णन किया है, ऋतुवर्णन नहीं दिखाई देता। बारहमासा लौकिक प्रवाह से आई हुई पद्धति है और शास्त्रीय व्यवस्था है। लोकगीतों में ऋतु के रूप में वसंत और पावस का उल्लेख कुछ विशेष मिलता है, पर अन्य ऋतुओं में नहीं, केवल माघ या जाड़े का वर्णन कहीं-कहीं हुआ है।

विद्यापति ने श्रीकृष्ण के विरह के गीत भी कुछ कहे हैं, इस प्रकार उभयपक्ष में समान विरह दिखलाकर उसकी विषमता का परिहार किया है। पर यह कह देना

आवश्यक है कि गृहिणी राधा या गोपिका के विरह में जैसी तल्लीनता दिखाई है वैसी श्रीकृष्ण के विरह में नहीं। संस्कृतसाहित्य में पुरुष के विरह में भी कवियों ने पूरी तन्मयता दिखलाई है, पर भाषाकाव्य तक आते-आते नारीविरह पर ही उनकी दृष्टि प्रधान रूप से दिखाई देती है, पुरुषविरह अपेक्षाकृत परिमाण में कम लिखा गया। इसके कारणों की खोज अनुसंधित्सुओं को करनी चाहिए।

नचारी

दैन्य और विनय की अभिव्यक्ति जिन पदों में होती है उन्हें 'नचारी' कहते हैं। विद्यापति ने देवी और महादेव इन दोनों के संबंध में इस प्रकार के पद लिखे हैं। इनमें महादेवसंबंधी पद अधिक हैं। कुछ रचनाएँ तो शुद्ध भक्तों के ढंग की हैं, कुछ में वचनभंगिमा के दर्शन होते हैं। महादेव विरोधी तत्त्वों के आश्रयस्थान तो सर्वत्र माने ही गए हैं। शंकर के विवाह में कैसी हास्यास्पद स्थिति उत्पन्न हुई इसका वर्णन तुलसीदास ने अपने मानस में विस्तार से किया है। विवाह के प्रसंग की बात विद्यापति में भी थोड़ी-बहुत आई है। रीतिकाल के कवियों ने महादेव को हास्यरस का आलंबन ही बना रखा है और इसके द्वारा हास्य का सामाजिक दृष्टि से भी कुछ अधिक उपयोगी प्रयोग किया है। हासभाव या हास्यरस मूल या प्रधान रसों में नहीं माना जाता। उसकी व्यंजना सहायक के रूप में ही होती है और यह यों भी शास्त्राचार्यों के द्वारा हलका रस कहा गया। इसका यह हलकापन दूर करने के लिए महादेव इसे वरदान के रूप में प्राप्त हुए। भक्तिभावित हास्य उनके संयोग से हलकेपन के दोष से बहुत कुछ मुक्त हो गया। विद्यापति ने महादेव के बूढ़ेपन का वर्णन भी किया है, केवल उनके बौड़मपने का ही नहीं। इसका सामाजिक कारण भी हो सकता है। वृद्धविवाह और बालविवाह समाज में बहुत दिनों से प्रचलित हैं और उनके कारण नारी जाति कष्ट भोगती आ रही है। विद्यापति ने सुधारवादी दृष्टि से पद नहीं लिखे हैं, साहित्यिक हृद्वृत्ति ही इनमें प्रधान है। वृद्ध पति के संसर्ग से होनेवाले कष्ट की चिंता परिवार के लोगों में विशेष दिखाई गई है। ऐसे स्थानों पर यह भी प्रश्न होता है कि किस भाव को प्रधान माना जाय। जैसा कहा जा चुका है हास्यरस सहायक रस के रूप में बहुत आया करता है। महादेवजी के संबंध की ये रचनाएँ भक्तिभाव के ही अंतर्गत आती हैं। पर इसका यह तात्पर्य नहीं कि ऐसे प्रसंगों में रसात्मक स्थिति न उत्पन्न हो जाय। भक्ति के क्षेत्र में महादेवजी के इस प्रकार आलंबन हो जाने के कारण वे सामाजिक

आलंबन के रूप में स्वीकृत हो गए। इसलिए रसात्मक स्थिति उत्पन्न होने में कोई बाधा नहीं दिखाई देती। ध्यान देने की दूसरी बात यह है कि भक्तिकाल में भक्ति का जो प्रवाह चला वह रीतिकाल के लिए बहुत सी सामग्री देता गया। इसलिए जहाँ-जहाँ हास्यरस शंकर को आलंबन बनाकर होता हो वहाँ-वहाँ उस रचना को भक्ति की रचना नहीं कहा जा सकता। यह भी एक विचारणीय विषय है कि रीतिकाल की ऐसी रचनाएँ क्या भक्ति की रचनाएँ नहीं मानी जा सकतीं। कुछ लोग सारे रीतिकाल को भक्तिकाल के ही अंतर्गत मानना चाहते हैं। यदि इस प्रकार विचार होने लगे तो पार्थक्य की स्थिति कहीं दिखाई ही न देगी। यदि विशेष ध्यान दिया जाय तो यह कहा जा सकता है। कि जहाँ महादेव हास के आलंबन होते हैं वहाँ भक्त अपनी भक्ति को बहुत कुछ तिरोहित किए रहता है। भक्ति के शासन में हासभाव आता अवश्य है पर इस शासन का अर्थ यह नहीं है कि हास की वहाँ कोई स्वच्छंद स्थिति होती ही नहीं।

सब मिलाकर विद्यापति की रचनाओं पर विचार करने से यही निष्कर्ष निकलता है कि वे मूलतः साहित्यिक मनोवृत्ति के व्यक्ति थे, भक्तों की श्रेणी में उन्हें बिठाना विमर्शकारिणी बुद्धि का परिचय नहीं है। रीतिकाल में जो प्रवृत्तियाँ दिखाई देती हैं उन सबके संकेत बीजरूप में विद्यापति की रचनाओं में पाए जाते हैं। अंतर केवल शैली का दिखाई देता है। विद्यापति की रचनाएँ गीतों में हैं, पर आगे चलकर अधिकतर रचनाएँ कबित्त-सवैयों में होने लगीं। कबित्त-सवैयों की यह परंपरा ब्रजी की अपनी परंपरा है और उसके कवि भी आरंभ में ब्रजी के प्रदेश में हुए हैं, किंतु साहित्य में प्रवृत्तियाँ बहुत पुराकाल से जो भी प्रचलित थीं उन्हीं का अनुगमन उन्होंने किया, शैली अपनी रखी। यह विषय अनुसंधानसापेक्ष है कि रीतिकाल के कवियों ने अपनी प्रवृत्तियाँ विद्यापति से ग्रहण कीं या उनके समय से पूर्व जो प्रवृत्तियाँ प्रचलित थीं उनका ग्रहण एक ओर ब्रजी के कवियों ने किया और दूसरी ओर मैथिली के। शैली के भेद के कारण ऐसा प्रतीत होता है कि प्राचीन प्रवृत्तियों का ग्रहण भिन्न-भिन्न क्षेत्रों में एक ही मूल प्रवाह से हुआ। रीतिकाल की सारी प्रवृत्तियाँ शैली के इस भेद के कारण भक्तिवाङ्मय से भी अनुबद्ध नहीं होतीं। भक्तिकाल से रीतिकाल की सारी प्रवृत्तियों को संबद्ध करने में इस पर भी ध्यान देने की आवश्यकता है कि रीतिकाल के अधिकतर कवि दरबारों से संबद्ध थे और भक्ति के कर्ता भक्तिसंप्रदायों से संबद्ध। यह बतलाने की आवश्यकता नहीं है कि विद्यापति दरबारी कवि थे। अतः रीतिकाल के कवियों से उनका जितना अधिक साम्य अथवा सात्म्य हो सकता है उतना भक्तिकाल के कर्ताओं से नहीं।

कीर्तिलता

विद्यापति ने तिरहुत के राजा कीर्तिसिंह की कीर्ति का विस्तार करने के लिए दो पुस्तकें लिखीं—कीर्तिपताका और कीर्तिलता[1]। लता के लिए स्तंभ और मंच की अपेक्षा होती है—

तिहुअन खेत्तहि काजि तसु कित्तिवल्लि पसरेइ।
अक्खर खंभा रंभ जो मंचा बंधि न देइ ॥—कीर्तिलता

कीर्तिपताका की उपलब्ध प्रति खंडित है। यह प्रेमकाव्य है, पर कीर्तिलता वीरकाव्य है। असलान नामक नवाब को तिरहुत के राजा गणेश्वर ने परास्त किया (लक्ष्मणाब्द 252)। फिर असलान ने मेलजोल कर कपटाचार से राजा का वध कर डाला। पीछे असलान को पछतावा हुआ और उसने राज्य कीर्तिसिंह को सौंपना चाहा। पंचों के कहने पर भी कीर्तिसिंह ने राज्य लेना अस्वीकार कर दिया। वीरसिंह और कीर्तिसिंह दोनों सहोदर राजकुमार पितृवैर के उद्धार के लिए सीधे जौनपुर श्रीइब्राहीमशाह के पास गए और असलान की मनमानी शाह से निवेदित की। शाह बहुत क्रुद्ध हुआ और उसने असलान पर चढ़ाई करने के लिए सेनासंभार का आदेश दिया। सेना चली पर पूर्व की ओर न चलकर पश्चिम की ओर जाती जान पड़ी। समय अधिक लगता देख कीर्तिसिंह के साथी भी उसका साथ छोड़ने लगे, केवल केशव और सोमेश्वर अंत तक साथ रहे। शाह ने तिरहुत पहुँचकर कीर्तिसिंह से कहा कि असलान बड़ा बली है उसे पकड़ना सहज नहीं। कीर्तिसिंह ने उसको पराजित करने का उत्साह प्रदर्शित किया और सुलतान की आज्ञा से सेना ने उनका साथ दिया। दंडक पार कर उस सेना ने असलान की सेना से घमासान युद्ध किया। वीरसिंह और कीर्तिसिंह का शौर्य असलान की सेना सँभाल न सकी। सेना की दुर्गति देख असलान कीर्तिसिंह पर झपटा और द्वंद्वयुद्ध में दोनों रक्तदिग्ध हो गए। किंतु अंत में असलान पराजित होकर भागा। कीर्तिसिंह ने भारतीय योद्धा की भाँति भागने पर शस्त्रप्रहार नीतिविरुद्ध कहकर

1. इन दोनों का पता सबसे पहले जार्ज ग्रियर्सन को तब चला जब वे विद्यापति के पदों का संग्रह कर रहे थे। पर उस समय इनके हस्तलेख नहीं मिल सके। महामहोपाध्याय श्रीहरप्रसाद शास्त्री जब नेपाल गए तब उन्हें राजपुस्तकालय में दोनों के हस्तलेख मिले। कीर्तिपताका का हस्तलेख खंडित है। कीर्तिलता की जो प्रतिलिपि वे लाए थे उसे मूल हस्तलेख मँगाकर और शुद्ध करके बँगला अनुवाद और पांडित्यपूर्ण भूमिका सहित बंगाक्षर में उन्होंने प्रकाशित कर दिया था। नागराक्षर में इसका अनुवाद काशी नागरीप्रचारिणी सभा द्वारा मुद्रित किया गया है। इसका खासा परिष्कृत संस्करण विस्तृत भूमिका के साथ मेरे प्रिय शिष्य श्रीशिवप्रसादसिंह ने प्रकाशित कराया है।

उसे छोड़ दिया। शाह ने स्वयं कीर्तिसिंह का राज्यतिलक किया। कवि उपसंहार में कहता है—

> एवं सागरसाहसप्रमथनप्रालब्धलब्धोदया
> पुष्णाति श्रियमाशशांकतरणिं श्रीकीर्तिसिंहो नृपः।
> माधुर्यप्रसवस्थली गुरुयशोविस्तारशिक्षासखी
> यावद्विश्वमिदञ्च खेलनकवेर्विद्यापतेर्भारती।।

कथा का आरंभ भृंग-भृंगी के संवाद रूप में होता है। भृंगी की पृच्छा है—

> भृंगी पुच्छइ भिग सुन 'की संसारहिं सार'।
> भृंग—मानिनि जीवन मान सञो बीरपुरुष अवतार।।

प्रशस्तिकाव्यों और आख्यानकाव्यों की यह रूढ़ि (मोटिफ)[1] है कि कथा की उत्थापना इसी प्रकार संवादों से की जाती थी। कदाचित् यहाँ लता के रूपक ने भृंगी-भृंग-संवाद के लिए कवि को प्रेरित किया। प्रश्न हो सकता है कि इन संवादों की योजना क्यों होती थी। संक्षेप में यही कह सकते हैं कि काव्य के जो भेद दृश्य और श्रव्य किए जाते हैं उनमें से श्रव्यत्यव की पूर्ति इसी योजना से होती है। श्रव्यकाव्यों के लिए श्रोता-वक्ता की साहित्यिक परंपरा है। यह समझ ठीक नहीं कि यह पुराणों से ली गई है। पुराणों का उद्देश्य भिन्न होता है। उनमें पुराना इतिहास आता है। अतः जब शौनकादि पृच्छा करते हैं तो पौराणिक सूत को कहना पड़ता है कि ऐसी ही जिज्ञासा पहले अमुक ने अमुक से की थी। बहुधा इस दूसरे संवाद या संलाप में वक्ता श्रोता से कहता है कि ऐसा ही प्रश्न अमुक ने अमुक से किया था। संवादों का यह गुंफ पुराणों की विशेषता है। पर साहित्यिक संवाद में गुंफ नहीं होता। पुराना इतिहास कहना हो तब न गुंफ की आवश्यकता पड़े। हाँ, कभी-कभी प्रख्यात वृत्त लेनेवालों को इस पौराणिक गुंफ का भी अनुसरण करना पड़ता है, जैसा तुलसीदास ने अपने रामचरितमानस में किया है। पर संवादों की पौराणिक पद्धति का शोधन उन्होंने साहित्यिक ढर्रे पर कर लिया है। आरंभ और अंत में संवादों का अनुक्रम उद्घाटित किया है। पर कथा का आरंभ हो जाने पर केवल श्रोता का संबोधन ही आया है, शंकासमाधान का पौराणिकी पेबंद नहीं लगाया गया। हिंदी के मध्यकालीन साहित्य में नई महारत हासिल करनेवाले मीरमुंशी 'मानस' की इस हरकत की वजह से उसे काव्यपद से

---

1. 'मोटिफ' और 'मोटिव' दो भिन्न शब्द हैं। 'मोटिफ' के लिए 'अभिप्राय' शब्द 'मोटिव' के धोखे कुछ लोग लिखते हैं।

ही खारिज करने लगे हैं।

पृथ्वीराजरासो में शुक-शुकी का संवाद पाकर साहित्यक्षेत्र में नए-नए आए एक दूसरे अनुसंधित्सु किस्सा तोता-मैना के अध्ययन के सहारे उसके प्रामाणिक अंश खोज लाए हैं। हिंदी में प्रशस्तिकाव्यों की ऐसी ही रूढ़ि रही है। विश्वास न हो तो केशवदास से पूछ लीजिए, जिन्होंने 'वीरचरित्र' (वीरसिंहदेवचरित्र) और 'जहाँगीरजसचंद्रिका' दोनों का उत्थापन इसी पद्धति पर किया है। यहाँ अधिक विस्तार अनपेक्षित है। पर इतना प्रसंग समाप्त करते-करते और कह देना पड़ रहा है कि चरितकाव्यों में ही नहीं, 10-12 छदों के पुंज में भी यह रूढ़ि मध्य-काल में बहुत अधिक थी, पता नहीं काव्यरूपों का अनुसंधान करते इनसे भेंट हुई या नहीं। इनका नाम 'वाद' या 'चर्चा' होता था। एक नरहरि महापात्र ने ही लोहे-सोने को वाद, नैन-कान को वाद, मंगन-दानी को वाद, तेल-तंबोल को वाद, ये चार 'वाद' दस-दस बारह-बारह छंदों के लिखे हैं। कहीं 'लोहे-सोने' आदि नामों से भ्रम न हो इसलिए स्पष्ट करना पड़ता है कि इन 'वादों' में पक्ष-प्रतिपक्ष के रूप में अकबर (महान्) और रामचंद्र बघेला की प्रशस्ति का पाठ कराया गया है। लोहे का तात्पर्य खग्ग (खंग) अर्थात् पराक्रम है और सोने का तात्पर्य धन अर्थात् दान है। इस खग्गदान या दानखग्ग की परंपरा से परिचित न होने के कारण उलथाकारों ने विद्यापति की कीर्तिलता के इस पद्य में—

जो अपमाने दुक्ख न मानइ, दानखग्ग को मम्म न जानइ।
पर उअआरे धम्म न जोवइ, सो धण्णो निच्चिते सोअइ।

आए 'दानखग्ग' का अर्थ लगाया है—'दानरूपी खंग'। 'नैन-कान को वाद' में रूप-गुण की प्रशस्ति है इति दिक्।

कीर्तिलता में दूसरी रूढ़ि है—सज्जन-दुर्जन की प्रशंसा-अभिशंसा।[1] 'हिंदी के प्रबंधबद्ध काव्यों में यह रूढ़ि भी प्राय: मिलती है और तुलसीदास में तो विस्तार से दिखती है। साहित्यदर्पण आदि भी इसे पुरानी काव्यरूढ़ि घोषित करते हैं, फिर भी तुलसीदास कविमंडली से खारिज।

कीर्तिलता छोटी सी पोथी है, पर हाट-बाट और सेनाप्रस्थान, रणरंग सभी के सजीव वर्णन मार्मिक दृष्टि से किए गए हैं। हाट में क्रेता-विक्रेता के मानस में डूबकर कवि ने अथवा हृत्कमल में पैठकर भृंग ने उनकी मनोवृत्ति ठीक-ठीक

---

1. अभिशंसा अर्थात् निंदा। हिंदी के असंस्कृत प्रयोक्ता अभिशंसा को भी प्रशंसा के ही अर्थ में प्रयुक्त करने लगे हैं, वैसे ही जैसे 'प्रश्रय' को 'आश्रय' के अर्थ में लिखते हैं। उपसर्ग उनके ज्ञान के अनुसार मानो धातु का अर्थ 'बलात् अन्यत्र नीयते' की ताकत ही नहीं रखता।

पहचान ली है। हाट में बैठी बानिन से किस ब्याज से सभी संभाषण करना चाहते हैं—

संभाषण किछु बेआज कइ तासञ्ओ कहिनी सब्ब कह।
बिक्कणइ बेसाहइ अप्पु सुखे डिठ्ठि कुतूहल लाभ रह।

क्रय-विक्रय का सुख तो मिलता ही है दृष्टिकुतूहल का 'लाभ' भी होता है। हाट में बिकने वाली वस्तुओं, जनसंमर्द, मधुशाला, वेश्या आदि का वर्णन बहुत ही चित्रोपम है। इसमें कुछ प्राचीन साजसज्जा के प्रसंग भी आए हैं। जैसे केशों को धूप के धुएँ से सुवासित करना। उस पर संभावनाएँ भी नूतन हैं—

केसधूपधूमकरी रेखा ध्रुवहु उप्पर जा काहु काहु अइसेनओ
संगत करे काजरे चाँद कलंक।

इसका सीधा अर्थ यही है कि इतनी देर तक केशों को धूप से सुवासित करती हैं कि उसके धूम की लेखा ध्रुव के भी ऊपर निकल जाती है। कोई तो यह भी कहते हैं कि धूपलेखा के ही कज्जल से चद्रमा में कलक हो गया। पर इसका यह गड़बड़ अर्थ किया गया है—'उनकी धूप घूमलेखारूपी केशछटा ध्रुव के भी ऊपर चंद्रमा में कलंक है।'

'खंडकाव्य महाकाव्य का एकदेशानुसारी होता है' इसका पालन इसमें बड़े कटकीने से किया गया है। घटनाचक्र, वर्णनविस्तार, भावाभिव्यंजन सब कुछ सूक्ष्मेक्षिकया है।

अब थोड़ा विचार इसकी भाषा का भी करना चाहिए। कवि ने साभिमान कहा है—

बालचंद बिज्जावइ भासा, दुहु नहि लग्गइ दुज्जन हासा।
ओ परमेसर हरसिर सोहइ, ई णिच्चइ नाअर मन मोहइ।

आगे वे कहते हैं—

सक्कय बाणी बहुजन भावइ, पाउअ रस को मम्म न पावइ।
देसिल बअना सब जन मिठ्ठा, तें तैसन जंपओ अवहठ्ठा।

इससे विदित है कि वे 'नागर' और 'सब जन' दोनों को दृष्टिपथ में रखकर चले। 'नागर' के लिए भाषा को निर्मल रखा और 'सब जन' के लिए उसे 'मिष्टि' बनाया। कीर्तिलता में भाषा की सफाई देखने योग्य है। उलझाऊ विधिविधानों से वह सर्वथा रहित है। विद्यापति की भाषा क्या 'अवहट्ठ' की और क्या पदावली के 'देशी वचनों' की इतनी साफ है कि ऐसी स्वच्छता बहुत कम कर्ताओं की रचना में मिलेगी। यह स्वच्छता है क्या। स्थान-स्थान पर स्वाभाविक संभाव-

नाओं, उपमाओं आदि का प्रयोग करते हुए भी विद्यापति न श्लेष या दृष्टिकूट या शब्दचमत्कार के फेर में पड़े हैं और न श्रोता-पाठकों को इस चक्कर में डाला है। पदावली में कविस्वभाव से 'दृष्टिकूट' भी इन्होंने लिखे हैं पर उनमें भी उलझाऊ पद्धति नहीं है। 'प्रत्यक्षरश्लेष' लिखनेवालों से इनका मेल नहीं मिलता। यदि सामासिक वाक्यखंड इन्होंने संस्कृत के भी गढ़-गढ़कर बाण-सुबंधु की पद्धति का आभास दिया है तथापि वर्णन की विविध शैलियों को दिखाने भर को, अर्थ तक पहुँचाने का मार्ग फिर भी निष्कंटक है। दूसरी विशेषता यह है कि मेल इन्होंने कई प्रकार का किया, अपभ्रंश का यह खरा रूप भी है—

किमि उप्पन्नउ बैरिपण किमि उद्धरिअउ तेन।
पुण्ण कहाणी प्रिय कहहु सामिय सुनउँ सुहेण।

साथ ही उसमें पूरबी मेल भी सफाई से किया गया है—

रज्ज लुद्ध असलान बुद्धि बिक्कम बले हारल।
पास बइसि बिसवासि राए गएनेसर मारल।

देशीभाषा भी मिली है—

काहुँ कापल काहु घोल, काहु संबल देल थोल।
काहु ओबहल भार बोझ, काहु बाट कहल सोझ।

संस्कृतसम्मिश्रण भी मिलता है, पद्य-गद्य भी है, गद्य में सानुप्रास पदावली, पदांत अनुप्रास भी है—

तान्हि वैश्याहि करो सुखकार मंडंते, अलकतिलक पत्रावली[1] खंडंते, दिब्यांबर पिधंते, उभारि केशपाश बंधंते, सखिजन प्रेरंते, हसि हेरंते, सयानी, लासमो[2], पातरी, पतोहरी[3], तरुणी, तरट्टी[4] बन्ही[5], बिअक्खणी, परिहास पेसली[6] सुंदरी सार्थ जबे देखिय तबे मन कर

1. पत्रावली अर्थात् पत्र-भंग-रचना। कस्तूरी, केसर आदि के लेप से अथवा सुनहले-रुपहले पत्तरों से माथे, कपोल आदि में चित्र, बेलबूटे या रेखाएँ बनाना। रामलीला या रासलीला में सरूपों के चेहरों पर अब भी ऐसी रचना की जाती हैं।
2. सुकुमारी, कोमलांगी।
3. पृषोदरी, छोटे पेटवाली
4. चंचल।
5. वर्णी, वरवर्णी।
6. प्रवीणा।

तेसरा लागि तीनू उपेक्खिअ[7]।

पछाहीं और पूरबी दोनों रूप मिलते हैं—'को—कोई' भी है और 'के—केहु' भी, 'करो—करेओ—को' भी है और 'क—कइ' भी, 'पुच्छइ, जंपइ, कहसि, पसंसय' भी है और 'पावथि, आवथि, मार (मारता है), तोड़, बाँध' भी, 'देखिअ—पेक्खिअ' भी है, 'मारल—देल' भी। इसी प्रकार और भी समझिए।

यहाँ दो विचारणीय विषय हैं; एक तो पुराने सिद्धों और जैनों के अपभ्रंश से इसकी भिन्नता। सिद्धों का अपभ्रंश पूरबी है और जैनों की अधिकतर रचनाओं का पश्चिमी। दोनों में प्राकृत की ओर झुकाव है। पर संस्कृत का मेल विद्यापति के इस अपभ्रंश में उसकी साहित्यिक परंपरा का परिचायक है। काव्य की परंपरा में किसी भाषा में साहित्यनिर्माण आरंभ होने पर संस्कृत का मेल अनिवार्य था। जैनों में भी (बाण, व्यास, भामह आदि का नाम लेनेवालों में) संस्कृत का मेल हो गया है। पर जिनका उद्देश्य मतप्रचार ही रहा, काव्यपरंपरा से जिन्होंने अपने को दूर रखा, उनमें प्राकृत की प्रवृत्ति बनी रही, बाद तक। पश्चिमी भाषाओं की प्रवृत्ति स्वभावतः सस्कृतोंन्मुख है और पूर्वी भाषाओं की प्रवृत्ति प्राकृतोन्मुख। पर मतप्रचार ने जैनों को सहज प्रवृत्ति रोकने को ही बाध्य किया। काव्य में आकर पूर्वी प्राकृत की प्रवृत्ति भी संस्कृतोन्मुख हुई। बँगला तो राजशेखर के ही समय में संस्कृतस्थ हो गई थी। मैथिली को विद्यापति ने ब्रजरंजित या संस्कृतस्थ किया। विद्यापति के अपभ्रंश के संबंध में यह कहना अधिक उचित होगा कि इन्होंने पश्चिमी-पूर्वी रूपों का वैसा ही मेल किया जैसा आगे चलकर तुलसीदास ने ब्रजी और अवधी का मेल कर दिया। ढाँचा ब्रजी का रहा प्रयोग अवधी के भी होने लगे। कीर्तिलता के 'अवहट्ठ' में ऐसा ही मेल है। ढाँचा पश्चिमी अपभ्रंश का है पर मेल पूर्वी का भी कर दिया गया है। पूर्वी-पश्चिमी का भेदक कर्तरि-कर्मणि प्रयोग है। पूर्वी में कर्मणि प्रयोग नहीं होता। कीर्तिलता में कर्मणि प्रयोग बराबर मिलते हैं—

दान गरुअ गएनेस जेन्ने जाचक जन रंजिअ।
मान गरुअ गएनेस जेन्ने रिउं बड्डिम भंजिअ।

पूरव में 'ब्रजबुली' अर्थात् ब्रजरंजित भाषा में उड़ीसा, बंगाल, असम, नेपाल आदि तक फैलने में विद्यापति की रचनाओं ने बहुत सहायता पहुँचाई। यह सत्य है और इसलिए सत्य है कि इन्होंने भाषागत भेद मिटाकर, सर्वसामान्य भाषा की व्यापक प्रवृत्ति उत्पन्न करने का यत्न 'देसिल बअना' और 'अवहट्ठ' दोनों में किया था। अब चाहे यह कह लीजिए कि उत्तरकाल में अपभ्रंश में मेल होने लगा था और ऐसा उत्तरकालिक अपभ्रंश 'अवहट्ठ' है या यह कह लीजिए कि जो अपभ्रंश बोलचाल से उठ चुका था अर्थात् जो काव्यभाषा के रूप में ही परवर्ती काल में चलित था उसे उस समय काव्योपयोगी बनाने के लिए मेल करना पड़ा।

---

7. धर्म, अर्थ, काम, मोक्ष में काम के लिए अन्य तीन पुरुषार्थों की उपेक्षा की।

—खड़ी की रचना

अमीर खुसरो

नागर अपभ्रंश के अनंतर देशीभाषाओं का उद्‌भव होने पर विभिन्न देशों में जो रूप उन्होंने पकड़ा वह नागर भाषा की विशेषताएँ लिए हुए है। नागर का तात्पर्य यह कि वह अपभ्रंश पश्चिमी है। यह सदा याद रखना चाहिए कि भारतवर्ष में जब-जब भाषा के क्षेत्र में विकास हुआ तब-तब भाषा का आदर्श पश्चिमी ही रहा है। बाद में देशीभाषाओं ने स्वतंत्र रूप ग्रहण किया। तात्पर्य यह कि मागधी प्रदेश में जो मैथिली देशीभाषा हुई उसका स्वरूप भी आरंभ में शौरसेनी-रंजित रहा। अब इसे चाहे शौरसेनीरंजित कहिए, चाहे ब्रजरंजित। यही स्थिति अन्य प्रदेशों की भी थी। राजस्थानी भाषा में जो रचनाएँ होने लगीं वे भी ब्रज-रंजित होती थीं। मीराबाई की भाषा को लेकर गुजराती उन्हें गुर्जर भाषा के प्रवाह में रखते हैं। राजस्थानीवालों का तो उन पर अधिकार है ही। हिंदीवाले उनकी कृतियों को अपनी संपत्ति मानते हैं। सबके कहने में कुछ न कुछ तथ्य है और वह यही कि राजस्थानी भाषा का उद्‌भव होने के पूर्व गुर्जर-राजस्थान में प्रयुक्त भाषा उभयनिष्ठ भाषा थी। आगे चलकर गुजराती और राजस्थानी भाषा में पार्थक्य हो गया। इसलिए कुछ व्याकरणगत विशेषताएँ उभयसामान्य हैं। इसके साथ ही शौरसेनी से विकसित जिस ब्रजी का सर्वसामान्य भाषा के रूप में व्यवहार होने लगा उस सर्वसामान्य भाषा का मेल भी उनकी रचना में पाया जाता है। यही कारण है कि उनकी रचनाएँ हिंदी-साहित्य के अंतर्गत गृहीत हैं।

मुसलमानों के आ जाने पर जिस भाषा का बोलचाल में प्रयोग पूर्वी पंजाब और दिल्ली के आसपास हो रहा था उसमें भी जिन रचनाओं की प्रवृत्ति हुई उनकी भाषा ब्रजरंजित हो गई। जो लोग काव्यभाषा ब्रजी में भी रचना करते थे वे अपने प्रदेश की भाषा में रचना करते हुए उसे ब्रजरंजित कर लिया करते थे। मुसलमानों ने इस भाषा का नाम हिंदवी रखा था। उनके आने पर भाषागत यह आवश्यकता प्रतीत होने लगी कि एक दूसरे की भाषा किस प्रकार समझी जाय। संस्कृत को सार्वदेशिक भाषा देखकर और हिंदवी को प्रादेशिक भाषा मानकर इन दोनों के साथ पृथक्-पृथक् फारसी शब्दों के पर्यायवाची कोश बनने लगे। कहा जाता है कि अमीर खुसरो ने खालिकबारी के नाम से हिंदवी और फारसी का पर्यायवाची कोश प्रस्तुत किया। खालिकबारी में स्थान-स्थान पर हिंदी-हिंदवी शब्द का व्यवहार है।

अर्ज धरती फारसी बाशद जमीन कोह दर हिंदी पहाड़ यामद यकीन
देहीम व ताज़ व अफ़सर दर हिंदवी मुकुट........................।

—खालिकबारी

इस खालिकबारी में फारसी के अंतर्गत अरबी और तुर्की को भी समझना चाहिए। तुर्की के शब्द अपेक्षाकृत कम हैं, अरबी और फारसी के ही शब्द अधिक हैं। रचना में दोनों तरह की क्रियाएँ प्रयुक्त हैं, हिंदी की भी और फारसी की भी—

बिष्णू ती नाम चर्ख बेचारा पीरजन।
गोबिंदा नाम रहटा दर हिंदवी वचन।
बेदार बदा कि जागता है।
हम हफ्तह बदा कि सोचता है।
बीमार मरीज दुखिया जान।
बरगीर उठाव बाज है दान।
अंधा नाबीना बो वीना देखता।
क़बर बाशद गोर अग़ल्तान लोटता।

अमीर खुसरो के नाम पर पहेलियाँ, मुकरियाँ, दो सखुने आदि बहुत से मिलते हैं जिनकी भाषा खड़ी बोली है। इनकी नीति की कुछ रचना है जो ब्रजभाषा के सर्वसामान्य रूप में लिखी गई है। ब्रजभाषा और खड़ीबोली दोनों में कुछ अंश सर्वसामान्य है और कुछ विशिष्ट। इस भेद का मूल कारण क्या है, यह 'हिंदी की कहानी' में कहा जा चुका है। खड़ीबोली का संबंध किसी ऐसी मूल भाषा से अवश्य है जिससे पंजाबी भी संबद्ध है। खड़ीबोली और पंजाबी का पैशाचीमूल किसी अंश में अवश्य है। हिंदी में बहुत प्रचलित 'दिनदहाड़े' पद में 'दहाड़े' शब्द पंजाबी का है और उसका अर्थ दिन ही है। अमीर खुसरो के नाम पर प्रचारित 'खालिकबारी' में पर्यायवाची शब्दों के रूप में पंजाबी शब्दों का भी व्यवहार है—

अश्व घोड़ा, पील हाथी, शेर सीह।
गोस्त हीड़ा चरम चमड़ा शहम पीह।

खुसरो के समय में सर्वसामान्य काव्यभाषा ब्रजी थी और बोलचाल में खड़ी का व्यवहार होता था। इसी बोलचाल की भाषा में उन्होंने पहेलियाँ, मुकरियाँ आदि लिखी होंगी। जिनमें कहीं-कहीं ब्रजी के शब्द भी पड़े रहे होंगे। खुसरो के नाम पर जो रचना मिलती है उसका रूप बहुत कुछ इधर का या परवर्ती हो गया है। कहते हैं, उसका कारण यही है कि ये रचनाएँ जनता की जीभ पर चढ़कर बदलती रही हैं और उनका संग्रह बाद को किया गया है। ब्रजी की रचना भी बाद का रूप लिए हुए है और उसका हेतु भी वैसा ही है। उर्दूवाले उर्दू की

प्राचीनता और उद्‌भव की खोज करते खुसरो की रचना तक पहुँचे हैं और उन्होंने भ्रांतिवश उर्दू का आरंभ एक तो खुसरो के समय या उसके भी पूर्व से मान लिया है, दूसरे खड़ीबोली की उत्पत्ति ब्रजभाषा से बतलाई है। खुसरो की कुछ रचना ऐसी भी है जिसमें हिंदी और फारसी दोनों भाषाओं का व्यवहार एक ही छंद में अलग-अलग एक साथ किया गया है—

यकायक अजदिल दो चश्मे जादू बसद फरेबम बेबुर्द तसकीं।
किसे पड़ी है जो जा सुनावे पियारे पिव को हमारी बतियाँ।

फारसी अंश का अर्थ है 'सहसा दो जादूभरी आँखों ने बहाना करके हृदय का धैर्य छीन लिया।'

गोरी सोवे सेज पर मुख पर डारे केस।
चल खुसरो घर आपने रैन भई चहुँ देस।

जनता के संपर्क में खुसरो अधिकतर आया करते थे, ऐसी जनश्रुति है। अनमेलिया ढकोसले के संबंध में ऐसी कुछ वार्ताएँ प्रचलित हैं। जैसे इस ढकोसले के संबध में—

खीर पकाई जतन से औ चरखा दिया चलाय।
आया कुत्ता खा गया तू बैठी ढोल बजाय।
लापानी पिला।

कहते हैं, खुसरो को मार्ग में कहीं प्यास लगी। उन्होंने एक कुएँ पर जा पानी माँगा। वहाँ चार पनिहारीनें पानी भर रही थीं। उनमें से एक इन्हें पहचान गई और कहा कि ये पहेली मुकरी बहुत बनाया करते हैं। चारों ने क्रमश: खीर, चरखे, कुत्ते और ढोल के संबंध में कुछ बनाने के लिए कहा। प्यास बढ़ती जा रही थी अत: इन्होंने झटपट यह ढकोसला सुनाया।

अमीर खुसरो की रचना से दो बातें सिद्ध होती हैं। एक तो यह कि ब्रजी में रचनाएँ होती थीं, यहाँ तक कि विदेशी भी उसमें रचना करते थे। दूसरे इनके समय में हिंदी या हिंदवी नाम बोलचाल की भाषा के लिए प्रचलित हो गया था। इनके नाम पर जो खालिकबारी मिलती है वह मूल खालिकबारी का बहुत छोटा अंश है। मूल खालिकबारी संप्रति अप्राप्य है। इसमें बारह बार हिंदी और पचपन बार हिंदवी शब्द का व्यवहार हुआ है। अमीर खुसरो उस समय के प्रसिद्ध और समर्थ कर्ता थे। उन्होंने कई इतिहासग्रंथ भी लिखे हैं। फारसी में इनकी कई मसनवियाँ भी हैं। 'किस्सा चहार दरवेश' भी इन्हीं का लिखा हुआ है। कहा जाता है कि इन्होंने 99 पुस्तकें लिखी थीं, अब केवल निम्नलिखित 22 का पता लगता है—

(1) मसनवी किरानुस्सादैन, (2) मसनवी मतलउल्, (3) मसनवी शीरीं व खुसरू, (4) मसनवी लैली व मजनूं, (5) मसनवी आईनए इस्कंदरी या सिकंदरनामा, (6) मसनवी हस्त बिहिश्त, (7) मसनवी खिज्रनामह या खिज्र खाँ देवल रानी या इश्किया, (8) मसनवी नुह सिपहर, (9) मसनवी तुगलकनामा, (10) खजायनुलूफुतूह या तारीखे अलाई, (11) इंशाए खुसरू या ख्यालाते खुसरू, (12) रसाएलुलूएजाज या एजाजेखुसरवी, (13) अजफलु-फवायद, (14) राहतुल्मुर्जी, (15) खालिकबारी, (16) जवाहिरुल्बह, (17) मुकालह, (18) किस्सा चहार दरवेश, (19) दीवान तुहफतुस्सग्र, (20) दीवान वस्तुल्हकात, (21) दीवान गर्रतुल्कमान, (22) दीवान बकीयह नकीयह ।[1]

खालिकारी तथा अन्य पर्यायकोश

खालिकबारी के से पर्यायकोश का उल्लेख सबसे पहले श्रीश्यामसुंदरदास ने हिंदी शब्दसागर' की भूमिका में 'हिंदी भाषा का विकास' अंश में किया है और इसे शाहजहाँ द्वारा प्रचारित बताया है। पादटिप्पणी में लिखा है कि 'इस पारसीकप्रकाश कोश के थोड़े से पन्ने मिले हैं, पूरी पोथी नहीं मिली।' ऐसी ही या इसी कोश की एक प्रति मुझे काशी के वाराणसी यंत्रालय द्वारा प्रकाशित और पत्थर के छापे में मुद्रित मिली है। यह कोश शाहजहाँ नहीं अकबर के समय में निर्मित हुआ था।

मुसलमानों के भारत में जम जाने के अनंतर पारस्परिक व्यवहार के लिए भाषा की समस्या खड़ी हुई। इसके लिए दो प्रकार के कोशों का निर्माण किया गया। कुछ तो "हिंदी' या 'हिंदवी' में लिखे गए और उनमें हिंदी तथा फारसी के पर्यायवाची शब्दों का संग्रह किया गया और दूसरे प्रकार के कोश संस्कृत में श्लोकबद्ध किए गए जिनमें पर्यायवाची शब्दों के संग्रह के अतिरिक्त कहीं-कहीं 'शब्दसाधन' का भी विधान हुआ। पहले प्रकार के कोशों में से अमीर खुसरो के नाम से प्रचलित 'खालिकबारी' से हिंदीप्रेमी पूर्णतया परिचित हैं। जिसका आरंभिक अंश इस प्रकार हैं—

खालिबारी सिरजनहार, वाहिदा एक विदा करतार।
रसल पैगंबर जान बसीठ, यार दोस्त बोले सो ईठ।

---

1. 'खुसरो की हिंदी कविता', नागरीप्रचारिणी पत्रिका, नवीनसंस्करण, भाग 2, सं० 1979, पृष्ठ 273।

दूसरे प्रकार के कोशों में से 'पारसीप्रकाश' है। इन्हीं कोशों का परिणाम यह हुआ कि संस्कृत के बहुत से शब्द जो पुंलिंग में चलते थे फारसी के 'मुअन्नसों' के पर्यायवाची बनकर हिंदी में स्त्रीलिंग हो गए। 'आत्मा' शब्द संस्कृत में पुंलिंग है, 'परमात्मा' को हिंदीवाले अब भी पुंलिंग ही लिखते हैं। जीवात्मा, विश्वात्मा आदि को कोई पुंलिंग लिखता है तो कोई स्त्रीलिंग। स्वर्गीय पंडित महावीर प्रसाद द्विवेदी ने संस्कृत के पुंलिंग शब्दों को हिंदी में 'पुंलिग' लिखने का चलन चलाया। पर बहुत दिनों से जो अभ्यास पड़ गया था वह महावीरजी के भी छुड़ाए न छूट सका। 'आत्मा' हुई 'रूह' की संगिनी 'अग्नि' ने अँकवार भरी 'आतिश' की और 'वायु' लगी 'हवा' के गले।

इसके विपरीत भी हुआ। फारसी में 'कलम' शब्द 'लेखनी' के अर्थ में पुंलिग है। यह शब्द इसी अर्थ में 'संस्कृत' में भी है और पुंलिग ही है। मेदिनी-कोश की साखी लीजिए--'कलमः पुंसि लेखिन्या शालौ पाटच्चरेऽपि च।' 'कलम' शब्द पुंलिग है, लेखनी, शालि (धान), पाटच्चर (चोर) के लिए चलता है। 'पारसीप्रकाश' ऐसे कोशों ने लिखा—'मसीमात्रे भवेत्स्याही लेखिन्यां कलमो भवेत् ।' अब हिंदीवालों की 'कलम' तो अच्छी चलती है और उर्दूवाले अपना 'कलम' ही तोड़ा करते हैं। इन्हीं 'कोशों' का यह भी परिणाम है। 'लेखनी' और 'कलम' के सान्निध्य से ऐसा हुआ है। इन कोशों के कारण संस्कृत के तथा हिंदी के अनेक तद्‌भव शब्दों से फारसी के ज्ञाता अभिज्ञ हो गए और संस्कृत हिंदी के विद्वान भी फारसी के शब्दों का बोलचाल में प्रयोग करने लगे। अभेद आपसे आप होने लगा। उसकी आवश्यकता थी, भेद दूर हो गया। 'हिंदुस्तानी' बनाने के लिए 'कमेटी' की आवश्यकता नहीं पड़ी, केवल कोशों के प्रचार से ही लोग एक दूसरे की बोली-बानी समझने लगे और एक दूसरे को समझाने के लिए दूसरे के शब्दों का प्रयोग करने लगे। 'रहीम' ने संस्कृत में भी कुछ रचना कर डाली और भक्तों की सी रचना की।

पारसीप्रकाश पर आइए। इसके आवरणपृष्ठ पर छापा गया है—'फारसी-प्रकाश अर्थात् फारसी शब्दों के पर्याय संस्कृत शब्दों का कोश, जिसे बहुत श्रम से सोधिके बाबू गोकुलचंद्र के आज्ञानुसार पंडित मन्नालाल ने वाराणसी संस्कृत यंत्रालय में छापा संवत् 1923।' मूल ग्रंथ का आरंभ इस प्रकार होता है—'अथ फारसीप्रकाशो लिख्यते। श्री गणेशाय नमः।' इसका पहला श्लोक यों है—

श्रीसूर्ये उक्त आफ्ताबो लामन्नूरोपि कथ्यते।
नैपर आजमश्चापि तबको भुवनेषु च।

अंत यों हुआ है 'इति श्रीमहीमहेन्द्रश्रीमदकबरसाहबिरचिते कृष्णदासकृते

पारसीप्रकाशे शब्दार्थकोषप्रकरणं शास्त्रज्ञेन गणेशेन मानमंदिरवासिना लब्धं महत्तराद्यरत्नादिदं फार्सीप्रकाशकम् ।।1।। शास्त्या गोकुलचंद्रस्य श्रीमन्नालाल-शर्मणा। यत्नान्मुद्रामयं प्रापि शिलावर्णैः सुशोधितैः ।।2।। मानमंदिरसंनिधौ वाराणसीसंस्कृतयंत्रालये मुद्रितोऽयम् संवत् 1923। मिती क्वार सुदी 15 मंगल श्रीज्योतिःस्वरूपपरमहंसोदासि परिशोधितः।'

इस ग्रंथ में 'शब्दसाधन' वाला अंश नहीं है। 'पारसीप्रकाश' वस्तुतः पर्याय-वाची कोश ही है। अब यह देखना चाहिए कि क्या बाबू श्यामसुंदरदास द्वारा उल्लिखित कोश भी यही है या वह कोई दूसरा कोश है। मेरे विचार से वह पृथक् कोश है। उसका प्रमाण यह है कि उन्होंने जो श्लोकार्ध उद्धृत किया है वह इस 'पारसीप्रकाश' में नहीं है। वह है—'शुद्धौ सहीह इत्युक्तो ह्यशुद्धौ गलतः स्मृतः।' उसका नाम 'पारसीकप्रकाश' है, 'पारसीप्रकाश' नहीं। उस पुस्तक के कुछ पन्ने काशी हिंदू विश्वविद्यालय के हिंदीविभाग के स्वर्गीय अध्यक्ष पं० केशवप्रसाद मिश्र ने पं० विजयानंद तिवारी के हस्तलेख-संग्रह में देखे थे। उन्हीं के बताने से 'बाबू साहब' के लेख में उसका उल्लेख हुआ है। उनका कहना है कि वह शाहजहाँ के ही समय का है। अतः दोनों कोशों को एक नहीं समझना चाहिए।

पारसीप्रकाश में 'अमरकोश' के ढंग से स्वर्गादि वर्ग की योजना की गई है। लेखप्रणाली के संबंध में लिखा है—

प्रायः छंदोनुरोधेन सम्यगुच्चारणाय च।
शिरकारश्च शब्दांते प्रयुक्तौ यौ न तौ स्थिरौ।

अरबी-फारसी के शब्दों के नए उच्चारण क, ख, ग आदि अक्षरों के नीचे बिंदी लगाकर व्यक्त करने का नियम है, पर इसमें अक्षर के ऊपर चंद्रबिंदु लगाया गया है। यह कोश हिंदीवालों के बड़े काम का है। केवल एक उदाहरण दिया जाता है। मलिक मुहम्मद जायसी ने अपनी 'पदमावत' में पद्मावती के पूर्वराग का वर्णन करते हुए लिखा है—

बिछुरंता जब भेंटै सो जानै जेहि नेह।
सुक्ख सुहेला उग्गवै दुक्ख झरै जिमि मेह।

इसमें 'सुहेला' शब्द विदेशी है, वह अरबी का 'सुहेल' या 'सुहैल' है। उर्दू के कोशों में इसका अर्थ या तो 'एक सितारा' लिखा है या जो विवरण दिया गया है उसका हिंदी रूप यों है--'एक तारा जो अरब देश के यमन प्रांत में दिखलाई पड़ता है। लोग मानते हैं कि इसके उदय से कीड़े मकोड़े मर जाते हैं।' हिंदी-शब्दसागर' में इसका अर्थ यह है—सुहेला—वि० (सं० शुभ) 1—सुहावना। सुंदर उ०- क—बिछुरता जब भेंटै सो जानै जेहि नेह। सुक्ख सुहेला उग्गवै दुक्ख

झरै जिमि मेह।' 'पदमावत' के एक संस्करण में इस शब्द का अर्थ यह किया गया है—'सुहेला=सुहेल नाम का सितारा जो अरब देश में बरसात के पहले उदय होता है।' किंतु इस कोश में दिया गया है—

बर्फे भवेत्तुषारे तु यख़ स्याद्धिमसंहतौ।
कुतुबस्तु ध्रुवे प्रोक्तः सोहेलः कुंभसंभवे।

अर्थात् 'सुहेल' या 'सुहेला' अगस्त तारे का नाम है। अगस्त तारे के उगने से वर्षा समाप्त हो जाती है। तुलसीदास ने ही लिखा है—

उदित अगस्त पंथजल सोखा। जिमि लोभहिं सोखइ संतोखा।

यहाँ भी 'दुक्ख झरै' का अर्थ यही है कि जैसे सुहेल के उगने से बरसात समाप्त हो जाती है वैसे ही सुख के आने से 'दुःख' झड़कर समाप्त हो जाता है। है न यह 'कोश' काम का—सुहावना सुंदर। इसके उदित होने से बहुत सा भ्रम झड़ जाएगा।

मध्यकाल

(भक्तिकाव्य)
निर्गुनपंथ
सूफी प्रेमपंथ
भारतीय प्रेमगाथा
श्रीकृष्णभक्तिप्रवाह
श्रीरामभक्तिप्रवाह

मध्यकाल—

अतीत के कवियों की लोकदृष्टि

'लोकदृष्टि' का अर्थ है लोकसंबंधी दृष्टि। लोक के संबंध में दृष्टि दो प्रकार की हो सकती है। एक तो लोक क्या है, सत् है या असत् अथवा सदसत्। सत् है तो इसका कोई निर्माता भी है, असत् है तो सत् क्यों दिखाई देता है आदि-आदि—दार्शनिक चिंतन की दृष्टि। दूसरे लोकव्यवहार की दृष्टि अर्थात् लोकगत राजनीतिक, सामाजिक, आर्थिक आदि जीवन की विभिन्न अवस्थितियों के संबंध की दृष्टि। 'कवि' शब्द का अर्थ हमारे व्यावहारिक जीवन में अब भी, साहित्यिक और सांस्कृतिक चेतना के अत्यधिक जागरूक होने पर, यही लिया जाता है कि जो कल्पनालोक में विचरण करनेवाला हो। अँगरेजी-साहित्य में कविता के संबंध में कल्पना और स्वप्न की इधर कितनी उद्धरणी हुई और उसकी प्रतिध्वनि और भावुकता के आधिक्य के कारण भारत में उन्माद या पागलपन या उसका अभिनय करने की कैसी परिपाटी कविता के क्षेत्र में कहाँ-कहाँ चली यह सब विवरण उपस्थित करने की आवश्यकता नहीं। कहना इतना ही है कि जनता कवि को क्रांतदर्शी न समझकर वैसा समझने लगी थी और अब भी समझती है कि ये वास्तविक जीवन से या जीवन की वास्तविकता से दूर रहनेवाले प्राणी हैं। राजनीतिज्ञ प्रायः कह दिया करते हैं कि ये जीवन के समुपस्थित संग्राम में सक्रिय योग न देने के कारण उसकी विभीषिका से भाग खड़े होनेवाले पलायनवादी हैं। यदि सब नहीं तो इनमें अधिकतर ऐसे ही जीव हुआ करते हैं।

यहाँ विचार करना है कि हिंदी-साहित्य के अतीत कवियों की क्या यही

पलायनवादी दृष्टि रही है या वे लोक की सर्वसामान्य भावना में भी योग देते आए हैं। यदि उन्होंने योग दिया है तो क्या परोक्ष रूप में ही या प्रत्यक्ष भी। कवि लोक की भावना किस रूप में ग्रहण करते हैं या काव्य में लोक की वृत्ति किस प्रकार गृहीत होती है—आदि-आदि। और अधिक विस्तार में न जाकर यहाँ थोड़े में इसी का विचार कर लेना है कि कवि जीवन या लोक का रूप कैसा ग्रहण करता है। काव्य या साहित्य जीवन की व्याख्या है यह तो कहने को कह दिया जाता है, पर यह देखने का प्रयास नहीं किया जाता कि काव्य में जीवन की व्याख्या होती कैसे है। काव्य न तो दर्शनशास्त्र का सिद्धांत निरूपक वाक्यसमूह या सूत्रग्रंथ होता है, न समाजशास्त्र का विवेचन। वह होता है लोक की छनी हुई शुद्ध भावनात्मक सत्ता की अनुभूति भूमि। उसमें धर्म, राजनीति, समाजशास्त्र, अर्थनीति, तत्त्वचिंतन आदि सब छने हुए रूप में ही गृहीत होते हैं और कवि का छन्ना होता है भाव का विस्तृत पट। इसलिए जो यह समझते हैं कि उक्त शास्त्रों या मीमांसाओं का काव्य में ज्यों का त्यों निरूपण मिलेगा वे हताश हो जाते हैं और काव्य का अनुशीलन वर्जित करने लगते हैं। पुराणों में भी कहा जा चुका है 'काव्यालापांश्च वर्जयेत्'।

अब इस मानदंड के अनुसार परखिए अतीत के हिंदी-साहित्य को। हिंदी के आदि में ऐतिहासिक 'रासो' की रचना का पता देते हैं। ये रासो किसी वीर के चरितकाव्य होते थे। इनमें उसके शौर्य आदि का वर्णन होता था और बड़े रोचक ढंग से होता था। यद्यपि हिंदी के 'रासो' प्राचीन रूप में नहीं मिलते, उनमें परवर्ती कविभट्टों की बहुत सी बाद में जोड़ी हुई कृतियाँ सन्निविष्ट हो गई हैं, तथापि उनके विश्लेषण या विमर्श में संप्रति उलझना प्रकृत विषय से दूर जाना होगा। चंदरबरदाई को यदि रासोकाल का प्रतिनिधि कवि मान लें तो उनके नाम पर मिलनेवाली कृति और उनके संबंध में प्रचलित जनश्रुति ही यह बता देती है कि वे (ब्रह्म-) भट्ट ही नहीं 'भट' भी थे। वे तलवार और कलम दोनों को चलाना जानते थे। जिस युग के वीरों का चरित्र इन काव्यों में गृहीत है वह युग शौर्य का युग था, वास्तविक जीवन युद्धमय, अत: उनके युद्धों का, उनके शौर्य का वर्णन किसी प्रकार भी उनकी लोक से हटी दृष्टि का आभास नहीं देता। और लोग चाहे पलायनवादी कहे जायँ पर रासोकाव्य के ऐसे कवि पलायनवादी नहीं कहे जा सकते। वे रणांगण में डटे रहते थे। वीरों को उत्साहित तो करते ही थे समय पड़ने पर उनका स्थान भी ग्रहण कर लेते थे। पृथ्वीराजरासो का वर्तमानस्वरूप संदिग्ध हो, रहा करे। यहाँ इतना ही बता देना है कि पृथ्वीराजरासो में जो कथा मुहम्मद गोरी और पृथ्वीराज के युद्ध की बताई गई है उसमें भारतीय संस्कृति का पक्का स्वरूप अवश्य मिलता है। मुहम्मद गोरी के अत्याचार से संत्रस्त शरणागत की रक्षा करने के कारण पृथ्वीराज के साथ उसका युद्ध हुआ और वे किसी प्रकार पकड़कर गजनी भेजे गए, जहाँ शब्दवेधी बाण से उन्होंने गोरी को मारा और अंत में पृथ्वीराज

और चंद परस्पर एक-दूसरे की तलवार से कटकर ढेर हो गए। यह अंतिम कथा चंद के पुत्र जल्हन ने रासो में जोड़ी है। रासो की यह प्रवृत्ति हम्मीररासो क्या, हम्मीरहठ ऐसे परवर्ती काव्यों तक में दिखाई देती है, जहाँ शरणागत की रक्षा के कारण ही हम्मीर का अलाउद्दीन से युद्ध कहा गया है। भारतीय कविचरितनायक को जिस उच्च भूमि पर दिखाना चाहते थे वह भारतीय संस्कृति की उच्चता की दृष्टि से। तुलसीदास या अन्य रामकाव्य के रचयिताओं ने रावण के साथ राम के युद्ध का कारण सीताहरण मात्र नहीं माना है। उन्होंने रावण को रामशत्रु के रूप में नहीं, लोकशत्रु के रूप में ही दिखाया है। विभीषण राम के शरणागत दिखाए गए हैं। शरणागत की रक्षा भारतीय उच्च लोकदृष्टि है। शरणागत की रक्षा करनेवाले के विरुद्ध सन्नद्ध होनेवाले को सर्वसामान्य नैतिक भावना का शत्रु अर्थात् लोकशत्रु के रूप में देखता है। भारतीय कवि प्रबंध के क्षेत्र में लोकशत्रु और लोक-मित्र की दृष्टि बराबर रखते आए हैं।

आदिकाल का सारा काव्य केवल वीरत्व की प्रशंसा में लिप्त लोकवाह्य काव्य नहीं था। उसमें लोक की प्रचलित भावना वीरत्व के उल्लास का प्रतिपादन किया जाता था। कहीं लोकशत्रु का नाश होता था, कहीं केवल वीरत्व का प्रदर्शन। जहाँ कोई लोकरक्षकमूलक हेतु न हो वहाँ कल्पित हेतु और लोकरक्षण के स्थान पर लोकरंजन को ही लक्ष्य करके कवि चलता है तो यह कैसे कहा जा सकता है कि वह पलायनवादी है। रासो ग्रंथों में अनेक युद्धों का वर्णन लक्ष्य है। प्रतिपक्ष में चाहे कोई लोकशत्रु हो, चाहे कोई कविकल्पित प्रतिद्वंद्वी। वह युग युद्ध का युग था, उसके लिए कवि भी काव्य के द्वारा लोगों को युद्ध करने को परोक्ष रूप में उत्साहित करते थे। काव्य लोक से बद्ध था। यदि उन काव्यों में प्रत्यक्ष यह नहीं मिलता कि अमुक विदेशी शत्रु से हमें लड़ना चाहिए तो इन्हें लोकविमुख कैसे कह सकते हैं। राजनीति बुद्धि को उद्‌बुद्ध करती है, काव्य हृदय को उत्तेजित करता है। हृदय को प्रभावित करने के लिए परोक्ष और गहरी अनुभूति चाहिए। काव्य की मार प्रत्यक्ष नहीं होती, वक्र होती है। राजनीति में कुटिलता भीतर होती है, बाहर ऋजुता रहती है। काव्य में बाहर वक्रता होती है भीतर सरलता रहती है। इसलिए यदि सीधे-सीधे कोई तथ्य मात्र काव्य में कहा जाय तो वह काव्य न रह जाएगा। भारतीय साहित्यशास्त्र ने वाच्य और व्यंग्य में जो भेद किया है और एक को अवर तथा दूसरे को उत्तम कहा है वह केवल शब्द में ही नहीं। वह काव्य या साहित्य मात्र के लिए है। इसी से काव्य में सीधे-सीधे कहना बहुतों की दृष्टि में अपराध है। भारतीय साहित्य या हिंदी में अनुकृत इस पद्धति व चाहे कोई ठीक न माने, पर वह यह नहीं कह सकता कि इस पद्धति पर यदि कोई लोकवृत्तिमूलक रचना करता तो उसे हम इसलिए अग्राह्य कर देते कि उसमें सीधे-सीधे कोई बात नहीं कही

गई है ।

अब भक्तिकाल की रचनाओं का आलोड़न-आलोचन कीजिए । निर्गुण और सगुण धारा में से निर्गुण धारा को तो बहुत से लोग लोकोन्मुख मानते हैं। वे कहते हैं कि कबीर ने परस्पर लोगों को मिलाने का प्रयास किया । जो साधारण श्रेणी के समझे जाते थे उन्हें समता की भूमि पर स्थित किया । हिंदुओं-मुसलमानों दोनों को फटकारा । इसी प्रकार की बातें अन्य संतों ने भी कीं । सबका लक्ष्य सामाजिक सुधार था, वैषम्य दूर करना था । सूफी संत भी मानवता की सर्वसामान्य भूमि पर, प्रेम की सर्वनिष्ठ पद्धति पर चल रहे थे । इसलिए उनकी रचनाओं में विकासोन्मुख या समयानुरूप लोकवृत्ति को ढूँढ़ लेना कठिन नहीं है । इससे अधिक कठिनाई कुछ लोगों को पड़ती है सगुणशाखा के कवियों में विकसित और लोकनिष्ठ दृष्टि खोजने में । सूरदास और तुलसीदास दोनों ने निर्गुनपंथ का खंडन भी किया है । इसलिए किसी-किसी को इन्हें प्रतिगामी कहना ही ठीक प्रतीत हुआ है । सूरदास ने लोकमर्यादा का ध्यान नहीं रखा है, सांप्रदायिक दृष्टि से । श्रीवल्लभाचार्य के मत के अनुसार 'मर्यादा' और 'पुष्टि' में अंतर है । 'पुष्टि' ही, भगवदनुग्रह ही ठीक है । शास्त्रादि की मर्यादा का अनुशासन अनिवार्य नहीं । पर इसका तात्पर्य यह नहीं कि मर्यादा का उल्लंघन किया ही जाए । प्रवाह से उत्कृष्ट मर्यादा और मर्यादा से उत्कृष्ट पुष्टि । लोकप्रवाह को सबसे नीचे मानने के कारण सूरदास आदि के काव्यों में लोकवृत्ति न होगी, ऐसा मानना बहुत बड़ी भ्रांति होगी । सूरदास ने लोकवृत्ति को तो ग्रहण किया है, पर लोकप्रवाह को नहीं । काव्य का वही छन्ना काम देगा ।

लोक का वर्णन कैसा हो यह मूल रूप में कबीर, जायसी, सूर और तुलसीदास सबमें एक सा ही है। अंतर उसके मार्गोपदेश में है। कबीर निवृत्तिमार्ग का उपदेश देते हैं, इसलिए कोई यह बेखटके कह सकता है उनकी कृति से तात्कालिक समाज में चाहे वैषम्य मिटा हो पर उसका उद्देश्य ठीक नहीं । संसार के त्याग की शिक्षा लोकवृत्ति की दृष्टि से विचार करने पर उतनी अच्छी नहीं । पर कबीर के द्वारा कुछ क्षेत्रों में अभीप्सित सुधार हुए हैं इसी से उनकी प्रशंसा के पुल बाँधे जाते हैं। सूरदास का भक्ति मार्ग तो प्रवृत्तिमूलक था, लोक में लगाए रहनेवाला । भला उसमें लोगों को लोकवृत्ति का विरोध कैसे मिलता है । सूर ने निवृत्तिमार्गोपदेश के ही कारण निर्गुणपंथ का विरोध किया। लोक में पुरुषों को चाहे ज्ञान का उपदेश दीजिए चाहे प्रेम का या योग का। पर भारतीय दृष्टि से नारियों को ज्ञान अर्थात् निवृत्तिमार्ग या योग की अंतःसाधना का उपदेश देना सारी सामाजिक व्यवस्था का नाश कर देना था । इसी से सूरदास ने निर्गुणपंथ के प्रतिनिधि उद्धव के प्रतिपक्ष में गोपियों को खड़ा किया है । उनके द्वारा सूर ने दो प्रमुख बातें कहलाई हैं—एक तो निर्गुणपंथ

सामाजिक दृष्टि से घातक है, दूसरे वह कठिन भी है। यदि कोई यह कहे कि इसमें कबीर की भाँति सब सुधारों और समन्वय के लिए स्थान कहाँ था तो यही कह सकते हैं कि भक्तिसंप्रदाय में जातिभेद नहीं माना जाता; रसखानि, अलीखान, ताज आदि की समाई यहाँ भी थी। कबीर का निर्गुनपंथ सूफीमत को पचाने और मुसलमानी पैगंबरी कट्टरपन को दूर करने में समर्थ नहीं था, पर सगुणभक्तिमार्ग ने बहुतों में कन्हैया बनने की लालसा उत्पन्न कर दी थी और बहुतों को कन्हैया के लिए 'हिंदुआनी' होके रहना पड़ा था। कबीर ने चाहे एकता की भूमि बना दी हो, पर उसमें अभेद का प्रासाद खड़ा न हो सका। कबीर की डाँट-फटकार से मन मिल न सके। भक्ति की शरणागति ने, अहंता के त्याग ने हृदय की सर्वसामान्य भूमि प्रस्तुत की।

काव्य की सर्वसामान्य भूमि है प्रकृत और मूल भावों पर राजनीति, सभ्यता आदि के कारण पड़े हुए आवरणों को हटाकर उनकी सहज अनुभूति का अवसर देना। समाजसुधार के आंदोलन, राजनीतिक दाँवपेंच कृत्रिमता की ओर ले जाते हैं। अतः काव्य जब स्वच्छंदता का सहारा लेता है तो उसे पलायनवादी कह दिया जाता है। वस्तुतः वह पलायनवादी है नहीं। मानव को मूल भावों तक पहुँचाने का उपक्रम है। सूरदास के काव्य की स्वच्छंदता का स्वागत इसीलिए जनता ने किया। कबीर के सुधारवादी आंदोलन से त्रस्त मानव का त्राण सूर की स्वच्छंदता-वृत्ति में लीन होने से ही हो सकता था। जो लोग यह समझते हैं कि भारत पराजय से निराश होकर भक्ति में लीन हुआ उनसे निवेदन है कि भक्ति का आंदोलन प्राचीन है। वस्तुतः वह शक्तिसंचय के लिए उधर गया था और उसने शक्तिसंचय किया। सूरदास की रचना का काव्यगत मूल्य चाहे जो आँका जाए, पर यह निश्चित है कि तुलसीदास की अपेक्षा उसमें काव्यगत तत्त्वों का नियोजन अधिक है, उसमें अनुभूति की गहराई प्रकृत रूप को बारंबार सामने करने में है। यह कह सकते हैं कि सूर की अपेक्षा तुलसीदास में सामाजिकता अधिक है। वस्तुतः जायसी आदि सूफी कवियों की कमी सूर आदि कृष्णभक्तों से दूर हुई और कबीर की त्रुटियों का परिमार्जन तुलसीदास ने किया। जायसी आदि जगत् के कण-कण में ब्रह्म का आभास पाने का एक प्रकार से उपदेश ही देते रहे, पर सूर आदि कृष्णभक्तों ने पुरुषोत्तम, लीला पुरुषोत्तम की अवतारणा को लेकर जगत् के कण-कण को आकर्षक बना दिया। सूर ने गोपियों के द्वारा इसकी अभियंजना स्थान-स्थान पर की है। अतः इस दृष्टि से सूरदास ने लोकवृत्ति की अनुकूलता प्रदर्शित की।

सांप्रदायिक साधना दूसरी बात है और किसी कवि के द्वारा हुआ सामाजिक कार्य दूसरी बात। सूरदास ने रीतिकाल या शृंगारकाल के सारे साहित्य को प्रभावित किया। बाहरी साहित्य की प्रतिद्वंद्विता के लिए सूर का प्रभाव पड़ना

अनिवार्य था। हिंदी के भक्तिकाल के कृष्णकाव्य ने ऐसी प्रवृत्तियाँ उत्पन्न कीं जिससे जीवन की सामयिक आकांक्षाओं की भी तृप्ति हुई और अभीप्सित बाहरी प्रभाव से भी साहित्य बच सका। जीवन में जिस सामजिक स्वच्छंदता का परोक्ष प्रतिपादन कृष्णकाव्य के द्वारा हुआ वह जीवन की मर्यादा बाँधने के लिए था। सारा कामवासनात्मक वाङ्मय राधाकृष्ण को आलंबन के रूप में पाकर बाजारू और नीचे स्तर से ऊपर उठ गया। राधाकृष्ण की पौराणिकता या ऐतिहासिकता के सहारे प्राप्त देवत्व ने उनके प्रेम के निर्मल प्रवाह में ही लोगों को स्नान करने को विवश किया। सूरदास की मनोदृष्टि गोपियों के प्रेमयोग के सात्विक स्वरूप की ओर बार-बार गई। गोपिकाएँ स्पष्ट कहती हैं—

> पीत ध्वजा उनके पीतांबर लाज ध्वजा कुबिजा व्यभिचारी।
> सत की ध्वजा सेतु ब्रज ऊपर अजसहेत ऊधौ पै प्यारी।

श्रीकृष्ण का प्रेम राजस भाव का है, कुब्जा का प्रेम तामस भाव का, पर गोपिकाओं का प्रेम सात्विक भाव का। अब यह सात्विक प्रेम यदि अयश का कारण हो तो क्या कोई सात्विक प्रेम को अपयश के भय से त्याग देगा। गोपिकाओं का यही सात्विक प्रेम था जिसे साहित्य ने स्वीकार किया। क्योंकि साहित्य भी 'सत्वोद्रेक' से ही माना गया है। जीवन में इसी सात्विक प्रेम के कारण राधाकृष्ण की पूजा जनजनव्यापिनी हुई। उसमें सामाजिक मर्यादा का सत्स्वरूप दिखाई पड़ा। सूफियों का रहस्यमूलक प्रेम उसमें समा गया। कृष्णभक्तिशाखा ने सात्विक प्रेम की महत्ता का प्रतिपादन करके जीवन में फैले या फैलनेवाले बाजारू प्रेम या लोभ की व्यभिचारी वृत्ति का उन्मूलन किया। इस भक्ति के प्रसार से जीवन से व्यक्तिबद्ध प्रेम में निर्मलता, त्याग-तपस्या का भाव पुष्टि को प्राप्त हुआ। जीवन को तिरस्कार के योग्य न मानकर उसे ग्राह्य-भोग्य मानने लगे। सगुणोपासक भक्त जीवन या संसार से मुक्ति नहीं चाहता। वह जगद्व्यापार को भगवान् की लीला मानता है और लीला को देखना, उसमें योग देना परम सौभाग्य समझता है। यह केवल सिद्धांत नहीं है। व्यवहार में इसका जितना और जैसा भी पालन होता है उसमें यदि अनुपात लगाकर देखा जाए तो इन सगुणोपासक भक्तों ने भारतीय जीवन में जो कुछ सुधार-संस्कार किए हैं या जो उस भक्ति में बद्ध होने से हो गए हैं वे किसी प्रकार की 'प्रगति' के पीछे नहीं हैं। पृष्ठभूमि पर होने के कारण उनका स्थायित्व स्पृहाणीय और अनुकरणीय है।

तुलसीदास आदि रामभक्त कवियों ने तो जीवन के बाह्य और अभ्यंतर दोनों पक्षों को भली भाँति और स्पष्ट रूप से लोकोन्मुख बनाया। कृष्णभक्तिशाखा में व्यष्टिदृष्टि से लोक देखा जाता था और रामभक्तिशाखा में समष्टिदृष्टि

से। धर्म की स्थापना करनेवाले और धनुर्धर के रूप में लोकविरोधियों का विनाश करनेवाले राम की ओर जनता की दृष्टि ले जाकर, मर्यादापालन की वृत्ति डालकर रामभक्त कवियों, मुख्यतया तुलसीदास ने इसके आगे भी कुछ किया है। कृष्णभक्ति का प्रसार रासमंडलियों के द्वारा हुआ तो तुलसीदास ने रामलीला के द्वारा दुहरा काम किया। 'मानस' काव्य के भेद की दृष्टि से श्रव्य-काव्य है। पर दृश्यकाव्य में श्रव्य की अपेक्षा सामाजिकता अधिक है। रामलीला के-कारण वह दृश्य भी हो गया। कथा के रूप में सचमुच श्रव्यत्व की सिद्धि होती रही। इस प्रकार पाठ्य, श्रव्य और दृश्य तीनों रूपों में उसके प्रसार से तत्कालीन युग के साहित्य में नाटकीयता के अभाव की पूर्ति भी होती रही और समाज में रंजन और परिष्कार भी चलता रहा।

तुलसीदास ने इतना ही किया होता तो क्या कम था। जीवन इतने से ही संघटित, प्रबुद्ध और परिमार्जित हो गया होता। पर उन्होंने इसके आगे भी कुछ किया। उन्होंने हनूमान् की पूजा और उनकी मूर्तिस्थापना तथा उसके साथ अखाड़ों के खोलने का ऐसा प्रचलन किया कि समाज सबल भी हुआ। देश के उद्धार का उन्होंने ऐसा विलक्षण और महत्त्वशाली कार्य किया जिसका जोड़ इतिहास में नहीं है। महाराणा प्रताप की स्वदेशोद्धार की नीति जहाँ शक्तिशाली न बन सकी वहाँ तुलसीदास की नीति ने देश का सचमुच उद्धार कर दिया। उनके 'मानस' को पहचाना समर्थ गुरु रामदास ने, जिन्होंने दक्षिण में मारुति-पूजा का प्रसार किया और प्रत्येक गाँव में मारुतिमंदिर की स्थापना उसके साथ कथावार्ता का नियम और शरीरसंवर्धन का साधन लगाया। रामदास तुलसी ही मानो समर्थ गुरु रामदास हो गए और उन्हें माना छत्रपति शिवाजी ने जिनके संघटन ने दिल्ली का गला दबोच लिया था और सन् सत्तावन के विद्रोह में जिस संघटन का ही बीजमंत्र काम कर रहा था, जिसे आज का राजनीतिक अपने स्वातंत्र्य-आंदोलन का मूल मानता है।

रही सांप्रदायिकता की बात। सो भारतवासियों की अँगरेजों के प्रति जैसी नीति रही, क्या स्थितिवश उस समय के भारतीयों की वही नीति विदेशी जाति के प्रति अनुचित थी। शिवाजी के ऐतिहासिक कार्यों की उद्धरणी करने का परामर्श मात्र देकर और केवल साहित्य में ही परिमित होकर कहना है कि भूषण ने स्पष्ट औरंगजेब की दुर्नीति का विरोध किया है। उसके पूर्वजों तक की उस कवि ने प्रशंसा की है—

1. बब्बर के तब्बर हिमायूँ हद्द बाँधि गए हिंदू ओ तुरुक की कुरान बेदढब की

2. बब्बर अकब्बर हिमायूं साह सासन सों नेह तें सुधारी हेमहीरन तें सगरी

3. दौलति दिली की पाय कहाए अलमगीर बब्बर अकब्बर के बिरद बिसारेतैं

शिवाजी के न होने से 'मथुरा' तो 'मसीति' हो जाती, पर यह तो बताइए कि शिवाजी के होने से कितनी मसीतियाँ मंदिर हो गईं। एक भी नहीं।

तुलसीदास के हनुमन्मंदिरों के सामने धनुषधारी राम के मंदिर स्थापित होते हैं और यह संकेत करते हैं कि इन हनुमन्मंदिरों की प्रतिष्ठा का लक्ष्य धनुर्धरत्व की ओर है। इतने पर भी जो यह कहता है कि 'तुलसीदास ने हमारे जीवन को पीछे की ओर घसीटा, वे प्रतिगामी थे, पलायनवादी थे, आदि आदि' उसकी बुद्धि के पलट जाने में किसे संदेह होगा। जिन तुलसीदास को ब्राह्मणों का पिट्ठू कहते कुछ अर्थवादियों की जीभ संकुचित नहीं होती वे ही ब्राह्मणों को सावधान और उनके पतन का व्याख्यान यों करते हैं—

प्रभु के बचन बेद बुध संमत मम मूरति महिदेवमई है।
तिन्ह की मति रिस राग मोह मद लोभ लालची लीलि लई है।

जिन तुलसीदास को सामंतवादी कहते किसी की 'जीभ' नहीं 'गिरती' वे ही सामंतों के दोषों का दर्शन और प्रदर्शन यों करते हैं—

राजसमाज कुसाज कोटि कटु कलपत कलुष कुचाल नई है।
नीति प्रतीति प्रीति परमिति पति हेतुबाद हठि हेरि हई है।

थोथा हेतुवाद आज भी है।

शोषक वर्ग का साथ देनेवाले जो अनेक बार कहे गए और जिनके आर्थिक आधार की भी जाँच हो चुकी है वे ही तुलसीदास शोषित वर्ग के कष्ट से कराह रहे हैं—

खेती न किसान को भिखारी को न भीखबलि
बनिक को बनिज न चाकर को चाकरी
जीविकाबिहीन लोग सीद्यमान सोचबस कहैं
एक एकन सों कहाँ जाई का करी
देहूँ पुरान कही लोकहू बिलोकियत साँकरे सबै पै राम रावरे कृपा करी
दारिद दसानन दवाई दुनी दीनबंधु दुरित दहन देखि तुलसी हहा करी॥

'आर्यसमाजी सुधार' का सा डंका स्वामी दयानंद के उद्भव से पहले ही तुलसीदास पीट चुके थे। गाजी मियाँ के से मेलों में होनेवाले उत्पात को ध्यान में रखकर विश्वासपूर्वक वहाँ जानेवालों को नेत्रोन्मीलन करते हुए वे कहते हैं—

लही आँखि कब आँधरे बाँझ पूत कब पाय।
कब कोढ़ी काया लही जग बहराइच जाय ।।

कहाँ तक कहें। तुलसीदास के वाङ्मय की खोज अभी हुई कहाँ। अभी तो लोग अपने-अपने गाँव में उनका जन्मस्थान खोज निकालने में लगे हैं। उनका आर्थिक आधार खोजा जा रहा है। मिलता वह भी नहीं। पर जो अंधे को भी मिल सकता है उनके उस सामाजिक आधार को कोई फूटी आँख भी नहीं देखता। दूसरों की दृष्टि से देखने और दूसरों के कानों से सुनने के अभ्यासी हम; फिर भला अतीत के हिंदी-कवियों की लोकदृष्टि हमें सूझे भी तो कैसे।

—निर्गुनपंथ

निर्गुनपंथ

भारत में साधना के चार मार्ग प्राचीन काल से हैं—योगमार्ग, कर्ममार्ग, ज्ञानमार्ग और उपासनामार्ग या भक्तिमार्ग। योगमार्ग और कर्ममार्ग प्राचीन हैं। योगवाले अपनी प्राचीनता वेदों से भी पहले ले जाते हैं। प्राचीन योगमार्ग बौद्धधर्म में विकृत होकर हीनयान और महायान में मिला। महायान के सहजयान की उपासना तांत्रिक हो गई। बौद्धों के विध्वस्त हो जाने पर भी 'सहजिया' नाम में सहजयान का संकेत रह गया। आगे चलकर चौरासी सिद्ध और नौ नाथ आए। नाथपंथ में गोरख प्रसिद्ध हुए हैं। उनके विचारों एवं मत का भारत के पश्चिमी प्रांतों में प्रसार हुआ। इसमें जाति-पाँति का कोई भेद न था। फलत: नीची श्रेणी के लोग, जो शास्त्रीय ज्ञान से कोरे थे, उमंग से इसकी ओर बढ़े और आगे चलकर निर्गुनपंथ फूट निकला।

निर्गुण को उपासना के लिए लेकर सर्वसामान्य पंथ का आभास देनेवाले महाराष्ट्र के नामदेव कहे जाते हैं। नामदेव की रचना में दोनों प्रकार के उदाहरण हैं—प्राचीन भक्तिसंप्रदाय के ढर्रे के और नए निर्गुनपंथ के ढंग के। कुछ विद्वानों का कथन है कि इनकी पहली रचनाएँ उस समय की हैं जब ये नए पंथ

की ओर मुड़े नहीं थे। महाराष्ट्र के विद्वान् ऐसा नहीं मानते। निर्गुण और सगुण संबंधी दोनों प्रकार की रचना के कारण उनके किसी नए पंथ की ओर मुड़ने की चर्चा ठीक नहीं जान पड़ती। हिंदी की ज्ञानमार्गी निर्गुणशाखा के आदि-प्रवर्तक नामदेव ही कहे गए हैं। नामदेव महाराष्ट्र के प्रसिद्ध भक्त हैं। जिस प्रकार उनके बहुत से अभंग महाराष्ट्रों में हैं उसी प्रकार पद हिंदी में। कहा जाता है कि नामदेव निर्गुणपंथ को व्यवस्थित न कर सके, उसे व्यवस्थित किया कबीरदास ने। कबीर की बानी विभिन्न धार्मिक मतों का समन्वित रूप लेकर चली नाथपंथियों से ये प्रभावित थे। ये स्वामी रामानंद के शिष्य कहे जाते हैं और प्रसिद्ध है कि सूफी फकीर शेख तकी से इनका सत्संग हुआ था। नाथपंथियों का योगमार्ग भक्तिविरहित था। कबीर ने ज्ञान और भक्ति का समन्वित रूप सामने किया। इनकी रचना में अद्वैतवादी वचन भी हैं। सूफियों के सत्संग से प्राप्त प्रेम की पीर भी मिलती है। वैष्णवों का अहिंसावाद भी मिश्रित है। हिंदू-मुसलमानों की एकता में ये विशेष संलग्न रहे। ज्ञानमार्गी अद्वैतवाद, प्रेममार्गी तसव्वुफ (सूफीमत), अहिंसाप्रधान वैष्णव प्रपत्तिवाद, मुसलमानी एकेश्वरवाद और नाथपंथियों का योगमार्ग सबका आपानक मिलता है कबीरपंथ में। अधिकतर नीची श्रेणी के अपढ़ व्यक्ति ही इससे प्रभावित हुए। पढ़े-लिखों पर निर्गुनपंथी संतों का प्रभाव नहीं पड़ा। अपढ़ जनता को आकृष्ट करने के लिए योगसाधना और ज्ञानमार्ग की फुटकल बातें उलटबाँसियों के चमत्कार से युक्त की गईं। प्राचीन भक्तिमार्ग में ज्ञान और कर्म दोनों का समन्वय था। कबीर ने ज्ञान को लिया (नाममात्र को ही सही) पर कर्म की कोई व्यवस्था नहीं की। प्राचीन भक्तिमार्ग के सच्चे स्वरूप को पहचाननेवाले महात्मा तुलसीदास ने इसी से ऐसे संत फकीरों को लक्ष्य करके कहा—

साखी सबदी दोहरा कहि किहनी उपखान।
भगत निरूपहिं भगति कलि निंदहिं बेद पुरान।।

ये संत बातें तो प्राचीन शास्त्रों से ही लेते थे, पर पद्धति विलक्षण रखते थे। अपने पंथ को नवीन तथा वेदशास्त्रादि से पृथक् बतलाने के लिए उन्हें असत्य कथन करनेवाला भी कह देते थे और अपढ़ जनता को समझाते कि साधक सुर, नर, मुनि आदि सबसे बढ़ जाता है—

झीनी झीनी बीनी चदरिया।
सो चादर सुर नर मुनि ओढ़ी ओढ़िकै मैली कर दीनी चदरिया।
दास कबीर जतन सों ओढ़ी जैसी की तैसी धर दीनी चदरिया।

कबीर के प्रयत्न से जनता में एकता का भाव अवश्य जगा। यद्यपि इन्होंने

भक्ति-प्रेम का भी निरूपण किया तथापि प्रधानता ज्ञान की रखी, इसी से कबीर आदि संतों का पंथ ज्ञानप्रधान कहा जाता है।

कबीर की सब रचना काव्य के अंतर्गत नहीं आती। योगसाधना की प्रक्रिया, नाड़ी, चक्र, सुरत, निरत, ब्रह्मरंध्र आदि का काव्य से क्या संबंध। जिस रचना में प्रेमतत्त्व, पतिपत्नी, सेव्यसेवक, पितापुत्र आदि संबंधों द्वारा रहस्य संकेतित है वही काव्य के भीतर रखी जा सकती है।

अपभ्रंश की दोहा-(साखी-) पद्धति और जनता की गीत-पद्धति दोनों कबीर ने ली। भाषा भी कई प्रकार की है। साखी या दोहे में खिचड़ी भाषा है, जिसमें खड़ीबोली का पुराना रूप मिलता है। सबदी गीतों (पदों) में काव्यभाषा ब्रजी का पुट है और रमैनी (रामायणी = चौपाई) में 'पूरबी' का रंग। इनकी भाषा में पुराने प्रयोग अधिक हैं। इसलिए भाषा की दृष्टि से इनकी रचना का विशेष महत्त्व है। हिंदी की संयुक्त क्रियाओं के वर्तमान रूपों का मूल, विशेषण-विशेष्य का समानाधिकरण्य और विभक्तियों के पुराने रूप सभी मिलते हैं।

ज्ञानमार्गी शाखा में गुरुनानक, दादूदयाल, सुंदरदास ये भी विशेष उल्लेखनीय हैं। इनकी निर्गुणभावना में थोड़ा भेद है। जैसे गुरुनानक में 'साकार' की भावना का समावेश है। गुरुनानक में न अटपटी बानी है न डाँट-फटकार। उनकी बानी भक्तों की सरलता से परिपूर्ण है। फलस्वरूप उनकी रचना सरल और सरस है। पदों में कई भाषाओं का मेल है। ये पंजाब के थे इसलिए काव्य-भाषा ब्रजी और लोकभाषा खड़ी में पंजाबी का भी मेल आप से आप हो गया है। इनकी रचना 'ग्रंथसाहब' में है, जिसमें कुछ पद शुद्ध पंजाबी के हैं।

दादूदयाल (सं० 1601 से 1660) ने 'दादूपंथ' नाम से नया पंथ चलाया। इनमें न तो अंतुर्मुखी रहस्य की प्रवृत्ति कबीर जैसी थी न डाँट-डपट की अभिरुचि। इनकी रचना प्रमभाव से पूर्ण है। जाति-पाँति के निराकरण, हिंदू-मुसलमानों की एकता आदि पर इनके पद तर्कप्रेरित न होकर हृदय-प्रेरित हैं।

सुंदरदास (सं० 1653 से 1746 तक) की रचना अन्य संतों की अपेक्षा साहित्यिक है। ये तत्त्वज्ञान को काव्यक्षेत्र में लाने के प्रयासी थे, इसी से भाषा और शैली में परिष्कार मिलता है। भाषा सुसंस्कृत है और शैली कबित्त की तथा आलंकारिक चमत्कारयुक्त। भिन्न-भिन्न देशों के आचार-विचार पर व्यंग्य तो है, पर अटपटी बानी कहीं नहीं। नए ढंग का सृष्टितत्त्व भी अशास्त्रीय नहीं है। निवृत्तिमूलक निर्गुणमत के होकर भी इन्होंने लोकधर्म के विरुद्ध बातें नहीं कीं।

कबीर

प्राचीनकाल में जीवनसाधन के दो मार्ग स्वीकृत थे—प्रवृत्तिमूलक और निवृत्तिमूलक। प्रवृत्तिमूलक ईश्वराराधन गृहस्थों के लिए था, निवृत्तिमूलक संन्यस्तों या विरक्तों के लिए। हिंदी के मध्यकाल में जो भक्ति का आंदोलन चला उसमें ये दोनों प्राचीन प्रवाह दिखाई देते हैं। भारतवर्ष में जैन और बौद्ध मत, जो प्रगतिशील मत कहे जाते हैं, अपने मूल में संन्यस्तों और विरक्तों के मत हैं। आगे चलकर सिद्धों और नाथों का जो निवृत्तिमूलक मत दिखाई देता है वह भी विरक्तों का मत है। विरक्त भी लोकयात्रा के लिए समाज पर ही आश्रित रहते हैं, इसलिए ये मत भी समाज को प्रभावित करके लोकयात्रा का कार्य संपादित किया करते थे। निवृत्तिमूलक आराधना या तो ईश्वर के सर्वव्यापी स्वरूप को लेकर चलती है या परिमित होकर अंतस्साधना में परिणत हो जाती है। प्रवृत्ति का निषेध होने के कारण ब्रह्म का निर्गुण रूप ही इस साधना के अनुकूल पड़ता है। जहाँ ब्रह्म और आत्मा की स्वीकृति नहीं है वहाँ शील, सदाचार की उच्चतम साधना में इनका पर्यवसान हो जाता है। परिणाम यह होता है कि ब्रह्म, जीव, जगत् के दार्शनिक पक्ष की स्वतंत्र प्रतिष्ठा करने के स्थान पर ये मत आचार पर अधिक ध्यान देने और 'संप्रदाय' के स्थान पर 'पंथ' का रूप धारण करने लगते हैं। भारतीय दृष्टि के अनुसार संप्रदाय के दो पक्ष होते हैं—सिद्धांत और आचार। संप्रदाय वही कहलाता है जो ब्रह्म-जीव-जगत् के संबंध में अपनी कोई स्वतंत्र दृष्टि (दर्शन) रखता है और उस दृष्टि के अनुरूप आचरण की व्यवस्था करता है। किंतु जहाँ (पंथ में) अपना कोई स्वतंत्र दार्शनिक पक्ष नहीं होता वहाँ आचार पर ही विशेष ध्यान होने के कारण उसी पर अधिक बल दिया जाता है। जीवन के विस्तार के कारण आचार के स्वरूप में भी अनेक प्रकार के भेद हो जाते हैं और अनेकविध पंथों के निर्माण के हेतु बनते हैं। कबीर ने जिस निर्गुनपंथ का प्रवर्तन किया उसमें उनका कोई स्वतंत्र दार्शनिक पक्ष नहीं है। कबीरपंथ के व्याख्याकारों ने उनकी बानियों का शांकर अद्वैत से मेल दिखलाया है। कहा जाता है कि कबीर ने सब प्रकार के मतवादों का खंडन किया अर्थात् उनमें निषेधात्मक प्रवृत्ति बहुत अधिक है। विध्यात्मक सिद्धांतपक्ष का निरूपण करने में कबीर के बड़े से बड़े हिमायती सफल नहीं हो सके हैं। ऐसी परिस्थिति में उन्होंने कबीर की सहज साधना को ही मुख्य माना है। सबका निष्कर्ष यह कि कबीर के निर्गुणपंथ में सहज साधना अर्थात् रहनी अथवा आचार का ही विशेष महत्त्व है। यही स्थिति अन्य पंथों की भी समझनी चाहिए। इसलिए इन पंथों के बोध के लिए संप्रदाय शब्द का व्यवहार समुचित नहीं प्रतीत होता, जैसा भ्रम से हिंदी के बहुत से आलोचक किया

करते हैं।

साहित्य के इतिहासकारों ने कबीर आदि संतों को ज्ञानमार्गी कहा है। ज्ञानमार्गी शब्द में ज्ञान भ्रामक जान पड़ता है। इसमें ज्ञान शब्द का ग्रहण प्रेम की गौणता के कारण करना पड़ा है। ज्ञान शब्द से यह भ्रम उत्पन्न होता है कि कदाचित् इनमें ज्ञान अर्थात् सिद्धांतपक्ष की नूतन दृष्टियाँ मिलती हैं, पर इन्होंने बहुत स्पष्ट रूप में ज्ञान का भी निषेध कर दिया है—

> पोथी पढ़ि पढ़ि जग मुआ पंडित हुआ न कोय।
> एकै आखर प्रेम का पढ़ै सो पंडित होय ॥

वास्तविक स्थिति यह दिखाई देती है कि निर्गुनपंथ नवीन विदेशी संस्कृति के संसर्ग के कारण खड़ा हुआ, जिसमें एक ओर भारतीय अद्वैतवाद था तो दूसरी ओर विदेशी एकेश्वरवाद, एक ओर योगियों की सहज साधना थी तो दूसरी ओर सूफियों की प्रेमसाधना। निवृत्तिमूलक होने के कारण इसकी अंतस्साधना रहस्यात्मक हो गई। कबीर के निषेधात्मक पक्ष का प्रभाव उनके पंथ में यह अवश्य दिखाई पड़ा कि सूफियों की प्रेमसाधना लेने पर भी प्रेम की गुह्य साधना की विलासिता का प्रवेश न हो सका।

कबीर आदि संतों के संबंध में एक बात यह भी विचारणीय है कि क्या ये समाजसुधारक थे। भारतवर्ष में अँगरेजों ने आकर महात्माओं आदि के संबंध में जिस प्रकार की आलोचना प्रस्तुत की उसका परिणाम यह हुआ कि इतिहास के क्षेत्र में जैन और बौद्ध धर्म इसलिए समाजसुधारक घोषित किए गए कि उन्होंने प्राचीन वैदिक परंपराओं का विरोध किया। ठीक इसी प्रकार जिन संतों ने प्राचीन वैदिक सिद्धांतों का विरोध किया और स्वतंत्र मनोवृत्ति का परिचय दिया वे सभी सुधारक मान लिए गए। अर्थात् यह माना गया कि कुछ लोग प्राचीन मर्यादा को माननेवाले होते हैं और कुछ उन मर्यादाओं का उल्लंघन करके चलने का उपदेश देते हैं। इस विचारधारा को लिए-दिए कुछ लोग यह अनुसंधान भी कर लाए कि भारतवर्ष में वैदिक युग से दो विरोधी वर्ग चले आ रहे हैं—एक वेद को माननेवाले दूसरे वेदविरोधी। वेदविरोधी मत वाले ही सुधारक के रूप में माने जाते हैं। यह भी कहा जाता है कि वेदविरोधी मत वाले भारत के प्राचीन या आदिनिवासी हैं और वेदमत के माननेवाले विदेशी हैं और बाहर से आकर यहाँ बसे हैं। इस प्रकार इन सब मतमतांतरों के कारण भारत के विभिन्न क्षेत्रों में अनेक प्रकार के विच्छेद उत्पन्न कर दिए गए।

जो हो, इन संतों को समाजसुधारक कहना ठीक नहीं प्रतीत होता। समाज-सुधारक वही कहा जा सकता है जो समाज को माननेवाला और समाज की रक्षा को माननेवाला हो। ये संत समाज को ही नहीं मानते। इनकी साधना सामाजिक

साधना न होकर वैयक्तिक साधना थी और ये व्यक्तिगत उत्कर्ष की दृष्टि से ही इस प्रकार का उपदेश दिया करते थे। यह दिखला देना कि संतमत के माननेवाले जिस-जिस जाति या वर्ग में थे उस-उस जाति या वर्ग के दैनंदिन कार्यों से कभी पराङ्मुख नहीं हुए इसलिए वे सामाजिक प्राणी माने जाएँ, तर्क के लिए तर्क है। जगत् के प्रति आकर्षण और जगत् के प्रति विकर्षण अर्थात् प्रवृत्ति और निवृत्ति दो मन:स्थितियाँ हैं जो इस बात का निर्णय करती हैं कि कौन सामाजिक है और कौन असामाजिक। कोई व्यक्ति व्यक्तिगत जीवन में किस प्रकार से रहता है यह बहुत कुछ परिस्थितियों के ऊपर आश्रित होता है। वह किस मत या विचार को माननेवाला है इसका पता उसके वचन देते हैं। इन संतों के वचन जगत् में प्रवृत्त करनेवाले नहीं हैं। इसलिए ये समाजसुधारक नहीं कहे जा सकते। इनका लक्ष्य ही यह नहीं था। इनके समाजसुधारक होने की उद्भावना आधुनिक मस्तिष्क की उपज है। इन संतों ने स्वप्न में भी इसकी कल्पना नहीं की है। जो समाज को माननेवाला होता है वह कम से कम जीवनयात्रा को दीर्घ बनाने का इच्छुक होता है और उसी प्रकार का उपदेश देता है अर्थात् उसके आचार-विचार सब में जीवन के प्रति आस्था व्यक्त होती है। जो अपने जीवन को शीघ्र से शीघ्र समाप्त कर देने की याचना करता हो वह कहाँ का सामाजिक और कहाँ का समाजसुधारक। कुछ सगुणभक्तों ने ऐसी बातें कही अवश्य हैं जो निवृत्तिमूलक हैं पर उन भक्तों ने प्रवृत्तिमूलक उपदेश अत्यधिक परिमाण में दिए हैं। ये चाहते हैं कि जीवन दीर्घकालीन हो और इस जीवन के द्वारा इस जगत् में व्याप्त ब्रह्म की सत्ता का अधिकाधिक अनुशीलन और उपयोग किया जाए। अत: इनके धर्मोपदेशों का ही विचार करना इनके संबंध में श्रेयस्कर प्रतीत होता है।

कबीर ने जो धर्मोपदेश दिए हैं वे साखी, शब्दी और रमैनी कहलाते हैं। साखी दोहों में मिलती है। अत्यधिक प्रचलन होने के कारण 'साखी' शब्द का अर्थ ही आगे चलकर 'दोहा' हो गया। साखी नाम की रचनाएँ साक्षी चेतन से संबंध रखनेवाली मानी जाती हैं, अर्थात् उनमें आत्मचिंतन पर विशेष ध्यान दिया गया है तथा जीव का ब्रह्म और जगत् से संबंध दिखलाने का प्रयास किया गया है। ब्रह्म के प्रति राग और जगत् के प्रति विराग इन साखियों में स्पष्ट उपदिष्ट हैं। शब्दी वे रचनाएँ हैं जो पदों अर्थात् गीतों में लिखी गई हैं। संतों के पंथ में शब्दी वे उपदेश कहलाते हैं जिन्हें गुरु शिष्य को देता है और इन उपदेशों में वह ब्रह्म के स्वरूप और साधना के स्वरूप को बतलाने का प्रयास करता है। इस प्रकार प्रधान रूप से ये रचनाएँ ब्रह्ममूलक होती हैं। तीसरे प्रकार की रचनाएँ रमैनी हैं जो चौपाई में लिखी गई हैं। इस शब्द का संबंध 'रामायण' से जान पड़ता है, इसलिए यह स्पष्ट है कि इन रचनाओं का यह नाम बाद में पड़ा होगा, क्योंकि

तुलसीदास के मानस अर्थात् रामायाण में चौपाइयों का प्रयोग होने के कारण ही चौपाईवाली रचनाएँ रामायणी अर्थात् रमैनी कहलाने लगी होंगी। कबीर के प्रति संकेत करते हुए तुलसीदास ने उनकी साखी और शब्दी का उल्लेख तो किया है पर रमैनी का नहीं। यदि ऐसा नहीं है तो मानना पड़ेगा कि तुलसी के पूर्व चौपाइयों में रामायण लिखी गई और उसी के आधार पर इस शब्द की कल्पना की गई। यदि ऐसा नहीं है तो फिर यह मानना पड़ेगा कि रामायण का अर्थ है जगत्प्रपंच, झगड़ा-बखेड़ा आदि जैसा कि बोलचाल में अब भी देखा जाता है। वाद-विवाद को लक्ष्य करके कहते हैं कि 'यह रामायण बंद करो।' रमैनी नाम की रचनाओं में जगत्प्रपंच का ही अधिक विचार किया गया है। इसलिए इस कल्पना के लिए भी अवकाश दिखाई देता है। समष्टि में यह कह सकते हैं कि साखी में जीवविचार, शब्दी में ब्रह्मविचार और रमैनी में जगत्विचार प्रधान रूप से है।

कबीर के विचारों में देशी-विदेशी कई धार्मिक विचारधाराओं का मेल है। शांकर अद्वैतवाद, योगियों का हठयोग और वैष्णवों की शरणागति के साथ ही साथ सूफियों का 'इश्क हकीकी' या 'विरह की पीर' भी इसमें मिलती है। हठयोग की अंतस्साधना पर अधिक जोर देने के कारण यह माना जाता है कि जितने ऐसे संत हुए हैं सब वेदविरोधी योगमार्ग से संबद्ध हैं। भारतीय दर्शनों में जो योग माना गया है वह राजयोग है और हठयोग उससे भिन्न है। किंतु हठयोग के प्रवर्तक भी शंकर ही माने जाते हैं, यह बात भी भूल न जानी चाहिए। भारतीय परंपरा की सबसे बड़ी विशेषता यह रही है कि उसने नवीन विचारों का स्वागत या अभिनंदन करने में कभी संकीर्णता का परिचय नहीं दिया। विदेशी विचारधाराओं का अपने ढंग से समन्वय भी यह संस्कृति बराबर करती चली आई है। इसलिए भेद का बीज बोनेवाले चाहे जो भी कल्पनाएँ करते हों और उसके द्वारा चाहे जैसा भी धार्मिक या राजनीतिक लाभ उठाना चाहते या उठाते हों, भारतीय संस्कृति सदा समन्वयवादिनी ही रही है। भले ही इस समन्वयवाद के कारण इस संस्कृति को कोई मिश्रित (कंपोजिट) संस्कृति कहकर अपना यह मतलब हल करता हो कि भारतीय संस्कृति का अपना कोई स्वरूप नहीं है तो वह ऐसा करता रहे और करे।

जिन संस्कृतियों का उद्भव बहुत आधुनिक हो और जो अपने संस्कृतिगत वैशिष्ट्यों को बनाए रखने में अधिक कट्टरपन का परिचय देती हों, उनके कट्टरपन का कारण यह नहीं कि वे संस्कृतियाँ विशिष्ट स्वरूप रखनेवाली हैं और जो प्राचीनता के कारण अनेक प्रकार का समन्वय करती चली आई हो वह मिश्रित संस्कृति है अर्थात् कोई संस्कृति नहीं है। यह विचारदृष्टि का भेद मात्र है या किसी विशेष पक्ष के आग्रह के कारण, ऐसा कहना पड़ता है। भारतवर्ष का

यह समन्वय अँगरेजों और उनके अनुयायियों को सदा से धोखा देता आ रहा है। भारतवर्ष में सूर्य, शिव, विष्णु, गणेश और शक्ति इन पंचदेवों की उपासना पृथक्-पृथक् चली आ रही थी, जो आगे चलकर समन्वित हो गई। अँगरेजों ने इस समन्वयविशिष्ट पंचदेवोपासना को स्मार्त मत कह दिया और उनके अनुयायी इस स्मार्त मत को ले उड़े। फल यह हुआ कि नए-नए ज्योतिषी पंचांगों में सबकी एकादशी को 'स्मार्तानाम्' लिखने लगे। किस ग्रंथ में ऐसे स्मार्त मत का विचार है और ऐसे स्मार्त का क्या लक्षण है इसका पता बहुत खोजने पर भी अभी तक नहीं चला, इसलिए यह सब लिखना पड़ा। संक्षेप में यह कि कुछ लोग इतने 'अँगरेजानां प्रिय' हो गए ('देवानां प्रिय' की तरह) कि उनकी बातों का विमर्श न करके उनकी स्थापनाओं को मानकर मनमानी कर रहे हैं। अनेक प्रकार के संघर्षों के क्षेत्र में अँगरेजों के ये बीज अंकुरित, पुष्पित और फलित होते जा रहे हैं। कबीर के संबंध में भी विचार करनेवाले बहुत से महानुभाव परप्रत्यय पर ही चल रहे हैं, कुछ तो ऐसे हैं जो दूसरी भाषाओं में लिखे गए विचारों का बढ़िया हिंदीरूपांतर सामने उपस्थित कर देते हैं और हिंदीजगत् में चाकचिक्य फैलाते रहते हैं।

इसी प्रसंग में इस बात का भी विचार करना चाहिए कि कबीर में जो भक्ति आई वह कहाँ से। एक दोहा, जो बारंबार इस प्रसंग में उद्धृत किया जाता है, यह है—

भक्ति द्राविड़ ऊपजी लाए रामानंद।
परगट करी कबीर ने सात द्वीप नौ खंड॥

भक्ति द्रविड़ में उत्पन्न हुई और रामानंद उसे दक्षिण से उत्तर लाए तथा कबीर ने उसका प्रसार किया। दक्षिण के आडवार भक्तों में भक्ति की साधना मानी जाती है वही मध्यकालीन भक्ति का मूल है, ऐसा मानने में कई आपत्तियाँ खड़ी होती हैं। एक तो यह कि इन आडवार भक्तों के पूर्व भक्ति का कोई अस्तित्व नहीं था। यह कहना समुचित नहीं है, क्योंकि भक्ति के आचार्यों ने भक्ति का संबंध आर्यों से जोड़ा है। उसे बहुत प्राचीन कहा है। कुछ लोग तो आगमों को निगमों से भी प्राचीन मानते हैं। दूसरी आपत्ति जैन और बौद्ध सुधारक संप्रदायों के द्वारा खड़ी होती है, जिनमें ईश्वर का अस्तित्व भले ही न हो पर भक्ति साधना का स्वरूप उनमें भी पाया जाता है। तीसरी आपत्ति यह है कि ज्ञान, कर्म और उपासना के जो तीन मार्ग प्राचीन काल से विहित हैं, यह स्थापना उनके विपरीत पड़ती है। वस्तुतः मनुष्य का अंतःकरण बहुत प्राचीन काल से किसी न किसी रूप में ज्ञान और कर्म के साथ ही उपासना का भी एक रूप लेकर चला आ रहा था। इसलिए यह कहना कि भक्ति का उद्भव आडवारों

के ही-बीच हुआ, जिनका प्राचीनतम समय विक्रम की दूसरी शताब्दी माना जाता है, किसी प्रकार संगत नहीं।

बात यह है कि ईसाई धर्म माननेवाले विद्वानों ने धार्मिक एवं राजनीतिक उद्देश्यों से प्रेरित होकर यह प्रतिष्ठित करने का प्रयास किया कि ईसा का मत सबसे पहले दक्षिण में पहुँचा और उसने दक्षिण के लोगों को प्रभावित किया। वे लोग कृष्ण को क्राइस्ट का भारतीय रूप मानते हैं। अनुसंधान-क्षेत्र में अँगरेजों ने बहुत अधिक श्रम किया और उस श्रम का जो फल निकला उसका अनुगमन अँगरेजों के अनुगामी भारतीयों ने करना आरंभ किया। इस गतानुगति से ऐसा प्रसार हुआ है। इसलिए आडवारों से भक्ति का आरंभ मानना इतिहास और वास्तविकता के विरुद्ध पड़ता है। ऐसी स्थिति में इतना ही स्वीकार किया जा सकता है कि भक्ति के जितने आचार्य मध्यकाल में हुए वे दक्षिण भारत से संबद्ध थे; अतः उन्हें भक्ति की प्रेरणा दक्षिण के आडवारों से मिली होगी। उत्तर में भी भक्ति का प्राचीन प्रवाह चला आ रहा था, उसके साथ दक्षिण का प्रवाह भी आ गया और भक्ति का समन्वित रूप चल निकला। यह बतलाना सरल नहीं है कि दक्षिण के भक्तों में जो उपासना पद्धति पल्लवित हुई वह उनमें स्वतः उद्भूत थी अथवा उन पर किसी प्रकार का बाहरी आरोप भी था अर्थात् ईसाई मत के प्रचारकों के आने से ही उनमें भक्ति का बीज पड़ा और उन्होंने व्यक्तिगत रूपवाली भक्ति की साधना आरंभ की। ईसाई प्रभाव इसलिए भी असंगत है कि ईसाई मत के भारत में प्रसार के पूर्व जो मानवजाति यहाँ थी वह भक्ति की हृदयविशिष्ट साधना से रहित रही होगी, यह कैसे कहा जाय। इस प्रसंग में अगस्त्य के पौराणिक आख्यान को भी दृष्टिपथ में रखना चाहिए, जिन्होंने अप्रकाश देश में प्रकाश फैलाया था। विंध्य जिनका शिष्य था और जिनके आदेश पर उसने अपना बढ़ना रोककर देवताओं का और जनता का कष्ट दूर किया था। ये अगस्त्य ऋषि दक्षिण के रहे हों और उत्तर आए हों अथवा उत्तर के ही रहे हों, इस विवाद में पड़ने की आवश्यकता नहीं। उन्होंने प्रकाश का विस्तार दक्षिण में किया ऐसा पौराणिक आख्यान के अनुसार निश्चित होता है। भक्ति की साधना के लिए जिन शांडिल्य का भक्तिसूत्र और जिन नारद का भक्तिसूत्र प्रचलित है, वे शांडिल्य और नारद भी दक्षिणी नहीं प्रतीत होते। इस प्रकार अँगरेजों की राजनीति प्रेरित स्थापनाओं को निभ्रांत मानकर उनके अनुसार भक्तिआंदोलन का इतिहास प्रस्तुत करना समझदारी नहीं कही जा सकती।

रामानंद उत्तर के ही थे और कान्यकुब्ज ब्राह्मण कुल में उत्पन्न हुए थे। भक्ति का जो विशिष्ट आंदोलन दक्षिण में था उसके स्वरूप का उन्होंने अध्ययन किया हो, यह बात तो मान्य हो सकती है, किंतु यह मानना कि उन्होंने केवल उसी का आश्रय लिया, सर्वात्मना ठीक नहीं। साथ ही रामानंद ने जिस भक्ति

का प्रचार किया उसी भक्ति का प्रचार कबीर ने भी किया यह बात भी सोलहो आने सही नहीं है। रामानंद कबीर के गुरु थे, यह भी जनप्रवाह मात्र है।

'कासी में हम प्रगट भए हैं रामानंद चिताए' यह एक किंवदंती के रूप में प्रचलित है, कबीर ने स्वयं कहीं यह घोषणा नहीं की है कि रामानंद मेरे गुरु थे। कबीर की कृतियों से जिस मनोवृत्ति का संकेत मिलता है उसके अनुसार ये निर्गुण ब्रह्म के अतिरिक्त कदाचित् किसी को गुरु मानने को प्रस्तुत न थे। ऐतिहासिक विद्वान् शेख तकी को इनका गुरु कहते हैं। जो भी हो, कबीर ने जिस भक्ति का प्रचार किया वह भक्ति आडवारों की भक्ति ही हो, ऐसा ठीक नहीं प्रतीत होता। कबीर स्वयं मुसलमान थे और जिन संस्कारों के बीच पले थे वे भी मुसलमानी थे, सूफियों का प्रभाव उनके ऊपर पड़ना सहज था। इसी-लिए भक्तिसाधना पद्धति में कबीर ने सूफियों की विरह पद्धति का स्थान-स्थान पर आख्यान किया है। जिस योगसाधना का वे बहुत अधिक अवलंबन लेते हैं वह भक्तिविशिष्ट पद्धति नहीं थी। अनेक प्रकार के चमत्कारों के लिए उसमें पूरा स्थान था। जिन सामान्य विद्याबुद्धिवालों के बीच चमत्कारों का आकर्षण उत्पन्न करना अभीष्ट था उसके लिए योग की चमत्कारपूर्ण क्रियाएँ विशेष उपयोगी सिद्ध हो सकती थीं। इसलिए सबको संपिंडित करके यही कह सकते हैं कि कबीर स्वयं कोई नया पंथ प्रवर्तित करने की चिंता में थे जिसमें विभिन्न साधना पद्धतियों का सर्वोत्तम अंश सम्मिश्रित हो।

यहीं पर इस बात का विचार कर लेना आवश्यक है कि ये जो शास्त्र की मर्यादा नहीं मानते थे उसका कारण क्या था। जैसा कहा जा चुका है, भारत में गृहस्थों और विरक्तों के लिए दो प्रकार के मार्ग थे। विरक्तों के लिए जो मार्ग था वह पारंपरिक रूप में शास्त्र की मर्यादा माननेवाला था, क्योंकि उसका मुख्य लक्ष्य ज्ञानयोग था। जिन्हें गार्हस्थ्यजीवन की किसी प्रकार की चिंता नहीं थी वे एकांत में ज्ञानार्जन करते थे और शास्त्रों का मंथन करके अनेक प्रकार की उपयोगी चिंताधाराएँ भी प्रवाहित किया करते थे। बहुत से विरक्त ऐसे भी हो सकते या होते थे जो इस प्रकार की ज्ञानात्मक उच्च कोटि की साधना करने में असमर्थ थे। इसलिए सिद्धांत अर्थात् शास्त्रपक्ष को छोड़कर केवल आचारपक्ष को सर्वस्व मानकर अपना मार्ग निर्धारित करते थे। कबीर इसी प्रकार के विरक्त साधक थे और सामान्य विद्याबुद्धिवालों के बीच धर्मोपदेशक के रूप में प्रतिष्ठित हो सकते थे। अपनी विशेषता के प्रदर्शन के लिए ये जिस शैली और भाषा का प्रयोग करते थे वह बहुत पहले से चली आ रही थी और सिद्धों के बीच संध्या या संधा के रूप में अभिहित थी। कबीर ने अपनी कृति में सामान्य रूप से सर्वत्र और विशेष रूप से उलटवाँसियों में उक्त सिद्धाई का नियोजन किया है।

हिंदी-साहित्य के इतिहास में कबीर आदि संतों का विचार दो ही दृष्टियों

से किया जा सकता है—एक तो यह दृष्टि कि इन्होंने हिंदी-साहित्य को अपनी विचारधाराओं से कितना प्रभावित किया, दूसरी इनकी कृतियाँ भाषा के विकास के विविध सोपानों का क्या पता देती हैं। जहाँ तक विचारधाराओं से प्रभावित करने की बात है कबीर की विचारधारा जीवन के एक अंश को ही प्रभावित कर सकी। साहित्य के किसी अंश को उसने प्रभावित नहीं किया। जो आधुनिक युग की रहस्यात्मक प्रवृत्ति का मूल कबीर में खोजते हैं वे यह भूल जाते हैं कि मध्ययुग में रहस्यात्मक प्रवृत्तियों को प्रभावित करनेवाली सूफी विचारधारा थी, और फारसी का साहित्य स्वरूप लेकर सामने आई थी। आधुनिक युग में अधिकतर अँगरेजी-साहित्य की रहस्यात्मक प्रवृत्तियों से प्रेरित होकर रचना आरंभ हुई, भले ही आगे चलकर कबीर की रचना के ऊहापोह में भी कुछ लोग लग गए हों। सच्ची बात तो यह है कि हिंदीवालों का ध्यान आधुनिक युग में भी कबीर की ओर आप से आप नहीं गया, श्रीरवींद्रनाथ ठाकुर ने कबीर की कुछ रचनाओं का अनुवदन करके लोगों को आकृष्ट किया। बस फिर क्या था, कुछ भावुक भगत कबीर का आसन कई सोपान ऊपर स्थापित करने में मुग्ध भाव से लग गए। कबीर का प्रसंग आने पर हिंदी की परंपरा उन्हें तत्त्वचिंतक के रूप में ही स्वीकार करती है, साहित्यचिंतक के रूप में नहीं, और तत्त्वचिंतन में भी उन्हें तीसरा स्थान देती है—

त्व त्व सब कठवा कहि गा अँधरै कही अनूठी।
बची खुची सो जुलहा कहि गा और कहै सो जूठी।।

अब रह गई भाषा। कबीरपंथी इन्हें काशी का मानकर इनकी भाषा का पूरबी रूप ही स्वीकार करते हैं। विचारदास द्वारा अनूदित और संपादित बीजक में भाषा का रूप बहुत कुछ भोजपुरी मिश्रित दिखाई देता है। उधर बाबू श्यामसुंदरदास द्वारा संपादित और काशी नागरीप्रचारिणी सभा द्वारा प्रकाशित कबीर-ग्रंथावली (जो हस्तलेख की अनुलिपि कर मुद्रित हुई है) भाषा का रूप राजस्थानी या पश्चिमी देती है। जैसे क्रियाओं के मेल्या, पकड़्या, कह्या, मार्‌या आदि रूप और इन्हीं का विश्लिष्ट रूप सोधिया, गाड़िया, चमकिया आदि। केशवदास ने भी इस प्रकार के रूप रामचंद्रचंद्रिका में रखे हैं। अंतर इतना ही है कि वहाँ कृदंतों के ओकारांत रूप ब्रजी के अनुकूल रखे गए हैं और कबीर-ग्रंथावली में खड़ी के अनुरूप आकारांत। साखियों की भाषा में खड़ी का जितना अधिक व्यवहार मिलता है उतना शब्दी में नहीं। उसमें ब्रजी के शब्द कुछ अधिक मिलते हैं। रमैनी में पूर्वी रूप बराबर दिखाई देते हैं; जैसे—कोई-कोई या कोऊ-कोऊ के स्थान पर केऊ-केऊ। इस प्रकार विचार करने से यह कहा जा सकता है कि कबीर की तीन प्रकार की कृतियों में स्थूल रूप से हिंदी की तीनों उपभाषाओं

की स्पष्ट और निश्चित प्रवृत्ति मिल जाती है। साखी में खड़ी, सबदी में ब्रजी और रमैनी में अवधी या पूर्वी। पर यह स्मरण रखना चाहिए कि सर्वत्र खड़ी के रूपों का व्यवहार निश्चित रूप में मिलता है। नाथों और सिद्धों से जो रिक्त इन संतों को प्राप्त हुआ उसकी रीढ़ इन्होंने परिवर्तित कर दी। सिद्धों की भाषा भी हिंदी का सर्वसामान्य और व्यापक रूप लेकर चली थी, जिसमें रीढ़ पश्चिमी होते हुए भी पूर्वी का मेल बराबर दिखाई देता है। किंतु संतों में पूर्वी की प्रवृत्ति धीरे-धीरे क्षीण होती गई और पश्चिमी प्रवृत्तियाँ भी अधिक होती गईं। इसका वास्तविक कारण देश की सर्वसामान्य भाषा का अधिकाधिक सहारा लेना था। कबीर आदि संतों की भाषा में जो अधिक सम्मिश्रण मिलता है उसका कारण सब प्रकार की भाषाओं के मेल से खिचड़ी भाषा अथवा सधुक्कड़ी भाषा का रूप देना मात्र नहीं है, प्रत्युत बहुत से व्यक्तियों की जीभ ने भी इसे बदला है। कबीर की जो कृतियाँ आज तक प्राप्त हुई हैं, आधुनिक वैज्ञानिक दृष्टि से उनमें से किसी को प्रामाणिक नहीं कहा जा सकता। कबीर को चाहे कलम पकड़ने का अभ्यास ही न रहा हो, पर कोई कृति प्राचीनतम हस्तलिखित रूप में नहीं मिली है और जो मिली है या जो प्राचीन कही जाती है वह अनुसंधान की कसौटी पर खरी नहीं उतरती। कबीर की रचना में जिन छंदों का व्यवहार हुआ है उन छंदों में स्थान-स्थान पर कुछ त्रुटियाँ दिखाई देती हैं, जिनका उत्तरदायित्व केवल कबीर के मत्थे मढ़ना इसलिए ठीक नहीं जान पड़ता कि हस्तलेख लिखनेवाले लिखक और संपादित करनेवाले लेखक दोनों ने अपने अज्ञान के कारण छंद को बिगड़े रूप में उपस्थित किया है।

दोहों के संबंध में ध्यान देने की बात यह है कि उसके कई रूप प्रचलित थे। पहले और तीसरे अर्थात् विषम चरणों में तेरह मात्राओं के स्थान पर बारह मात्राएँ भी हुआ करती थीं। इस तथ्य पर ध्यान न देने से जायसी के संबंध में धारणा बनानी पड़ी कि उन्होंने तुलसी की अपेक्षा छंदों को पिंगल संबंधी व्यवस्था पर कम ध्यान दिया है। पर वास्तविकता यह है कि जायसी और तुलसी दोनों ने दोहे के विषम चरणों में कहीं-कहीं बारह मात्राएँ ही रखी हैं। एक दूसरी बात पर ध्यान न देने से शब्दों के रूप और उनके उच्चारण भ्रामक हो गए हैं। किसी अक्षर पर उदात्त हो जाने से उस पर जोर पड़ता है और उसके आगे का वर्ण दुहरा हो जाता है। साखी संख्या 418 में 'चोराँ सेंती गुझ, मार पड़ेगी तुझ' में 'गुझ' और 'तुझ' शब्दों के 'गु' और 'तु' पर उदात्त होने से 'झ' को द्वित्व प्राप्त हो जाता है, इसलिए उसका उच्चारण 'गुझ्झ' और 'तुझ्झ' होगा। पुराने लेखक ऐसे स्थलों पर दो प्रकार का लेखन प्रयास किया करते थे—एक तो यह कि जिस अक्षर पर उदात्त हो उस पर बिंदी लगा देना अथवा जो अक्षर द्वित्व होता हो उसे द्वित्व लिख देना और 'झलाँ जश् झशि' का ध्यान न देना अर्थात्

दो महाप्राण वर्णों में से पहले को अल्पप्राण न करना, जैसे सुक्ख को सुक्ख न लिखना। जहाँ इस स्थिति को लेखन प्रयास द्वारा दिखाने का ध्यान नहीं रहता था वहाँ वे अक्षर ही ज्यों के त्यों लिख दिए जाते थे। ऐसा कबीर-ग्रंथावली में बहुत देखने को मिलेगा, जैसे साखी 442 में 'कबीर माला मन की'। यहाँ या तो यह मानें कि चरण बारह मात्राओं का है या यह कि मन शब्द के 'म' पर उदात्त है। अर्थात् इसे 'कबीर माला मन की' समझना चाहिए। मेरी धारणा है कि हिंदी के बहुत से शब्दों में अनुस्वार उदात्त के चिह्न का स्थानापन्न होकर लग गया है। संस्कृत 'खड्ग' का 'खग्ग' तो ठीक है, पर खंग वस्तुतः उदात्त को अनुस्वार समझ लेने से बन गया है, वह भी वस्तुतः खग्ग ही है।

कबीर ने बारंबार यह कहा है कि 'राम नाम का मरम है आना'। इस 'आना' शब्द के कारण यह जान पड़ता है कि कबीर का राम सगुण न होकर निर्गुण है, किंतु उन्होंने जगह-जगह यह भी कहा है कि राम अर्थात् ब्रह्मतत्त्व निर्गुण और सगुण से परे है—

नहिं निरगुन नहिं सरगुन भाई नहिं सूछम असथूल।

इससे यह भी स्पष्ट हो जाता है कि वे उस परम तत्त्व को निर्गुण या सगुण कोई नाम देने के पक्ष में नहीं हैं। यह कहने का तात्पर्य इतना ही है कि वे यह कहना चाहते हैं कि संबंधबोधक पदावली (रिलेटिव टर्म्स) से ब्रह्म का निरूपण नहीं किया जा सकता। ब्रह्म को निर्गुण कहने से सगुण की ओर ध्यान जाता है। उन्होंने इस बात को स्पष्ट करने के लिए यह भी कहा है—

गुन में निगुन निगुन में गुन है बाट छाँडि किन रहिए।

अर्थात् सगुण कहने से निर्गुण और निर्गुण कहने से सगुण का भी संकेत होता है, इसलिए उस परम तत्त्व को निर्गुण कहना भी ठीक नहीं। ऐसा होते हुए भी उन्होंने 'राम' शब्द का माहात्म्य इतना क्यों माना यह विचारणीय है। वस्तुतः कबीर का राम तांत्रिक साधना का तत्त्व जान पड़ता है। यह तांत्रिक साधन प्रातिभ ज्ञान (इंट्यूटिव नॉलेज) के रूप में थी। फिर भी स्पष्ट है कि कबीर का कथन शांकर अद्वैतवादी सिद्धांतों से बहुत मिलता है; क्योंकि उन्होंने 'हम सब माहि सकल हम माहीं हमते दूसर नाहीं' भी कहा है, इसी प्रकार 'जल में कुंभ कुंभ में जल है भीतर बाहर पानी' अथवा 'बूंद समानी समद में फिर क्यों हेरी जाए' आदि भी है। कबीर शांकर अद्वैत के अनुसार ब्रह्म और जीव का अभेद मानते हैं।

श्रीमत् शंकराचार्य ने कनिष्ठ साधकों के लिए व्यवहारपक्ष में सगुणसाधना स्वीकार की थी। निर्गुण चरम लक्ष्य है पर वहाँ तक पहुँचने के लिए सगुण का उपयोग किया जा सकता है। अज्ञान के द्वारा ज्ञान तक पहुँचा जा सकता है।

'ऋत ज्ञानान्न मुक्तिः' यही शंकराचार्य का सिद्धांत है। किंतु साधना के लिए निवृत्ति और प्रवृत्ति दोनों मार्ग विहित थे और उनमें निर्गुण और सगुण दोनों की उपासना विहित थी। भक्त लोग सगुण की भक्ति को गार्हस्थ्य जीवन के लिए अनुकूल मानते थे, पर इसका तात्पर्य यह नहीं कि वह निर्गुण तत्त्व को अस्वीकार करते थे। निर्गुण की उपासना कठिन मानी जाती थी, क्योंकि नेत्रादि इंद्रियों को टिकाने के लिए कोई निश्चित आधार न होने से कठिनाई थी। सूरदास ने इसीलिए स्पष्ट कह दिया है कि

रूप न रेख रंग नहि ताके निराधार मन चक्रित धावै।
निरगुन अगम बिचारहि तातें सूर सगुनलीलापद गावै।

यह दूसरी बात है कि वल्लभाचार्य ने सगुण को ही पारमार्थिक सत्ता के रूप में स्वीकार किया। सगुण को पारमार्थिक सत्ता मान लेने से अनेक उलझनें साधना के क्षेत्र में उत्पन्न होती हैं, क्योंकि ब्रह्मतत्त्व सगुण रूप में विराट् भी है और अवतरित होकर नरलीला भी करता है। उसकी ये लीलाएँ बुद्धि को संतुष्ट करनेवाली न होकर अंतःकरण के रागांश अर्थात् हृदय को संतुष्ट करनेवाली होती हैं, इसलिए सगुणलीला में बड़े-बड़े साधकों को भी भ्रम-संदेह होने की संभावना बनी रहती है, पर निर्गुण में संदेह के लिए ऐसा स्थान नहीं है। अवतारलीला में ऐश्वर्यरूप और रसरूप दोनों में बड़ा भेद हो जाया करता है। भगवान् जहाँ अपने ऐश्वर्यरूप की झलक देते हैं वहाँ तो उतनी कठिनाई नहीं होती किंतु उनका रसरूप बहुत से स्थानों पर अगम्य हो जाया करता है। तुलसीदास ने इसीलिए यह घोषणा की कि निर्गुणरूप अत्यंत सुलभ है और सगुणरूप ही अज्ञेय है, क्योंकि सगुणरूप में अगम (रसरूप) सुगम (ऐश्वर्यरूप) उभयात्मक लीलाएँ हुआ करती हैं—

निर्गुनरूप सुलभ अति सगुन न जानै कोई।
सुगम अगम नाना चरित सुनि मुनिमन भ्रम होइ।।

सूरदास का कहना यह है कि निर्गुण के संबंध में वाणी रुक जाती है। उसके संबंध में बहुत अधिक कहना और रागात्मक अंतःकरण की परितुष्टि करना संभव नहीं है। उसका ज्ञान चाहे हो जाए पर उसका ध्यान करने में कठिनाई है। सूरदास का पक्ष ब्रह्म की रिरंसा का परितोष है। तुलसीदास का पक्ष सगुण ब्रह्म की जिज्ञासा का परितोष है। इसीलिए सूरदास लीलापदगान को सुगम या सुलभ कहते हैं और तुलसीदास उसको असुलभ बतलाते हैं।

तात्पर्य यह है कि दोनों प्रकार की साधनाएँ प्राचीन काल से विहित थीं।

हिंदी के मध्यकाल में कबीर आदि संतों और जायसी आदि सूफियों के द्वारा सगुण का खंडन होने के कारण हिंदी में भक्तों को भी निर्गुण का खंडन करना पड़ा। यदि विदेशी मतवाद के कारण सगुण का खंडन न हुआ होता तो भक्तों को निर्गुण का खंडन करने की आवश्यकता न हुई होती। हिंदी के इस खंडन-मंडन को लेकर लेखकों में दो वर्ग हो गए। कुछ लोगों ने भक्ति की दृष्टि से सगुण का मंडन किया और रागात्मक परितोष सगुण में ही मानकर निर्गुण को उसके लिए अनुपयोगी ठहराया। उसका परिणाम यह हुआ कि निर्गुणसाधना के मंडनकर्ता इस खोज में लगे कि निर्गुण की उपासना का समर्थन खोजा जाय। पर भारतीय प्रवाह के रूप से पूर्ण परिचित न होने के कारण बड़ी कठिनाई से विद्यारण्य स्वामी का एक श्लोक प्राप्त हुआ, जिसकी उद्धरणी कबीर के वाङ्मय का आलोड़न करनेवालों के द्वारा इधर बहुत होने लगी है। पर उन्हें जानना चाहिए कि भारतीय प्रवाह में दोनों मार्ग विहित थे। जिनकी पहुँच केवल विद्यारण्य स्वामी के उस श्लोक तक ही है वे हिंदी-साहित्य में अविद्यारण्य का सर्जन करने के हेतु बन रहे हैं। विद्यारण्य ने तो केवल एक तर्क उठाकर उसका समाधान कर दिया है—यदि कोई यह कहे कि निर्गुण राग का विषय नहीं हो सकता तो यह बात ठीक नहीं है, क्योंकि जो ज्ञान का विषय हो सकता है वह राग का भी। और यह मनोवैज्ञानिक तथ्य है। पर याद रखना चाहिए कि जो ज्ञान का विषय हो सकता है वही राग का विषय हो सकता है। विद्यारण्य स्वामी ने यही कहा है अर्थात् राग का विषय ज्ञेय ही हो सकता है, अज्ञेय तो ज्ञान का विषय भी नहीं हो सकता।

दो ग्रंथ

महात्मा कबीर का प्रादुर्भाव उस समय हुआ था जब मुसलमान भारत में जम गए थे और हिंदू तथा मुसलमान धर्म के नेता इस बात का अनुभव करने लग गए थे कि दोनों धर्मवालों की एकता आवश्यक ही नहीं अनिवार्य भी है। धर्म के नाम पर जो वितंडा हुआ करता था और सांप्रदायिक मनोमालिन्य के कारण जैसी विकट परिस्थिति उत्पन्न हो जाया करती थी उसे दूर करने का प्रयत्न इनका लक्ष्य था। धार्मिक कट्टरपन के बढ़ जाने से 'विश्वबंधुत्व' का पाठ पढ़नेवाले भारतवासी उस समय विदेशियों से ही नहीं अपने ही धर्म के अंग कहे जानेवालों से घृणा करने लगे थे। सामाजिक और लौकिक नीति के अनुसार भले ही लोगों

की विभिन्न श्रेणियाँ बाँधी जायँ, पर धर्म के नाम पर किसी को छोटा और किसी को बड़ा मानना धर्म का महत्त्व गिराना है, उसका अनादर करना है। जब यह स्वीकार किया जाता है कि संसार और जीवों का निर्माण करनेवाला ईश्वर एक है तब उसी के नाम पर एक दूसरे को बुरा भला कहना, यहाँ तक कि गला काटने को तैयार हो जाना संकुचित दृष्टि है। जो ईश्वर हिंदू का है वही मुसलमान का भी है। जिस ईश्वर में ब्राह्मण आदि उच्चवर्ग विश्वास करते हैं उसी में दलित वर्ग भी। फिर धार्मिक दृष्टि से दोनों में भेद ईश्वर का अपमान है। कबीर साहब ने इन्हीं आडंबर और दंभ से भरी बातों को लक्ष्यकर अपने विचार तरंगायित किए। उन्होंने हिंदुओं के ढोंग और पाखंड की कड़ी टीका की तो मुसलमानों के दिखावे की भी। उन्होंने मूर्तिपूजा के विरुद्ध आवाज उठाई तो मक्के और मसजिद के खिलाफ भी।

कबीर साहब केवल हिंदुओं और मुसलमानों के ऐक्य-प्रतिपादन तक ही नहीं रहे। उन्होंने भूतदया का भी प्रचार किया। वेद के 'मा हिंस्यात् सर्वा भूतानि' के सिद्धांत को उन्होंने व्यावहारिक जीवन में लाने का उपदेश किया। संसार की 'भिन्नरुचि' के अनुसार सनातन वैदिक धर्म के दायरे में सात्विक और तामसिक दोनों प्रकार की पूजा और उपासना का विधान था, यद्यपि उसमें सात्विक पूजा पर ही जोर दिया गया था। किंतु यज्ञ-यागादिकों का जोर होने पर 'वैदिकी हिंसा हिंसा न भवति' की आड़ में रसना की तृप्ति को भी अवकाश मिलने लगा। कर्मकांड की यह प्रबलता भगवान् बुद्ध को खटकी। उन्होंने उसका विरोध किया। केवल भारत ही नहीं, एशिया-खंड भर में भगवान् की दिव्य वाणी ने लोगों की करुणा जागरित कर दी। भगवान् बुद्ध के महाप्रयाण के अनंतर उनके अनुयायियों का पतन आरंभ हुआ और उनमें भी कर्मकांड का आधिक्य हो गया। धीरे-धीरे फिर जीवहत्या एवं पशुबलि का आधिक्य होने लगा। उन मुसलमानों में भी पशुहत्या और मांसभक्षण का प्रचार था जिनके बीच कबीर साहब का शैशव बीता। इसलिए जिस भूतदया का प्रचार भगवान् बुद्ध ने किया था उसी का प्रचार करने के लिए कबीर ने भी अपनी टेढ़ी-सीधी बानी का सहारा लिया। अंतर इतना ही है कि भगवान् बुद्ध ने मानव हृदय को प्रभावित करने के लिए हृदय की वृत्ति का ही सहारा लिया था, पर कबीर की वाणी अधिकतर तर्क को लेकर चली। पशुबलि के संबंध में वे कहते हैं—

माटी के करि देवी देवा काटि काटि जिव देइया।
जो तुहरा है साँचा देवा खेत चरत क्यों न लेइया।।

× × ×

बरबस आनिके गाय पछारिन
गला काटि जिय आप लिया।
जीते से मुरदा कर डारा
तिसको कहत हलाल हुआ।।

× × ×

हिंदु कि दया मेहर तुरकन की दोनों घट के त्यागी।
ये हलाल वे झटके मारैं आग दोनों घर लागी।।

भूतदया के साथ ही इनकी दृष्टि धर्म के ऐक्य पर गई। जब सभी धर्मों में एक ही ईश्वर की पूजा होती है तब एक धर्मवाला दूसरे धर्मानुयायी से विद्वेष रखे, यह अनुचित है। उन्होंने राम और रहीम की एकता पर जोर देते हुए परस्पर प्रेम के व्यवहार को उत्तम कहा। वर्णभेद के त्याग पर भी जोर दिया। सामान्य विद्याबुद्धिवाले व्यक्तियों और अंत्यजों को उठाने में भी कुछ उठा नहीं रखा। कबीरपंथ में ऐसे ही लोग अधिक संख्या में दीक्षित होते हैं। उनके लिए इस पंथ का द्वार अनावृत्त है। महात्मा कबीर का कहना था—

सतगुरु सम को है सगा साधू सम को दात।
हरि समान को है हितू हरिजन सम को जात।।

साधारण जनता में प्रचलित लोकोक्ति 'जात पाँत पूछै नहिं कोई, हरि को भजै सो हरि को होई' इन्हीं संतों की वाणी है।

कबीर साहब निर्गुणवादी संत थे। वे ब्रह्म के जिस स्वरूप का ध्यान करने का उपदेश करते थे वह उपाधि रहित और गुणरहित रूप का ही। ईश्वर पर किसी प्रकार का आरोप वे ठीक नहीं मानते। वे उसे शुद्ध ही रखना चाहते हैं। इसीलिए वे अवतारवाद के विरुद्ध भी कहते हैं—

दस अवतार ईसुरी माया करता करि जनि पूजा।
कहहिं कबीर सुनहु हो संतों उपजै खपै सो दूजा।।

इसी प्रकार त्रिगुणोपाधि से युक्त त्रिदेवों के संबंध में भी वे कहते हैं—

रजगुन ब्रह्मा तमगुन संकर सत्तगुना हरि सोई।
कहैं कबीर राम रमि रहिये हिंदू तुरुक न कोई।।

उनका कहना था कि ईश्वर (प्रत्यक् चेतन) शुद्ध है, उसमें उपाधि का आरोप ठीक नहीं। किंतु उपासना के क्षेत्र में शुद्ध ब्रह्म को लाना, जो चिंतन का विषय था, बहुतों को खटका। कबीर साहब ने शुद्धता के विचार से सोपाधिक ब्रह्म की

उपासनावाले मतों का खंडन किया। इसलिए उन्हें वेद के विरुद्ध भी कहना पड़ा। उनकी परिस्थिति इस विषय में भी भगवान् बुद्ध की सी थी। भगवान् बुद्ध ने बलि का जोर बढ़ते देखकर वेदों के कर्मकांड के विरुद्ध आवाज उठाई। कबीर ने भी वेद के नाम पर आडंबर और पाखंड को देखकर स्वयं वेदों के विरुद्ध आवाज उठाई। उनका कहना था कि जो सत्यज्ञान के भांडार हैं उनमें असत्य का प्रतिपादन नहीं हो सकता। अपनी मनोवृत्ति के अनुकूल लोग मनमानी किया करते हैं—

नष्ट गए जिन बेद बखाना। बेद पढ़ै पै भेद न जाना ।।

महात्मा कबीर को अपने सत्य पर इतना विश्वास था कि उन्होंने निःसंकोच सब कुछ कह डाला। पर लौकिक दृष्टि से उनका ऐसा कहना बहुतों को नहीं रुचा, यहाँ तक कि गोस्वामी तुलसीदास को भी यह कहना पड़ा—

साखी सबदी दोहरा कहि किहनी उपखान।
भगत निरूपहिं भगति कलि निंदहिं बेद पुरान ।।

भगवान् बुद्ध के संबंध में तुलसीदास कहते हैं—

तुलसी महिमा बेद की अतुलित किये बिचार।
जेहि निंदत निंदित भयो बिदित बुद्ध अवतार ।।

भगवान् बुद्ध ने वस्तुतः वेदों की निंदा नहीं की थी, कर्मकांड का विरोध किया था। वेदों के नाम पर होनेवाली हिंसा का विरोध किया था। महात्मा कबीर ने भी वस्तुतः वेदों का विरोध नहीं किया, वेद का नाम लेकर किए जाने-वाले पाखंड का विरोध किया। जिस ब्रह्मतत्त्व का प्रतिपादन कबीर ने किया वह वस्तुतः वेदकालीन ब्रह्मतत्त्व था। यह बात दूसरी है कि अद्वैतवादी भगवान् शंकर की भाँति उन्होंने चिंतन क्षेत्र और व्यावहारिक क्षेत्र को अलग नहीं किया। चिंतनक्षेत्र का निर्गुण ब्रह्म व्यावहारिक क्षेत्र में सगुण हो जाता है। जिस प्रकार शांकर अद्वैत में मायावाद का स्वीकार है उसी प्रकार कबीरपंथ में भी। इस पंथ में चेतनतत्त्व जिस प्रकार अनादि माना जाता है उसी प्रकार जड़तत्त्व भी। जिसे माया या प्रकृति ही मानना पड़ेगा। ज्ञान के क्षेत्र में तो 'गीता' आदि में भी यही कहा गया है—

त्रैगुण्यविषया वेदा निस्त्रैगुण्यो भवार्जुन।

कबीर साहब 'निर्गुण और सगुण' उपाधियों को ही भ्रमात्मक कहते हैं—

निरगुन सरगुन मन की बाजी खरे सयाने भटके।

तत्त्वचिंतन करनेवालों के दो भेद हैं। एक तो वे जो शुद्ध सत्ववाले हैं और जिन्हें आत्मविचार करने का सच्चा अधिकार है। दूसरे वे हैं जो शुद्ध सत्ववाले नहीं हैं, इन्हें आत्मविचार का वैसा अधिकार नहीं है; वे मंदाधिकारी माने जाते हैं। इनके लिए बाह्योपासना विहित है। अर्थात् ये लोग 'अहं ब्रह्मास्मि', 'अहं ब्रह्मास्मि' की रट एवं धारणा से पहले अपने सत्व को शुद्ध करें तब कहीं आत्मविचार के अधिकारी हों। कबीरपंथियों का कहना है कि मंदाधिकारियों के लिए 'अहं ब्रह्मास्मि' की जो व्यवस्था दी गई है वह भ्रममूलक है, क्योंकि इसमें अहंकार आ जाता है। यह माया है। इसलिए सत्व की शुद्धि इससे नहीं हो सकती। अंधकार के द्वारा प्रकाश का ज्ञान संभव नहीं। इसलिए सगुणोपासना, मूर्तिपूजा आदि के द्वारा ब्रह्म का ज्ञान नहीं हो सकता। इस कबीरपंथी स्थापना का भी विरोध बाबा तुलसीदास ने बड़े कड़े शब्दों में किया है। वे कहते हैं--

ज्ञान कहै अज्ञान बिनु तम बिनु कहै प्रकाश।
निरगुन कहै जो सगुन बिनु सो गुरु तुलसीदास॥

अंधकार और प्रकाश सापेक्ष हैं। ज्ञान और अज्ञान तथा सगुण और निर्गुण भी सापेक्ष हैं। प्रकाश, ज्ञान और निर्गुण निरपेक्ष नहीं। इसी से तम, अज्ञान और सगुण के बिना उनका काम नहीं चल सकता। प्रत्युत इनसे परिचित होने पर ही अन्यों का स्वरूपबोध हो सकता है। माया की व्याप्ति इंद्रियों की गति की सीमा तक है—

गो गोचर जहँ लगि मन जाई।
तहँ लगि माया जानेउ भाई॥

जिसके द्वारा विचार करते हैं उस इंद्रिय की गति भी अज्ञान के भीतर ही है।

संत मत वालों ने उपासना का मार्ग बतानेवाला एक मात्र गुरु को माना है। गुरु का माहात्म्य इनमें इतना अधिक है कि पंथों का नाम आदिगुरु के नाम पर चलता है। आगे चलकर फिर कोई विशेष आचार पर ध्यान देनेवाला नया गुरु हो जाता है तो एक पंथ से दूसरा पंथ फूट निकलता है। सगुणोपासक मार्गों से भिन्न करने के लिए इसी से इनको गुरुमार्ग और इन्हें देवमार्ग तक किसी ने कहा है। गुरु के प्राधान्य का परिणाम यह हुआ कि संतमतों में शुद्ध प्रत्यक् चेतन की उपासना के स्थान पर गुरु की उपासना प्रधान हो गई। उपासना के लिए कोई प्रत्यक्ष आधार विशेष उपयोगी होता है, प्रत्यक्ष विषय सापेक्ष है। जहाँ तक खंडन-मंडन का विचार है निर्गुनिया मतों द्वारा ही सगुण का खंडन जब होने लगा

तभी से सगुणोपासकों ने भी निर्गुण के खंडन का श्रीगणेश किया, सगुणोपासक भक्त ने निर्गुणपंथ या ज्ञानपंथ का खंडन उसके अगम्य होने के कारण किया है—

ज्ञानपंथ कृपान कै धारा। परत खगेस होइ नहिं बारा।
जो निरबिघन पंथ निरबहई। सो कैवल्य परमपद लहई।
राम भजत सोइ मुकुति गोसाईं। अनइच्छित आवइ बरिआईं॥

इन संतों पर साधनात्मक हठयोग का भी प्रभाव है। कबीर पर भी उसका प्रभाव है, पर उन्होंने जिस प्रकार अन्य साधनों का विरोध किया, उसी प्रकार हठयोग का भी।

जोगिया के नगर बसो मति कोय। जो रै बसै सो जोगिया होय॥

इसलिए यह कहा जा सकता है कि कबीर साहब जिस मत का प्रतिपादन करना चाहते थे वह शास्त्रीय दृष्टि से चाहे कैसा ही क्यों न ठहरे, उसे निरपेक्ष रखने या दिखाने का भरपूर प्रयास किया गया। धर्म के जो दस लक्षण भगवान् मनु ने कहे हैं वे किसी धर्म के विरोधी नहीं हैं। कबीर साहब भी धर्माविरोधी पंथ निकालना चाहते थे—

धर्मो यो बाधते धर्मः न स धर्मः कुधर्म तत्।
धर्माविरोधी यो धर्मः स धर्मः सत्यविक्रमः॥

किंतु कबीर साहब ने नया मत चलाने का जो उपक्रम किया उसका परिणाम बुरा हुआ। कितने ही मत यों ही भावना की प्रधानता लेकर उठ खड़े हुए और अनेक 'पंथों' की कल्पना हो गई। जनता मतमतांतरों में ही फँस गई। लोक और परलोक दोनों की साधना में व्याघात पड़ने लगा।

कबीर साहब ने परमार्थतत्त्व, माया, जीव, जगत् आदि को लेकर प्रतीकात्मक ढंग के वचन कहे हैं। जहाँ चमत्कार उत्पन्न करने की ओर इनकी दृष्टि गई है वहाँ इस सांकेतिक शैली ने 'उलटवाँसी' का रूप धारण कर लिया है। सांकेतिक पद्धति जहाँ स्पष्ट है वहाँ तो कोई बाधा नहीं पड़ती, जैसे इस शब्द में—

साँई के संग सासुर आई।
संग न सुनी स्वाद न मानी गौ जोबन सपने की नाईं।
जना चारि मिलि लगन सुधायो जना पाँच मिलि माँड़ो छायो।
सखी सहेलरि मंगल गावैं दुःख सुख माथे हरदि चढ़ावैं॥

पर जब वे 'कम्मर बरसै भीजै पानी,' 'नाना के बियाह में नाती बराती'

के ढंग की उलटवाँसियाँ कहने लगते हैं तब प्रतीक अस्पष्ट या पंथगत हो जाता है, इसलिए इनकी बानियाँ साहित्य के काम की नहीं रह जातीं। यही कारण है कि कुछ लोग महात्मा कबीर को केवल संत मानते हैं, कवि नहीं।

कबीर साहब के नाम से यों तो बहुत से ग्रंथ प्रचलित हैं पर उन सब में बीजक मुख्य है। इसकी एक टीका रीवा के महाराज विश्वनाथसिंह ने की थी। आधुनिक काल में काशी के श्रीविचारदास ने बीजक की पांडित्यपूर्ण टीका लिखी है। इसकी भूमिका में उन्होंने यह दिखाने का यत्न किया है कि महात्मा कबीर की वाणी वेदांतमत से भिन्न नहीं है। वेदांत में कही बातें न जानने के कारण कबीर के आलोचक उनकी बानियों का अर्थ नहीं समझते और उनके संबंध में भ्रांत धारणाओं का प्रचार करते हैं। श्रीविचारदास ने प्रत्येक वचन की टीका में प्राचीन संस्कृतग्रंथों के उद्धरण स्थान-स्थान पर दिए हैं और महात्मा कबीर के वचनों की गुत्थियाँ भी सुलझाई हैं। वेदांत का इनका अच्छा मनन-अध्ययन है। कबीर के टीकाकारों में सबसे पंडित श्रीविचारदास ही दिखाई पड़े। बीजक में महात्मा कबीर की 'रमैनी' और 'शबद' के अतिरिक्त ज्ञानचौंतीसा आदि और भी कितने ही छोटे-छोटे वचन हैं।

कबीर साहब की साखियों का भी एक नूतन संस्करण प्रकाशित हुआ है। इसमें गुरुदेव के अंग आदि 85 विभाग हैं। कबीर साहब की ये सब साखियाँ हिंदी के बहुप्रचलित छंद दोहे में हैं। इस ग्रंथ के आरंभ में श्रीविचारदास ने 'साखी' शब्द की व्याख्या लिखी है। उलटवाँसियों के विरोध में कही बातों का तात्पर्य इतना ही है कि किसी पदार्थ, सत्ता, भावना आदि को व्यक्त करने के लिए इन्होंने जो संकेत, उपमान या प्रतीक लिए हैं वे साधारणतया बोधगम्य नहीं हैं। इन्होंने जिस किसी वस्तु को जिस किसी तथ्य का प्रतीक मान लिया है, इसलिए साधारण जनता केवल ऊपरी चमत्कार के गोरखधंधे में पड़कर भटकने लगती है, वास्तविक तथ्य तक पहुँचने में उसे या तो देर लगती है या वह पहुँचती ही नहीं। बिना पंथगत व्यक्तियों का सहारा लिए अकसर इन 'उलटवाँसियों' का तात्पर्य खुलता ही नहीं। यदि उलटवाँसियों की व्याख्या प्रकाशित कर दी जाय तो ऐसा कहनेवाले अपना कोलाहल अवश्य बंद कर देंगे। महात्मा विचारदास ने 'बीजक' की टीका में कबीर साहब की बातों की संगति वेदांत द्वारा लगाने का प्रयत्न किया है। इस पुस्तक में उन्होंने साखी की जो व्याख्या लिखी है वह भी वेदांतपरक ही है। यहाँ यह प्रश्न उठता है कि कबीर साहब की वाणी में जो कुछ मिलता है वह वेदांत के ही अनुकूल मिलता है या अन्य दार्शनिक मतों के अनुकूल भी। इसलामधर्म के सिद्धांतों से भी इन्होंने जो कुछ लिया है उसे भी वेदांत के दायरे में ही खींचकर दिखाना कहाँ तक ठीक होगा। इनकी प्रेम की पद्धति पर सूफियों का प्रभाव स्पष्ट है।

कहीं-कहीं कबीर साहब के इन ग्रन्थों में शब्दों का अर्थ अशुद्ध दिया गया है, जिसका संस्कार होना आवश्यक है और जिसके लिए भाषा-साहित्य के मर्मज्ञों की सहायता अपेक्षित है। जैसे 'फाल' का अर्थ 'फरलांग'—'धरती करते एक पग करते समुद्र फाल' यहाँ 'फाल' का अर्थ 'उछाल' या 'डग' है। इसी प्रकार 'मवासी' का अर्थ 'बागी' किया है। पर मवासी का वास्तविक अर्थ मवास (किले) में रहनेवाला है। 'मवासी' का अशुद्ध अर्थ 'कबीर' नामक प्ररम प्रसिद्ध पुस्तक में भी है। साहित्य और हिंदी भाषा की परंपरा के अज्ञान के कारण कबीर के ग्रंथों में सांप्रदायिक शब्दों के अतिरिक्त अन्य बहुत से शब्द का भ्रामक अशुद्ध अर्थ दिया जाता है। एक सज्जन ने 'बादुर' का अर्थ 'बगुला' किया है, पर यह 'बादुर' 'गादुर' ही है। राजस्थानी और भोजपुरी में चमगादड़ के ही अर्थ में चलता है। 'बंचों' को कोई आप्टे के कोश से 'बंचथ:—कोयल' समझता है जबकि उसका संबंध 'वत्स' से है। शब्दों के अर्थ की दृष्टि से बड़ा भ्रष्टाचार है।

कबीर और वेमना

भारत में संत कबीर के उदय का विशेष लक्ष्य था। समाज में सनातन से जो धार्मिक मर्यादा बाँधी गई थी उसका उद्देश्य था लोक में व्यवस्थापन। पर जैसा प्राय: हुआ करता है विशेषाधिकारप्राप्त वर्ग, जाति या संप्रदाय के कतिपय व्यक्ति तो उसका सचाई से पालन करते हैं और बहुत से ऐसे निकल पड़ते हैं जो उस विशेषाधिकार की ओट लेकर अकर्मण्यता छिपाने लगते हैं। फल यह होता है कि उक्त वर्ग के ऐसे सज्जन मर्यादा का तात्त्विक रहस्य न जान इतर वर्ग को छोटा समझने लगते हैं। व्यवस्थापन का तात्पर्य कार्यविभाजन होता है और उसमें छोटे-बड़े, ऊँच-नीच का भेदभाव उद्दिष्ट नहीं रहता। समाज में उत्तम कार्य का भार जिन्हें सौंपा जाता है उन्हें औरों की अपेक्षा छूट केवल इसलिए दी जाती है जिससे वे कार्य का संपादन ठीक-ठीक कर सकें। बदले में उन्हें त्याग-तपस्या करनी पड़ती है। सृष्टि में मानव का विकास चरम विकास माना जाता है। पर इस विकास के साथ ही उसके अहंकार का भी विकास या प्रवर्धन होता आया है। त्यागी-तपस्वी अपने को ऊँचा समझने लगता है, यद्यपि व्यक्तिगत या समूहगत रूप में उसे ऐसा न समझना चाहिए। फलत: संघर्ष होने लगता है। जिस समय कबीर का उदय हुआ उस समय समाज में यह भेदभाव अवश्य हो गया था कि कुछ विशेषाधिकार प्राप्त व्यक्ति या समुदाय अपने को उच्च और

इतरों को नीच मानने लगे थे। कबीर इस भेदभाव को मिटाने में लगे। कहते हैं, वे नीच समझे जानेवाले समुदाय के प्रतिनिधि के रूप में अपनी 'बानी' लेकर सामने आए। यह स्वाभाविक था कि इनके कार्य में उस समुदाय के व्यक्ति योग देते जिसके ये प्रतिनिधि थे। परिणामत: कबीर की बानियों और इनकी विचार-धारा का प्रवाह निम्न वर्ग में कुछ वेग से फैला और खँजड़ी एवं डफ के नाद के साथ नीच समझे जानेवाले व्यक्ति महात्माओं-संतों-साधुओं का वेश धारण कर आगे बढ़ने की धुन में लग गए। वे वेद-पुराण की निंदा करने लगे, क्योंकि वे निम्नवर्ग के लिए कठिन और वर्जित थे। इन्होंने साखी, शब्दी, दोहा और आख्यान कह कर इस वर्ग को आकृष्ट किया—

साखी सबदी दोहरा कहि किहनी उपखान।
भगत निरूपहिं भगति कलि निंदहिं बेद पुरान॥

साखी, शब्दी और दोहरा कहनेवाले आदि निर्गुनिया संत थे और किहनी, उपखान कहनेवाले मलिक मुहम्मद जायसी आदि सूफी फकीर।

कबीर जिस भावना का प्रसार कर रहे थे वह सार्वदेशिक थी। अत: उस भावना या उससे मिलती-जुलती भावना का प्रसार करनेवाले भारत के अन्य विभागों में उदित हुए। समाज में अपने उत्तम कार्य के कारण छूट पानेवालों का कर्तव्य था कि वे समाज में हो जानेवाले इस वैषम्य को दूर करने के लिए स्वत: प्रयत्नशील होते। पर उन्होंने बहुत दिनों तक इधर ध्यान न दिया। फल यह हुआ कि ऐसी विचारप्रणालियाँ, जो भारतीय विचारधारा की दृष्टि से 'छुल्लक' मात्र थीं, साधारण विद्याबुद्धि के लोगों में प्रसार पाने लगीं। कबीर को चाहे बौद्धों की परंपरा में रखिए चाहे कापालिकों की, उन पर विदेशी पैगंबरी और सूफी मतों का प्रभाव भी पड़ा था, इसे अस्वीकार नहीं किया जा सकता। भारत ने निर्गुण और सगुण दोनों को स्वीकार कर लिया था। पारमार्थिक सत्ता निर्गुण ही है, यह उसे मान्य था, सगुण की (प्रातिभासिक) सत्ता उसकी दृष्टि में थी। अत: भारतीय परंपरा यदि निर्गुण को स्वीकार करती तो उसे प्रधान मानकर तो चल सकती थी, पर सगुण का तिरस्कार नहीं कर सकती थी। आगे चलकर जो सगुणवाद खड़ा हुआ वह भी निर्गुण को केवल भक्ति के लिए अव्यावहारिक मानकर चला, उसका तिरस्कार वह नहीं करता। इसलिए कबीर का यह कहना कि वह परम सत्ता 'निर्गुण-सर्गुण' से परे है, कुछ विलक्षण सा लगता है। यद्यपि रंगढंग से कबीर स्वच्छंदतावादी दिखाई देते हैं, पर इनके विचारों का विश्लेषण बतलाता है कि ये तात्कालिक विदेशी भावना से अधिक प्रभावित थे। इनकी उलटवाँसियों का वेदांतसिद्ध अर्थ लगा देने पर भी यह नहीं कहा जा सकता कि ये शुद्ध वेदांती या शांकर अद्वैतवादी थे। इनमें मिश्रण सब प्रकार का था, पर प्रधानता सूफी

पैगंबरी मत की ही थी। हठयोग की क्रियाओं का वर्णन मात्र इन्हें योगियों की परंपरा में नहीं बिठा सकता। सूफी संतों की युक्तियों में भी हठयोग की क्रियाओं का संग्रह पर्याप्त परिणाम में मिलता है। सच पूछिए तो प्रश्न अंतःसाधना और बहिःसाधना का है। ज्ञानमार्ग में अंतःसाधना अवश्य थी। आत्मसाधना की पुकार उपनिषदों के समय से ही चली आती है—'आत्म वा अरे द्रष्टव्यः' का उद्घोष प्राचीन है। पर अंतस् में कोई धारा प्रवाहित होती रहती है यह सूफी भावना ही मूल में भारतीय अद्वैतवाद से प्रभावित है। अतः सूफीभावना से प्रभावित पंथ को अद्वैतवाद की परंपरा में ही समझना चाहिए। यह तो ठीक है, पर पारंपरिक धारा से उसका पार्थक्य बताने के लिए यह बताना आवश्यक है कि कबीर पर प्रभाव उसी का था, मूल में वह अद्वैतवादी ही हो। इस प्रकार के विवाद में यहाँ पड़ने की आवश्यकता नहीं। यह कहना सही है कि वह पारंपरिक प्रवाह नहीं है। वह संप्रदाय नहीं है। वह परंपरा से आया नहीं है।

कहा जाता है कि श्रीरामानंद के शिष्य कबीरदास और तुलसीदास दोनों थे। 'नामूला तु जनश्रुतिः' के अनुसार 'काशी में हम प्रगट भए हैं रामानंद चेताए' से इसका मेल हो सकता है, पर प्रश्न होता है कि एक ही गुरु के शिष्य होने पर भी इतना भेद क्यों हुआ कि एक ने निर्गुण को ग्रहण किया और दूसरे ने सगुण को। यही क्यों, परस्पर एक दूसरे का खंडन भी करना पड़ा। दोनों में इतना ही साम्य दिखाई देता है कि कबीर भी परात्पर ब्रह्म को 'निस्त्रैगुण्य' कहते हैं और तुलसीदास भी राम को त्रिगुणात्मक शक्तियों से ऊपर मानते हैं। सूरदास आदि भक्तों ने विष्णु के अवतार रूप में ही श्रीकृष्ण को ग्रहण किया है, पर तुलसीदास राम को 'बिधि हरि संभु नचावनहारे' कहते हैं अर्थात् विधि और शंभु से ही नहीं हरि अर्थात् विष्णु से भी उन्हें ऊपर मानते हैं। 'राम' नाम की चर्चा अन्य भगवन्नामों की अपेक्षा कबीर में अधिक है, वे रामनाम का मर्म प्रायः समझाते रहते हैं। इसी प्रकार के कुछ स्थूल साम्य मिलते हैं। अन्यथा दोनों में छत्तीस की ही स्थिति है। यदि रामानंद के शिष्य कबीर रहे भी हों तो यही मानना पड़ता है कि गुरु के द्वारा पारंपरिक संप्रदाय तो तुलसीदास को ही प्राप्त हुआ। कबीर तो स्वच्छंद पंथ के प्रवर्तक हुए। निर्गुनिया संतों में यह 'स्वच्छंदता' विशेष ध्यान देने योग्य है। इस स्वच्छंदता का परिणाम यह हुआ कि प्रायः जितने संत हुए उतने ही पंथ निकल पड़े। छानबीन करने पर इन पंथों में कोई नूतन ज्ञान की सामग्री नहीं मिलती, पर व्यवहारभेद या आचारभेद से अनेक पंथ हो गए। भक्तिसंप्रदाय किसी आचार्य के द्वारा प्रवर्तित होता है, जो पहले ज्ञान की नई दृष्टि द्वारा यह दिखाता है कि ब्रह्म, जगत्, जीव के संबंध में उस प्रकार विचार करना चाहिए जिस प्रकार मैं कहता हूँ और तब वह भक्ति की साधना का व्यावहारिक पक्ष सामने लाता है। सर्वश्री आचार्य रामानुज, वल्लभ, निंबार्क, मध्व

आदि सबने यही किया है। पंथाई संतों में यह बात नहीं है। वे अपने लक्ष्य ब्रह्म के लोक की कल्पना सबसे ऊँची करके संतुष्ट हो जाते हैं। इस प्रकार की स्थिति में 'अनवस्था दोष' हुआ करता है। वस्तुतः इस प्रकार की उलटी-सीधी और टेढ़ी-मेढ़ी बातें सामान्य बुद्धिवालों के लिए आकर्षक होता है। बहुत से समालोचक इन संतों में प्रयुक्त 'सहज' शब्द को अत्यंत 'सहज' समझते हैं और उसका अर्थ सहज अर्थात् 'प्रकृत स्थिति' मानते हैं। वस्तुतः उलटी बातें करनेवालों में 'सहज' का यह अर्थ नहीं है। जो लोग कबीर को बौद्धों के सहजयान या भक्तों के सहजिया या सहजपंथ से जोड़ते हैं उन्हें सहजयान के साथ वज्रयान को भी सामने कर लेना चाहिए। जो लोग सिद्धों-नाथों से कबीर को जोड़ते हैं उन्हें हठयोग की सहजोली वज्रोली मुद्राओं को विचारपथ में लाना चाहिए। कबीर आदि संतों में प्रयुक्त बहुत से शब्द पुराने पारिभाषिक शब्द हैं। यद्यपि समय-समय पर उनकी परिभाषा बदलती रही है तथापि उनमें कुछ न कुछ मूल रूप लगा हुआ है। जो भी हो, कबीर में स्वच्छंदता और सर्वदर्शनसंग्रह की प्रवृत्ति अवश्य थी।

ठीक कबीर की सी ही स्थिति दक्षिण के संत 'वेमना' का भी है। उत्तरापथ की अपेक्षा दक्षिणापथ में उच्च-नीच का भेदभाव बढ़ा-चढ़ा था। वर्णधर्म के अनुसार तो ब्राह्मण, क्षत्रिय, वैश्य और शूद्र चार वर्ण होते हैं, किंतु दक्षिण में ब्राह्मण अब्राह्मण का ही भेद होने के कारण दो ही वर्ण रह जाते हैं। अतः ऊँच-नीच की भेदनीति वहाँ दूनी या आगे बढ़ी रही। यों तो 'वेमना' में कबीर की अनेक प्रवृत्तियाँ दिखाई देती हैं फिर भी वे कबीर की अपेक्षा अधिक स्वतंत्र प्रकृति के थे। कबीर ने समाज पर गहरी चोटें की हैं, पर विनोद से इन्होंने प्रायः कम काम लिया है। किंतु वेमना ने अपनी विनोदी प्रकृति का परिचय कई स्थानों पर दिया है। कहा जाता है कि इन संतों का अध्ययन करने से स्पष्ट है कि भक्ति-पंथ की ओट में किए गए इनके कार्य वस्तुतः सामाजिक 'क्रांति' के कार्य थे। क्रांति या उपप्लव से निर्माण की अपेक्षा विनाश विशेष हुआ करता है। यही इन महात्माओं के उपदेशों का परिणाम भी हुआ! दलकवर्ग को दलितवर्ग की ओर केवल कड़ी-कड़ी बातें कहकर आकृष्ट नहीं किया जा सकता। उसके लिए कुछ कोमलता भी अपेक्षित होती है। निवृत्तिमार्गी संतों से प्रायः ऐसा नहीं हो सका। प्रवृत्तिमार्गी सगुणोपासक भक्तों ने यह कमी पूरी की। विचार करने से संतों के कोरे उपदेश अधिकतर प्रभुसम्मित ही ठहरते हैं। कांतासम्मित उपदेश, जो काव्य का प्रधान प्रयोजन है, इनकी रचना में प्रायः नहीं है। अतः या तो यह मानें कि काव्यत्व की ओर इनका दृष्टि ही नहीं थी, यहाँ इनमें काव्यत्व आ ही नहीं सकता था। सच पूछिए तो निर्गुनिये संतों की कृति का महत्त्व काव्य की दृष्टि से बहुत कम है। दार्शनिक दृष्टि से भी उसमें कोई नूतन उद्भावना नहीं मिलती। उसमें

कुछ पारिभाषिक शब्दों की परंपरा और शब्दों के प्रयोग की विलक्षणता ही विवेचना की वस्तुएँ हैं। सगुणवादी भक्तों की कृति में सभी दृष्टियों से विचार करने की सामग्री मिलती है। फिर भी यह कहा जा सकता है कि औरों के देखते 'वेमना' सर्वथा नूतन संत हैं। इनके अध्ययन से संतों की देशव्यापक सर्वसामान्य वृत्तियों का ठीक-ठीक पता लगा सकता है। यदि दक्षिणी संतों की रचनाओं की आलोचनात्मक व्याख्या भी कर दी जाए तो संतों का तुलनात्मक अध्ययन करने-वालों के लिए बहुत सी सामग्री प्रस्तुत हो सकती है।

—सूफी प्रेमपंथ

प्रेमपंथ और भक्तिमार्ग

मलिक मुहम्मद जायसी प्रेममार्गी निर्गुणधारा के, सूरदास कृष्णभक्तिमयी और तुलसीदास रामभक्तिमयी सगुणधारा के श्रेष्ठ कवि हैं। जायसी जिस प्रेम-मार्गी निर्गुणधारा के कवि हैं उसकी विशेषता यह है कि उसमें सभी कवि मुसल-मान जाति के हुए हैं, सभी ने प्रेमप्रबंध लिखे हैं, सभी ने दोहे चौपाइयों का व्यवहार किया है, सभी की भाषा अवधी है, सभी सूफीमत के हैं और सभी ने फारसी की मसनवी-शैली का अनुगमन किया है, पर प्रायः कथाएँ भारतीय या हिंदुओं के यहाँ की ली हैं। जायसी की विशेषता यह है कि उनकी पद्मावत की कथा औरों की भाँति कल्पनामात्र नहीं है। उन्होंने उसे इतिहास से जोड़ दिया है। ऐतिहासिकों के अनुसार पद्मिनी या पद्मावती की कथा ऐतिहासिक नहीं है अर्थात् अलाउद्दीन की चित्तौर पर चढ़ाई का हेतु पद्मावती नहीं थी। उसका हेतु राजनीतिक ही था। पर अलाउद्दीन को लक्ष्य करके हिंदी में जितने प्रबंध-काव्य लिखे गए उनमें रमणी-सौंदर्य ही आक्रमण का हेतु माना गया है। जायसी की पद्मावत में ही नहीं, छिताईचरित और छिताईवार्ता में भी देवगिरि पर अलाउद्दीन के अभियान का हेतु छिताई की रूपराशि ही कल्पित है। हिंदी के 'रास' काव्यों में भी आक्रमण का कारण नारी का रूप ही कल्पित है। अतः काव्य की यह पारंपरिक रूढ़ि थी जिसका आश्रय सभी कवि लिया करते थे। पद्मावती की जो कथा जायसी ने ली है वह भी कबीरपरंपरासिद्ध है, क्योंकि इसका उल्लेख अमीर खुसरो ने भी किया है, जो अलाउद्दीन के समकालीन थे। कहने का तात्पर्य यह कि जायसी की कथा का मूल प्राचीन है। शुद्ध ऐतिहासिक

वह भले ही न हो, पर काव्यप्रवाह में पहले से चली आ रही है।

जहाँ तक कथा की बात है सूरदास ने श्रीमद्‌भागवत को आधार बनाया है। लीलापुरुषोत्तम की सारी लीलाएँ श्रीमद्‌भागवत की है। उनकी अभिव्यक्ति में नूतन उद्‌भावनाएँ सूरदास ने की हैं और अपना सूरसागर प्रस्तुत किया है। तुलसीदास ने प्रधान रूप से रामचरित का गान किया है। उनकी रचनाओं में प्रमुख रामचरितमानस है। 'मानस' में गृहीत रामचरित वाल्मीकीय रामायण से भिन्न है। यों तो तुलसीदास ने अपनी कथा के अंश 'नानापुराण-निगमागमसम्मत' रखे हैं अर्थात् अनेक स्थानों से इतिवृत्त का चयन किया है, पर उनकी कथा 'रामायणनिगदि' भी है, यह 'रामायण' वाल्मीकीय नहीं है जैसा लोग भ्रम से समझते हैं। वह 'यत्पूर्वं प्रभुणा कृतं सुकविना श्रीशंभुना दुर्गमम्' है अर्थात् श्रीशंकरनिर्मित रामायण से उनका तात्पर्य है। इसका नाम अध्यात्मरामायण है। पर कथाप्रसंग वहाँ से लेकर भी तुलसीदास ने श्रीमद्‌भागवत की अनेक विशिष्ट अवतरणिकाएँ अपने ग्रंथ में स्थान-स्थान पर रखी हैं। अभिप्राय यह कि तुलसीदास द्वारा गृहीत कथा भी प्राचीन और परंपरा में रूढ़ है। कथा की उद्‌भावना यहाँ भी नहीं। जायसी की कथा ऐतिहासिक है तो सूर और तुलसी की पौराणिक। पर तीनों की अभिव्यक्ति के स्वरूप अत्यंत भिन्न हैं। जायसी ने मसनवी-शैली का ग्रहण किया है जिसमें कथा अव्यवहित चलती है, केवल बीच-बीच में प्रसंगों का संकेत शीर्षक देकर किया जाता है। तुलसी के मानस में भारतीय महाकाव्यों या चरितकाव्यों की सर्गबद्ध पद्धति है, जिसमें कथा अनेक सर्गों या अध्यायों में विभाजित कर दी जाती है। सूरदास ने गीतों में मुक्तक शैली की रचना की है। जायसी गीत लिखने में सफल हो सकते, इसमें संदेह है। सूरदास प्रबंधप्रणयन में विशिष्ट हो सकते, इसमें संशय है। कृष्णचरित ही उन्होंने इतना और इस प्रकार का लिया है कि वह मुक्तक के लिए ही उपयोगी है।

तुलसी ने गीत भी लिखे हैं, प्रबंध का भी प्रकर्ष दिखाया है। सूरदास ने ब्रजभाषा में रचना की है, जायसी ने अवधी भाषा में। तुलसीदास ने दोनों भाषाओं में रचना की है—सफलतापूर्वक। सूरदास का भाषा साहित्यिक होते हुए भी चलती है। उसमें भाषाव्यवस्था कहीं-कहीं विशृंखल है। जायसी ने केवल चलती अवधी का व्यवहार किया है। पर तुलसीदास की भाषा साहित्यिक तो है ही, सुशृंखल भी है। चलती अवधी के साथ साहित्यिक और सुदृढ़ ब्रजभाषा के जोड़-तोड़ में तुलसीदास ने प्रौढ़-प्रांजल अवधी का भी व्यवहार किया है। यही क्यों, ब्रजी और अवधी को मिश्रित करके उन्होंने ऐसी मिली-जुली भाषा का प्रयोग किया जो हिंदी के परवर्ती कवियों के लिए आदर्श बन गई।

इनका ठीक-ठीक स्वरूप हृदयंगम करने के लिए जीवन और साहित्य के संबंध में इनकी दृष्टि तथा प्रभाव का विचार करना चाहिए। जीवन के समन्वय की

और तुलसीदास में सबसे अधिक जागरूकता है। उनकी भक्ति समन्वय के मार्ग पर चलती है। ज्ञान और कर्म से उसका विरोध नहीं है। ज्ञान कठोर और कर्म दुस्साध्य होने से कोई एक अकेले साध्य तक पहुँचाने में असमर्थ है। ज्ञान और कर्म मिलकर भी साध्य तक नहीं ले जा सकते। किंतु भक्ति अकेले वहाँ तक पहुँचाने में समर्थ है। उसके साथ ज्ञान या कर्म का अथवा दोनों का समन्वय हो सकता है—भक्ति गंगा है, ज्ञान सरस्वती और कर्म यमुना। रामस्वरूप सिंधु तक गंगा ही जाती है, सरस्वती और यमुना को अपने क्रोड़ में लिए हुए।

सूरदास की भक्ति में ज्ञान और कर्म का समन्वय नहीं है। दोनों का विरोध ही है। तुलसी स्वच्छंदतावादी नहीं, मर्यादावादी थे। सूरदास स्वच्छंदतावादी हैं, मर्यादावादी नहीं। इसी से तुलसीदास को जीवन की, समाज की, लोक की, समष्टि की अधिक चिंता है, सूरदास को कम। जायसी निर्गुणवादी हैं, अत: भक्ति के लिए पूरा अवकाश उनके कर्तृत्व में नहीं। वहाँ 'प्रेम' हो सकता है। पर प्रेम की परितृप्ति के लिए वहाँ संयोग नहीं वियोग का विस्तार है, 'प्रेम की पीर' है। या यों कहिए कि भक्ति में प्रीति और श्रद्धा जो दो भाव हैं उनमें से जायसी ने प्रीति का वियोगपक्ष सामने रखा, सूरदास ने उसके संयोग-वियोग दोनों पक्ष सामने किए और तुलसीदास ने प्रीति के इन द्विविध पक्षों का कम, पर श्रद्धा-संवलित रूप पर अधिक ध्यान रखा। उनमें प्रीति का अंश गौण और श्रद्धा का प्रधान है। भक्तों के ढंग से कहें तो जायसी भगवान् के भावरूप, सूरदास रसरूप और तुलसीदास ऐश्वर्यरूप के प्रधान गायक हैं। जायसी में कांतभाव की अभिव्यक्ति है, सूरदास में सख्यभाव की और तुलसीदास में दास्यभाव की। यद्यपि सूरदास का सांप्रदायिक भाव वात्सल्य है और बाललीला की विस्तृत तथा अद्वितीय रचना करने से वह सिद्ध भी है, तथापि उस भाव में सख्य और दास्य दोनों अंतर्भुक्त हैं। जायसी के कांतभाव में वात्सल्य और सख्य नहीं आ सकते, दास्य आ सकता है। तुलसीदास के दास्य में अन्य भावों की समाई नहीं। इस प्रकार केवल दास्य तुलसीदास में, कांत और दास्य जायसी में तथा वात्सल्य, सख्य और दास्य सूरदास में हैं। जायसी में न पूरा स्वच्छंदता है, न पूरी मर्यादा; दोनों का मेल अवश्य है। प्रवृत्ति और निवृत्ति के माध्यम से इनकी जीवन-विषयक दृष्टि अधिक स्पष्ट हो सकती है। जायसी निर्गुणवादी सूफी होने से एक प्रकार से निवृत्तिमार्गी ही हैं। तुलसीदास में दोनों का समन्वय है। वे स्पष्ट कहते हैं—

> घर कीन्हे घर जात है घर राखे घर जाय।
> तुलसी घर बन बीच ही रामप्रेमपुर छाय।।

पूर्वार्ध में पहले 'घर' का अर्थ 'लोक' तथा दूसरे का परलोक है। उत्तरार्ध में 'घर' का तात्पर्य लोक में प्रवृत्ति और 'बन' का लोक से निवृत्ति है। आधुनिक

पदावली में ,जायसी का प्रयास मानवतावादी है, सूरदास का व्यक्तिवादी और तुलसीदास का समष्टिवादी। परिणामत: तुलसीदास ने जीवन को सबसे अधिक प्रभावित किया, जायसी की पहुँच जहाँ तक हो सकी उन्होंने भी जीवन को कुछ प्रभावित किया। सूरदास का प्रभाव लोकजीवन पर बहुत कम पड़ा।

पर साहित्य में यह बात नहीं। सूरदास ने साहित्य को सबसे अधिक प्रभावित किया। रीतिकाल या श्रृंगारकाल के राधा-कन्हाई उन्हीं की परंपरा के हैं, तुलसी की परंपरा के नहीं। जायसी की परंपरा ने भी प्रेम की पीर ताकनेवाले घनआनंद आदि स्वच्छंदतावादियों को प्रभावित किया। पर भाषा का आदर्श तुलसी का ही चला; न सूर का, न जायसी का। तुलसी भाषा की दृष्टि से सुकवियों के सरदार घोषित हुए। साहित्य पर पड़े सूरदास के उक्त प्रभाव को ही लेकर किसी पुराने साहित्यिक ने कहा है—'सूर सूर तुलसी ससी उड्गण केसवदास'।

सूफी प्रेमगाथा

प्रेमगाथा-काव्य की सबसे पुरानी पुस्तक मुल्ला दाऊद की 'नूरक और चंदा' या चंदावत है जो अलाउद्दीन के समय की है। पद्मावत की प्रस्तावना में मलिक मुहम्मद जायसी ने पूर्ववर्ती कुछ प्रेमगाथाओं का उल्लेख यों किया है—

बिकरम धँसा प्रेम के बारा। सपनावति कहँ गयउ पतारा।
मधू पाछ मुगधावति लागी। गगनपूर होइ गा बैरागी।
राजकुंवर कंचनपुर गयऊ। मिरगावति कहँ जोगी भयऊ।
साधे कुँवर खँडावत जोगू। मधुमालति कर कीन्ह बियोगू।
प्रेमावति कहँ सुरबर साधा। उषा लागि अनिरुध बर बाँधा।

इनमें से कुछ कथाएँ काव्यबद्ध भी मिली हैं—मृगावती और मधुमालती की। प्रेमकाव्यों की दो धाराएँ स्पष्ट हैं। एक शुद्ध भारतीय, प्रेमकाव्य की और दूसरी सूफी रहस्यकाव्य की। शुद्ध भारतीय प्रेमकाव्यों की लड़ी संस्कृत के प्रेमकाव्यों से जुड़ी है। पतंजलि ने 'अधिकृत्य कृते ग्रंथे' के उदाहरण में भैमरथी, सुमनोत्तरा और वासवदत्ता का उल्लेख किया है। बाण की कादंबरी, सुबंधु की 'वासवदत्ता' उसी परंपरा की हैं। ऐसी ही प्रेमकहानियाँ गद्य में कई लिखी गईं, बारहवीं शती तक यही क्रम संस्कृत में रहा। प्राकृतों और अपभ्रंशों में भी ये कल्पित प्रेमकाव्य

थे। 'माधवानल-कामकंदला' प्राकृत की प्रसिद्ध प्रेमगाथा है। जनता में इसका प्रचार मौखिक प्रेमगीतों के रूप में हुआ। जनता में गद्य-पद्य रूप धारण कर ये गाथाएँ व्याप्त हो गईं। सूफियों ने इन्हीं प्रचलित कहानियों को अपनी प्रेम की पीर व्यक्त करने को चुना। संस्कृत की प्रेम कहानियों का ढाँचा इसी से इनमें बहुत कुछ मिलता है।

योगसंप्रदाय में भी विशेषतया राजाओं के योगसाधन की कथाएँ चलती थीं, जैसे गोपीचंद्र और भर्तृहरि की कहानियाँ। सूफियों के प्रेमकाव्यों में सिंहलद्वीप की चर्चा योगियों के प्रभाव से है। सिंहलद्वीप में पद्मिनी स्त्रियों की कल्पना वे ही करते हैं। संस्कृत-प्रेमकाव्यों में शुद्ध प्रेम ही निरूपित है। किंतु सूफियों के प्रेमप्रबंधों में सांप्रदायिक प्रचार प्रधान है। काव्य का साधन सांप्रदायिक प्रेम-भावना के प्रसार के लिए अपनाया गया। इन काव्यों में साहित्य के विधि-विधान का पूरा संभार इसी से नहीं हो पाया। संयोग और वियोग की जितनी साहित्यिक विधियाँ मौखिक परंपरा में बच रही थीं उन्हीं का ग्रहण इन्होंने किया, जैसे संयोग में नखशिख आदि का और वियोग में बारहमासे आदि का।

काव्यपद्धति इनकी विदेशी है। फारसी-साहित्य में प्रचलित प्रेमकाव्यों की मसनवी-शैली में ये प्रेमकाव्य लिखे गए। पर छंद दोहा-चौपाई हिंदी के हैं। अर्धाली पूरी चौपाई मानी गई और दो दोहों के बीच कहीं सात, कहीं नौ, कहीं ग्यारह अर्धालियाँ रख दी गई हैं। भारतीय प्रबंधकाव्यों की भाँति कथाएँ सर्गबद्ध नहीं हैं। मसनवी-शैली के ढर्रे पर कथा अव्यवहित चलती है। बीच-बीच में प्रसंगों के शीर्षक भर बाँध दिए गए हैं।

इन काव्यों में मसनवी-शैली पर ही ईश्वर की वंदना, मुहम्मद साहब की स्तुति, शाहेवक्त की प्रशंसा, गुरुपरंपरा, अपने मित्रों-संगियों का विवरण आरंभ में रहता है। प्रत्येक कथा में प्रायः किसी देश का राजा दूसरे देश की रूपवती राजकुमारी का रूपवर्णन सुन उसे प्राप्त करने के लिए योगियों का वेश धारण कर निकल पड़ता है। राजा और राजकुमारी के बीच प्रेमसंबंध का सूत्र जोड़नेवाला कोई पक्षी (बहुधा सुग्गा) होता है। अंत में अनेक विघ्न-बाधाओं को पार कर राजा इच्छित राजकुमारी पा जाता है, पर तदनंतर कहीं युद्ध से और कहीं अन्य कारणों से राजा की मृत्यु हो जाती है। राजा की परिणीता और प्रेमिका दोनों सती होती हैं। इस प्रकार सूफियों के प्रेमकाव्य लोकदृष्टि से दुःखांत जान पड़ते हैं, किंतु सांप्रदायिक दृष्टि से ये सुखांत होते हैं। क्योंकि इनमें राजा साधक, राजकुमारी ब्रह्मज्योति और पक्षी मध्यस्थ या गुरु होता है। मार्ग में पड़नेवाली विघ्नबाधाएँ साधना में पड़नेवाले प्रत्यूह होते हैं। इसी से राजा योगियों के वेश में राजकुमारियों की खोज करने निकलते हैं। प्रेमकथा के लौकिक पक्ष के साथ आत्मा और ब्रह्म के अलौकिक पक्ष की योजना कर लेने से साधक या प्रेमी के राजकुमारी या साध्य

तक पहुँचने के पूर्व ही प्रेम की पीड़ा उग्र रूप धारण करती है। लौकिक दृष्टि से राजकुमारियों द्वारा प्रदर्शित पीड़ा कामपीड़ा ही मानी जाएगी और प्रबंध की दृष्टि से भोंडी होगी, किंतु ब्रह्म की अलौकिक दृष्टि से उसका विशेष महत्त्व माना जाता है।

पूरा काव्य संकेतात्मक होता है। साथ ही बीच-बीच में भी पात्रों द्वारा रहस्य-संकेत कराए जाते हैं। ये संकेत कुछ तो बहुत चलते हुए दृष्टांत होते हैं और कुछ सांप्रदायिक धारणाएँ। इहलोक और परलोक को नैहर और ससुराल मानना अथवा हाट कहना चलते दृष्टांत है। किंतु सारे जगत् को ब्रह्म की सत्ता से प्रोद्भासित या उसका प्रतिबिंब मानना सांप्रदायिक धारणा है। प्रकाश और अंधकार के रूप में ज्ञान और अज्ञान या ब्रह्म और मायाच्छन्न जीव का संकेत देना तथा अहंकार के त्याग का संकल्प दिखाना आदि सिद्धांतगत ही हैं। बीच के इन संकेतों में पूरी कथा के लिए मान्यरूपक या अध्यवसान का ध्यान नहीं रहता। प्रस्तुत के बीच इस प्रकार अप्रस्तुत के संकेत मिलते रहने से भी प्रबंधकाव्य का स्वारस्य नष्ट नहीं हुआ है। रहस्य का संकेत काव्य में इसी रूप में स्वाभाविक भी होता है। फिर भी योगियों की साधना के विवरण, वस्तुओं की सूची, मुद्रालंकार का अतिरेक आदि काव्य को क्षति पहुँचाते हैं।

तसव्वुफ ब्रह्म की भावना दो रूपों में करता है। जमाल और जलाल अथवा सौंदर्य और ऐश्वर्य, वैसे ही रूप हैं जैसे सगुण भक्तों का रसरूप और ऐश्वर्यरूप। भक्ति के दो अवयवों प्रेम और श्रद्धा से ये भावनाएँ संबद्ध हैं। प्रेम सौंदर्य से और श्रद्धा ऐश्वर्य (शक्ति, शील आदि) से। हिंदी के इन सूफी कवियों ने ब्रह्म का सौंदर्य और प्रेम ही लिया है। अतः इनका स्वरूप प्रेमभक्ति के भक्तों का-सा है। जमाली सूफियों के प्रभाव से कृष्णभक्त कवियों में 'इश्क मजाजी' (लौकिक) इतनी बढ़ी कि उनके काव्य प्रेमव्यापार के कोश हो गए।

हिंदी के अन्य सूफी कवियों की प्रेमगाथाएँ कल्पित हैं, पर मलिक मुहम्मद जायसी ने पद्मावत की प्रेमकथा को प्रख्यात रूप दिया है। उसका पूर्वार्ध तो बहुत कुछ कल्पित है, किंतु उत्तरार्ध में ऐतिहासिक प्रख्यात वृत्त की योजना के साथ ही व्यक्तिपक्ष लोकपक्ष में परिणत हो गया है। इस कारण पद्मावत अन्य प्रेमकाव्यों से पृथक् ही नहीं, प्रबंध की दृष्टि से उत्कृष्ट भी है। अन्य सूफी प्रेमकाव्यों में अधिकतर प्रेम, करुणा, श्रद्धा, भक्ति आदि कोमल भाव ही नियोजित हैं, किंतु लोकदृष्टि से समन्वय के कारण पद्मावत को कुछ उग्रभाव युद्ध, उत्साह, क्रोध, खीझ आदि लाने पड़े हैं, यद्यपि इनकी अभिव्यक्ति कोमल भावों की-सी गंभीर नहीं है।

मलिक मुहम्मद में व्यापक तत्त्वदृष्टि थी—सूफी सारे व्यक्त प्रसार को ब्रह्म से वियुक्त मानते हैं और उसमें जहाँ-जहाँ आनंद, सुख आदि हैं वहाँ-वहाँ ब्रह्म की

सत्ता सकारते हैं। जायसी ने शांकर अद्वैत की भाँति आत्मा और ब्रह्म की एकता का भी आभास दिया है। 'पद्मावत' के अतिरिक्त 'अखरावट' और 'आखिरी कलाम' नामक दो पुस्तकें तत्त्वज्ञान पर ही हैं, जिनमें कुछ नवीन तत्त्वचिंतन भी। सिद्धांत की दृष्टि से सूफीमत भारत के विशिष्टाद्वैत मत से मिलता है, किंतु जायसी ने मायारूप में सृष्टिव्यापार की कल्पना करके अपने को वेदांत के अधिक निकट कर दिया है।

कबीर आदि ज्ञानमार्गियों की भाँति अनिश्चित न होकर प्रेममार्गियों के रहस्य-संकेत निश्चित हैं। कबीर ने रहस्य का संकेत कई लौकिक संबंधों से किया है, कहीं पिता-पुत्र, कहीं स्वामी-सेवक, कहीं शासक-शासित तथा कहीं पति-पत्नी भाव से। सूफियों ने केवल प्रिय-प्रेमी भाव या कांतभाव ही लिया है। इसमें कृष्ण-भक्ति के कांतभाव या माधुर्यभाव से कुछ अंतर दिखता है। प्रेमभक्ति में ईश्वर पति अर्थात् पुरुष और आत्मा पत्नी होती है, किंतु सूफियों की प्रेमकथाओं में साध्य (ईश्वर) स्त्री और साधक (आत्मा) पुरुष रहता है। बीच में नायिका द्वारा जो संकेत कराए जाते हैं उनमें ही भारतीय ढंग का माधुर्यभाव मिलता है। परमार्थतः ईश्वर (खुदा) निर्लिंग है।

ज्ञानमार्ग में मुक्तकों का ही ग्रहण था, पर प्रेममार्ग ने प्रबंधकाव्यों की पद्धति पकड़ी। ज्ञानमार्ग ने जीवन की स्वाभाविक अनुभूतियों और अंतर्वृत्तियों के उद्बोधन का पथ नहीं पकड़ा, पर प्रेममार्ग ने प्रेमगाथाओं के पथ से चलकर अंतर्जीवन की मार्मिक और उद्बोधनशील वृत्तियों का उद्घाटन किया।

इस परंपरा के मुख्य कवि हैं—मृगावत के कत कुतबन (सं० 1550), मधुमालती के रचयिता मंझन (सं० 1560), पद्मावत के प्रणेता मलिक मुहम्मद जायसी (सं० 1577), चित्रावली के लेखक उसमान (सं० 1670), ज्ञानदीप के प्रकाशक शेख नवी (सं० 1676), हंस जवाहिर के निर्माता कासिम शाह (सं० 1788) और इंद्रावत के कवि नूर मुहम्मद (सं० 1801)।

जायसी

मलिक मुहम्मद जायसी की पद्मावत में तीन प्रकार की योजनाएँ हैं—एक फारसी-साहित्य की मसनवी-पद्धति की, दूसरी सूफीसाधना के प्रेममार्ग की और तीसरी भारतीय आख्यान की। मलिक मुहम्मद जायसी ने सूफीसिद्धांत और आख्यान का मेल जिस प्रकार किया है उसको लक्ष्य करके अंत में सारे ग्रंथ को

आन्यापदेशिक (अलेगारिकल) घोषित किया गया है। इस प्रकार से संकेत देने की शैली का नाम शुक्लजी ने समासोक्ति पद्धति रखा है। उधर माताप्रसाद गुप्त ने बड़े परिश्रम से जो जायसी ग्रंथावली का वैज्ञानिक संपादन किया है उसमें यह अनुसंधान भी किया कि प्राचीन हस्तलेखों में ग्रंथ के अंत का वह अंश जिसमें इसके आन्यापदेशिक होने का उल्लेख है—परवर्ती है और भाष्यकारों का जोड़ा हुआ है, जायसी का लिखित नहीं है। ऐसी स्थिति में इस प्रसंग का कुछ विस्तृत विचार अपेक्षित है।

हिंदी में प्रेमगाथा लिखनेवाले सूफी कवियों का पृथक् ही वर्ग है और वे सभी सूफी सिद्धांतों के प्रचारक के रूप में दिखाई देते हैं, जिन्होंने फारसी साहित्य की शैली ली और अपनी बात काव्यात्मक ढंग से उपस्थित की। अधिकतर सूफियों ने अपनी रचना को आन्यापदेशिक कहा है। यदि पद्मावत के प्राचीन संस्करणों में यह अंश नहीं प्राप्त होता तो ऐसी स्थिति में यह मान लेना ठीक न होगा कि जायसी ने भारतीय पद्धति के शुद्ध प्रेमाख्यानक काव्यों की भाँति इसे प्रस्तुत किया है। भारतीय प्रेमाख्यान से बहुत स्पष्ट भेद सूफी प्रेमगाथाओं का यह दिखाई देता है कि इनमें आन्यापदेशिक स्थापना के अतिरिक्त पूरे काव्य में स्थान-स्थान पर रहस्यात्मक योजनाएं की गई हैं और ये रहस्यात्मक योजनाएँ सूफी सिद्धांत के कारण उनमें दिखाई देती हैं। इन रहस्यात्मक प्रवृत्तियों का विश्लेषण करने से यह स्पष्ट हो जाता है कि कहीं तो इनमें हठयोग की साधनात्मक भावना आई है और कहीं सूफी सिद्धांत की सैद्धांतिक रहस्यभावना। इससे यह स्पष्ट हो जाता है कि समूचे ग्रंथ के द्वारा यदि किसी सूफी कवि को आन्यापदेशिक स्थिति का बोध न भी कराना हो तो भी रहस्यात्मक प्रवृत्तियाँ इनमें बराबर पाई जाती हैं। अतः पद्मावत के उस अंश को प्रक्षिप्त ही माना जाय तो भी यह स्वीकार करने में कोई आपत्ति नहीं है कि पद्मावत के अध्ययन की परंपरा में यह बात स्वीकृत थी कि सारी रचना आन्यापदेशिक है। अतः पद्मावत के अध्ययन में उस अंश का उपयोग करना मलिक मुहम्मद जायसी की स्थापना के विरुद्ध नहीं माना जा सकता। इसलिए उस अंश को लेकर पद्मावत का विचार किया जाता है। वह अंश है—

मैं यह अरथ पंडितन बूझा। कहा कि हम किछु और न सूझा।
चौदह भुवन जे तर उपराहीं। ते सब मानुष के घट माहीं।
तन चितउर मन राजा कीन्हा। हिय सिंघल बुधि पदमिनी चीन्हा।
गुरू सुआ जेहि पंथ दिखावा। बिनु गुरु जगत को निरगुन पावा।
नागमती यह दुनिया धंधा। बाँचा सोइ न एहि चित बंधा।
राघव दूत सोइ सैतानू। माया अलाउदिन सुलतानू।
प्रेमकथा एहि भाँति बिचारहु। बूझि लेहु जो बूझै पारहु।

इसमें एक तो 'जो पिंड में सो ब्रह्मांड में, जो ब्रह्मांड में सो पिंड में' वाली धारणा दिखाई देती है और यह योगमार्ग से आई हुई है। दूसरी बात ध्यान देने की यह है कि हिंदी के आलोचक इस अंश का पूरा विचार बिना किए ही पद्मिनी को ब्रह्मज्योति और राजा (रत्नसेन) को साधक के रूप में कल्पित कर लिया करते हैं। इसमें तो स्पष्ट ही अंतःकरण के चार रूपों में से एक प्रकार को छोड़कर शेष तीन अर्थात् मन, चित्त और बुद्धि क्रमशः राजा, सिंहल और पद्मिनी के अन्यापदेश कहे गए हैं। मन संकल्प-विकल्प करनेवाला होता है, रत्नसेन को भी इसी स्थिति में दिखाया गया है। चित्त अनुसंधानात्मक होता है और सिंहल भी अनुसंधानात्मक है। बुद्धि निश्चयात्मक होती है अर्थात् ज्ञान के क्षेत्र की होती है। वह स्वयं ज्ञानस्वरूप है, ब्रह्म भी ज्ञानस्वरूप है। इसलिए कदाचित् लोगों ने पद्मिनी और ब्रह्म को एक कर दिया है। मार्गदर्शक गुरु हीरामन सुग्गा है और बिना गुरु के निर्गुण की प्राप्ति नहीं हो सकती। यह भी योगमार्ग के ही अनुकूल कथित है। नागमती को 'दुनिया-धंधा' अर्थात् जगत्-प्रपंच माना गया है। इस पर डा० पीतांबरदत्त बड़थ्वाल ने 'द्विवेदी अभिनंदन ग्रंथ' के अंतर्गत एक लेख लिखकर घोर आपत्ति प्रकट की। इस आपत्ति का अवसर न उपस्थित होता यदि यह बात सामने होती कि गृहस्थों और संन्यस्तों के दो पृथक् मार्ग प्रवृत्तिमूलक और निवृत्ति-मूलक पुरातन काल से चले आ रहे हैं। जिनका संबंध क्रमशः सगुणमार्ग और निर्गुणमार्ग से हो गया है। राघवचेतन दूत (चेतन) को शैतान कहना मुसलमानी मत के अनुकूल है और यह अंश सूफीमत माननेवाले की प्रवृत्ति सूचित करता है। योगमार्गियों के अनुकूल इसे अंतराय कहा जा सकता है। अलाउद्दीन को माया कहना योगमार्गियों और अद्वैतवादियों से मेल खाता है। इसलिए पद्मावत का अन्यापदेश अंतस्साधना को व्यक्त करनेवाला है। शुक्लजी ने प्रेमकथा को मुख्य अर्थात् प्रस्तुत मानकर इस अन्यापदेश को गौण अर्थात अप्रस्तुत कहा है और इस ग्रंथ की समासोक्ति शैली मानी है। यदि यह अंश कवि का लिखा हुआ नहीं है तब तो शुक्लजी का पक्ष और भी दृढ़ होता है अर्थात् इसको व्यंग्य ही मानना पड़ेगा, वाच्य नहीं। इसलिए इस पद्धति को समासोक्ति ही कहना ठीक है, अन्योक्ति नहीं। यदि कवि ने यह लिखा हो तो भी प्रेमकथा ही प्रस्तुत कही जा सकती है, जैसे आधुनिक युग में प्रसाद की कामायनी में मनु, श्रद्धा और इड़ा को मन, हृदय और बुद्धि मान लेने पर भी उसकी ऐतिहासिक कथा को प्रस्तुत मानना समीचीन प्रतीत होता है। कवि ने भी अपना मंतव्य इसी रूप में प्रकट किया है कि रूपक होते हुए भी ऐतिहासिकता का निरसन मुझे स्वीकृत नहीं है। प्रसाद की रचना में तो अंतःकरण के इन स्वरूपों को पात्रों में घटित करने का प्रयास दिखाई देता है, पर जायसी ने अपनी पद्मावत में इन पात्रों का सुघटित रूप दिखाने का

प्रयास नहीं किया है। इसलिए स्थूल रूप से इस अन्यापदेश की संगति बैठाई जा सकती है।

कविलासू

जायसी ने पद्मावत् किस लिपि में प्रस्तुत की इसे लेकर कुछ विवाद पद्मावत पर कार्य करने वाले महानुभावों के बीच हो चुका है। नागरीप्रचारिणी पत्रिका में कई वर्ष हुए स्वर्गीय श्रीचंद्रवली पांडेय ने एक लेख लिखकर और शब्दरूपों की गहरी छानबीन करके यह प्रमाणित किया था कि पद्मावत मूलरूप में नागरी लिपि में लिखी गई होगी। श्रीमाताप्रसाद गुप्त भी इसे स्वीकार करते हैं कि मूल प्रति नागरी लिपि में रही होगी और उर्दू अर्थात् फारसी लिपि में लिखे जाने के कारण पाठांतरों के बढ़ जाने की संभावना उसमें अधिक हो गई। पत्रिका के ही किसी अंक में चार्ल्स नेपियर ने कुछ तर्क देकर इसका खंडन किया है। विस्तार से नहीं केवल एक शब्द पर विचार करते ही इस बात का निश्चय करने में सरलता हो जाएगी कि पद्मावत की मूल लिपि क्या रही होगी।

इधर प्रसिद्ध पुरातत्त्वज्ञ डा० वासुदेवशरण अग्रवाल ने बड़े परिश्रम और मनोयोग से पद्मावत का विस्तृत भाष्य प्रस्तुत किया है जो साहित्यसदन, चिरगाँव, झाँसी से प्रकाशित हुआ है। नागरीप्रचारिणी पत्रिका में पद्मावत के कुछ शब्दों की भाषाविज्ञान तथा पुरातत्त्व की दृष्टि से व्याख्या भी की गई है। और बहुत से शब्दों के साथ पद्मावत के 'कविलासू' शब्द का भी विचार है, जो इस अर्धाली में आया है—

कीन्हेसि प्रथम जोति परकासू। कीन्हेसि तेहि पिरीत कविलासू।

इस अर्धाली का पाठ पद्मावत के कई संस्करणों में पहले 'पर्वत कैलासू' रखा गया था। आगे चलकर यह समझा गया कि अवधी भाषा में 'कैलास' का अर्थ 'स्वर्ग' होता है, तब पर्वत 'कैलासू' के बदले 'पिरीत कैलासू' पाठ किया गया। और अनुसंधान होने पर 'कैलासू' का रूप 'कविलासू' हुआ। उर्दू की प्रतियों में यह शब्द 'वाव' (व) से लिखा हुआ मिलता है। इस व के कारण सबसे बड़ा घपला यह हुआ कि कुछ अर्थों की सिद्धि के लिए इसे 'ब' भी मान लिया गया। पर यह अपने मूल रूप में 'व' ही है, 'ब' नहीं। प्राचीन हस्तलेखों के पढ़ने का जिन्हें सौभाग्य प्राप्त हुआ है वे जानते हैं कि उनमें बहुत से ऐसे शब्द जिनमें स्वर का

व्यवहार होता है, स्वर से ही लिखने के बदले प्राय: व की बारहखड़ी से लिखे जाते हैं। यह स्थिति 'अ' और 'आ' को छोड़कर इ, ई, उ, ऊ, ए, ऐ, ओ, औ इन आठ स्वरों के साथ प्राय: देखी जाती है। इसका वास्तविक कारण यही जान पड़ता है कि किसी समय बहुत से शब्दों में स्वतंत्र स्वर का उच्चारण श्रुतिसहित होता था। 'आ' में प्राय: श्रुति अक्षर का रूप धारण कर लेती है, पर अन्यत्र श्रुति स्वर में ही आगे चलकर विलीन होती गई और रूप बदलते गए। इसका स्पष्टीकरण संस्कृत 'गत:' से निकले हुए भिन्न-भिन्न बोलियों के रूपों से भली भाँति हो सकता है। 'गत:' से 'गअ' हुआ और खड़ी बोली की आकार-प्रवृत्ति से यह 'गआ' रूप में आया। ग के अ और स्वतंत्र 'आ' के उच्चारण में कठिनाई होने के कारण उसमें कहीं 'य' और कहीं 'व' श्रुति हो गई और 'गया' और 'गवा' दो रूप बन गए। जहाँ यह श्रुति नहीं आ सकी वहाँ स्वभावत: दीर्घ संधि हो गई, 'गा' रूप बन गया—

गा चह पार जतन बहु हेरा। पावति नाव न बोहित बेरा।

ब्रजी में इसका रूप 'गयो' हुआ, किंतु जहाँ 'य' श्रुति नहीं हो सकी वहाँ रूप 'गो' हो गया—

पारि गो को मैया मेरी सेज पै कन्हैया को।

'व' श्रुति 'आ' के साथ होती भी है और भिन्न स्वर होने पर हट भी जाती है। हिंदी का 'हुआ' पहले 'हुवा' लिखा और बोला जाता था, पर अब 'हुवा' लिखनेवाला कदाचित् ही कोई मिले। स्त्रीलिंग का 'ई' प्रत्यय लगने पर यह श्रुति प्राय: हट जाती है, यही स्थिति बहुवचन 'ए' के साथ होती है। व्याकरण की सुबोधता लाख चिल्लाती रहे, 'गई' का उच्चारण 'य' श्रुति से अब नहीं होता। लिखने में भले ही इसकी प्रवृत्ति अब भी बनी हो। यही स्थिति 'गये' की है। निष्कर्ष यह निकला कि 'गए' का उच्चारण परिवर्तित हो गया ही, पर मूलस्थिति को सूचित करने के लिए 'गयी' और 'गये' रूप अब भी लिखे ही जाते हैं। यही स्थिति 'व' श्रुति की भी है। संस्कृत 'पाद' से 'पाव' हुआ, यह 'पैर' के अर्थ में चलता है, किंतु खाट के पैर को 'पावा' कहते हैं और चार पाँवोंवाली 'चारपाई' कहलाती है, 'चारपावी' नहीं। यहाँ 'ई' संबंध अर्थ को व्यक्त करनेवाला प्रत्यय है। संस्कृत 'ताप' से 'ताव' हुआ। किसी बात पर किसी को 'ताव' आ जाता है। रसोईघर की सामग्री के बनाने में असावधानी होने से 'ताव' बिगड़ जाता है—चाशनी का ताव, घी का ताव प्राय: बिगड़ा करता है। इसी ताप को धारण करनेवाला तपा हुआ बरतन 'तवा' कहलाता है, किंतु तपनेवाली कड़ाही जिसमें जलेबी आदि बनाते हैं 'तवी' नहीं कहाती, 'तई' कहाती है। अर्थभेद के लिए छोटे तवे को 'तवी' कहना

ही पड़ता है, पर वह छिछली कड़ाही 'तई' कहलाती है। इसी प्रकार अन्यत्र भी समझना चाहिए।

प्राचीन हस्तलेखों में बहुत से परिचित शब्द 'व' श्रुति से लिखे मिलते हैं—जैसे, 'ओर' 'वोर' लिखा हुआ मिलता है। 'उरै न जाइ कपूर ज्यों', 'बुरै न जाइ कपूर ज्यों' लिखा मिलता है। इसका तात्पर्य इतना ही जान पड़ता है कि किसी समय स्वर के बदले 'व' श्रुति होती रही होगी और उसको व्यक्त करने के लिए ये रूप लिखे जाते रहे होंगे। 'वकारबहुला' प्रवृत्ति राजस्थान की ओर अधिक है। व और ब के कारण वहाँ अर्थभेद भी बहुत हुआ करता है। 'व' की यह प्रवृत्ति घटते-घटते अवध की सीमा पार कर मागधी के क्षेत्र में 'ब' हो जाती है। वहाँ 'व' भी 'ब' हो जाता है। बंगदेश में सुपरिचित 'नवीन' भी 'नोबीन' हो जाता है। नारद-शिक्षा का वहाँ कोई प्रभाव नहीं है—

उदूठौ यस्य बिद्येते यो वः बिग्रहसंधिजः।
अन्तस्थां तं बिजानीयात् शेषो बर्ग्य इष्यते ॥

वहाँ 'वाह्य' भी 'बाह्य' होता है और 'वचन' भी 'बचन'। जो भी हो यह निश्चित है कि एक समय में 'व' श्रुति का प्रभाव बहुत अधिक था। कहीं-कहीं 'व' श्रुति के स्थान पर 'य' श्रुति भी हस्तलेखों में मिलती है, जैसे 'ह्वै' के बदले ह्यै। यदि इसे लेखक का प्रमाद माना जाय तो भी यह स्वीकार करना पड़ेगा कि वह 'व' के बदले 'य' उच्चारण करनेवाला रहा होगा। इस संबंध में और अधिक अन-पेक्षित है। कहना इतना ही है कि 'कविलासू' में 'व' श्रुति है और ऐसी श्रुति कभी होती रही होगी। संप्रति उसका उच्चारण 'कइलासू' ही करना चाहिए। यदि 'कैलास' लिखा जाय तो भी अवधी की प्रवृत्ति के अनुकूल उसका उच्चारण 'कइ-लास' ही होगा। कहने का तात्पर्य यह कि 'कविलासू' में 'व' है 'ब' नहीं। जायसी के जो हस्तलेख फारसी लिपि में मिलते हैं उनमें इस शब्द की लिखावट पर विचार किया जाय तो इतना ही अंतर पड़ता है कि जहाँ 'ब' है वहाँ या तो लिखनेवाले ने 'ये' के दो नुक्तों को एक ही समझकर 'बे' बना दिया है, अथवा दो नुक्तों को एक ही नुक्ते से व्यक्त करने की अथवा बिना नुक्ते के व्यक्त करने की इस लिपि की प्रवृत्ति से ऐसा धोखा हुआ है। मूल में यह 'कइलासू' है। इस शब्द का व्यवहार इसी अर्थ में 'बीसलदेवरासो' में भी हुआ है जहाँ वह 'व' है 'ब' नहीं। ऐसी स्थिति में 'कविलासू' के 'कवि' का अर्थ 'कवि' अर्थात् काव्यकर्ता नहीं हो सकता। जहाँ श्लेष हो वहीं इस प्रकार की छूट दी जा सकती है, अन्यत्र नहीं। इसलिए इस 'कविलासू' के जो एकाधिक अर्थ लगाए गए हैं वह व्याख्याकार का बुद्धिविलास है, जायसी ऐसे फकीर से न तो ऐसी आशा ही की जा सकती है और न अनेक अर्थों

से कवि का कोई प्रयोजन ही सिद्ध होता है। इस 'व' श्रुतिवाली स्थिति को न समझने के कारण रामचरितमानस में भी एक स्थल ऐसा है जहाँ बहुत दिनों से उसके व्याख्याकार और टीकाकार मूड़ मारते आ रहे हैं। जो इससे निराश हो जाते हैं वे उसका परवर्ती दूसरा ही पाठ मानकर अपना काम चला लेते हैं। मानस के प्रथम सोपान में गुणदोष के प्रपंच की स्थिति बतलाते हुए तुलसीदास यह अर्धाली कहते हैं—

कासी मग सुरसरि कविनासा। मरु मारव महिदेव गवासा।

यहाँ जो 'कविनासा' शब्द है उसके स्थान पर परवर्ती हस्तलेखों में तीन रूप मिलते हैं—क्रमनासा, कर्मनासा और कम्रनासा। कर्मनासा और कम्रनासा तो एक ही हैं इसलिए कि कैथी के लेखकों को यह भ्रांति है कि कर्म और धर्म में म के ऊपर जो रेफ लगता है वह 'म' के अनंतर है, इसलिए वे उसे 'म' के नीचे लगा दिया करते हैं। 'कर्मनासा' रूप इसलिए ठीक नहीं है कि उससे मात्रा बढ़ती है। इसलिए यह शब्द क्रमनासा ही है जिसे लोगों ने इन रूपों में लिखा है। कविनासा कर्मनासा के लिए है इसे तो व्याख्याकारों ने स्वीकार किया है पर उसका अर्थ करते हुए उन्होंने विलक्षण कल्पनाएँ की हैं। 'कं=आनंदं विनाशयति इति कविनाशा'। वास्तविक स्थिति यह है कि तुलसीदास ने जैसे गोमती के लिए धेनुमती शब्द का व्यवहार किया है वैसे ही 'कर्मनाशा' के लिए यहाँ 'कृतिनाशा' शब्द स्वीकृत किया है। कदाचित् यह स्वीकृति उनसे भी पूर्व की है क्योंकि कर्मनाशा जिन गाँवों से होकर बहती है वहाँ उसका ठेठ नाम बूढ़ों के द्वारा 'कविनासा' सुनाई पड़ता है। प्राकृत-व्याकरणों के नियमानुसार 'ऋ' के तीन परिवर्तन होते हैं—अ, इ और उ। इसलिए 'कृ' का 'क' हो जाना नियम प्राप्त है और 'क ग च ज त द प य वां प्रायो लोप:' से 'त' का 'अ' और 'अ' 'व' श्रुति होकर 'कविनासा' होना उचित ही है। इस 'व' श्रुति को न जानने के कारण जिन लोगों ने 'ब' स्वीकार किया है उन्होंने 'कबिलासू' की भाँति 'कबिनासा' लिखा है। इसलिए उन्हें इसका अर्थ समझने में भ्रांति हुई है। 'व' श्रुति स्पष्ट हो जाने से इसका आधुनिक उच्चारण 'कइनासा' होगा और ऐसा ही उच्चारण ग्रामीण करते हैं। प्राचीन हस्तलेखों के लेखनप्रवाह को न समझने से न जाने कितनी भ्रांतियाँ होती रही हैं और हो रही हैं। यदि इस पर विशेष अनुसंधान किया जाय तो और भी अनेक समस्याओं का समाधान हो सकता है।

—भारतीय प्रेमगाथा

भारतीय प्रेमकथाओं की परंपरा

हिंदी में सूफी कवियों के द्वारा जो प्रेमकथाएँ लिखी गईं उनका मूल भारतीय कथाएँ हैं, किंतु सूफी भावधारा के प्रभाव के कारण उनमें कुछ स्वरूपभेद हो गया है। सूफियों की कथाएँ रहस्यात्मक हैं। इस प्रकार हिंदी में तीन प्रकार की कथाएँ दिखाई देती हैं। एक तो सूफी रहस्यात्मक कथाएँ, दूसरी शुद्ध भारतीय परंपरा की अरहस्यात्मक कथाएं और तीसरी वे कथाएँ जिनमें रहस्य का संकेत तो है पर सूफियों की भाँति प्रधान नहीं है। विक्रम की शताब्दी का जब आरंभ हो रहा था उस समय के पूर्व भी ऐसी कुछ कथाएँ संस्कृत में लिखी जा चुकी थीं जिनका पता महाभाष्यकार के 'अधिकृत्य कृते ग्रंथे' सूत्र से चलता है। इस सूत्र का अर्थ यह है कि जिसकी कथा को आधार बनाकर कोई ग्रंथ लिखा जाय उसके नाम पर भी ग्रंथ का नाम हो जाता है। इसके उदाहरण में तीन नाम महाभाष्यकार ने दिए हैं— वासवदत्ता, सुमनोत्तरा और भैमरथी। उनमें से वासवदत्ता संस्कृतसाहित्यवालों से कुछ परिचित कही जा सकती है। महाभाष्यकार ने जिस वासवदत्ता का उल्लेख किया है वह वासवदत्ता वैसी ही रही होगी जैसी सुबंधु की वासवदत्ता। सुमनोत्तरा और भैमरथी के नाम से मिलती-जुलती कथावाली कोई पुस्तक प्राप्त नहीं हुई है। दंडी ने अपने काव्यादर्श में कथा और आख्यायिका नाम देकर दोनों का भेद स्पष्ट किया है। कल्पित वृत्त को लेकर चलनेवाली प्रेमकथा 'कथा' के नाम से प्रसिद्ध थी और ऐतिहासिक वृत्त को लेकर लिखी जानेवाली रचना आख्यायिका कहलाती थी। साथ ही यह भी ध्यान रखना चाहिए कि ऐसी रचनाएँ संस्कृत में गद्य में लिखी जाती थीं। वाण ने दोनों प्रकार की रचनाएँ की हैं। उनकी कादंबरी कल्पित वृत्त के आधार पर रची गई है, अतः वह कथा है और उनका हर्षचरित ऐतिहासिक वृत्त लेकर बना है, अतः वह आख्यायिका है। प्राकृत में इस प्रकार की रचनाओं का पता नहीं चलता है, पर अपभ्रंश में जैनों के द्वारा ऐसी कई कथाएँ लिखी गई हैं जिनका लक्ष्य सांप्रदायिक प्रचार है।

संस्कृत में अलंकृत गद्य का जैसा विकास हुआ था वह प्राकृत और अपभ्रंश के अनुकूल नहीं था। अतः गद्य में वैसी रचनाएँ नहीं हुईं। हाँ, गद्य-पद्य दोनों के मिश्रण से वैसी रचनाएँ अवश्य की गईं। जैनों की रचनाओं में कुछ गद्य भी अवश्य मिलता है। पर हिंदी तक आते-आते गद्य काव्यक्षेत्र से ऐसा हटा कि शास्त्रग्रंथों में टीका-टिप्पणी के रूप में ही वह अधिकतर दिखाई देता है। अतः हिंदी में सब रचनाएँ पद्यात्मक हैं। यदि वृत्त की दृष्टि से विचार करें तो हिंदी में दो प्रकार की रचनाएँ माननी पड़ती हैं—ख्यात वृत्त और कल्पित। ख्यात वृत्त के भी दो भेद हैं —पौराणिक और ऐतिहासिक। ऐतिहासिक कथाएँ भी विशुद्ध ऐतिहासिक नहीं

होती थीं, उनमें भी कल्पना का अंश अत्यधिक होता था। ये प्रेमकथाएँ कितनी अधिक छाई हुई थीं और कल्पना के आधार पर कितना अधिक निर्माण होता था इसका पता 'चंद' के नाम पर मिलनेवाले पृथ्वीराजरासो नामक ग्रंथ से चल जाता है, जिसमें पृथ्वीराज के अभियानों का वर्ण करने के लिए अनेक कल्पित प्रेमकथाएँ मढ़ी गई हैं और उन सब अंशों का नाम आधारभूत कथा की नायिका के नाम पर रखा गया है – पद्मावती समय, शशिव्रता समय आदि। जायसी की पद्मावत ऐतिहासिक इसी अर्थ में है कि अलाउद्दीन और चित्तौर के राजा के बीच युद्ध हुआ था। पद्मिनी के संबंध की जो कथा उसमें गृहीत हुई है वह ऐतिहासिक प्रमाणों से सिद्ध नहीं होती। अलाउद्दीन स्वयं चित्तौरगढ़ की चढ़ाई में गया था, यह इतिहास-सिद्ध नहीं है। अभी कुछ दिनों पूर्व छिताईवार्ता और छिताईकथा नाम की पुस्तकें मिली हैं जिबमें देवगिरि के राजा रामदेव की पुत्री छिताई के साथ अलाउद्दीन के प्रेम की चर्चा की गई है। अलाउद्दीन दक्षिण नहीं गया था, यह इतिहासवाले मानते हैं। अत: छिताईवार्ता भी पद्मावत की भाँति अधिकांश में कल्पित है। समष्टि में कहना यह है कि प्रेम को आधार बनाकर कथाएँ लिखने का प्रचलन बहुत अधिक था और उनमें अधिकतर कल्पित वृत्त गृहीत होता था। भारत में अपने ढंग के उपन्यास ये ही थे। उपन्यासों का आधुनिक स्वरूप चाहे जैसा हो पर उनमें वृत्त कल्पित होता है, अत: मराठीवालों ने उपन्यास नाम बाण की 'कादंबरी' को ध्यान में रखकर 'कादंबरी' ही रखा है। वे प्रेमचंद के उपन्यास को प्रेमचंद की 'कादंबरी' कहते।

हिंदी में प्रेमकथाएँ मुख्यत: दो ही प्रकार की हैं—रहस्यात्मक और अरहस्यात्मक। जैसा कहा जा चुका है, सूफी कवियों ने कथाएँ रहस्यात्मक या आन्यापदेशिक रखी हैं। भारतीय परंपरा की रचनाएँ अरहस्यात्मक ही रही है। कहीं-कहीं रहस्य के संकेत भी मिल जाते हैं, यह दूसरी बात है। सबसे अधिक प्रचलित कथा 'माधवानल-कामकंदला' की है। विक्रम के संबंध में प्रसिद्ध सिंहासनबत्तीसी से इसका संबंध जुड़ाता है। कहते हैं कि विक्रम के सिंहासन में बत्तीस पुतलियाँ थीं और उनमें से प्रत्येक ने एक-एक कथा कही है। उनका संग्रह सिंहासनबत्तीसी के नाम से हुआ है। सिंहासनबत्तीसी के किसी एक संस्करण में माधवानल-कामकंदला की भी कथा मिलती है। माधवानल-कामकंदला संस्कृत, प्राकृत, अपभ्रंश और हिंदी-भाषा में समय-समय पर लिखी गई है और गद्य-पद्य नाटक आदि शैलियों में रची गई है। हिंदी के स्वच्छंदधारा के कवियों ने इस कथा को विशेष पसंद किया है। आलम और बोधा दोनों ने इस कथा के आधार पर रचनाएँ की हैं।

भारतीय प्रेमप्रबंधों में छंदगत पार्थक्य भी कहीं-कहीं मिलता है। सूफी कवियों ने मसनवी-शैली से मिलती-जुलती पद्धति दोहे-चौपाई की पाई और उसी का अधिक प्रयोग किया पर भारतीय परंपरा की रचनाओं में अन्य छंदों का प्रयोग भी

मिलता है, जैसे बोधा के माधवानल-कामकंदलाचरित या बिरहबारीश में। यों तो पार्थक्य के कई स्थल हैं पर उनका विस्तार यहाँ नहीं किया जाता। दिखलाना केवल यही है कि भारतीय प्रेमकथाओं की एक अखंड परंपरा चली आ रही है। सूफियों के संसर्ग से उस भारतीय परंपरा ने एक नया रूप ग्रहण किया। सूफी रहस्यात्मक प्रेमगाथाओं का वर्णन इतिहासग्रंथों में विस्तार के साथ होता है, पर भारतीय परंपरा के प्रेमप्रबंधों पर इतिहासलेखकों ने बहुत कम ध्यान दिया है। इस परंपरा के बहुत से ग्रंथ राजदरबारों के हस्तलिखित-ग्रंथसंग्रहों तथा घरों में वेष्टनों के भीतर पड़े हुए हैं। कुछ ऐसे ग्रंथों का पता नागरीप्रचारिणी सभा में अनुसंधान करते हुए श्रीवटेकृष्ण अग्रवाल ने लगाया और अपने अनुसंधान का विषय ही उस समय 'भारतीय प्रेमप्रबंधों की परंपरा' रखा। दूसरा प्रयत्न डा० हरिकांत श्रीवास्तव के द्वारा लखनऊ विश्वविद्यालय से हुआ। इनके अनुसंधान का विषय 'हिंदू कवियों के प्रेमाख्यान—सं० 1000-1952 तक' है। कई रजवाड़ों में दौड़-धूप करके इन्होंने कुछ नए ग्रंथों का भी पता लगाया और प्रचलित ग्रंथों का जो विस्तार अप्राप्य था, उसे भी इसमें जोड़ा। राजा चतुरमुकुट की कथा, प्रेमविलास, प्रेमलताकथा तथा प्रेमपयोनिधि का नाम सबसे पहले सामने आया। चतुरमुकुट के रचयिता का पता नहीं है, पर प्रेमविलास और प्रेमलता के रचयिता जटमल नाहर और प्रेमपयोनिधि के मृगेंद्र हैं। इन प्रेमकथाओं में पुहकर का रसरतन पहले से ज्ञात है और बहुत ही उत्कृष्ट रचना है। दुखहरन की पुहुपावती रहस्यरंजित हो गई है। ईश्वरदास की सत्यवती की कथा उपदेशविशिष्ट रचना है।

पौराणिक वृत्तों में 'उषा-अनिरुद्ध' की कथा और 'नल-दमयंती' एवं 'रुक्मिणी-हरण' की कथाएँ सबसे अधिक प्रचलित रही हैं। राजस्थान में भी इस प्रकार की कथाओं के लिखने का प्रचलन बहुत रहा है। 'बात' या 'बेलि' के नाम से ऐसी कथाओं के शीर्षक दिए जाते हैं। पृथ्वीराज की 'बेलि क्रिसन रुक्मिणी री' की चर्चा पहले की जा चुकी है। 'ढोला मारू रा दूहा' राजस्थान की बहुप्रचलित कथा है, उसकी चर्चा भी पहले हो चुकी है।

—श्रीकृष्णभक्तिप्रवाह

भक्ति के संप्रदाय और मत

भक्ति के चारों संप्रदाय (श्री, ब्रह्म, रुद्र, सनकादि) भागवत संप्रदाय हैं, विष्णु की उपासना परक हैं। इनमें से श्रीरामानुजाचार्य के श्री-संप्रदाय में नारायण

की उपासना चलती है और माध्व (ब्रह्म) संप्रदाय में विष्णु की। श्री-संप्रदाय में आगे चलकर रामानंद के समय से रामोपासना का प्राधान्य हुआ। यहाँ तक कि परात्पर ब्रह्म के रूप में राम की मान्यता हुई। वे विष्णु के अवतार मात्र नहीं रहे। तुलसीदास ने कहा है—

> यन्मायावशवर्ति विश्वमखिलं ब्रह्मादिदेवासुराः
> यत्सत्त्वादमृषैव भाति सकलं रज्जो यथाहेर्भ्रमः।
> यत्पादप्लवमेकमेव हि भवाम्भोधेस्तितीर्षावतां
> वंदेऽहं तमशेषकारणपरं रामाख्यमीशं हरिम् ॥[1]

श्रीनिंबार्काचार्य (सनकादि संप्रदाय) और वल्लभाचार्य (रुद्र संप्रदाय) के संप्रदायों में श्रीकृष्ण की उपासना का प्राधान्य हुआ। गौड़ीय चैतन्य-संप्रदाय (जो अपने को माध्व संप्रदाय से जोड़ता है) श्रीकृष्ण को ही परमतत्त्व मानता है। इस प्रकार 'कृष्णात्परं परमतत्त्वमहं न जाने' का उद्घोष हुआ। भक्तिकाल के इन प्रमुख संप्रदायों और मतों का परिचय श्रीकृष्णभक्ति के स्वरूपबोध के लिए अपेक्षित है।

सनकादि संप्रदाय के आदिभक्त और आचार्य सनत्कुमार हैं। ये हंसावतार भगवान् के शिष्य थे और इन्होंने अपना उपदेश नारद को दिया था। इसीलिए यह संप्रदाय 'हंस-संप्रदाय' और 'देवर्षि-संप्रदाय' भी कहलाता है। आगे चलकर इस संप्रदाय में सबसे प्रसिद्ध आचार्य निंबार्क हुए। इनका दर्शन द्वैताद्वैत (भेदाभेद) कहलाता है। इसके अनुसार अवस्थाभेद से जीव ब्रह्म से भिन्न भी है और अभिन्न भी। रामानुजाचार्य के मत से निंबार्क का मत कई बातों में मिलता है। चित्-अचित् विचार तथा ईश्वर का स्वरूप उससे बहुत मिलता है। जीव स्फुलिंग की भाँति ब्रह्म से अभिन्न भी है और भिन्न भी। आग और चिनगारी दोनों एक ही तत्त्व हैं, पर पृथक् हो जाने से चिनगारी अग्नि से भिन्न है। 'अंश' का अर्थ यहाँ 'शक्ति' माना गया है। ईश्वर अंशी और सर्वशक्तिमान् है और जीव अंशरूप और शक्तिरूप है। इसी से वह माया से घिर जाता है। ईश्वर की कृपा से उसे अपने वास्तविक स्वरूप का बोध हो सकता है। जीव यहाँ बद्ध और मुक्त दो प्रकार के माने गए हैं। बद्ध जीव बुभुक्षु और मुमुक्षु रूप से दो प्रकार के हो जाते हैं। भक्ति का

---

1. और स्पष्ट लिखा है—

> जगु पेखन तुम्ह देखनिहारे। बिधि हरि संभु नचावनहारे।
> तेउ न जानहिं मरम तुम्हारा। और तुम्हहि को जाननिहारा।
> सोइ जानहि जेहि देहु जनाई। जानत तुम्हहि तुम्हहि होइ जाई।

इच्छुक बुभुक्षु और मुक्ति का इच्छुक मुमुक्षु होता है। मुक्त जीव भी दो प्रकार के होते हैं—नित्यमुक्त और मुक्तरूप। भगवान् के पार्षद नित्यमुक्त हैं। भक्ति के पाँच भावों (शांत, दास्य, सख्य, वात्सल्य और कांत) में से इस संप्रदाय की साधना सख्यभाव की है। इसके अंतर्गत दास्य और शांत दोनों आ जाते हैं। कांतभाव गोपी और राधा का ही माना गया है। उपासक सखी रूप में उनकी सेवा करता है। इस संप्रदाय में भगवान् श्रीकृष्ण सर्वेश्वर माने जाते हैं। उनकी प्राप्ति के लिए युगल-उपासना विहित मानी गई है। भगवान् श्रीकृष्ण की उनकी प्रेमशक्ति राधा के सहित उपासना युगल-उपासना होती है, जो इसलिए मान्य है कि भक्तों की अभिलाषपूर्ति श्रीराधा ही कर सकती हैं। इस संप्रदाय में स्वकीयाभाव मान्य है।

हिंदी के बहुत से कवि निंबार्क संप्रदाय में दीक्षित थे। प्रसिद्ध कवि केशवदास, बिहारी, घनआनंद इसी संप्रदाय से संबद्ध हैं। केशवदास ने रसिकप्रिया में राधिका जी को प्रियाजी लिखकर इस संप्रदाय से अपने संबंध की सूचना दे दी है। बिहारी की 'सतसैया' का मंगलाचरण ही है—

मेरी भवबाधा हरौ राधा नागरि सोइ।

घनआनंद ने तो अपने गुरुओं की परंपरा का विस्तृत उल्लेख 'परमहंस-वंशावली' पुस्तक में किया ही है, साथ ही सख्यभाव की उपासना में दिए गए अपने नाम 'बहुगुनी' का भी स्पष्ट उल्लेख किया है।

भक्ति के दो प्रमुख अंश होते हैं—विचार और आचार। विचार का तात्पर्य ब्रह्म, जीव तथा जगत् संबंधी स्वतंत्र दृष्टि से है। भक्तिसंप्रदाय के आचार्य नूतन स्थापना में नवीन दार्शनिक दृष्टि के साथ नवीन आचारपक्षति के ग्रहण का संकेत भी करते हैं। पर भक्ति के क्षेत्र में बहुत से ऐसे भक्त महात्मा भी हो जाते हैं जो आचारपक्ष की नवीनता का तो संकेत करते हैं, किंतु दार्शनिक पक्ष की नवीनता के लिए उनका वैसा आग्रह नहीं होता। दार्शनिक पक्ष वस्तुतः भक्ति का बुद्धिपक्ष या ज्ञानपक्ष है और आचारपक्ष उसका हृदयपक्ष या भावपक्ष है। श्रीकृष्णभक्ति की उपासना में तीन महात्मा भावपक्ष की नवीनता पर विशेष ध्यान देनेवाले हुए—स्वामी हरिदास, गोस्वामी हितहरिवंश और चैतन्य महाप्रभु।

स्वामी हरिदास ललिता सखी के अवतार माने जाते हैं। इनकी छाप 'रसिक' है। 'भगवतरसिक' ने इस भक्तिमार्ग की साधना के संबंध में बहुत स्पष्ट लिखा है—

आचारज ललिता सखी रसिक हमारी छाप।
नित्यकिसोर उपासना जुगलमंत्र को जाप।

जुगलमंत्र को जाप बेद रसिकन की बानी।
श्रीबृंदावन धाम इष्ट स्यामा महरानी।
प्रेमदेवता मिले बिना सिधि होइ न कारज।
'भगवत' सब सुखदानि प्रगट भे रसिकाचारज।।

'रसिक' का लक्षण यों दिया है—

जीव ईस मिलि दोई नाम रूप गुन परिहरे।
रसिक कहावै सोइ ज्यों जल घोरें सर्करा।
दिया कहै सब कोइ तेल तूल पावक मिलै।
तमहि नसावै सोइ बस्तु मिलै भगवतरसिक।।

इनके उपास्यदेव श्रीबिहारी-बिहारिनी दोनों के रूप एक साथ धारण किए रहते हैं।

ये वे ही प्रसिद्ध हरिदास हैं जो तानसेन के गुरु थे। इन्हीं का गाना सुनने बादशाह अकबर आया था। ये उपास्य के अतिरिक्त किसी को गाना नहीं सुनाते थे। तानसेन ने इनके सामने जान-बूझकर अशुद्ध करके गान गाया। जिसे इन्हें शुद्ध करके सुनाना पड़ा। बादशाह इनके गान पर मंत्रमुग्ध हो गया। कहते हैं कि इनसे उसने कुछ लेने का आग्रह किया। इन्होंने अंत में संकेत करके बताया कि यदि कुछ करना चाहते हो तो सामने के उस सरोवर की टूटी सीढ़ियों की मरम्मत करा दो। बादशाह ने साश्चर्य देखा कि सरोवर की सीढ़ियाँ पुखराज, मरकत, नीलम आदि की बनी हैं। उनका जीर्णोद्धार सारा राजपाट लगाकर भी नहीं हो सकता। वह नतशिर विवश किंकर्तव्यविमूढ़ हो रहा। नाभादास ने इनके संबंध में यों लिखा है—

जुगल नाम सों नेम जपत नित कुंजबिहारी।
अवलोकत नित रहैं केलिसुख के अधिकारी।
गानकलागंधर्ब स्याम स्यामा को तोषै।
उत्तम भोग लगाइ मोर मरकट तिमि पोषै।
नित नृपति द्वार ठाढ़े रहैं दरसन आसा जास की।
अस आसधीर उद्योतकर रसिक छाप हरिदास की।।

ये आठों पहर श्रीराधाकृष्ण की लीला-केलि में मग्न रहते थे। उसमें इन्हें सहज समाधि लग जाती थी। इनकी युगल विहार-विषयक पदावली का नाम 'केलिमाला' है। ये 'टट्टी स्थान' के महात्मा थे। उस संस्थान में हिंदी के कई अच्छे

भक्त कवि हुए हैं।

दूसरे महात्मा श्रीहितहरिवंश हैं। ये श्रीकृष्ण की वंशी के अवतार माने जाते हैं। इन्होंने भी आचारपक्ष की विशेषता पर अधिक ध्यान दिया है, पर इनकी रचनाओं में प्रेम के नूतन दार्शनिक स्वरूप की प्रतिष्ठा के संकेत मिलते हैं। भक्ति के आचार्यों की भाँति न तो स्वामी हरिदास ने ही प्रस्थानत्रयी पर भाष्य लिखा और न श्रीहितहरिवंश ने ही। श्रीहितहरिवंश के पंथ में हित अर्थात् प्रेम का विशेष माहात्म्य हैं। यहाँ तक कि इस संप्रदाय के साधक अपने नाम के साथ 'हित' शब्द जोड़ लेते हैं। इस मत के भक्तों ने जो भक्तिग्रंथ लिखे हैं उनमें प्रायः 'हित' शब्द जुड़ा हुआ है। श्रीहितहरिवंश का सिद्धांत प्रेम को सर्वोपरि स्वीकार करता है। इसी प्रेम के वश में भगवान् और भक्त दोनों रहते हैं। प्रेम ही के त्रिधा रूप हैं— भगवान्, भक्ति और भक्त। समस्त गोचर और अगोचर प्रसार प्रेम का विलास मात्र है। प्रेम तत्त्वतः संबंधविशेष है, इसलिए वह सदा दो से संबंध रखता है। प्रेम नित्य और एक है। प्रेमी और प्रेमपात्र अनेक हैं। ज्ञानक्षेत्र के समान भावक्षेत्र या प्रेमक्षेत्र में ज्ञाता और ज्ञेय की एकता की भाँति प्रेमी और प्रिय की एकता हुआ करती है। इस एकता का कारण वस्तुतः प्रेम ही होता है। वेदांतियों के यहाँ जिस प्रकार ब्रह्म ज्ञानस्वरूप माना जाता है उसी प्रकार यहाँ ब्रह्म प्रेमस्वरूप। प्रेम भाव है अर्थात् अंतःकरण की यह वृत्ति है जो रसात्मकता या रमणीयता उत्पन्न करती है। प्रेम एक प्रकार का आस्वाद या भोग है। साहित्य के क्षेत्र में 'भट्टनायक' ने इसी 'भोगवाद' को लेकर ग्रहीता और आलंबन या विभाव की एकता स्थापित की थी, जिसके अनुसार साधारणीकरण का अद्भुत व्यापार साहित्यक्षेत्र में प्रतिष्ठित हुआ।

प्रेम-संबंध का ही नाम प्रेरक प्रेम है। प्रेमी भोक्ता है और प्रिय भोग्य है। ब्रह्म की त्रिधा स्थिति का स्पष्ट उल्लेख श्रुति में हैं—

> एतज्ज्ञेयं नित्यमेवात्मसंस्थं नातः परं वेदितव्यं न किंचित्।
> भोक्ता भोग्यं प्रेरितारं च मत्वा सर्वं प्रोक्तं त्रिविधं ब्रह्ममेतत्॥[1]
>
> —श्वेताश्वतर।

श्रीहरिवंशजी ने 'हितचौरासी' नाम की ब्रजभाषापदों में लिखित अपनी पुस्तक में इस सिद्धांत को भली भाँति लक्षित किया है। 'हित' की अभिव्यक्ति बिना दो के नहीं हो सकती इसलिए बिना राधा के कृष्ण की उपासना नहीं हो सकती। राधा-तत्त्व के इस माहात्म्य के कारण इस मत को राधावल्लभ मत कहते हैं। इन्होंने

1. विस्तार के लिए देखिए श्रीललिताचरण गोस्वामी लिखित 'श्रीहितहरिवंश गोस्वामी : संप्रदाय और साहित्य'।

संस्कृत में 'राधासुधानिधि' नामक ग्रंथ राधातत्त्व की विशेषता का आख्यान करते हुए लिखा है। वहाँ स्पष्ट उल्लेख है—

राधादास्यमपास्य यः प्रयतते गोविन्दमंगाशया
सोऽयं पूर्णसुधारुचः परिचयं राकां विना कांक्षति।
किं च श्यामरतिप्रवाहलहरी बीजं न ये तां विदुस्ते
प्राप्तापि महामृताम्बुधिमहो विन्दुं परं प्राप्नुयुः ।।

निंबार्कसंप्रदाय, श्रीहरिदासजी का मार्ग और श्रीहितहरिवंश का मत साधना के क्षेत्र में राधा का विशेष माहात्म्य मानते हैं। पर जैसा पहले कहा जा चुका है यह स्वकीयाभाव ही है। उपासक उपास्यरूप में 'युगल' को मानता है। श्रीकृष्ण से गोपीभाव नहीं स्थापित करता। राधिका के सापत्न्य की साधना नहीं चलती। 'तत्सुखीभाव ही तक वे जाते हैं, 'स्वसुखीभाव' का उदय नहीं होता। पर आगे चलकर चैतन्यसंप्रदाय में परकीयाभाव भी गृहीत हो गया। उस भाव की उपासना भी गृहीत हो गई। इसी उपासना पद्धति के कारण चैतन्य का मार्ग मध्व के द्वैत-वादी संप्रदाय के कांतभाव से जा मिला।

चैतन्य महाप्रभु की साधना मूलतः आचारपक्षविशिष्ट ही थी। पर उनके मार्ग में षट् गोस्वामी आचार्यों ने सिद्धांतपक्ष का ऐसा गुरु-गंभीर प्रतिपादन किया कि वह आचारपक्ष मात्र का उपदेष्टा न रहकर पूर्ण संप्रदाय ही हो गया। उसका दार्शनिक मतवाद अचिंत्यभेदाभेद कहलाता है। इसे श्रीरूप गोस्वामी यों कहते हैं—

एकत्वं च पृथक्त्वं च तथांशत्वमुतांशिता।
तस्मिन्नेकत्र नायुक्तं अचिन्त्यानन्तशक्तितः ।।

इस मत में भगवान् श्रीकृष्ण परमतत्त्व हैं। उनमें अनंत शक्ति है। शक्ति और शक्तिमान् में पारस्परिक भेद अथवा अभेद किसी की सिद्धि नहीं होती। यह तर्क के द्वारा अचिंत्य है। इसी से 'अचिंत्यभेदाभेद' नाम स्वीकृत किया गया है इस दार्शनिक मत का।[1] इस मत में यह साधना मान्य है—

आराध्यो भगवान् व्रजेशतनयस्तद्धाम वृन्दावनं
रम्या काचिदुपासना व्रजवधूवर्गेण या कल्पिता।

---

1. स्वरूपाद्यभिन्नत्वेन चिन्तयितुमशक्यत्वाद्भेदः भिन्नत्वेन चिन्तयितु-मशक्यत्वादभेदश्च प्रतीयत इति शक्तिशक्तिमतो भेदाभेदौ अंगीकृतौ। तौ च अचिन्त्यौ। स्वमते त्वचिन्त्यभेदाभेदावेवाचिन्त्यशक्तित्वात्।

—जीव गोस्वामी।

विस्तार के लिए देखिए श्रीबलदेव उपाध्याय कृत 'भागवत संप्रदाय'।

शास्त्रं भागवतं प्रमाणममलं प्रेमा पुमर्थो महान्
श्रीचैतन्यमहाप्रभोर्मतमिदं तत्रादरो नः परः॥

भगवान् की तीन शक्तियाँ मुख्य मानी गई हैं—अंतरंगा, तटस्था और बहिरंगा। अंतरंगशक्ति भगवत्-शक्ति है, भगवान्-रूप है। तटस्थ शक्ति जीवशक्ति है, जीवों के आविर्भाव का हेतु है। बहिरंगशक्ति जगत् के आविर्भाव का हेतु है। भगवान् की अंतरंगशक्ति सत्, चित् और आनंद से एक होकर भी त्रिधा हो जाती है, जिसे क्रमशः संधिनी, संवित् और ह्लादिनी कहते हैं। स्वयं सत्ता धारण करने और दूसरों को सत्ता देने में संधिनी, स्वयं अपने को जानने और दूसरों को ज्ञान देने में संबित् और स्वयं आनन्द का अनुभव करने और दूसरों को आनंद देने में ह्लादिनी कार्य करती है।

यह कहने की आवश्यकता नहीं कि इस मत में जगत् सत्य है। इस मत के प्रख्यात आचार्य रूप गोस्वामी ने साहित्यिक स्तर पर विषय-प्रतिपादन किया है और भक्तिरस की प्रतिष्ठा की है। श्रीरूप गोस्वामी के दो प्रौढ़ ग्रंथ हैं—उज्ज्वल-नीलमणि और हरिभक्तिरसामृतसिंधु। भक्ति के पाँचों भावों में इस मत में कांत या माधुर्य भाव को सर्वोत्कृष्ट कहा गया है। यह माधुर्यरति भी तीन प्रकार की मानी गई है—साधारणी, समंजसा और समर्था। क्रमशः कुब्जा, रुक्मिणी और गोपियों की रति इनके उदाहरण हैं। यही गोपीभाव इस मत का मुख्य भाव है। इसकी उपासना में शास्त्र और समाज की मर्यादा का उल्लंघन भगवत्प्राप्ति के लिए विहित है। गोपीभाव अपने उत्कर्ष पर पहुँचकर 'महाभाव' या 'राधाभाव' तक पहुंचता है।

कृष्णभक्ति-संप्रदायों में राधा का कितना माहात्म्य है इससे सभी परिचित हैं। भगवान् श्रीकृष्ण राधा के नाम से प्रसन्न होते हैं, ऐसे भक्तों की धारणा है। वृंदावन में साधना करनेवाले जो बात-बात में 'राधे-राधे' कहते हैं सो भगवत्प्रसा-दोपलब्धि की ही लालसा से। राधा प्रेममूर्ति हैं। राधा और कृष्ण का प्रेम परम प्रेम है। वे सदा प्रेममहोदधि में स्नान करते रहते हैं। प्रेम का वह उज्ज्वल मधुर महोदधि ही अपने कण मात्र से संसार में पवित्र प्रेम का संचार करने में समर्थ है—

प्रेम को महोदधि अपार हेरिकै विचार बापुरों हहरि वार ही तें फिरि आयौ है।
ताही एक रस ह्वै बिबस अवगाहैं दोऊ नेही हरि राधा जिन्हैं देखें सरसायौ है।
ताकी कोऊ तरल तरंग-संग छूट्यौ कन पूरि लोक लोकनि उमगि उफनायौ है।
सोई घनआनँद सुजान लागि हेत होत ऐसे मथि मन पै सरूप ठहरायौ है।

प्रेममहोदधि के तट पर पहुँचकर विचार (ज्ञान=बुद्धि या मति) घबराकर वार से ही लौट आता है। पार जाने का यत्न करके भी उसे विवश लौटना पड़ता है। तुलसीदास ने रामप्रेममूर्ति भरत की महिमा को महोदधि कहकर ज्ञान की कुंठित मति की विवशता यों कही है—

भरत महामहिमा जलरासी। मुनिमति तोर ठाढ़ि अबला सी।
गा चह पार जतन हिय हेरा। पावति नाव न बोहित बेरा।।

प्रेममहोदधि का बिस्तार ज्ञानधारा से बढ़कर है। ज्ञान जो करने में समर्थ नहीं प्रेम उसके संघटन में क्षम है। ज्ञाता और ज्ञेय की एकता ज्ञान की चरम कोटि कही गई है। पर प्रेम की पराकाष्ठा ऐसी एकता पर ही समाप्त नहीं होती। प्रिय और प्रेमी की एकता या अद्वैतता से वह आगे जाता है। ज्ञान का शासन अंतःकरण की समस्त वृत्तियों पर नहीं हो पाता, कालुष्य का मल दूर करने में इसी से उसे कठिनाई होती है। ज्ञानाग्नि में कर्म भस्म हो सकते हैं, ज्ञान का शिव काम को भी भस्म कर सकता है; पर मनोज के पितृचरण (मन) पर उसका वश नहीं चलता। विषयी ज्ञान के द्वारा सर्वांश में इसी से विषय से विरत नहीं हो पाता। पर प्रेम उसे विरत करने में शक्त है, उसका शासन परम शासन है। सबसे ऊपर है, सब पर चलता है। इसी से कहा गया है—

चंदहिं चकोर करैं सोऊ ससिदेह धरैं मनसाहू ररैं एक देखिबे को रहैं द्वै।
ज्ञानहू तें आगें जाकी पदवी परम ऊँची रस उपजावै तामें भोगी भोग जात ग्वै।
जान घनआनँद अनोखो यह प्रेमपंथ भूले ते चलत रहैं सुधि के थकित ह्वै।
बुरो जिन मानौ जौ न जानौ कहूँ सीखि लेहु रसना के छाले परैं प्यारे नेहनावँ छ्वै।।

प्रेमसत्ता की परिधि ज्ञानसत्ता की परिधि से बड़ी है। प्रेम की परिधि का स्पर्श करने के लिए ज्ञानपरिधि को छोड़ देना पड़ता है, भूल जाना होता है। प्रेम-साधना में यदि प्रेम को अपना ज्ञान बना रहा तो वह चरम प्रेम या परानुरक्ति नहीं है। राधा-रुक्मिणी-संबंधी आख्यान इसी प्रेमतत्त्व को समझाने के लिए कल्पित किया गया है। कहा जाता है कि एक बार श्रीकृष्ण ने राधा के प्रेम की उच्चता प्रदर्शित करने के लिए अपने रुग्ण होने की घोषणा की। वैद्य ने बताया कि यदि कोई महिला अपने पैर का अँगूठा धोकर उस धोवन के जल में औषध दे तो रोग की निवृत्ति हो सकती है। रुक्मिणी ने धर्ममर्यादा के कारण ऐसा नहीं किया। पर राधिका ने तुरंत अभीप्सित कर उन्हें रोगमुक्त कर दिया। रुक्मिणी अपने व्यक्तित्व का, उपासक के अहम् का परिहार नहीं कर पातीं। वे सुध में रहती हैं, अतः अपने पति को पादांगुष्ठ का प्रक्षालन पिलाने में असमर्थ हैं। राधा के लिए कोई असमंजस नहीं। भक्तिसंप्रदाय में प्रेमतत्त्व का यह विचार जागतिक स्वकीया-

परकीया-प्रेम का विश्लेषण करते हुए इस निष्कर्ष पर भी पहुँच गया कि परकीया-प्रेम में अंतःसत्ता का जैसा लोप संभव है वैसा स्वकीया में नहीं। अतः भगवद्विषयक प्रेम परकीय-प्रेमवत् ही उत्कृष्ट है। राधा के स्वरूप-कल्पन में इस भावना का बहुत अधिक हाथ रहा है। राधा के प्रणय को विगलितवेद्यांतरशून्य मानकर महाभाव कहा जाता है। महाभाव में ज्ञानात्मक अंश नहीं रहता। इसी से हरिवल्लभाओं में राधा परकीया मानी गई हैं। परकीया-प्रेम में राधा के उच्च-स्वरूप की कल्पना करते हुए परकीया वल्लभाओं के भी भेद-प्रभेद किए गए हैं—साधनपरा, देवी और नित्याप्रिया। साधनपरा के भी दो भेद हैं—यौथिकी और अयौथिकी। यथारूप या सामूहिक रूप में प्रेम करनेवाली यौथिकी और अयूथरूप में प्रेम करनेवाली अयौथिकी हैं। देवियों में प्रमुख अष्ट सखियाँ हैं और नित्यप्रिया से प्रधान राधा। माधुर्य, नव वय, उज्ज्वल स्मितादि गुण राधा में नित्य हैं। मधुरास में उनका सर्वोत्कृष्ट स्थान है। श्रीरूप गोस्वामी के ग्रंथ में इसका महाविस्तार है। उक्त आख्यान की कल्पना भी इसी परकीया-भावोपासक संप्रदाय की सूझ है।

भक्ति-संप्रदायों का प्रवर्तन अन्य लक्ष्यों के साथ गार्हस्थ्य-जीवन का उन्नयन भी लक्ष्य करके चला था। पर इस परकीय-तत्त्व के प्रवेश के कारण गार्हस्थ्य-जीवन की सनातन मर्यादा आंदोलित होती रही है। साहित्य में राधाकृष्ण का प्रेम मुक्तक के क्षेत्र में ही अधिक चलता रहा। प्रबंधबद्ध रचना के लिए रुक्मिणी का आख्यान विशेष प्रचलित हुआ। राधा के लीलात्मक आख्यान भक्तिसंप्रदाय के भक्तों के बीच ही लिखे-पढ़े जाते रहे।

श्रीमध्वाचार्य ने द्वैतमत का प्रतिपादन किया है। इस मत के आदि आचार्य ब्रह्मा हैं, अतः यह ब्रह्मसंप्रदाय कहलाता है। इसमें भक्तिसाधना का भाव कांत-भाव या माधुर्यभाव माना जाता है। इस मत का सिद्धांत यह है—

श्रीमन्मध्वमते हरिः परतरः सत्यं जगत् तत्त्वतो
भेदो जीवगणा हरेरनुचरा नीचोच्चभावं गताः।
मुक्तिर्नैजसुखानुभूतिरमला भक्तिश्च तत्साधनं
ह्यक्षादित्रितयं प्रमाणमखिलाम्नायैकवेद्यो हरिः॥

हरि अर्थात् विष्णु ही परमतत्त्व हैं। जगत् सत्य है, क्योंकि वह सत्यसंकल्प भगवान् की कल्पना है। भेद मिथ्या नहीं, पारमार्थिक है। ईश्वर का जीव से, जगत् से भेद, जीवों का परस्पर भेद और जगत् से भेद, जगत् के प्रत्येक जड़पदार्थ का पारस्परिक भेद। जीव ईश्वर के अधीन हैं। उनमें तारतम्य है। यह तारतम्य भी नित्य है। केवल संसार में ही नहीं, मुक्तिदशा में भी मुक्त जीवों में भेद होता है। अपनी मूल सुखानुभूति ही मुक्ति है। इस सुखानुभूति में भी तारतम्य या भेद

होता है। इस सुखानुभूति या आनंद की प्राप्ति का साधन अमला भक्ति है। अमला अर्थात् मल या स्वार्थ अथवा हेतु से रहित 'अहैतुकी भक्ति'। ये तीन प्रमाण प्रत्यक्ष, अनुमान और शब्द मानते हैं। इनके अनुसार वेद के प्रतिपाद्य विष्णु ही हैं। इनके मतवाद से यद्यपि चैतन्यमत के अचित्य-भेदाभेद का मिलान पूरा नहीं है तथापि जैसा पहले कह आए हैं दोनों में साधना की दृष्टि से एकवाक्यता दिखाई देती है। बंगाल का गौड़ीय संप्रदाय इसी से अपना संबंध जोड़ता है।[1]

हिंदी को श्रीकृष्णभक्ति-शाखा की रचना का उत्कर्ष प्रमुख रूप में श्रीवल्लभाचार्य के समय से होता है। यों तो भक्ति के जितने आचार्य हुए उन सभी ने शंकराचार्य के मायावाद का खंडन किया है पर श्रीवल्लभाचार्य ने मायावाद का जैसा खंडन किया वैसा किसी अन्य आचार्य द्वारा नहीं हुआ। इसी से इनका सिद्धांत 'ब्रह्मवाद' कहलाता है और इसके प्रतिपक्ष में श्रीशंकराचार्य का सिद्धांत 'मायावाद' घोषित किया जाता है। श्रीवल्लभाचार्य ने निर्गुण को ब्रह्म का पारमार्थिक रूप नहीं माना। उन्होंने तीन प्रकार के ब्रह्म माने—क्षर ब्रह्म, अक्षर ब्रह्म और पुरुषोत्तम ब्रह्म। क्षर ब्रह्म तो जगत् है, अक्षर ब्रह्म निर्गुण है और पुरुषोत्तम ब्रह्म भगवान् श्रीकृष्ण हैं। शंकराचार्य ने सगुण को ब्रह्म का मायिक रूप माना था। उन्होंने जहाँ-जहाँ माया का अस्तित्व स्वीकार किया था वहाँ-वहाँ ब्रह्म की सत्ता का प्रतिपादन करके इन्होंने अद्वैत को माया से शुद्ध कर दिया, इसीलिए इनका मत शुद्धाद्वैत कहलाता है। इन्होंने सगुण को ही पारमार्थिक सत्ता के रूप में स्वीकार किया है और निर्गुण को ब्रह्म का अंशत: तिरोहित रूप कहा है।

ब्रह्म में दो प्रकार की अचित्य शक्तियाँ मानी गई हैं—आविर्भाव और तीरोभाव की और उसके सत्, चित् और आनंद तीन रूप स्थिर किए गए हैं। वह उक्त शक्तियों द्वारा जगत् में परिणत भी हो जाता है और उससे परे भी रहता है। जीव के रूप में उसका सत्-चित् आविर्भूत रहता है और आनंद तिरोभूत। जड़ में सत् ही आविर्भूत रहता है और शेष दोनों रूप तिरोभूत। इन्होंने जीव तीन प्रकार के स्वीकार किए हैं—प्रवाहजीव, मर्यादाजीव और पुष्टिजीव। इन तीनों के सांकर्य से जीवों के आठ भेद हो जाते हैं। इन्होंने कृष्ण को परब्रह्म और दिव्य गुणों से संपन्न पुरुषोत्तम कहा है। इनके लोक को व्यापी बैकुंठ और उस व्यापी बैकुंठ के एक खंड को गोलोक बतलाया है। इस गोलोक के अंतर्गत वृंदावन, यमुना, गोवर्धन, निकुंज आदि सभी नित्य हैं। वहीं भगवान् गोचारण, रासलीला आदि क्रीड़ाएँ नित्य किया करते हैं। जीव यदि इस नित्यलीला में प्रविष्ट हो जाय तो उसे परगति प्राप्त होती है। लौकिक वृंदावन उस अलौकिक या नित्य गोलोक का प्रतिबिंब मात्र है। संसार की क्रियाओं में अन्य जीवों की भाँति प्रवृत्त रहनेवाले

1. 'श्रीसंप्रदाय' का परिचय 'रामभक्तिप्रवाह' में आगे देखिए।

प्रवाहजीव होते हैं। जो शास्त्र के आधार पर जगत् में प्रवृत्त रहते हैं वे मर्यादा-जीव होते हैं और जो भगवान् के अनुग्रह की लालसा से भगवत्प्रेम में लीन होते हैं, वे पुष्टिजीव कहलाते हैं। जीव का नित्यलीला में प्रवेश भगवान् के अनुग्रह या पोषण से ही हो सकता है। भगवदनुग्रह को पोषण या पुष्टि मानकर श्रीवल्लभाचार्य का चलाया मार्ग पुष्टिमार्ग कहलाया। भक्ति के अंतर्गत पूज्यबुद्धि या श्रद्धा और सौंदर्यबुद्धि या प्रेम का मिश्रण होता है। वल्लभसंप्रदाय में उसके दूसरे अंश अर्थात् प्रेम का प्रमुख रूप से ग्रहण हुआ है। अतः इसकी भक्ति प्रेमलक्षणा भक्ति कहलाती है। भक्तिसाधना को इन्होंने इतना महत्त्वपूर्ण स्थान दिया है कि भगवान् के बदले उसी को साध्य बतलाया है।

श्रीवल्लभाचार्य ने प्रस्थानत्रयी (ब्रह्मसूत्र, उपनिषद् और गीता) पर भाष्य लिखे हैं। ब्रह्मसूत्र पर इनका भाष्य अणुभाष्य के नाम से प्रसिद्ध है, जो अधूरा ही रह गया था। उसकी पूर्ति इनके पुत्र और शिष्य श्रीविट्ठलनाथ ने की। श्रीविट्ठलनाथ ने वल्लभाचार्य के चार शिष्यों सूरदास, कुंभनदास, परमानंददास तथा कृष्णदास को और अपने चार शिष्यों नंददास, गोविंददास, छीतस्वामी तथा चतुर्भुजदास को श्रीकृष्णलीला का गान करने के लिए निर्वाचित कर इन पर अष्टछाप लगा दी। ये अष्टसखा के अवतार माने जाते हैं—

सूरदास सु तो क्रस्न तोक परमानँद जानो।
क्रस्नदास सो ऋषभ छीतस्वामि सुबल बखानो।
अरजुन कुंभनदास चत्रभुजदास बिसाला।
बिस्नुदास सो भोज स्वामि गोबिंद दामाला।
अष्टछाप आठो सखा श्रीद्वारकेस परमान।
जिनके कृत गुनगान करि निजजन होइ सुथान।

—श्रीगोवर्धननाथजी के प्राकट्य की वार्ता।

नंददास के स्थान पर इसमें विष्णुदास नाम दिया हुआ है। कदाचित् नंददास का दूसरा नाम विष्णुदास था। श्रीवल्लभाचार्य के चार शिष्यों में सबसे प्रमुख सूरदास हुए। परमानंददास ने इनकी लागडाँट में सूरसागर के जोड़तोड़ का 'परमानंद-सागर' बनाया। कुंभनदास की रचनाओं का भी एक संग्रह प्रकाशित हुआ है। कृष्णदास की विशेष रचनाएँ नहीं मिलतीं। श्रीविट्ठलनाथ के चार शिष्यों में 'नंददास' सर्वप्रधान थे। गोविंददास, छीतस्वामी और चतुर्भुजदास के कुछ फुटकल पद मिलते हैं। इस प्रकार अष्टछाप के आठों भक्तों में सर्वश्रेष्ठ कवि सूरदास हैं और उनके अनंतर दूसरा स्थान नंददास का है।

गीत-परंपरा

सूरदास

सूरदास से संबद्ध मुख्य विचारणीय विषय हैं—उनके गीतों की परंपरा, उनका जीवनवृत्त, उनकी उपासना का भाव, उनका बाललीला तथा वियोग वर्णन। सूरदास की गीत-परंपरा के संबंध में अभी तक हिंदी-साहित्य के इतिहास-लेखकों ने यही निश्चय किया है कि जयदेव के गीतगोविंद की परंपरा विद्यापति के गीतों में दिखाई पड़ी और विद्यापति के गीतों की परंपरा सूरदास, नंददास आदि कृष्णभक्त कवियों में। शुक्लजी ने यह भी लिखा है कि सूरदास के गीतों में प्रौढ़ रचना इसका संकेत करती है कि उनके पहले गीतों में बहुत कुछ लिखा गया होगा। यह भी संभव है कि यह गीत-परंपरा मौखिक ही रही हो। इस संबंध में दो बातें विचारणीय हैं—एक राधाकृष्ण-संबंधी काव्य की परंपरा, दूसरे गीतों की परंपरा। इन दोनों को एक में मिलाना ठीक नहीं जान पड़ता। पहले कह आए हैं कि जयदेव ने संस्कृत में गीत लिखने का प्रचलन किया और अपने गीतों का वर्ण्य-विषय राधाकृष्ण को रखा। गीतगोविंद से इसी बात का प्रमाण मिलता है कि राधाकृष्ण-संबंधी रचनाएँ गीतों में और तत्कालीन जनभाषा या पुरानी हिंदी में होती थीं। जयदेव ने उन्हीं की देखादेखी संस्कृत में गीतगोविंद की रचना की। राधाकृष्ण-साहित्य के क्षेत्र से आलंबन के रूप में गीतगोविंद के पहले आ चुके थे और भक्तिप्रेरित रचनाएँ भी संस्कृत अथवा देशी भाषाओं में इनके पहले से हो रही थीं।

भक्तिप्रवाह में गीतों का प्रचलन जनभाषा में बहुत अधिक और माधुर्यपूर्ण था। राधाकृष्ण-संबंधी अभिव्यक्ति गीतों में ही होती रही हो ऐसा नहीं है, शास्त्रीय छंदों में भी वह अभिव्यक्ति होती आई है। राधाकृष्ण-संबंधी भक्ति-संप्रदायों में कीर्तन का विशेष माहात्म्य होने के कारण अधिकतर रचनाएँ गीतों में होती रहती हैं। यहाँ तक कि इन्हीं गीतों के भीतर कबित्त, सवैये आदि छद भी रख दिए जाते रहे हैं। सूरसागर के कई पदों में घनाक्षरी और सवैयों का ग्रहण है। तुलसीदास ने भी अपने गीत-काव्यों में घनाक्षरी का ऐसा ग्रहण किया है। घनाक्षरी और सवैयों का पृथक् व्यवहार भी अन्य छंदों की अपेक्षा गीतात्मक तत्त्व से कहीं अधिक संवलित है। परवर्ती काल में भी घनाक्षरी की चार पंक्तियों में से चौथी पंक्ति दुहराई जाती थी। हस्तलेखों में भी कहीं-कहीं यह दो बार लिखी मिलती है। सवैया नाम ही इस बात को स्पष्ट कर देता है कि इसमें पाँच पंक्तियाँ होती हैं। 'सवैया' शब्द 'संपादिका' से बना हुआ है। यही स्थिति छप्पय की भी दिखाई देती है। इस परंपरा का पालन आधुनिक काल में होनेवाले भारतेन्दु हरिश्चंद्र ने

अपने 'भक्तसर्वस्व' में किया है। इनमें भक्तों की कथाएँ छप्पय छंद में दी गई हैं और छप्पय की अंतिम पंक्ति आरंभ में भी लिखी गई है। कबित्त नाम से घनाक्षरी, सवैया और छप्पय का ग्रहण होता था। कभी-कभी झूलना भी इसी में मान लिया जाता था। ये सब गीतात्मक तत्त्वोंवाले छंद हैं। हिंदी के मात्रिक छंदों में कई छंद विशेष गीतात्मक हैं जैसे गीतिका या हरिगीतिका। तुलसीदास को रामचरितमानस में जहाँ गीततत्त्व का आधिक्य अपेक्षित हुआ है वहाँ उन्होंने गीतिका छंद का व्यवहार बराबर किया है। अस्तु, कहना इतना ही है कि गीतगोविंद से गीत-परंपरा मानने के पहले यही उपयुक्त जान पड़ता है कि गीतगोविंद में ही जनगीतों की परंपरा गृहीत मानी जाय। इन गीतों में राधाकृष्ण के भी गीत थे ऐसा कहना अनुपयुक्त नहीं। वृंदावन का माहात्म्य चाहे जब बढ़ा हो किंतु राधाकृष्ण की भक्ति के गीत जयदेव के पहले से गाए जाते रहे हैं। जनसमाज की अभिव्यक्ति और जनसमाज के लिए अभिव्यक्ति गीतों में होती रही है और लोकभाषा में उसका प्रसार बहुत अधिक होता रहा है। इसका प्रमाण सिद्धों की बानियों से ही मिल जाता है, जिनके समय का आरंभ 8वीं-9वीं शताब्दी से होता है। फिर तो गोरख और नाथ-संप्रदाय के अन्य संतों में भी यह पद्धति दिखाई देती है। मियाँ अमीर खुसरो भी इस प्रकार के गीतों का प्रयोग करनेवाले माने जाते हैं। कबीर आदि संतों में भी यह परंपरा प्रकाम है। संतों के सबद गीतों में ही लिखे जाते हैं। इसलिए निश्चय है कि सूरदास के गीतों की परंपरा को जयदेव-विद्यापति से आई परंपरा के रूप में मानना ठीक नहीं जान पड़ता। जिस गीत-परंपरा का ग्रहण जयदेव और विद्यापति ने किया है उसको वृंदावन के आसपास मानना विशेष उपयुक्त होगा।

सूरदास का समय

सूरदास के समय के संबंध में जो आधार माने गए हैं वे 'सूरसारावलि' और 'साहित्यलहरी' पुस्तकों से संबद्ध हैं। सूरसारावलि और साहित्यलहरी ये दोनों ही पुस्तकें सूरदास की लिखी मानी जाती हैं। सबसे पहले सूरसारावलि पर विचार करना चाहिए। सूरसारावलि अथवा सूरसागर-सारावलि पोथी के अंत में यह लिखा हुआ है—

कर्मयोग पुनि ज्ञान उपासन सबही भ्रम भरमायो।
श्रीवल्लभ गुरु तत्व सुनायो लीलाभेद बतायो।

ता दिन ते हरिलीला गाई एक लक्ष्य पद बंद।
ताको सार सूरसारावलि गावत अति आनंद।

इससे यह पता चलता है कि श्रीवल्लभ गुरु ने किसी को तत्त्वज्ञान सुनाया और लीला का तत्त्व बतलाया। उस दिन से उसने एक लक्ष पदों में हरि की लीला गाई, जिसका सार यह सूरसारावलि है। इससे यह स्पष्ट नहीं होता कि सूरसारावलि के लिखनेवाले सूरदास ही थे। इसके आगे जो फलश्रुति लिखी गई है और जो पुष्पिका दी गई है उनके आधार पर यह कहा जा सकता है कि यह रचना सूरदास की है—

फलश्रुति—

तब बोले जगदीस जगतगुरु सुनो सूर मम गाथ!
तू कृत मम जस जो गाबैगो सदा रहै मम साथ।
खेलत यहि बिधि हरि होरी हो बेद बिदित यह बात।
× × ×
धरि जिय नेम सूरसारावलि उत्तर दक्षिन काल।
मनवांछित फल सबही पावें मिटे जन्म जंजाल।
स्रवननि सुनै पढ़ै मन राखै लिखै परम चित लाय।
ताके संग रहत हौं निसिदिन आनँद जन्म बिहाय।
सरस समत सर लीला गावें चरन जुगल चित लावें।
गर्भबास बंदीखाने में सूर बहुरि नहिं आवें।

पुष्पिका—

इति श्रीसूरदासजी कृत संवत्सरलीला तथा सवा लाख पदों का सूचीपत्र समाप्त

सारावलि के आरंभ में 'सूर' के स्थान पर 'सूरज' शब्द छाप के रूप में प्रयुक्त है—

कीन्हें तत्व प्रकट तेही क्षन सबै अष्ट अरु बीस।
तिनके नाम कहत कबि सूरज निर्गुन सबके ईस।

सूरसागर में 'सूरज' नाम के पद मिलते हैं। भ्रमरगीत में 'सूरज' नाम के बहुत से पद आए हैं। उनकी रचना अच्छी है, इसीलिए सूरदास की रचना में खप जाती है। सूरदास वल्लभाचार्य के संप्रदाय में थे। जिसमें वात्सल्यभाव प्रधान

था। सूरसारावलि बनानेवाले जो कोई भी हों वे मधुररस के अर्थात् कांतभाव के माननेवाले थे—

बृंदावन गोबर्धन कुंजन जमुना पुलिन सुदेस।
नित प्रति करत बिहार मधुररस स्यामास्याम सुरेस।

जिस अंश के आधार पर लोग सूरदास की वय सारावलि की रचना के समय 67 वर्ष की मानते हैं वह भी मधुररस से ही संबद्ध है—

सगन कुंज में अमित केल लख तनु सुगंध की रेल।
मधुकर निकट आय पीवत रस सुखद सदारस झेल।
मलिन भए रस मानसरोवर मुनिजन मानसहंस।
थकित बिलोकि सारदा बर्नंन करिबे बहुत प्रसंस।
बृंदावन निजधाम परम रुचि बर्नंन कियो बढ़ाय।
ब्यासपुरान सघन कुंजन में जब सनकादिक आय।

धीर समीर बहत त्यहि कानन बोलत मधुकर मोर।
प्रीतम प्रियाबदन अवलोकत उठि उठि मिलत चकोर।
अमित एक उपमा अवलोकत जिय में परत बिचार।
नहिं प्रबेस अज सिव गनेस पुनि कितक बार संसार।
सहस रूप बहुरूप रूप पुनि एक रूप पुनि दोय।
कुमुदकली बिकसित अंबुज मिलि मधुकर भागी सोय।
नलिन पराग मेघमाधुरि सों मुकुलित अंब कदंब।
मुनिमन मधुप सदा रसलोभित सेवत अज सिव अंब।
गुरु प्रसाद होत यह दरसन सरसठ बरष प्रबीन।
सिवबिधान तप करेउ बहुत दिन तऊ पार नहिं लीन।

इसमें 'सरसठ' शब्द कैसे आ गया यही विचारणीय है, क्योंकि यहाँ 67 संख्या का कोई महत्त्व नहीं है और यह अंश लिखनेवाले से संबद्ध हो ऐसा भी नहीं जान पड़ता। सूरसारावलि की अन्य कोई प्रति आज तक खोज में नहीं मिली जिससे इसका मिलान किया जा सके। अनुमान है कि 'सरसठ' शब्द मुद्रण-दोष से हिंदी-साहित्य के समालोचकों को चक्कर में डाले हुए है। यदि कोई संख्या ही यह हो तो भी ऐसी संख्या होनी चाहिए जो सामान्यतया ऐसे प्रसंगों में आती है। यदि ऐसा होता कि गुरु की कृपा से युगलमूर्ति के दर्शन अनेक वर्षों तक होते हैं तो

यह माना जाता कि 'सरसठ' के स्थान 'सत सत' पाठ है। 'सरसठ' को यदि 'सरसत' मानें और उसका संख्यावाची अर्थ लें तो '105' अर्थ कुछ संगत निकलता है।

साहित्यलहरी पुस्तक में दो पद ऐसे हैं जिनके आधार पर सूरदास के समय का निर्णय किया जाता है। ये दोनों पद नीचे उद्धृत किए जाते हैं—

मुनि पुनि रसन के रस लेख।
दसन गौरीनंद को लिखि सुबल संवत पेख।
नंदनंदन मास छै ते हीन त्रितिया बार।
नंदनंदन जनम ते है बान सुखआगार।
तृतीय ऋक्ष सुकर्म जोग बिचारि सूर नवीन।
नंदनंदनदास हित साहित्यलहरी कीन॥

'मुनि' का 'सात', 'रसन' का 'एक', 'रस' का 'छः', 'दसन गौरीनंद' का 'एक' अर्थ लेकर 'अंकानां वामतो गतिः' से बाबू राधाकृष्णदास ने सं० 1607 (सं० 1617) लगाया है। 'नंदनंदन' मास छै ते हीन त्रितीया बार' का अर्थ वैशाख की अक्षय तृतीया लिया है। सारावलि के उक्त 67 वर्ष को इसमें से घटाकर 1540 सूरदास का जन्मसंवत् माना गया है।

'पुनि' के स्थान पर कुछ लोग 'सुनि' पाठ रखते हैं और उसका अर्थ शून्य करते हैं। 'रसन क रस' को एक ही मानकर 'रसना के रस' का षड्रस' या 'छह रस' अर्थ लेते हैं और 1607 निकालते हैं। इस पद में 'सूर नवीन' और 'नंदनंदन-दास' दो पदों पर अधिक विचार करने की आवश्यकता है। जिन सूर ने साहित्य, लहरी का निर्माण किया वे कोई 'नवीन सूर' हैं। उन्होंने नंदनंदनदास के लिए इस साहित्यलहरी का निर्माण किया। नंदनंदनदास व्यक्तिवाचक नाम है। नंदनंदन अर्थात् श्रीकृष्ण के दासों के लिए साहित्यलहरी का निर्माण किया गया हो ऐसा अर्थ प्रतीत नहीं होता।

साहित्यलहरी में जिस प्रकार के दृष्टिकूटक आए हैं उस प्रकार का एक भी दृष्टिकूटक सूरसागर में नहीं मिलता। जिन्होंने साहित्यलहरी को सूरसागर के कर्ता सूरदास की कृति स्वीकार किया है उन्होंने यह कहा है कि इसका निर्माण सूर-सागर के पूर्व हुआ है। साहित्यलहरी यदि सूरदास की ही रचना होती और सूर-सागर के पूर्व रची गई होती तो उसका कोई-न-कोई दृष्टिकूटक सूरसागर में अवश्य संगृहीत हो गया होता। सूरसागर में न तो साहित्यलहरी के से कठिन दृष्टिकूटक हैं और न साहित्यलहरी का कोई दृष्टिकूटक ही उसमें आया है, इसलिए यह रचना सूरसागर के अनंतर हुई है। सब बातों पर ध्यान देने पर धारणा यही पुष्ट होती है कि यह प्रसिद्ध कवि सूरदास की रचना न होकर किसी दूसरे सूरदास की

रचना है। इस पर तटस्थ दृष्टि से विचार करने की विशेष आवश्यकता प्रतीत होती है।

साहित्यलहरी पर सरदार कवि की टीका है। ये सरदार कवि भारतेंदु बाबू हरिश्चंद्र के समसामयिक थे। भारतेंदु बाबू को सूरदास के वे दृष्टिकूटक जो सूर-सागर में दिखाई पड़े बड़े अच्छे जान पड़े और उन्होंने घोषणा की कि सूरदास के और दृष्टिकूटों का जो पता लगाएगा उसे पारितोषिक दिया जाएगा। सूरदास के दृष्टिकूटों का एक संग्रह उस समय 'सूरशतक' नाम से प्रकाशित हुआ था। इसके सभी दृष्टिकूट सूरसागर के हैं और सभी अपेक्षाकृत सरल हैं।

किसी की यह जिज्ञासा हो सकती है कि जब सूरसागर में दृष्टिकूटक मिलते हैं तब यह संभव है कि सूरदास की विशेष अभिरुचि दृष्टिकूटक लिखने की रही हो, इसलिए उन्होंने चाहे सूरसागर के पूर्व अथवा सूरसागर के निर्माण के अनंतर साहित्यलहरी की रचना की हो। स्वतंत्र रचना होने के कारण इसकी मिलावट सूरसागर में नहीं की। इस संबंध में इतना ही कहना पर्याप्त है कि दृष्टिकूटक की रचना करना काव्यप्रवाह प्राप्त है। सूरदास के बहुत पहले होनेवाले विद्या-पति ने भी अपने पदों में कूट रखे हैं। इसलिए दृष्टिकूट लिखने को सूरदास की व्यक्तिगत विशेषता मानने की अपेक्षा काव्यरूढ़ि के रूप में ही ग्रहण करना चाहिए।

सूरसागर के अनेक हस्तलेख मिलते हैं। उनके भ्रमरगीत के भी बहुत से हस्त-लेख मिलते हैं। पर साहित्यलहरी का कोई हस्तलेख खोज में आज तक प्राप्त नहीं हुआ। इसलिए यदि यह संभावना की जाय कि साहित्यलहरी का निर्माण बहुत बाद में हुआ है तो कोई विसंगति नहीं जान पड़ती। साहित्यलहरी में जिस प्रकार के दृष्टिकूट आए हैं उस प्रकार के दृष्टिकूटों की रचना एक तो सूरदास के लिए यों भी संभव नहीं, क्योंकि वे कीर्तन के लिए प्रतिदिन मुखाग्र रचना किया करते थे। मुखाग्र रचना करनेवाला ऐसे कठिन दृष्टिकूटक निर्मित नहीं कर सकता। दूसरे जैसी पच्चीकारी दृष्टिकूटकों में की गई है वैसी हिंदी के रीति-कवियों की विशेषता है, जिन्हें ऐसा कार्य करने का पूरा अवकाश था। इसलिए मेरा अनु-मान है कि साहित्यलहरी का निर्माण या तो सरदार कवि के कुछ पहले हुआ या सरदार कवि के समय में ही हुआ। इस दृष्टि से विचार करने पर साहित्यलहरी का निर्माणकाल 1917 जान पड़ता है। 'रस' का अर्थ 'नौ' लेना चाहिए। हिंदी के कवि 'रस' का अर्थ 'नौ' भी लेते रहे हैं। सरदार कवि का कविताकाल सं० 1902 से 1940 तक माना गया है।

साहित्यलहरी में वह प्रसिद्ध पद भी आया हुआ है जिसमें सूरदास के पूर्वजों का उल्लेख है। पूरा पद नीचे उद्धृत किया जाता है—

प्रथम ही प्रेथ जगाते में प्रगट अद्भुत रूप।
ब्रह्मराव बिचारि ब्रह्मा राखु नाम अनूप।
पान पयदेवी दियो सिव आदिसुर सुख पाय।
कहा दुर्गा पुत्र तेरो भयो अति सुखदाय।
पारपायन सुरन के पितु सहित अस्तुति कीन।
तासु बंस प्रसंस में भी चंद चार नवीन।
भूप पृथ्वीराज दीनों तिन्हैं ज्वालादेस।
तनय ताके चार कीन्हौं प्रथम आप नरेस।
दूसरे गुनचंद ता सुत सीलचंद सरूप।
बीरचंद प्रताप पूरन भयो अद्भुत रूप।
रंतभार हमीर भूपत संग खेलत आप।
तासु बंस अनूप भो हरचंद अति बिख्यात।
आगरे रहि गोपचल में रहो ता सुत बीर।
पुत्र जनमे सात ताके महाभट गंभीर।
कृष्नचंद उदारचँद जो रूपचंद सुभाइ।
बुद्धचंद प्रकास चौथो चंद भो सुखदाइ।
देवचंदप्रबोध संसृत चंद ताको नाम।
भयो सप्तो नाम सूरजचंद मंद निकाम।
सो समर करि साहि सेवक गए बिधि के लोक।
रहो सुरजचंद दृग ते हीन भर बर सोक।
परो कूप पुकार काहू सुनी ना संसार।
सातए दिन आइ जदुपति कियो आप उधार।
दियो चख दै कही सिसु सुनु माँग बर जो चाइ।
हौं कहौं प्रभु भगत चाहत सत्रुनास सुभाइ।
दूसरो ना रूप देखों देखि राधा स्याम।
सुनत करुनासिंधु भाषी एवमस्तु मुदाम।
प्रबल दच्छिन बिप्रकुल ते सत्रु हुइहैं नास।
अखिल बुद्धि बिचारि बिद्यमान माने मास।
नाम राखे मोर सूरजदास सूर सुस्याम।
भए अंतर्धान बीते पाछली निसि जाम।

मोहि पन सो इहै ब्रज की बसे सुख चित थाप।
थपि गोसाँई करी मेरी आठ मध्ये छाप।
बिप्र प्रथ्थ जगात को है भाव भूर निकाम।
सर है नँदनंदजू को लियो मोल गुलाम।

इस पद के दो प्रकार के अर्थ लगाए जाते हैं—एक इतिहास-संबंधी और दूसरा संप्रदाय-संबंधी। यह पद सबसे पहले साहित्यलहरी की सरदार कवि द्वारा की गई टीका में मिलता है। चंद का परिचय देते हुए नानूराम भाट ने नाममात्र के भेद से यही पद अपनी वंशावली के रूप में दिया है। धारणा है कि नानूराम ने साहित्य-लहरी से ही इसे प्राप्त किया है। जैसा पहले कहा जा चुका है कि साहित्यलहरी का निर्माण सरदार कवि के जीवनकाल के आसपास ही जान पड़ता है। यह भी हो सकता है कि उन्हीं लोगों ने यह कर्तृत्व दिखाया हो। इस पद के संबंध में भी यही कहना है कि सरदार कवि ने सुनी-सुनाई बातों के आधार पर इस पद की रचना की है। सरदार कवि के जीवनकाल के पूर्व किसी भी ग्रंथ में इस पद का कहीं भी उल्लेख नहीं मिला। इसलिए इस पद का सांप्रदायिक (जिसे लोग 'आध्या-त्मिक' कहते हैं) अर्थ करना युक्तिसंगत नहीं प्रतीत होता। सूरसागर की प्रति में जितने पद मिलते हैं उनमें कहीं 'सूर', कहीं 'सूरज' और कहीं 'सूरस्याम' शब्द दिखाई पड़ते हैं। जिन्हें छाप के रूप में प्रयुक्त किया गया है। किसी व्यक्ति ने इन विभेदों को दूर करने के लिए सुनी-सुनाई बातों के आधार पर और बहुत कुछ अपनी कल्पना से जोड़कर इस पद का निर्माण किया है। 'नाम राखे मोर सूरजदास सूर सुस्याम' से यही बात प्रकट होती है।

ऊपर दिए हुए प्रमाणों से यह स्पष्ट हो जाता है कि सूरदास के समय के संबंध में जो आधार परंपरा में माने जाते रहे हैं उनकी नींव बड़ी कच्ची है।

सूरसागर को ध्यानपूर्वक देखने से दिखाई पड़ता है कि इसके आरंभ में जो विनय के पद हैं उनमें श्रीकृष्ण की लीलाओं का विस्तार नहीं है। 'हरि' रूप में ही उनका स्मरण बारंबार किया गया है। इसके आधार पर यह कल्पना की गई कि सूरदास पहले रमते साधु के रूप में भजन गाया करते थे। बाद में वल्लभाचार्य के प्रभाव में आकर श्रीकृष्णलीला के पद निर्मित किए और भागवत को आधार बना-कर चले। इसलिए इतना मानने में कोई बाधा नहीं कि वल्लभाचार्य की शरण सूरदास ने वयस्क होने पर ली और आगे चलकर विट्ठलनाथ ने उन्हें अष्टछाप में सर्वप्रथम स्थान दिया। सूरदास के संबंध में अभी तक जितने अनुसंधान हुए हैं सभी में पुरानी बातों का ही अधिकतर पिष्टपेषण है। किसी ऐतिहासिक तत्त्व की नूतन उपलब्धि नहीं दिखाई पड़ती। यह गड्डलिकाप्रवाह अवश्य दिखाई पड़ता है कि सूरदास के संबंध में जिन आधारों को स्वीकार किया गया है उन्हें प्रायः

सभी ज्यों का त्यों कुछ थोड़े से तर्क देकर ही उपस्थित करते रहे हैं। उन आधारों की भी पूरी-पूरी छानबीन होनी चाहिए। भारतवर्ष के प्राचीन कवि अपने जीवन-वृत्त का उल्लेख नहीं किया करते थे। हिंदी में कविवंश-वर्णन की प्रथा केशवदास की रचना में सर्वप्रथम मिलती है। इसलिए सूरदास के जन्म और मरण की तिथियों का निर्णय करने में शक्ति-व्यय करने की कोई अनिवार्य आवश्यकता नहीं प्रतीत होती।

बाललीला

बल्लभकुल का सांप्रदायिक पक्ष वात्सल्यभाव की उपासना है अर्थात् भगवान् को बालक के रूप में मानकर अपने को यशोदा, नंद आदि के रूप में कल्पित करके उपासना करना उस संप्रदाय की विशेषता है। बालमुकुंद को खिलाने के लिए छप्पन प्रकार के भोग लगाने लगे और भोग कर्मचारियों को वितरित कर दिया जाता रहा। बच्चों को भूख बहुत लगती है, उन्हें अनेक प्रकार के भोजनों की अपेक्षा होती है और वे परिमाण में भी पर्याप्त भोजन करते हैं। इस दृष्टि से वल्लभकुल के गोपालमंदिरों में प्रसाद का पहाड़ लगाया जाता है। इस कुल में कर्मचारियों को द्रव्य के रूप में वेतन नहीं दिया जाता; प्रसाद ही उनके पारिश्रमिक के रूप में मिलता है। यह प्रसाद भक्तजनों के हाथ बेचकर वे जीविका भली भाँति चला लेते हैं। भक्तों को यह प्रसाद भी बहुत सस्ता पड़ता है। वल्लभकुल ने राग-भोग की जो इतनी लंबी-चौड़ी प्रथा चलाई उसका एक सामाजिक पक्ष भी है। मंदिरों में आनेवालों विशेष रूप से बाहर के भक्तों के लिए दैनंदिन भोजन का बहुत ही उत्कृष्ट प्रबंध इसके द्वारा हो गया। प्रसाद प्रस्तुत करने में जिस प्रकार की स्वच्छता बरती जाती है और उसके साथ प्रेम का जो मिठास मिली रहती है और जैसे-जैसे साधक प्रसाद प्रस्तुत करने में योग देते हैं उसे देखते हुए स्वीकार करना पड़ता है कि भक्तिसंप्रदाय ने भगवत्प्रसाद के रूप में दैनंदिन उदरपोषण की उत्कृष्ट व्यवस्था कर रखी थी।

सूरदास ने, जैसा सूरसागर के पदों की गिनती से स्पष्ट होता है, बाललीला-संबंधी पद सबसे अधिक लिखे हैं। बाललीला के इन अधिक पदों के कारण यह सिद्ध होता है कि वे किसी वात्सल्यभावोपासक संप्रदाय से संबद्ध थे। सूरसागर में प्रमुख रूप से तीन प्रकार के पद दिखाई पड़ते हैं—विनय के, बाललीला के और शृंगारलीला के। विनय के पदों के संबंध में यह संकेत किया जाता है कि उसमें

श्रीकृष्णलीला का अंश नहीं आने पाया है। इसलिए सूरदास के कृष्णलीला संबंधी पद दो ही प्रकार के रह जाते हैं—बाललीला-संबंधी और शृंगारलीला-संबंधी। इन दोनों में भी केवल परिमाण के ही विचार से नहीं अभिव्यंजना के विचार से भी बाललीला-संबंधी पदों में जो उत्कर्ष पाया जाता है वह शृंगारलीला-संबंधी पदों में नहीं। एक बात और ध्यान देने योग्य है कि इनके विनय के पदों में दूसरों की रचना का मेल कुछ ही है। शृंगारलीला-संबंधी पदों में अत्यधिक है। बाललीला-संबंधी पदों में मेल अपेक्षाकृत कम है। इसका वास्तविक कारण यही जान पड़ता है कि जिस समय सूरदास ने रचना की उस समय वल्लभकुल में बाललीला के पदों के प्रति अधिक झुकाव था। आगे चलकर शृंगारलीला अन्य शृंगारी संप्रदायों के विकास के साथ-साथ वल्लभकुल के वर्ण्य विषयों में अधिक होने लगी।

बाललीला के वर्णन में एक तो श्रीमद्भागवत में कथित लीलाओं का सन्निवेश है, दूसरे बालक की क्रीड़ाओं का। लीला-संबंधी सभी पदों को देखने से स्पष्ट हो जाता है कि सूरदास की वृत्ति अपेक्षाकृत उतनी अन्यत्र नहीं रमी है जितनी बाल-क्रीड़ा-संबंधी स्वच्छंद पदों में। भागवत में कथित लीलाओं का सूरदास ने विस्तार किया है और उस विस्तार में नवीन उद्‌भावना बहुत अधिक रखी है। बालक्रीड़ा के प्रसंग श्रीकृष्ण के नटखटपने के कारण अत्यंत सरस हो गए हैं। सूरदास ने बाल-क्रीड़ा में जितने प्रकार के नए-नए प्रसंगों की कल्पना की है उनसे उनकी उद्‌भा-वनाशक्ति का पता तो चलता ही है साथ ही कुछ ऐसे संकेत भी मिलते हैं जिनका मनोविज्ञान से विशेष संबंध है। बालमनोविज्ञान का अध्ययन करनेवालों के लिए सूरदास की बाललीला और बालक्रीड़ा इसलिए विशेष उपयोगी होगी कि उसमें बालकों की इतनी अधिक मनोवृत्तियों का इतने अधिक परिमाण में अभिव्यंजन है जितना मनोवैज्ञानिक अनुसंधान से भी अद्यावधि फिर नहीं प्राप्त हो सका। सूर की दृष्टि बालकों की चंचल मनोवृत्ति को किस प्रकार देख सकी यह अवश्य आश्चर्य का विषय है। कोई डिठारा भी जिन क्रीड़ाओं को सामान्तया नहीं देख पाता और देखने पर भी उसका यथावत् वर्णन नहीं कर पाता, सूरदास ने उनका तथा तद्‌-गत चपलताओं का सांगोपांग वर्णन उपस्थित किया है। इनकी इस नवीन उद्‌भा-वना का संकेत स्वयं गोपिकाओं के वचनों से मिलता है। श्रीकृष्ण जिस प्रकार का नटखटपना करते हैं और जिस प्रकार की नई-नई युक्तियाँ निकाल लेते हैं उस पर ब्रज की गोपिकाओं को आश्चर्य होता है। वे बारंबार यह कहती सुनी जाती हैं कि—

कहाँ तुम यह बुद्धि पाई स्याम चतुर सुजान।

सूरदास ने बाललीला और बालक्रीड़ा का विस्तृत वर्णन करके और साथ ही वल्लभकुल के अन्य प्रमुख कवियों ने भी वात्सल्यभाव की अभिव्यक्ति में योग देकर

संस्कृतसाहित्यशास्त्र में पिछले काँटे स्वीकृत वत्सलरस को पूर्ण रसत्व प्रदान कर दिया। भक्तिसंप्रदाय के दास्यभाव और सख्यभाव भी इसी प्रकार रसत्व की सिद्धि को प्राप्त हो सकते हैं। तुलसीदास ने जिस दास्यरस की अभिव्यक्ति अपने काव्य में की थी वह हिंदी-साहित्य में आगे चलकर राष्ट्रीय रचनाओं में दूसरे ढंग से दिखाई पड़ा। यदि रस की दृष्टि से राष्ट्रीय रचना का विचार किया जाय तो उसे दास्यरस की रचना मानना ठीक होगा। दास्यरस नाम हिंदीवालों के लिए अपरिचित-सा है और बहुत दिनों से अपरिचित है। इस पर एक मनोरंजक बात स्व० श्रीरामदास गौड़ ने बताई थी। हिंदी-साहित्य-सम्मेलन की उत्तमा (साहित्यरत्न) उपाधि-परीक्षा के परीक्षक के रूप में सन् 1924-25 के आसपास तुलसी-संबंधी प्रश्नों में उन्होंने एक प्रश्न यह भी रखा था कि तुलसीदास के दास्यरस पर अपने विचार संक्षेप में प्रकट कीजिए। प्रश्नपत्र छापते समय परीक्षामंत्री ने समझा कि दास्यरस तो कुछ होता नहीं, हास्यरस होगा। फलत: प्रश्नपत्र में 'तुलसीदास के हास्यरस पर अपने विचार संक्षेप में प्रकट कीजिए' यह प्रश्न आ गया।

सख्यरस के संबंध में श्रीनरोत्तमदास का सुदामाचरित हिंदी में प्रमाणस्वरूप उपस्थित किया जा सकता है। परिवर्तनशील जगत् की बात तो मैं नहीं कहता पर अभी ऐसे व्यक्तियों के दर्शन हो सकते हैं जो मित्रता के लिए सर्वस्व अर्पित करने को प्रस्तुत रहे हैं अथवा अर्पित कर चुके हैं। किसी साहित्यिक ग्रंथ में ऐसे मैत्री-भाव अथवा सख्यभाव का ग्रहण पाठक केवल भाव के रूप में ही करता हो अर्थात् उसकी अभिव्यक्ति मात्र की प्रशंसा करके ही विरत हो जाता हो ऐसा वही पाठक हो सकता है जो सहृदय न हो। इसीलिए शास्त्रकारों ने सहृदयों को इस विषय में प्रमाण माना है।

भ्रमरगीत

1

ज्ञान की कथनीवाले संतों की 'बानी' में न साहित्य के प्राण हैं न शरीर। यदि कोई कहे कि साहित्य न सही, जीवन को तो इन संतों ने प्रभावित किया तो इसका सीधा उत्तर यह है कि पूरे जीवन को नहीं जीवन के अंश या अंग मात्र को ही निर्गुण की खँजड़ी मुग्ध कर सकी। निर्गुणधारा निवृत्तिमुखी थी। पर भारतीय साहित्य निवृत्तिमुखी कभी नहीं रहा, शांत को रस मानकर भी नहीं। भक्ति प्रवृत्ति-मार्गी है, प्रवृत्तिलक्षण है यह बहुत पहले आरंभ में ही घोषित कर दिया गया था —

'प्रवृत्तिलक्षणश्चैव धर्मो नारायणात्मक:' । जो भक्ति को इतने पर भी निवृत्ति-मार्गी समझते हों उन्हें शास्त्रचिंतन का अभ्यास करना चाहिए।

कबीर की डफली जीवनांश को ही चकित कर सकी, साहित्य उससे न प्रभावित हुआ, न शासित। कबीर की साधनात्मक रहस्योन्मुखी वृत्ति साधकों के ही काम की निकली, साहित्य अछूता ही रह गया। जीवन का जो अंश गुह्य-गोप्य से दृप्त हो रहा था भगवान् की लीला ने उसका रहस्योद्‌घाटन कर दिया। ज्ञान का गर्व विचूर्ण हो गया, भक्ति ने माया का पर्दा हटा दिया। यदि यह पूछा जाय कि क्या प्रेम की पीरवाले फकीरों का भी प्रभाव नहीं पड़ा तो उत्तर होगा कि जीवन को उसने प्रभावित नहीं किया। साहित्य के अंश या अंग मात्र को ही वह प्रभावित कर सका, शासित उतने को भी नहीं। प्रेम की रहस्यवादिनी प्रवृत्ति केवल सूफी फकीरों के ही बीच जागती रही। भारतीय प्रेमाख्यानों की अरहस्योन्मुखी धारा पृथक् प्रवाहित होती रही। हिंदी-साहित्य के इतिहासों में उसकी कोई कथा-कहानी, चर्चा-वार्ता हुई ही नहीं। होती भी कैसे, भारतीय प्रेमकाव्यों की सरस्वती का प्रवाह वेष्टनों में छिपा जो पड़ा है। साहित्य का जो अंश सूफियों से प्रभावित हुआ उसकी खोज-खबर साहित्य के इतिहासों को नहीं। रीतिग्रंथों के पहाड़ में वह साहित्यांश, वह स्वच्छंद स्रोत दबा जो पड़ा है।

अब सगुणधारा के रामभक्ति और कृष्णभक्ति के स्रोतों को लीजिए। रामभक्तिस्रोत के प्रवाहक महात्मा तुलसीदास उपदेश, नीति, मर्यादा आदि से संवलित वाणी का विसर्ग करते रहे। वे पूरे सामाजिक थे, समाज की उन्हें सर्वतोधिक चिंता थी। समाज या जीवन को उन्होंने जैसा प्रभावित किया, कोई न कर सका। तुलसीदास के राम रोम-रोम में रम गए। पर क्या साहित्य में उनकी परंपरा चली। राम का चरित स्वयं काव्य भले ही हो पर रामचरितमानस की परंपरा कहाँ है। जीवन ने उपदेशामृत का पान किया, पर साहित्य ऊँघने लगा। वह श्रद्धा का नहीं, शृंगार का आलंबन चाहता था। वह 'मानस' के बदले 'सागर' में जा डूबा। भक्तिकाल के अनंतर रीतिकाल या शृंगारकाल का आगमन हुआ। सूर के राधा-कृष्ण घनश्याम काव्य के अक्षर-अक्षर में छा गए। जिन्हें शंका होती, अपडर होता वे बोल उठते 'आगे के सुकवि रीझिहैं तौ कबिताई न तु राधिका कन्हाई सुमिरन को बहानो है।'

तुलसीदास ने भगवान् का ऐश्वर्यरूप लिया, वह जीवन के बड़े काम आया। उसकी विभूति से जीवन संपन्न हो गया। सूर ने भगवान् का रसरूप लिया। साहित्य सरस हो गया। तुलसीदास के मर्यादापुरुषोत्तम के समक्ष समाज का शिर श्रद्धा से नत और मान विश्वास से आश्वस्त है। सूर के लीलापुरुषोत्तम के सम्मुख साहित्य की वाणी नर्तित और आत्मा तल्लीन है। हिंदी-साहित्य की भूमिका वृंदावन और पंचवटी में हैं अथवा 'शून्य महलिया' और 'दसवें दुआर' में इसे सहृदय

ही सोचें। साहित्य की आत्मा 'मानस' और 'सागर' से तरंगायित है अथवा 'बीजक' और 'अखरावट' से तरलायित इसे विज्ञ, अभिज्ञ ही विचारें।

2

ज्ञान की कोरी वचनावली और योग की थोथी साधनावली का यदि साधारण लोगों में विशेष प्रचार हो तो अव्यवस्था फैलने लगती है। निर्गुनपंथ ईश्वर की सर्वव्यापकता, भेदभाव की शून्यता, सब मतों की एकता आदि लेकर बढ़ा, जिस पर चलकर अपढ़ जनता ज्ञान की अनगढ़ बातों और योग के टेढ़े-मेढ़े अभ्यासों को ही सब कुछ मान बैठी तथा दंभ, अहंकार आदि दुर्वृत्तियों से उलझने लगी। ज्ञान का ककहरा भी न जाननेवाले उसके पारंगत पंडितों से मुँहजोरी करने लगे। अज्ञान से जिनकी आँखें बंद थीं वे ज्ञानचक्षुओं को आँख दिखाने लगे—

बादहिं सूद्र द्विजन्ह सन हम तुम्ह तें कछु घाटि।
जानइ ब्रह्म सो बिप्रबर आँखि देखावहिं डाँटि ॥—'मानस'

जैसे तुलसी के 'मानस' में यह लोकविरोधी धारा खटकी वैसे ही सूर की आँखों में भी। तुलसी ने स्पष्ट शब्दों में और कड़ाई से इसका परिहार करने की ठानी। प्रबंध का क्षेत्र चुनने से उन्हें इसके लिए विस्तृत भूमि मिल गई। पर गीतों में सूर ने इसका प्रतिवाद प्रत्यक्ष नहीं, प्रच्छन्न रूप में किया। उन्होंने उद्धव-प्रसंग में 'भ्रमरगीत' के भीतर इसके लिए स्थान निकाला। उद्धव के योग एवं ज्ञान का जो प्रतिकार गोपियों ने 'सूरसागर' में किया वह सूर की ही योजना है। श्रीमद्-भागवत में, जिनकी स्थूल कथा के आधार पर 'सूरसागर' रचा गया, यह विधान है ही नहीं। उद्धव के ब्रज जाने, उपदेश देने, भ्रमर के आने और उसे खरी-खोटी सुनाने का वृत्त तो वहाँ है पर गोपियों द्वारा ज्ञान या योग का विरोध नहीं। ब्रज में उद्धव का केवल स्वागतसत्कार ही हुआ, फटकार की मार उन पर नहीं पड़ी।[1] अतः यह तत्कालीन उद्वेगजनक प्रवृत्ति ही थी जिसका उच्छेद करने के लिए सूर ने 'सागर' की उत्ताल तरंगें लहराईं। ज्ञान या योग की साधना भली न हो, सो नहीं। वस्तुतः वह कठिन है, सामान्य विद्याबुद्धिवालों की पहुँच से परे है। पक्ष में उद्धव ऐसे ज्ञान-वरिष्ठ पुरुष और विपक्ष में ब्रजवासिनी ऐसी ज्ञान-कनिष्ठ स्त्रियों को खड़ा करके सूर ने ज्ञान एवं योग का प्रतिरोध साधारण जनता की दृष्टि से किया। ज्ञान की ऊँची तत्त्वचिंता उनके लिए नहीं। ज्ञानयोग के प्रतिपक्ष में प्रेम का मंडन करके यह प्रतिपन्न किया गया है कि भक्ति की भी वही चरमावधि है जो

1. ततस्ताः कृष्णसंदेशैर्व्यपेतविरहज्वराः।
उद्धवं पूज्यांचक्रुर्ज्ञात्वातमानमधोक्षजम् ॥ आदि।

ज्ञान की—

अहो अजान, ज्ञान उपदेसत ज्ञानरूप हमहीं।
निसिदिन ध्यान सूर प्रभु को अलि, देखत जित तितहीं ।।

सूर ने ज्ञान या योग के मार्ग को संकीर्ण, कठिन और नीरस तथा भक्तिमार्ग को विशाल, सरल और सरस कहा है। ज्ञान या योग का अभ्यासी विश्व की विभूति से अपनी वृत्ति समेटकर अंतर्मुख हो जाता है। इसलिए गुह्य, रहस्य एवं उलझन की वृद्धि होती है। पर भक्ति का अनुरागी बहिर्मुख रहता है। वह जगत् के विभूतिमत्, श्रीमत् और ऊर्जस्वित रूपों में वृत्ति रमाए रहता है।[1] इसलिए दुराव-छिपाव से दूर रहता है। उसके लिए सब कुछ सुलझा हुआ है। इस प्रकार भक्ति का राजमार्ग चौड़ा, निष्कंटक और सीधा है। उसमें गोपन, रहस्य या उलझाव कहीं नहीं—

काहे को रोकत मारग सूधो।
सुनहु मधुप, निर्गुन-कंटक तें राजपंथ क्यों रूँधो।
राजपंथ तें टारि बतावत उरझ, कुबील कुपैंड़ो।
सूरजदास समाय कहाँ लौं अज के बदन कुम्हैड़ो ।।

विश्व की विभूति में मन को रमाने का जैसा अवसर भक्तिभावना में है वैसा अंत:साधना में नहीं। कल्याण का मार्ग अंतर्व्यापी नहीं, बहिर्व्यापी सत्ता से फूटता है—

दूरि नहीं दयाल सब घट कहत एक समान।
निकसि क्यों न गोपाल बोधत दुखिन के दुख जान।

× × ×

उर तें निकसि करत क्यों न सीतल जो पै कान्ह यहाँ है।

सगुणोपासना साधार होती है, मन को रमाती है। निर्गुणोपासना निराधार होती है, उसको चक्कर में डालती है—

रूप रेख गुन जाति जुगुति विनु निरालंब मन चक्कृत धावै।
सब बिधि अगम बिचारहि तातें सूर सगुनलीलापद गावै ।।

इसी से योग-साधना या निर्गुणोपासना नीरस कही गई है—

---

1. यद् यद् विभूतिमत्सत्त्वं श्रीमदूर्जितमेव वा।
तत् तदेवावगच्छ त्वं मम तेजोंऽशसम्भवम् ।।
—गीता

ए अलि ! कहा जोग में नीको।
तजि रस-रीति नंदनंदन की सिखवत निर्गुन फीको।
सूर कहौ गुरु कौन करै अलि, कौन सुनै मत फीको ।।

सगुण-निर्गुण के विवाद से उद्धव-प्रसंग इतना खिला कि और भी कई समर्थ कवि उस पर रीझे। नंददास ने भी भावभरा 'भँवरगीत' गाया। उसकी टेकमिश्रित गीतशैली भ्रमरगीत की विशिष्ट पद्धति ही मान ली गई है। उनका भँवरगीत शुद्ध मुक्तक न होकर पद्य-निबंध के ढंग पर चला है। इसलिए उसमें गोपी-उद्धव-संवाद सधा हुआ आया है। उत्तर-प्रत्युत्तर भी तर्कबद्ध रीति पर है। सूर के भ्रमर-गीत की सी विविधता उसमें नहीं, पर निबंध रूप में होने से रसधारा का आनंद-प्रवाह अवश्य मिलता है। सूर के उद्धव की भाँति नंददास के उद्धव मौनाभ्यासी या अल्पभाषी नहीं हैं, भारी शास्त्रार्थी या विवादी हैं।

श्रीकृष्ण के वियोगवृत्त पर दो विशिष्ट रचनाएँ आधुनिक काल में भी प्रस्तुत हुईं—एक रत्नाकर का 'उद्धवशतक' और दूसरी सत्यनारायण कविरत्न का 'भ्रमर-दूत'। सूर के भ्रमरगीत में जो थोड़ी कमी थी वह 'उद्धवशतक' में परिपूर्ण हो गई। कवित्तशैली में कुछ नवीन उद्‌भावनाओं के साथ 'उद्धवशतक' प्रस्तुत करके रत्नाकर ने कवित्वशक्ति का सच्चा परिचय तो दिया ही, लाक्षणिक प्रयोगों और व्यंजक विधि की कसावट में भाषाशक्ति का भी पूरा प्रमाण उपस्थित किया। इसमें भ्रमर का वृत्त नहीं आया है। 'भ्रमरदूत' में देशप्रेम की भी व्यंजना करके कविरत्नजी ने उसे सामयिक रंग में बड़ी ही विदग्धता से रँगा है। यशोदा या भारतमाता 'भ्रमर' को दूत बनाकर श्रीकृष्ण के पास द्वारका भेजती हैं। इसकी रीति नंददासवाली टेकमिश्रित है। इस प्रकार उद्धव एवं भ्रमर के वृत्तांत पर हिंदी में पृथक् ही वाङ्मय खड़ा हो गया है, जो बहुत ही रसीला और मर्मस्पर्शी है।

उपासना का भाव

सूरदास की उपासना का 'भाव' क्या है इसमें मतभेद है। श्रीवल्लभाचार्य के संप्रदाय में उन्होंने दीक्षा ली थी, इसलिए यह तो माना जाता है कि वे वात्सल्य-भाव के उपासक हैं, पर साथ ही उनके संबंध में यह भी कहा जाता है कि वे सख्य-भाव के उपासक थे। मिश्रबंधुओं ने उन्हें सख्यभाव की उपासना करनेवाला इस-लिए माना है कि वे श्रीकृष्ण के प्रति गोपियों की उक्तियों में कड़े शब्दों का

व्यवहार करते हैं। आचार्य रामचंद्र शुक्ल ने इस पर कड़ी टीका की है। उन्होंने गोपियों की इस उक्ति 'हे गोकुलनाथ, आप व्रज में आकर बसें। उलूखलबंधनादि के कारण जो कष्ट आप को दिए गए और हमने जो रासक्रीड़ा की उससे जो कष्ट मिला यदि उससे त्रस्त होकर आप मथुरा चले गए हों तो आपको अब यह कष्ट हम न देंगी, हम अपने सुख का त्याग करके आपके सुख का ध्यान रखेंगी' में सुख-क्रीड़ा-त्यागरूप विरतिपक्ष दिखाकर सूर द्वारा भक्तिमार्ग में शांतरस का स्वरूप दिखाने की बात कही है। गोपियों द्वारा प्रदर्शित प्रेम या शृंगार या माधुर्य को लेकर सूरदास की रचना में कांतभाव की स्थापना भी की जाती है। उनके विनय के पदों में दास्यभाव का निदर्शन मिलता है। तो क्या सूरदास की रचना में सभी प्रकार के भावों का समावेश है। सूरदास ने कृष्ण की लीला गाई। इस लीला में विरक्त, सेवक, गुरुजन, सखीजन और प्रियजन सभी आ जाते हैं। तो क्या यह कहा जाय कि कथा के भीतर सभी प्रकार के भावों का समावेश होने से सूरदास का अपना व्यक्तिगत—संप्रदायगत—कोई भाव न था, वे सभी प्रकार के 'भाव' मानते थे। अर्थात् कृष्ण-कथा के पात्रों के सभी 'भाव' सूरदास के भाव हैं; उनका अपना कोई भाव नहीं। यदि ऐसा ही है तो फिर तुलसीदास आदि भक्तों की कथाकृति में भी सब प्रकार के उपासक मिलते हैं, इससे उनका भी कोई अपना भाव नहीं हो सकता। अथवा यों कह दें कि जिस-जिस ने विस्तृत कथा लेकर सब प्रकार के 'भाव' वाले उपासकों की उक्तियों का वर्णनव्यंजन किया है उसकी कृति में सब प्रकार के भाव माने जायँ। भक्तिकाव्य में एक प्रकार से सब भक्तकवियों में सब भाव हैं। यदि ऐसी ही बात है तो सूरदास के स्वगत-भाव की छानबीन ही निरर्थक है और किसी भी भक्त के भाव की छानबीन करने में अनुसंधायकों को संलग्न न होना चाहिए। पर किसी भक्त के स्वगत-भाव के लिए विवाद करते हुए और एक दूसरे के मत की कड़ी आलोचना करते हुए वे क्या नहीं कहते। यही क्यों, जब तुलसीदास यह कहते हैं कि 'सेवक-सेव्य-भाव बिनु भव न तरिअ उर-गारि' तो यह मानना पड़ता है कि 'मानस' का कोई पात्र सेवक-सेव्य-भाव पर इतना जोर देता ही क्यों है। अन्य भावों की चर्चा वह क्यों नहीं करता। किसी एक भाव को सर्वोपरि क्यों कहलाया जाता है। इसीलिए न कि उसे वही अधिक मान्य जान पड़ा अथवा यही उसके संप्रदाय का 'भाव' है।

हिंदी के आलोचक जो इस प्रकार भटक रहे हैं उसका कारण यही है कि वे भक्तकवियों की रचनाओं की तो शक्तिभर छानबीन कर लेते हैं, पर मान्य संप्रदायों की उपासनापद्धति और उनमें पाई जानेवाली सूक्ष्मता या तारतम्य पर ध्यान नहीं देते। सांप्रदायिक उपासनापद्धति का तारतम्य सिद्धांतग्रंथों में तो मिलता नहीं, वह तो उपासकों के बीच रहने और उनकी उपासनाविधि जानने से ही ज्ञात हो सकता है। उपासनागत भाव को जानने के लिए सबसे प्रथम भक्ति के

चारों संप्रदायों के विशिष्ट 'भाव', दर्शन, आचार्य आदि को जान लेना चाहिए। भक्तिसंप्रदायों की वह तालिका इस प्रकार है—

संप्रदाय	आचार्य	दर्शन	भाव
श्री	रामानुज	विशिष्टाद्वैत	दास्य
सनकादि	निंबार्क	द्वैताद्वैत	सख्य
रुद्र	वल्लभ	शुद्धाद्वैत	वात्सल्य
ब्रह्म	मध्व	द्वैत	कांत या माधुर्य

श्रीसंप्रदाय का तात्पर्य यह है कि उस संप्रदाय की आदिप्रवर्तिका श्री अर्थात् लक्ष्मी हैं। इसी प्रकार अन्य संप्रदायों में क्रमशः सनकादि, रुद्र और ब्रह्म-प्रवर्तक हैं। चारों संप्रदायों के चार भावों के अतिरिक्त प्रत्येक संप्रदाय में सर्वसामान्य रूप से एक भाव और माना जाता है। वह है शांतभाव। इस प्रकार चारों संप्रदायों में पाँच भाव माने जाते हैं—शांत, दास्य, सख्य, वात्सल्य, माधुर्य। इन भावों के प्रत्येक संप्रदाय द्वारा माने जाने में कुछ विशेषता है। दास्यभाव की उपासना करने वाला दो भावों की उपासना करता है—शांतभाव की और दास्यभाव की। तुलसीदास ने दास्यभाव की उपासना पर जोर दिया, उनमें शांत और दास्यभाव है, पर सख्य, वात्सल्य और माधुर्य भाव को वे ग्रहण नहीं कर सकते। तुलसीदास के ग्रंथों में चाहे जितने पात्र अन्य-अन्य भावों को व्यक्त करनेवाले आएँ, पर स्वयं तुलसीदास केवल दो भावों को ही मान सकते हैं। तुलसीदास ने विनयपत्रिका में 'मोंहि तोहिं नाते अनेक मानिए जो भावै' कहकर भी अपने को भूलकर भी गुरु-जन, पत्नी आदि के रूप में नहीं कहा। जितने नाते कहे उनमें राम को पिता, गुरु आदि बड़ा ही माना और अपने को दास-सेवक आदि छोटा—

तू दयालु दीन हौं, तू दानि हौं भिखारी।
हौं प्रसिद्ध पातकी, तू पापपुंजहारी।
नाथ तू अनाथ को, अनाथ कौन मोसों ?
मो समान आरत नहिं, आरतिहर तोसों।
ब्रह्म तू हौं जीव, तुही ठाकुर हौं चेरो।
तात मात गुरु सखा तू सब बिधि हितु मेरो।
मोंहि तोहिं नाते अनेक मानिए जो भावै।
ज्यों त्यों तुलसी कृपालचरनसरन पावै॥

यहाँ 'तात मात' के साथ 'सखा' शब्द से यह भ्रम हो सकता है कि तुलसी-

दास राम से सख्यभाव भी मानते थे। पर 'चरनसरन पावै' से यह स्पष्ट है कि वे राम को उस सखा के रूप में मानते हैं जिसको वड़ा समझते हैं। समानता का भाव, जो सख्यभाव की विशेषता है, उसमें नहीं। वे गुरु हैं और गुरु-सखा हैं, समान-सखा नहीं। 'सखा' का अर्थ हितू है, सख्यभाव नहीं, वह सख्यभाव जो निंबार्क संप्रदाय का 'भाव' है।

ठीक इसी प्रकार उनमें शांतभाव तो है, पर वात्सल्य और कांतभाव नहीं। शांतभाव के ही कारण उन्होंने 'वैराग्यसंदीपनी' लिखी। विनयपत्रिका में वैराग्य या शांतभाव के द्योतक अनेक पद मिलते हैं। उनकी अन्य रचनाओं में भी अनेक उक्तियाँ जगद्वैराग्य की मिलती हैं। भक्तिमार्ग पर चलनेवाले के लिए जगत् के प्रति वह राग नहीं रह जाता। जगत् के प्रति जो राग दिखाई देता है वह उपास्य के कारण ही होता है। 'सीयाराममय जग' ही बंदनीय है। जहाँ 'राममय' की भावना जगत् के प्रति न होगी वहाँ वह वंदनीय भी न होगा।

सख्यभाव की उपासना में तीन भाव आते हैं—शांत, दास्य और सख्य। वात्सल्य और कांतभाव उसमें न होंगे। सख्यभाव का उपासक विरक्ति की बातें कहेगा, सेव्यसेवक की बातें करेगा और भगवान् से सखाभाव रखेगा, उनसे समानता की बातें भी कर सकेगा, पर उन्हें वत्स या कांत न मानेगा। वात्सल्यभाव की उपासना करनेवाला यदि श्रीकृष्ण का उपासक है तो वह अपने को नंद, यशोदा के रूप में समझेगा। सख्यभाववाला ऐसा नहीं समझ सकता। वह कांतभाव के रूप में अपने को राधा या गोपी भी नहीं समझ सकता। गोपी या गोप उसके सखा होंगे, श्रीकृष्ण सखा होंगे। दांपत्यभाव की कल्पना वह न करेगा। श्रीकृष्ण की शक्ति होने से श्रीकृष्णमय होने से कोई अपने को ललिता, विशाखा आदि मान सकता है, श्रीदामा समझ सकता है, मधुमंगल जान सकता है। अपने को राधा नहीं मान सकता। राधा उसकी स्वामिनीजी हैं। वह वहिरंग या अंतरंग सखी हो सकता या सकती है।

वात्सल्यभाव का उपासक चार भावों से उपासना कर सकता है—शांत, दास्य, सख्य और वात्सल्य से। पर वह कांत या दांपत्य भाव की बात नहीं सोच सकता। वह नंद-यशोदा की भाँति बालमुकुंद के भोग के लिए छप्पन प्रकार के व्यंजन प्रस्तुत करेगा। सख्यभाव से उनके साथ खेले-कूदेगा, दास्यभाव से सेवा करेगा और शांत-भाव से जगत् से विरक्त रहेगा। यदि सूरदास वल्लभाचार्य के संप्रदाय में हैं तो उनमें ये चारों भाव व्यक्तिगत साधना के रूप में रह सकते हैं। पर कांतभाव उनमें न होगा, वे अपने को गोपी मानकर गोपीकृष्ण की उपासना नहीं कर सकते। सूरदास की रचना में इसके प्रमाण नहीं मिलते। गोपियों के शृंगार को सामने करके यह कहना कि सूरदास में माधुर्यभाव की उपासना के संकेत भी मिलते हैं, ठीक नहीं। वात्सल्य भाव की उपासना में वत्स के ब्याह की बात भी आती है। सूरदास

ने गोपिकाओं का विरह दिखलाया है। वह माधुर्यभाव के कारण नहीं, भागवत की सारी कथा कहने के कारण। उनकी रचना में श्रृंगाररस हो सकता है, उसके संयोग-वियोग पक्षों का विस्तार हो सकता है, पर मधुररस नहीं, जो माध्व संप्रदाय, चैतन्य-गौड़ीय संप्रदाय का है।

एक कठिनाई और है। सूरदास के नाम पर जितनी रचनाएँ मिलती हैं, वे सब उन्हीं की हैं, यह कहना भी कठिन है। न जाने कितने अन्य भक्तों के पद उनके नाम पर बेखटके रख दिए गए हैं। सूरदास, सूरश्याम, मदनमोहन, सूरज आदि के नामों को इंगित करके कहा गया है कि ये रचनाएँ दूसरों की हैं। इन नामोंवाले पद श्रृंगार के अर्थात् गोपियों के दांपत्यभाव के अधिक मिलते हैं। सूर के बाललीला के पदों में इनका समावेश प्राय: नहीं है। अत: छानबीन किए बिना सब प्रकार के पदों को लेकर उनकी रचना में माधुर्यभाव की खोज करने बैठना भी ठीक नहीं। जो भी हो, देखना यह चाहिए कि सूरदास ने औरों से अर्थात् शांतभाव के उपासकों से भिन्नता किस बात में दिखाई है, कृष्णलीला के किन प्रसंगों पर उक्तियाँ नहीं हैं। सूरदास की रचना के तीन खंड हैं—विनय, बाललीला और श्रृंगार। विनय के पदों में दास्यभाव स्पष्ट है। सूरदास के पदों में बाललीला के पदों का आधिक्य है। ऐसा क्यों है। इसका कारण वात्सल्यभाव की उपासना से उनका संबद्ध होना है। वल्लभाचार्य के संप्रदाय में दीक्षित प्रत्येक भक्त, यदि वह कविता करने में प्रवृत्त होता है, तो बाललीला को अवश्य ग्रहण करता है, अष्टछाप के सभी कवियों ने बाललीला पर पद लिखे हैं। सूरदास ने तो इतने अधिक पद लिखे हैं कि वात्सल्य भाव से वत्सलरस मानने में अब किसी को आपत्ति नहीं। अष्टछाप के कवियों में से कुछ कवि श्रृंगार की ओर विशेष झुके हैं। इसका कारण अन्य संप्रदायों के प्रभाव से उनमें इस प्रवृत्ति का जगना ही है। इस पर दूसरी दृष्टि से भी विचार करना अन्य संप्रदायों अर्थात् सख्य और कांतभाव को माननेवाले कृष्णभक्तिसंप्रदायों में बाललीला के पदों की क्या स्थिति है। उनमें बाललीला के पद नाममात्र को मिलते हैं। उपासनामंदिरों में तो जन्मोत्सव भी मनाए जाते हैं। उन जन्मोत्सवों में बाल-लीलासंबंधी सूर के पद गाए जाते हैं या बाललीला लिखनेवाले अन्य भक्तों के पद चलते हैं या किसी-किसी ने पद बना भी दिए हैं। ग्रंथों में श्रृंगाररस ही मिलता है। दांपत्यभाव ही पाया जाता है। सूरदास ने कांतभाव से स्वयं कहीं किसी प्रकार की उक्ति नहीं लिखी। गोपियों का कांतभाव सूरदास का नहीं, वह भागवत का अनुगमन करने के कारण है और अन्य संप्रदायों के श्रृंगारी भक्तों के प्रभाव के कारण उनकी रचना में है। बहुत से पद उनकी रचना में दूसरों के भी आ मिले हैं। अत: किसी कृष्णभक्त कवि में यदि वात्सल्यभाव के पद मिलें, अधिक परिमाण में मिलें तो समझना चाहिए कि उसका संबंध वल्लभाचार्य के संप्रदाय से संभावित है, फिर अन्य उपायों से उसकी छानबीन करके कोई निर्णय करना चाहिए। सूर

ने बाललीला के अत्यधिक पद लिखकर अपने वात्सल्यभाव की स्पष्ट घोषणा कर दी है। इसमें सख्य, दास्य और शांतभाव आ ही जाते हैं।

घैया

आप कहेंगे कि 'घैया' क्या है। मेरा उत्तर होगा—क्या आप 'गैया' को जानते हुए, कन्हैया का भजन करते हुए भी 'घैया' को नहीं जानते, दैया दैया ! अच्छा तो सुनिए, 'जसोदा मैया' से बल के भैया क्या कह रहे हैं—

दै री मैया दोहनी, दुहिहौं मैं गैया।
माखन खाए बल भयो करौं नंद दुहैया।
कजरी धौरी सेंदुरी, धूमरि मेरी गैया।
दुहि ल्याऊँ मैं तुरतहीं तू करि दै घैया।
ग्वालनि की सरि दुहत हौं बूझहिं बल भैया।
सूर निरखि जननी हँसी, तब लेति बलैया।

—सूरसागर, नागरी प्रचारिणी सभा, पृ० 765

अब भी समझ में न आया हो तो एक उदाहरण और लीजिए—

कह्यौ कान्ह सुनु जसुमति मैया।
आवहिंगे दिन चार पाँच में हम हलधर दोउ भैया।
मुरली बेन बिषान देखियो सृंगी बेर सबेरो।
लै जिन जाय चुराय राधिका कछुक खिलौना मेरो।
जा दिन ते तुम सों बिछुरे हम कोउ न कहत कन्हैया।
भोरहि नाहिं कलेऊ कीनौ साँझ न पय पियो घैया।

—सूरसागर, वेंकटेश्वर प्रेस।

यदि समझ गए हैं तो बताइए—'पय पियो घैया' है, कुछ 'नोनी खायो घैया' नहीं। इस अंश ने यह बताया कि वस्तुतः 'घैया' मक्खन या घी नहीं है, कुछ विशेष प्रकार का 'पय' ही है। देखिए आचार्य रामचंद्र शुक्ल 'भ्रमरगीतसागर' में उक्त 'घैया'वाली पंक्ति को इस रूप में रखकर 'घैया' का क्या अर्थ करते हैं—"कबहूँ प्रात न कियो कलेवा, साँझ न पीन्ही घैया—पीन्ही=पी। घैया=थन से

सीधी छूटती दूध की धारा"। इससे यह जिज्ञासा तो शांत हो गई कि 'घैंया' दूध या दूध की धारा ही है, पर ऊपर के पदों में दूध दुहकर ले आने के बाद 'घैंया' करने की बात आई है। 'थन से सीधी छूटती दूध की धारा' होती तो दुहकर लाने के अनंतर कुछ करने की आवश्यकता ही नहीं थी। वह तो थन से सीधी मुंह में चली जाती, या वहीं की वहीं किसी पात्र में लेकर पी ली जाती। ऐसा होता तो आप तुरंत कह देते कि 'घैया' कुछ नहीं, 'धारोष्ण दुग्ध' ही है। अब सबसे बड़ी कठिनाई यह है कि 'बिना मथे ताजा दूध' का और क्या किया जा सकता है, शक्कर मिलाना तो कोई विशेष बात नहीं जान पड़ती। देखिए 'श्रीकृष्णगीतावली' में तुलसीदास इसका प्रयोग करके कदाचित् मार्ग सुगम कर गए हों—

टेरि कान्ह गोबर्धन चढ़ि गैया।
मथि मथि पियो बारि चारिक में भूख न जति आवाति न घैया।
सैल सिखर चढ़ि चितै चकित चित दूध दोहनी ले री मैया।
दाऊ टेरत सुनि मैं आऊँ तब लौं करि बिधि घैया।

—वही, पृ० 795

इतने से बात न समझ में आती हो तो 'बृहत् हिंदी-शब्दसागर' खोलिए, उसमें पृ० 897 पर आपको छपा मिलेगा—'घैंया संज्ञा पुं० (हिं० घी वा सं० घात) 1—ताजे और बिना मथे हुए दूध के ऊपर उतराते हुए मक्खन को काछकर इकट्ठा करने की क्रिया'। अब कदाचित् आप समझ गए होंगे कि 'घैया' विशेष प्रकार के मक्खन को इकट्ठा करने की क्रिया है। पर मैं कहता हूँ कि आप अब भी नहीं समझे। यदि समझ गए हैं तो बताइए कि यह 'क्रिया' की कैसे जाती है। क्योंकि श्रीकृष्ण मथुरा से यशोदा के पास यह संदेश भेज रहे हैं—

अतिहित बचन कह्यौ बल भैया।
बाँधि लकुट पट फेरि बोलाई सुनि कल बेनु धेनु धुकि घैया।
बलदाऊ देखियत दूरि ते आवति छाक पठाई मेरी मैया।

—तुलसीग्रंथावली, द्वितीय खंड

तो क्या 'घैया' कोई मथी हुई वस्तु है। सीधा उत्तर है—हाँ। जब मथ-मथ कर चार बार पीने पर भी भूख नहीं जाती और वह भूख 'घैया' से अघाती नहीं, तृप्त ही नहीं होती, तो घैया मथा हुआ दूध ही तो ठहरता है। एक बार में नहीं, चार बार में पिया गया है, यह भी ध्यान देने योग्य है। अर्थात् थोड़ा-थोड़ा करके मथा गया है। यह सूचित करना व्यर्थ है कि गोवर्धन के निकट यह ग्वालमंडली शक्कर बाँधकर नहीं गई थी। पर प्रश्न होता है कि क्या मथानी बाँधकर गई थी,

कदापि नहीं। और मथने का पात्र ? वह भी नहीं। तो 'घैया' क्या कोई जादू का खेल है ? यह भी नहीं। फिर है क्या ? मथा हुआ दूध, बिना मथा नहीं। पर मथानी का मथा नहीं, पतूखी (पत्तों की दुनिया) में थोड़ा-थोड़ा करके फेंटा हुआ। सारे दूध को एक दुनिया से दूसरी में ताबड़तोड़ फेटकर फेंन ही फेंन कर लेना 'घैया' है। सूरदास ने 'फेन' पीने का वर्णन करके बात बहुत स्पष्ट कर दी है—

सूर सकल खेलत हँसि बोलत सँचि मथि पीवत फेनु।

—सूरसागर, सभावाला संस्करण

यह 'फेन' है 'घैया'। इस फेन का महत्त्व ? कुछ न पूछिए। मेरे एक मित्र ने डाक्टरों की पोथी में पढ़ रखा था कि दूध को खूब फेंटकर और सुड़ककर (अँगरेजी 'सिप') पीने से सबका सब तुरंत पच जाता है। अब क्या 'दुहूँ हाथ मुद मोदक', वे दफ्तर जाते, जमा पूंजी पाव भर दूध ले जाते और अधिक नहीं आठ बार में आधी-आधी छटाँक खूब फेंटकर, फेनमय करके 'निरी मलैया' बनाकर कोई पाँच मिनट लगाकर धीरे-धीरे पीते। लड़कपन की बान अधेड़ अवस्था में फिर से स्मृति-पथ पर ले आते। इतने पर भी बेचारे लकुटदंड, सींक की ही भाँति क्षीणकाय ही रहे, यही बात समझ में न आई, न उनकी समझ में और न मेरी, किसी की समझ में न आएगी, उन डाक्टरों की समझ में भी नहीं जिनकी पोथी में उक्त प्रक्रिया वर्णित है। अस्तु।

अब यह निश्चित हो गया कि ताजा दूध को, धारोष्ण दुग्ध को, थोड़ी मात्रा में इतना फेंटना कि वह फेनमय हो जाय, यही फेनमय दूध घैया है। पके दूध को फेंटने से 'घैया' नहीं, कोई दूसरी वस्तु—'निरी मलैया'—भले ही बन जाय। 'घैया' में जो स्वाद-गुण है, वह न 'निरी मलैया' में है, न मेरे उक्त मित्र की 'फेनैया' में।

अब देखना है कि यह शब्द 'घी' से बना या 'घात' से। 'बिना मथे' चाहे 'घी' से बन भी जाता, पर मथने, घात करने पर तो 'घात' से इसका बनना समीचीन जान पड़ता है। यहाँ यह भी विचार कर लेना है कि इसे पुंलिंग मानें या स्त्रीलिंग। तुलसीदास की पंक्ति में 'पियो' कुछ संकेत भर कर रहा है, पर पक्का पता नहीं दे रहा है। 'पीन्ही' मूल रूप में 'पीन्हो' भी हो सकता है, अतः इसका लिंग संदिग्ध ही है। 'घात' और 'फेन' से पुंलिंग का ही पलड़ा झुकता दिखाई देगा। अब भी 'घैया' का अर्थ समझ में न आया हो तो यही कहना पड़ेगा कि 'घैया' तो 'कन्हैया' पीते थे और भैया आप ?

अद्‌भुत एक अनूपम

सूरदास की एक प्रख्यात रूपकातिशयोक्ति है जिसे लोग दृष्टिकूटक समझते हैं। इसके पाठ भी अनेक हो गए हैं। हिंदी और बँगला में पाठभेद देखिए—

सारंग

अद्‌भुत एक अनूपम बाग।
जुगल कमल पर गज क्रीड़त है तापर सिंह करत अनुराग।
हरि पर सरबर सर पर गिरिबर गिरि पर फूले कंज पराग।
रुचिर कपोत बसै ता ऊपर ता ऊपर अंमृतफल लाग।
फल पर पुहुप पुहुप पर पल्लव तापर सुक पिक मृगमद काग।
खंजन धनुष चंद्रमा ऊपर ता ऊपर इक मनिधर नाग।
अंग अंग प्रति और छबि उपमा ताकौ करत न त्याग।
सूरदास प्रभु पियहु सुधारस मानौ अधरनि के बड़ भाग।

—ब्रजमाधुरीसार।

बँगला-पुस्तक का पाठ—

धानसी

पेखलुं एकहि अद्‌भुत राग।
जुगल कडल पर गजबर गीरत तापर सिंह करत अनुराग ॥ ध्रु० ॥
तहि पर सरबर ता पर गिरिबर गिरि [पर] फूले कंज पराग।
रसिक कपोत बसहि तेहि ऊपर अरुन अंमृतफल लाग।
फल पर पुहुप पुहुप पर पल्लव तापर शुक मृग भाग।
जुगल धनूक बसह तहि ऊपर तापर मनिधर नाग।
इह बिधि सोभा रहत निसिबासर कबहुँ न करत तियाग।
सूरदास पहुँ रसिक सिरोमनि बाढ़इ सिंधु सोहाग।

लाला भगवानदीन जी की 'अलंकारमंजूषा' में यह 'रूपकातिशयोक्ति' का उदाहरण है। उसके और ब्रजमाधुरीसार के पाठ में भी अंतर है। टिप्पणियों में भी महदंतर। अन्यत्र या 'सूरसागर' के संस्करणों में भी पाठभेद। पर हिंदी में थोड़ा, निकट का हलका भेद। बँगला में भारी अधिक दूर का भेद।

अद्‌भुत एक अनूपम बाग
जुगल कमल पर गज क्रीड़त है तापर सिंह करत अनुराग।
हरिपर सरबर सर पर गिरिबर गिरि पर फूले कंज पराग।
रुचिर कपोत बसै ता ऊपर ता ऊपर अंमृतफल लाग।
फल पर पुहुप पुहुप पर पल्लव तापर सुक पिग मृगमद काग।
खंजन धनुष चंद्रमा ऊपर ता ऊपर इक मनिधर नाग।
अंग अंग प्रति और और छबि उपमा ताको करत न त्याग।
सूरदास प्रभु पियहु सुधारस मानहु अधरन को बड़ भाग।

'अद्‌भुत एक अनूपम' टेक के 'एक' का अर्थ संख्या भी है और अद्वितीय भी। अर्थात् कवि जिस बाग का वर्णन कर रहा है वह अद्‌भुत है, अद्वितीय है और अनुपम है। 'अद्वितीय' और 'अनुपम' एक हैं पर अर्थ भिन्न हैं। कवि ने देखा बाग अद्‌भुत है, फिर विचार उठा, केवल अद्‌भुत नहीं अद्वितीय भी है, ऐसा बाग दूसरा है ही नहीं तब इसका उपमान कहाँ मिले, अतएव 'अनुपम' है।

इसी प्रकार 'बाग' शब्द भी है। उपवन जो वन जैसा हो। वन से मिलता-जुलता, उसके निकट हो। 'वाटिका' जिसमें चलने-फिरने के लिए मार्ग बने हों। उपवन में पेड़-पौधों की काटछाँट नहीं होती, वे स्वच्छंद बढ़ते हैं, जैसे 'पार्क'। 'वाटिका' अधिकतर 'पुष्पवाटिका' में परिणत हो गई है। 'बाग' में पेड़-पौधों की काटछाँट होती है, पशु-पक्षी भी पाले जाते हैं। उसमें ठहरने के लिए 'घर' भी बनाते हैं। यह बाग है, इसमें पशु-पक्षी भी पाले जा सकते हैं, पर अद्‌भुत है अर्थात् ऐसे पशु-पक्षी, पेड़-पौधे हैं जो एक साथ नहीं रह सकते, बाग में सामान्यतया नहीं होते।

दूसरा चरण है—

जुगल कमल पर गज क्रीड़त है तापर सिंह करत अनुराग।

दो कमलों पर हाथी खेल करता है और हाथी पर सिंह सानुराग (बैठा) है। पर अद्‌भुतता यह है कि दो कमलों पर हाथी खेलता है। कमलों पर साधारण पशु का खड़ा रहना असंभव है परंतु यहाँ हाथी खड़ा ही नहीं क्रीड़ा करता है अर्थात् चलता-फिरता भी है। यदि 'क्रीड़त' शब्द न होता तो कहा जा सकता था कि काठ या कागज का हाथी होगा। यही स्थिति 'तापर सिंह करत अनुराग' में भी है। 'अनुराग' शब्द न होता तो काठ या कागज का सिंह भी माना जा सकता। 'क्रीड़त' और 'करत अनुराग' सप्राणता के लिए है। यह राधिकाजी का नख-शिख' वर्णन है। राधिकाजी के चरण कमलवत् हैं। चाल गजवत् है और कटि

सिहवत् है।

तीसरा चरण है—

हरि पर सरबर सर पर गिरिबर गिरि पर फूले कंज पराग।

इस विचित्र बाग में सिंह के ऊपर तालाब, तालाब पर पर्वत और पर्वत पर कमल फूले हैं। यहाँ भी विचित्रता है। सिंह के ऊपर 'गढ़ही' भी नहीं हो सकती। इसमें सरवर स्थित है। तालाब में कंकड़ी' भी नहीं तैर सकती, पर इसमें पर्वत स्थित है। पर्वत पर कमल भी फूले हैं।

इसमें कंज शब्द बड़ा उपयुक्त है। 'कंज' का अर्थ है (कं=जल+ज उत्पन्न होना) जल से उत्पन्न होनेवाला। यहाँ जल से उत्पन्न होनेवाले कमल (जल-कमल=कंज) पर्वत पर उत्पन्न ही नहीं फूले भी हैं और पराग-संपन्न हैं। राधिकाजी की नाभि सरवर और कंचुकी के वेलबूटे फूले कंज हैं। कंज का अभिप्राय यह भी है कि जल में उत्पन्न होनेवाले कमल कई रंग के होते हैं और कंचुकी में बेलबूटे भी कई रंग के हैं।

इसके कंज शब्द का अर्थ प्रायः लोग 'स्तन' करते हैं और कुछ लोग मुख अर्थ लेते हैं। पर पीछे और आगे के चरणों से मेल करने पर ज्ञात होगा कि ये दोनों अर्थ असंगत हैं। कंज को स्तन का उपमान मानने में आपत्ति यह है कि कुचों की उपमा फूले और परागयुक्त कमल से नहीं दी जाती। कविपरंपरा इसके विरुद्ध है। हाँ 'कमलकलिका' से उपमा दी जा सकती है। फूले कमलों की उपमा पंथ-विरोधी अंधदोष है। जिसका वर्णन कविप्रिया में केशव ने किया है। इस दोष का यह उदाहरण भी दिया है—

कोमल कंज से फूलो रहे कुच देखत ही पति चंद बिमोहै।
बानर से चर चारु बिलोचन कोये रचे रुचि रोचन को है।

कोई-कोई गिरिवर का उपमेय छाती मानते हैं तो कंज का उपमेय स्तन। किंतु नारियों या देवियों का नखशिख वर्णन करने में छाती (वक्षःस्थल) का वर्णन ही नहीं करते, केवल स्तन का वर्णन करते हैं। पुरुषों का नखशिख या देवताओं के नखशिख-वर्णन में छाती (वक्षःस्थल) का वर्णन अवश्य होता है। एक बात और। छाती या वक्षःस्थल की उपमा गिरि से दी भी नहीं जाती। स्तनों के लिए गिरि उपमान आला है।

मुख अर्थ करने पर यह अगली पंक्ति के अर्थ से संबद्ध न हो सकेगा। आगे के 'रुचिर कपोत बसैं ता ऊपर' से मिलान करने पर अर्थ असंगत हो जाता है। कपोत की उपमा गर्दन से दी जाती है। यदि कंज को मुख मान लें तो मुख के ऊपर गर्दन असंगत। 'फूले कज पराग' में फूले बहुवचन है। यदि 'कंज' को 'मुख' मानें तो 'फूले' के कारण मुख कई मानने पड़ेंगे। एकवचन में 'फूले हुए कंज का

पराग' अर्थ करें तो पराग पर बल पड़ता है। ब्रजभाषा की प्रवृत्ति कहेगी कि 'प्रफुलित' या 'फूल्यो' रखो। पराग का परिमाण अधिक दिखाना हो तो दूसरी बात है।

चौथा चरण है—

रुचिर कपोत बसत ता ऊपर—ता ऊपर अंमृतफल लाग।

बाग की विचित्रता! उन 'कमलों' के ऊपर 'कपोत' बास करता है और कपोत के ऊपर 'अमृतफल' (अमरूद) लगा है। राधिकाजी की ग्रीवा कपोत की भाँति सुंदर है और चिबुक अमृत-फलगत् (अमरूद के सदृश) है।

अमृतफल का अर्थ कोई-कोई 'मुख' भी करते हैं। पर अमृतफल की उपमा मुखसे नहीं दी जाती, चिबुक से दी जाती है। अमृतफल का अर्थ मुख लिया जाएगा तो आगे का चरण असबद्ध-असंगत हो जाएगा।

फल पर पुहुप पहुप पर पल्लव तापर सुक, पिक, मृगमद, काग।

बंगला-पुस्तक में 'रसिक कपोत' और 'अरुन अमृतफल' शब्द हैं। ग्रीवा में कपोत की रसिकता है या रुचिरता। 'कपोत' को रसिक कहें, पर 'गर्दन रसिक' बेकार है।

कपोत की ग्रीवा रुचिर होती है, इसी से गर्दन की उपमा कपोत से दी जाती है। गर्दन की उपमा शंख से भी दी जाती है। शंख की 'रुचिरता' 'सुचिक्कणता' ध्यान में रहती है। 'कपोत' की रसिकता फल के लिए हो तो भी ठीक नहीं, वह दाने या कंकड़ का रसिक है।

पट पाखैं भख काँकरैं सपर परेई संग।—बिहारी

अमृतफल का अर्थ अमरूद लें तो 'अरुण' विशेषण बेकार है। अमरूद लाल ऊपर नहीं भीतर हो सकता है। ऊपर पीला या हरा होता है। कोई-कोई लेखक 'अमृतफल' का अर्थ 'अधर' करते हैं। अधरों के लिए बिंबाफल की उपमा तो प्रसिद्ध है पर अमृतफल की नहीं। अमृतफल का अर्थ यदि कोई बिंबाफल ले तो ऐसा प्रयोग नहीं होता।

कोई 'ता ऊपर ता ऊपर' में पुनरुक्ति समझते हैं, पर अन्वय पर ध्यान ही नहीं देते। एक 'ता ऊपर' 'कपोत' के साथ और दूसरा 'अमृतफल' के साथ है। 'केशव' ने कविप्रिया में ऐसों का ही भ्रम दूर करने के लिए लिखा है कि अन्वय अन्य शब्दों से हो तो पुनरुक्ति नहीं। उदाहरण दिया है—

लोचन पैने सरन तें है कछु तो कह सुद्धि।
तन बेध्यो, बेध्यो सुमन, बेधी मन की बुद्धि॥

यहाँ 'बेध्यो' की पुनरुक्ति नहीं है। पाँचवें और छठे चरण देखिए—

फल पर पुहुप पुहुप पर पल्लव तापर सुक, पिक मृगमद, काग ।।
खंजन धनुष चंद्रमा ऊपर, ता ऊपर इक मनिधर नाग ।।

उस फल पर पुष्प है, पुष्प पर पत्र है और पत्र पर शुक, पिक, कस्तूरी, काग, खंजन, धनुष स्थित हैं। इन पर चंद्रमा है और चंद्रमा पर एक मणिधारी सर्प है। विचित्रता यह कि पुष्प में फल न होकर फल पर पुष्प है। पत्र में पुष्प न होकर पुष्प में पत्र है। डाली पर न बैठकर पक्षी पत्र पर बैठे हैं। पक्षियों पर चंद्रमा है और चंद्रमा पर एक मणिधारी सर्प है। पुष्प के सदृश राधिका का गोदना-बिंदु, पल्लव से (नई कोंपल से कोमल और साधारण लाल) अधर हैं और तोते सी नाक, कोकिल सी वाणी, कस्तूरी का बिंदु, काकपक्ष सी केशों की पाटी, खंजन से नेत्र, धनुष सी भौंहें, चंद्रमा सा ललाट, सर्प सी मणियुक्त बेणी है।

कोई-कोई 'पुहुप' को 'चिबुक' का उपमान मानते हैं, पर कवि परंपरा में 'पुष्प' से 'चिबुक' की उपमा नहीं दी जाती। कोई पुहुप को दंतपंक्ति का उपमान कहता है, पर दाँतों की उपमा कुंद या कुंदकली से दी जाती है। केवल पुष्प से नहीं—

1—कैधों कुंदकलिका की अवली अनूप कैधों बानी की बिपंचकी सुधार धरी सार है

2—दंतन की अवली सिय की सम कुंद की पाँखुरी के अनुमान है

3—प्यारे के दसन देखि देहदसा भूलि जाति कुंदपखुरीन तें अधिक छबि बाढ़ी है

4—कुंदकली दाड़िम दामिनी। इत्यादि

कुछ लोग यहाँ क्रमभंग मानते हैं। 'नासिका' (सुक) के पश्चात् बोली (पिक), काकपक्ष (काग) के पश्चात् आँख (खंजन) उलटा क्रम है। बँगला का पाठ 'तापर सुक मृग भाग' मानें तो प्रश्न होंगे—

(1) 'मृग भाग' का क्या अर्थ।

(2) क्या 'भाग' का अर्थ 'अंग' समीचीन है।

(3) क्या कई अंगों का वर्णन छूट नहीं गया।

(4) क्या 'मृग भाग' का अर्थ 'मृगनेत्र' किया जा सकता है।

कवि को स्वयं क्रमभंग का भय है। पर उससे कहीं अधिक भय है अनेक प्रमुख अंगों के छूट जाने का। अतः ऊपर या ता ऊपर पद की योजना न करके वह एक साथ गिना देता है—तापर सुक, पिक, मृगमद, काग, खंजन, धनुष, चंद्रमा। पढ़नेवाला क्रम बैठा लेगा।

यदि क्रम का अधिक ध्यान हो तो क्रम भी ठीक हो सकता। उस दशा में 'पिक' को 'सुक' के पहले रखकर पाँचवें और छठे चरणों का अन्वय एक साथ

किया जाय—'फल पर पुहुप पुहुप पर पल्लव ता ऊपर पिक, शुक, खंजन, धनुष, चंद्रमा ऊपर मृगमद क़ाग ऊपर इक मनिधर नाग।'

नंददास

नंददास के संबंध में नाभादास की भक्तमाल में यह छप्पय है—

लीलापद रसरीतिग्रंथ रचना में आगर।
सरस उक्ति रसजुक्ति भक्तिरसगान-उजागर।
प्रचुर पयधि लौं सुजस रामपुर ग्राम निवासी।
सकल सुफल संबलित भक्त-पद-रेनु-उपासी।
श्रीचंद्रहास-अग्रज सुहृद परमप्रेम पद में पगे।
श्रीनंददास आनंदनिधि रसिक सु प्रभुहित रँगमगे।।

इसके अनुसार नंददास रामपुर ग्राम के निवासी थे और चंद्रहास के अग्रज। इसके संबंध में वार्ताओं में जो कुछ लिखा गया है उसके अनुसार ये तुलसीदास के छोटे भाई थे, विषयविलासी थे, यहाँ तक कि श्रीरणछोड़जी के दर्शन के लिए द्वारका जाते हुए मार्ग भूलकर सिंघनद जा पहुँचे। वहाँ एक खत्री की बहू के रूप पर मुग्ध हो गए। वह खत्री-परिवार वहाँ से भागकर मथुरा-वृंदावन की ओर आया तो ये भी अपने को ओट में रखते हुए उसके पीछे-पीछे वहीं पहुँचे। उक्त परिवार जमुना पार कर गया, पर ये 'वार' पर ही रह गए। गोसाईंजी ने इनकी आसक्ति देखकर इन्हें अपने संप्रदाय में दीक्षित कर लिया। 'दो सौ बावन वैष्णवन की वार्ता' में ये तुलसीदास के छोटे भाई कहे गए हैं। तुलसीदास इनको खोजते हुए जब वृंदावन पहुँचे तब ये उन्हें लेकर श्रीगोवर्धननाथ के दर्शन के लिए गए। कहते हैं कि तुलसीदास ने उन्हें प्रणाम नहीं किया। इस पर नंददास ने यह दोहा पढ़ा—

आज कि सोभा कह कहूँ भले बिराजे नाथ।
तुलसी मस्तक तब नवे धनुषबान ल्यो हाथ।

गोवर्धननाथ ने धनुषधारी रामचंद्र के रूप में दर्शन किए। गोस्वामी विट्ठलनाथ के पास जाने पर भी उन्होंने प्रणति नहीं की। जब गोस्वामीजी के पुत्र श्री-

रघुनाथलाल और पुत्रवधू श्रीजानकी बहू ने रामजानकी के रूप में दर्शन दिए तब तुलसीदास ने अवध और गोकुल की एकवाक्यता कर दी और इस प्रतीक का एक पद गाया—

बरनौं अवध गोकुल ग्राम।

वार्ताओं और नाभादास के कथन की संगति मिलाने के लिए एटा जिले के सोरों स्थान में बहुत से हस्तलेख मिल गए हैं और तुलसीदास को उक्त सोरों का सिद्ध करने के लिए नित्य नई सामग्री की खोज और उसमें सफलता प्राप्त की जा रही है।

प्राकट्यवार्ता में कहा गया है कि श्रीनाथजी की सेविका रूपमंजरी से इनकी घनिष्ठता थी। कहा जाता है कि इन्होंने अपनी पुस्तक में जिस मित्र का बारंबार उल्लेख किया है और जिसके कहने से तत्तत् पुस्तकों का प्रणयन किया है वह मित्र यही रूपमंजरी है। रूपमंजरी नाम की इनकी एक रचना ही है, जो आख्यानकाव्य है और जिसकी नायिका रूपमंजरी ही है। कहते हैं कि इसमें रूपमंजरी की सखी इंदुमती नंददास का प्रतिनिधित्व करती है। इनकी कई पुस्तकों में 'मंजरी' शब्द अंत में आया है—विरहमंजरी, अनेकार्थमंजरी, मानमंजरी, रसमंजरी। नंददास द्वारा प्रामाणिक रूप से प्रणीत निम्नलिखित पुस्तकें मानी जाती हैं—

(1) रूपमंजरी, (2) रसमजरी, (3) मानमंजरी या नाममाला, (4) अनेकार्थमंजरी, (5) श्यामसगाई, (6) भँवरगीत, (7) रुक्मिणीमंगल, (8) रासपंचाध्यायी, (9) सिद्धांतपंचाध्यायी, (10) दशम स्कध, (11) विरहमंजरी, (12) पदावली (फुटकल पदों का संग्रह)।

'सभा' द्वारा प्रकाशित नंददास-ग्रंथावली में 'गोवर्धनलीला' और 'सुदामा-चरित' नाम की दो छोटी-छोटी पुस्तकें और संगृहीत की गई हैं।

रूपमंजरी भारतीय प्रेमाख्यानक काव्यों की परंपरा में प्रणीत है। छोटी-सी प्रबंध-कविता है। कहते हैं इसका संबंध ऐतिहासिक पात्र रूपमंजरी से है। यह अकबर के यहाँ सेविका थी और इसका गुप्त प्रेम नंददास से था। अकबर के सम्मुख नंददास का एक गीत गाया गया—

देखो देखो नागर नट निरतत कालिंदी-तट।
नंददास गावे तहाँ निपट निकट।

श्रीकृष्ण के अत्यंत निकट बैठकर गानेवाले नंददास को देखने और उनसे जिज्ञासा करने की अकबर को इच्छा हुई। जब ये वहाँ बुलवाए गए तब इन्होंने कहा कि इसका रहस्य आपके यहाँ की दासी रूपमंजरी बतला सकती है। अकबर इस रहस्य को जाने इसके पूर्व ही नंददास और रूपमंजरी दोनों ने शरीर त्याग

दिया। इस पुस्तक में परकीय या उपपतिभाव का निरूपण है।

रसमंजरी भानुदत्त की रसमंजरी के आधार पर लिखी हुई नायिकाभेद की पुस्तक है। विरहमंजरी में सांप्रदायिक विरह का निरूपण किया गया है। इसमें विरह चार प्रकार का कहा गया है—

प्रबल प्रतच्छ बिरह तू सुनि लै। तातैं पुनि पलकांतर गुनि लै।
तीजो बिरह बनानंतर भए। चौथो देसांतर के गए।

प्रेमभक्ति की साधना में राधाजी के विरह की बड़ी सूक्ष्म कल्पना की गई है। सर्वोपरि विरह वह माना जाता है जहाँ प्रत्यक्ष प्रिय को देखते हुए भी राधिका उन्हीं की गोद में प्रेमलहर के कारण विरहाकुल हो जाती हैं। सख्यभाववाले उपासना-संप्रदायों में इस विरह का उल्लेख बराबर होता है। पलकांतर विरह वह है जो पलकों के गिरने के अल्प समय के व्यवधान में प्रिय के दर्शन न पाकर होता है। वनांतर-विरह गोचारण के लिए श्रीकृष्ण के बन जाने से और देशांतर विरह वासस्थान से अन्यत्र चले जाने अर्थात् प्रवास से होता है। इसमें बारहमासे का वर्णन है और इसका आरंभ आषाढ़ से न होकर चैत से हुआ है। यह पुस्तक इस अभिप्राय से लिखी गई है—

जो यहि सुनै गुनै चित लावै। सो सिद्धांततत्व कों पावै।

मानमंजरी पर्यायवाची कोश है। इसका नाम नाममाला के अतिरिक्त मानमंजरी इसलिए है कि इसमें प्रत्येक शब्द के पर्यायों के साथ ही कुछ वाक्य जोड़कर राधिका के मान पर पद्य घटा दिया गया है। एकाध उदाहरण लीजिए—

पर्वत

अग, नग, भूभृत, दरीभृत, शृंगी, शिखरो होइ।
सैल, सिलोचय, गोत्र हरि, अचल, अद्रि पुनि सोइ॥
गिरि गोबर्धन बाम कर, धर्यो स्याम अभिराम।
तव उर तै वह धकधकी, अब लौं मिटी न बाम॥

अनेकार्थमंजरी में एक शब्द के अनेक अर्थों का संग्रह है। इसके निर्माण का कारण यह बतलाया गया है—

उचरि सकत नहिं संस्कृत, अरु समुझन असमर्थ।
तिन हित 'नंद' सुमति जथा, भाख्यो 'अनेक अर्थ'॥

इस पुस्तक में भी भगवच्चरित अनुस्यूत करने का प्रयास सर्वत्र दिखाई देता है, जैसे—

खं नभ, खं गृह, खं नखत, खं रंध्रन कौ नाम।
खं इंद्री दुख देत है, दया करौ घनस्याम ।।

श्यामसगाई में श्रीकृष्ण और राधिका के विवाह का वर्णन है। राधिका का सौंदर्य देखकर यशोदा ने अपने मन में यह अभिलाषा किया कि इसका विवाह श्रीकृष्ण से हो तो अच्छा हो। उन्होंने राधिका की माता कीर्ति के निकट ब्राह्मणी के द्वारा संदेश भेजा। पर कीर्ति ने श्रीकृष्ण के नटखटपने के कारण उनसे राधिका का विवाह करना अस्वीकार कर दिया। यशोदा को इनसे क्लेश पहुँचा। इस पर श्रीकृष्ण ने यह प्रतिज्ञा की कि मैं तभी नंद का बेटा हूँ जब वे पैरों पड़कर विवाह करें। श्रीकृष्ण मोरमुकुट धारण कर नटवर वेश बना बरसाने के बाग में जा बैठे। श्रीकृष्ण का रूप देखते ही राधिका मोहित हो गई। सखियों ने कीर्ति से जाकर कहा कि इसे सर्प ने डस लिया है। सखी के कहने पर नंद के गारुड़ी ढोटा बुलाए गए और दर्शन की फूंक से राधिका का सर्पदंश दोष दूर हुआ। कीर्ति ने उन्हें राधा ब्याह दी। इस प्रकार यह कथाबद्ध रचना है, इसे निबंधकाव्य की कोटि में रखना चाहिए। नंददास के छोटे-छोटे कथाबंध निबंधकाव्य ही हैं। रूपमंजरी की चर्चा पहले की जा चुकी है। वह रचना इससे कुछ बड़ी है। घटनाचक्र का उतना भी विस्तार इसमें नहीं है जिससे यह खंडकाव्य के अंतर्गत ली जा सके।

काव्यनिबंध के रूप में इनकी तीसरी रचना भँवरगीत है। भँवरगीत में उद्धव-गोपी-संवाद तर्कपद्धति पर उपस्थित किया गया है। इनका यह पद्यनिबंध सूर के भ्रमरगीत से इस अर्थ में विशिष्ट है कि सूर की रसात्मकता मुक्तक की रसात्मकता है और भँवरगीत की रसात्मकता कथाबंध की रसात्मकता। सूर के भ्रमरगीत में अधिक उक्तियाँ गोपियों की ही है, उद्धव का मुख बहुत कम खुला है। किंतु इनके पद्यनिबंध में गोपी-उद्धव-संवाद उत्तर-प्रतिउत्तर के रूप में बहुत दूर तक चला गया है। यह अवश्य है कि सांप्रदायिक सिद्धांतवाद नंददास के इस तर्कात्मक भँवरगीत में बहुत उभरकर सामने आया है। सूरदास ने उसे संप्रदायवाद के स्तर पर उभरने नहीं दिया है। फिर भी संवाद की सधी योजना के कारण रसात्मकता में अधिक बाधा नहीं पहुँची। उद्धव की स्थापना यह है—

जौ उनके गुन होंहि, बेद क्यौं नेति बतावैं।
निर्गुन सगुन आतमा, रचि उपनिषद जु गावैं।
बेद-पुरानन खोजिकै, नहिं पायौ गुन एक।
गुनहू के गुन होंहि जौ, कहौ अकास किहि टेक।
सुनौ ब्रजबासिनी।

और गोपिकाओं का खंडन यों है—

> जौ उन के गुन नाहिं, और गुन भए कहाँ तैं।
> बीज बिना तरु जमै, मोहिं तुम कहौ कहाँ तै।
> वा गुन की परछाँह री माया-दर्पन बीच।
> गुन तैं गुन न्यारे भए, अमल बारि मिलि कीच।
> सखा सुनि स्याम के।

यह रोला छंद में लिखा गया है। नंददास ने कथाबंध के लिए रोला छंद और दोहा-चौपाई का प्रयोग है। रूपमंजरी में दोहा-चौपाई, श्यामसगाई और भँवरगीत में रोला-छंद का व्यवहार है। प्रत्येक रोला-छंद के अंत में दस मात्रा की गमक या टेक लगा दी गई है, जिससे उसका 'भँवरगीत' नाम चरितार्थ हो गया है। रोला छंद में इन्होंने रुक्मिणीमंगल, रासपंचाध्यायी, सिद्धांतपंचाध्यायी का भी निर्माण किया है। विरहमंजरी में चौपाई और चौपई का सांकर्य है। अधिकतर उसमें चौपाई और दोहे का व्यवहार मिलता है, यही स्थिति रसमंजरी की है। दोनों कोशों में दोहों का व्यवहार है।

रासपंचाध्यायी, सिद्धांतपंचाध्यायी, रुक्मिणीमंगल, गोवर्धनलीला और सुदामाचरित श्रीमद्भागवत के आधार पर लिखे गए हैं। रासपंचाध्यायी तथा सिद्धांतपंचाध्यायी में अधिकतर भागवत का अनुवदन है। दशम स्कंध में भी यही स्थिति दिखाई देती है।

कृष्णभक्ति में प्रबंधकाव्य के निर्माण के लिए अवकाश बहुत कम रह गया था। छोटे-छोटे पद्यनिबंध ही उस क्षेत्र में चल सकते थे। ऐसे-ऐसे पद्यनिबंध भी कम ही लिखे गए हैं, फुटकल रचनाएँ ही अधिक परिमाण में हुई हैं। सूरदास का सूरसागर सागर अवश्य है, पर है वह मुक्तकसागर ही। इधर कुछ लोग महाकाव्य को ध्यान में रखकर उसे महाकाव्य लिखने कहने लगे हैं। शास्त्रीय शब्दों की हिंदी में ऐसी छीछालेदर विधातिनी है।

नंददास के संबंध में प्रसिद्ध है कि 'और सब गढ़िया नंददास जड़िया'। आभूषण दो प्रकार के होते हैं। एक वे जो सोने चाँदी को गढ़कर बना लिए जाते हैं, दूसरे वे जिनमें रत्न जड़ने पड़ते हैं। गढ़ने का काम मोटा या स्थूल होता है और जड़ने का काम महीन या सूक्ष्म। शब्दों की दो स्थितियाँ होती हैं। एक वह जहाँ शब्द प्रयत्नसाध्य रूप में प्रयुक्त जान पड़ते हैं, दूसरी वह जहाँ शब्द स्वयमागत होते हैं—बलात्कृत नहीं। पहली स्थिति स्थूल और दूसरी सूक्ष्म होती है। पहली में शब्दपरिवृत्ति हो सकती है, दूसरी में नहीं। नंददास की रचना में ऐसी ही स्थिति दिखाई देती है। इनकी रचना में शब्दों का जड़ाव ऐसा है कि भाव दमक उठे

हैं। इनकी भाषा सूर से विशेष मधुर और प्रांजल है। सूर की भाषा में चलतापन है और नंददास की भाषा का पदन्यास मंथर और गंभीर है। इन्होंने कृष्णलीला के रसमय प्रसंगों पर मधुर शैली में जो पद्यनिबंध लिखे हैं उनमें संयोग और वियोग की अंतर्वृत्तियों का मार्मिक उद्घाटन है। स्थान-स्थान पर इन्होंने नवीन प्रसंगों की उद्भावना की है और उसके द्वारा कुतूहल तथा सरसता की वृद्धि में योग दिया है। यह अवश्य है कि सूरदास की अपेक्षा इन्होंने संप्रदायगत सैद्धांतिक तत्त्व अपनी रचना में अधिक और बहुत स्पष्ट रूप से नियोजित किया है। फिर भी जहाँ तक भाषा की माधुरी का प्रश्न है नंददास की भाषा में वह अपेक्षाकृत विशेष है।

आरंभ में वल्लभाचार्य के सैद्धांतिक पक्ष का भी योग इसलिए किया गया है जिससे नंददास के संप्रदायगत सिद्धांतों को समझने में सहायता हो। इनकी रचना में भगवान् के रसरूप का ऐसा वर्णन किया गया है कि उसके देखने से कभी-कभी यह धारणा अवश्य होती है कि माधुर्यभाव के उपासकों में संभवतः ये प्रभावित हुए होंगे। इन्होंने 'उपपति रस' का जैसा संकेत किया है यह माध्व चैतन्य संप्रदाय के निकट है। बहुतों का कहना है कि श्रीवल्लभाचार्य ने स्वयं इस प्रकार की माधुर्यभावोपासना को सर्वोपरि घोषित किया है। जो भी हो, नंददास ने स्वयं माधुर्यभावोपासना की थी इसका प्रमाण अब तक के अनुसंधान से कहीं भी नहीं मिला है।

नरोत्तमदास

नरोत्तमदास जिला सीतापुर के 'बाड़ी' कस्बे के रहनेवाले थे। ये सं० 1602 तक वहाँ वर्तमान थे। इनकी बनाई दो काव्य-पुस्तकें कही जाती हैं— 'सुदामाचरित' और 'ध्रुवचरित'। पर 'ध्रुवचरित' खंडित मिला है। 'खोज' में 'विचारमाला' नाम की इनकी एक और रचना का भी उल्लेख है। ये कान्यकुब्ज ब्राह्मण थे। इनका विशेष वृत्त ज्ञात नहीं है। सुदामाचरित की रचना सं० 1582 की बताई जाती है। यह 'खंडकाव्य' है। खंडकाव्य को 'एकदेशानुसारि तत्' कहते हैं, अर्थात् महाकाव्य का आंशिक अनुगमन इसमें होता है। महाकाव्य में अनेक रूपात्मक जीवन होता है, पर इसमें खंड जीवन, कथा का विस्तार अपेक्षित नहीं होता। इसमें सुदामा की दरिद्रता और श्रीकृष्ण की उदारता दो ही बातों का वर्णन है। नदी, तालाब, उपवन आदि के वर्णनों का अवसर था, पर कवि ने उत्साह

नहीं दिखाया। हाँ, संवादों की योजना बढ़िया है। 'केशवदास' के पहले ही नरोत्तमदास ने संवादों की योजना का मार्ग खोल दिया था।

इसकी भाषा बहुत साफ़ ब्रजभाषा है। मुहावरों का प्रयोग भी बहुत ठिकाने का हुआ है। जैसे, सिद्धि करना (प्रस्थान करना), सिद्ध होना (भोजन पक जाना), कर ओड़ना (हाथ फैलाना, माँगना) आदि।

इस खंड-चरित में एक ही मर्मस्पर्शी स्थल था उसे कवि ने भली भाँति पहचाना है और उसका वर्णन सहृदयतापूर्वक किया है—दरिद्र सुदामा और द्वारकेश श्रीकृष्ण की भेंट। श्रीकृष्ण सुदामा का नाम सुनते ही राजकार्य छोड़कर दौड़ पड़ते हैं। मित्र के चरण आँसुओं से ही धो देते हैं—

ऐसे बेहाल बेवाइन तें पग कंटक-जाल लगे पुनि जोए।
हाय सखा दुख पायो महा तुम आए इतै न कितै दिन खोए।
देखि सुदामा की दीन दसा करुना करिकें करुनानिधि रोए।
पानी परात को हाथ छुयो नहिं नैननि के जल सों पग धोए।

श्रीकृष्ण के निम्नलिखित उपालंभ में कितनी सरसता है—

आगे चना, गुरुमात दए ते लए तुम चाबि हमैं नहिं दीने।
स्याम कही मुसुकायसुदामा सोंचोरीकी बानि मैं हौ जु प्रबीने।
पोटली काँख में चापि रहे तुम खोलत नाहिं सुधारस भीने।
पाछिली बानि अजौं न तजी तुम तैसेइ भाभी के तंदुल कीने।

श्रीकृष्ण से विदा होकर जब सुदामा लौटे तब उन्हें भेंट में कुछ नहीं मिला। उस अवसर के पश्चाताप और खीझ की मिली-जुली व्यंजना इस दोहे में बढ़िया है—

घर घर कर ओड़त फिरे, तनक दही के काज।
कहा भयौ जौ अब भयौ, हरि को राज-समाज॥

सुदामा की कथा श्रीमद्भागवत के दशम स्कंध में आई है। ये विदर्भ देश के निवासी थे। श्रीकृष्ण और ये लड़कपन में उज्जयिनी के कुलपति आचार्य सांदीपनि के यहाँ पढ़ते थे। एक बार आचार्याणी ने दोनों को इंधन लाने के लिए भेजा। सुदामा बड़े थे उन्हें ही दोनों का चबेना दे दिया। मार्ग में जोरों का पानी आया। घटा ने गहरी अँधियाली छा गई। दोनों मित्र भटककर इधर-उधर चले गए। रात में सुदामा को कड़ी भूख लगी। ये सारा चबेना अकेले ही चबा गए। दूसरे दिन गुरु सांदीपनि इन्हें ढूंढने निकले। कठिनता से ढूंढ़कर आश्रम लाए। चबेने की बात

सुदामा दबा ही गए। श्रीकृष्ण से चर्चा तक नहीं की। इससे श्रीकृष्ण ने इन्हें शाप दिया कि जीवन भर दरिद्र ही रहोगे। अध्ययन-काल समाप्त कर दोनों अपने-अपने घर चले गए। जब सुदामा इतने दरिद्र हो गए कि पेट भर अन्न मिलना भी दूभर हो गया तब वे अपने पत्नी सुशीला के कहने से मित्र द्वारकाधीश (श्रीकृष्ण) के यहाँ पहुँचे। उनकी कृपा से दरिद्रता दूर हो गई। इस पुस्तक में स्त्री की प्रेरणा द्वारा द्वारका जाने और दारिद्र्य से मुक्त होने भर की कथा ली गई है। अन्यत्र सुदामा द्वारका से पालकी में लौटे हैं पर इसमें कवि ने इन्हें पैदल ही लौटाया है। इससे वैषम्य अधिक आ गया है और मार्मिकता बढ़ गई है।

यह पुस्तक मित्रता के आदर्श पर बनी है। मित्र को 'प्रीति का रसायन' कहा गया है—

मित्रं 'प्रीतिरसायनं', नयनयोरानंददं चेतसः।
पात्रं यत्सुखदुःखयोः सह भवेन्मित्रेण तद्दुर्लभम्॥

जिसके हृदय में मित्र के सुख-दुःख में योग देने की प्रेरणा नहीं वह मित्र नहीं, ढोंगी है। 'प्रीतिरसायन' नहीं, 'रीतिरसायन' है। स्थूल दृष्टि से प्रीति की रीति के अथवा मित्रता के छह लक्षण गिनाए गए हैं—

ददाति प्रतिगृह्णाति गुह्यं वक्ति च पृच्छति।
भुंक्ते भोजयते चैव षड्विधं प्रीतिलक्षणम्॥

सुदामा ने व्यावहारिक मित्रता का जो रूप देखा था उसी से श्रीकृष्ण से मिलने जाना अच्छा नहीं समझते थे—'मित्र के जो जेंइए तौ आपहू जेमाइए।' पर श्रीकृष्ण ने व्यवहार का कठघरा तोड़ दिया। सुदामा का नाम सुनते ही राजकार्य छोड़कर दौड़ पड़े। अपने हाथों उनके चरण धोए। मित्र की दीन दशा देखकर आँखों से आँसुओं की अजस्र धारा फूट पड़ी। जिससे उन्होंने सुदामा के चरणों को क्या धोया, भावुकों को प्रेम के समुद्र में डुबो दिया। सुदामा श्रीकृष्ण से मिलकर भी उन्हें नहीं पहचान पाए। द्वारका से लौटते हुए इन्हें धन न मिलने का ही सोच है। सुदामा व्यवहार-रक्षा करने में अपने स्वार्थ-साधन की चिंता करनेवाले नहीं थे। ये संकोची जीव थे। श्रीकृष्ण से इन्होंने कुछ माँगा नहीं। कहीं श्रीकृष्ण लोभी न समझ बैठें।

सुदामा भाग्य पर भरोसा करनेवाले, संसार से अलग चुपचाप जीवन व्यतीत करनेवाले जीव थे। उद्योग की मात्रा इनमें कम थी या नहीं थी। बिना उद्योग के लक्ष्मी नहीं मिलती, लक्ष्मी के लिए समुद्र मथना पड़ा था। सुदामा सात्विक प्रकृति के ब्राह्मण 'असंतुष्टा द्विजा नष्टाः' का अक्षरशः पालन करनेवाले थे। पर इनकी स्त्री दैनंदिन जीवन का रहस्य जानती थी। वह हाथ पर हाथ धरकर बैठे रहना

बुरा समझती थी। वह 'यत्ने कृते यदि न सिध्यति कोऽत्र दोषः' को मानती थी। सुदामा व्यवहार-पक्ष देख रहे थे और वह हृदय-पक्ष सामने कर रही थी। भगवान् श्रीकृष्ण विश्वहृदय हैं, विपन्न के सहायक हैं—

पूरन पैज करी प्रहलाद की खंभ सों बाँध्यो पिता जिहिं बेरे।
द्रौपदी ध्यान धर्‌यो जबही तबही पट-कोट लगे चहुँ फेरे।
ग्राह तें छूटि गयंद गयौ पिय है हरि को निहचै जिय मेरे।
ऐसे दरिद्र हजार हरैं वे कृपानिधि लोचनकोर के हेरे।

चित्र-कल्पना या रूप-कल्पना भी कहीं-कहीं इसमें अत्यंत हृदयग्राह्य है। सुदामा के दरिद्रभेष का यह सवैया देखिए जो बहुतों को याद होगा—

सीस पगा न झगा तन मैं नहिं जानै को आहि बसै केहि ग्रामा।
धोती फटी सी लटी दुपटी अरु पायँ उपानह की नहिं सामा।
द्वार खरो द्विज दुर्बल एक रह्यौ चकि सो बसुधा अभिरामा।
पूछत दीनदयाल के धाम बतावत आपनो नाम सुदामा।।

दारिद्र्य और उसके कारण जीवन में कष्ट का यह चित्र भी मार्मिक है—

कोदो सवाँ जुरतौ भरि पेट न चाहति हौं दधि दूध मिठौती।
सीत बितीत गयौ सिसियातहि हौं हठती पै तुम्हैं न हठौती।
जौ जनती न हितू हरि से तुम्हैं काहे को द्वारिकै पेलि पठौती।
या घर तें न गयौ कबहूँ पिय टूटौ तवा अरु फूटी कठौती।।

कबित्त-सवैये मुक्तक के ही छंद थे, पर प्रबंध भी उनमें लिखकर कवि ने नूतन प्रस्थान की सूचना दी है। कथाभाग अधिकतर दोहों में कहा गया है। संवाद और वर्णन कबित्त-सवैयों में हैं। चमत्कार की ओर ध्यान न देकर भाव या रस की अभिव्यक्ति की ही अपेक्षा की गई है।

न जाने दृष्टिकूटक का यह दोहा क्यों-कैसे आ धमका—

नौगुनधारी छगुन सों तिगना मध्ये जाय।
लायों चापल चोगुनी, आठौ गुननि गँवाय।।

पुस्तक का आरंभ जिस समारोह के साथ किया गया है वह मध्य तक जाकर ही रुक गया है, आगे दोहों में ज्यों-त्यों कथा कह डाली गई है। अतः उत्तर भाग में कुछ शैथिल्य है। सब मिलाकर रचना छोटी होते हुए भी प्रौढ़, परिमार्जित और

सरस है। शिवसिंह सेंगर ने बहुत ठीक कहा है—'सुदामाचरित बनाया, मानो प्रेमसमुद्र बहाया है।"

'सख्यरस' का हिंदी-साहित्य में यह अब तक सर्वोत्तम ग्रंथ है।

—श्रीरामभक्ति प्रवाह

रामानुजाचार्य का श्री-संप्रदाय

भक्ति के चार संप्रदायों (श्री, ब्रह्मा, रुद्र और सनकादि) में श्री-संप्रदाय के प्रसिद्ध आचार्य रामानुज हुए जिन्होंने शंकराचार्य के मायावाद का खंडन किया। शंकराचार्य के अनसार ब्रह्म स्वगत, सजातीय और विजातीय भेदों से रहित है।[1] इसका तात्पर्य यह है कि ब्रह्म ही पारमार्थिक सत्ता है और उसके अतिरिक्त कोई सत्ता नहीं जैसे वृक्ष के स्वगतभेद पत्र, पुष्प, फल, वल्कल, जड़ आदि हैं। निंब, रसाल, जंबू आदि सजातीय भेद हैं अर्थात् एक ही जाति के अनेक वृक्ष हैं तथा वृक्ष के विजातीय नदी, निर्झर, पर्वत आदि हैं। ब्रह्म की जाति का कोई दूसरा पदार्थ नहीं तथा ब्रह्म के अतिरिक्त कोई दूसरी सत्ता विजातीय रूप में भी नहीं। रामानुजाचार्य ने ब्रह्म के सजातीय और विजातीय भेद तो नहीं माने हैं किंतु स्वगतभेद स्वीकार किया है। समझने के लिए आम का फल उदाहरणार्थ ले लीजिए। उसमें गूदा, गुठली और गुठली में मींगी स्वगतभेद के रूप में भी रहती है और स्वयं समष्टिरूप में वह एक है ही। ऐसे ही ब्रह्म में अंशाशिभाव होता है, आम अंशी है और गूदा, गुठली आदि अंश। ब्रह्म अंशी है और जीव तथा जगत् अंश। इसी से इन्होंने ब्रह्म को 'चित्अचित्-विशिष्ट' कहा है। ब्रह्म में सूक्ष्म चित् और सूक्ष्म अचित् दो प्रकार होते हैं। सूक्ष्म चित् से स्थूल चित् अर्थात् जीव और सूक्ष्म अचित् से स्थूल अचित् अर्थात् जगत् की उत्पत्ति होती है।

शांकर वेदांत जगत् को मिथ्या मानता है। उसके अनुसार जगत् 'सदसद्-विलक्षण अनिर्वचनीय' है। रामानुज उसे मिथ्या नहीं मानते। माया ब्रह्म की शक्ति है और ब्रह्म के ही आश्रित है। शंकराचार्य के यहाँ आत्मा और परमात्मा की एकवाक्यता है। जीव ब्रह्म का प्रतिबिंब है। रामानुजाचार्य ने जीव और ब्रह्म को एक नहीं माना। जीव अणु है और ब्रह्म विभु। जीव अल्पज्ञ है और ब्रह्म सर्वज्ञ।

1. वृक्षस्य स्वगता भेदाः पत्रपुष्पफलादिभिः।
वृत्तान्तरे सजातीयो विजातीयः शिलादितः॥—पंचदशी।

जीव अल्पशक्तिमान् है और ब्रह्म सर्वशक्तिमान। ब्रह्म अग्नि है और जीव उससे निर्गत स्फुलिंग। ये सतव्यातिवादी कहलाते हैं।

रामानुजाचार्य ने नारायण की उपासना मानी है। इनके यहाँ निर्गुण के लिए स्थान नहीं था। इन्होंने सगुण को ही उपास्य माना है। इस संप्रदाय में उन श्रीरंगनाथ की पूजा चलती है, जो नारायण के स्वरूप हैं। आगे चलकर रामानुजाचार्य के संप्रदाय में ही स्वामी राघवानंद हुए जिनकी शिष्यपरंपरा में रामानंद का नाम आता है। रामानंद ने यद्यपि श्री-संप्रदाय की ही दीक्षा ली थी तथापि अपनी भक्तपद्धति विशेष प्रकार की रखी। उन्होंने नारायण या विष्णु की भक्ति के स्थान पर विष्णु के अवतार राम की उपासना चलाई। राम की भक्ति पहले भी चलती थी। विष्णु के जैसे और रूप चलते थे वैसे रामरूप भी। किंतु इन्होंने विष्णु के अन्य अवतारों या रूपों में राम को विशेष महत्त्व दिया। कहा जाता है कि इन्हीं के चेले थे निर्गुनपंथ के प्रवर्तक कबीर और भक्तशिरोमणि गोस्वामी तुलसीदास। पर अनुसंधान से यह प्रमाणित नहीं होता कि दोनों में से कोई भी इनका शिष्य रहा होगा।

श्रीरामानुजाचार्य के संप्रदाय को श्री-संप्रदाय इसलिए कहते हैं कि सबसे प्रथम आचार्य भक्त स्वयं श्री अर्थात् लक्ष्मी थीं। इसमें दास्यभाव की उपासना विहित मानी जाती है। तुलसीदास भी दास्यभाव की उपासना पर विशेष बल देते हैं। उन्होंने यहाँ तक कह दिया है कि

सेवक सेव्य भाव बिन भव न तरिय उरगारि।

ब्रह्म को चित्-अचित्-विशिष्ट मानने के कारण इनका दर्शन विशिष्टाद्वैत कहलाता है।

विश्वकवि तुलसीदास

प्रत्येक देश में द्वंद्वात्मक जगत् के स्वरूपानुसार विद्वान्-अविद्वान् दोनों प्रकार के जन होते हैं। विद्वत्समुदाय की ज्ञानात्मक अभिरुचि एक प्रकार की होती है और अविद्वान् की अज्ञानात्मक अभिरुचि दूसरे प्रकार की। जिस प्रकार का साहित्य-वाङ्मय विद्वान् पसंद करते हैं सामान्यता उसी प्रकार का साहित्य या वाङ्मय अविद्वान् नहीं स्वीकार करते। ज्ञान की पहुँच की सीमा भिन्न होने के कारण उनकी पसंद में भिन्नता आ जाती है। इसी से सुजन-साहित्य और जन-साहित्य में

भेद हुआ करता है। सुजन अर्थात् विद्वज्जन का साहित्य निखार-परिष्कार, गूढ़ता-गंभीरता का आकलन करता है। जन-साहित्य में निखार-संस्कार की अपेक्षा नहीं होती। सहज अभिव्यक्ति ही उसमें सप्राण रहती है। इसलिए प्राय: यही देखा जाता है कि सुजन-साहित्य (क्लास लिटरेचर) और जन-साहित्य (मास लिटरेचर) प्राय: एक-दूसरे के विपरीत होते हैं। जनवर्ग का कार्य, उसकी मानसिक बुभुक्षा की संपन्नता-परिपूर्ति सुजन साहित्य से नहीं होती और इसका विपर्यास सुजनों में दृग्गोचर होता है। ऐसे कर्ता बहुत कम मिलते हैं जिनकी रचना दोनों को समान रूप से प्रिय हो। अर्थात् जिनकी रचना सर्वप्रिय हो ऐसे कवि इने-गिने ही होते हैं। जिनकी रचना सर्वप्रिय होती है वे ही विश्वकवियों की श्रेणी में आते हैं। 'विश्व' का अर्थ 'सर्व' है। 'विश्व' का भौगोलिक अर्थ भी उन्हीं कवियों के लिए इस विशेषण से सार्थक होता है। महाकवि तुलसीदास ने जो कुछ लिखा वह सब अभी विश्वकाव्य के रूप में भौगोलिक रूप से भले ही न आया हो, पर रामचरितमानस विश्वकाव्य के इस अर्थ में पूर्णतया प्रतिष्ठित है। इसका निर्माण कवि ने अवधी भाषा में किया। यह अवधी भाषा पूरे उत्तर प्रदेश की भी बोली नहीं है, पर उसके 'मानस' ने अवधी-क्षेत्र की सीमा पार की, उसने भारतीय समस्त समृद्ध भाषाओं की सीमा पार की। भारत के बाहर कोई समृद्ध भाषा नहीं जिसमें मानस गद्य-पद्य किसी रूप में अनूदित, अनुकथित न हो गया हो। इसका कारण क्या है। तुलसीदास ने अपनी रचना में विशेष रूप से मानस में कौन-सी ऐसी विशेषताएँ रखी हैं, जिनके कारण इनकी रचना विश्वकाव्य हो सकी और ये विश्वकवि हो गए।

भारतवर्ष बहुत प्राचीन देश है। इसमें समाज की साधना, धर्म की साधना और साहित्य की साधना प्राचीन कल्प से होती आ रही है। यहाँ के नीतिवेत्ता, ऋषि-महर्षि, कवि सभी साधना में जिस जीवन को लक्ष्य करके चलते रहे हैं वह है गार्हस्थ्य-जीवन। गृहस्थाश्रम ज्येष्ठ आश्रम माना जाता है। अनेक दृष्टियों से वह ज्येष्ठ है। गृहस्थाश्रम की साधना कितनी ऊँची साधना है इसके अनेक उपाख्यान पुराणों में, इतिहासों में दिखाए गए हैं। अन्य आश्रम इसी के आधार पर, इसी के भरोसे चलते और जीते हैं। इसीलिए भारत ने सबसे अधिक दृष्टि इस आश्रम पर रखी है। अन्य देशों में गार्हस्थ्य-जीवन महत्त्वपूर्ण जीवन है, पर उसका संघटन वैसा नहीं जैसा भारत ने कर रखा है। जितना अधिक उत्तरदायित्व इस जीवन पर यहाँ डाला गया उतना अन्यत्र नहीं। इसलिए इसकी साधना यहाँ कठोर हो गई। उसकी पूर्ति के लिए अधिक सावधानी की आवश्यकता हुई। भारतवर्ष ने गार्हस्थ्य-जीवन की साधना को केवल लौकिक या भौतिक नहीं रखा। उसमें लोकोत्तर साधना की भी व्यवस्था की और सोपान-पद्धति पर भी। इसमें प्रवृत्ति-मार्ग की सीमा पर पहुँचकर आप से आप निवृत्तिमार्ग पर पहुँचने का संभार था। पर भारत में विदेशी संस्कृति के संसर्ग के कारण मध्यकाल में इस व्यवस्था को

धक्का लगने की संभावना उठ खड़ी हुई। भारत ने निर्गुण और सगुण दोनों प्रकार के ब्रह्म उपनिषद्-काल से ही स्वीकार कर लिए थे। पर मध्यकाल में जिस संस्कृति का आयात हुआ उसमें निर्गुण की ही व्यवस्था थी, सगुण के लिए स्थान न था। वहाँ ब्रह्म का मूर्त रूप न लेकर अमूर्त रूप में ही साधना चल रही थी। ब्रह्म की निर्गुण-साधना पर ही दृष्टि रखने से निवृत्तिमार्ग का सबसे अधिक आकर्षण हो जाता है, इतना अधिक कि प्रवृत्तिमार्ग के परित्यागपूर्वक उसकी साधना में लगने की सलाह दी जाने लगती है। भारतीय भक्तिमार्ग प्रवृत्तिलक्षण है, पर निवृत्ति उसमें आप-से-आप आ जाती है। सगुण ब्रह्म का उपासक आप-से-आप जागतिक आकर्षण से विरत हो जाता है। भव-रस उसे डुबो नहीं सकता।

भारत में ज्ञान और भक्ति का या कर्म और भक्ति का इस अर्थ में विरोध है कि ज्ञान और कर्म की साधना कठोर है और भक्ति की साधना सरल है। भक्ति का अनुयायी यह कभी नहीं कहता कि ज्ञान और कर्म के मार्ग कोई मार्ग ही नहीं हैं। वैदिक अथवा भारतीय मार्ग में तीनों की समुचित व्यवस्था थी। पात्रभेद से मार्गभेद हो जाता है। पर किसी ने यह कहना आरम्भ किया कि—

राम नाम का मरम है आना। दसरथसुत तिहुँ लोक बखाना।

और उसका प्रभाव भारतीय समाज पर और विशेष रूप से गार्हस्थ्य-जीवन पर पड़ने लगा, स्त्रियाँ अवतारवाद में अविश्वास करने लगीं, तब भक्तिमार्गी महात्माओं का माथा ठनका। उन्हें निर्गुण का खंडन करना पड़ा। रामचरितमानस में शंकर और पार्वती के संवाद में यह विषय ऐसे रूप में रखा है कि कवि किस पदावली को लक्ष्य करके कह रहा है, स्पष्ट हो जाता है। पार्वती की पृच्छा है—

रामु सो अवधनृपतिसुत सोई। की अज अगुन अलख गति कोई।

समाधान के अनंतर शंकर की गहरी फटकार है—

एक बात नहिं मोहिं सोहानी। जदपि मोहबस कहेहु भवानी।
तुम्ह जो कहा राम कोउ आना। जेहि श्रुति गाव धरहिं मुनि ध्याना।

कहहिं सुनहिं अस अधम नर ग्रसे जे मोह पिसाच।
पाखंडी हरिपद बिमुख जानहिं झूठ न साच॥

अज्ञ अकोबिद अंध अभागी। काई बिषय मुकुर मन लागी।
लंपट कपटी कुटिल बिसेषी। सपनेहुँ संतसभा नहि देखी।
कहहिं ते बेद असंमत बानी। जिन्ह के सूझ लाभु नहिं हानी।
मुकुरमलिन अरु नयनबिहीना। रामरूप देखहिं किमि दीना।

जिन्ह के अगुन न सगुन बिबेका। जल्पहिं कल्पित बचन अनेका।
हरिमाया बस जगत भ्रमाहीं। तिन्हहिं कहत कछुअघटित नाहीं।
बातुल भूत बिबस मतवारे। ते नहिं बोलहिं बचन बिचारे।
जिन्ह कृत महामोह मद पाना। तिन्ह कर कहा करिअ नहिं काना।

'तुम्ह जो कहा राम कोउ आना' और 'राम नाम का मरम है आना' इन दोनों पंक्तियों को सामने रखने से स्पष्ट हो जाता है कि यह फटकार किस पर है। भारत में निर्गुण का उपदेश देनेवाले दो प्रकार के संत-फकीर उस समय दिखाई देते हैं। एक वे जो मुक्तक दोहों या पदों अथवा शब्दियों के माध्यम से उसका उपदेश देते थे और दूसरे वे जो कहानी, उपाख्यान या प्रबंध के माध्यम से उसका प्रसार करते थे। तुलसीदास ने दोनों के अवैदिक स्वरूप को लक्ष्य कर कहा है—

साखी सबदी दोहरा कहि किहनी उपखान।
भगत निरूपहिं भगति कलि निंदहिं बेद पुरान॥

श्रीमद्भागवतादि प्राचीन ग्रंथों में सगुण-निर्गुण का भेद न होते हुए भी मध्यकाल के भक्त हिंदी में निर्गुण का खंडन क्यों कर रहे हैं। इसीलिए कि दूसरी ओर से सगुण का खंडन किया गया है और उसके द्वारा लाभ-हानि की चिंता उठ खड़ी हुई है। संप्रति इस ऊहापोह में न जाकर कि वल्लभाचार्य ने जो सगुण ब्रह्म को ही पारमार्थिक माना है उसका कोई तात्कालिक प्रयोजन भी था या नहीं, यहाँ इतना ही कहना पर्याप्त है कि अष्टछाप के सभी कवि सगुण का मंडन और निर्गुण का खंडन निश्चय ही मध्यकालीन उस निर्गुनपंथी विचारधारा के कारण करने लगे जिसका गार्हस्थ्य-जीवन पर अनिष्टकारी प्रभाव पड़ने की संभावना थी।

'निर्गुण की साधना उत्तम है और यह साधना सामान्य सगुण-साधना से विशिष्ट है तथा निर्गुण का जानना सरल नहीं है, सगुण तो सरलता से जाना जा सकता है'। इस प्रकार की उक्तियाँ कहनेवालों का प्रभाव यहाँ तक बढ़ चला था कि निर्गुणरूप अगम और सगुणरूप सुगम है—

निर्गुन अगम बिचारहि तातें सूर सगुन-लीलापद गावै।

इसी से इसके खंडन के लिए महात्मा तुलसीदास को यहाँ तक कहना पड़ा कि—

निर्गुनरूप सुलभ अति सगुन न जानहि कोइ।
सुगम अगम नाना चरित सुनि मुनिमन भ्रम होइ॥

ब्रह्म का निर्गुणरूप सुलभ है; सगुणरूप का ही जानना दुर्लभ है। यह बाबा तुलसीदास ने परम साहसपूर्वक कहा। सारे अनंत दृश्य प्रसार के भीतर कोई

अलक्ष्य सत्ता कार्य कर रही है। इसी से ग्रह-नक्षत्र-संस्था व्यवस्थापूर्वक संचालित है, जगत् के नाना व्यापार सनियम हो रहे हैं। यह समझ लेना सरल है। यह समझना ही कठिन है कि जो सर्वशक्तिमान् है वह अशक्तों का सा आचरण क्यों करता है। सगुणभक्तों के भगवान् के दो रूप हैं—ऐश्वर्यरूप और रसरूप। भगवान् का ऐश्वर्यरूप वह है जिसमें वे अपनी शक्ति का प्रदर्शन करते हैं, ऐसे-ऐसे कार्य करते हैं जिनका करना साधारण जीव की शक्ति से परे है। इस ऐश्वर्यरूप को तुलसीदास सुगम रूप कहते हैं, क्योंकि ब्रह्म शक्तिसंपन्न है। वह समर्थ है इसका प्रमाण उसके कार्यकलाप से लग जाता है और साधारण-विद्या-बुद्धिवाले की समझ में भी यह बात आ सकती है। पर भगवान् का रसरूप ही अगम है। इसी को समझने में धोखा होता है। यह धोखा पार्वती को हुआ और यही गरुड़ को हुआ। रामचरितमानस में इसी भ्रम का निवारण करने का प्रयास किया गया है और भगवान् की नरलीला अथवा उनका रसरूप बारंबार सामने रखा गया है। जहाँ कहीं राम के इस रूप के कारण भ्रम होने की संभावना हुई है वहीं वक्ता ने श्रोता को सावधान कर दिया है। बराबर कहते गए कि यह नरलीला है। सुग्रीव भोग-विलास में पड़कर कर्तव्य कर्म भूल गए, इस पर राम कहते हैं—

सुग्रीवहुँ सुधि मोरि बिसारी। पावा राज कोस पुर नारी।
जेहिं सायक मारा मैं बाली। तेहिं सर हतौं मूढ़ कहँ काली।

इस पर पार्वती को आशंका हो सकती थी, हुई ही होगी। शंकर का समाधान है—

जासु कृपाँ छूटहिं मद मोहा। ताकहुँ उमा कि सपनेहुँ कोहा।
जानहिं यह चरित्र मुनि ग्यानी। जिन्ह रघुबीर चरन रति मानी।

रामचरितमानस में राम के परात्परस्वरूप की ओर स्थान-स्थान पर ध्यान आकृष्ट करने का और उनकी नरलीला से होनेवाले भ्रम के निवारण का प्रयास ग्रंथ के साध्य का प्रयोजनीय अंग है। मानस में साध्य या प्रतिपाद्य यही है—

जेहि महँ आदि मध्य अवसाना। प्रभु प्रतिपाद्य राम भगवाना।

दशरथ के सुत राम परात्पर ब्रह्म ही हैं—यही तो उसका प्रतिपाद्य है। अतः जहाँ-जहाँ इस संबंध में भ्रम होने की संभावना है वहाँ-वहाँ स्मरण दिलाना कवि ने या वक्ता ने कर्तव्य समझा है।

भारत में वैदिक प्रवाह को खंडित करने के प्रयास कई बार हुए। जब ऐसे प्रयास हुए भारत-मानस महात्माओं ने उसका मंडन करने का सदुद्योग किया। महात्मा बुद्ध के द्वारा भी ऐसा प्रयास हुआ था। पर शंकराचार्य के सदुद्योग से

उसका गतिरोध हुआ। तुलसीदास का अखंड विश्वास था कि वैदिक मार्ग का खंडन करनेवाला भारत में प्रशस्त नहीं रह सकता। महात्मा बुद्ध के लिए उनका विचार यों है—

अतुलित महिमा बेद की तुलसी किए बिचार।
जेहि निंदत निंदित भयो बिदित बुद्ध अवतार।।

भारत में राम और कृष्ण के अनंतर बुद्ध अवतार माने जाते हैं, पर वेद की निंदा करने का परिणाम यह हुआ कि अवतार होकर भी वे अन्य अवतारों की भाँति प्रशस्त नहीं हैं। बुद्ध की प्रत्यक्ष पूजा राम-कृष्ण को अवतार माननेवालों के द्वारा उन्हीं की भाँति नहीं होती। बुद्धगया में पिंडदान भले ही होता हो, पर बुद्ध की पूजा उनमें चली नहीं। कहते हैं कि जगन्नाथ की ही पूजा बुद्ध की पूजा का परिवर्तित रूप है। उनकी तीन मूर्तियों को सनातनी कृष्ण, बलदेव और सुभद्रा की मूर्ति मानते हैं। उनके संबंध में कुछ किंवदंतियाँ भी प्रचलिए हैं।

महात्मा बुद्ध की सबसे बड़ी देन है मध्यमा प्रतिपदा अर्थात् मध्यम मार्ग, अत्यंत सुख, और अत्यंत दुःख के मध्य में सुख-दुःखात्मक मार्ग का अवलंबन। दूसरे ढंग से कहें तो अतिप्रवृत्ति और अतिनिवृत्ति के मध्य में प्रवृत्ति और निवृत्ति दोनों का कुछ अंश लेकर जीवन में निर्वाह करना। महात्मा बुद्ध की शिक्षा उभयात्मक तो थी, पर उसमें गार्हस्थ्य-जीवन के लिए आकर्षण नहीं हो सका। गार्हस्थ्य-जीवन में वह संन्यास-जीवन उतारा न जा सका। उसमें निवृत्ति प्रमुख हो गई। संघबद्ध भिक्खु-भिक्खुणी का जीवन ही आदर्श माना गया है। पर भक्तिमार्ग ने गृहस्थ भक्तों के लिए गार्हस्थ्य-जीवन के बीच हँसता-खेलता भगवान् का रूप सामने ला दिया। गृहस्थ रहते हुए भक्ति की चरम साधना का अधिकार मिल गया। अन्य भक्ति-संप्रदायों में चाहे जो भी हो, पर तुलसीदास ने प्रवृत्ति और निवृत्ति के बीच भक्ति का, राम-भक्ति का, स्वरूप माना है। महात्मा बुद्ध के अनंतर स्पष्ट रूप में मध्यम मार्ग की घोषणा इन्हीं की वाणी में सुनाई पड़ी। अन्य भक्ति-संप्रदायों में गृहस्थों के अनुरूप प्रवृत्तिमूलकता उन्हें कुछ अधिक दिखाई पड़ी। वे कहते हैं—

घर कीन्हें घर जात है घर छाँडे घर जाइ।
तुलसी घर बन बीच ही रामप्रेमपुर छाइ।

सांसारिक गृह अर्थात् प्रवृत्ति-मार्ग पर चलने से पारलौकिक घर अर्थात् निवृत्ति-मार्ग छूट जाता है। ऐसे ही पारलौकिक घर अर्थात् निवृत्ति-मार्ग में प्रवृत्त होने से लौकिक घर अर्थात् प्रवृत्ति-मार्ग की सुखदता नहीं मिलती। इसलिए घर (प्रवृत्ति) और वन (निवृत्ति) दोनों के बीच रामप्रेम के नगर में रहना चाहिए। रामभक्ति में दोनों का समन्वय है। भक्ति को वे सबके लिए अनिवार्य मानते हैं। जैसे संसार

में अन्न-जल सबके लिए अनिवार्य हैं वैसे ही भक्ति भी अनिवार्य है। अन्य पदार्थों की अपेक्षा सामाजिक नीति के अनुसार अन्न-जल सस्ता होना चाहिए, जिससे गरीब-से-गरीब उसे प्राप्त कर सके। यही भक्ति के संबंध में तुलसीदास की मान्यता है। भक्ति ऐसी सहँगी अर्थात् सरल होनी चाहिए कि उसे कनिष्ठ साधक भी सरलता से जीवन में उतार ले। इसीलिए भक्ति करने का अधिकार उन्होंने सबका माना है। सगुण-भक्ति का आंदोलन केवल धार्मिक आंदोलन ही नहीं है वह ऐसा सामाजिक आंदोलन है जो सामाजिक मर्यादा का प्रत्यक्ष खंडन न करते हुए सबके लिए उन मार्गों को खोल देता है जो शास्त्रीय परंपरा के अनुसार कुछ के लिए बंद हैं। भक्ति की साधना चाहे प्राचीन ही क्यों न हो, मध्यकाल में उसने जिस प्रकार का स्वरूप ग्रहण किया उसमें कितने ही तत्सामयिक, सामाजिक और सांस्कृतिक तत्त्व निहित हैं। इसीलिए विनयपत्रिका में तुलसीदास, जो अत्यंत मर्यादावादी माने जाते हैं, भक्ति के सारे सामाजिक बंधनों का खंडन करने का परामर्श देते हैं और अंत में यह भी कह देते हैं कि मैं अपना मत कह रहा हूँ। शास्त्रों का मत इससे भिन्न है—

जाके प्रिय न राम बैदेही।
सो त्यागिए कोटि बैरी सम जद्यपि परम सनेही।
पिता तज्यो प्रहलाद बिभीषन बंधु भरत महतारी।
बलि गुरु तज्यो कंत ब्रजबनितन भे मुदमंगलकारी।
नातो नेह राम के मनियत सुहृद सुसेव्य जहाँ लौं।
अंजन कहा आँखि जेहि फूटै बहुतक कहौं कहाँ लौं।
तुलसी सो सब भाँति परम प्रिय पुंजी प्रान तें प्यारो
जासों होइ सनेह रामपद एतो मतो हमारो।।

भक्तों की समसामयिक प्रतिकूल परिस्थितियों के प्रति कैसी दृष्टि थी इसका पता अन्यों की रचना से कम, पर तुलसीदास की रचना से अपेक्षाकृत अधिक लगता है। उस समय समाज में जैसी विशृंखला थी उसका स्पष्ट संकेत इन्होंने किया है। बहराइच में क्या हो रहा था इधर भी इनकी दृष्टि है, यवन महिपाल कैसा कराल दंड दे रहे थे उधर भी इनकी दृष्टि है। शूद्र ब्राह्मणों से कैसे झगड़ते थे इसे भी इन्होंने देखा, ब्राह्मण रागद्वेष में कैसे पड़े थे इसे भी इन्होंने कहा, क्षत्रियों का कैसा पतन था इसे भी इन्होंने बताया, वैश्यों की वृत्ति क्या थी इसे भी इन्होंने लखा। रामचरितमानस के कलियुग-वर्णन में इन्होंने समाज का पूरा खाका ही खींच दिया।

श्रीमद्भागवत के आधार पर होने पर भी इसमें कई अंश ऐसे जोड़े गए हैं जिनका संबंध तुलसीदास के समय से है। कलियुग के अत्याचार से त्रस्त होकर इन्होंने राजराजेश्वर महाराज कोसलेंद्र रामचंद्र के दरबार में अपनी अर्जी (विनयपत्रिका) पेश की है। यह पत्रिका केवल तुलसीदास की व्यक्तिगत पत्रिका नहीं है। सारे समाज के प्रतिनिधि के रूप में इन्होंने पत्रिका भगवान् के समीप भेजी है। ये सारे समाज का उद्धार चाहते हैं।

सर्वकवि की दृष्टि जितनी व्यापक और सर्वग्राही होनी चाहिए वैसी ही दृष्टि इनकी थी। समाज के विकृत स्वरूप पर दृष्टि देकर इन्होंने उसके उद्धार का उपाय भी सोचा। इनकी यह प्रतीति थी कि राम के बिना समाज का कल्याण नहीं हो सकता। राम के इसी स्वरूप को जन-जन में पहुँचाने का बीड़ा इन्होंने उठाया और इस प्रयत्न में इन्हें सफलता मिली। ऐसी सफलता जैसी और किसी हिंदी कवि को नहीं मिली। तुलसीदास ने राम का चरित विविध शैलियों में काव्य-बद्ध किया, जिससे सब प्रकार की अभिरुचिवाले उसे ग्रहण कर सकें। कई प्रकार की भाषा का प्रयोग किया। पार्वतीमंगल भी लिखा जानकीमंगल के साथ। जिसे पार्वतीमंगल भाता होगा उसे जानकीमंगल भी रुचेगा। जिसे श्रीकृष्णगीतावली भली लगेगी उसे रामगीतावली भी भाएगी। तुलसीदास की बहुविधशैलीग्राहकता की ओट में न जाने कितनी रामकथा की पुस्तकें इनके नाम पर बनाकर चला दी गईं। कड़खारामायण, भूलनारामायण, छप्पयरामायण आदि-आदि। अपने समय की सभी शैलियों के ग्रहण करने की बात उठाकर किसी ने तो यहाँ तक कह दिया कि तुलसीदास के समय के पूर्व पृथ्वीराजरासो नहीं हो सकता, इनके पूर्व होता तो ये अवश्य उस शैली में भी रचना करते।

रामभक्ति के प्रसार के लिए इन्होंने व्यापक प्रयत्न किया। हनुमत्पूजा का नए सिरे से नए रूप में प्रसार किया। काशी में बारह स्थानों पर हनुमान् के मंदिर बनवाए। उसके साथ अखाड़ों की योजना हुई। उसके सम्मुख श्रीराममंदिर बनने की विधि निश्चित हुई। धनुषधारी राम के मंदिर हनुमन्मूर्ति के सम्मुख बने। हनुमान् के चित्र चले—कंधों पर रामलक्ष्मण, उर-विदीर्ण करने पर भीतर राम-लक्ष्मण। हनुमन्मूर्ति में राम की आराधना निहित है, इसके कितने स्पष्ट संकेत हैं। इन्होंने जो सामाजिक दृष्टि उत्तर में प्रसारित की उसे सम्यक् रूप में हृदयंगम किया दक्षिण के प्रसिद्ध महात्मा समर्थ गुरु रामदास ने, जिन्होंने नियम बनाया कि प्रत्येक ग्राम में मारुतिमंदिर होना चाहिए और उसके निकट कीर्तन-संकीर्तन, शरीर-संवर्धनादि करना चाहिए। धार्मिक ओट में किस प्रकार सामाजिक अथच राजनीतिक आंदोलन चल रहा था इसका रहस्य तुलसीदास के प्रयत्नों में सन्निहित है।

तुलसीदास के पूर्व भी रामलीला होती रही होगी। उधर वाल्मीकि ने अपना

रामायण लवकुश के द्वारा गवाया और इधर कुशीलव नट को कहते हैं। कुशीलव का संबंध लवकुश से आज अनुसंधायक जोड़ते हैं। कुशीलवों में रामलीला भी चली या नहीं इतिहास मौन है। रामकथा के बहुत से नाटक तुलसीदास के पूर्व अवश्य मिलते हैं, संस्कृत भाषा में। उनमें से बहुतों को इन्होंने देखा-सुना था इसके प्रमाण इनकी रचना में यत्र-तत्र बिखरे हैं। आज रामलीला का जो प्रसार है उसमें तुलसीदास के रामचरितमानस की धूम है। केशवदास की रामचंद्रचंद्रिका की नाटकीयता के पीछे जनजीवन में उसके अभिनय की लालसा रही हो तो आश्चर्य नहीं। बहुत से स्थानों पर मानस की रामलीला में केशवदास की 'चंद्रिका' के संवादों का प्रकाम प्रयोग होता है, आज भी। वाराणसी में तुलसीदास ने यह प्रयास अपने मित्र मेघा भगत के साथ आरंभ किया। वाराणसी के दो खंड हैं—केदार और काशी। केदारखंड में तो मानस के अनुसार रामलीला का आयोजन स्वयं तुलसीदास ने आरंभ किया और काशीखंड में यह काम इनके मित्र मेघा भगत ने। प्रवाद है कि मेघा भगत पहले वाल्मीकि रामायण के अनुसार रामलीला कराते थे। तुलसीदास की मित्रता से प्रभावित हो उन्होंने मानस के अनुसार रामलीला प्रचलित की। वाराणसी में जो आश्विन शुक्ला एकादशी को प्रसिद्ध भरत-मिलाप होता है वह मेघा भगत की चलाई रामलीला का अंग है। तुलसीदास की रामलीला की विशेषता यह है कि वह एक ही स्थान पर नित्य नहीं होती। इसमें अयोध्या एक स्थान पर, चित्रकूट दूसरे स्थान पर तथा लंका तीसरे स्थान पर रखी जाती है।

तुलसीदास द्वारा रामलीला के प्रचलन का प्रभाव वाराणसी के दो महल्लों के नामों पर आज भी है—एक अवध और दूसरे लंका पर। अस्सी महल्ले के उत्तर अवध और दक्षिण में लंका है। इन्हीं स्थानों पर यथाक्रम अयोध्या और लंका स्थानों की लीलाएँ होती आई हैं। रामलीला के अतिरिक्त तुलसीदास ने कृष्णलीला भी चलाई थी, जिसका अवशेष अस्सी पर होनेवाली नागनथैया के रूप में अब भी वर्तमान है। ये अस्सी घाट पर रहते थे जिसके दक्षिण गंगापार काशी राज्य है। अस्सी की रामलीला ने किसी समय गंगा को पार कर लिया। काशी राज्य की उस राजधानी का नाम 'रामनगर' विचारणीय है। पहले वहाँ रामलीला जनवर्ग के बीच ही फैली और तदंतर उसे राजकीय पोषण प्राप्त हुआ। भारत में रामलीला-संबंधी इतना विशिष्ट सांस्कृतिक समारोह अन्यत्र नहीं होता, अयोध्या में भी नहीं। वहाँ के महातमा भी प्रतिवर्ष आश्विन में रामलीला देखने यहीं पधारते हैं। तुलसीदास रामभक्ति का जैसा सांस्कृतिक समारोह खड़ा करना चाहते थे वह सचमुच खड़ा हो गया। मुगलों के राज्यकाल में सामाजिक नाटक उनके कट्टर धार्मिक नियमों के कारण नहीं हो सकते थे। धर्म की ओट में इन्होंने

ऐसे महानाटक का संभार कर दिया जिससे अनेक दृष्टियों से मनोरंजन के साथ ही जनता का कल्याण होने लगा।

तुलसीदास के कर्तृत्व की महत्ता इनके ग्रंथों के कृतित्व में ही नहीं है, इनके द्वारा भारत के सांस्कृतिक संघटन में है। केवल रामलीलासंबंधी संघटन ही इन्होंने नहीं किया। मानस की कथा का श्रुतिसाध्य श्रवण-मनन भी प्रचारित किया। श्रीमद्‌भागवत की कथा, महाभारत की कथा, वाल्मीकीय रामायण की कथा तथा पुराणों की कथाओं द्वारा जनजीवन के सांस्कृतिक परिष्कार और भावों द्वारा मानसिक व्यायाम की अनेक संस्थाएँ प्रचलित थीं। इन्होंने मानस के और उसके माध्यम से रामभक्ति के प्रसार के लिए इस संस्था का माध्यम भी उपयोगी समझा। कदाचित् ये स्वयं मानस के प्रथम व्यास थे। मानस की कथा का व्यासों द्वारा इतना अधिक प्रचार-प्रसार हुआ कि संस्कृत के अधिकतर धार्मिक और साहित्यिक ग्रंथों की व्यासविगलित अमृतवाणी के प्रवाह को उसने अपनी ओर मोड़ लिया। इस सांस्कृतिक समारोह ने भारतीय जीवन में राम को उतारने में बहुत सहायता पहुँचाई है।

मानस की टीका का क्रम भी तुलसीदास के समय से ही आरंभ हो जाता है, व्यासों द्वारा मौलिक रूप में ही नहीं; लिखित व्याख्या रूप में। इनके प्रत्यक्ष शिष्य श्रीरामू द्विवेदी ने प्रेमरामायण के नाम से मानस की टीका की है—संस्कृत में। जिसका कथा अंश तो उसका शब्दानुवाद या भावानुवाद है, पर जहाँ वर्णन के प्रसंग हैं वहाँ विस्तार है। प्रेमरामायण टीका केवल तीन सोपानों या कांडों की ही प्राप्त हुई है। मानस की अन्य टीकाएँ भी उस समय हुई होंगी जिन्हें अनुसंधान कभी सामने लाएगा।

तुलसीदास ने कितने ग्रंथ लिखे यह विवाद का विषय है। पर व्यासों की परंपरा में होनेवाले मीरजापुर के श्रीरामगुलाम द्विवेदी केवल बारह ग्रंथ मानते हैं। गौतमचंद्रिका में तुलसीदास के अष्टांगयोग की चर्चा है। जिसमें वैराग्यसंदीपनी को छोड़ शेष सभी ग्यारह ग्रंथ आ जाते हैं। उनकी रचनाओं का चक्र इस प्रकार है---

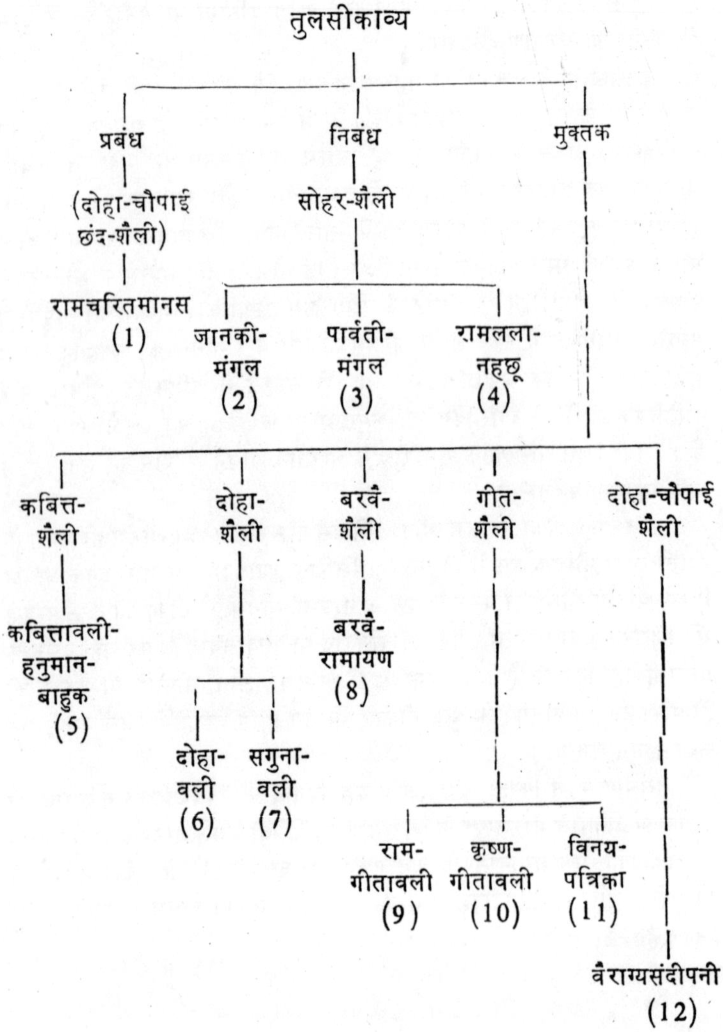

सोहिलो या सोहर-शैली को तीनों रचनाएँ 'मंगल' कहलाती हैं। 'मंगल' शब्द विवाह के लिए प्रयुक्त है। रामललानहछू में पैर के नखों के काटे जाने के संस्कार का उल्लेख है। राम का विवाह जनकपुर में हुआ था, पर इसमें 'नहछू' अयोध्या में हुआ है। इसलिए इसे यज्ञोपवीत के समय का मानते हैं। जानकीमंगल में 'उपबीत ब्याह उछाह जे सियरामचरित जु गावही' में उपवीत का संकेत रामललानहछू की ओर है। नए अनुसंधाता इस नहछू में 'वर' शब्द, 'कंगन' तथा मौर आदि के उल्लेख

के कारण इसे केवल विवाह का 'नहछू' मानने के पक्ष में हैं। पर उन्हें यह पता नहीं कि अवध प्रांत के कनौजिया ब्राह्मणों के यहाँ यज्ञोपवीत के समय वे सब पूर्वांग संपन्न होते हैं जो विवाह के समय हुआ करते हैं। विवाह के समय बरात की निकासी भर अधिक होती है जो यज्ञोपवीत के समय नहीं होती। वस्तुतः यह व्रत-बंधन तीन संस्कारों से संवलित है—उपनयन, वेदारंभ और समावर्तन। मौर आदि समावर्तन के अंग हैं। अब भी व्रतबंध के अवसर के नहछू और विवाह के अवसर के नहछू के गान एक से हैं।

कबित्तावली में कबित्त नाम से जितने छंद अभिहित होते थे सभी सम्मिलित हैं—कई प्रकार के सवैये, घनाक्षरी, छप्पय, झूलना। इसी से इसके उत्तरकांड में कृष्णसंबंधी तथा अन्य प्रकार के सभी प्रकीर्णक कबित्त संगृहीत कर दिए गए हैं। हनुमानबाहुक भी इसी के साथ है, क्योंकि वह भी कबित्तों में है। 'बाहुक' शब्द का अर्थ बाहुपीड़ा लेते हैं। तुलसीदास ने 'बरतोर' का उल्लेख किया है—घोर बरतोर मिस फूटि-कूटि निकसत लोन रामराय को। कुछ लोग प्लेग की गिल्टी की पीड़ा कहते हैं, अपर लोग 'अनुवाहुक' नामक आयुर्वेद के ग्रंथों में उल्लिखित पीड़ा बतलाते हैं।

दोहावली में दोहे संगृहीत हैं। इसमें भी सभी प्रकार के दोहे हैं, सोरठे भी। सोरठा भी एक प्रकार का दोहा है, सोरठिया दोहा। सौराष्ट्र देश के लोगों की प्रवृत्ति दोहे को उलटकर लिखने की हुई और यह पद्धति 'सोरठा' नाम से प्रसिद्ध हो गई। दोहावली में भी रामसंबंधी ही दोहे नहीं, नीति-संबंधी और सामयिक विचारधारा पर गोस्वामी जी द्वारा आलोचना-संबंधी दोहे भी हैं। रामचरित-मानस के भी बहुत से दोहे इसमें हैं। 'तुलसीसतसई' नाम की एक और रचना इनके नाम पर चलती है, जिसमें दोहावली के दोहे तो हैं ही कुछ अत्यंत चमत्कार-वाले ज्योतिष आदि के दोहे भी हैं। दोहावली में कुछ छंद चमत्कारवाले भी आए हैं। पर उनका चमत्कार शीघ्र खुल जाता है। 'तुलसीसतसई' किसी करामाती की कृपा है जिसने 'सतसई' की पूर्ति के लिए प्रयास किया है। हो सकता है कि बिहारी-सतसई का प्रचार बहुत अधिक होने पर यह प्रेरणा किसी के मन में जगी हो। 'रहीम की सतसई' भी ऐसे ही लोगों ने प्रसिद्ध कर रखी है। संस्कृत में धार्मिक दुर्गासप्तशती और साहित्यिक आर्यासप्तशती तथा प्राकृत में गाथासप्तशती के होते हुए भी, हिंदी से पूर्व होते हुए भी, 'सतसैया' नाम की दोहों की सतसई सबसे पहले बिहारी ने ही बनाई।

सगुनावली के कई नाम हैं—रामशलाका, रघुवरशलाका, रामाज्ञाप्रश्न आदि। कहते हैं इसका निर्माण गंगाराम ज्योतिषी के लिए हुआ था। ज्योतिषी काशिराज के राजज्योतिषी थे। राजकुमार आखेट को गए और नहीं लौटे। बहुत खोज करने पर भी पता नहीं चला। ज्योतिषीजी से पूछा गया तो उन्होंने अनेक

बातों का विचार कर कहा कि कल उत्तर देंगे। वे उदास थे और थे तुलसीदास के परम सतसंगी। तुलसीदास ने उदासी का हेतु पूछा। उन्होंने सारा समाचार कह सुनाया। इस पर गोस्वामीजी ने उन्हें निश्चित रहने का आश्वासन दिया और रात भर में शकुनावली बना दी। इसमें रामकथा के द्वारा शकुनविचार है। इसके सात कांडों में सात सप्तक हैं, प्रत्येक सप्तक में सात दोहे हैं। इस प्रकार इसमें 343 दोहे हैं। इसके शकुनविचार की विधि यों है। एक सौ आठ कमलगट्टे रख लेते हैं। उनमें से क्रमशः तीन मुट्ठियाँ लेकर पृथक्-पृथक् क्रमपूर्वक रखते हैं। प्रत्येक मुट्ठी में से सात-सात करके पृथक् करने पर जो शेष रहे उसी से क्रमशः कांड, सप्तक और दोहे की संख्या निकलती है। यदि कुछ शेष न रहे तो सात शेष मानते हैं। रामभक्ति के प्रसार का यह पौराणिकी ढंग गोस्वामी जी ने निकालकर बहुतों को आकृष्ट किया। अनेक पुराण-पंथ के विरोधियों को भी आपन्न होने पर मानस की बाजारू पोथियों में किसी करामाती की चलाई खानेदार रामशलाका में आँख मूँद-कर हाथ धरते देखा गया है।

बरवैरामायण के संबंध में प्रसिद्धि है कि यह बहुत बड़ा था पर अब छोटा ही मिलता है। इस प्रसिद्धि से लाभ उठाकर किसी भगत ने बृहत् बरवै का निर्माण कर दिया है। बरवैरामायण में रामकथा पूरी नही आई है। उसे पूर्ण करके प्रस्तुत करने का प्रयास बृहत् रूप में किया गया है। यह संपादित होकर प्रकाशित हो गया है। संपादक ने इसे तुलसीदास का ही रचा माना है। पर यह इसलिए इनका नहीं है कि इसकी शैली बड़ी सादी है। उधर मूल बरवैरामायण में इनके अलंकार-पांडित्य की पूरी छटा है। हिंदी में एक पुस्तक 'तुलसीभूषण' बहुत दिनों पहले बनी। इसमें इनके काव्य से ही अलंकार के उदाहरण देने का नियम लेखक ने बनाया है। इसमें बरवैरामायण के सभी छंद उद्धृत हैं। केवल एक बरवै अधिक है जो यमुना के संबंध में है। यह प्रचलित बरवैरामायण में नहीं है। कहते हैं कि रहीम कवि की मित्रता के नाते तुलसीदास ने बरवै में रामायण का वर्णन किया। उन्हें बरवै बहुत पसंद था। उनका बरवैनायिकाभेद प्रसिद्ध है।

रामगीतावली का नाम पदावली भी मिलता है। साथ ही विनयपत्रिका का नाम रामगीतावली और कहीं-कहीं पदावली भी मिलता है। ऐसा जान पड़ता है कि पदशैली की रचनाएँ एक स्थान पर क्रम से संग्रहीत होंगी। कहीं ऊपर पदावली लिखा होगा कहीं गीतावली। इसी से उलट-फेर हो गया। इसमें कोमल भावों की अभिव्यक्ति है और कुछ ऐसे प्रसंगों के पद हैं जो मानस की प्रबंधात्म-कता के कारण उसमें नहीं आ सके हैं। गीतावली के अंत में राम के राजविलास के कुछ पदों को सामने करके रामभक्ति में रसिकसंप्रदाय की प्राचीनता और उसमें तुलसीदास के भी दीक्षित होने की चर्चा की जाती है। जो जानकीहरण के शृंगारी वर्णन में साधनात्मक रसिक संप्रदाय का अनुसंधान कर सकते हैं। 'तिन्हहिं कहत

कछु अघटित नाहीं ।'

कृष्णगीतावली में कृष्णलीला के पद हैं। प्रवाद है कि तुलसीदास वृंदावन गए। वहाँ कृष्ण की मूर्ति का छैलछबीला रूप देखकर इन्होंने यह दोहा पढ़ा—

का बरनौं छबि आज की भले बने हौ नाथ।
तुलसी मस्तक नवै तब धनुष बान ल्यौ हाथ।।[1]

कृष्णगीतावली के पढ़ने से इस प्रवाद में विश्वास नहीं होता। तुलसीदास की अनन्यता संकीर्ण मनोवृत्ति की नहीं थी।

विनयपत्रिका में राम के निकट कलि के उपद्रव के विरुद्ध अर्जी दी गई है। इसमें राम की सही हो इसके लिए उन दरबारियों से ही नहीं स्वयं जगज्जननी राजराजेश्वरी महारानी सीता से प्रार्थना की गई है—

कबहुँ अंब अवसर पाई।
मेरियौ सुधि द्याइबी कछु करुन कथा चलाइ।

तुलसीदास का विश्वास इसमें मुखर है। अंत में राम ने उस पर अपने हस्ताक्षर कर दिए। यह बड़ी प्रौढ़ रचना है। हिंदी में पदों में ऐसी प्रौढ़ रचना दूसरी नहीं लिखी गई।

वैराग्यसंदीपनी में वैराग्य-संबंधी भावना उद्दीप्त करने का प्रयास है। यह वैरागियों के ही लिए लिखी गई छोटी-सी पुस्तक है। दोनों मंगलों, नहछू बरवै और संदीपनी को तुलसीपंचरत्न नाम परंपरा में बहुत दिनों से मिल चुका है।

तुलसीदास ने भाषा के क्षेत्र में अत्यंत महत्त्वपूर्ण कार्य किया। यद्यपि अवधी भाषा का प्रयोग इनसे पूर्व सूफी फकीरों ने करना आरंभ कर दिया था तथापि उसमें प्रादेशिकता अधिक थी, साहित्यिक निखार नहीं था। इन्होंने एक ओर तो अवधी को ब्रजी के साहित्यिक उत्कर्ष तक पहुँचाया, दूसरी ओर अवधी और ब्रजी का ऐसा मेल कर दिया कि हिंदी-साहित्य में इनके अनंतर अधिकतर कवियों की आदर्श भाषा मिली-जुली भाषा ही हो गई। आगे साहित्य में ब्रजी और अवधी का कोई संघर्ष इसलिए नहीं खड़ा हो सका। भाषा के प्रौढ़ और समृद्ध रूपों की झाँकी इन्होंने अपने सभी ग्रंथों में कराई है, पर सबसे अधिक शक्त प्रयोग विनयपत्रिका में दिखता है। संस्कृत की सामासिक पदावली का जैसा मनोहारी रूप विनय के आरंभिक पदों में है वैसा हिंदी में तो अन्यत्र दुर्लभ ही है। गीतों के रूप

1. वैष्णवों की वार्ता के अनुसार यह 'नंददास' का कहा है।

में ऐसी वैविध्यपूर्ण और समर्थ भाषा संस्कृत में भी सुलभ नहीं है। भाषा के जितने स्वरूप उस समय उपलब्ध थे सभी का प्रयोग करके गोस्वामीजी ने भाषा-प्रवीणता का पूर्ण परिचय दिया है।

तुलसीदास के साहित्यिक महत्त्व की भी चर्चा कर लेनी चाहिए। यों तो इनके सभी ग्रंथ थोड़ा-बहुत साहित्यिक उत्कर्ष प्रदर्शित करते हैं, भक्तिभावना के साथ-साथ; पर सबसे अधिक साहित्यिक प्रकर्ष रामचरितमानस में ही दिखता है। इसके समान दूसरा प्रबंधकाव्य हिंदी में नहीं बना। मुक्तक के क्षेत्र में इनका महत्त्व कम आँका जा सकता है, सूरदास ने उस क्षेत्र में बहुत अधिक क्षमता प्रदर्शित की, पर प्रबंध के क्षेत्र में इनको पार कर जानेवाला हिंदी में कोई कवि नहीं हो सका। उसमें सबसे बड़ी विशेषता यह है कि शास्त्र का कोई गहरा आग्रह नहीं है। प्रबंधकाव्यों में वर्णनात्मक प्रसंगों के संभार की जैसी परिपाटी संस्कृत में भी चल पड़ी थी उसका भी परित्याग कर आवश्यक वर्णनों से ही इन्होंने काम लिया है। मानस के नायक, सात कांड आदि स्थूल स्वरूप की चर्चा का जो बाल-प्रयत्न किया गया है वह अत्यंत मोटी बुद्धि की सूझ है। ऐसों का प्रयास इनके साहित्यिक मूल्य की परीक्षा नहीं है, इन्हें साहित्यिक क्षेत्र से पृथक् करने का आयास है। इनके किसी अन्य ग्रंथ को केवल भक्तिग्रंथ कहकर टाला जा सकता हो तो उस पर कुछ ध्यान दिया भी जा सकता है, पर मानस के संबंध में इनकी दृष्टि साहित्यिक थी। उससे प्राचीन संस्कृत साहित्य के पारायण के प्रमाण स्थान-स्थान पर मिलते हैं। ग्रंथ का मंगलाचरण ही साहित्य के लक्षण को ध्यान में रखकर होता है—

वर्णानामर्थसंघानां रसानां छंदसामपि।
मंगलानां च कर्तारौ वंदे वाणीविनायकौ॥

मानस को पुराण-महापुराण कहकर उसे साहित्य-क्षेत्र से हटाने के प्रयत्न होते आए हैं। तुलसीदास को पुराणपंथी कहते-कहते इनके ग्रंथ को पुराण कहकर हटाने का आयोजन है। जिनकी मति 'नानापुराणनिगमागमसम्मतम्' को सामने रखकर यह कहती है कि यह पुराण है उनके लिए संस्कृत-व्याकरण (लघुकौमुदी का ही सही) अभ्यास अपेक्षित है। उन्हें अधिक नहीं तो किसी कोश में पुराण के पंच लक्षणों को ही देख-समझ लेना चाहिए। मानस में इस भ्रम का कारण है पुराणशैली का साहित्यिक ग्रहण। उसमें चार-चार संवाद भ्रम उत्पन्न करते हैं। पर हिंदी में प्रबंधकाव्यों का अपना स्वरूप संवादरूप में ही चलता था। इसके प्रमाण रासो में तथा केशवदास के ग्रंथों में ('वीरचरित्र' आदि में) बहुत मिलते हैं। मानस में अधिक इतना ही है कि संवादों का गुंफ है। यह संवाद-गुंफ पुराणों

में मिलता तो है पर मानस में उसका साहित्यिक संक्षिप्त प्रयोग है। वैसा सूक्ष्म प्रयोग रासो-ग्रंथों और वीरचरित्र आदि में भी नहीं है। संवाद के प्रश्नकर्ता को सामने करने के बदले मानस में उसे कथाप्रवाह के बीच नेपथ्य में ही रखा गया है। सामने वक्ता ही है जो श्रोता के प्रश्नों का उत्तर उसे संबोधित मात्र करके दे देता है। मानस का माहात्म्य समाप्त करने का दूसरे प्रकार का प्रयास संस्कृत के पंडितों द्वारा हुआ। उन्होंने मानस के सभी प्रमुख स्थलों का संस्कृत के विभिन्न श्लोकों में उल्था करके और मनमाने ग्रंथों के नामों का उल्लेख कर यह दिखाया कि इनकी रचना में जो कुछ है सब संस्कृत से उड़ाया हुआ है। बलिया और रायबरेली से पृथक्-पृथक् इस प्रकार के उद्योग हुए। इधर नवीन उद्योग भी हो रहे हैं। कोई कहता है कि अपभ्रंश के प्रसिद्ध जैन कर्ता स्वयंभू के पद्मचरित या रामचरित से तुलसीदास ने और मसाला तो उड़ाया ही नाम तक उड़ा लिया। उन्होंने यह भी शोध किया है कि इन्होंने 'स्वयंभू' को ही 'शंभु' लिखा है मानस में। इनका ज्ञान इतना कम था कि ये 'स्वयंभू' और 'शंभु' का भी अर्थ नहीं जानते थे—'अंधहु बधिर न कहहिं अस'। जैनों के जो ग्रंथ भांडागारों में बंद पड़े थे जिन्हें जैन संप्रदाय के सब लोगों ने भी भली भाँति देखा-सुना नहीं था, जिनकी भनक तक हिंदी साहित्य के कानों में नहीं पड़ी थी और जिनका सुसंगत अर्थ भी उसके हिमायती नहीं कर पाते हैं, जिनके हस्तलेख जनता के बीच फैले ही नहीं उन्हें इन्होंने कहाँ कैसे पढ़ लिया; राम जाने। राम का जो रूप इन ग्रंथों में है यदि वह इनके सामने आया होता तो 'साखी सबदी दोहरा कहि किहनी उपखान' की ही भाँति उन पर भी कुछ लिखे बिना ये न रहते।

दक्षिण से अभिनव प्रयत्न यह हुआ कि तमिल भाषा के कंब नाम के महाकवि के ग्रंथ से इनके द्वारा सामग्री ग्रहण करने की चर्चा ग्रंथ लिखकर की गई है। तमिल भाषा कठिन है। आज भी हिंदी क्षेत्र के जन उसका ज्ञान प्राप्त करने की इच्छा होते भी उसे नहीं जान पाते। पर इन्होंने उसे कैसे जान लिया, अस्सी घाट के निकट केदार के समीप दक्षिण के तमिल प्रदेशीय महात्मा से सुनकर ? यदि ऐसे लोगों को यह पता चल जाए कि ये दक्षिण गए भी थे रामेश्वरम् तक, तब फिर क्या कहना। वास्तविकता यह है कि इन्होंने वैसे प्रसंग संस्कृत के राम संबंधी नाटकों से लेकर रखे हैं, जिनकी उक्तियों का मानस में इन्होंने कई स्थानों पर अनुधावन किया है।

मानस के देखने से इनका संस्कृत-साहित्य का अध्ययन अवश्य सिद्ध है। उसकी उक्तियों का ग्रहण भी सिद्ध है। पर इन्होंने सर्वत्र उन्हीं की छाया का आश्रय लिया है यह अतिकथन है। कभी-कभी तो कवि जिस ऊँची स्थिति में पाठक को ले जाना चाहता है उसके संबंध में उसे कहना पड़ता है कि मुझे कोई छाया मिल ही नहीं रही है—

परम प्रेम पूरन दोउ भाई । मन बुद्धि चित अहमिति बिसराई ।
कहहु सो प्रेम प्रगट को करई । केहि छाया कबिमति अनुसरई ।
कबिहि अरथ आखर बल साँचा । अनुहरि ताल गतिहि नट नाचा ।
अगम सनेह भरत रघुबर को । जहँ न जाइ मनु बिधि हरि हर को ।
सो मैं कुमति कहौं केहि भाँती । बाज सुराग कि गाड़रताँती ।

अंत:करण के वेदांतियों ने चार प्रकार कहे हैं । दोनों भाई इन चारों अंत:करणों को भूल गए—मन, बुद्धि, चित्त और अहंकार को । अभिव्यक्ति अंत:करण का ही काम है । राम और भरत के प्रेम में उसकी स्थिति ही नहीं रह गई । कवि की पहुंच से वह परे हो गया । ऐसे प्रेम का विवरण नहीं दिया जा सकता, उसकी व्यंजना मात्र हो सकती है । वही कवि ने कर दी ।

तुलसीदास ने एक ओर तो ऐसी-ऐसी परिस्थितियों की ओर ध्यान आकृष्ट किया है जहाँ उनके पूर्ववर्ती कवि नहीं गए थे, दूसरी ओर उन प्रसंगों पर विशेष दृष्टि रखी है जिन पर साहित्यशास्त्र ने भी ध्यान नहीं दिया है । नवरसों के अतिरिक्त वत्सल और भक्ति रस अथवा उसके दूसरे स्वरूप दास्य रस के परिपाक तक ही इनकी कृति नहीं जाती । राम के वनगमन के अवसर पर ग्रामवासियों तथा ग्रामवधूटियों का प्रसंग रामकथा के बीच इन्होंने अपने सभी ग्रंथों में रखा है । मनुष्य के प्रति मनुष्य के प्रेम की वह ऊँची स्थिति है जिस पर ऊँचे कवियों का ही ध्यान जा सकता है । इन्होंने मनुष्य की शाश्वत वृत्तियों का अत्यंत सरस उद्घाटन किया है । इसी से इनके ग्रंथों का महत्त्व शाश्वत है ।

हिंदी के कवियों में तुलसीदास की दृष्टि समाज पर बहुत अधिक थी । दरबारदारी के युग में इन्होंने क्रांतिकारी कार्य किए । समाज को उद्बुद्ध करने में इन्होंने कुछ उठा नहीं रखा । समाज पर इनका सबसे अधिक प्रभाव पड़ा है । साहित्य को इन्होंने उतना नहीं प्रभावित किया । भाषा पर ही इनका सबसे अधिक प्रभाव पड़ा । इनके राम का जैसा स्वभाव था वैसा ही इनका । समाज के उस स्वरूप पर इनकी सबसे अधिक दृष्टि थी जो क्लेश में पड़ा था—

गिरा अरथ जल वीचि सम कहियत भिन्न न भिन्न ।
बंदौ सीताराम-पद जिन्हहि परमप्रिय खिन्न ।।

अलौकिक लोकदृष्टि

तुलसीदास के वाङ्मय से पूर्णतया परिचित न रहनेवाले यह समझ लिया करते हैं कि इन्होंने अपनी रचना 'स्वांतः सुखाय' की थी अर्थात् जो कुछ इनकी आत्मरुचि के अनुकूल था उसी की अभिव्यक्ति इनकी रचना है, लोकरुचि या लोक-दृष्टि से उसका कोई संबंध नहीं। कुछ महापंडितों का कथन यह भी है कि इन्होंने अपनी कृति द्वारा समाज को बढ़ाने की अपेक्षा पीछे फेंक दिया, कम-से-कम तीन सौ वर्ष पीछे, जबकि उस काल के निर्गुणोपासक महात्माओं ने समाज को तीन सौ वर्ष आगे बढ़ाया अर्थात् वर्तमान समय की स्थिति में ला खड़ा करने का प्रयास किया। इन्होंने अपनी 'स्वांतः सुखाय' रचना में 'परांतः सुखाय' का कितना ध्यान रखा है इसका विचार इतने से ही कर लेना चाहिए कि ये स्पष्ट घोषित करते हैं—

कीरति भनिनि भूति भलि सोई, सुरसरिसम सब कहँ हित होई।

इनकी 'भाखा भनिति' किस प्रकार 'सब कहँ हित' हुई इसका बिचार आगे किया जाएगा। यहाँ पूर्वोक्त महापंडितों का उत्तर दे देना आवश्यक है कि इन्होंने समाज को पीछे की ओर नहीं घसीटा प्रत्युत आगे की ओर बढ़ाया, उसे सुव्यवस्थित करने का पूर्ण उद्योग किया। यदि विश्वास न हो तो हिंदी के प्रगति-वादियों से पूछ लीजिए जो हिंदी-साहित्य में इन्हें प्रगतिवाद का आदिप्रवर्तक मानते हैं।

तुलसीदास का अवतार उस समय हुआ जब समाज विशृंखल हो चुका था। जो सनातन मर्यादाएँ बँधी चली आ रही थीं उनकी कड़ियाँ स्वतः तो टूटने ही लगी थीं, कुछ तोड़नेवाले भी मैदान में आ गए थे और पढ़ी-लिखी नहीं तो अपढ़ जनता जिनके ताल-सुर के साथ अपना राग अलापने की ओर बढ़ चली थी। पर ये 'रूढ़ि तोड़ने के लिए रूढ़ि तोड़नेवाले' नहीं थे। हाँ, सामयिक परिस्थिति के अनुसार समाज को जिस बात की आवश्यकता थी उसका विधान कर देने की दृष्टि रखने-वाले अवश्य थे। उस समय समाज में वैषम्य, घोर वैषम्य उपस्थित हो गया था। वह क्या था, इसका पता 'कबित्तावली' की इन पंक्तियों से चलता है—

खेती न किसान को भिखारी को न भीख
बलि, बनिक को बनिज न चाकर को चाकरी।
जीविकाबिहीन लोग सीद्यमान सोचबस
कहैं एक एकन सों कहाँ जाई का करी॥

समाज में वैसा ही आर्थिक वैषम्य आ गया था जैसा संप्रति है और उसका हृदयपक्ष नीरस हो रहा था। इस वैषम्य की आड़ में सामाजिक विद्रोह कराने का प्रयत्न कुछ लोगों के द्वारा किया जा रहा था। पर वह विद्रोह बुद्धि या तर्क के मार्ग पर ही हो रहा था। विद्रोह हो जाने के अनंतर उससे घोर अशांति की स्थापना होती। इन्होंने इसके विरुद्ध हृदय की वह पद्धति ग्रहण की जो शांति की स्थापना करनेवाली और मन पर स्थायी प्रभाव डालनेवाली थी। रूढ़ि तोड़नेवाली (आधुनिक विचार की दृष्टि से) यही न चाहते थे कि साम्यभाव की स्थापना हो जाय, धनी निर्धन को घृणा की दृष्टि से न देखे। सबकी सामाजिक सत्ता बराबर हो। तुलसीदास ने सनातन पथ में ही ऐसा 'राजडगरो' खोज निकाला जिस पर सब लोग समान रूप से चल सकते थे। यह मार्ग भेदभावशून्य था। इनके द्वारा निर्दिष्ट यह भक्तिमार्ग 'साम्यवाद' की तो नहीं पर साम्यभाव की स्थापना करने-वाला अवश्य था। उसने समता का ऐसा बीज बोया कि समाज अपनी परंपरा का पालन करते हुए भी समय की आवश्यकता के अनुरूप वेश बदलकर सामने आ खड़ा हुआ, वह समय से बहुत आगे बढ़ गया। यदि आज भी कोई सामाजिक वाद समाज में नाना भेदभावों को मिटाकर एकता की स्थापना करना चाहता है तो उसे 'वादों' की तार्किक पद्धति छोड़कर किसी-न-किसी हृदयनिर्दिष्ट सहज पद्धति का आश्रय लेना ही पड़ेगा, अन्यथा समाज का स्थायी परिवर्तन नहीं हो सकता। अपनी हृदय-पद्धति की विशेषता प्रदर्शित करने के लिए कभी-कभी इन्होंने स्वीकृत मर्या-दाओं के उल्लंघन की भी सलाह दी थी। 'विनयपत्रिका' के 'जाके प्रिय न राम वैदेही' टेकवाले पद को यदि कोई रूढ़ि का तोड़नेवाला आँख खोलकर देखे तो उसे पता चल जाएगा कि ये रूढ़ि तोड़ने-तुड़वाने में किसी से पीछे नहीं थे। पर जैसा ऊपर कहा जा चुका है ये रूढ़ि तोड़ने के लिए रूढ़ि तोड़नेवाले नहीं थे। ये समाज की व्यवस्था चाहनेवाले थे और यदि व्यक्ति को उसका प्राप्य समाज से नहीं मिलता, रूढ़ियाँ उसके वैयक्तिक उत्कर्ष में बाधक होती हैं, तो ये उनका उल्लंघन करने का परामर्श सहर्ष देनेवाले थे। इन्होंने इसलिए राम का आदर्श सामने रखा था, क्योंकि राम मर्यादापुरुषोत्तम थे और तब तक समाज की मर्यादा का उल्लंघन नहीं करते थे जब तक उसके उल्लंघन से उच्च उद्देश्य की पूर्ति न होती हो। बिना हृदय की सचाई के कोई उच्च आदर्श की महत्ता के दर्शन नहीं करा सकता।

जो यह समझते हों कि तुलसीदास ने सदा राम की चाटुकारिता ही की, उनके सामाजिक स्वरूप पर उनकी दृष्टि नहीं गई अर्थात् उन्होंने उनके मनुजस्व भाव को बरबस छिपाया, उन्हें 'मानस' की इन अर्धालियों पर ध्यान देना चाहिए—

जेहि अघ बधेउ ब्याध जिमि बाली। पुनि सुकंठ सोइ कीन्हि कुचाली।
सोइ करतूति बिभीषन केरी। सपनेहु सो न राम हिय हेरी।

अब बहुत से लोग समझ गए होंगे कि प्रगतिवादियों ने इनको यों ही अपना आदिगुरु नहीं माना है। बहुत संभव है कि राम के मनुजस्वरूप का सम्यक् बोध हो जाने पर और समाज में तर्कप्रेरित नियमों की व्यर्थता के साथ ही हृदय की कारुण्यधारा के प्रवाह का व्यापक प्रभाव जान लेने पर वे 'राम' को भी किसी दिन प्रगतिवादी और उनके चरित का गान करनेवाले तमसातटकोकिल आदिकवि को प्रथम प्रगतिवादी कवि घोषित करें।

तुलसीदास के समय में सबसे बड़ी आवश्यकता समाज में शीलस्थापन की थी। बाबाजी को यह शील परम विकसित रूप में राम के उस चरित में मिला जिसकी कथा लड़कपन में इन्होंने गुरुमुख से 'शूकरक्षेत्र' में सुनी थी, पर उसका रहस्य उस समय नहीं समझा था। 'सचेत' होने पर इनमें जैसी समझ आई और जिस समझ की बदौलत इन्होंने 'रामचरित' कहना आरंभ किया, वह लोकदृष्टि की ही समझ थी। लोकाराधन के व्रती उपास्य का उपासक लोकदृष्टि का त्याग कैसे कर सकता है। समाज में 'बुध' भी थे और 'अबुध' भी। कवि को दोनों का सामीप्य प्राप्त करना था। दोनों के निकट राम को पहुँचाना था। दोनों के हृदयों में उनके लोकाराधन-रूप की प्रतिष्ठा करनी थी। इसके लिए इन्होंने जितना परिश्रम किया, जितनी तपस्या की, जितनी बुद्धि लगाई, जितना हृदय निकालकर अपनी रचनावली में रखा, उन सबसे इनकी अलौकिक लोकदृष्टि का ही पता लगता है। ये स्वार्थ और परमार्थ दोनों की साधना एक साथ दिखा देना चाहते थ, ये ऐहिक और आमुष्मिक सुख की संप्राप्ति एक ही लक्ष्य की सिद्धि द्वारा करा देना चाहते थे। ये जानते थे कि यदि 'बुध' मेरे प्रबंध का आदर नहीं करते तो मेरा सारा श्रम 'बालप्रयत्न' मात्र होगा। 'मानस' की रचना करके इन्होंने बुधों को भली भाँति प्रसन्न किया। ग्रंथ के आद्यंत का बंधान ऐसा बाँधा जिसके लिए पूर्ण शास्त्रीय ज्ञान अपेक्षित था। बीच में रामकथा ऐसे ढंग से कही कि बुध-अबुध सबके हृदय आकृष्ट हो जायँ। किसी वस्तु का ग्रहण व्यक्ति अपनी प्रकृति या अभ्यास के अनुरूप ही करता है, इसलिए 'अबुधों' के संतोष के लिए ऐसी रचना भी अपेक्षित थी जो उनके अभ्यास के अनुरूप हो। इसी से इन्होंने जानकीमंगल, पार्वतीमंगल, रामललानहछू, ऐसी पोथियों का भी प्रणयन किया जो लोकगीतों के ढर्रे पर हैं। बहुत से अन्वेषक 'नहछू' में दशरथ के विलासी रूप की अभिव्यक्ति और कोसल्या के संबंध में कहीं इन पंक्तियों को इनकी मर्यादा के विरुद्ध पाते हैं—

काहे रामजिउ साँवर लछिमन गोर हो। रानि कौसिलहि परि गा मानहु भोर हो।

वस्तुत: जिस अपढ़ जनता के बीच राम के चरितगीत का प्रचार करना था, जिसको राम को पहचानना था, उसका हृदय ऐसी ही बातें सुनकर आकृष्ट हो सकता था। विश्वास न हो तो 'रामकलेवा' के नाम पर गाए जानेवाले पवित्र

गीतों को उक्त जनता के मुख से सुनने के लिए कभी कानों को कष्ट दीजिए। तुलसीदास ने ऐसी रचना 'यौवन के उन्माद' में नहीं की थी, 'सचेत समझ' से की थी। मर्यादा का उल्लंघन नहीं किया था, मर्यादा बाँधने के लिए इस साधन से भी काम लिया था। यह साधन ही था, साध्य नहीं।

जिसने समाज की मर्यादा और व्यवस्था के विचार से हृदय को हृदय के निकट पहुँचाने की दृष्टि से राम और शिव की अभिन्नता का प्रतिपादन किया हो, शिव को 'सेवक सखा स्वामि सिय पिय के' बताया हो, जिसने 'जानकीमंगल' लिखकर 'पार्वतीमंगल' भी लिखा हो, 'रामगीतावली' रचकर 'कृष्णगीतावली' भी रची हो, जिसने मुक्तक 'कबित्तावली' प्रस्तुत करके 'मानस' सा प्रबंध भी प्रस्तुत किया हो, जिसने अपनी अनन्यता का विचार छोड़कर 'वाणीबिनायकौ' की वंदना सबसे पहले की हो, जिसने संतों का ही नहीं खलों का भी कीर्तन किया हो, जिसने 'रामसखा' का ऋषि द्वारा 'बरबस' आलिंगन कराया हो, उसे समाज का उत्थापक न कहकर समाज का अधःपातक कहना अत्यंत अशोभन है और ऐसा कहना कहनेवालों की संकुचित मनोवृत्ति का ही निदर्शक है। तुलसीदास की लोकदृष्टि समाज की व्याकुलता से कैसी व्यथित थी इसका पता कबित्तावली के इस कबित्त से कुछ-कुछ चलेगा—

किसबी किसान कुल बनिक भिखारी भाट चाकर चपल नट चोर चार चेटकी।
पेट को पढ़त गुन गढ़त गिरत गिरि अटत गहन बन अहन अखेटकी।
ऊँचे नीचे करम धरम अधरम करि पेट ही को पचत बेचत बेटा बेटकी।
तुलसी बुझाइ एक राम घनस्याम ही तें आगि बड़वागि तें बड़ी है आगि पेट की॥

भली भाँति पढ़कर देख लीजिए, है न यह वर्तमान समाज का सा चित्र। तब भी तुलसीदास तीन सौ वर्ष पीछे ले जानेवाले। ऐसी उक्तियाँ 'कवित्तावली' और 'विनयपत्रिका' में कई हैं। कोई प्रगतिवादी चाहेगा तो थोड़े से परिश्रम से ही उसे इस प्रकार की बहुत-सी सामग्री इनकी रचनाओं में मिल जाएगी। जो इनको शुद्ध वैरागी समझते हों वे भी आँख खोलकर देख लें कि ये 'सीयराम मय सब जग' जानकर उसके सुख-दुःख में साथ देनेवाले महात्मा हैं या संसार को शुद्ध भ्रम समझकर उसे त्याग तुमड़ी और चिमटे के साथ धूनी रमानेवाले वैरागी बाबा। वस्तुतः इन्होंने अपना अभिमत 'दोहावली' के 'घर कीन्हें घर जात है' प्रतीक के दोहे में बहुत स्पष्ट कर दिया है।

अब भली भाँति स्पष्ट हो गया कि तुलसीदास ने राम के स्वरूप का ग्रहण किस 'समझ' से समझ किया था और इनमें अलौकिक लोकदृष्टि थी या नहीं। इस से यह भी स्वतः प्रमाणित हो जाता है कि आज भी ये भारत के काम के हैं और

जब तक संसार में भारत तथा हिंदी-साहित्य और हिंदी-भाषा का अस्तित्व रहेगा, तब तक ये उनके काम के बने रहेंगे। चाहे इन्हें साहित्यिक दृष्टि से देखें चाहे सामाजिक दृष्टि से इन्होंने राम को दिखाने के लिए 'जग पेखन' के अनेक खेल खेले हैं। इस 'पेखन' को राम देख सकते हैं या राम को देखनेवाला कह सकता है, पर होना चाहिए देखनेवाला 'नयनवंत' ही।

देश के ऐहिक उत्थान में योग

आज यह प्रश्न बारंबार होता है कि तुलसीदास ने भारत के राजनीतिक उत्थान में क्या योग दिया। कच्चे राजनीतिक अपने मुँह अपनी करनी का बखान करते हुए जनता के सामने यह प्रश्न यदि जोर से नहीं तो धीरे से कर ही जाते हैं। सुधारक भी अपनी नाक सँभाले पूछते फिरते हैं कि 'तुलसीदास ने ऐहिक जीवन को क्या प्रगति दी'। इनका उत्तर ऐतिहासिक दे नहीं पाते, अनुसंधायकों के हाथ कुछ लगता नहीं, साहित्यिक इनकी कृति की रमणीयता से ही संतुष्ट हैं, भक्ति-लुभाए भक्तों को भक्ति से अवकाश नहीं। पर किसी ने यह न सोचा कि

भलि भारतभूमि भले कुल जन्म समाज सरीर भलो लहिकै।

कहनेवाला इसी 'भली भारतभूमि' की भलाई की बात भला क्यों नहीं सोचेगा। जब विदेशी वैश्यों की देशप्रीति के राजनीतिक, आर्थिक और व्यावसायिक स्वरूपों की विवेचना पढ़कर ग्रांथिक ज्ञान के सहारे बहुत से लोग देशप्रेम का वेगपूर्ण उन्माद प्रदर्शित कर सकते हैं और अपने सांस्कृतिक स्वरूप की अवहेलना करनेवाला भी जब देश के उत्थान में योग देने का दावेदार बन सकता है, तब भला तुलसीदास जो भारत की सांस्कृतिक चेतना जगाने के लिए ही अवतरित हुए थे देश के राजनीतिक उत्थान में योग क्यों न देते।

देश का राजनीतिक इतिहास लिखनेवाले और हिंदी का साहित्यिक इतिहास प्रस्तुत करनेवाले प्रायः कह दिया करते हैं कि भारत में भौतिकता की ओर से विराग और पारलौकिकता के प्रति वृत्ति का जगना ही इसकी भौगोलिक पराधीनता का कारण है। संतों ने जगत् के प्रति विरक्ति जगाकर सांसारिक वैभव के त्याग की वृत्ति उत्पन्न कर दी। भारतीय जीवन निवृत्तिमूलक रहा है यह नए समीक्षक उद्घोषित कर रहे हैं। पर यह कोई नहीं देखता और न कोई विचारता ही है कि निवृत्तिमार्ग का सारा अवरोध हटाने के लिए ही प्रवृत्तिमार्गी भक्ति-

संप्रदाय फिर से जगा—क्या जीवन में और क्या साहित्य में। ज्ञान और कर्म में उपासना की मध्यस्थता ही भारतीय सांस्कृतिक मार्ग की विशेषता रही है। उपासना का प्राधान्य भक्तिमार्ग में है। यह भक्तिमार्ग प्रवृत्तिलक्षण है—

प्रवृत्तिलक्षणश्चैव धर्मो नारायणात्मकः।

भारतीय भक्तिमार्ग के मूल में जो 'नारायणधर्म' है वह प्रवृत्तिमार्गी है। वह जगत् में लीन होने की, उसको सँभालने-सहेजने की भी शिक्षा देता है।

तुलसीदास में भक्तिमार्ग का समन्वित रूप तो है ही, लोक के, देश के उत्थान के प्रति भी उनकी गहरी दृष्टि है। राम के धनुषधारी स्वरूप की उपासना पर इन्होंने क्यों जोर दिया। जगत् से विमुख करानेवाले रहस्यदर्शियों, योगमार्गियों आदि से इन्होंने क्यों उदासीनता रखी और उनके रूप की समय और देश के प्रतिकूल पड़नेवाली वृत्ति का खुले रूप में क्यों विरोध किया, यह किसी से छिपा नहीं है। इन्होंने निवृत्तिमार्गी संतों का भी लोकपराङ्मुख रूप भलीभाँति पहचान लिया था—

गोरख जगायो जोग भगति भगायो लोग
निगमनियोग सोतो कलि ही छरो सो है।

अलख को देखनेवाले के प्रति इनकी क्षुब्ध वाणी प्रवृत्त होती हुई इनके लोकोत्थानमूलक प्रयत्न का स्पष्ट आभास देती है—

हम लखि हमहिं हमार लखि हम हमार को बीच।
तुलसी अलखहि का लखै राम नाम जपु नीच।।

इस ओर तुलसीदास इसलिए नहीं झुके थे कि इन्हें राम की कर्मठताहीन अनन्य उपासना करनी या लोगों से करानी थी।

ये शक्ति की उपासना के प्रति लोगों को आकृष्ट कर रहे थे। जिससे देश शक्त हो और अपने गौरव को प्राप्त करे। इसके लिए इन्होंने संघटनात्मक (या 'रचनात्मक' —जिस शब्द का प्रयोग आजकल बहुत होता है) कार्य करने की ऐसी योजना प्रस्तुत की थी कि भारतीय राष्ट्र सबल हुआ, जागा और उसने अपनी छिपी सामर्थ का परिचय दिया। यदि आज किसी राजनीतिज्ञ के सामने यह कहा जाए कि देशोद्धार का जो प्रयास विदेशी बाने में राष्ट्रीय महासभा ने किया उसकी भूमिका तुलसीदास ने प्रस्तुत कर दी थी या उसका बीज भारत में इन्होंने बो दिया था तो कदाचित् अत्युक्ति का दोषारोपण करके मुँह बिचका दिया जाए। किंतु स्मरण रखना चाहिए कि केवल उत्तर भारत में ही नहीं दक्षिण भारत में भी इनकी वह संघटनात्मक योजना फैली थी जिसने देश के उत्थान में पूर्ण योग दिया। यदि

शिवाजी का उद्योग देशोद्धार का आरंभिक रूप था, यदि मराठा शक्ति वर्तमान राजनीतिक उत्थान में और देश की स्वतंत्रता के लिए पीठिका रूप में मान्य है, यदि सन् '57 के गदर में राष्ट्र की स्वाधीनता का वह प्रयास स्वीकृत है जो हिंदू-मुसलमान के भेद को माननेवाला नहीं था, जिसमें बहादुरशाह को सिंहासनासीन कराने का आंदोलन था और जिसका संघटन मराठों ने किया था तो कहना पड़ेगा कि इन प्रयत्नों का बाह्य स्वरूप चाहे जो हो रहा हो आंतररूप तुलसीदास की प्रेरणा से घटित हुआ था। अपनी शक्ति को भूले देश को इन्होंने राम के 'दुर्गा कोटि अमित अरिमर्दन' रूप की ओर ही वाणी और भक्तिसाधना के द्वारा आकृष्ट नहीं किया, रामदास हनूमान् की ओर भी आकृष्ट किया।

हनुमत्पूजा का भारत में प्रसार अनुसंधायकों की प्रतीक्षा कर रहा है। उस पूजा से संलग्न शरीरसंवर्धन के आयोजक अखाड़े देश की मिट्टी का मूल्य समझनेवालों को खोज रहे हैं। इन अखाड़ों में केवल शरीरसेवी लोगों का ही नहीं बुद्धिसेवी लोगों का भी जमावड़ा हुआ करता था और हनुमत्पूजा के साथ-साथ सांस्कृतिक विचारविनिमय के ये पीठ थे। समर्थ गुरु भी 'राम' के 'दास' थे और उन्होंने दक्षिण के प्रत्येक ग्राम में मारुतिमंदिर की स्थापना की योजना चलाई थी। इसका परिणाम मराठा शक्ति का आंतरिक संघटन हुआ। मारुतिपूजा का प्रसार रामदास ने महात्मा तुलसीदास की उत्तरापथ में प्रसरित हनुमत्पूजा के आदर्श पर किया था, यह कहने की आवश्यकता नहीं। उत्तर प्रदेश, बिहार, मध्य भारत, मध्य प्रदेश क्या, सारे उत्तरापथ में हनुमत्पूजा का प्रसार रामदास तुलसी का प्रयत्न है। विशेषतया हिंदी-प्रांत के गाँव-गाँव में हनुमन्मूर्ति की स्थापना, उसके सामने मानस का पारायण (प्रायः मंगल या शनि को) तत्संलग्न अखाड़े आदि अपना इतिहास छिपाए देश के शारीरिक और मानसिक उत्थान में सांस्कृतिक रीति से अब भी योग दे रहे हैं। दक्षिण के गाँवों में मारुतिमंदिर तत्संलग्न कथा-वार्ता की परंपरा देश के प्राचीन ढंग के संघटन का पता दे रही है और वह समर्थ गुरु रामदास की योजना का फल है। इस देश में ग्रामीण शक्ति का संघटन और एकीकरण महत्त्वपूर्ण है। इसे राजनीतिवादी, समाजवादी सभी अब समझने लग गए हैं। कुछ लोग इसे हिंदूसंघटन कहकर नाक-भौं सिकोड़ते हैं, पर उनसे कह देना चाहिए कि क्या कभी आपने अखाड़े में उतरने का साहस भी किया है या यों ही उसे सांप्रदायिक कहे दे रहे हैं। यह संघटन भेदभावशून्य था, इसे अखाड़े के किसी पुराने 'गुरु' से पूछ देखिए। उसकी सात्विक का पता पाना हो तो अखाड़ों के गुरुओं का इतिहास संचित कीजिए। उक्त भेदभावशून्य सात्विक हनुमत्पूजा के पीछे तुलसी खड़े दिखाई देते हैं और हनुमन्मंदिर के सामने स्थापित धनुषधारी वनचारी राम की त्र्यायतन मूर्ति तुलसी के शक्तिसंचारक प्रयास का प्रमाण लिए खड़ी जान पड़ती है। 'हिंदी' की राष्ट्रीयता का झंडा फहराता दिखाई पड़ रहा है। देश के उत्थान

के मंत्र का जप होता सुनाई दे रहा है। हनुमत्पूजा को बंद कर देने की सलाह देने-वालों को देशोत्थान का कुछ छिपा इतिहास भी देखने का प्रयास करना चाहिए। तुलसी को खरी-खोटी सुनानेवालों को जीवन में किए गए उनके कार्य को भी देख लेना चाहिए। इनका प्रयास एक ही प्रकार का नहीं है, सर्वतोमुखी है। इनकी चलाई रामलीला भी देशोत्थान और लोकसंघटन का प्रयास तथा साहित्यिक अभाव की पूर्ति का इतिहास लिए हुए हैं।

मानस की रामलीला

कहा जाता है कि मेघा भगत पहले वाल्मीकीय रामायण के आधार पर राम-लीला कराते थे। तुलसीदास के अनुरोध पर उन्होंने मानस की रामलीला करानी आरंभ की। उनकी रामलीला अब वाराणसी में चित्रकूट की लीला के रूप में है। ये मेघा भगत तुलसीदास के मित्र थे और कमच्छा में रहते थे। वाराणसी के दो खंड हैं—केदारखंड और काशीखंड। केदारखंड में तुलसीदास ने स्वयं और काशी-खंड में उनके मित्र मेघा भगत ने मानस की रामलीला की स्थापना की थी। बीज रूप में रामलीला के अभिनय की परिपाटी पहले से है। यह वाल्मीकि के आदिकाव्य से ही सिद्ध है, जैसा पहले कह आए हैं। रामलीला का बीज तो वाल्मीकि के समय से ही पड़ गया था, पर बीच में यह रामलीला जनता में किस प्रकार होती रही इसका पता नहीं चलता। संस्कृत नाटककारों के अनेक नाटकों का उपजीव्य राम-चरित है। इसलिए रामकथा के प्रचलन और साहित्यिक रूप में रामकथाश्रित रूपकों के अभिनय की परंपरा अति प्राचीन है, इसमें संदेह नहीं। पर जान पड़ता है कि जनता से रामलीला उस समय तक पृथक् हो गई थी जिस समय तुलसीदास अवतरित हुए। इन्होंने रामलीला का प्रसार करने की ठानी और उसकी योजना ऐसी विस्तृत, प्रभावकारी तथा सुलभ बनाई कि उसका हिंदी-भाषी प्रांतों में दूर-दूर तक प्रसार हो गया। इस प्रकार रामलीला के वर्तमान स्वरूप के उद्घाटक, प्रवर्तक और प्रसारक महात्मा तुलसीदास ही हैं।

अब विचार करना है कि रामलीला का सामाजिक, राष्ट्रीय और साहित्यिक जीवन में क्या महत्त्व है और उसने हृदयों के एकीकरण में किस प्रकार योग दिया है। तुलसीदास ने दुर्बल भारत को शक्त करने का कार्य किस प्रकार हनुमत्पूजा के प्रसार द्वारा किया था और उनकी देखादेखी दक्षिणापथ में किस प्रकार समर्थ गुरु

रामदास ने मारुतिपूजन का ग्राम-ग्राम में विधान किया इसका उल्लेख पहले किया जा चुका है। यह भी बताया जा चुका है कि हनुमन्मंदिर के समक्ष बने धनुषधारी राम के मंदिर प्रतीकात्मक हैं, देश के जीवन में वे रक्षा का बहुत गहरा विश्वास भरते आए हैं। तुलसीदास घर-घर रामलीला पहुँचाना चाहते थे। घरों में गाने के लिए जानकीमंगल, पार्वतीमंगल और रामललानहछू तक इन्होंने प्रस्तुत किए और अपनी मर्यादावादिता को थोड़ी देर के लिए छोड़कर इनके प्रचार और प्रसार में योग दिया। तुलसीदास जानते थे कि भिन्न-भिन्न रुचि के लोग एक ही प्रकार से रामलीला का वैसा ग्रहण नहीं कर सकते जैसा उन्हें अपेक्षित था। इसी से रामललानहछू में इन्होंने कुछ ऐसी बातें भी कह दी हैं जो मर्यादा के अनुरूप नहीं समझी जातीं। पर यह कोई नहीं सोचता कि इन्होंने किस लक्ष्य के लिए ऐसा किया था। देश के सामाजिक और राष्ट्रीय जीवन के लिए रामचरित की उस समय कितनी आवश्यकता थी, कैसी आवश्यकता थी इस पर विचार कीजिए और तुलसी के अनुपान के विधान की प्रशंसा कीजिए। समाज च्युत हो चुका था, उसमें शील का वह रूप जिसका बड़े विस्तार के साथ इन्होंने मानस के अयोध्याकांड में दिग्दर्शन कराया है प्रतिष्ठित होना आवश्यक था। राष्ट्र के लिए रामराज्य की लालसा थी। उस लालसा को बढ़ाने और साधना को सिद्धि तक पहुँचाने का बीजारोपण तुलसी दास कर गए थे इसको भुलाया नहीं जा सकता।

हिंदी-साहित्य का इतिहास लिखनेवाले मध्यकाल में प्रायः नाटक का कोई ग्रंथ न पाकर लिख देते हैं कि हिंदी में नाटकों की कोई परंपरा नहीं थी। 'नाटक' नाम का कोई जैन धर्म का ग्रंथ है इससे धार्मिक पुस्तक कहकर नाटकों के विकास में कुछ लोग उसे जोड़ना तक नहीं चाहते। ऐसे लोगों को जान लेना चाहिए कि नाटक की धारणा हिंदी के मध्यकाल में 'संवाद' रूप में रह गई थी। हिंदी के रीतिकालिक अनेक शृंगारी कवियों ने 'वाद' नाम से कितने ही संवाद लिखे हैं और काव्यों में संवाद जोड़ने की पद्धति भी रखी है। इस प्रकार साहित्यनिर्माण में नाटक 'संवाद' के रूप में काव्यों में रह गया था। अब रहा उसके अभिनय का रूप। यह रामलीला आदि में दिखाई पड़ता है। दरबारी लोगों का काम तो उक्त 'वादों' से, संतों का 'चर्चा' से चल जाता था। पर जनता अभिनय चाहती थी, उसके लिए रामलीलाएँ थीं। रामलीला का प्रसार बहुत अधिक हुआ। उसमें मेल-जोल भी हुआ। तुलसी के 'मानस' की लीलाओं के संवादों में केशवदास, ललित, रघुराज सिंह आदि अनेक कवियों के कवित्त-सवैये और छंद चल पड़े।

तुलसीकृत रामलीला का प्रयास सबसे विलक्षण रहा। सारा श्रव्यकाव्य दृश्य-काव्य में परिणत हो गया। जितना अंश संवाद का होता है उतना लीला के 'स्वरूपों' से कहला दिया जाता है और शेष 'रामायणी' लोग गाकर कथा का पाठ्य रूप बनाए रहते हैं। जब श्रव्यकाव्य की ओर लोगों की विशेष प्रवृत्ति हो तब श्रव्य-

काव्य को दृश्यकाव्य कर डालना साधारण मतिमत्ता का काम नहीं है। आलोचक कहते हैं कि दृश्यकाव्य श्रव्यकाव्य की भाँति पढ़ा या सुना भी जा सकता है, इसी से से वह श्रव्यकाव्य से विशिष्ट है और इधर श्रव्यकाव्य को परिपूर्ण रूपक बना डालना क्या जनता की नाटकीय बुभुक्षा की शांति का प्रयास नहीं है।

तुलसी की रामलीला ने देश के राष्ट्रीय, सामाजिक और साहित्यिक जीवन में बहुत काम किया है। उसने विच्छिन्न जीवन को तोड़ दिया है। उसने यह विश्वास जगाया कि अत्याचार का अंत होगा। उसने आधुनिक युग के चित्रपटों के अनपढ़ और कृत्रिम अभिनव रूपकों से कहीं अधिक चरित्रविधायक आदर्श दिया। नगर की जनता से विशेष गाँव की जनता में संस्कृति और एकता का उत्साह दिखाई पड़ा। उसके पीछे तुलसी का धनुषधारी भी खड़ा रहा है, इसे न भूलना चाहिए। जनता ने सीता के रूप में भारतलक्ष्मी, रावणराज्य के रूप में विदेशी दुःशासन और राम के रूप में स्वातंत्र्य के अवतारों को किस प्रकार देखा है यह असहयोग-आंदोलन के समय प्रकाशित काव्यकृतियों और चित्रों में सुरक्षित है। यह भावना और पहले से दृढ़ होती चली आ रही थी। प्रत्यक्ष नहीं परोक्ष रूप से इसका हेतु तुलसी की रामलीला का उत्तरापथ में एक छोर से दूसरे छोर तक प्रसार रहा है। इसे राष्ट्रीय आंदोलन, सामाजिक संघटन तथा साहित्यिक उत्थान का इतिहास लिखनेवालों को भूलना न चाहिए।

संप्रदाय

'मानस' के रचयिता गोस्वामी तुलसीदास किस वैष्णव-संप्रदाय के थे और इनका दार्शनिक पक्ष क्या था इस पर हिंदी-साहित्य में बड़ा मतभेद है। अनुसंधान के क्षेत्र में इनका महत्त्व अभी ज्यों का त्यों है, नित्यप्रति इन पर अनुसंधान होने पर भी उसमें कमी नहीं। किसी न किसी को तुलसी का कोई न कोई 'दल' मिल ही जाता है और अनुसंधान चल पड़ा है। किसी ने इनको पहले 'गोस्वामी' शब्द के कारण दशनामी गोसाइंयों में माना, किसी ने इन्हें वैरागी कहा, किसी ने रामानुजी, किसी ने शांकर अद्वैतवादी, यहाँ तक कि किसी ने 'गोस्वामी' शब्द के कारण द्वैतवादी (माध्व मत का) भी कहा। कोई नई बात कहनी चाहिए, संधान नहीं, अनुसंधान है न! पर उस तथ्य पर प्रायः विचार नहीं किया जाता जिस पर करना चाहिए। कारण? तुलसीदास और इनके ग्रंथों के संबंध में तत्त्वाभिनिवेश पर उतनी दृष्टि नहीं रहती जितनी नई खोज और उस नई खोज के समर्थन के

लिए जुटाए गए हेतुओं और तर्कों के प्रति रहती है। वैष्णव-संप्रदायों की उपासना वृत्ति और पद्धति पर यदि अधिक ध्यान दिया जाए, कुर्सी पर बैठे-बैठे अनेक ग्रंथों के आलोड़न, चिंतन-मनन तक ही संधान-अनुसंधान की परिसमाप्ति न समझी जाए तो थोड़ा ही श्रम करके तथ्य का पता लगा लेना बहुत कठिन नहीं। परंपरा में इनके संप्रदाय के संबंध में जो धारणा चली आती है उसको नाना प्रकार के तर्कजाल से आच्छन्न कर देने मात्र से और नूतन चाकचिक्य आविर्भूत करके लोगों के समक्ष पांडित्य का डंका पीट देने मात्र से सत्य का अनुसंधान न हो सकेगा।

विद्वानों की सूक्ष्मेक्षिका को छोड़ दीजिए। बहुत स्थूल बुद्धि से ही विचार करने पर जिस तथ्य की उपलब्धि होती है थोड़ा उसी को आजमाइए। वैष्णव-संप्रदायों की उपासना-पद्धति से परिचित व्यक्ति यह भली भाँति जानते होंगे कि उनकी उपासना किसी विशेष भाव को लेकर चलती है। प्रसिद्ध चारों वैष्णव-संप्रदायों में चार भाव माने गए हैं। उनके चार प्रकार के मत हैं, उनके चार आचार्य हैं और उनके संप्रदाय के आदिप्रवर्त्तक भी चार हैं।[1] उपासना के भावों में परस्पर तारतम्य है यह पहले दिखाया जा चुका है।[2]

इस प्रकार यह स्पष्ट हो जाता है कि दास्यभाव की उपासना में अन्य भाव नहीं रहते। तुलसीदास ने अपने सभी ग्रंथों में दास्यभाव (सेव्य-सेवकभाव) के अतिरिक्त और किसी भाव का आग्रह नहीं किया है, चर्चा भी नहीं की है। ये इसके अतिरिक्त दूसरे भाव की बात कभी सोचते ही नहीं। स्पष्ट घोषणा करते हैं--

सेवक-सेव्यभाव बिनु भव न तरिय उरगारि

सेवक-सेव्यभाव या दास्यभाव के बिना उद्धार नहीं। क्यों ? विलोम क्रम से चलकर देख लीजिए। ऊपर जितने भाव कहे गए हैं सबमें दास्यभाव रहता है। बिना दास्यभाव के न सख्यभाव का काम होगा, न वात्सल्यभाव का और न कांत-भाव का ही। दास्यभाव सब मूल है। बिना उसके अन्य भावों की कल्पना नहीं हो सकती, उनका उत्कृष्ट रूप सामने नहीं आ सकता। दास्यभाव पर इन्होंने जो अत्यधिक जोर दिया है उसका सामाजिक विकास की दृष्टि से भी विचार किया जा सकता है। उसके विकास की चरमकोटि में होने की बात समझी जा सकती है। ऊपर दिए गए तारतम्य से किसी को यह भ्रम हो सकता कि दास्यभाव की उपासना कदाचित् निम्नकोटि की उपासना है। ऐसा नहीं है। प्रत्येक उपासना का

1. देखिए ऊपर 'उपासना का भाव'।
2. देखिए 'वही'।

अपना पृथक् महत्त्व है और उपासना के क्षेत्र में यह उत्कर्षापकर्ष नहीं माना जाता, न माना जा सकता है। एक प्रकार की उपासना करनेवाला दूसरे प्रकार की उपासना करनेवाले को यह नहीं कह सकता कि तुम उपासना के किसी छोटे सोपान पर हो, हम ऊपर की सीढ़ी पर पहुँच गए हैं। उक्त तारतम्य केवल यही सूचित करता है कि उपासना-पद्धतियों में भाव की दृष्टि से पार्थक्य क्या है। क्योंकि भावों के विकास की दृष्टि से क्रम ठीक उसके विपरीत है।

कांतभाव की उपासना वही है जिसे साहित्य में 'श्रृंगार' कहते हैं—दांपत्य-भाव की साधना। इस दांपत्यभाव पर विचार कीजिए तो पता चलेगा कि दांपत्य-भाव सृष्टि का आदिभाव है। इस भाव का बीज सृष्टि के आदिजीव में था और अब तक वह सभी जीवों में दिखाई देता है। विभिन्न प्रकार के जो जीव सृष्टि में उसके विकास के साथ नए उत्पन्न हुए या जिन्होंने औरों की अपेक्षा अपना विकास किया उनमें दांपत्यभाव का भी विकास हुआ। पर आदिभाव दांपत्य ही है। इसी से इस शास्त्र के आचार्य श्रृंगाररस को आदिरस कहते हैं। उसका अभ्यास न जाने कितने युगों से होता चला आ रहा है। इसी से उसका आभोग सबसे बड़ा है। सभी उसके भीतर आ जाते हैं। कांतभाव के अंतर्गत अन्य भावों के समाविष्ट या अंतर्भुक्त होने का रहस्य इतना ही है। श्रृंगार जो 'रसराज' कहा गया वह इसी विस्तृत आभोग के कारण। उसकी व्याप्ति सारी सृष्टि में, सभी जीवों में और उसका शासन सभी भावों पर है। उसका साम्राज्य विस्तृत है, विस्तार के कारण उसमें सभी समा जाते हैं। पर सृष्टि के विकास के साथ-साथ अन्य भावों का भी उदय और विकास होता आया है। इस दृष्टि से अन्य भाव दांपत्यभाव से ऊपर के सोपान पर स्थित दिखाई देंगे। वात्सल्यभाव का उदय और विकास दांपत्य भाव के अनंतर हुआ। सृष्टि के विकासक्रम में जो जीव जितनी ऊँची सीढ़ी पर दिखाई देगा उसमें वात्सल्यभाव का वैसा ही उदात्त रूप भी मिलेगा। छोटे-छोटे जीव-जतुओं में (जो सृष्टि के आदि में दिखाई देते हैं) वात्सल्यभाव अविकसित रह गया है। भारतीय पौराणिक दृष्टि से ही देखें तो मीन या मत्स्य का वात्सल्यभाव और उसके अनंतर कच्छप के वात्सल्यभाव में अंतर है। मछली अपने बच्चों को खा जाती है। मत्स्यन्याय प्रसिद्ध ही है। कच्छप ऐसा नहीं करता। अपने अंडे जिस स्थान पर रखता है, उनकी देखभाल बड़ी सावधानी से करता है। तुलसीदास भी साखी भरते हैं—'अंडन्ह कमठहृदय जेहि भाँती'। इसी प्रकार उसके अनंतर आने-वाले जीवों को देखते आइए और मनुष्य के विकसित वात्सल्यभाव तक पहुँचिए। वात्सल्यभाव साहित्य में पहले केवल भाव ही माना जाता था, पीछे उसके स्व-रूप की व्याप्ति, सामाजिकता विकास के साथ-साथ सख्य और दास्य का विकास हुआ ही है। वात्सल्य दांपत्यभाव का विकास है, पतिविषयक रति पुत्रविषयक रति हो जाती है, पत्नीविषयक रति का सात्विक विकास पुत्रीविषयक रति हो

जाती है। इन बातों को तो नूतन मनोविज्ञान भी स्वीकार करने लगा है। सात्विकता की बात वहाँ हो या न हो, पर उसी का विकास वात्सल्य में है या दांपत्य रति ही वात्सल्य रति में है इसे तो वह सकारता ही है। यह तो अपनी ही सीमा के भीतर है, अपना ही परिवार प्रेम की इस सीमा में आया। सामाजिकता के विस्तार के साथ सख्य रति का विकास हुआ। दूसरे के साथ भी उसी वृत्ति का अनुभव होने लगा जिसका अपने कुटुंब के साथ होता था। स्तर समता का रहा। दास्य तक पहुँचकर समाज की रति का परम विकास हुआ। श्रद्धा, आदर आदि के आलंबन अनेक सामने आए। कभी धर्म, कभी कर्म और कभी देश और फिर विश्व दास्यभाव का आलंबन हो गया। विश्व से भी आगे बढ़कर, विश्वात्मा से भी ऊँचे जाकर विकसित मनोवृत्ति का, रति का उदाहरण भक्ति-संप्रदाय ने प्रस्तुत किया, जो परमात्मा के प्रति इस भाव का और इसके साथ अन्य भावों का भोग करने लगा। स्मरण रखना चाहिए कि भक्तिसंप्रदायों में दास्य के आगे शांत भाव माना जाता है। अर्थात् इन संप्रदाओं में भाव चार नहीं पाँच हैं—शांत, दास्य, सख्य, वात्सल्य और कांत। शांत उसी प्रकार सबमें अनुस्यूत है जिस प्रकार उत्तरोत्तर भाव में पूर्व-पूर्व भाव अंतर्भुक्त है। यह शांतभाव सांसारिक विषयों में राग को हटाकर 'परानुरक्तिरीश्वरे' की ओर ले जाता है। जगत्संबंधों का त्याग इसमें आवश्यक है। औरों में आत्मनिर्वेद है और इसमें जगन्निर्वेद। तुलसीदास ने जो कहा है वह परमार्थतः इसी प्रकार ठीक उतरता है—सेवक-सेव्यभाव के बिना 'भव' से—संसार से—पार होना कठिन है। जो दास्यभाव के इस विकसित सोपान पर होगा वही शांत का अनुभव कर सकता है। वैराग्य की साधना वैसी सरल नहीं जैसी खंजड़ी बजानेवालों ने अविकसित बुद्धिवालों को उलटी-पलटी बानियाँ कहकर समझाना चाहा था।

जिस दास्य या सेवक-सेव्यभाव की चर्चा ऊपर की गई है उसकी चर्चा तुलसीदास ने अपने ग्रंथों में सर्वत्र की है। मानस का भक्त यही कामना करता है—

> जेहि जोनि जनमउँ करमबस तहँ रामपद अनुरागऊँ।
>
> × × ×
>
> अरथ न धरम न काम रुचि गति न चहहुँ निरबान।
> जनम जनम रति रामपद यह बरदान न आन ।।

तुलसीदास जिस भक्तिसंप्रदाय में थे उसमें राम-पद-रति या सेवक-सेव्यभाव का ही मान था। इसके अतिरिक्त इन्होंने सख्य, वात्सल्य या कांतभाव की बात भी नहीं की है। स्थूल बुद्धि से भी इस सांप्रदायिक भेद का पता होने पर कोई

उन्हें विशिष्टाद्वैतवादी श्रीसंप्रदाय में समझ सकता है। अतः निश्चित है कि गोस्वामी तुलसीदास वस्तुतः रामानुजाचार्य के ही श्रीसंप्रदाय की परंपरा में थे।

मानस का साहित्यिक मानदंड

इधर तुलसीदास और विशेषकर इनके 'रामचरितमानस' के संबंध में यह भ्रम फैलाया जा रहा है कि ये कवि नहीं भक्त थे और इनका 'मानस' काव्यकृति न होकर भक्ति की पोथी है, पुराण है। आधुनिक सुधारवादी और वैज्ञानिक दृष्टि लेकर जो इनके 'मानस' की चीड़-फाड़ करते हैं वे इन्हें भक्त इसलिए नहीं कहते कि भक्तकवि होना भारत की परंपरा में ऊँची बात समझी जाती थी। प्रत्युत वे इन्हें भक्त कहकर कवि से नीची कोटि में रखना चाहते हैं। अन्यथा इन्हें भक्त कहने की चाल पुरानी है। जनश्रुति है कि अकबर के दरबार में जब आचार्य केशवदास उपस्थित हुए तब सम्राट् ने उनसे पूछा कि इस समय हिंदी का सर्वश्रेष्ठ कवि कौन है तो उन्होंने उत्तर दिया—मैं। उसने फिर पृच्छा की कि तुलसीदास और सूरदास कैसे हैं। केशवदास का उत्तर था—भक्त। अर्थात् वे दोनों भक्तकवि हैं, उनका स्थान कवि से ऊँचा है।

तुलसीदास द्वारा कथित और आचरित के आधार पर ही निर्णय किया जाए कि ये अपने को कवि मानते थे या नहीं और काव्यपरंपरा को ये क्या स्थान देते थे। विशेषतया 'मानस' में इन्होंने अपना कोई साहित्यिक मानदंड रखा है या नहीं। यदि कोई मानदंड है तो वह क्या है। वह परंपरा के प्रतिकूल है या अनुकूल। यदि कोई भक्ति और काव्य में किसी प्रकार का तारतम्य मानेगा तो उसके लिए आवश्यक है कि वह जिसे बढ़कर मानेगा उसे प्रथम स्थान देगा। पर इन्होंने 'मानस' में यह पद्धति नहीं रखी। इनका कहना इतना ही है कि कवि की उपास्या और कविता की अधिष्ठात्री शारदा से साधारण व्यक्तियों की प्रशंसा के पुल बँधवाना वैसा ही है जैसा हाथी से खेत जुतवाना। शारदा को संतोष या उसके श्रम का परिहार राम ऐसे चरितनायक के गुणगान से ही हो सकता है—

भगतिहेतु बिधिभवन बिहाई। सुमिरत सारद आवति धाई।
रामचरितसर बिन अन्हवाए। सो श्रम जाइ न कोटि उपाए।
कीन्हें प्राकृतजनगुनगाना। सिर धुनि गिरा लगत पछिताना।

इसका अर्थ यही है कि तुलसीदास महान् काव्य के लिए महान् चरितनायक स्वीकार करते थे। राम से बढ़कर पुरुषोत्तम इनकी दृष्टि में दूसरा नहीं हो सकता था। 'मानस' भक्ति का सिद्धांतग्रंथ नहीं है। उसमें श्रीसंप्रदाय या रामानुज-संप्रदाय के सिद्धांतों का लेखा नहीं है। ये जीवन का परिष्कार भक्ति द्वारा मानते थे। सामाजिक या लौकिक दृष्टि में वही ऊँचे जा सकता है जो भक्ति की साधना करे। वैयक्तिक रूप में उसी को चित्तविश्रांति मिल सकती है जो उपासना में लगे। पुरुषोत्तम का उपासक भी पुरुषोत्तम हो सकता है। उसका भी जीवन सुधर सकता है जो नराधम रहा हो। काव्य का लक्ष्य या प्रयोजन क्या है। यही न कि रसानुभूति के द्वारा चित्तविश्रांति हो और रसानुभवकर्ता सामाजिक का जीवन मंगलमय हो, अपने लिए भी और समाज के लिए भी। भारतीय काव्यपरंपरा में रसानुभव का अर्थ मखमली गद्दी पर बैठे-बैठे हलवापूड़ी का आस्वाद लेना नहीं है। आस्वाद व्यक्ति को समाज के लिए मंगलमय रूप दे यही उसका चरम लक्ष्य है। कहीं कोई रसास्वाद से स्वार्थ का ही अर्थ न समझे अतः इन्होंने उसके साथ 'मंगल' का भी अनुबंध लगा दिया है। आरंभ में, सबसे पहले मंगलाचरण संस्कृत पद्य में इन्होंने अपनी दृष्टि स्पष्ट कर दी है—

वर्णानामर्थसंघानां रसानां छंदसामपि।
मंगलानां च कर्तारो वंदे वाणीविनायकौ ।।

इस पद्य में इन्होंने अपना मानदंड वही रखा है जो साहित्य की परंपरा में स्वीकृत है। संस्कृत-साहित्यशास्त्र में कभी इतना ही काव्यलक्षण पर्याप्त समझा जाता था कि काव्य या साहित्य वही है जिसमें शब्द और अर्थ साथ हों—'शब्दार्थौ साहितौ काव्यम्'। यह लक्षण काव्य को वेद और पुराणेतिहास से पृथक् कर देता है। पर उसके स्वकीय वैशिष्ट्य को पूर्णतया स्पष्ट नहीं करता। 'वेद' में शब्द की प्रधानता होती है, अर्थ गौण होता है। पुराणेतिहास में अर्थ की प्रधानता होती है, शब्द गौण रहता है। काव्य में शब्द और अर्थ दोनों की प्रधानता है, प्रत्युत दोनों संपृक्त रहते हैं, जल-तरंग की भाँति—

गिरा अरथ जल बीचि सम कहियत भिन्न न भिन्न।

अर्धनारीश्वर जगत् के पितर पार्वती-परमेश्वर की भाँति शब्द और अर्थ संपृक्त रहते हैं—

वागर्थाविव संपृक्तौ वागर्थप्रतिपत्तये।
जगतः पितरौ वंदे पार्वतीपरमेश्वरौ।।

कालिदास ने 'पितरौ' (एकशेष) द्वारा बहुत ही पांडित्य से स्थिति स्पष्ट कर

दी है। शब्द और अर्थ मिलकर एक हो जाते हैं—'मातापितरौ' से केवल 'पितरौ' रह जाते हैं। 'पितरौ' में 'माता' है, पर वह 'शिव' से संपृक्त है। यही काव्य का 'शिवत्व' या मंगलमयत्व है। पूर्वोक्त 'शब्दार्थौ साहितौ' में 'रस' को स्थान नहीं मिला, 'शिव' या 'मंगल' की अभिव्यक्ति नहीं हुई। अतः संस्कृतवालों को 'वाक्यं रसात्मकं काव्यम्' कहना पड़ा। तुलसीदास ने 'वाक्यं' (शब्द और अर्थ) के लिए 'वर्णानां' और 'अर्थानां' रखा और 'रसात्मकं' के लिए 'रसानां'। पर इतना होने पर भी उसके 'शिवत्व' की विशेषता स्पष्ट नहीं होती थी। अतः 'मंगलानां' की योजना इन्होंने कर दी। प्रश्न हो सकता है कि 'छंदसां' को इन्होंने क्यों रखा। इसका हेतु यही है कि काव्य का स्वाभाविक प्रवाह छंद में ही होता है। आदिकवि वाल्मीकि के 'शोक' की अभिव्यक्ति 'श्लोक' में हुई—'शोकः श्लोकत्वमागतः' और नूतन 'छंदसां' अवतार हुआ। गद्य कवियों की कसौटी हो सकता है पर वह काव्य का स्वाभाविक प्रवाह नहीं है। 'वेद' भी 'छंदस्' हैं और पुराण भी छंदोबद्ध हुए। काव्य भी अपने मूल नैसर्गिक रूप में छंदोमय है। कविता को छंदों से मुक्त करने का लाख छल-छंद किया जाय, वह न छंदों से मुक्त हुई है न हो सकती है। जिन्हें आधुनिक कविता में 'मुक्तछंद' कहते हैं वे भी छंद हैं इसे एक अनुसंधायक ने बड़े परिश्रम से सिद्ध कर दिया है।

तुलसीदास के उक्त मंगलाचरण को क्या मानें! भक्ति का अनुबंध तो इन्होंने यहाँ नहीं लगाया। इनका दृढ़ निश्चय था कि 'मंगलाना' काव्य 'भक्ति' से ही हो सकता है। जगत् में मंगल की स्थापना के ही लिए तो भगवान् का अवतार होता है—

रामजनम जगमंगलहेतू।

औरों का जन्म जग के मंगल के लिए भी हो सकता है और अमंगल के लिए भी, पर राम का जन्म केवल मंगल के लिए होता है। साहित्य की सच्ची साधना रामकथा से ये इसी से मानते थे।

तुलसीदास में भक्त, सामाजिक और सारस्वत में से कौन-सा रूप 'मानस' में प्रधान है इसका पता भी मंगलाचरण से ही चल जाता है। यदि भक्तरूप प्रधान होता तो सबसे पहले राम की वंदना होती। सांप्रदायिक भक्त इस पद्य का अर्थ 'रामपरक' ही करते हैं। करें, पर इनमें सांप्रदायिकता प्रमुख नहीं थी। सिद्धांत में ये अनन्य उपासक थे, मानते थे कि जगत् की समस्त विभूतियों का एक ही उत्स है, सीयराममय है जगत्। पर व्यवहार में ये इस अनन्य रूप का आग्रह नहीं करते थे। अनन्यता इनकी व्यक्तिगत, सिद्धांतगत साधना थी। व्यवहार में ये सामाजिकता को मानते थे, लोकप्रचलित रीति-नीति में आस्था रखते थे। गणेश की वंदना आरंभ में इसी से की है। यद्यपि इनका प्रथम पूजा जाना नामप्रभाव ही

है—प्रथम पूजियत नाम प्रभाऊ। फिर भी ये मानस में गणेश की आरंभ में वंदना करते हुए भी सरस्वती को ही पहले रखते हैं। यद्यपि दोनों का द्वंद्व कर दिया है, पर प्रथम वाणी को ही रखा है। इतना ही नहीं। गणेश की प्रसिद्धि सिद्धिदाता या अमंगलवारक के रूप में है। यह दूसरी बात है कि गणेश का अनन्य उपासक उन्हें सब कुछ करने में समर्थ माने। भक्त तुलसीदास के उपास्य राम थे, सामाजिक तुलसीदास के मान्य गणेश थे और सारस्वत तुलसीदास की पूज्या वाणी थीं। वाणी के लिए 'वर्णानां' का कर्तृत्व ठीक घटित होता है। अतः मानस में तुलसीदास का सारस्वत रूप ही प्रधान है। इसका प्रमाण मंगलाचरण में आगे भी मिलता है। यहाँ वाणी और गणेश को एक साथ रखा है और आगे चलकर आदिकवि का ही नाम लिया है। 'रामचरितमानस' में प्रथम अंकना हनूमान् की न होकर वाल्मीकि की है। रामायण दोनों ने प्रस्तुत किए हैं। एक कवि है दूसरा भक्त-कवि। एक कवीश्वर है दूसरा कपीश्वर। छंद का भी कोई अनुरोध नहीं था। 'वंदे वाणीविनायकौ' को 'वंदे विनायकवाण्यौ' करने में प्रवाह बिगड़ सकता था पर कवीश्वर को कपीश्वर करने में कोई बाधा नहीं थी—

सीतारामगुणग्रामपुण्यारण्यविहारिणौ।
वंदे विशुद्धविज्ञानौ कवीश्वरकपीश्वरौ॥

ऐसे सारस्वत तुलसीदास को सूत-पौराणिक का भाई-बंधु माननेवालों की बुद्धि को क्या कहा जाय!

यद्यपि साहित्य में ये आलंबन को, नायक को, महापुरुष को प्रधान मानते थे, पर कविता के लिए साज-सज्जा के विभिन्न साहित्यिक संप्रदायों की अपेक्षित नियोजना के विरुद्ध नहीं थे। मानस में ये ध्वनि, वक्रोक्ति, गुण और अलंकार सबको योजित कर गए हैं—

धुनि अवरेब कबित-गुन जाती।

'धुनि' तो स्पष्ट ध्वनि है, 'अवरेब' वक्रोक्ति के लिए है। 'गुन' गुण है ही। 'जाति' का अर्थ अलंकार है। तारतम्य भी पारंपरिक ही है। पहले ध्वनि फिर वक्रोक्ति, तब गुण और अंत में अलंकार का नाम रखा है।

सांप्रतिक अनुसंधान ने सारे ज्ञान को तिलांजलि सी दे दी है, 'विज्ञान' को सँभाला है। यहाँ तक कहा जाता है कि तुलसीदास ने तो शपथपूर्वक कहा है कि—

कबित-बिबेक एक नहिं मोरे। सत्य कहौं लिखि कागर कोरे।

अथवा इन्होंने अपने को कवि ही नहीं माना है—

कबि न होउँ नहिं चतुर कहावौं। मति-अनुरूप रामगुन गावौं।

पर यह किसी ने नहीं विचारा कि 'ध्वनि-वक्रोक्ति' को प्रधान माननेवाला क्या कहना चाहता है। इन्होंने अपने को बारंबार कवि कहा है—

अस मानस मानस-चख चाही। भइ कबिबुद्धि बिमल अवगाही।
संभुप्रसाद सुमति हिय हुलसी। रामचरितमानस कबि तुलसी।

'कलकंठ कवि' मान रखा था अपने को, मानसहंस थे ये, प्रेम के पपीहे थे—

खलपरिहास होइ हित मोरा। काक कहहिं कलकंठ कठोरा।
हंसहि बक गादुर चातकही। हसहिं मलिन खल बिमल बतकही।

भारतीय साहित्यशास्त्र के अनुसार महाकाव्य भावात्मक, घटनात्मक और वर्णनात्मक होता है। तुलसीदास उसका वर्णनात्मक होना अति आवश्यक नहीं मानते थे । महाकाव्य के इस वर्णनात्मक अंश ने बड़ा अकांडप्रथन कर रखा है—हिंदी में भी और संस्कृत में भी। हिंदी में महाकाव्य या प्रबंधकाव्यों की तीन शैलियाँ दिखाई पड़ती हैं—संस्कृतवालों की, फारसीवालों की और अपभ्रंश की। संस्कृत की शैली केशवदास ने रामचंद्रचंद्रिका में अपनाई और वर्णनात्मक प्रसंगों से उसे भर दिया। संस्कृत में प्राकृतिक वर्णनों का ही विशेष आग्रह था, पर केशवदास ने 'राज्यश्रीभूषण' के रूप में न जाने कितने और वर्णन भी जोड़ दिए। फारसी में प्राकृतिक वर्णन पर उतना ध्यान ही नहीं दिया गया। जायसी आदि ने फारसी की शैली पर विशेष रूप से नरजीवन और उसके आनुषंगिक पदार्थों के वर्णनों पर अधिक ध्यान दिया। तुलसीदास भक्ति और शील का स्वरूप ही अधिक अंकित करते रहे, वर्षा और शरद के वर्णन भी वर्णन न होकर भक्ति-शील के अंकन मात्र रह गए हैं। वर्णन को महत्त्वपूर्ण मानते ही नहीं थे। आलंबन को ही मुख्य मानते थे—

भनिति बिचित्र सुकबिकृत जोऊ। रामनाम बिनु सोह न सोऊ।
बिधुबदनी सब भाँति सँवारी। सोह न बसन बिना बर नारी।
सबगुनरहित कुकबिकृत बानी। राम नाम जस अंकित जानी।
सादर कहहिं सुनहि बुध ताही। मधुकरसरिस संत गुनग्राही।
जदपि कबितरस एकौ नाहीं। रामप्रताप प्रगट एहि माहीं।
भनित भदेस बस्तु भलि बरनी। रामकथा जगमंगलकरनी।

वस्तु, नेता और रस में से तुलसीदास वस्तु और नेता पर अधिक जोर देने-वाले थे। रस को इन्हीं का अनुगामी मानते थे। रस के लिए नेता और वस्तु

की योजना इन्हें मान्य न थी। भाषा की सजावट भी फालतू ही थी—

गिरा ग्राम्य सियरामजस गावहिं सुनहिं सुजान।

अस्तु। 'मानस' काव्यग्रंथ पहले है और भक्तिग्रंथ बाद में। हाँ, काव्य का मानदंड तुलसीदास ने विशेष रखा है, ये विभाव को मुख्य मानते थे। रसाभिव्यक्ति की अपेक्षा से विभाव को सामने न रखकर विभाव की अपेक्षा से रसाभिव्यक्ति मानते थे। पर शास्त्रस्थितिसंपादन की इच्छा इनमें कथमपि नहीं थी।

मानस के संवाद

'संवाद' शब्द के व्यापक अर्थ के भीतर साधारण बातचीत से लेकर उत्तर-प्रत्युत्तर के रूप में दूर तक चलनेवाली उक्तियाँ तक आ सकती हैं। फिर भी बातचीत और संवाद में थोड़ा अंतर है। बातचीत किसी प्रसंग के भीतर ही अपना महत्त्व प्रदर्शित करती है, पर संवाद स्वतंत्र रूप से भी। बातचीत में जो उत्तर-प्रत्युत्तर आते हैं उनमें कोई विशेषता नहीं होती, किंतु संवाद में आनेवाले उत्तर-प्रत्युत्तर बहुत सधे हुए और परस्पर काट करते हुए आते हैं। रामचरितमानस में प्रबंधकाव्य होने के कारण संवाद भी आए हैं और बातचीत भी। तुलसीदास ने बातचीत को 'बतकही' कहकर अलग कर दिया। जैसे—

करत बतकही अनुज सन मन सियरूप लोभान।

'मानस' में दो प्रकार के संवाद मिलते हैं—शृंखलाबद्ध और उन्मुक्त। मुखबंध में मूलकथा के वक्ता और श्रोता के संवाद तो शृंखलाबद्ध हैं और कथा के भीतर पात्रबद्ध संवाद उन्मुक्त। शृंखलाबद्ध संवाद पौराणिक पद्धति पर रखे गए हैं। पुराणों में वक्ता और श्रोता की शृंखलाएँ जुड़ती चली जाती हैं। ठीक इसी पद्धति पर प्रस्तावना में चार वक्ता-श्रोता दिखाई पड़ते हैं। 'मानस' धर्मग्रंथ भी है और काव्यग्रंथ भी। इसीलिए उसमें धर्मग्रंथ पुराणों की तरह शृंखलाबद्ध संवाद रखे गए हैं। तुलसीदास ने आरंभ में ही कहा है—

नानापुराणनिगमागमसम्मतं यद्

जो लोग 'मानस' के इस दोहरे स्वरूप पर ध्यान नहीं देते उन्हें मूलकथा में बारंबार ईश्वरावतार के प्रतिपादन में कही हुई उक्तियाँ बहुत खटकती हैं। वाल्मीकि की

भाँति तुलसीदास ने राम को ऐतिहासिक व्यक्ति या महापुरुष के रूप में नहीं ग्रहण किया है, पुराणों की भाँति ईश्वरावतार के रूप में प्रदर्शित किया है। पंचलक्षण पुराणों की और बातें तो इन्होंने नहीं ग्रहण कीं, पर संवादों का गुंफ उसी ढंग का रखा। 'मानस' में इसीलिए निम्नलिखित चार वक्ता-श्रोता आए हैं—

वक्ता	श्रोता
तुलसीदास	पाठक या संतजन
याज्ञवल्क्य	भरद्वाज
काकभुशुंडि	गरुड़
शिव	पार्वती

मानस-रूपक में इनके संवादों को इन्होंने चारों घाट कहा है—

सुठि सुंदर संवाद बर बिरचे बुद्धि बिचारि।
तेइ एहि पावन सुभग सर घाट मनोहर चारि ॥

गरुड़, पार्वती आदि श्रोताओं को दाशरथि राम के ईश्वरावतार होने में संदेह है। वक्ताओं ने इसी संदेह का निराकरण किया है। श्रोताओं का संदेह तो एक ही है, पर वक्ताओं के प्रतिपादन में सूक्ष्म भेद भी लक्षित होता है। काकभुशुंडि का प्रतिपादन उपासनापरक, शिव का ज्ञानपरक और याज्ञवल्क्य का कर्मकांडपरक है, स्वयं तुलसीदास की स्वतंत्र उक्ति शीलपरक माननी चाहिए। उपक्रम और उपसंहार में इन संवादों का स्पष्ट उल्लेख है, पर मूलकथा में संबोधन-शब्दों के अतिरिक्त और किसी प्रकार का स्पष्ट उल्लेख नहीं। पुराणों में जहाँ कथा में तर्क या भ्रम का अवसर आया है, श्रोता स्वतंत्र प्रश्नों या तर्कों के द्वारा भ्रमनिवारण की प्रार्थना करता है। किंतु मानस में ऐसा नहीं है। यह भी गोस्वामीजी की प्रवीणता का द्योतक है। पहले कहा जा चुका है कि 'मानस' धर्मग्रंथ ही नहीं है, काव्यग्रंथ भी है। यदि बीच-बीच में लंबे-लंबे प्रश्न आ जाते तो प्रबंधधारा को क्षति पहुँचती और रसबाधा उपस्थित हो जाती। इसीलिए इन्होंने केवल श्रोताओं के संबोधन से ही काम निकाला है और वक्ता के प्रसंगानुकूल उत्तर से ही प्रश्न का भी काम निकल गया है। तत्तत् स्थलों को पढ़ते ही ज्ञात होने लगता है कि वक्ता किसी प्रश्न का उत्तर दे रहा है। उस प्रश्न को चाहे आप प्रत्यक्ष मानें, चाहे वक्ता द्वारा स्वतःकल्पित। इसी कारण ये चारों संवाद कथा की धारा में वैसे ही मिलकर एक हो गए हैं जैसे प्रधान नदी की धारा में सहायक नदियाँ। पर जहाँ-जहाँ ये संबोधन-पद आए हैं वहाँ-वहाँ रचयिता ने वक्ताओं की पद्धति का ध्यान रखा है। याज्ञवल्क्य के द्वारा जहाँ 'भरद्वाज' संबोधन है वहाँ कर्मकांड की प्रधानता लक्षित

होती है, शिव के द्वारा जहाँ उमा, गिरिजा आदि संबोधन हैं वहाँ ज्ञानकांड की प्रधानता है, काकभुशुंडि के द्वारा जहाँ खगेश, उरगारि आदि संबोधन हैं वहाँ उपासनाकांड की प्रधानता है। दूसरे शब्दों में यों भी कह सकते हैं कि जहाँ कर्मकांड के अनुकूल कोई उक्ति या बात है वहीं 'भरद्वाज' संबोधन आया है। जैसे—

भरद्वाज सुनु जाहि जब होइ बिधाता बाम।
धूरि मेरु सम जनक जम ताहि ब्याल सम दाम।।

जहाँ ज्ञानकांड की बातें हैं वहीं उमा, गिरिजा आदि संबोधन-पद हैं। जैसे—

उमा रामगुन गूढ़ पंडित मुनि पावहि बिरति।
पावहि मोह बिमूढ़ जे हरिबिमुख न धर्मरति।।

× × ×

ताकर दूत अनल जेहि सिरिजा। जरा न सो तेहि कारन गिरिजा।

और जहाँ उपासनाकांड की बातें हैं वहीं खगेश, उरगारि आदि संबोधन-पद हैं—

सुनु खगेस हरिभगति बिहाई। जे सुख चाहहिं आन उपाई।
ते सठ महासिंधु बिनु तरनी। पैरि पार चाहहिं जड़करनी।

यदि यह संवाद-गुंफ 'मानस' से हटा दिया जाय तो वह शुद्ध प्रबंध काव्य के ही रूप में रह जायगा। उक्त शृंखलाबद्ध संवाद के संबोधन-पद अध्योध्याकांड को छोड़कर अन्य सभी कांडों में आए हैं और पूर्वकथित विशेषता सभी स्थानों पर रक्षित है।

अब कथाबंध के भीतर पात्रबद्ध उन्मुक्त संवादों पर विचार कीजिए। इन संवादों को दो श्रेणियों में विभाजित किया जा सकता है—सभा-संवाद और गोष्ठी-संवाद। जिन संवादों में धार्मिक उपदेश, नीतिकथन या दृश्यवर्णन मात्र है उन्हें एक तीसरे प्रकार का संवाद मान सकते हैं, किंतु उनका ढर्रा अधिकतर पौराणिक ही है, इसलिए उन्हें यहाँ छोड़ देते हैं। सभा-संवाद वे हैं जो भरी सभा के बीच हुए हैं और जो स्वभावत: लंबे तथा अधिक महत्त्वपूर्ण हैं। लक्ष्मण-परशुराम-संवाद, भरतसभा-संवाद, जनकसभा-संवाद, हनूमान्-रावण-संवाद, अंगद-रावण-संवाद आदि ऐसे ही संवाद हैं। गोष्ठी-संवाद वे हैं जो दो या दो से अधिक व्यक्तियों, मित्रों या संबंधियों के बीच व्यक्तिगत रूप में हुए हैं—जैसे जनकपुर की सखियों के संवाद, मंथरा-कैकेयी-संवाद, राम-सीता-संवाद, केवट-संवाद, रावण-मंदोदरी-संवाद आदि। सभा-संवादों की संख्या कम है, पर गोष्ठी-संवाद अनेक हैं। इन सभी संवादों में अनेकरूपता है। कोई भी संवाद एक-दूसरे से एकदम नहीं मिल जाता।

बलिक एक-सी परिस्थिति में जितने संवाद आए हैं वे या तो एक-दूसरे के विपरीत दिखाई पड़ते हैं या संवादों के विचार से एक-दूसरे के पूरक। सभा-संवादों में लक्ष्मण-परशुराम-संवाद उग्र हैं, तो भरत-सभा एवं जनक-सभा-संवाद शांत। हनूमान्-रावण-संवाद गंभीर है तो अंगद-रावण-संवाद उद्धत। संवादों की विशेषता के संबंध में आधुनिक समीक्षकों का सिद्धांत है कि संवाद करनेवाले पात्रों का व्यक्तित्व उसके द्वारा व्यंजित होना चाहिए। केवल बातूनी पात्रों के रखने से संवाद का गौरव नहीं बढ़ सकता, उनके चरित्र की गूढ़ विशेषताएँ उसका लक्ष्य होना चाहिए। लक्ष्मण-परशुराम-संवाद में लक्ष्मण और परशुराम दोनों का चरित्र अलग-अलग लक्षित हो जाता है। परशुराम का चरित्र 'मानस' में फिर सामने नहीं आता, पर लक्ष्मण का चरित्र कई बार सामने आता है। लक्ष्मण से संबंध रखनेवाले संवादों को छाँट लिया जाय तो स्पष्ट लक्षित होगा कि इन्होंने उनमें दो प्रकार की विशेषताएँ रखी हैं। लक्ष्मण राम के विरोधी से या जिसके संबंध में राम-विरोधी होने की संभावना-मात्र भी है उससे अत्यंत क्रुद्ध हो जाते हैं और इस स्थिति में किसी की भी परवा नहीं करते। जनकराज के 'बीर-बिहीन मही मैं जानी' कहने पर वे इसीलिए क्रुद्ध हो गए कि ऐसा कहकर रामचंद्र का अपमान किया गया। उन्होंने क्रोधावेश में विदेहराज का डुंडा 'जनक' नाम लेकर उसका संकेत किया, उनके नाम के साथ कोई विशेषण तक नहीं लगाया—

जनक कही जसि अनुचित बानी। बिद्यमान रघुकुलमनि जानी।

धनुष टूटने पर परशुराम धनुभंजक को खोजते हुए और उसे समाज से निकाल बाहर करने की घोषणा करते हुए आए। लक्ष्मण उनसे भी उलझ गए। रामचंद्र का पक्ष लेकर कैकेयी को न दबाने के कारण स्वयं पिता दशरथ के प्रति अपशब्द कहे (जिसका स्पष्ट उल्लेख उक्ति के रूप में तुलसीदास ने नहीं किया, पर 'लखन कही कछु अनुचित बानी' के द्वारा संकेत कर दिया), भरत के रामविरोधी होने की संभावना मात्र से क्रुद्ध और इसी प्रकार सुग्रीव के रामकार्य भूल बैठने पर उसे मारने के लिए उद्यत हो गए आदि।

दूसरी विशेषता यह है कि वे सदा मरने-मारने के लिए प्रस्तुत रहते हैं और जहाँ युद्ध से काम निकालना चाहिए वहाँ यदि शिथिलता दिखाई गई या नम्रता का बर्ताव किया गया तो भी बिगड़ खड़े होते हैं। अपने पक्षवालों पर भी वे उसी प्रकार रुष्ट हो जाते हैं जिस प्रकार दूसरे पक्षवालों पर राम-विरोधी होने की संभावना आदि से। इस संबंध में वे अपने आराध्यचरण रामचंद्र को भी फटकारने में नहीं हिचकते। लक्ष्मण संधत्तधनु वीर थे, इसका पता तो केवट की इस युक्ति से ही लग जाता है—

बरु तीर मारहुं लखनु पै जब लगि न पाव पखारिहौं।

इस उक्ति से लक्ष्मण का जो चित्र सामने आता है वह अत्यंत उग्र और क्रोधी जान पड़ता है। लक्ष्मण असल में कर्मवादी थे, भाग्यवादी नहीं। सिंधु से विनय करते समय वे रुष्ट होकर कहने लगे—

नाथ दैव कर कवन भरोसा। सोखिअ सिंधु करिअ मन रोषा।
कादरमन कर एक अधारा। दैव दैव आलसी पुकारा।

ध्यान देने की बात है कि उग्र प्रसंगों में ही बराबर लक्ष्मण के संवाद रखे गए हैं, शांत प्रसंगों में मानो उनकी बोली ही रुक जाती हो! भरत-सभा और जनक-सभा में लक्ष्मण का कहीं भी मुँह नहीं खुलता। इस विवेचन से स्पष्ट हो गया होगा कि 'मानस' के संवाद शीलव्यंजक हैं। शीलव्यंजना की इस विशेषता पर दृष्टि न रखनेवाले ही लक्ष्मण-परशुराम-संवाद को अनुचित कहते हैं। लक्ष्मण की उक्तियाँ औचित्य की सीमा पार कर गई हैं, इसका ध्यान कवि को भी है, उसी संवाद के भीतर कवि ने औरों से कहलवाया है—

अनुचित कहि सब लोग पुकारे।
× × ×
मष्ट करहु अनुचित भल नाहीं। आदि

प्रश्न हो सकता है कि ऐसी अनुचित बातें कहने का अवसर उन्हें क्यों मिला। उत्तर होगा कि उनकी प्रकृति के अनुकूल परशुराम के आलंबन के रूप में आ जाने से। राम कहते हैं—

जौ तुम्ह औतेहु मुनि की नाईं। पदरज सिर सिसु धरत गोसाईं।
× × ×
बेषु बिलोकें कहेसि कछु बालकहू नहिं दोसु।

भरत-सभा और जनक-सभा के शांत संवाद इसके विपरीत हैं। पूर्वोक्त संवाद में लक्ष्मण ने लड़कपन किया है तो इन सभा-संवादों में भरत ने अपनी ऐसी प्रतिभा दिखाई है कि बड़े-बड़े राजनीतिज्ञ भी दंग रह जाते हैं। जहाँ बड़े-बड़े राजनीतिज्ञों की भी मति कुंठित हो जाती है वहाँ भरत की मंजु भारती अपनी तेजस्विता दिखाती है। इन संवादों पर ध्यान देने से पता चलेगा कि इनमें पूर्ण दरबारी पद्धति का अवलंबन किया गया है। दरबार लगने या साधारण सभा होने के पूर्व गोष्ठियाँ होती हैं। समझौता करनेवाले पक्ष-विपक्ष से मिलकर उनका मत जानते हैं, फिर लोकसभा में मूल विषय पर विचार होता है। कोई भी वक्ता उत्तरदायित्व अपने सिर नहीं लेना चाहता। रघुवंश के प्रमुख गुरु वसिष्ठ तक उत्तरदायित्व से भागते हैं। जिन्होंने भूतकाल में सभी बातें अपनी आज्ञा से ही कराई हैं या जिनकी आज्ञा

लेकर ही सब काम किए गए हैं वे ही आज आज्ञादाता बनने को तैयार नहीं हैं। भरत के नम्रतापूर्वक फटकारने पर वे गोष्ठी में कहते हैं—

तुम्ह कानन गवनहु दोउ भाई। फेरिअहिं लखन सीय रघुराई।
सुनि सुबचन हरषे दोउ भ्राता। भे प्रमोद परिपूरन गाता।

इस प्रकार गोष्ठी में भरत को प्रसन्न कर चुकने के बाद भी वे अपनी ओर से वैसा नहीं कहते। बल्कि सारा बोझ भरत के ही सिर पर डाल देते हैं और अपनी सफाई देते हुए राम से कहते हैं—

सबके उरअंतर बसहु जानहु भाउ कुभाउ।
पुरजन जननी भरत हित होइ सो कहिअ उपाउ॥
आरत कहहिं बिचारि न काऊ। सूझ जुआरिहि आपन दाऊ।

जब राम से ही उपाय बतलाने को कहा जाता है तब वे भी यही कहते हैं—

सुनि मुनिवचन कहत रघुराऊ। नाथ तुम्हारेहिं हाथ उपाऊ।

इसी प्रकार जनक भी राम से कहते हैं—

तात राम जस आयसु देहू। सो सबु करै मोर मत एहू।

उत्तर में राम कहते हैं—

राउर राय रजायसु होई। राउरि सपथ सही सिर सोई।

इसी प्रकार की अनेक राजनीतिक गूढ़ताओं से ये संवाद परिपूर्ण हैं। 'मानस' के संवादों में सबसे प्रधान और गूढ़ संवाद ये ही हैं। इसी गूढ़ता के लिए कहा गया है—

बाल आदि औ उत्तर अंत। मध्य अजोध्या बूझहिं संत।

राक्षस-दरबार के संवादों को लीजिए। इन संवादों में दो मुख्य हैं— हनूमान्-रावण-संवाद और अंगद-रावण-संवाद। सभा के बीच रावण कैसी बात करता है इसे न देखकर हनूमान् और अंगद के वचनों पर विचार कीजिए तो हनूमान् की उक्तियाँ शिष्ट और अंगद की उद्धत और शिष्टाचार-विरुद्ध दिखाई पड़ती हैं। इस विभेद से हनूमान् और अंगद के शील या प्रकृतियों का स्वरूप लक्षित होता है। फिर भी कुछ लोग मानस के अंगद-रावण-संवाद को नीति-विरुद्ध बताकर केशवदास की इसलिए प्रशंसा करते हैं कि अंगद रामचंद्र-चंद्रिका में संयत भाषा एवं शैली का प्रयोग करते हैं। पर मानस में तुलसीदास ने गूढ़ अभिप्राय से यह व्यतिक्रम किया है, उसका कारण है। जब विभीषण राम की शरण में आया तभी वे उसे 'लंकेश' कहकर पुकारते हैं—

कहु लंकेस सहित परिवारा। कुसल कुठाहर बास तुम्हारा।

अंत में उसका राजतिलक भी हो जाता है—

अस कहि राम तिलक तेहि सारा। सुमनवृष्टि नभ भई अपारा।

रावन क्रोध अनल निज स्वास समीर-प्रचंड।
जरत बिभीषनु राखेउ दीन्हेउ राजु अखंड।।
जो संपति सिव रावनहिं दीन्हि दिए दस माथ।
सोइ संपदा बिभीषनहि सकुचि दीन्हि रघुनाथ।

विभीषण का यह राज्याभिषेक अंगद के समक्ष ही हुआ था। ऐसी दशा में यदि दौत्य करते समय वे रावण को लंकेश न मानकर विभीषण को लंकेश मानें और रावण को राजद्रोही प्रजा समझकर कुछ कड़ी बातें भी कहें तो अनुचित नहीं कहा जा सकता। दूसरी बात यह है कि अंगद ने आरंभ से ही अशिष्ट व्यवहार नहीं किया है। आरंभ में वे कहते हैं—

मम जनकहि तोहि रही मिताई। तव हित कारन आयउँ भाई।

पर जब रावण कड़ी बातें कहने लगता है तब वे भी उद्धत प्रकृति के कारण ईंट का जवाब पत्थर से देते हैं। तीसरी बात यह है कि यह संवाद भी परंपरा-प्राप्त है। हनुमन्नाटक में जो संवाद आया है उसी का अनुगमन अधिकतर 'मानस' में हुआ है।

हनूमान् जिस समय लंका गए थे उस समय रावण लंकेश था, इसलिए तुलसीदास ने उनके द्वारा राजदरबार की नीति का पालन कराया है, पर अंगद जिस समय लंका गए उस समय वह साधारण प्रजा या नृपतिद्रोही प्रजा के रूप में था। इसीलिए अंगद उसके साथ वैसा शिष्ट व्यवहार करना उचित नहीं समझते।

गोष्ठी-संवादों में भी मोटे रूप से दो भेद किए जा सकते हैं—पुरुषों के गोष्ठी-संवाद और स्त्रियों के गोष्ठी-संवाद। यों तो दोनों प्रकार के संवादों में तुलसीदास ने अपनी कुशलता का परिचय दिया है, पर स्त्रियों के गोष्ठी-संवाद बहुत ही अच्छे उतरे हैं। जनकपुर की सखियों के संवाद, कैकेयी-मंथरा-संवाद, ग्रामवधूटियों के संवाद आदि में हृदय की वृत्तियों की जैसी मार्मिक व्यंजना हुई है वह तो है ही, साथ ही उनमें स्त्रियों की चित्तवृत्तियों की जैसी सटीक अभिव्यंजना हुई है उसे देखते हुए मानना पड़ेगा कि स्त्रीप्रकृति का जैसा ज्ञान पुरुष होते हुए गोस्वामी जी को था वह इनके महान् कवि होने का बहुत बड़ा प्रमाण है। हृदय पर प्रभाव डालनेवाली घटनाओं, सौंदर्य आदि से स्त्रियों के हृदय जितने अभिभूत होते हैं उतने पुरुषों के नहीं। जनकपुर में कुतूहलवृत्ति स्त्रियों में ही विशेष दिखाई गई है और चित्रकूट

के मार्ग में भी तुलसीदास ने ग्रामवधूटियों की ही अवतारणा की है। उनके संवादों में भी तदनुकूल ही वेदना और उत्सुकता भी लक्षित होती है। यथास्थान संवादों में स्त्रियों की प्रकृतिस्थ भीरुता का भी निरूपण कवि ने बड़े ही मोहक ढंग से किया है। मंथरा के संवाद में जितनी मत्सरता एवं कुटिलता दिखाई देती है, ग्रामवधूटियों के संवाद में उतनी ही उदारता और सरलता। पहली 'घरफोरी' है तो दूसरी विश्वसंग्राहिकाएँ।

इन समस्त संवादों की अनेकरूपता, उनका संघटन, उनकी भाषा एवं शैलियों की विभिन्नता आदि को देखते हुए मानना पड़ता है कि संवादों के विचार से 'मानस' बहुत ही संपन्न प्रबंधकाव्य है। हिंदी में केशव के संवाद बहुत ही उत्तम कोटि के माने जाते हैं। पर विचार करने से उनके संवाद श्रव्यकाव्य के अनुरूप नहीं जँचते। केशव संवादों की दृष्टि से नाटक और प्रबंधकाव्य में भेद करके नहीं चले हैं। उनके अधिकांश संवाद ऐसे हैं जो बीच की शृंखला बिना मिलाए ठीक नाटक के से रखे हुए हैं। इसका एक कारण यह भी है कि केशव ने कई मनोहर संवाद प्रसन्नराघव, हनुमन्नाटक आदि से उल्था करके ज्यों के त्यों रख दिए हैं, पर तुलसीदास ने नाटकों से ऐसे संवाद यदि लेकर रखे भी हैं तो उन्हें प्रबंधकाव्य के साँचे में ढाल दिया है। प्रायः ऐसे संवादों में स्वकल्पित कुछ और उक्तियाँ जोड़कर तथा उनका क्रम अपने अनुकूल रखकर उन्हें और भी मनोहर कर दिया है। हनुमन्नाटक के अंगद-रावण-संवाद से 'मानस' का वही संवाद मिलाने से इस कौशल का पता चल जाएगा। इसलिए यह मानना पड़ता है कि 'मानस' में जैसे संवाद रखे हुए हैं वैसे कम-से-कम हिंदी के किसी भी प्रबंधकाव्य में नहीं मिलेंगे। स्वर्गीय लाला भगवानदीन गोस्वामीजी को लंबे और सांगरूपक बाँधने की प्रवृत्ति के कारण 'रूपकों का बादशाह' कहा करते थे। संवादों की अधिकता और उनके सच्चे निर्वाह को देखते हुए यदि उन्हें कोई 'संवादों के संविधान का सम्राट्' कहे तो कह सकता है।

साधु-असाधु

मानस में साधु और असाधु के लक्षण कई स्थलों पर बताए गए हैं। इसका कारण भी तत्सामयिक जान पड़ता है। उस युग में असाधु संख्या में अधिक थे और उनके कारण समाज की हानि हो रही थी। तुलसीदास वस्तुतः सामाजिक प्राणी थे इसलिए साधु और असाधु का विचार उनके लिए बहुत आवश्यक था।

मानस के आरंभ में साधु और असाधु के लक्षणों के नियोजन पर कहा जा सकता है कि महाकाव्य के शास्त्रीय स्वरूप की पूर्ति के लिए उन्होंने 'सतां च गुणकीर्तनम्' और 'खलानां वंदनं तथा' का विनियोग किया है अथवा यह भी कहा जा सकता है या कहा गया है कि अपने आलोचकों के भय से उन्होंने खलों की वंदना की है। तुलसीदास द्वारा की हुई खलों की वंदना कम-से-कम वैसी वंदना नहीं है जैसी समीक्षाभीरु कर्ता करता है।

तुलसीदास ने अपना पक्ष स्पष्ट कर दिया है। उनका कहना यह है कि मैं जिस रामकथा का कथन कर रहा हूँ वह साधुओं के बीच परंपरा से चली आ रही है। वह परंपरा साधना के तीनों मार्गों का समन्वय करनेवाली है। इन साधुओं को पहचानने के लिए असाधुओं को पहचानना आवश्यक है—

तेहि तें कछु गुनदोष बखाने। संग्रह त्याग न बिनु पहिचाने।

भक्ति के लिए साधुओं का संग्रह और असाधुओं का परित्याग आवश्यक है। द्वंद्वात्मक जगत् उभयात्मक है इसलिए इसमें सभी मिले-जुले रहते हैं। उनमें से वांछित का ग्रहण और अवांछित का त्याग हंस की भाँति करना चाहिए। तुलसीदास के अनुसार साधुता या असाधुता वस्तुत: प्रकृति से संबंध रखनेवाला गुण है। किसी में साधुता प्रकृतिस्थ होती है और किसी में असाधुता। जिसमें साधुता आरोपित होगी अथवा जिसमें असाधुता आरोपित होगी उसका प्रभाव उसकी प्रकृति के अनुसार ही पड़ेगा। जिसमें साधुता प्रकृतिस्थ है उसमें यदि आरोपित असाधुता आ गई है तो वह किसी के लिए हानिकारिणी न होगी, पर जिसमें असाधुता प्रकृतिस्थ है उसको आरोपित साधुता कल्याणकारिणी नहीं हो सकती। तुलसीदास साधुता की प्रभावशालिता अधिक मानते हैं अर्थात् यह स्वीकार करते हैं कि साधुता पर हुआ आरोप उसके स्वरूप को बिगाड़ नहीं सकता, साथ ही साधुता असाधुता पर यहाँ तक प्रभाव डाल सकती है कि वह उसे साधुता में परिणत कर दे।

साधु और असाधु का पार्थक्य इन्होंने 'स्व' और 'पर' को ध्यान में रखकर बहुत स्पष्ट किया है। साधु स्वार्थ का परित्याग करते हुए भी पर का उपकार करता है, पर असाधु 'स्व' का परित्याग सामान्यतया नहीं करता और करता भी है तो दूसरे के अपकार के लिए। तुलसीदास वस्तुत: साधुओं में ब्रह्म की सत्स्वरूपिणी ज्योति के दर्शन करते हैं जिसके द्वारा कभी किसी का अकल्याण नहीं हो सकता। असाधु वस्तुत: माया की तमसाच्छन्न स्थिति के द्योतक हैं जो सब प्रकार से दूसरों की हानि करते हैं। इन्होंने इन दोनों के रूप का इतना पुष्ट स्पष्टीकरण कर दिया है जितना अन्यत्र दुर्लभ है—

संतहृदय नवनीतसमाना। कहा कबिन पै कहइ न जाना।
निज परिताप द्रवइ नवनीता। पर दुख द्रवइ सु संत पुनीता।

× × ×

पर अकाज लगि तनु परिहरहीं। जिमि हिमउपल कृषी दलि गरहीं।

संक्षेप में साधु परोपकार की मूर्ति है और असाधु परोपकार की मूर्ति।

नाममाहात्म्य

तुलसीदास ने मानस के प्रथम सोपान में नाममाहात्म्य की विशेष चर्चा की है और रामनाम के माहात्म्य पर बहुत कुछ कहा है। निर्गुनिया संतों में नामजप का आधिक्य देखकर कुछ लोगों ने यहाँ तक कह डाला है कि तुलसीदास ने नाम-माहात्म्य पर इतना अधिक बल निर्गुनिया सतों की देखादेखी दिया है। ऐसा कहने वालों ने अपने को हिंदी-साहित्य की सीमा के बाहर ले जाने का प्रयास नहीं किया, इसी से उन्हें इसी प्रकार की भ्रांति हो गई। हिंदी-साहित्य के इतिहास में काल-क्रम के अनुसार निर्गुनिया संत पहले आते हैं और सगुणोपासक भक्त तदनंतर। इसका तात्पर्य यह नहीं कि सगुणोपासकों ने निर्गुणोपासकों से मिलते-जुलते जितने विषयों का निरूपण यथास्थान किया है वे सब उन्हीं से लिए गए हैं। इसके लिए भक्ति के मूल प्रवाहस्रोत को देखना चाहिए। भक्ति का आंदोलन प्राचीन है और हिंदी के निर्गुनिया संतों से बहुत अधिक प्राचीन है। उसमें भगवन्नामस्मरण का विशेष माहात्म्य माना गया है। संस्कृत में विष्णुसहस्रनाम तथा अन्य देवताओं के सहस्रनाम निर्गुनिया संतों से निश्चय ही प्राचीन हैं और जनता में इन सहस्रनामों के पाठ का विधान है। तुलसीदास ने इस प्रसंग में पार्वती द्वारा सहस्र नाम के पाठ का उल्लेख किया है —

सहसनाम सम सुनि सिवबानी। जपि जेईं पियसंग भवानी।

इसलिए यह कहना कि तुलसीदास ने निर्गुनिया संतों से नाममाहात्म्य उधार ले लिया है उचित नहीं जान पड़ता। सगुणभक्तों के यहाँ नाम, रूप, लीला, धाम इन चार भगवद्विपयक वस्तुओं का अनुशीलन माहात्म्यपूर्ण माना जाता है। जगत् की प्रत्येक वस्तु में पाँच भाव हुआ करते हैं—सत्ता, चेतना, आनंद, नाम और रूप। इनमें से सत्ता, चेतना और आनंद केवल ये ही तीन ब्रह्म में अर्थात् निर्गुण ब्रह्म में

होते हैं। मायाविशिष्ट सगुण ब्रह्म में नाम और रूप, जो वस्तुतः माया के गुण-धर्म हैं, हुआ करते हैं। तुलसीदास व्यवस्थावादी थे। इन्होंने निर्गुण ब्रह्म का निषेध नहीं किया है। सगुण और निर्गुण दोनों को मानते हुए भी ये सगुण को सबके लिए अधिक ग्राह्य मानते हैं। इनकी धारणा है कि नाम-रूप-रहित निर्गुण ब्रह्म का संकेत भी बिना नाम के नहीं हो सकता। ज्ञानस्वरूप ब्रह्म को नामादि अज्ञान के बिना कोई संकेतित नहीं कर सकता। निर्गुण बिना सगुण के नहीं कहा जा सकता—

ज्ञान कहै अज्ञान बिनु तम बिनु कहै प्रकास।
निर्गुन कहै जो सगुन बिनु सो गुर तुलसीदास।।

इनका कहना है कि नाम और रूप ये दोनों ब्रह्म की उपाधियाँ हैं। नाम ही एक ऐसा साधन है जिसके द्वारा निर्गुण और सगुण दोनों ब्रह्मों का बोध कराया जा सकता है—

अगुन सगुन बिच नाम सुसाखी उभय प्रबोधक चतुर दुभाषी।

नाम और रूप दोनों में से तुलसीदास ने नाम को बड़ा कहा है। नाम को नामी से बड़ा कहना तर्कपुष्ट तो है ही, व्यावहारिक दृष्टि से वास्तविक भी है। 'ऊँची दुकान का फीका पकवान' भी लोग उस दुकान की ख्याति के कारण लेते ही हैं। किंतु तुलसीदास ने नाम को निर्गुण और सगुण-ब्रह्म दोनों से बढ़कर बताया है। इस संबंध में इन्होंने स्पष्ट कर दिया है कि ऐसा मेरा मत है—

मोरे मत बड़ नामु दुहूँ ते। किये जेहि जुग दिज बस निज बूते।

इन्होंने कुछ बातों का इस प्रसंग में निषेध किया है—

प्रौढ़ि सुजन जनि जानहिं जन की। कहउँ प्रतीति प्रीति रुचि मन की।
एक दारुगत देखिअ एकू। पावक सम जुग ब्रह्म बिबेकू।
उभय अगम जुग सुगम नाम तें। कहेउँ नामु बड़ ब्रह्म राम तें।

नाम को राम से बढ़कर कहते हुए इन्होंने बहुत से प्रमाण दिए हैं। उनमें अपने कवित्व का चमत्कार भी विशेष रूप से दिखाया है। जैसे राम ने एक तपस्वी की स्त्री को तारा था और नाम से करोड़ों खलों की कुमतियों को सुधार दिया। अर्थात् राम ने किसी खल की स्त्री का उद्धार नहीं किया। तपस्वी की स्त्री का उद्धार करने में अधिक आयास भी नहीं करना पड़ा और तारा भी तो केवल एक स्त्री को ही। पर नाम उसके विपरीत अनेक का उद्धार करनेवाला है, सुमति का नहीं कुमति का उद्धार करनेवाला है। तापस की नहीं खल की कुमति का उद्धार करनेवाला है आदि-आदि। इस प्रकार तुलसीदास निष्कर्षरूप में यह निर्णय करते हैं

कि सगुण, निर्गुण और नाम तीनों का समन्वय भी किया जा सकता है, जैसे इन्होंने दोहावली में कहा है—

सगुन ध्यान रुचि सरस नहिं निरगुन मन तें दूरि।
तुलसी सुमिरहु राम को नाम सजीवन मूरि।।

जो नाम रूप-रहित है उसके नामजप का माहात्मय किसी सगुणोपासक-संप्रदाय के कारण हो सकता है। जो ब्रह्म को अलख कहते हुए उसके नाम के जपने और उसे लक्षित करने का प्रयास करते हैं उन्हें ये पाखंडी समझते हैं—

हम लखि हमहिं हमार लखि हम हमार को बीच।
तुलसी अलखहिं का लखै रामनाम जपु नीच।।

वस्तुतः निर्गुणाद्वैत की साधना करनेवाले के लिए अहंबुद्धि, ममत्वबुद्धि एवं भेदबुद्धि का परित्याग आवश्यक है। ऐसा बिना हुए निर्गुणसाधना सिद्ध नहीं होती। सगुण के द्वारा ही निर्गुण की सिद्धि संभव है। केवल निर्गुण से उसी प्रकार भ्रम होने की संभावना रहती है जिस प्रकार बही-खाते में लिखे हुए अंकों से। अंकों को भ्रांतिशून्य करने के लिए आगे अक्षरों में भी अंक इसीलिए लिख दिए जाते हैं। अंकों में अधिक भ्रांति की संभावना रहती है पर अक्षरों में कम। इसी प्रकार निर्गुणोपासना में भटक जाने की अधिक संभावना रहती है, पर सगुणोपासना में कम या एकदम नहीं—

अंक अगुन आखर सगुन समुझिय उभय प्रकार।
खोए राखे आपु भल तुलसी चारु बिचार।।

जैसे इन्होंने ज्ञानमार्ग और भक्तिमार्ग को समान कहते हुए भक्तिमार्ग को सरल बताया है वैसे ही निर्गुण और सगुण के समान होते हुए भी सगुणमार्ग को उपासना की दृष्टि से सरल कहा है।

नाम और रूप को समान कहते हुए भी इन्होंने नाम को नामी से श्रेष्ठ इस लिए माना है कि नाम रूप की अपेक्षा अधिक बलशाली है। स्पष्ट कहा है कि—

समुझत सरिस नामु अरु नामी। प्रीति परस्पर प्रभु अनुगामी।
को बड़ छोट कहत अपराधू। सुनि गुनभेद समुझिहहिं साधू।
देखिअहिं रूप नामआधीना। रूपज्ञान नहिं नामबिहोना।
रूप बिसेष नाम बिन जाने। करतलगत न परत पहिचाने।

इसका मुख्य कारण यह है कि रूप की भेदकता बहुत से स्थानों में परमित

होती है, पर नाम की भेदकता अपरमित हो सकती है। एक ही पिता के कई पुत्र रूप में एक से हो सकते हैं, पर उनके नाम जगद्व्यवहार के अनुरूप एक से नहीं होते।

राम नाम को इन्होंने सब नामों से श्रेष्ठ बतलाते हुए वेदप्राण कहा है—

विधि हरिहरमय बेदप्रान सो। अगुन अनूपम गुननिधान सो।

वेदप्राण का तात्पर्य ओम् है। राम और ओम् की एकवाक्यता इनके वर्ण-विश्लेषण द्वारा की जाती है। र् अ म् और अ उ म् में केवल उ और र् में भेद दिखाई पड़ता है। यह उ वस्तुतः विसर्ग (:) का दूसरा रूप है और विसर्ग का ही एक रूप र् भी है, इसलिए इन दोनों की भी एकवाक्यता हो जाती है। रामनाम के 'र्' और 'म्' वर्णों की श्रेष्ठता इन्होंने संस्कृत के एक श्लोक के आधार पर इस प्रकार की है—

एक छत्र एक मुकुटमनि सब बरनन पर जोउ।
तुलसी रघुबरनाम के बरन बिराजत दोउ॥

'र्' रेफ होकर वर्णों के ऊपर छत्र की भाँति पहुँच जाता है और 'म्' 'मोऽनुस्वारः' के अनुसार बिंदु होकर ऊपर हो जाता है।

भक्ति का स्वरूप

तुलसीदास ने रामभक्ति का जो रूप अपने ग्रथों में अंकित किया है उसकी सबसे बड़ी विशेषता है सर्वग्राह्यता। भक्ति उसी प्रकार सबको सुलभ होनी चाहिए जिस प्रकार अन्न और जल होते हैं। यह भक्ति साधारण विद्याबुद्धिवाले व्यक्तियों के लिए तो अपेक्षित है ही ज्ञानसंपन्न महापुरुषों के लिए भी अपेक्षित है। मनुष्य के अंतःकरण के दो पक्ष हैं—एक बुद्धिपक्ष या ज्ञानपक्ष दूसरा भावपक्ष या हृदयपक्ष। ज्ञान की परमावधि पर पहुँचा हुआ व्यक्ति भी हृदय भी भावात्मक परिष्कृति के बिना पूर्णता प्राप्त नहीं कर सकता। इसके विपरीत यह भी कहा जा सकता है कि हृदय की भावात्मक पराकाष्ठा को पहुँचा हुआ व्यक्ति ज्ञान की उच्चता को प्राप्त हुए बिना पूर्ण नहीं हो सकता। ज्ञान की उच्चता प्राप्त करना सबके लिए संभव नहीं, पर भाव की उच्चता सब प्राप्त कर सकते हैं। सर्वग्राह्यता की दृष्टि से भक्ति का विशिष्ट स्वरूप इन्होंने यही अंकित किया है और इसको मानस के सप्तम

सोपान में 'ज्ञानदीपक' और 'भक्तिमणि' के रूपक द्वारा स्पष्ट करने का प्रयास किया है। भक्ति की साधना सरल और ज्ञान की साधना कठिन है। ज्ञान की साधना में एक कठिनाई यह भी है कि उसके सर्वोच्च शिखर पर पहुँचकर भी ज्ञानी का पतन जगत् के प्रति राग के कारण हो सकता है।

ज्ञानपंथ कृपान कै धारा। परत खगेस होइ नहिं बारा।

ज्ञान का साध्य कैवल्य या मोक्ष होता है। मोक्ष का आनंद ज्ञान का विषय न होकर भाव या हृदय का विषय है। इसलिए उस आनंद की प्राप्ति भावात्मक साधना के द्वारा ही संभव है। इसलिए भक्ति की साधना में मोक्ष का आनंद भी सम्मिलित है। जगत् के विषयों से विरक्ति या मुक्ति भक्तिसाधना के द्वारा आप से आप हो जाती है। ईश्वर के प्रति परानुरक्ति होने से जगत् के प्रति आप से आप विरक्ति हो जाती है। इसी से हरिभक्त मुक्ति का आदर नहीं करते—

अस बिचारि हरिभगत सयाने। मुक्ति निरादर भगति लुभाने।

समन्वयवृत्ति भी तुलसीदास की भक्ति में पाई जाती है। प्राचीन काल से साधना के जो तीन (ज्ञान, कर्म और उपासना के) मार्ग कहे गए हैं उनमें से प्रत्येक मार्ग की साधना स्वतंत्र रूप से होती है और प्रत्येक मार्ग का स्वतंत्र रूप अंकित करते हुए केवल उसी मार्ग की सर्वप्रधानता घोषित की जाती है। यहाँ तक कहा जाता है कि अन्य मार्गों की कोई आवश्यकता नहीं है। तुलसीदास ने भक्ति का जो रूप अंकित किया है उसमें ज्ञान और कर्म को अप्रधान कहते हुए भी उनका एकांत तिरस्कार नहीं किया है। ये त्रिवेणी का रूपक देते हुए कहते हैं—

रामभगति जहँ सुरसरिधारा। सरसइ ब्रह्मबिचारप्रचारा।
बिधिनिषेधमय कलिमलहरनी। करमकथा रबिनंदनि बरनी।।

तुलसीदास भक्ति के विना ज्ञान और कर्म की उच्चता नहीं स्वीकार करते। ज्ञान और कर्म के माहात्म्य के संबंध में इनकी विपरीत मति नहीं है।

भक्ति की साधना में भी ये सेवक-सेव्यभाव को ही सर्वोपरि मानते हैं—

सेवक-सेव्यभाव बिनु भव न तरिअ उरगारि।

इसका वास्तविक कारण यह है कि तुलसीदास भक्ति में दैन्य को मुख्य समझते हैं। अन्य भावों की साधना में अहंता का लोप नहीं हो पाता, पर दास्यभाव की साधना में अहंता का लोप या विसर्जन सर्वप्रथम करना पड़ता है। इसलिए सेवक-सेव्यभाव ही इनकी दृष्टि में सर्वोपरि है। सेवक-सेव्यभाव में अहंता का विसर्जन हो जाया करता है। इसी से यह सर्वोपरि है।

भक्ति की रीति तुलसीदास ने दोहावली में बहुत स्पष्ट बतलाई है। भक्ति का मार्ग वस्तुतः सदाचार मार्ग है, संयम का मार्ग है—वाक्संयम, मनःसंयम इसके लिए आवश्यक हैं। ये दोनों संयम तभी हो सकते हैं जब भगवत्प्रेम अर्थात् भक्ति हो।

प्रीति राम सों नीतिपथ चलिय रागरिस जीति।
तुलसी संतन के मते इहै भगति की रीति।।

भक्ति को महात्माओं ने इसलिए भी श्रेष्ठ कहा है कि इसके बिना ज्ञान की सिद्धि नहीं होती—

हरिभक्ति बिना कर्म न स्याद्धि शुद्धिकारणम्।
न वा सिद्ध्येद् विवेकादि न ज्ञानं नापि मुक्तता।।

भरत-भक्ति

रामचरितमानस में सबसे अधिक शक्ति तुलसीदास ने उसके द्वितीय सोपान के प्रणयन में व्यय की है। मानस के प्रथम सोपान में गुरु की वंदना कर लेने के अनंतर द्वितीय सोपान में पुनः गुरु की वंदना इन्होंने की। इसका वास्तविक हेतु यह है कि अन्य सोपानों में श्रोता-वक्ता तुलसीदास और संतजन के अतिरिक्त अन्य भी हैं पर इस सोपान में स्वयं तुलसीदास वक्ता और संतजन श्रोता हैं। 'मानस' के तीन स्थल कठिन माने जाते हैं—

बाल आदि औ उत्तर अंत। मध्य अजोध्या बूझहिं संत।

बालकांड का आरंभिक अंश जिसमें नाम माहात्म्य, भगवद्भक्ति आदि का विवेचन किया गया है अति कठिन है। उत्तरकांड का वह अंश जिसमें भक्ति, ज्ञान और माया का विवेचन है विशेष कठिन है। अयोध्याकांड में जहाँ भरत की भक्ति और उनके आचरण का निरूपण किया गया है वह अंश सबसे कठिन है। अयोध्याकांड एक प्रकार से रामचरित के अंतर्गत भरतचरित का कांड है। राम के शील का अंकन सभी कांडों में यथास्थान किया गया है, पर राम के अनुरूप भक्ति की साधना का उत्कृष्ट स्वरूप केवल भरत में ही दिखाई देता है। भरतचरित भक्ति की दृष्टि से परम भक्ति का चरित है। मनुष्य के तीन रूप अंतःकरण और वहिःकरण के भेद से हो जाया करते हैं। जिनके अंतःकरण में कुछ और हो बाहर कुछ

और वे उत्तम नहीं माने जा सकते। बेर और बादाम की भाँति उनके बाह्य और अभ्यंतर में विपर्यास हुआ करता है। जो बाहर और भीतर अंगूर से एक हों वे उत्तम व्यक्ति हैं। भरत बाहर और भीतर से एक हैं। भरत भक्तों के शिरोमणि हैं—

भगतसिरोमनि भरत तें जिन डरपहु सुरपाल।

राम के महत् स्वरूप के अनुरूप भक्त का रूप अंकित करने के लिए गोस्वामीजी ने भरत के उच्च चरित की कल्पना की है। राम के प्रति भरत की भक्ति दास्यभाव की है—

सिर भरि जाउँ उचित अस मोरा। सबतें सेवकधरम कठोरा।

यह दास्यभाव उन्होंने राम को अपना बड़ा मानकर किया है—

प्रभु पितु मातु सुभ्रद गुर स्वामी। पूज्य परम हित अंतरजामी।
सरल सुसाहिब सीलनिधानू। प्रनतपालु सबंग्य सुजानू।

पर लौकिक संबंध के कारण भरत का राम के प्रति पूज्यभाव बड़े भाई के प्रति होनेवाला पूज्यभाव है इसलिए भरतभक्ति भायपभक्ति कहलाती है—

भायपभगति भरतआचरनू। मंगलमूल अमंगलदवनू।

भरत की भक्तिसाधना का सर्वोत्कृष्ट रूप यह है कि उसमें सब प्रकार के परित्याग की भावना निहित है। जो सब प्रकार का त्याग करने को प्रस्तुत हो उसे कोई किसी प्रकार पराभूत नहीं कर सकता। भरत ने पिता के द्वारा दिए हुए राज्य का परित्याग किया। अयोध्या से वे मन ही मन यह समझकर चले कि चित्रकूट में राम का राज्याभिषेक हो जा सकता है, वे अयोध्या लौट आ सकते हैं। पर वहाँ पहुँचने पर उन्हें स्पष्ट हो गया कि राम अयोध्या नहीं लौटेंगे। यद्यपि राम ने भरत से बहुत स्पष्ट रूप में कह दिया था कि जिन पिता दशरथ ने मेरे वियोग में शरीर का परित्याग कर दिया उनके आदेश का अपालन मैं अविहित होते हुए भी कर सकता हूँ पर तुम्हारी बात नहीं टाल सकता, तुम जो कहो उसे करने के लिए प्रस्तुत हूँ—

राखेउँ रायँ सत्य मोहिं त्यागी। तनु परिहरेउ पेमपनु लागी।
तासु बचन मेटत अति सोचू। तेहि ते अधिक तुम्हार सँकोचू।
तापर गुरु मोहि आयसु दीन्हा। अवसि जो कहहु चहउँ सोइ कीन्हा।

इतने पर भी भरत ने राम के अयोध्या लौटने का हठ नहीं किया, प्रत्युत राम से यही प्रार्थना की—

अग्याँ सम न सुसाहिबसेवा। सो प्रसादु जनु पावइ देवा।

अंत में राम को कहना पड़ा कि पिता का जिसके लिए जो आदेश है उसे वही करना चाहिए—

मातु पिता गुर स्वामि निदेसू। सकल धरम धरनीधर सेसू।
सो तुम्ह करहु करावहु मोहू। तात तरनिकुलपालक होहू।

फिर भरत ने राम से प्रार्थना की—

सो अवलंब देउ मोहिं देई। अवधि पारु पावउँ जेहि सेई।

राम ने भी तदनुकूल ही उन्हें अवलंब दिया—

प्रभु करि कृपा पाँवरी दीन्ही। सादर भरत सीस धरि लीन्ही।

भरत सांसारिक सुख का सब प्रकार से परित्याग करनेवाले हैं, इसका संकेत भरद्वाज के आश्रम में तुलसीदास ने पहले ही दे दिया है। जहाँ ऋषि ने तपोबल से राजसमाज के सत्कार के हित संपत्ति का प्रकृष्ट स्वरूप सुसज्ज कर दिया फिर भी भरत ने उसका स्पर्श नहीं किया—

संपति चकई भरत चक मुनिआयसु खेलवार।
तेहि निसि आस्रम पींजरा राखे भा भिनुसार।।

भरत के इस शील को राम ने लक्ष्मण के समक्ष और भी स्पष्ट रूप से कह दिया है—

भरतहिं होहि न राजमद बिधिहरिहरपद पाइ।
कबहुँ कि काँजीसीकरनि छीरसिंधु बिनसाइ।।

राम यदि जंगल में रहते हैं तो भरत राजधानी को ही जंगल में परिणत किए हुए हैं—

लखनु रामु सिय कानन बसहिं। भरत भवन बसि तप तन कसहीं।
दोउ दिसि समुझि कहत सब लोगू। सब बिधि भरत सराहनजोगू।।

भरत ने जिस प्रकार का असिधाराव्रत लिया वह उन्हीं के अनुरूप था। उनके चरित में ऐसी विशेषता है कि उसके मनन से दूसरे भी भवरस का परित्याग करके भक्तिरस में निमग्न हो जाएँ—

भरतचरित करि नेमु, तुलसी जो सादर सुनहि।
सीयरामपदपेमु, अवसि होइ भवरसबिरति।।

भरत के इसी आचरण का परिणाम है कि राम के पक्ष में गौरव होते हुए भी जनता ने भरत के पक्ष को गौरवान्वित कर रखा है। फलस्वरूप 'राममनावन' और 'राममिलाप' नामों का प्रचलन न होकर 'भरतमनावन' और 'भरतमिलाप' संज्ञाओं का प्रचलन हो गया। जो मनाया जानेवाला है, प्रतीक्ष्य है उसकी ओर दृष्टि न देकर जनता मनानेवाले और प्रतीक्षा करनेवाले पर ही उसके आचरण के कारण विशेष दृष्टि रखती है इसलिए तत्तत् लीलाएँ उपर्युक्त नामों से अभिहित हो गईं।

माया

मानस के तृतीय सोपान अर्थात् अरण्यकांड में लक्ष्मण की पृच्छा पर राम ने तत्त्वज्ञान की चर्चा की है, जिसमें माया का भी विचार आया है। यह प्रसंग लक्ष्मणगीता के नाम से प्रसिद्ध है, अर्जुनगीता की भाँति। वहाँ माया का यह रूप बताया गया है—

मैं अरु मोर तोर तैं माया। जेहि बस कीन्हें जीवनिकाया।
गो गोचर जहँ लगि मन जाई। सो सब माया जानेहु भाई।
तेहि कर भेद सुनहु तुम्ह सोऊ। बिद्या अपर अबिद्या दोऊ।
एक दुष्ट अतिसय दुखरूपा। जा बस जीव परा भवकूपा।
एक रचै जग गुनबस जाकें। प्रभुप्रेरित नहिं निज बल ताकें।

तत्त्वज्ञान की यह चर्चा मानस अध्यात्मरामायण के अरण्यकांड के आधार पर की गई है। माया का लक्ष्य वहाँ यह है—

अनात्मनि शरीरादावात्मबुद्धिस्तु या भवेत्।
सैव माया तयैवासौ संसारः परिकल्प्यते॥

इसके अनुसार अनात्मा अर्थात् शरीरादि में आत्मबुद्धि का नाम माया है। उसी माया से यह संसार परिकल्पित हुआ है। तुलसीदास ने माया के जो दो भेद किए हैं उनमें से विद्यामाया का स्वरूप 'एक रचै जग गुनबस जाकें' से 'संसारः परिकल्प्यते' का मेल मिलता है। वहाँ माया के दो रूप वे ही बतलाए गए हैं जो वेदांत में माया की दो शक्तियों के रूप में माने जाते हैं और जिनके नाम विक्षेप और आवरण हैं। रस्सी में सर्प का भ्रम होने पर एक तो रस्सी का रूप छिपता है और

दूसरे सर्प का रूप आता है। रस्सी का रूप छिपने में आवरणशक्ति काम करती है और सर्प का रूप लाने में विक्षेपशक्ति। अध्यात्मरामायण के अनुसार विक्षेपशक्ति जगत् की कल्पना करती है और आवरणशक्ति अखिल ज्ञानरूप को ढँके रहती है—

रूपे द्वे निश्चिते पूर्वे मायायाः कुलनन्दन।
विक्षेपावरेण तत्र प्रथमं कल्पयेज्जगत्॥
लिंगाद्यब्रह्मपर्यन्तं स्थूलसूक्ष्मविभेदतः।
अपरं त्वखिलं ज्ञानरूपमावृत्य तिष्ठति॥

शांकर वेदांत के अनुसार विचार करते हुए तुलसीदासकथित विद्या और अविद्या माया को क्रमशः विक्षेप और आवरण शक्ति कहा गया है। वेदांत के अनुसार ईश्वर की उपाधि को शुद्धसत्वप्रधान माया कहते हैं और जीव की उपाधि को मलिनसत्वप्रधान अविद्या। विद्या शब्द वेदांत में ज्ञान के लिए आता है, माया के लिए नहीं। इधर तुलसीदास ने माया के जो दो कार्य बतलाए हैं उन दोनों को अर्थात् जीव के बंधन और जगत् के कल्पन को अविद्या का ही कार्य बतलाया गया है[1]।

तुलसीदास ने विद्या-अविद्या माया की चर्चा पुनः उत्तराकांड में काकभुशुंडि-प्रसंग में की है—

हरिसेवकहिं न व्याप अबिद्या। प्रभुप्रेरित ब्यापै तेहि बिद्या।
ताते नास न होइ दास कर। भेदभगति बाढ़ै बिहंगबर।

वस्तुगति यह है कि तुलसीदास ने विद्या-अविद्या का उल्लेख श्रीमद्भागवत के आधार पर किया है।[2] इन्होंने मानस तथा विनयपत्रिका का प्रणयन करने में श्रीमद्भागवत से बहुत अधिक सहायता ली है। ज्ञानपक्ष में वेदांत का मतवाद और भक्तिपक्ष में श्रीमद्भागवत का मतवाद लेकर इन्होंने दोनों का समन्वय कर दिया है। जिस प्रकार श्रीमद्भागवत विभिन्न भक्ति-संप्रदायों के अनुकूल गृहीत हो जाता है उसी प्रकार मानस में भी विभिन्न भक्ति-संप्रदायों के अनुकूल तत्त्व अभिनिविष्ट हो गए हैं। विनयपत्रिका में भी वेदांतियों के कई विमर्श स्पष्ट दृग्गोचर होते हैं। जगत् वेदांतानुसार अनिर्वचनीय अर्थात् सदसद्विलक्षण है। विनयपत्रिका में जगत् के संबंध में ये स्पष्ट कहते हैं—

1. देखिए तुलसी ग्रंथावली, तृतीय खंड में 'गोस्वामीजी के दार्शनिक विचार' शीर्षक निबंध, प्रथम संस्करण, पृष्ठ 100-101।
2. अध्यात्मरामायण में भी इनका संक्षिप्त उल्लेख है।

कोउ कह सत्य झूठ कह कोऊ जुगल प्रबल करि मानै।
तुलसीदास परिहरै तीनि भ्रम सो आपन पहिचानै।

सदसद्विलक्षण का तात्पर्य है कि जगत् सद्विलक्षण है, असद्विलक्षण है और सद-सद्विलक्षण है। यही बात ऊपर के उद्धरण में कही गई है।

रामचरितमानस की कथा के व्यासों द्वारा प्रचार के मूल में श्रीमद्भागवत का आदर्श है। जिस समय मानस का प्रणयन गोस्वामीजी ने किया उस समय भागवत की कथा का प्रसार बहुत अधिक था। उसकी देखादेखी मानस की कथा का प्रचार किया गया। इस लक्ष्य की पूर्ति के लिए श्रीमद्भागवत का आधार अपेक्षित था जिसे इन्होंने मानस में विशेष रूप से गृहीत किया है। वर्षा और शरद् के जिन वर्णनों की साहित्यिक समालोचक कटु समीक्षा करते हैं वे श्रीमद्भागवत के आधार पर ही मानस में संकलित हैं। कलियुग का विस्तृत वर्णन श्रीमद्भागवत से ही लिया गया है। मानस और श्रीमद्भागवत की तुलना करने पर अनेक गुत्थियों का सुलझाव सरलतापूर्वक हो सकता है। विद्या और अविद्या की चर्चा श्रीमद्भागवत में अनेकत्र है, पर उसका कुछ विस्तृत उल्लेख एकादश स्कंध में हुआ है—

बद्धो मुक्त इति व्याख्या गुणतो मे न वस्तुतः।
गुणस्य मायामूलत्वान्न मे मोक्षो न बन्धनम्॥
शोकमोहौ सुखं दुःखं देहापत्तिश्च मायया।
स्वप्नो यथात्मनः ख्यातिः संसृतिर्न तु वास्तवी॥
विद्याविद्ये मम तनू विद्धययुद्धव शरीरिणाम्।
मोक्षबन्धकरी आद्ये मायया मे विनिर्मिते॥
एकस्यैव ममांशस्य जीवस्यैव महामते।
बन्धोऽस्याविद्ययानादिर्विद्यया च तथेतरः॥
अथ बद्धस्य मुक्तस्य वैलक्षण्यं वदामि ते।
विरुद्धधर्मिणोस्तात स्थितयोरेकधर्मिणि॥

× × ×

योऽविद्यया युक् स तु नित्यबद्धो
विद्यामयो यः स तु नित्यमुक्तः।

स्पष्ट है कि अविद्यामाया बंधनकारी है और विद्यामाया मोक्षकारी। काकभुशुंडि के प्रसंग में जो यह कहा गया है—'प्रभुप्रेरित ब्यापै तेहि विद्या' तथा 'सो माया न दुखद मोहि काहीं। आन जीव इव संसृत नाहीं' उसका वास्तविक कारण यह है कि विद्यामाया मोक्षकारी है, उससे सांसारिक विषयों से बंधन नहीं होता। अविद्या-

माया जो दुष्ट और अतिशयदु:खरूप है और जिसके कारण जीव संसार के बंधन में पड़ा हुआ है सो वस्तुत: उसके बंधनकारी लक्षण के कारण। विद्यामाया जगत् की कल्पना करनेवाली माया है और प्रभु की प्रेरणा से सब प्रकार के कार्य करने-वाली है।

तुलसीदास ने माया को भगवान् का हास कहा है—'माया हास बाहु दिगपाला' अर्थात् भगवान् के मनोरंजन की वह अभिव्यक्ति मात्र है। भक्ति और माया के संबंध में इन्होंने बतलाया है कि भक्ति राम की प्रेयसी है और माया नर्तकी—

माया भगति सुनहु तुम दोऊ। नारिबर्ग जानै सब कोऊ।
पुनि रघुबीरहि भगति पियारी। माया खलु नर्तकी बिचारी।
भगतिहि सानुकूल रघुराया। ताते तेहि डरपति अति माया।।

अन्यत्र भी कहा है—

सो प्रभु भ्रूबिलास खगराजा। नाच नटी इव सहित समाजा।

ईश्वर और जीव का भेद भी माया के ही कारण कहा गया है—

माया ईस न आपु कहुँ जान कहिअ सो जीव।
बंधमोक्षप्रद सर्बपर मायाप्रेरक सीव।।

तथा

मायाबस्य जीव सचराचर।

फूलइ फरइ न बेत

'साहित्यालोचन' के 'कविता का विवेचन' शीर्षक प्रकरण में तुलसीदास के निम्नलिखित सोरठे में प्रकृति-पर्यवेक्षण की प्रतिकूलता बताई गई है—

फूलइ फरइ न बेत, जदपि सुधा बरषहिं जलद।
मूरख हृदय न चेत, जौं गुर मिलहिं बिरंचि सत।।

—षष्ठ सोपान 16।

लेखक का कहना है कि 'बेत जरूर फूलता-फलता है पर इसमें प्रदर्शित किया गया है कि वह फूलता-फलता नहीं'। कुछ लोगों ने इसीलिए 'बेत' शब्द का अर्थ 'वियत्' अर्थात् आकाश किया है। इस संबंध में कुछ भ्रम है उसी का यहाँ निवारण किया जाता है।

'वेत' दो प्रकार के होते हैं—'जलवेत, स्थलवेत'। जलवेत, जिसे संस्कृत में 'अंबुवेतस्' कहते हैं, नदियों या तालाबों के किनारे होता है। यह फूलता-फलता

है। किंतु 'स्थलवेत', जिसे संस्कृत में 'बंजुल' कहते हैं, पर्वतों पर होता है, फूलता-फलता नहीं। तुलसीदास चित्रकूट में रहते थे, ये बराबर ऐसा ही वेत देखते रहे जो अभी फूलता-फलता ही नहीं। अतएव यदि इन्होंने ऐसा लिखा तो ठीक लिखा। फिर तुलसीदास 'वेत' के लिए जलद की आवश्यकता बतलाते हैं। वह 'जलवेत' (जो फूलता-फलता है) के लिए कैसे सुसंगत होगी। क्योंकि नदी या सरोवर के किनारे रहने के कारण इनकी प्यास तथा अन्य आवश्यकताओं की पूर्ति तो नदी या सरोवर से हो ही जाएगी। इनके लिए जलद बरसे या न बरसे दोनों ही स्थितियाँ बराबर हैं। रहा 'स्थलवेत' (जो फूलता-फलता नहीं) सो इन्हें अपनी जीवनरक्षा के निमित्त चातक की भाँति जलद-जीवन (जल) की आवश्यकता रहती है।

फिर तुलसीदास ने ही ऐसा लिखा हो सो बात नहीं। फारस देश का प्रसिद्ध कवि, गुलिस्ताँ-बोस्ताँ का लेखक शेखसादी (शीराजी) भी ऐसा ही लिख गया है जो तुलसीदास से 300 वर्ष पहले हुआ था। शेखसादी लिखता है—

अब्र गर आबेज़िंदगी बारद। हरगिज़ अज़शाख़बेद बर न खुरी।[1]

शेखसादी का शेर पढ़ने से ज्ञात होता है कि तुलसीदास ने तो ठीक उसका अनुवाद ही कर दिया है। पर इन्होंने अनुवाद नहीं किया है, अपने अनुभव से लिखा है। सादी अलबुर्ज के पहाड़ों को नित्य देखता था जिसमें पैदा हुए 'वेत' फूलते-फलते न थे। अतएव उसने भी 'वेत' का न फलना ही लिखा। भिन्न-भिन्न देश के पर्वत-वासी दो कवियों ने एक ही बात का अनुभव किया और उसे लिखा, दोनों के भाव टकरा गए।

वेत में ही 'जलवेत' और 'स्थलवेत' दो भेद हों या इसी में 'फूलने-फलने' और 'न फूलने-फलने' का भेद पाया जाय, ऐसी बात भी नहीं है। और भी बहुत-सी वस्तुओं में ऐसे भेद पाए जाते हैं। जैसे 'कमल' कहने से सरोवर या नदी में पैदा होनेवाले कमल का ही सबको बोध होता है, किंतु स्थलकमल भी होता है जो जल-कमल की अपेक्षा बड़ा होता है। इसका भी वर्णन लोगों ने किया है। इसमें फल (कमल-गट्टा) नहीं होता। इसी प्रकार अशोकवृक्ष के भी कई भेद हैं। एक फूलता-फलता है और दूसरा केवल फूलता है फलता नहीं। और भी बहुत से वृक्षों में इस प्रकार के भेद पाए जाते हैं। कवि जिसका जैसा अनुभव करेगा वैसा ही लिखेगा। उसको दोष देना ठीक नहीं है।

इस प्रकार न 'वेत' शब्द 'वियत' का विकृत रूप है और न तुलसीदास ने 'रामचरितमानस' में 'फूलइ फरइ न बेत' लिखकर कुछ भूल ही की है।

---

1. यदि बादल आबेहयात (अमृत) भी बरसे तो भी वेत से फल कदापि न मिलेगा।

सगुन न जानहि कोइ

मानस के सप्तम सोपान में तुलसीदास के निर्गुण और सगुण के संबंध में अपना पक्ष बहुत स्पष्ट रूप में काकभुशुंडि के द्वारा कहलाया है—

निर्गुनरूप सुलभ अति सगुन न जानहि कोइ।
सुगम अगम नाना चरित सुनि मुनमन भ्रम होइ ।।

निर्गुनिया उपासकों ने सगुण को सुलभ और निर्गुण को दुर्लभ प्रसिद्ध कर रखा था। इन्होंने यहाँ उसी धारणा का खंडन किया है। निर्गुण निरवधि रूप हुआ करता है, इसलिए उसमें भ्रम की संभावना नहीं होती। निर्गुणरूप निषेधात्मक गुणों से संकेतित किया जाता है, इसलिए उसका रूप सुलभ होता है। वही एक सत्ता है और अन्य माया का भ्रम। इसलिए मन को इस संबंध में कठिनाई नहीं होती। निर्गुणब्रह्म साधना के प्रवाह में आत्मा और ब्रह्म की एकता की धारणा है, इसलिए वह अज्ञेय है। पर सगुणब्रह्म में सबसे बड़ी कठिनाई यह खड़ी होती है कि उसकी नरलीला में उसका ब्रह्मत्व समझ में नहीं आता। मानस में सती तथा गरुड़ को राम के संबंध में भ्रम हुआ और उसी भ्रमनिवारण के लिए 'मानस' का निर्माण हुआ। इसमें यही प्रतिपादित किया गया है कि दशरथ के पुत्र राम परात्पर ब्रह्म हैं—

जेहि महँ आदि मध्य अवसाना। प्रभु प्रतिपाद्य राम भगवाना।

सगुण के भी दो प्रकार के चरित हुआ करते हैं—सुगम और अगम। भक्तों के यहाँ भगवान् के दो रूप माने जाते हैं—ऐश्वर्यरूप और रसरूप। ऐश्वर्यरूप में भगवान् की शक्ति का पूर्ण प्रदर्शन रहता है। दुष्टों के दलन में, युद्धादि करने में इसी ऐश्वर्यरूप की व्यक्ति रहती है। यही भगवान् का सुगम रूप है। भक्तों का भगवान् सर्वशक्तिमान् होता है, उस शक्ति के प्रदर्शन से अन्य लोग भी उसकी भगवत्ता सुगमता से हृदयंगम कर लेते हैं। पर भगवान् जब अपने रसरूप का प्रदर्शन करते हैं तब साधारण व्यक्तियों की तो बात ही क्या मुनियों तक को भ्रम हो जाया करता है। सती और गरुड़ को भगवान् के रसरूप से ही भ्रम हुआ था। राम के अवतार पर एक बार कौसल्या को भी मतिभ्रम हुआ था।

इहाँ उहाँ दुइ बालक देखा। मतिभ्रम मोर कि आन बिसेखा।

कौसल्या ने भगवान् से ऐश्वर्यरूप या विराट् रूप संहृत कर लेने की प्रार्थना की थी। भक्त लोग भगवान् के रसरूप की उपासना अत्यंत प्रेमपूर्वक करते हैं। नाग-पाश के अवसर पर राम के रूप में संबंध में शंकर को पार्वती से कहना पड़ा——

चरित राम के सगुन भवानी। तरकि न जाहिं बुद्धिबल बानी।
अस बिचारि जे तग्य बिरागी। रामहिं भजहिं तर्क सब त्यागी।।

तुलसीदास को सगुणरूप की दुर्लभता का आख्यान क्यों करना पड़ा, यह पहले कहा जा चुका है। सगुणोपासकों को भी निर्गुनिया संतों के भुलावे के कारण यह भ्रम हो चला था कि निर्गुणरूप ही अगम है। सूरदास सगुणलीला गाने का हेतु यह बतलाते हैं—

निर्गुन अगम बिचारहि ताते सूर सगुनलीला-पद गावै।

सतपंच चौपाई

रामचरितमानस की फलश्रुति के प्रसंग में लिखा गया है—

सतपंच चौपाई मनोहर जानि जो नर उर धरे।
दारुन अबिद्या पंच जनित बिकार श्रीरघुबर हरे।।

इसमें दो शब्द विचारणीय हैं—'सतपंच चौपाई' और 'अविद्या पंच'। सतपंच चौपाई के अनेक प्रकार से अर्थ किए गए हैं। किसी-किसी ने यह समझकर कि इस शब्द द्वारा तुलसीदास ने मानस की समस्त चौपाइयों की संख्या निर्दिष्ट कर दी है, 'सत' का 100 और 'पंच' का 5 अर्थ लेकर तथा 'अंकानां वामतो गतिः' का नियम लगाकर 5100 अर्थ किया। पर जब दो चरणों की अर्धाली या चार चरणों की एक चौपाई मानने से संख्या ठीक घटित नहीं हुई तब मानस में हुए परिवर्तन की ओर संकेत किया और न जाने क्या-क्या कल्पनाएँ खड़ी कीं। किसी ने 'सतपंच' का अर्थ सीधा 500 माना और मानस से चुनी हुई 500 चौपाइयाँ ढूँढ़ निकालीं। अन्यों ने इसका 105 अर्थ लगाया और कहा कि फलश्रुति के प्रसंग की चौपाइयाँ भक्ति-ज्ञान के विवेचन में सब मिलाकर 105 हुई, इसलिए इसका यही अर्थ करना चाहिए। कुछ ने 'सतपंच' का अर्थ संख्या के इंगित करने की उलटी रीति के आधार पर 57 किया। 'सत' का अर्थ उन्होंने 7 माना और वांछित चौपाइयाँ खोज निकालीं। इसी को किसी ने 75 मानकर वैसे ही मनमानी चौपाइयाँ इकट्ठी कीं। औरों ने 7, 5 का गुणन करके 35 अर्थ निकाला और कहा कि काकभुशुंडि ने जो 'तेरिज रामायण' सप्तम सोपान में 'प्रथमहिं अति अनुराग भवानी' से आरंभ करके 'कहत बचन मन परम उछाहा' तक कहा है उसमें 35 अर्धालियाँ हैं, यही

इसका ठीक अर्थ है। उसमें पूरी रामकथा आ जाती है। किसी ने 7 और 5 को जोड़कर 12 किया और भिन्न-भिन्न 12 चौपाइयाँ मानस से छाँटकर अपने मन के अनुसार पृथक् कीं। और लोग इसका अर्थ 7, 5 अर्थात् कुछ लेते हैं। इस प्रकार सतपंच के क्रमश: इतने अर्थ किए हैं—5100, 500, 105, 75, 57, 35, 12 और 7—5 (कुछ)। 500, 75, 57 और 12 अर्थ तो किसी प्रकार भी मान्य नहीं हो सकते। मानस की किसी शाखा में 5100 चौपाइयाँ न होने से वह कल्पना अभिप्रेत नहीं जान पड़ती। 105 और 35 के जो संकेत माने गए हैं वे कुछ तर्क-पूर्ण जान पड़ते हैं, पर तुलसीदास का तात्पर्य यहाँ 7—5 अर्थात् कुछ से ही है। जैसा पहले कह चुके हैं, मानस के निर्माण में भागवत का आधार सबसे अधिक लिया गया है। श्रीमद्भागवत के माहात्म्य में यह लिखा गया है—

श्लोकार्द्धं श्लोकपादं वा नित्यं भागवतोद्भवम्।
पठस्व स्वमुखेनैव यदीच्छसि परां गतिम्।।

गीतामाहात्म्य में और भी स्पष्ट लिखा गया है, यहाँ तक कि उसमें सात-पाँच अर्थात् सप्तपंच का उल्लेख ही है —

गीतायाः श्लोकदशकं सप्त पंच चतुष्टयम्।
द्वि त्रि एकं हृदये वा श्लोकानां यः पठेन्नरः।।

अब 'अविद्या पंच' का विचार करना चाहिए। अविद्या पंचपर्वा मानी जाती है। पर्व का अर्थ पोर या गाँठ है, इसके संबंध में प्रसिद्ध है—

तमो विवेकमोहस्य अन्तःकरणविभ्रमः।
महामोहस्य विज्ञेयो ग्रामभेदसुखेक्षणः।।
मरणं अंधतामिस्रं तामिस्रं क्रोध उच्यते।
अविद्या पंचपर्वैषा प्राहुर्भूत महात्मनः।।

सबसे पहली पोर वह है जिसमें अंधकार होता है। वास्तविकता पर परदा पड़ा रहता है। दूसरी पोर है मोह—शरीर को अपना समझना। तीसरी पोर है महा-मोह—वासनाओं की तृप्ति का अभिलाष। चौथी पोर है तामिस्र अर्थात् क्रोध, भोगलिप्सा के व्याघात से उत्पन्न विकार। पाँचवीं पोर है अंधतामिस्र अर्थात् मरण जिसके अनुसार शरीर-त्याग पर यह समझ कि मेरी मृत्यु हो गई। अविद्या के ये पंच पर्व क्रमश: खनिज, उद्भिज, तिर्यक् तथा मनुष्य योनि में विकसित हुए हैं इसे वैज्ञानिक पद्धति पर स्वर्गीय रामदास गौड़ ने 'वैज्ञानिक सृष्टि और विकासवाद' नामक लेख में बतलाया है।[1]

1. विज्ञान, भाग 36, संख्या 2।

पार्वतीमंगल

तुलसीदास ने सीता और पार्वती के मंगल या विवाहोत्सव का वर्णन दो छोटी-छोटी पुस्तकों में किया है। सीता के मंगल का नाम 'जानकीमंगल' और पार्वती के मंगल का नाम 'पार्वतीमंगल' है। यद्यपि इन दोनों पुस्तकों का अधिकांश विवाह-वर्णन ही है तथापि आदि में जन्म का भी संक्षेप में उल्लेख है। 'पार्वतीमंगल' की रचना तुलसीदास ने कालिदास के 'कुमारसंभव' की छाया पर की है। 'कुमारसंभव' बड़ा ग्रंथ है। उसमें पार्वती के जन्म, तपश्चर्या, विवाह और साथ ही कुमारजन्म का सविस्तार कथन है। पर 'पार्वतीमंगल' छोटी पुस्तक है। उसमें सब कुछ संक्षेप में है। यद्यपि इन्होंने 'कुमारसंभव के प्रथम सात सर्गों में से प्रत्येक से यत्र-तत्र की पंक्तियों की छाया 'पार्वतीमंगल में रखी तथापि सबसे अधिक सहायता पंचम सर्ग से ली है, उसके कई छंदों का भाषांतर 'मंगल' में रखा है। इनकी भाषांतर-पद्धति समासपद्धति है। इस कारण भाषांतर में पंक्तियाँ कहीं-कहीं अस्पष्ट हो गई हैं। परिणाम यह है कि पार्वतीमंगल के ऐसे छंदों का अर्थ लगाने में कोई-कोई टीकाकार भटक गए हैं। उदाहरण के लिए नीचे का छंद लीजिए—

> द्वयं गतं संप्रति शोचनीयतां समागमप्रार्थनया कपालिनः।
> कला च सा कान्तिमती कलावतस्त्वमस्य लोकस्य च नैत्रकौमुदी ॥

जिस समय पार्वती शिव को पति बनाने के अभिलाष से तपश्चर्या कर रही थीं उस समय ब्रह्मचारी का वेश धारण कर आए हुए शिव का पार्वती के प्रति यह कथन है। ब्रह्मचारी कह रहा है कि कपाली शिव के साथ रहने के अभिलाष से दो की दशा शोचनीय हुई, एक तो चंद्रमा की (उस) कला की (जो उनके मस्तक पर रहती है) और दूसरे तुम्हारी, जो संसार के नेत्रों की चंद्रिका हो (अत्यंत सुंदर हो) अर्थात् कपालों की माला धारण करनेवाले औघड़ के साथ इन दोनों रमणीय वस्तुओं का संयोग असमीचीन है। इसी को तुलसीदास ने केवल एक पंक्ति में रख दिया —

> जो सोचहि ससिकलहि सो सोचहि रौरेहि।

'कुमारसंभव' की ही उक्ति का यह बहुत संक्षिप्त पर किंचित् परिवर्तित रूप है। इसका अर्थ इस प्रकार किया गया—'जो शशिकला को प्रसन्न रखने की चिंता किया करता है, क्या वह आपकी कुछ चिंता करेगा? (भाव यह कि वे शशिकला को बहुत प्रिय समझते हैं तुम्हारे ऊपर प्रेम न करेंगे अर्थात् शशिकलारूपी एक सवति भी है (स्त्रियाँ सौत को बहुत नापसंद करती हैं)।'

'कुमारसंभव' का ही सब कुछ 'पार्वतीमंगल' में नहीं है। यद्यपि कथाभाग मोटे रूप में उसी से लिया गया है तथापि यथास्थान परिवर्तन भी है; और कहीं-कहीं भावपूर्ण उद्भावनाएँ भी हैं। महादेव की औघड़ी बरात को देखने का आरंभ में कुतूहल और फिर भय एवं विषाद यह सब वर्णन कवि की ओर से है। फिर भी उन्हें अंत में रुद्र का शिवरूप दिखाना पड़ा है। 'कुमारसंभव' में ऐसी भीषण बरात नहीं। बरात के बीच में विष्णु आदि देवताओं द्वारा महादेव पर कसी गई फबतियाँ 'रामचरितमानस' के शिवविवाह से बहुत मिलती हैं। 'हास' की योजना के लिए ही यह बरात सजाई गई। इस सजावट से हिमालयवासियों के हृदय में जो भय और विषाद उत्पन्न किया गया वह शिव की महत्ता के स्थापनहेतु, क्योंकि उन्होने शीघ्र ही मंगलवेश धारण कर लिया।

'कुमारसंभव' में कथा मस्तानी गति से चलती है, 'पार्वतीमंगल' में सरपट दौड़ती है। कारण ? थोड़े में ही सब कुछ निबटाना है। पुत्री के विवाह के संबंध की उक्तियाँ उस समय की सामाजिक स्थिति का पता देती हैं। यद्यपि 'पार्वती' के जन्म से ऋद्धि, सिद्धि, संपत्ति सब हिमवान् के घर भर गईं तथापि 'जगदीस जुवति जिनि सिरजहिं', 'नारि जनम जग जाय' ऐसे उद्गार स्थान-स्थान पर हैं। विवाह का दृश्य भी समाज के स्वरूप का पता देता है। कवि की दृष्टि चारों ओर दौड़ती जान पड़ती है। कालिदास विवाहोत्सव की विधियों को देखते हुए शिव और पार्वती की ओर भी झाँक लेते हैं, ये नहीं। महात्मा तुलसीदास को शृंगारगत मर्यादा छेंके खड़ी थी। कालिदास जहाँ रशावेश में आगे बढ़ गए हैं वहाँ ये चुप हैं। कन्या के विवाह की चिंता, आकुलता, उसके पतिगृह जाते समय परिवार की वेदना तुलसीदास नहीं भूलते। सामाजिक जीवन और सामाजिक व्यक्तित्व की ओर कवि की दृष्टि अधिक है। पार्वती के विवाह की चर्चा हिमाचल नारद से कर रहे हैं। पार्वती ऋषि को प्रणाम कर पिता के कंधे से सटकर खड़ी है। 'लीलाकमल-पत्राणि गणयामास पार्वती' की भाँति पार्वती के व्यक्तित्व पर उनकी दृष्टि नहीं। औघड़ी बरात आई तो मैना क्षोभ से नारद और सप्तर्षियों को बुरा-भला कहने लगीं। वही सामाजिक रूप सामने है।

पार्वतीमंगल और कुमारसंभव के कुछ समानांतर पद्य देखिए—

प्रथम सर्ग—

(1) दिने दिने सा परिवर्धमाना लब्धोदया चान्द्रमसीव लेखा।
सित पाख बाढ़ति चंद्रिका जनु चंद्रभूषनभालहीं।
(2) विकारहेतौ सति विक्रियन्ते येषां न चेतांसि त एव धीराः।
ते धीर अछत बिकारहेतु जो रहत मनसिज बस किए।

'कुमारसंभव के दूसरे, तीसरे और चौथे सर्गों की कथा' तीन-चार छंदों में ही समाप्त कर दी गई है।

पंचम सर्ग—

(1) इति ध्रुवेच्छामनुशासतीं सुतां शशाक मेना न नियन्तुमुद्यमात्।
क ईप्सितार्थस्थिरनिश्चयं मनः पयश्च निम्नाभिमुखं प्रतीपयेत्।
फिरेउ मातु पितु परिजन लखि गिरिजा-पन।
जेहि अनुरागु लागु चितु सोइ हित आपन॥

(2) तपः शरीरैः कठिनैरुपार्जितं तपस्विनां दूरमधश्चकार सा।
मुनि मनसहु ते अगम तपहि लागेउ मनु।

(3) स्वयं विशीर्णद्रुमपर्णवृत्तिता परा हि काष्ठा तपसस्तया पुनः।
तदप्यपाकीर्णमतः प्रियवदां वदन्त्यपर्णेति च तां पुराविदः॥
नाम अपरना भयो परन जब परिहरे।

(4) त्वमेव तावत्परिचिंतय स्वयं कदाचिदेते यदि योगमर्हतः।
वधूदुकूलं कलहंसलक्षणं गजाजिनं शोणितबिन्दुवर्षि च॥
गजअजिन दिब्य दुकूल जोरत सखि हँसी मुख मोरिकै।

(5) विलोक्य वृद्धोक्षमधिष्ठितं तथा महाजनः स्मेरमुखो भविष्यति।
तुमहि सहित असवार बसह जब होइहहिं।
निरखि नगर नरनारि बिहँसि मुख गोइहहिं।

(6) इति द्विजातौ प्रतिकूलवादिनि प्रवेपमानाधरलक्ष्यकोपया।
विकुञ्चितभ्रूलतमाहिते तथा विलोचिने तिर्यगुपांतलोहिते॥
करनकटुक बहु बचन बिसखि सम हिय हए।
अरुन नयन चढ़ि भृकुटि, अधर फरकत भए॥

(7) निवार्यतामालि किमप्ययं वटुः पुनर्विवक्षुः स्फुरितोत्तराधरः।
न केवलं यो महतोऽपभाषते शृणोति तस्मादपि यः स पापभाक्॥
बकि जनि उठहि बहोरि, कुजुगुति सँवारहि।
जनि कहहि कछु बिपरीत जानत नीति रीति न बात की।
सिव साधु-निंदकु मंद अति जो सुनै सोउ बड़ पातकी॥

षष्ठ सर्ग—

आर्याप्यरुन्धती तत्र व्यापारं कर्तुमर्हति।
प्रायेणवंविधे कार्ये पुरन्ध्राणां प्रगल्भता॥
अरुंधती मिलि मैनहि बात चलाइहि।
नारिकुसल इहि काजु काजु बनि आइहि॥

यहाँ कुछ ही उदाहरण दिए गए हैं, इनसे अधिक स्थल दोनों में मिलते हैं।

जानकीमंगल

जानकीमंगल में 'मंगल' शब्द का अर्थ विवाह है। इसमें धनुषयज्ञ के प्रसंग में परशुराम का आगमन नहीं होता, जैसा रामचरितमानस में है। पुष्पवाटिका की योजना भी इसमें नहीं है। परशुराम वाल्मीकीय रामायण के अनुरूप विवाह के अनंतर लौटती बरात को मार्ग में मिले थे। इसमें भी वैसा ही उल्लेख पाया जाता है। इसका कारण यही जान पड़ता है कि तुलसीदास ने मानस की घटनाओं में जानबूझकर जो परिवर्तन किए हैं उनके अतिरिक्त पारंपरिक कथा ज्यों की त्यों कहने की इच्छा भी उनके मन में थी। जानकीमंगल के निर्माण के संबंध में लोगों की धारणाएँ भिन्न-भिन्न हैं। पार्वतीमंगल में उसके निर्माण का समय दिया हुआ है—

जय संबत, फागुन सुदि पाँचै गुरु दिनु।
अस्विनि बिरचेउँ मंगल, सुख छिनु छिनु॥

प्रसिद्ध ज्योतिषी सुधारकजी ने जय संवत् 1643 में गणना के अनुसार निश्चित किया था। इसलिए पार्वतीमंगल, जानकीमंगल और रामललानहछू तीनों का प्रणयन इसी संवत् के आसपास होना चाहिए। जानकीमंगल की फलश्रुति में 'उपबीत ब्याह उछाह जे सियरामयंगल गावहीं' आया है। नहछू, जो उपवीत के अवसर का नहछू है, उसके साथ ही बना होगा। इसलिए पार्वतीमंगल की फलश्रुति में केवल ब्याह का उल्लेख है—

कल्यान काज उछाह ब्याह सनेहसहित जो गाइहैं।
तुलसी उमासंकरप्रसाद प्रमोद मन प्रिय पाइहैं॥

रामललानहछू को नहछूमंगल भी कहते हैं, इसकी फलश्रुति में उपवीत या ब्याह का उल्लेख नहीं है। इसके संबंध की विस्तृत चर्चा अन्यत्र की गई है। फलश्रुति

यह है—

जे यह नहछू गावइँ, गाइ सुनावइँ हो।
रिद्धि सिद्धि कल्यान मुकुति नर पावइँ हो।

इसलिए ये तीनों मंगलग्रंथ हैं, मांगलिक अवसर पर गाए जाने के लिए लिखे गए हैं। रामचरितमानस में नहछू का प्रसंग नहीं आया है, पर जानकीविवाह और पार्वतीविवाह दोनों आए हैं। पार्वतीमंगल रामचरितमानस के शंकर-उमा-विवाह प्रसंग से अत्यधिक मिलता है, यहाँ तक कि दोनों की शब्दावली भी कहीं-कहीं मिल जाती है। मुख्य अंतर यह है कि पार्वतीमंगल में गणेशपूजन का प्रसंग नहीं आया है। उसमें बहुत सी बातें कुमारसंभव की रखी हुई हैं, जिनका यथास्थान उल्लेख किया गया है।

इन तीनों में पूर्वी अवधी का व्यवहार किया गया है। जानकीमंगल और पार्वतीमंगल की पद्धति और छंदोव्यवस्था एक सी है। हस्तलेखों में अधिक संख्या में प्रयुक्त छंदों का नाम मंगल छंद दिया हुआ है। दूसरा छंद प्रसिद्ध हरिगीतिका है जो चार-चार मंगल छंदों के अंतर पर आया है। प्राचीन पद्धति के अनुसार दो-दो चरणों की एक संख्या मानी गई है। मंगल छंद वस्तुतः मात्रिक हंसगति छंद है जिसमें 11 और 9 के विश्राम से प्रत्येक चरण में 20 मात्राएँ होती हैं। इसके तुकांत में गुरु-लघु का कोई नियत रूप नहीं है। 12 और 8 पर विश्राम करके कोई-कोई इसे मंजुतिलका भी कहते हैं। पर उसके अंत में भगण रखा है।

जानकीमंगल की भी शब्दावली कहीं-कहीं रामचरितमानस की शब्दावली से मिलती है। एक उदाहरण लीजिए—

भेद कि सिरिस सुमनकन कुलिस कठोरहि।—जानकीमंगल
सिरस सुमनकन बेधिअ हीरा—मानस

पार्वतीमंगल के संबंध में पहले कहा जा चुका है।

रामललानहछू

तुलसीदास ने अपने काव्यों के लघुपंचक या पंचरत्न में तीन ऐसे निर्मित किए हैं जो संस्कारों के समय गाए जाते हैं—जानकीमंगल, पार्वतीमंगल और

रामललानहछू। 'मंगल' का अर्थ विवाह है और 'नहछू' संस्कारगत एक विशेष रीति है। इस नहछू में पैर के नख काटे जाते हैं। इस अवसर पर के गीत प्रचलित हैं। बैसवाड़े में इसे 'नाखुर' भी कहते हैं। दोनों शब्दों का मूल एक ही है, रूप भर बदल गए हैं। यह 'नखक्षुर' का ही प्रस्तार है। एक ओर 'क्ष' हुआ 'छ' और 'ख' हुआ 'ह', उससे बन गया 'नहछू', 'र' उड़ ही गया, पर 'उ' को दीर्घ करता गया। दूसरी ओर 'क्ष' को 'ख' हुआ जैसे 'क्षीर', से 'खीर' 'क्षत्री' से 'खत्री' में होता है। इसने अपने पहले के 'ख' को भगाया पर भागते-भागते भी उसने न को 'आकार' दे ही दिया। 'र' रह गया। इसी से 'खु' को गुरुत्व भी नहीं मिला।

छोड़िए इस भाषाविज्ञानी पचड़े को और आइए उस झगड़े पर जो नहछू के संबंध में बहुत दिनों से चल रहा है, पर जिसकी विधि अभी तक ठीक नहीं बैठी। विधि न बैठने का कारण यह है कि लोग समाज में होनेवाले संस्कारों का तो अध्ययन करते नहीं पुस्तकों के आधार पर ही छानबीन करते रहते हैं। फल यह होता है कि कवि की कही बातों पर भी दृष्टि नहीं जाती।

रामललानहछू के संबंध में पं० रामगुलाम द्विवेदी की बात डाक्टर गियर्सन तक तो मानी गई पर आगे चलकर लोग उसे त्याग बैठे। इन्हीं द्विवेदीजी के कहने से लोग तुलसीदास के नाम पर चलनेवाले अनेक ग्रंथों में से बारह को ही प्रामाणिक मानते हैं किंतु उनकी कही बात नहछू के संबंध में नहीं मानते। केवल इसलिए कि नहछू में 'बर' और 'दूलह' शब्दों का व्यवहार है और मातृकापूजन की रीति वर्णित है। यहाँ तक कि 'कंगन' (बरायन) भी बँधता है, मौर भी सिर पर रखा जाता है। द्विवेदी जी की बात त्याग देने के अभी पर्याप्त कारण उपस्थित नहीं हैं। फिर भी अनुसंधायकों ने उसका कड़ा विरोध और खंडन किया है।

वस्तुतः 'उपवीत' और 'ब्याह' इन दोनों के पूर्व नहछू की रीति होती है। बैसवाड़े का प्रत्येक कनौजिया इससे परिचित है। इसमें उपवीत के समय वे सारे कृत्य भी होते हैं जो विवाह के समय हुआ करते हैं। केवल बरात नहीं जाती, दूल्हन नहीं आती। अभी इस बखेड़े में पड़ने की कोई आवश्यकता नहीं कि मुसलमानी राज्य में बालविवाह प्रचलित हो गया और कई संस्कार एक ही में जुट गए और आगे चलकर जब विवाह का संस्कार पृथक् करने का समय आता तो उपवीत के साथ विवाह की पूर्वांगभूत सभी रीतियाँ कहीं-कहीं लगी रह गईं और उपवीत संस्कार पृथक् न करके विवाह के साथ ही करने का प्रचलन हो गया। पर इतना तो कहना ही पड़ता है कि ऐसे ही किसी कारण का परिणाम यह हुआ कि 'उपवीत' और 'विवाह' के समय जो-जो रीतियाँ उभयनिष्ठ रह गईं उनमें गीत एक ही प्रकार के चलने लगे। विवाह के समय के गीत उपवीत के समय भी गाए जाने लगे। अब भी ऐसा होता है। उपवीत के कुछ गीत तो उसके अपने हैं, पर विवाह

की जो रीतियाँ 'जनेऊ' में होती हैं उनके गीत एक ही हैं। पर जो जनेऊ की अपनी रीतियाँ हैं उनके गीत पृथक् हैं। 'बरुआ' जब अन्य लड़कों के साथ 'जनेऊ' होने के पहले खीर-भात खाता है उस अवसर के गीत स्वतंत्र हैं। पर नहछू आदि रीतियों के गीत एक ही हैं।

उपवीत हो जाने के अनंतर 'बनरा' भी हुआ करता है, जो विवाह होने पर होता है। बधाई या सोहर से ही काम नहीं चलता। फिर भी इन बाहरी बातों से यह प्रमाणित नहीं होता कि तुलसीदास का यही मंतव्य था। विवश होकर यह कहना पड़ता है कि तुलसीदास के सारे वाङ्मय का आलोड़न कर डालनेवालों ने भी न जाने क्यों 'जानकीमंगल' की इस 'फलश्रुति' पर ध्यान नहीं दिया—

उपवीत ब्याह उछाह जे सियराम मंगल गावहीं।
तुलसी सकल कल्यान ते नर नारि अनुदिन पावहीं॥

जो लोग वर, वरायन, मायन आदि शब्दों से चौंके हैं उन्हें जानकीमंगल की इस उक्ति का भी साथ ही विचार करना चाहिए था। यदि लोकव्यवहार के साथ मिलाते हैं तो 'रामललानहछू' को उपवीत के समय का गीत मानने में कोई आपत्ति नहीं होती। वह विवाह के नहछू के समय भी गाया जाए, शौक से। पर यह जानकीमंगल भी उपवीत के समय गाया जा सकता है यह स्वतः तुलसीदास ही कह रहे हैं। इस मंगल (विवाह) को उपवीत में कैसे अंतर्भुक्त करें। यदि जानकी-मंगल उपवीत में गाया जा सकता है तो 'रामललानहछू' भी गाया जा सकता है। ऐसी स्थिति में यह नहछू किस प्रकार का माना जाए— उपवीत के अवसर का या विवाह के अवसर का। दशरथ के भोजगृह में गायन हो रहा है, जनकराज के भवन में नहीं। विवाह के अवसर का नहछू तो मिथिला में हुआ होगा। अयोध्या में होने-वाला नहछू उपवीत के अवसर का ही हो सकता था। पं० रामगुलाम द्विवेदी ने इसे उपवीत के अवसर का माना है। गाया यह दोनों अवसरों पर जा सकता है। राम के संबंध में तो यह नहछू उपवीत के ही समय का है, पर जनता ने इसे 'उपवीत ब्याह उछाह' दोनों में गाए।

रामगुलाम की शिष्यपरंपरा में होनेवाले वंदन पाठक भी बहुत चकराए हैं। 'मायन' की 'माया' में पड़कर उन्हें लिखना पड़ा—'जानि गृह मायन हो—मायन रामायन राम का मुंडन चरित्र जानि घर मायन मंगल वा मुंडन जानि आई'। पाठकजी ने यह नहीं सोचा कि मूड़न में नहछू नहीं होता। स्मरण रहे कि मूलतः 'नहछू' या 'नाखुर' 'पैर के नह' के सबसे पहले काटे जाने की रीति है। मूड़न में केवल सिर के बालों का ही वपन (क्षौर) होता है। उस समय हाथ के 'नह' तो काटे जा सकते हैं, पर पैर के नहीं। पैर के नख काटकर 'महावर' लगाना उपवीत और विवाह में ही हुआ करता है। पाठकजी ने इसे ब्याह का नहछू इसलिए

नहीं माना कि वह अयोध्या में हुआ। यज्ञोपवीत का कैसे मानते, सरवरिया ब्राह्मणों में उसका चलन नहीं। केवल कनौजियों में और उनमें भी खास स्थानवालों में (खटकुलवालों में) पूरे विधिविधान के साथ यह होता है। इसलिए उन्होंने मुंडन की कल्पना की। पर नहछू पारिभाषिक शब्द है, विशेष अर्थ का बोधक है। क्षौरादि के साथ 'नह' कटवाने या हाथ के 'नह' काटने को नहछू नहीं कहते।

'रामललानहछू' में कुछ शृंगारी बातें देखकर लोग इसे तुलसीदास की युवावस्था की कृति कहते हैं। वस्तुत: समाज में राम का प्रवेश सर्वत्र हो इसी भावना से तुलसीदास ने इस 'नहछू' का प्रणयन किया। उसमें सामाजिक व्यवहार की एकाध बात इसलिए रख दी है कि लोग अपनी रुचि के अनुकूल उसे पाएँ और राम के प्रति आकृष्ट होकर कल्याण के भागी बनें। उसकी फलश्रुति ही है—रिद्धि सिद्धि कल्यान मुकुति नर पावइँ हो। कहते हैं कि किसी भाटिन के अश्लील नहछू के गीत के बदले गोस्वामीजी ने इसे लिखा है।

यह सोहर छंद में लिखा गया है। इसमें चार चरणों की एक संख्या मानने से केवल 20 छंद हैं। इसके प्रत्येक चरण के अंत में 'हो' है। शेष अंश में 20 मात्रावाला 'हंसगति' छंद ही है। इस प्रकार तीनों पुस्तकों—दो मंगलों और इस नहछू—का एक ही प्रमुख छंद है। 'सोहर' मांगलिक गान को कहते हैं। विशेष रूप से पुत्रजन्मोत्सव पर गाए जानेवाले गानों की लोक में यही संज्ञा है, जिसके कारण एक सज्जन 'सोहर' को 'प्रसूतिगृह' का विकृत रूप कहते हैं। यदि इस शब्द का विकास उसी से मानें तो 'प्रसूतिगृह' के बदले 'सू-गृह' से इसका व्युत्पादन कहीं सुकर होगा। पर 'सोहर' नामक गीत केवल पुत्रोत्सव पर ही गाए जाते हों ऐसा नहीं है। इसलिए इस शब्द का व्युत्पादन 'शोभल' या 'शोभिल' से करना अधिक संगत है। 'शोभिल' इसलिए कि तुलसीदास ने गीतावली में 'सोहिलो' शब्द का भी व्यवहार किया है और 'नहछू' को भी 'सोहिलो' कहते हैं। इसके साथ ही दोनों मंगलों का नाम 'सोहिलो मंगल' भी है। 'सोहिलो' का 'मंगल' से नैकट्य है।

बरवैरामायण

बरवै छंद में कथित रामकथा इसमें संगृहीत है। इसका विभाजन कांडों में किया गया है। उत्तरकांड में कबित्तावली की भाँति रामविषयक तथा अन्य देवी-देवता-विषयक बरवै संगृहीत हैं। गीतावली, कबित्तावली में एक प्रसंग के पद या

कबित्त एक से अधिक भी कहीं-कहीं हैं अर्थात् कुछ प्रसंग पुनरुक्त हैं, 'बरवै' में ऐसा नहीं है। प्रवाद है कि रहीम ने इस छंद का आविष्कार किया था। उन्हीं की देखादेखी तुलसीदास ने इस छंद में रामकथा लिखी। यह जनश्रुति मात्र है। माना तो यहाँ तक जाता है कि निम्नलिखित पद्य में प्रयुक्त 'बिरवा' से ही बरवा या बरवै पद छंद के लिए चल पड़ा है। पर यह सब कपोल-कल्पना मात्र है—

प्रेम प्रीति को बिरवा चलेउ लगाइ।
सींचन की सुधि लीजिय बिसरि न जाइ॥

इसमें सार इतना ही है कि हिंदी में इस छंद का व्यवहार रहीम ने किया है। यह अवधी भाषा का लोकप्रचलित छंद है। इसी से इसका प्रयोग करनेवाले इसमें प्राय: अवधी भाषा का व्यवहार करते हैं। उसके पूरबी या ठेठ रूप का प्रयोग करते हैं। यह अर्धसम मात्रिक छंद है। इसके विषम (पहले और तीसरे) चरणों में 12-12 और सम (तीसरे और चौथे) चरणों में 7-7 मात्राएँ होती हैं। अंत में प्राय: जगण (।ऽ।) रहता है। एक अतिबरवै या महाबरवै भी होता है जिसके सम चरणों में 2-2 मात्राएँ अधिक रहती हैं। 'बरवै' के लिए अन्य नाम 'ध्रुव' और 'कुरंग' भी हैं। इसी से मिलता-जुलता 'मोहिनी' छंद भी होता है जिसके सम चरणों के अंत में सगण (।।ऽ) होता है। इसे भी कोई-कोई 'बरवै' का एक भेद ही मानते हैं।

बरवैरामायण में 69 'बरवै' हैं। पर उक्त लक्षण के अनुसार 19 छंदों में यतिभंग दोष है। कुछ की यति तो सरलता से ठीक हो सकती है, पर कुछ की यति को सुधारने में विशेष उलट-पलट करना पड़ेगा—

1—तुलसी मोहत मनहिं म-नोहर बाल।
2—राम नीतिरत काम क-हा यह पाव।
3—नित्यनेमकृत अरुन उ-दय जब कीन।
4—सींक धनुष हित सिखन स-कुचि प्रभु लीन।
5—तुलसी जनि प-ग धरहु गंग महँ साँच।
निगा नाँग करि नितहि न-चाइहि नाँच॥
6—माय बाप गुरु स्वा-मि राम कर नाम।
तुलसी जेहि न सोहाइ ता-हि बिधि बाम॥
7—बिपिन चले तजि राम सु-बुधि बड़ बाम।
8—तुलसी सुमिरत राम सु-लभ फल चारि।

इस संबंध में ध्यान देने की बात इतनी ही है कि इस छंद में अथवा यों कहिए कि अर्धसम छंदों में प्रथम-द्वितीय एवं तृतीय-चतुर्थ चरणों को एक प्रकार से प्रथम

एवं द्वितीय मानकर प्रयोक्ता चला करते थे। ये छंद दो पंक्तियों में लिखे जाते हैं और प्रत्येक पंक्ति को दल कहते हैं। प्रत्येक दल को एक 'युति' मानकर प्रयोग करने की परंपरा है। तुलसीदास के दोहों में भी कुछ स्थानों पर यतिभंग है। उसका भी यही कारण जान पड़ता है। 'बरवै' के संबंध में दूसरी स्थिति उद्धरणों से कुछ और स्पष्ट होती है। ऐसा क्यों न माना जाय कि 'बरवै' के प्रथम-तृतीय अर्थात् विषम चरण 11-11 मात्राओं के और सम या द्वितीय-चतुर्थ चरण 8-8 मात्राओं के भी हो सकते हैं और 12-7 तथा 11-8 का सांकर्य भी हो सकता है।

ऐसी ही स्थिति तुकांत के 'जगण' वाले नियम की भी है। ये कहीं-कहीं तगण (ऽऽ।) भी रखते हैं, प्रायः जहाँ 'तुलसीदास' छाप रखनी होती है—

1—लखन राम सिय सुमिरहु तुलसीदास।
2—सीयरामपद सुमिरहु तुलसीदास।
3—सबते अधिक राम जपु तुलसीदास।
4—राम जपत भए तुलसी तुलसीदास।

तुलसीदास ही ने नहीं रहीम ने भी 'तगण' रखा है—

1—मोतिन जरी किनरिया बिथुरे बार।
2—सुनइ न देति मुरलिया मधुरि टेर।
3—छुटि गा सीस क जुरवा कसिकै बाँध।
4—कहति नाक पहिरावहु चित दै सींक।

इसलिए तुकांत में 'गुरु-लघु' ही का नियम कहना उचित प्रतीत होता है।

बरवैरामायण के पहले-तीसरे चरणों के अंत में आनेवाले शब्द पूरबी अवधी के पुं-प्रत्यय 'वा' तथा 'स्त्री-प्रत्यय' 'इया' से प्रायः युक्त आया करते हैं, जैसे— 'करेज' का 'खरेजवा' और 'सवत' का 'सवतिया'। ठेठ अवधी की यह प्रवृत्ति ठेठ शब्दों में तो नैसर्गिक जान पड़ती है, पर संस्कृत शब्दों में कृत्रिम। लतिया, बधुइया, उरोजवा, नयकवा उतने स्वाभाविक नहीं। 'उरोजवा' का वहाँ 'जोबनवा' सहज होगा। तुलसीदास ने यह प्रवृत्ति कहीं-कहीं ही रखी है, प्रायः भाषाप्रवाह की स्वाभाविकता का ध्यान रखा है—अनुहरिया, उजियरिया, हरवा सभी अकृत्रिम हैं। उन्होंने अन्य ठेठ शब्दों का प्रयोग भी बहुधा किया है—निगा नाँग, कनखियन आदि। रहीम के ठेठ शब्दों का प्रयोग तुलसीदास से कहीं अधिक है।

'बरवै' में सबसे आकर्षक योजना है अलंकारों की। अलंकारों का जड़ाव ऐसा है कि लंकाकांड तक प्रत्येक 'बरवै' किसी-न-किसी अलंकार का बहुत स्पष्ट उदाहरण प्रतीत होता है। मानो अलंकार के उदाहरण के लिए ही उसका निर्माण हुआ हो। तुलसीदास के अलंकारों के उदाहरणों की स्पष्टता के कारण उनके ग्रंथों

से भी उदाहरणों का चयन होता रहा है। पद्माकर ने 'पद्माभरण' में 'मानस' से दो उदाहरण लेकर रखे हैं। आधुनिक युग में कई महानुभावों ने तुलसीदास के ग्रंथों से अलंकारों के उदाहरणों का चयन किया है। स्वर्गीय लाला भगवानदीन जी की 'अलंकारमंजूषा' में यह प्रयास सबसे अधिक है। अठारहवीं शती में 'तुलसीभूषण' नामक एक पुस्तक ही ऐसी लिखी गई जिसमें सभी अलंकारों के उदाहरण तुलसीदास के ग्रंथों से नियमपूर्वक दिए गए हैं। इसमें बरवैरामायण के इतने अधिक उदाहरण हैं कि इसके 'लंकाकांड' तक तो दो बरवै को छोड़कर सभी उदाहृत हो गए हैं। जो वहाँ उदाहृत नहीं हैं वे ये हैं—

1—जटा मुकुट कर सर धनु संग मरीच।
चितवनि बसति कनखियनु अँखियनु बीच।
2—बिरहआगि उर ऊपर जब अधिकाइ।
ए अँखिया दोउ बैरिनि देहिं बुझाइ॥

'तुलसीभूषण' में उत्तरकांड का केवल एक बरवै उदाहृत है, 'अतद्गुण' में—

केहि गनती महँ गनती जस बनघास।
राम भजत भए तुलसो तुलसीदास॥[1]

इसमें 'यमुना-प्रशस्ति' का बरवै 'निंदाव्याजस्तुति' के उदाहरण में विशेष है—

तुव जल जमुना जो जन जबहिं नहाइ।
जात लोकहरि जम के मुह मसि लाइ॥

केवट प्रसंग का यह बरवै भी अधिक मिलता है—

बंदे चरनसरोजं तव रघुबीर।
मुनिललना इव नावं मा कुरु धोर॥

मानस के सुप्रसिद्ध व्यास स्वर्गीय पं० शिवलाल पाठक का कहना था कि यह ग्रंथ मूल में बहुत बड़ा है। इसमें कई सौ बरवै हैं। सं० 2010 में जौनपुर के राजा श्रीयादवेंद्रदत्त ने स्वकीय पुस्तकालय के हस्तलेखों के आधार पर 'बरवा (बरवै) रामायण' नाम से एक पुस्तक प्रकाशित की है जिसमें 405 बरवै हैं। इसमें रामकथा क्रमबद्ध कथित है। पर प्रचलित बरवै के इसमें केवल 15 छंद ही कुछ पाठांतरों सहित समान हैं। इनकी तालिका यों है—

1. नागरीप्रचारिणी सभा से प्रकाशित तुलसी ग्रंथावली, खंड 2 में संकलित 'बरवै-रामायण' में 'गनती' के स्थान पर 'गिनती' और 'भजत' के बदले 'जपत' पाठ है।

सभा	जौनपुर	सभा	जौनपुर
28	281	51	198
31	300	52	194
34	192	53	200
36	193	54	202
37	199	55	201
48	195	63	204
49	196	64	203
50	197		

इस संस्करण के 'परिचय'-लेखक लिखते हैं—'प्रस्तुत संस्करण तुलसीदास की प्रामाणिक रचना है'। पर 'मानस' के कर्ता गोस्वामी तुलसीदास की वह कृति है, यह माननीय नहीं। इसका कारण यह है कि 'तुलसीभूषण' में इस 'बृहद् बरवै-रामायण' के वे ही 'बरवै' आए हैं जो उभयनिष्ठ हैं। इसमें अलंकारों की योजना प्रचलित बरवैरामायण की-सी कहीं नहीं है। इसमें पूरी कथा क्रमबद्ध सरस शैली में कहने का प्रयास-मात्र है। भाषा इसकी स्थान-स्थान पर त्रुटिपूर्ण है। फिर भी उक्त महोदय लिखते हैं—'क्या शैली और क्या भाषा सब प्रकार से यह तुलसीदास की रचना जान पड़ती है'। भाषा का नमूना देख लीजिए—

1—छोट ललित अरु लोहित कर पद उस्ट।
2—फलन फुलन भर लतनन्ह बापी कूच।
3—सुमिरि कठिन प्रन आपन लगे बिसूर्ण।
4—रथ हाकेहु हय आकुल पलहि न जोष।
5—एकहि एक कहत सब सुमिरत कोए [कोय ?]।

किन्हीं भगतजी ने यह रचना की है जिन्हें अलंकार-सलंकार से कोई प्रयोजन नहीं था। कुछ बरवै पुराने भी रख दिए हैं, यथास्थान बैठा दिए हैं। यह रचना 'तुलसीभूषण' के रचनाकाल के अनंतर हुई है। इसका (बृहद् बरवैरामायण का) सबसे पुराना हस्तलेख सं० 1797 का है और तुलसी-भूषण का सबसे प्राचीन हस्तलेख सं० 1787 का। आश्चर्य तो यह है कि प्रतापगढ़ के राजकीय पुस्तकालय में दोनों के हस्तलेख मिलते हैं।

वैराग्य-संदीपनी

'बिराग-संदीपनी' क्या है इसे स्वयं कर्ता ने यों बताया है—

तुलसी बेद पुरान मत पूरन सास्त्रबिचार।
यह बिरागसंदीपनी अखिल ज्ञान को सार।।

वस्तुतः इसमें संत और शांति का विचार है। आरंभिक प्रस्तावना के अनंतर संत के रूप का निरूपण है, फिर उसकी प्रशस्ति है और अंत में शांति का कथन है। संत का रूप यह है—

सत्रु न काहू करि गनै मित्र गनै नहिं काहिं।
तुलसी यह मत संत को बोलै समता माहिं।।

संत प्रशस्ति में एक तो महिम्न के प्रसिद्ध श्लोक का अनुकथन है—

महि पत्री करि सिंधु मसि तरु लेखनी बनाइ।
तुलसी गनपति सों तदपि महिमा लिखी न जाइ।।

दूसरे इसमें भागवत का भी अनुवदन है—

तुलसी भगत सुपच भलो भजै रैनिदिन राम।
ऊँचो कुल केहि काम को जहाँ न हरि को नाम।।
विप्राद् द्विषड्गुणयुतादरविन्दनाभ-
पादरविन्दमुखात् श्वपचं वरिष्ठम्।।

—श्रीमद्भागवत, 7।9।10

इसके कुछ दोहे दोहावली में पाठांतरपूर्वक मिलते हैं—

एक भरोसे एक बल एक आस बिस्वास।
रामरूप स्वाती जलद चातक तुलसीदास।

दोहावली में 'स्वाति जलद' के स्थान पर 'घनस्यामहित' है—

तुलसी जाके बदन ते धोखेउ निकसत राम।
ताके पग की पगतरी मेरे तनु को चाम।।

दोहावली में यह रूप है—

आपु आपने तें अधिक जेंहि प्रिय सीताराम।
तेहि के पग की पानही तुलसी तनु को चाम।।59।।

शांति-कथन में यह कहा गया है—

रैनि को भूषन इंदु है दिवस को भूषन भान।
दास को भूषन भक्ति है भक्ति को भूषन ज्ञान।
ज्ञान को भूषन ध्यान है ध्यान को भूषन त्याग।
त्यान को भूषन शांतिपद तुलसी अमल अदाग।
अहंकार की अगिनि में दहत सकल संसार।
तुलसी बाचैं संतजन केवल सांति अधार।।
सोइ ज्ञानी सोइ गुनीजन सोई दाता ध्यानि।
तुलसी जाके चित भई रागद्वेष की हानि।।

इसकी फलश्रुति है—

यह बिरागसंदीपिनी सुजन सुचित सुनि लेहु।
अनुचित बचन बिचारिकै जस सुधारि तस देहु।।

भक्तों के पाँच भावों में से सबसे प्रथम शांत भाव होता है जो जगद्विराग की वृत्ति जगाता है। इसी 'शांतभाव' का 'वैराग्य-संदीपन' के नाम पर इसमें विचार है। यह तुलसीदास की आरंभिक रचना जान पड़ती है। इसकी रचना शिथिल है।

कबित्तावली

यह मुक्तककाव्य है। समय-समय पर तुलसीदास ने कबित्तशैली पर जो कुछ कहा वह सब इसमें संगृहीत है। इसी के अंतर्गत हनुमानबाहुक नाम की वह रचना भी आती है जो तुलसीदास ने बाहुपीड़ा होने पर लिखी थी। कबित्तावली का संग्रह या तो इन्होंने स्वयं किया होगा या इनके किसी शिष्य ने। इतना तो निश्चित है कि संग्रह की रूपरेखा का कुछ संकेत इन्होंने शिष्य को अवश्य दिया होगा, यदि संग्रह शिष्य का किया हो तो। कबित्तावली मुक्तक रचना है। इसमें मंगलाचरण का कोई पद्य नहीं है। इससे स्पष्ट है कि व्यवस्थापूर्वक कबित्तावली नामक ग्रंथ का श्रीगणेश नहीं हुआ है। समय-समय पर बने कबित्तों का यह बाद में किया हुआ संकलन-मात्र है। भरत ऐसे पुण्यश्लोक और प्रेमप्रतिम के विषय में

कवि मौन है। एक ही प्रसंग पर पुनरुक्तियाँ हुई हैं। उत्तरकांड में तो अन्य देवी-देवताओं की स्तुति तथा अन्य अनेक प्रसंगों के कबित्त सन्निविष्ट हैं। तुलसीदास के जीवनवृत्त से संबद्ध कुछ कबित्त भी इसी कांड में संकलित हैं। यह वस्तुतः फुटकल खाता है। ऐसे संग्रह को कुछ महानुभाव खंडकाव्य लिख रहे हैं, काव्य-विमर्श के क्षेत्र में इससे बढ़कर आश्चर्य की बात क्या हो सकती है।

प्राचीन काल में घनाक्षरी, सवैया और छप्पय ये तीन छंद कबित्त कहे जाते थे। पृथ्वीराजरासो में तथा अन्यत्र भी छप्पय के लिए 'कबित्त' शब्द व्यवहृत है। सवैये के लिए कबित्त शब्द हस्तलेखों में बहुधा आता है। इसमें घनाक्षरी, सवैया और छप्पय के अतिरिक्त झूलना भी कबित्त के नाम पर संकलित है। हनुमान-बाहुक की भी यही स्थिति है।

कबित्तावली में ब्रजभाषा का व्यवहार है। इसमें कवि ने कुछ विलक्षण प्रयोग किए हैं। 'शरीक' से 'सरीकता' बना ली है, शोकार्थक 'गम' से 'गमिहै' क्रियारूप निष्पन्न हुआ है। 'रीतिम् आर्षी' से 'रीतिमारषी' किया है। इसमें अरबी, फारसी और संस्कृत के बहुचलित और अल्पचलित दोनों प्रकार के शब्दों का प्रयोग है। अरबी के 'हलक', 'कहरी', 'गुलाम', 'हराम', के साथ ही 'किसब' (कारीगर), 'हबूब' (हुबाब=पानी का बुल्ला=चर्चा) भी हैं। फारसी के 'कागर' (कागज), दगाबाज', 'दराज', 'नेवाज', के साथ 'सालिम' (पराक्रमी), 'रवा' (उचित) भी हैं। संस्कृत के 'बालिश' (मूर्ख), सरवाक (शराव=सकोरा या कसोरा), 'बेर' (शरीर) भी प्रयुक्त हैं। एक स्थान पर राजस्थानी 'म्हाको' (मेरा) भी रख दिया है। प्राकृतरूप भी बहुधा नियोजित हैं मयन (मदन), पब्बै (पर्वत), सायर (सागर), महन (मथन), रूख (वृक्ष), बयन (बचन)। अवधी के शब्द भी प्रायः आए हैं—घालि (घलुआ), सँजोइल, धारि (समूह या सेना), बगमेल, खपुआ (भगोड़े), से (वे), अकनि (आकर्ण्य=सुनकर), सँधानो (अचार), पँवारो (कीर्ति), कलोरे (बछड़े), अछत (रहते, जीते जी)। ऐसे ही मुहावरे भी—खीस जाना (नष्ट होना), लसम के खसम (असहाय के सहायक) तथा कहावतें—'खाती दीपमालिका ठठाइत सूप है, मसक की पाँसुरी पयोधि पाटियतु है'—भी प्रयुक्त हैं।

देश्य या ठेठ शब्दों के साथ संस्कृत के तत्सम तथा अर्धतत्सम शब्दों का तुलसीदास ने बेखटके प्रयोग किया है। इस शैली के अनुधावन में इनसे वे केशव-दास भी पिछड़ गए हैं जिनके घर के दास भी भाखा बोलना नहीं जानते थे अर्थात् संस्कृत ही बोलते थे। 'सीद्यमान' और 'अहः' ही नहीं 'वदति' आदि क्रियापद भी संस्कृत से बने-बनाए रख दिए गए हैं। अंतर्वेद तथा मध्य भारत में चलनेवाले मुहावरे 'गोद कै लै' (गोद में लेकर) 'गढ़ राड़ कैसो भाँड़ि गो' (भाँड़ जाना=घूम-घूमकर देख जाना) भी यथास्थान प्रयुक्त हैं। कबित्तावली की भाषा में मुहा-

वरों और लोकोक्तियों का विनियोग प्राय: हुआ है। जैसे 'धोबी कैसो कुकूर न घर को न घाट को', 'काटिए न नाथ बिषहू को रूख लाइ कै', 'बयो लुनियत सब याही दाढ़ीजार को' आदि।

अपभ्रंश में अकारांत पुंलिग शब्दों के प्रथमा और द्वितीया के एकवचन में उकार का प्रयोग करने की नियत प्रवृत्ति रही। संज्ञा, विशेषण, कृदंत-विशेषण जहाँ भी अकारांत पुंलिग-स्थिति रहती हैं सर्वत्र इस प्रकार का व्यवहार होता है। अपभ्रंश की इस उकार की प्रवृत्ति के कारण वह उकारबहुला भाषा भी शास्त्रकारों के द्वारा कही गई है। यह उकार संस्कृत के प्रथमा एकवचन के 'सु' अर्थात् विसर्ग का विकास है। विसर्ग के अनंतर वर्ग के तृतीय, चतुर्थ और पंचम वर्ण आ जाएँ अथवा 'य' 'व' 'ह' आ जायँ तो 'ओ' हो जाया करता है यदि उसके पूर्व 'अ' हो। 'राम: गच्छति' 'रामो गच्छति' हो जाता है। इस 'ओ' का हलका उच्चारण पश्चिमी प्रदेश में 'उ' में परिणत हो जाया करता है। घोड़ा से पूर्व में घोड़िया होता है, घो का हलका उच्चारण ये कर लेते हैं। पर पछाहँ में 'घुड़िया' हो जाता है। तुलसीदास के रामचरितमानस में उक्त उकार का व्यवहार बालकांड और अयोध्याकांड में बहुत कुछ नियमित मिलता है। अन्य कांडों में कहीं-कहीं नियम खंडित दिखाई देता है। संभवत: इसका कारण अन्य कांडों के मानस के प्राचीन हस्तलेखों की अनुपलब्धि ही है। केशवदास, गंग की रचनाओं में यह प्रवृत्ति बहुत दिखाई देती है और उत्तरकालीन कवियों में भी कुछ-कुछ अवशिष्ट रह गई है जिसका प्रमाण तुकांत में उसके प्रयोग से मिलता है। कबित्तावली में भी इसका प्रयोग यत्र-तत्र दिखाई देता है। जो लोग अपभ्रंश में इस विशेषता के ग्रहण और देशी भाषाओं में उसके अनुग्रहण से परिचित नहीं हैं वे रामचरितमानस के उकार बहुल प्रयोगों को भ्रम से अनुचित कहते हैं। चौपाइयों के तुकांत में अंतिम स्वर को दीर्घ कर देने की पद्धति मानस मे प्राय: दिखाई देती है। बालकांड में 'नामू' और 'रामू' शब्द तुकांत में रखे गए हैं—

> बंदौं बालरूप सोइ रामू। सब त्रिधि सुलभ जपत जिसु नामू।
> सुमिरि पबनसुत पावन नामू। अपने बस करि राखे रामू।

बोलचाल में चलनेवाले 'रामू', 'श्यामू' आदि नाम संबोधन में अंतिम स्वर के दीर्घ हो जाने से बने जान पड़ते हैं। मानस में प्रयुक्त 'गुर' शब्द भी कुछ लोगों के लिए अनुचित प्रयोग जान पड़ता है। पर वास्तविकता यह है कि संस्कृत का 'गुरु' शब्द हिंदी में अकारांत पुंलिग हो गया है, उसका रूप 'गुर' ही है। अन्य कवियों ने भी इस रूप को ग्रहण किया है। तुकांत में 'उर' के साथ इसका प्रयोग इस रूप को स्पष्ट कर देता है। मानस में 'गुरु' शब्द वहीं प्रयुक्त है जहाँ प्रथमा या द्वितीया का एकवचन विवक्षित है। उकार के इस प्रयोग पर विद्वानों को कुछ विस्तृत

विचार करने की आवश्यकता है।

कवित्तावली में एकाध स्थल पर चारण-भाटों की द्वित्व कर देने की प्रवृत्ति का अनुधावन अल्प मात्रा में दिखाई देता है। फिर भी इसमें शब्दों में रूपविकार यथाशक्य कम ही किया गया है। कहीं-कहीं तुकांत के अथवा प्रवाह के अनुरोध से शब्दों का रूप कुछ परिवर्तित अवश्य करना पड़ा है, जैसे 'चारिको' का 'चारिखो' और 'चौवा' [चौपाया] का 'चुआ'।

जैसा पहले कहा जा चुका है कबित्तावली में उग्र भावों की अभिव्यक्ति विशेष आकर्षक है। इसका सुंदरकांड इस दृष्टि से बहुत ही उत्तम बन पड़ा है। इसमें लंकादहन का बड़ा ही ब्योरेवार वर्णन है। कहीं-कहीं कोमल भाव के छंद भी बड़े आकर्षक रखे गए हैं। इसका हास का यह उदाहरण बहुत प्रसिद्ध है—

बिंध्य के बासी उदासी तपोब्रतधारी, महा, बिनु नारि दुखारे।
गौतमतीय तरी 'तुलसी' सो कथा सुनि भे मुनिवृंद सुखारे।
ह्वैहैं सिला सब चंदमुखी परसे पद मंजुल कंज तिहारे
कीन्हों भली रघुनायकजू करुना करि कानन कों पगु धारे।।

हनुमानबाहुक

इसमें चौवालीस छंद हैं। यह कबित्तों में हनूमान् की प्रार्थना है। तुलसीदास हनुमत्पूजा का किस प्रकार प्रचार करना चाहते थे तथा किस प्रकार उसका प्रसार किया भी, इसका विचार पहले किया जा चुका है। हनुमानबाहुक में कुछ ऐसे प्रयोग हैं जो अवधप्रांत में ही चलते हैं। कहते हैं कि तुलसीदास को जब प्लेग हो गया था उसी अवसर पर इस स्तुतिकाव्य की रचना की गई। इसमें प्लेग के बदले बरतोर का स्पष्ट उल्लेख है—

तातें तनु पेखियत घोर बरतोरमिस फूटि फूटि निकसत लोन रामराय को।

इसके अतिरिक्त 'बाहुशूल' और 'बाहुक' शब्दों का भी इसके लिए व्यवहार है। इसका तात्पर्य बाहु में होनेवाली उत्कट पीड़ा है।

दोहावली

इसमें मुख्य रूप से दो विषय वर्णित हैं—भक्ति और नीति। भक्ति के अंतर्गत तुलसीदास ने साधना का स्वरूप स्पष्ट किया है। वे स्नेह-भक्ति में उभय पक्ष में समता नहीं स्वीकार करते। सम प्रेम के बदले विषम प्रेम को उत्तम मानते हैं। सम प्रेम को उन्होंने विष से उपमित किया है—

कै लघु के बड़ मीत भल सम सनेह दुख सोइ।
तुलसी ज्यों घृत मधु सदृस मिले महाबिष होइ।।

प्रियपक्ष में यद्यपि लघु को भी गृहीत करते हैं तथापि भक्तिपक्ष में बड़े या महत् प्रिय को ही श्रेष्ठ कहा है। इनकी उपासना दास्यभाव की थी यह पहले कहा जा चुका है। कहते हैं कि तुलसीदास राम के बालरूप के भी उपासक थे। भक्तों की परम्परा में यह प्रसिद्धि है कि मानस में काकभुशुंडि के प्रसंग में इन्होंने कुछ अपनी बातें भी रखी हैं। काकभुशुंडि राम के बालरूप के उपासक थे—बालकरूप राम कर ध्याना। कबित्तावली के आरंभ में राम के बालरूप का ध्यान कई सवैयों में कहा है, जिनमें 'अवधेस के बालक चारि सदा तुलसी मनमंदिर में बिहरैं' यह समस्या दो सवैयों में रखी हुई है, इसे भी इनकी भक्तिसाधना का स्वरूपबोधक बतलाते हैं। जो हो, इन्होंने भक्ति का स्वरूप दोहावली में बहुत स्पष्ट करके कह दिया है—

एक भरोसो एक बल एक आस बिस्वास।
एक रामघनस्यामहित चातक तुलसीदास।।

चातक का प्रेम विषम प्रेम का आदर्श है। यह विषमता एकांगी प्रेम की साधना को दृढ़ करनेवाली है। बादल चाहे समय पर अर्थात् स्वाती नक्षत्र में वृष्टि करे या न करे, चाहे वज्रपात ही क्यों न करे चातक कभी उसका प्रेम छोड़ता नहीं। भक्ति की साधना में अनेक प्रकार के उपद्रव खड़े होते हैं पर भक्त फिर भी साधना का परित्याग नहीं करता—

जौ घन बरसै समय सिर जौ भरि जनम उदास।
तुलसी या चित चातकहि तऊ तिहारो आस।।

ये चातक के प्रेम की शिक्षा यह मानते हैं कि प्रेम प्रियपक्ष की परुषता का विचार कभी नहीं करता—

प्रेम न परखिय परुषपन पयद सिखावन एह।
जग कह चातक पातकी ऊसर बरसै मेह।।

चातक की अनन्यता और उसके व्रत का निरूपण इसमें कुछ विस्तार से किया गया है। चातक किसी दूसरे से नहीं माँगता केवल बादल से वह याचना करता है। चातक सा याचक और बादल सा दानी दूसरा नहीं हो सकता। बादल जो वृष्टि करता है वह उसी के लिए। पर चातक उसके दिए जल में से केवल घूंट भर पानी लेता है—

देत जो भूभाजन भरत लेत जो घूटक पानि।

चातक का व्रत प्रेमपिपासा की वृद्धि को लक्ष्य करता है, वह पिपासा जितनी बढ़ती जाएगी उसका प्रेम भी उतना ही बढ़ता जाएगा—

चातक तुलसी के मते स्वातिहु पियै न पानि।
प्रेम-त्रिषा बाढ़त भली घटे घटैगी आनि॥

उसका नियम यह है कि—

बक्र बुंद लखि स्वातिहू निदरि निबाहत नेम।

इनके विचार से चातक बादल से जल माँगता ही नहीं। केवल प्रिय के सौंदर्य पर मुग्ध होता है और उसका नाम रटता रहता है। जल का संग्रह करके भी वह नहीं रखता। साथ ही आकाश से आती हुई बूंद खुली चोंच में सीधे चली जाती है तो ठीक अन्यथा सिर झुकाकर वक्र बूंद को भी नहीं ग्रहण करता। बड़ा मानी मंगन है वह—

नहिं जाचत नहिं संग्रही सीस नाइ नहिं लेइ।
ऐसे मानी माँगनेहि को बारिद बिन देइ।

चातक को व्रत का ध्यान मृत्यु के समय भी बना रहता है। बाज के चंगुल में पड़े चातक को चिंता यह रहती है कि कहीं बाज द्वारा मांस खा लेने के अनंतर मेरे पंख और हड्डियाँ किसी पार्थिव जल में न जा गिरें। किसी शिकारी ने चातक को मारा और वह उड़ता हुआ गंगा की धारा में जा गिरा। मरते-मरते भी उसने चोंच ऊपर कर ली जिससे गंगा का जल गले में न चला जाय। चातक के व्रत में मनस्विता का इसी प्रकार का योग किया गया है। यह मनस्विता व्रत के प्रति आकर्षण के कारण उत्तम से उत्तम वस्तु का परित्याग करानेवाली होती है। किसी विद्वान् ब्राह्मण ने उद्वेजित होने पर कहा था—

क्रुद्धोलूकनखप्रपातविगलत्पक्षा अपि स्वाश्रयं
ये नोज्झन्ति पुरीषपुष्टवपुषस्ते केचिदन्ये द्विजाः।
ये तु स्वर्गतरंगिणीबिसलतालेशेन संवर्द्धिता
गांगं नीरमपि त्यजन्ति कलुषं ते राजहंसा वयम्॥

चातक के संबंध में कुछ मानवीय व्यापार संबंधी कल्पनाएँ भी इन्होंने कर

रखी हैं। वह बच्चे को बारंबार शिक्षा देता है कि मेरा तर्पण बादल के जल से ही करना। भीषण निदाघ में चातक को परितप्त देखकर किसी पथिक ने उससे शीतल छाया में विश्राम करने को कहा, पर उसने उस वृक्ष की छाया में इसलिए विश्राम करना अस्वीकृत कर दिया कि वह पार्थिव जल से सींचा हुआ वृक्ष था। इस प्रकार की कल्पनाएँ भक्ति के अनन्य प्रेम के पोषण को लक्ष्य कर के की गई हैं। चातक ही नहीं मृग, मीन, सर्प के प्रिय संबंधी ऐसे ही प्रेम की चर्चा भी इसमें की गई है।

नीति के अंतर्गत सुसंग और कुसंग संबंधी और राजनीति तथा लोकनीति-संबंधी उक्तियाँ अधिक कही गई हैं। तात्कालिक जीवन के संबंध में भी इनके कुछ उद्‌गार इसमें उपलब्ध होते हैं, जिनका उल्लेख यथास्थान पहले किया गया है। दोहावली में रामचरितमानस के बहुत से दोहे संकलित हैं। इसका संग्रह कदाचित् इनके किसी शिष्य ने बाद में किया है।

रामाज्ञाप्रश्न

इसके कई नाम हैं, यह पहले कहा जा चुका है। 'रामशलाका' या 'रघुवर-शलाका' नाम में 'शलाका' शब्द चुनाव को प्रकट करनेवाला है। प्राचीन काल में शलाका अर्थात् सलाई का प्रयोग निर्वाचन में किया जाता था। 'रामाज्ञाप्रश्न' नाम में 'प्रश्न' की दृष्टि से नामकरण हुआ है। 'राम की आज्ञा से प्रश्न' और उनके 'उत्तर' इस नाम के द्वारा संकेतित हैं। 'सगुनावली' नाम इसके अर्थ को ठीक व्यक्त करता है, क्योंकि यह शकुन-विचार की पुस्तक है। इसके दोहों में 'सकुन' शब्द का व्यवहार प्रायः है। यथास्थान असगुन-कुसगुन शब्द भी आए हैं। इसलिए 'शकुना-वली' नाम पूर्ण और स्पष्टार्थबोधक है। इसके सातों सर्गों में रामलीला क्रमबद्ध कही गई है। रामचरितमानस के सात सोपान जिस प्रकार सात कांडों की कथा कहते हैं उसी प्रकार इसके सात सर्ग भी। सातवें सर्ग के सातवें सप्तक में स्वयं कवि ने शकुन विचारने का ढंग बता दिया है—

सुदिन साँझ पोथी नेवति, पूजि प्रभात सप्रेम।
सगुन बिचारब चारुमति सादर सत्य सनेम॥
मुनि गनि, दिन गनि, धातु गनि दोहा देखि बिचारि।
देस करम करता बचन सगुन समय अनुहारि।

सगुन सत्य ससि नयन गुन अवधि अधिक नय बान।
होइ सुफल सुभ जासु जसु प्रीति प्रतीति प्रमान।।

अर्थ यह कि किसी अच्छे दिन संध्या समय पोथी को निमंत्रित करना चाहिए फिर प्रातःकाल के समय उसकी पूजा करके शकुन का विचार करना चाहिए। मुनि, दिन और धातु तीनों का अर्थ सात है। यही इस पुस्तक के आरंभ में मिलनेवाले दोहों में बतलाया गया है—

अष्टोत्तर सत कमल फल, मुष्टी तीनि प्रमान।
सप्त सप्त तजि सेष कों, राखै सब बिलगान।।
प्रथम सर्ग जो सेष रह, दूजे सप्तक होइ।
तीजे दोहा जानिये, सगुन बिचारब सोइ।।

इसके प्रत्येक सर्ग में सात-सात दोहों वाले सात सप्तक हैं। इस प्रकार इसमें कुल 343 दोहे हैं। आरंभ के ये दोहे किसी-किसी हस्तलेख में ही मिलते हैं, इसलिए इनकी वृद्धि बाद में की गई है। ऊपर उद्धृत 'सगुन सत्य' प्रतीकवाले तीसरे दोहे में शकुन का फल प्रकट होने की सीमा बताई गई है। ससि का अर्थ एक, नयन का अर्थ दो, गुन का अर्थ तीन, नय (नीति) का अर्थ चार और बान का अर्थ पाँच है। तात्पर्य यह कि शकुन एक दिन में, दो दिनों में अथवा तीन दिनों में अपना फल अवश्य प्रकट करेगा। उसकी अधिक-से-अधिक सीमा चार या पाँच दिनों की है।

श्रीरामगीतावली

श्रीरामगीतावली में तुलसीदास ने सीतानिर्वासन आदि वे घटनाएँ भी रखी हैं जो मानस में अनभिप्रेत समझकर छोड़ दी गई हैं। इसमें लड़ाई-झगड़े का वर्णन एकदम नहीं है। बालि-सुग्रीव की कथा उड़ा ही दी गई है। रावण के युद्ध का समाचार ही कहलाया गया है। सुंदरकांड में राम की सेना का समुद्रपार उतरना भर वर्णित है। इसके विपरीत कथा के कोमलभावात्मक पक्ष के पद भरे पड़े हैं। बालकांड में रामजन्म के उत्सव का वर्णन धूमधाम से है। नगर के प्रत्येक वर्ग के व्यक्ति के हृदय की स्थिति तथा उनके कार्य भली भाँति वर्णित हैं। बालकों की क्रीड़ा, माताओं का उन्हें खेलाना, उनके संस्कारों का वर्णन, बालकों के भविष्य के

संबंध में माताओं की चिंता, विश्वामित्र के आगमन से उत्पन्न विक्षोभ, विश्वामित्र के साथ उन्हें देखकर लोगों के हृदय में आविर्भूत कुतूहल आदि का रमणीय ढंग से वर्णन है। ताड़कावध का प्रसंग आने पर—

ख्याल दली ताड़ुका देखि ऋषि देत असीस अघाई।

कहकर फिर वे कोमल भावभूमि पर आ जाते हैं। इसी प्रकार अयोध्याकांड में कथावस्तु के प्रवाह पर ध्यान नहीं है; पर राम, लक्ष्मण और सीता के प्रवास से अयोध्या से लेकर चित्रकूटपर्यंत जो स्थिति उत्पन्न हुई उसका प्रौढ़ वर्णन है। 'मानस' में तो पशु-पक्षियों के विषय में इतना ही लिखा है—

राम बियोग बिकल सब ठाढ़े। जहँ तहँ मनहुँ चित्र लिखि काढ़े।

पर इसमें पालतू 'शुक-सारिका' अवशता पर विचार करते हैं और अत्यंत समीचीन शब्दों में—

हम पँख पाइ पींजरनि तरसत, अधिक अभाग हमारो।

वार्तालाप के लिए कवि ने ऐसे पक्षियों को चुना है जो पालतू होने पर नरवाणी बोल सकते हैं।

अरण्यकांड में विराधवध वर्णन की आवश्यकता नहीं समझी गई, पर सीताहरण का मार्मिक स्थल, शवरीमंगल का दिव्य प्रसंग विस्तार से है। सुंदरकांड में लंका-दहन-वर्णन नहीं है, पर सीता और हनूमान् की भेंट के हृदयद्रावक दृश्य का चित्रण और मार्मिक त्रिजटा-संवाद है। रावण की मंडली में भी कोमल सत् प्रवृत्ति का निदर्शन है। लोग रावण को समझाते हैं और वह फिर भी नहीं मानता आदि। लंकाकांड में युद्ध का वर्णन नहीं है, पर लक्ष्मण-शक्ति का दृश्य अंकित है। अयोध्या में अवधि के निकट आने पर सबके हृदय में होनेवाले अभिलाष का चित्रण है। अंत में उत्तरकांड में बड़े समारोह से तिलकोत्सव का वर्णन और सीतानिर्वासन की चर्चा है। तात्पर्य यह कि इसमें तुलसीदास ने उग्र भावनाओं और दृश्यों के चित्रणों को हटाकर मधुर और कोमल भावनाओं एवं दृश्यों के वर्णन के गीत लिखे हैं। इसकी सरसता का कारण यही है। कोमल भाव हृदय का स्पर्श शीघ्र और अधिक करता है। इसमें तुलसीदास ने कुछ ठेठ पर समीचीन शब्दों का प्रयोग किया है। इसमें मुहावरों का भी प्रचुर प्रयोग है।

श्रीकृष्णगीतावली

गोस्वामी तुलसीदास के चरित्र के संबंध में प्रचलित निम्नलिखित दोहे की चर्चा 'नंददास' शीर्षक में पहले की जा चुकी है—

का बरनौं छबि आज की भले बने हौ नाथ।
तुलसी मस्तक तब नवै, धनुष-बान ल्यौ हाथ ।।

तुलसीदास कट्टर रामोपासक थे। पर उनके ग्रंथों का अनुशीलन करने से पता चलता है कि उनमें किसी प्रकार का सांप्रदायिक कट्टरपन नहीं था। जो राम का अनन्य उपासक होकर लोकव्यवहार के कारण गणेशादि नाना देवताओं की वंदना करता है, जो 'सीयाराममय सब जग' मानकर कीटपतंगादि की वंदना भी करने में किसी प्रकार की हिचक नहीं दिखाता, वह इस प्रकार का कट्टरपन कैसे प्रदर्शित करेगा।

जिस प्रकार लोक में प्रसिद्ध अन्य महात्माओं के संबंध में नाना प्रकार की किंवदंतियाँ प्रचलित हैं उसी प्रकार तुलसीदास का कट्टरपन प्रदर्शित करने के लिए यह दोहा प्रचलित है। इन्होंने भगवान् कृष्ण के प्रति वही वृत्ति दिखाई है जो राम के प्रति। इन्होंने जिस प्रकार भगवान् के लोकरक्षक रूप का वर्णन किया है उसी प्रकार उनके लोकरंजक रूप का भी। लोकरक्षण की दृष्टि में रखकर चलने से भगवान् के चरित्र में उग्र भावनाओं का भी निरूपण करने की आवश्यकता पड़ती है। लोक में विश्रृंखलता उत्पन्न करनेवाले दुष्टों को दंड देना, उनका संहार करना उस चरित्र की उसी प्रकार विभूतियाँ हैं जिस प्रकार मधुर लीलाओं से लोकरंजन और हृदय में प्रफुल्लता उत्पन्न करना।

तुलसीदास के रामचरितमानस में भगवान् का लोकरक्षक रूप ही गृहीत है। उनकी श्रीरामगीतावली को देखिए तो उसमें कोमल भावनाओं का ही चित्रण मिलेगा। भगवान् की बाललीला, माताओं के अनेक प्रकार के अभिलाष, उनका वनगमन और वन के लोगों की कोमल वृत्तियाँ, सीतावनवास आदि। उग्र भावना का कोई चित्रण नहीं, यहाँ तक की ताड़कावध, बालि-सुग्रीव की लड़ाई, रामरावण-युद्ध आदि का केवल संकेत है, वर्णन नहीं। श्रीरामगीतावली के ढंग की ही इन्होंने श्रीकृष्णगीतावली भी लिखी है।

तुलसीदास ने भगवान् श्रीकृष्ण का वही चरित्र लिया है जो ब्रजवासी कवियों ने। भगवान् श्रीकृष्ण की बाललीला और उनके मथुरा चले जाने पर गोपियों का विरह (जिसे भ्रमरगीत के नाम से पुकारते हैं) ये दो ही स्वरूप इन्होंने भी ग्रहण किए हैं। इसके वर्णन सूरदास के वर्णनों से इतने अधिक मिल गए हैं कि कुछ पद

जो सूरसागर में मिलते हैं अक्षर-प्रत्यक्षर श्रीकृष्णगीतावली में भी हैं। केवल 'सूर' के स्थान पर 'तुलसी' छाप है। कुछ पद ऐसे हैं जो एक दूसरे से बहुत अधिक मिलते हैं। यदि किसी से यह न कहा जाए कि यह तुलसीदास की रचना है तो वह सुनते ही कह देगा कि रचना सूर की है।

लड़कों की स्वाभाविक वृत्ति होती है कि यदि उन्हें खाने की अच्छी-अच्छी वस्तुएँ, पहनने के अच्छे-अच्छे कपड़े या अच्छे-अच्छे खिलौने दिए जाएँ तो वे स्वयं ही उसका व्यवहार करते हैं, दूसरे लड़कों को नहीं देते। यदि कोई देने को कहे भी तो कहते हैं कि मैं इसे किसी को नहीं दूँगा। इसका वर्णन तुलसीदास ने इस प्रकार किया है—

छोटो मोटी मीसी रोटी चिकनी चुपरिकै तू दै री मैया।
'लै कन्हैया' 'सो कब ?' 'अबहिं तात'।
'सिगरियै हौं ही खैहों, बलदाऊ कों न दैहों'।
'सो क्यौं' 'भटू तेरो कहा' कहि इत उत जात।

यही नहीं लड़के जब शरारत करने लगते हैं तो वे शिकायत करनेवाले को बहुत अधिक तंग करते हैं। यदि कोई उनके विरुद्ध कुछ कहता है तो वे और अधिक उत्पात करते हैं। श्रीकृष्ण की यह वृत्ति इन्होंने अच्छी अंकित की है। किसी ने यशोदा के यहाँ आकर नटखटपने का उलाहना दिया। श्रीकृष्ण ने जाकर उसके यहाँ फिर वही उत्पात मचाया। जब वह उलाहना लेकर आई तो इन्होंने कह दिया कि मैं भला इसके यहाँ बार-बार चोरी करने कैसे जा सकता हूँ। अभी यह उलाहना देकर गई है और फिर दौड़ी चली आ रही है। अवश्य ही यह मुझ पर झूठा दोष लगा रही है—

अबहिं उरहनो दै गई, बहुरो फिर आई।
सुन मैया तेरी सौं करौं याकी टेव लरन की, सकुच बेंचि सी खाई।
तुलसीदास ग्वालिनी ठगी, आयो न उतर कछु, कान्ह ठगौरी लाई।

यशोदा ने जब देखा कि कृष्ण माखन चोरी करना नहीं छोड़ रहे हैं तो वे उन्हें विवाह के बहाने इस कार्य से विरत करने लगीं। तू अभी तक चोरी कर रहा है, लोग ब्याह करने आएँगे तो कहेंगे कि लड़का चोर है, तेरी हँसी होगी। नई दुल्हन आएगी तो वह भी तेरी इस करतूत पर हँसेगी। इसलिए यह काम छोड़ दे—

छाँड़ो मेरे ललित ललन लरिकाई।
ऐहैं सुत देखु वार कालि तेरे बबै ब्याह की बात चलाई।
डरिहैं सासु ससुर चोरी सुनि हँसिहै नई दुलहिया सुहाई।
बिहँसि ग्वालि जानि तुलसी प्रभु सकुचि लगे जननि उर धाई।

बाललीला की छोटी-से-छोटी बातों तक कवि पहुँचता दिखाई देता है। बाल-विनोद का ऐसा चित्रण सूर और तुलसीदास हिंदी के दो ही सर्वश्रेष्ठ कवियों के बाँटे पड़ा। बाललीला को छोड़कर प्रेम के दूसरे रूप की ओर आइए। गोपियों के प्रेम की व्यंजना भी ये उसी लगन से करते हैं। इसमें भी वैसी ही विरह की व्यंजना है जैसी श्रीरामगीतावली में। बल्कि यहाँ इन्होंने उसकी व्यंजना अधिक पदों द्वारा की है।

ब्रज में उद्धव के आगमन से गोपियों के प्रेम, विषाद और साथ ही हास की व्यंजना को पूरा मैदान मिल जाता है। उनके सामने वे अपने प्रेम का स्वरूप भी रखती हैं और कभी-कभी उनमें शोक की वृत्ति से हास की वृत्ति प्रधान हो जाती है। कभी उनमें क्षोभ उत्पन्न होता है। वे कहती हैं कि चाहे आप कृष्ण की ही कही बातें कहते हों, पर हैं ये कुबरी की कही, हमें विश्वास नहीं होता। हम चाहे सह लें पर ईश्वर इसे नहीं सह सकता—

मधुप तुम्ह कान्ह ही की कही क्यों न कही है।
वह बतकही चपल चेरी की निपट चरेरियै रही है।
आयसु देहु करहिं सोइ सिर धरि प्रीति-परमिति निरबही है।
तुलसी परमेस्वर न सहैगो, हम अबलनि सब सही है।।

विनयपत्रिका

यद्यपि यह मुक्तक रचना है तथापि व्यवस्थापूर्वक पूर्वनिश्चित योजनानुसार निर्मित हुई है। 'विनयपत्रिका' का अर्थ है 'अरजी'। तुलसीदास ने कोसलेंद्र भगवान् रामचन्द्र के दरबार में यह अरजी पेश की है कि कलिकाल मुझे बहुत सता रहा है। मैं आपकी प्रजा होकर भी उससे अत्यंत पीड़ित हूँ। मुझे पीड़ा पहुँचानेवाले कलि को आप दंड दें, मेरी सुरक्षा करें जिससे न्याय हो। विधि-संहिता के अनुसार यदि कोई सार्वजनिक पीड़ा का काम करता है तो किसी भी व्यक्ति को अधिकार है कि उसके विरुद्ध अरजी दे सके। तुलसीदास को प्रत्यक्ष व्यक्तिगत रूप में कलि वैसा कष्ट देता हो जिसकी चर्चा है, ऐसा उस महात्मा के सम्बन्ध में कल्पनातीत है। जगत्प्रवाह का प्रत्येक व्यक्ति कलि से पीड़ित है, इससे दुखी होकर प्रतिनिधि के रूप में उन्होंने यह 'विनयपत्रिका' सम्राट् के निकट भेजी है। मुगलकाल में सम्राट् के निकट कोई अरजी पेश करते समय इस आशंका से कि कहीं वह दाखिलदफ्तर

न हो जाय मुसाहिबों के द्वारा सिफारिश पहुँचाई जाती थी। कोशिश पहुँच सकती थी तो महलसरा में भी पहुँचाई जाती थी। शाहंशाह की इस कार्यपद्धति को ध्यान में रखकर अखिल ब्रह्मांडनायक महाराज रामचंद्र के दरबार में भी कवि ने उसी प्रकार के प्रयास-प्रयत्न की योजना 'विनयपत्रिका' के आरंभ में की है। राजा-महाराजाओं के यहाँ सात ड्योढ़ी लगती है अर्थात् साक्षात् महाराज के सम्मुख पहुँचने के पूर्व सात परिसरों को पार करना पड़ता है। ऐसी ही स्थिति धर्म के क्षेत्र में प्रधान देवता के संबंध में भी है, जिसे सप्तावरण कहते हैं। सप्तावरण की यह कल्पना ब्रह्मांड के सप्तावरणों के आधार पर की हुई जान पड़ती है। जैसे, काशी-विश्वेश्वर के सप्तावरण में छप्पन विनायक हैं। प्रत्येक आवरण में आठ-आठ विनायक हैं, जिनका उल्लेख विस्तार से काशीखंड की टीका में किया गया है। 'विनयपत्रिका' में सात ड्योढ़ियों पर क्रमशः गणेश, सूर्य, शंकर, दुर्गा, गंगा, यमुना और हनूमान् हैं। जब प्रार्थी क्रमशः सात ड्योढ़ियों को पार कर जाता है तब राजभवन में पहुँचता है। छठी ड्योढ़ी के अनंतर दो वन हैं। एक का नाम आनंदवन (काशी) और दूसरे का नाम चित्रवन या चित्रकूट है। इन वनों का भी यथावत् वर्णन किया गया है। राजभवन में पहुँचने पर भगवान् के अंग-रक्षक लक्ष्मण, भरत और शत्रुघ्न की स्तुति करके प्रार्थी रनिवास में प्रवेश करता है और जगत्-जननी श्रीजनकनंदिनी की प्रार्थना करता है—

> कबहुँ अंब अवसर पाइ।
> मेरियौ सुधि द्यायबी कछु करुन कथा चलाइ।
> दीन सब अँगहीन छीन मलीन अघी अघाइ।
> नाम लै भरै उदर एक प्रभुदासीदास कहाइ।
> बूझिहैं सो है कौन कहिबी नामदास जनाइ।
> सुनत रामकृपालु के मेरी बिगरियौ बनि जाइ।
> जानकी जगजननि जन की किये बचन-सहाइ।
> तरै तुलसीदास भव तव नाथ गुनगन गाइ।।

राजचक्र को साधकर प्रार्थी कोसलाधीश के सम्मुख उपस्थित होता है और उनकी प्रार्थना करता है। अंत में उसका यह निवेदन है—

> बिनयपत्रिका दीन की बापु आप ही बाँचो।
> हिय हेरि तुलसी लिखी सो सुभाय सही करि बहुरि पूँछिये पाँचो।

कवि अपने विश्वासानुसार यह भी लिखता है कि राजचक्र ने अनुमोदन किया और महाराज राजराजेश्वर रामचंद्र के उस विनयपत्रिका पर अंततोगत्वा हस्ताक्षर

हो गए—

मारुति मनरुचि भरत की लखि लखन कही है।
कलिकालहुँ नाथ नाम सों प्रतीति प्रीति एक किंकर की निबही है।
सकल सभा सुनि लै उठी जानी रीति रही है।
कृपा गरीबनिवाज की देखत गरीब की साहिब बाँह गही है।
बिहँसि राम कह्यो सत्य है सुधि मैं हू लही है।
मुदित माथ नावत बनी तुलसी अनाथ की परी रघुनाथ सही है।।

तुलसीदास ने जिन-जिन से प्रार्थना की है उनसे यही वर माँगा है कि राम मेरे हृदय में बसें या राम की भक्ति मुझे प्राप्त हो। राम की प्रार्थना में बलविक्रम का उल्लेख करने के अनंतर उनके शील, दया, दाक्षिण्य और उदारता का भी पूरा आख्यान है। एक पद में शरीर को ब्रह्मांड और सुप्रवृत्ति को लंका दुर्ग बतलाकर शरीर के भीतर बसे हुए काम, क्रोध, लोभ आदि को वहाँ का प्रमुख निवासी कहकर पूरी रहस्यात्मक स्थिति उत्पन्न की गई है। पर इसके द्वारा कवि की धारणा बहुत स्पष्ट हो जाती है। अर्थात् यह स्पष्ट हो जाता है कि रावणादि की कैसी कल्पना उन्होंने उनके रूपचित्रण में रखी है—

देहि अवलंब करकमल कमलारमन दमनदुख समनसंतापहारी।
अज्ञानराकेसग्रासनबिधुंतुद, गर्बकामकरिमत्तहरि दूषनारी।
बपुष ब्रह्मांड सुप्रवृत्ति लंकादुर्ग रचित मनदनुजमयरूपधारी।
बिबिध कोसौघअति रुचिर मंदिरनिकर सत्वगुन प्रमुख त्रयकटककारी।
कुनप अभिमान सागर भयंकर घोर बिपुल अवगाह दुस्तर अपारम्।
नक्ररागादिसंकुल मनोरथ सकल संगसंकल्प बीचीबिकारम्।
मोह दसमौलि तद्भ्रात अहंकार पाकारिजित् काम बिश्रामहारी।
लोभ अतिकाय, मत्सर महोदर दुष्ट, क्रोधपापिष्ठ बिबुधांतकारी।
द्वेष दुर्मुख दंभ खर अकंपन कपट दर्प मनुजादमद सूलपानी।
अमितबल परमदुर्जेय निसाचरनिकरसहित षड्वर्ग गो जातुधानी।
जीव भवदंघ्रिसेवक बिभीषन बसत मध्य दुष्टाटवी ग्रसितचिंता।
नियमयम सकल सुरलोक लोकेस लंकेसबस नाथ अत्यंत भीता।
ज्ञान अवधेस गृहगेहनी भक्ति सुभ तत्र अवतार भूभारहर्ता।
भक्त संकष्ट अवलोकि पितु वाक्यकृत गमन किय गहन बैदेहिभर्ता।

कैवल्यसाधन अखिल भालु मर्कट बिपुल ध्यान सुग्रीवकृत जलधिसेतू।
प्रबल बैराग्य दारुन प्रभंजनतनय विषयबन दहनमिव धूमकेतू।
दुष्टदनुजेस निर्बंस कृत दासहित बिस्वदुखहरन बोधैकरासी।
अनुज निज जानकीसहित हरि सर्बदा दासतुलसी-हृदयकमलवासी।

'विनयपत्रिका' भक्ति का अद्‌भुत ग्रंथ है। इसमें तुलसीदास की जीव-जगत्-ब्रह्म-संबंधी धारणाएँ बहुत स्पष्ट हो गई हैं। इसमें साधुमत पर अधिक ध्यान दिया गया है, लोकमत पर वैसा नहीं जैसा रामचरितमानस में। जैसा पहले कहा जा चुका है तुलसीदास समन्वयवादी हैं और शास्त्रीय मार्गों के संबंध में आस्थावान् हैं। केवल रामभक्ति को ऊँचा तथा रामनाम को स्मरण के लिए सर्वोपरि स्वीकार करते हैं—

भरोसो जाहि दूसरो सो करो।
मोको तो राम को नाम कल्पतरु कलि कल्यान फरो।
करम उपासन ज्ञान बेद मत सो सब भाँति खरो।
मोहिं तो सावन के अंधहि ज्यों सूझत रंग हरो।

उनकी धारणा है कि राम के समान कोई दूसरा स्वामी हो नहीं सकता। अन्य देवता स्वार्थ से दूसरों का कार्य करते हैं और उनके स्वार्थ की सिद्धि जो नहीं करता उस पर वे ध्यान नहीं देते—

सुर स्वारथी अनीस अलायक निठुर दया चित नाहीं।
जाउँ कहाँ को बिपतिनिवारक भवतारक जग माँही।

राम की सबसे बड़ी विशेषता यह है कि इनके यहाँ दीन का आदर है—

यदि दरबार दीन को आदर रीति सदा चलि आई।

राम का अपने भक्तों के प्रति पक्षपात भी रहता है—

सहि न सके दारुन दुख जन के हत्यो बालि सहि गारी।

राम सबसे बड़े हैं, ऐसे बड़े की शरण में रहने से छोटों की सदा बचत है। खरे के नाम पर खोटे सिक्के भी चल ही जाते हैं—

बड़े ही की ओट बलि बाँचि आए छोटे हैं।
चलत खरे के संग जहाँ तहाँ खोटे हैं।

राम का नाम लेने से किसी का उद्धार वैसा ही है जैसा ऊसर का बढ़िया खेत में परिणत हो जाना—

तेरो नाम लेत ही सुखेत होत ऊसरो।

राम पत्थर को भी, जड़ को भी चेतन करनेवाले सर्वशक्तिमान् हैं—

सहस सिला तें अतिजड़ मति भई है,
कासों कहौं कौने गति पाहनें दई है।

इनका विश्वास है कि राम का नाम लेते रहने से कभी-न-कभी राम अवश्य उन्मुख होंगे।

राम के प्रति भक्ति का उदय गोस्वामीजी ने आचरण की उच्चता से स्वीकार किया है। आचरण की वह उच्चता जिसके कारण कोई व्यक्ति सबको भला लगता है। सबको अच्छा लगने के लिए रागद्वेष का परित्याग कर मनुष्य को बहुत ऊपर उठना चाहिए। जिनकी धारणा है कि भक्ति-संप्रदाय का संघटन उच्चता का समर्थक रहा है, इनका अभिमत उनसे मिलता है। भक्ति की साधना का तात्पर्य है जगत् के प्रवाह से तटस्थ होना। यह तटस्थता जगत् के द्वारा माने जाने का हेतु होगी। राम का स्वरूप इतना ऊँचा है कि उस तक पहुँचने के लिए व्यक्ति को भी अत्यधिक ऊँचा उठना पड़ेगा। राम की प्राप्ति प्राशुलभ्य ही है, जो ऊपर उठेगा वही राम तक पहुँचेगा। इसी से इन्होंने कहा है—

राम सुहाते तोहि जो तू सबहि सुहातो।

इसी से इनकी धारणा है कि भगवद्भक्ति की साधना कठिन है। यह कहना अवश्य सरल है कि भक्ति का मार्ग अन्य मार्गों से सुगम है पर उसकी साधना शील की पराकाष्ठा तक जाने के कारण कठिन है। उसके साधने में अनेक कठिन साधनाओं की अपेक्षा होती है। जिससे यह साधना बने उसी की समझ में आएगा कि इसमें कितनी कठिनाई है। भक्ति की कला में कुशलता प्राप्त कर लेने पर ही साधन सरल हो सकता है, जैसे जलप्रवाह में मछली तो विपरीत दिशा में (प्रवाह के प्रतिकूल) चली जाती है पर हाथी उसमें बह जाता है। मछली जलतरणकला में कुशल है पर हाथी नहीं। ऐसे ही चींटी बालू में मिली हुई शक्कर को सरलता से पृथक् कर लेती है, दूसरे के लिए उसका पृथक् कर सकना कठिन है।

भक्ति के बिना किसी प्रकार भवबंधन से मुक्ति नहीं मिल सकती, यह इनकी दृढ़ धारणा है। वास्तविकता यह है कि ज्ञान का संबंध अंतःकरण की अन्य वृत्ति से है और भक्ति का अन्य वृत्ति से। यह ज्ञान हो जाने से कि जगत् मिथ्या है किसी प्रकार उसके बंधन से छुटकारा नहीं मिल सकता। यदि किसी घर में अंधकार हो तो इस ज्ञान से वहाँ प्रकाश नहीं हो जायगा कि 'दीपक जलाने से अंधकार दूर हो जाता है'। जब दीपक जलाने का प्रयास किया जायगा या दीपक जलाया जायगा तभी अंधकार दूर होगा। ज्ञान के द्वारा जो उपलब्धि होती है वह जब तक अनुभूति में परिणत न होगी तब तक संसार का बंधन छूट नहीं सकता। सारा संसार

यदि भ्रम है तो यह भ्रम भी तो मन के ही कारण होता है। जगत् चिद्विलास है यह जानने में पर्याप्त समय लगता है। भगवद्‌भक्ति से अंतःकरण निर्मल हो जाता है, जिससे बहुत शीघ्र सब स्थिति स्पष्ट हो जाती है।

इन्होंने जगत् के संबंध में शांकर अद्वैतवादियों की धारणा का बराबर उल्लेख किया है। शांकर अद्वैत के अनुसार जगत् सदसद्‌विलक्षण होता है अर्थात् सद्विलक्षण, असद्विलक्षण और सदसद्विलक्षण होता है। इसे इन्होंने बहुत स्पष्ट कहा है—

कोउ कह सत्य झूठ कह कोऊ जुगल प्रबल करि मानै।
तुलसिदास परिहरै तीनि भ्रम सो आपन पहिचाने।

पर इसका तात्पर्य यह नहीं कि ये शांकर अद्वैतवादी थे। जगत् भ्रम है तो प्रश्न होता है कि त्रिताप का अनुभव क्यों हुआ करता है। निश्चय ही इसका कारण अंतःकरण है। अंतःकरण की निर्मलता के बिना भवत्रास दूर नहीं हो सकता। हृदय की निर्मलता भक्ति से ही संभव है और भक्ति बिना भगवत्कृपा के नहीं हो सकती। भगवत्कृपा की प्राप्ति सत्संगति से होती है या भगवत्कृपा ही सत्संगति की प्राप्ति है। नाना प्रकार के साधन (यहाँ तक कि भक्ति भी) जो माया से निस्तार के लिए बतलाए गए हैं उनके करने पर भी भव का भारी भ्रम तब तक नहीं मिट सकता जब तक भगवत्कृपा प्राप्त न हो।

जीव और जगत् का स्वरूप इन्होंने भली भाँति यों पहचाना था। जीव जिसे न करने का उपदेश दूसरों को दिया करता है उससे स्वयं विरत नहीं होता अर्थात् मायाबद्ध रहना जीव का लक्षण है। वेदांत विवेक के द्वारा मायाबंधन से मुक्ति की घोषणा करता है। गोस्वामीजी का कहना है कि भगवत्कृपा के बिना विवेक भी नहीं हो सकता। ईश्वरेच्छा के बिना पत्ता नहीं हिलता, विश्वचक्र का सारा संचालन ईश्वरेच्छा के ही अधीन है। इसी से इन्होंने बारंबार राम से यही प्रार्थना की है कि आप मेरे भ्रम का निवारण कीजिए। अपने दैन्य का प्रदर्शन करते हुए इन्होंने यह भी कहा है कि राम ही ऐसे हैं जो बिना किसी प्रकार के संबंध के भी जीवों का उद्धार करते रहते हैं। यहाँ तक कि इन्होंने अन्य अवतारों से रामावतार का व्यतिरेक इसी आधार पर किया है। देवताओं को बारंबार स्वार्थी इसीलिए कहते हैं कि वे बिना कुछ पाए किसी को देते नहीं। श्रीकृष्णावतार की ओर संकेत करते हुए कहते हैं कि सुदामा से बालमैत्री होते हुए भी बिना 'च्यूड़ा' लिए उन्होंने संपत्ति नहीं दी। राम बिना कुछ लिए ही देते हैं—

हरिहु और अवतार आपने राखी बेदबड़ाई।
ले चिउरा निधि दई सुदामहि जद्यपि बालमिताई।
कपि सबरी, सुग्रीव, बिभीषन को नहिं कियो अजाँची॥

इनकी धारणा के अनुसार राम के समान कोई उदार नहीं है—

ऐसो को उदार जग माहीं ?
बिनु सेवा जो द्रवै दीन पर रामसरिस कोउ नाहीं।
जो गति जोग बिराग जतन करि नहिं पावत मुनि ज्ञानी।
सो गति देत गीध सबरी कहँ प्रभु न बहुत जिय जानी।
जो संपति दससीस अरपि करि रावन सिव पहँ लीन्ही।
सो संपदा बिभीषन कहँ अति सकुच सहित हरि दीन्ही।
तुलसिदास सब भाँति सकल सुख जो चाहसि मन मेरो।
तौ भजु राम काज सब पूरन करै कृपानिधि तेरो।।

इस पद के संबंध में आधुनिक भावापन्न राजनीतिचेता महानुभावों को आपत्ति होती है कि दूसरी पंक्ति में जो बिना सेवा के द्रवीभूत होने की चर्चा राम के संबंध में है वह ठीक नहीं। गीध, शबरी और विभीषण के जो उदाहरण दिए गए हैं वे बिना सेवावाले नहीं हैं। यहाँ गोस्वामीजी की दृष्टि से गीध और शबरी को जो गति मिली और विभीषण को जो संपदा प्राप्त हुई उसके लिए जैसी तपस्या अपेक्षित थी वैसी किसी ने नहीं की। उन्होंने कुछ सेवा अवश्य की है पर उसका फल जो उन्हें मिला वह अनुपात में अत्यधिक है। तीसरी और चौथी पंक्तियों में यह स्थिति स्पष्ट की गई है। जैसी गति योगवैराग्य के नानाविध यत्नों से भी ज्ञानी मुनियों को (गीध से ज्ञानहीन पक्षी और शबरी-सी ज्ञानकनिष्ठ नारी की तो बात ही क्या) नहीं मिलती वह भी इन्हें मिली। जैसी गति मिली वैसी के लिए रावण द्वारा गीता के हरण में बाधक होना और मीठे-मीठे बेरों को चखकर रख छोड़ना गोस्वामीजी की दृष्टि में पर्याप्त नहीं। यही क्यों रामचंद्र वैसी गति देते हुए गीध और शबरी के लिए उसे कोई बड़ा दान नहीं मानते। वे यह सोचते हैं कि जितना देना चाहिए उतना उन्हें नहीं दिया। राम का स्वभाव तो बिना सेवा किए देता है न ! इन्होंने तो थोड़ी सेवा भी की। विभीषण के संबंध में भी ऐसी ही स्थिति है। रावण को जो संपत्ति मिली वह दसों सिरों को काटकर बढ़ा देने पर मिली। बिभीषण ने सिर क्या उँगली भी काटकर कहीं नहीं चढ़ाई। वह केवल शरणागत हुआ। जिस समय उसने संपत्ति पाई अर्थात् वह लंका का राजा घोषित हुआ उस समय तक उसने केवल हनूमान् को सीता का लंका में वासस्थान भर बतलाया था। मानस में 'आवत राम तिलक तेहि सारा' लिखा है और उसे 'लंकेश' कहकर संबोधित किया गया है—

कहु लंकेस सहित परिवारा।

लंका का राज्य पाने के लिए रावण ने सिर कटवाया पर बिभीषण ने केवल सिर झुकाया। उसका शरणागत होना भी राम की कुछ सेवा थी। इसी से 'अति सकुच सहित प्रभु दीन्ही' अर्थात् राम के मन में यह बात खलती रही कि बिभीषण को कुछ नहीं दिया। बिभीषण की सेवा का मूल्य राम ने बहुत अधिक आँका। राम जिसको अपना लेते हैं उसके प्रति उनकी वृत्ति अनुकूल ही रहती है वह भविष्य में काम अच्छा करे या बुरा। राम इष्टदेव ही रहते हैं, अनिष्टदेव नहीं होते। मानस में गोस्वामीजी कहते हैं—

जेहि अघ बधेहु ब्याध जिमि बाली। पुनि सुकंठ सोइ कीन्हि कुचाली।
सोइ करतूति बिभीषन केरी। सपनेहु सो न राम हिय हेरी।

इस पर विचार करने के लिए दो दृष्टियों को ध्यान में रखना आवश्यक है—एक राम की दृष्टि और दूसरी तुलसीदास या भक्त की दृष्टि। राम की दृष्टि में इन तीनों ने जो सेवा की वह इतनी अधिक थी कि उसके बदले उन्हें बहुत कम दिया गया, क्योंकि राम का बाना है—'सकृत प्रनाम किएँ अपनावत'। पर तुलसीदास या भक्त की दृष्टि में वह सेवा वैसी प्राप्ति के लिए बहुत थोड़ी थी, कुछ नहीं थी। 'बिनु सेवा' में 'बिनु' अल्पभावात्मक माना जा सकता है, शुद्ध अभावात्मक नहीं। संस्कृत व्याकरण के नियम से 'नञ्' अभावसूचक भी होता है और अल्पसद्भाव-सूचक भी।

यह कहा जा सकता है कि बिभीषण ने रावण-वध के लिए रहस्योद्भेद किया, इस प्रकार राम की बहुत बड़ी सेवा की। तत्काल या भूतकाल की सेवा न सही भविष्य की सेवा उस दान के बदले रखी जा सकती है। पर तुलसीदास ने बिभीषण का चित्रण इस प्रकार का किया ही नहीं। राम के निकट आने के पूर्व बिभीषण के अंतःकरण में राज्य पाने की कुछ लालसा थी पर शरणागति के अनंतर वह लालसा भी नहीं रह गई, जिसे तुलसीदास ने स्पष्ट कर दिया है—

उर कछु प्रथम बासना रही। प्रभुपदप्रीतिसरित सो बही।

गोस्वामीजी ने रावण में असाधुता प्रकृतिस्थ मानी है और बिभीषण में साधुता। राम से मिलने में राज्यलोभ कारण था, यह इन्होंने माना ही नहीं। हम अपनी दृष्टि से ऐसा सोचते हैं।

ऐसे ही गीध या जटायु ने राम की सेवा में प्राण दे दिए। इससे बढ़कर सेवा क्या हो सकती थी। ऐसा सोचते समय उसकी वृद्धावस्था की ओर भी दृष्टि रखनी चाहिए। वह जीना चाहता तो राम उसे जिलाने की विशेष चिंता करते। उसी ने जीना उचित नहीं समझा। यदि वह बुड्ढा न होता तो रावण उससे बचकर भला क्या निकल जाता। रावण ने यह जानकर ही युद्ध किया था कि बुड्ढे से निपट

लूंगा—

जाना जरठ जटायू एहा। मम करतीरथ छाड़िहि देहा।

जटायु को भी इसका खटका था। तात्पर्य यह कि केवल समझ-समझ का फेर है।

तुलसीदास भक्ति की साधना का ही प्रचार करनेवाले कोरे भगतजी नहीं थे। समाज की प्रकृत स्थिति पर इनकी पूरी दृष्टि थी। वर्णाश्रमधर्म के समर्थक होते हुए भी ये इस बात से दुखी थे कि उक्त सनातन व्यवस्था के अनुरूप अपने कर्तव्यों का पालन लोग नहीं कर रहे हैं। ब्राह्मणों के पतन पर इन्हें क्षोभ है—

प्रभु के बचन बेद बुध संमत मम मूरति महिदेवमई है।
तिनकी मति रिस राग मोह मद लोभ लालची लीलि लई है।

क्षत्रियों के कुसाज पर भी ये दुखी हैं—

राजसमाज कुसाज कोटि कटु कलपत कलुष कुचाल नई है।

समाज में हेतुवाद इतना अधिक बढ़ गया है कि भाववाद कहीं दिखाई नहीं देता—

नीति प्रतीति प्रीति परिमिति पति हेतुबाद हठि हेरि हई है।

समाज विकृततम तब माना जाता है जब उसमें सज्जनों को कष्ट होने लगे और असज्जन फूलने-फलने लगें। समाज की उस समय ऐसी ही स्थिति उन्हें कष्टदायिनी हो रही थी—

प्रजापतित पाखंड पापरत अपने अपने रंग रई है।
सीदत साधु साधुता सोचति खल बिलसत हुलसति खलई है।

गोस्वामीजी भारतीय परंपरा के अनुसार बहुत बड़े आशावादी कवि थे। इन्होंने अपने मानसलोक में उक्त चिंता के अनंतर यह मधुर कल्पना कर रखी है कि प्रार्थना करने पर भगवान् ने सब प्रकार के दोष दूर कर दिए—

बिनती सुनि सानंद हेरि हँसि करुनाबारि भूमि भिजई है।
रामराज भयो काज सगुन सुभ राजा राम जगतबिजई है।

इन्हें जिस समाज के उद्धार की चिंता थी, उस समाज और देश का इनके मन में पूरा अभिमान था। ये दुखी इसी बात से थे कि ऐसा दिव्य शरीर और ऐसा पवित्र देश प्राप्त करके भी जो करणीय है वह नहीं हो पाता—

दियो सुकुल जनम सरीर सुंदर हेतु जो फल चारि को।
जो पाइ पंडित परमपद पावत पुरारि मुरारि को।
यह भरतखंड समीप सुरसरि थल भलो संगति भली।
तेरी कुमति कायर कलपबल्ली चहति बिषफल फली।

ऐसे तुलसीदास को काशी आने पर यहाँ के शैवों ने कष्ट दिया था जिसका उल्लेख 'विनयपत्रिका' में शंकर की प्रार्थना करते हुए इन्होंने किया है। ये लिखते हैं—

गाँव बसत बामदेव मैं कबहुँ न निहोरे।
अधिभौतिक बाधा भई ते किंकर तोरे।

'अधिभौतिक' शब्द ध्यान देने योग्य है। जान पड़ता है कि काशी में शैवों के द्वारा इन्हें शारीरिक कष्ट तक सहना पड़ा था। मारपीट तक कर डाली थी काशीवालों ने। ये व्यथित होकर शंकर से कहते हैं—

बेगि बोलि बलि बरजिए करतूति कठोरे।
तुलसी दलि रूँध्योइ चहैं सठ साखि सिहोरे।

इसमें वचनचातुर्य दर्शनीय है। सामान्यतया किसी वृक्ष की रक्षा के लिए काँटेदार पेड़ की टहनियाँ काट-काटकर चारों ओर बारी लगाई जाती है। सिहोर काँटेदार वृक्ष होता है और बारी लगाने के काम में आता है। यहाँ सिहोर की चर्चा प्रासंगिक और स्वास्थ्य उत्पन्न करनेवाली है। 'सिहोर' को संस्कृत में 'शाखोटक' कहते हैं। उसका दूसरा नाम 'प्रेतावास' है। माना जाता है कि सिहोर के पेड़ पर प्रेत बसते हैं। इसलिए गाँवों में माताएँ या बड़ी बूढ़ियाँ बच्चों को सायंकाल उस वृक्ष के नीचे जाने से बरजती हैं। शंकर भूतनाथ या प्रेतनाथ हैं, उनके गणों का आवास 'सिहोर' है। इसलिए उनके गण सिहोर की रक्षा के लिए तुलसी को काट-काटकर उसकी बारी लगाकर उसे रूँध रहे हैं। उधर तुलसी प्रेतघ्नी कहलाती है। इसलिए 'तुलसी' नाम के कारण उन पर प्रेतों की कुदृष्टि होना स्वाभाविक है। सिहोर के इस स्वारस्य को ध्यान में न रखकर विनयपत्रिका के सभी टीकाकारों ने इसका अर्थ सेंहड़ किया है, जिसे संस्कृत में 'स्नुही' कहते हैं। 'विनयपत्रिका' में तुलसीदास ने कई प्रयोग ऐसे किए हैं, जिनका अर्थ करने में प्रायः भूल होती आई है। राम के संबंध में तुलसीदास ने कहा है—

मीजो गुरु पीठ अपनाइ गहि बाँह बोलि सेवक सदा बिरद कहत बहत हौं।

यहाँ 'मीजो गुरु पीठ' का अर्थ पुराने टीकाकारों ने 'गुरु ने पीठ मींजीं अर्थात् पीठ ठोंकी' किया है। उन्होंने यह ध्यान नहीं दिया कि विनयपत्रिका ब्रजभाषा में है इसलिए उसमें सकर्मक क्रिया के साथ भूतकाल में कर्तरि प्रयोग नहीं होगा। 'मीजो' का संबंध 'पीठ' से नहीं हो सकता, इसलिए कि वह स्त्रीलिंग है। वैसी स्थिति ये मीजी

गुरु पीठ' होना चाहिए। वास्तविकता यह है कि 'पीठ में गुड़ मीजना' बैंसवाड़े का प्रसिद्ध मुहावरा है और आज भी वहाँ प्रयुक्त होता है, जिसका अर्थ है 'किसी को अत्यधिक सुख पहुँचाना'। अतः इसका यहाँ अर्थ हुआ कि उन्होंने मुझे अत्यंत सुख दिया (मेरी पीठ पर गुड़ मींजा), मुझे अपनाया।

भाषा के बहुत से प्रयोग जनसमाज में चलते रहते हैं, साहित्य में उनमें से कुछ नहीं भी आ पाते। महाभाष्यकार पतंजलि ने 'सेवा' अर्थ में (सेवायां) 'पादौ कृ पृष्ठं कृ' लिखा है, पर संस्कृतसाहित्य में इसका प्रयोग कहीं नहीं मिलता। बोलियों में 'सेवा' अर्थ में केवल 'पैर करना' और 'पीठ करना' ही नहीं 'मूड़ करना' भी है। 'गोड़ मूड़ करना' सेवा के अर्थ में बहुत प्रचलित है—बोलियों में। बोलियों के प्रयोगों का भरपूर अध्ययन होने से भाषासंबंधी बहुत-सी स्थितियाँ स्पष्ट हो सकती हैं। बोलियों का ज्ञान न होने से विनयपत्रिका के प्रयोगों का बेढंगा अर्थ लगाया जाता है। 'परसत पनवारो फारो' में प्रयुक्त पनवारो का अर्थ न जानने के कारण एक ने इसका अर्थ किया—'पानी में पका हुआ फरा'। इसमें बहुत से प्रयोग ऐसे हैं जिन्हें बैंसवाड़ेवाले समझ सकते हैं पर अन्यों की समझ में नहीं आते, जैसे 'दिब देना।'

विनयपत्रिका गोस्वामीजी की सबसे प्रौढ़ रचना मानी जाती है। इसका कारण विचारों की प्रौढ़ता के अतिरिक्त भाषा की प्रौढ़ता भी है। आरंभ में देव-स्तुति की जैसी सामासिक पदावली प्रयुक्त है वैसी हिंदी के बहुत कम ग्रंथों में दिखाई देती है। केशवदास संस्कृत के बहुत बड़े पंडित थे, पर उन्होंने भी जहाँ स्तुति के प्रसंग में सामासिक पदावली का व्यवहार किया है, वहाँ भाषा की ऐसी स्फीति और भंगिमा नहीं दिखाई देती। राम की भुजाओं का वर्णन करते हुए 'कबहुँ सो करसरोज रघुनाथ धरिहौ नाथ सीस मेरे' प्रतीकवाले पद में गोस्वामीजी ने एक वाक्य में अनेक उपवाक्य जोड़कर पूरा पद प्रस्तुत किया है और भाषा की प्रौढ़ता का पक्का प्रमाण उपस्थित कर दिया है। इस प्रकार के पद विनयपत्रिका में अनेक हैं। इसमें भाषा के कई प्रकार के प्रयोग गोस्वामीजी ने दिखाए हैं। कहीं छोटे-छोटे वाक्य देते हैं, जैसे 'तू दयालु दीन हौं तू दानि हौं भिखारी' में तो कहीं सरल शब्दावली भी दिखाई है। भाषा ने इसमें भावाभिव्यक्ति के साथ-साथ कई मोड़ लिए हैं।

इसमें कुछ विशेष स्थितियाँ भी दिखाई देती हैं, जैसे बिंदुमाधव के वर्णन में—

दच्छ भाग अनुरागसहित इंदिरा अधिक ललिताई।

अर्थात् बिंदुमाधव के दाहिने भाग में लक्ष्मी स्थित हैं। वाराणसी के वर्तमान बिंदुमाधव की मूर्ति में ऐसी स्थिति नहीं है। इसका कारण यह है कि इन्होंने

बिंदुमाधव की ऐसी मूर्ति देखी थी जो इससे भिन्न थी। औरंगजेब के समय में बिंदुमाधव मंदिर तोड़ा गया और वहाँ मुसलमानी मसजिद बनी। इसके पूर्व वहाँ जो मूर्ति थी कदाचित् वही मूर्ति इन्होंने देखी थी। कहते हैं कि वह मूर्ति श्रीबदरीदास नामक सज्जन के पास अब भी है जो वाराणसी के कालभैरव महल्ले के निकट रहते हैं। तुलसीदास ने विनयपत्रिका का अधिकांश भाग काशी के बुलानाला महल्ले के निकट रहकर निर्मित किया था।

विनयपत्रिका तुलसीसाहित्य में ही नहीं हिंदी-साहित्य में प्रत्युत उससे भी आगे बढ़कर भारतीय साहित्य में विनय संबंधी विशिष्ट कृति है। ऐसी प्रौढ़ रचना संस्कृत में 'स्तुतिकुसुमांजलि' मानी जाती है। पर विनयपत्रिका में जिस प्रकार का प्रच्छन्न बंध है वैसा उसमें नहीं।

रामभक्ति की अन्य शाखाएँ

रामभक्ति के अंतर्गत दो प्रकार की रचनाएं और विचारणीय रह जाती हैं—एक ऐसी रचनाएँ जो हनूमान् या लक्ष्मण को आधार बनाकर हुईं और दूसरी वे जिनमें राम की मधुर उपासना का निरूपण है। रामानंद के नाम पर हनूमान् की स्तुति प्राप्त होती है। तुलसीदास ने 'विनयपत्रिका' में ग्यारह पदों में हनूमान् की स्तुति की है और 'हनुमानबाहुक' पोथी ही उनकी स्तुति में लिख डाली है, जो छंद के विचार से 'कबित्तावली' के साथ संबद्ध चली आ रही है। सं० 1696 में रायमल्ल पांडेय ने हनुमच्चरित लिखा।

भक्तिमार्ग में दो प्रकार की उपासनाएँ चलती हैं—एक ऐश्वर्यरूप की, दूसरी रसरूप की। रसरूप की उपासना अधिक रसात्मक होकर रहस्यात्मक हो जाया करती है, उसमें शृंगार का बहिरंग अत्यधिक बढ़ जाया करता है। मध्ययुग में गुह्य और रहस्य के दो प्रवाह दिखाई देते हैं—एक हठयोग का, दूसरा सूफीसाधना का। निर्गुणमार्ग इन दोनों से प्रभावित हुआ पर उसमें सूफी रहस्यात्मक साधना का शृंगारी रूप बहुत बाद में आया। सगुणशाखा में शृंगारी उपासना सबसे पहले कृष्णभक्ति-संप्रदाय में प्रवृष्ट हुई, उसके अनंतर रामभक्ति में भी उसने प्रवेश किया। कृष्णभक्ति में उसके प्रवेश का मुख्य कारण था राधाकृष्ण की प्रेममयी क्रीड़ा का उसमें क्रमशः प्रधान हो जाना। कृष्णभक्ति में रसोपासना और फिर रहस्योपासना पर अधिक दृष्टि रही। ऐश्वर्योपासना उसमें नाममात्र की दिखाई देती है। लीलापुरुषोत्तम की भक्ति में रहस्य का सहज और शीघ्र प्रवेश स्वाभा-

विक था। पर मर्यादापुरुषोत्तम की भक्ति ऐश्वर्यरूप में ही विकसित हुई थी। धीरे-धीरे उसमें भी रहस्यसाधना ने घर कर लिया। इस रहस्यसाधना का और जो परिणाम हुआ सो तो हुआ ही लोक में होनेवाली रामलीला में भी भेदभाव उत्पन्न हुआ। रहस्यसाधक केवल विवाह तक ही लीला देखते हैं इसके आगे की लीला ऐश्वर्यभाव से संबद्ध होने के कारण उनके काम की नहीं रह जाती। रहस्यसाधना के व्यवस्थित प्रवर्तक मानस के टीकाकार जानकीघाट अयोध्या के श्रीरामशरणदास कहे जाते हैं। इन्होंने दांपत्यभाव या मधुरभाव की उपासना चलाई। राम को पति के रूप में और अपने को पत्नी के रूप में भक्त कल्पित करता है। साथ ही सीताजी से सपत्नीभाव दृढ़ करता है। इन रामशरणदास ने बहुत से ग्रंथों को प्राचीन बताकर रहस्योपासना को प्राचीन सिद्ध किया। इधर रामशरणदास ने जो कल्पनाएँ की थीं उन्हीं को सत्य मानकर अनुसंधायकों ने रामभक्ति की मधुरोपासना या रामभक्ति के रसिकसंप्रदाय को बहुत प्राचीन सिद्ध किया है। सीता और राम के श्रृंगार का वर्णन दूसरी वस्तु है और राम को पति तथा अपने को पत्नी मानकर उपासना करना दूसरी वस्तु। सीता और राम के श्रृंगारी वर्णनों को मधुरोपासना या रहस्योपासना नहीं कह सकते। जब तक कोई भक्त राम से अपना दांपत्यभाव नहीं स्थापित करता तब तक मधुरोपासना का रूप नहीं खड़ा होता। इन अनुसंधायकों ने जहाँ-जहाँ राम और सीता के श्रृंगार का वर्णन है वहाँ-वहाँ रसिकसंप्रदाय मान लिया है। यहाँ तक कि जिन शठकोप को रामभक्ति का प्रवर्तक मानते हैं उन्हें भी मधुरोपासक बताया गया है। जो 'जानकीहरण' के श्रृंगारी वर्णन को रसिकसंप्रदाय के अंतर्गत करते हैं 'तिनहि कहत कछु अघटित नाहीं'। आत्मार्थ की सिद्धि के लिए कल्पित सांप्रदायिक स्थापनाओं को अनुसंधान के पाखंड से सिद्ध करना विद्या के क्षेत्र में बहुत बड़ा अपराध है, पर दुःख है कि हिंदी में यही हो रहा है और हिंदी के कुछ सेवी अज्ञानवश चाकचिक्य में पड़कर उसी में बहुत बड़ी उपलब्धि के दर्शन कर रहे हैं।

स्वसुखी शाखा ने जिन प्राचीन ग्रंथों की कल्पना की है उनमें लोमशसंहिता, हनुमत्संहिता; अमररामायण, भुशुंडिरामायण, महारामायण, कोसलकांड, रामनवरत्न, महारासोत्व हैं। राम की रासलीला की यह कल्पना इसी से की गई है कि वे सौ रास करना चाहते थे पर रामअवतार में केवल निन्यानबे ही रास हो सके, शेष एक रास के लिए राम को कृष्ण रूप में अवतार लेना पड़ा। कृष्ण की मधुरोपासना में जिस प्रकार के रास की कल्पना गोलोक में है, उससे बहुत बढ़-चढ़कर साकेतलोक का रास कल्पित किया गया। यहाँ की नर्तकियों के मध्य स्वर्ग की अप्सराओं के अतिरिक्त चंद्रावली, यहाँ तक कि राधा भी हैं।

कांतभाव की उपासना को सखीभाव की उपासना में परिणत कर चिरान छपरा के जीवाराम ने तत्सुखी शाखा का प्रवर्तन किया। इस उपासना का अत्य-

धिक प्रचार अयोध्या के लक्ष्मण किला के श्रीयुगलानन्यशरण ने किया। रीवाँ के महाराज श्रीरघुराजसिंह भी इनके प्रभाव में थे। उन्होंने चित्रकूट में प्रमोदवन आदि सखीभावोपासना के अनुरूप कई स्थानों का निर्माण कराया। चित्रकूट वृंदावन का केलिकुंज हो गया। ये लोग कृपानिवास नामक किसी कल्पित व्यक्ति को अपना आचार्य बतलाते हैं। उनके नाम से कृपानिवासपदावली भी मुद्रित कराई गई है, जिसमें अनेक अश्लील पद रखे गए हैं।[1]

आचार्य रामचंद्र शुक्ल हिंदी-साहित्य के इतिहास में लिखते हैं—रामभक्ति शाखा के साहित्य का अनुसंधान करनेवालों को सावधान करने के लिए ही इस रसिकशाखा का यह थोड़ा-सा विवरण दे दिया गया है। सावधान व्यक्तियों ने इस शाखा का अच्छा अनुसंधान कर लिया है और शुक्लजी की मान्यताओं पर भरपूर पानी फेरने का प्रयास किया है। सुनते हैं कि भुशुंडिरामायण को प्राचीन सिद्ध करने के लिए पुष्कल द्रव्य लगाकर वैज्ञानिक संपादन भी कराया जा रहा है। समय जो चाहे सो कराए।

मधुरोपासना में कुछ के पद तो बहुत अधिक शृंगारी हैं, पर कुछ में उतना अधिक शृंगार नहीं है। जिनमें शृंगार अपेक्षाकृत गहरा नहीं है उनमें से केवल एक ही रचना के कुछ उदाहरण नमूने के लिए दिए जाते हैं। सिगरौरा (इलाहाबाद) के एक ब्राह्मण देवता चित्रकूट में बालवय में ही श्रीरामदास गूदर के शिष्य हो गए। इन्होंने 'प्रेमसखी' के नाम से रचना की है। इनके गार्हस्थ्य-जीवन के नाम का पता नहीं चलता। इनकी तीन रचनाएँ खोज के अनुसार ज्ञात हैं—

1. होरी (छंद कबित्त दोहा सोरठा छप्पय प्रबंध)।
2. श्रीसीताराम नखशिख।
3. प्रकीर्णक कबित्त।

सन् 1900 की खोज में जो प्रकीर्णक कबित्तों का हस्तलेख मिला है उसमें 138 कबित्तादि छंद हैं। खोज 1917-19 में जो प्रकीर्णक कबित्तों का संग्रह मिला है, उसमें केवल 15 छंद हैं। यदि दोनों पृथक्-पृथक् संग्रह हों तो इनके फुटकल प्राप्त छंदों की संख्या लगभग डेढ़ सौ के (152) हैं। 'होरी' का नाम खोज में उसके छंदों के आधार पर 'छंदावली प्रबंध' और फुटकल कबित्तों का नाम 'कबित्तादि प्रबंध' कर दिया गया है। इनकी कुछ कविता पं० कन्हैयालाल द्वारा संगृहीत 'श्रीरामकथामृत' (बालकांड) में भी है। इनका उपस्थितिकाल सं० 1791 शिवसिंहसरोज में दिया गया है, जिसे खोज में पहले जन्मकाल मान लिया गया था। उसमें इनके दो कबित्त उदाहरण में दिए गए हैं। ये दोनों नए जान पड़ते

1. देखिए आचार्य रामचंद्र शुक्ल का हिंदी-साहित्य का इतिहास।

हैं, खोज के ग्रंथों में आए छंदों से भिन्न हैं। इनकी दो ही व्यवस्थित कृतियाँ हैं—एक 'होरी' और दूसरी 'नखशिख'। इस 'नखशिख' में भी होली का वर्णन है। रामसीता-बिहार तथा रामसीता और लक्ष्मण के होली खेलने से रामलीला कृष्ण-लीला ही हो गई है। यह नखशिख ब्रजचंद्र यंत्रालय (काशी) से लीथो में छप भी चुका है।

इसमें सीताजी का नखशिख और राम का शिखनख वर्णित है। सीताजी की एड़ी का वर्णन यों है—

एड़ी की ललाई जुत जावक सुहाई मानों कंचनकटोरी भरी पावक सों ताई है।
धरा पैं धरत पाय नैन तरसाय उठैं भू में प्रतिबिंबन की फैलत ललाई है।
नूपुर की झलकैं जराऊ जोति हीरन की देखि 'प्रेमसखी' ताकि उपमा बताई है।
आई रघुनाथ की पठाई पायँ गहि रही संध्या रागरंजित नखत संग ल्याई है।

महावर लगी एड़ी की छाया भूमि पर पड़ रही है और नूपुर में जड़े हुए हीरों की उज्ज्वलता उस पर शोभायमान है। मानो रघुनाथ की भेजी नक्षत्रों सहित राग-रंजित संध्या आकर सीता के पैरों को पकड़ रही है। यहाँ 'राग' शब्द द्वयर्थक है।

नेत्रों का सौंदर्य यों वर्णित है—

नैन अनियारे तारे पुंडरीक पान सारे सियपुतरीन पैं द्विरेफगन वारे हैं।
कछु कजरारे सीलसागर सुढारवारे बरुनी बिसाल धारे जोर छोरवारे हैं।
दीन पैं सनेहवारे प्रीतम के प्रानप्यारे उपमा न पावत बिरंचि रचि हारे हैं।
मीन मृग खंजन बनाए बिधि 'प्रेमसखी' बारि बन ब्योम बसैं लज्जित बिचारे हैं।

मीन जल में, मृग वन में, खंजन आकाश में क्यों बसते हैं ? वे सीता की आँखों की समता में नहीं ठहरते। बेचारा ब्रह्मा उपमा बनाते-बनाते हार गया।

सीताजी का केशवर्णन यह है—

मेचक सघन सुकुमार हैं सेवारहू ते सीताजू के सीस के बिराजत बिसाल बार।
मोर पखवार तमधार मरकततार पन्नगकुमार रचे कोटि कोटि करतार।
उपमा के हेत 'प्रेमसखी' बुधिमान प्रभु करत रहत नित नए नए उपचार।
मोर पच्छ डारैं, त्वच पन्नग नवीन धारैं, मन में न आवैं तौ बनावैं बिधि बारबार।

केश सेवार से भी अधिक कोमल हैं। ब्रह्मा ने इनकी उपमा के लिए मोरों के पक्ष, तमधार, मरकत (नीलमणि) के तार और सर्पकुमार भी बनाए, पर उनकी बराबरी न कर सके। ब्रह्म ने उनके लिए नया उपचार रच दिया, मोर पंख गिराकर नए धारण करने लगे और सर्प त्वचा (केचुल) बदलने लगे। फिर भी बराबरी न हो सकी।

श्री रघुनाथ के चरणों की प्रशंसा यह है-—

कलपलता के सिद्धिदायक कलपतरु कामधेनुकामना के पूरनकरन हैं।
तीनि लोक चाहत कृपाकटाच्छ कमला को कमला सदाई जाकी सेवत सरन हैं।
चितामनि चिंता के हरनहार 'प्रेमसखी' तीरथजनक बर बारिजबरन हैं।
नव विधूपूषन समन सब दूषन ये रघुबंसभूषन के राजत चरन हैं।

रामचंद्र के चरण कल्पतरु (जो सबकी कामना पूर्ण करनेवाला है) के कल्पतरु हैं। कामधेनु (जो सबकी कामना को पूर्ण करती है) की कामना पूर्ण करने में समर्थ है। चितामणि (जिसके पास में रहने से सब चिंता दूर हो जाती है) की भी चिंता दूर करते हैं आदि। अत्युक्ति की शैली पर उक्तियां हैं। मिश्रबंधुविनोद में यही उदाहरण रूप में उद्धृत हैं।

होली और युद्ध का रूपक यों बांधा गया है—

फूलछरी तरवारि चलीं उत तें पिचका भरि मारत तीर हैं।
भीजि गई रँग तें सिगरी बिथुरी अलकैं न सँभारत चीर हैं।
सस्त्र प्रहार सहैं सिगरे भट रोसभरे न गनैं तनपीर हैं।
'प्रेमसखी' प्रमदागन मत्त खरे मनों घायल घूमत बीर हैं।

राम की वही दुर्गति होनेवाली है, जो श्रीकृष्ण की ब्रज में होती है। पद्माकर के 'फाग के भीरे अभीरन' प्रतीकवाले सवैये की सी स्थिति —

कंचन की गुजरी बिछिया तुमको लहँगो डड़िया पहिराइहैं।
कंचुकी साजि खवाय बिरी पहिराइ चुरी अवतंस बनाइहैं।
साँग सवाँरिकै 'प्रेमसखी' सिर सेंदुर दै फिरि अंक लगाइहैं।
दै तिय की छबि सुंदरजू हम लाड़िलीजू के हजूर नचाइहैं।

श्रीरामचंद्र जनक नरेंद्र की फुलवारी में गए हैं। उन्हें देखकर एक सखा कहती है—

कोसलकुमार सुकुमार हैं री मारहु तें माई घेरि आई तापै सोभा त्रिभुवन की।
फूल फुलवाई मैं चुनत दोउ भाई 'प्रेमसखी' लखि आई गहे लतिका द्रुमन की।
चरनलुनाई दृग देखे बनि आई जिन जीती कोमलाई औ ललाई पदुमन की।
चलत लुभाय मेरो हियरा डराय हाय गड़ि जनि जाय पायँ पांखुरि सुमन की।

यह छंद 'श्रीसीताराम नखशिख' में नहीं है।

प्रेमसखी का भाषा पर अच्छा अधिकार था। इनके होलीविषयक बहुत से छंद 'होली गुलाल' नामक काव्यसंग्रह में संगृहीत किए गए हैं, हिंदी के अन्य प्रख्यात कवियों की रचनाओं के साथ।

रामभक्तिशाखा के अन्य कवि

रामभक्तिशाखा में अधिक कवि नहीं हुए। इस शाखा के अंतर्गत तीन ही और कवि प्रधान दिखाई देते हैं—स्वामी अग्रदास, नाभादास और प्राणचंद चौहान। अग्रदास (सं० 1632) ने राम के ध्यान पर कई रचनाएँ लिखी हैं। इन्होंने राम का कोमल रूप भी ग्रहण किया है। रसिकशाखावाले इन्हें भी मधुरोपासक मानते हैं और इनके सहारे यह सिद्ध करते हैं कि तुलसीदास के पहले से मधुरोपासना चली आ रही है। गोस्वामीजी भी उससे प्रभावित थे। इसके प्रमाण में गीतावली के अंत में उन पदों को पेश करते हैं, जिनमें राम के राजकीय रूप की झलक दिखाई देती है। अग्रदास की भाषा अपरिष्कृत है। नाभादास (सं० 1657) अग्रदास के शिष्य थे। इन्होंने भक्तमाल में लगभग दो सौ भक्तों का चमत्कार-बोधक चरित छप्पय छंदों में लिखा है। इनकी फुटकल रचना नहीं मिलती। जो मिलती है उसमें कृष्णभक्ति शाखावाले कवियों की रीति पर प्रेमलक्षणा भक्ति दिखाई पड़ती है। उपास्य के नाम, रूप, लीला, धाम सबका इन्होंने वर्णन किया है। प्राणचंद चौहान (स० 1667) ने रामचरित पर कई नाटक लिखे हैं। तुलसीदास ने रामचरित रूपकपद्धति पर नहीं प्रस्तुत किया था। इन्होंने अपनी रचना द्वारा उसकी भी पूर्ति कर दी।

इनके अतिरिक्त ऐसे रचयिता भी दिखाई देते हैं जिन्होंने रामकथा पर रचना तो की पर जिनकी रचना भक्ति के अंतर्गत नहीं ली जा सकती, जैसे हृदयराम (सं० 1680) का हनुमन्नाटक। यह नाटक संस्कृत के हनुमन्नाटक के आधार पर अनुवादरूप में प्रस्तुत हुआ है।

□□